PERPÉTUITÉS

TERRE HUMAINE

COLLECTION D'ÉTUDES ET DE TÉMOIGNAGES FONDÉE ET DIRIGÉE PAR JEAN MALAURIE

PERPÉTUITÉS

Le temps infini des longues peines

par

Anne-Marie Marchetti

Avec 39 illustrations hors texte
87 illustrations in-texte
3 index

PLON

DU MÊME AUTEUR

La Prison dans la Cité (avec la collaboration de Philippe Combessie), Éditions Desclée de Brouwer, 1996.

Pauvretés en prison, préface de Michelle Perrot, Éditions Érès, 1997.

Approches de la prison, ouvrage collectif sous la direction de Claude Faugeron, Antoinette Chauvenet et Philippe Combessie, Éditions De Boek, PUM, PUO, 1996.

ISBN édition : 2-259-19339-0
ISSN : 0492-7915

AVERTISSEMENT

J'ai voulu dans ce livre apporter un témoignage sur la vie de personnes que la société a condamnées à la réclusion la plus absolue. Le lecteur qui prendrait l'empathie que je manifeste à l'égard des hommes et des femmes rencontrés pour de la complaisance envers le crime serait dans l'erreur. Je n'ai cherché qu'à comprendre ce qu'ils vivaient et avaient vécu. Or comprendre demande *a priori* une écoute bienveillante et implique qu'on ne réduise pas le criminel à son crime.

« La pensée abstraite, écrivait Hegel, ne voit dans l'assassin rien d'autre que cette qualité abstraite et détruit en lui, à l'aide de cette seule qualité, tout le reste de son humanité. »

*

Afin d'éviter qu'on ne puisse identifier les détenus évoqués dans les pages qui suivent, je leur ai attribué des pseudonymes et n'ai mentionné ni le nom de la maison centrale (S.), ni celui du centre de détention (C.) où je les ai rencontrés, ni celui des professionnels (psychiatres, directeurs...) travaillant dans ces établissements. Par contre, j'ai jugé inutile de ne pas citer nommément le centre pénitentiaire de Fresnes (où se trouve, tous les familiers du monde carcéral le savent, le Centre national d'observation) et le centre de détention de Rennes (où sont affectées la plupart des femmes condamnées à perpétuité).

REMERCIEMENTS

Ce livre repose sur les entretiens que j'ai eus avec des condamnés, des membres de l'administration pénitentiaire, des intervenants en milieu carcéral, des militants associatifs et des ex-détenus. Je les remercie vivement pour le temps et l'attention qu'ils ont bien voulu m'accorder.

Ma reconnaissance va ensuite à Mihaï Gheorghiu pour sa patience et son soutien constants. Elle va aussi à Abdel-Hafed Benotman (A.-H.B.) et à Ahmed Othmani, président de Penal Reform International, pour leur générosité.

Enfin je tiens à exprimer ma gratitude à Jean Malaurie pour son intérêt jamais démenti pour la condition carcérale.

Que soient remerciées aussi toutes les personnes qui ont contribué à l'illustration de ce livre :

Alain C., Emmanuel D., Elviro, Gaby, Florence A., Gérald, Jean-Paul B., Jean-Pierre L., Pierre P., René G., Yohann et les peintres Barrios et Edgardo Flores

J.C. Bertheau

Marie Brossy-Patin, l'ARAPEJ et la revue Prison-Justice

Liliane Chenain, secrétaire nationale de l'ANVP

Le Courrier de Bovet

Jeannette Favre, présidente de la FRAMAFAD

L'OIP

Catherine Prade et le Musée National des Prisons

Messieurs Mayol et Oliel, directeur et directeur-adjoint de la maison d'arrêt d'Angers, Evelyne Roger et les détenus de l'atelier d'art plastique et poésie d'Angers.

La direction de la maison d'arrêt d'Angoulême et les détenus auteurs de la bande dessinée : « Le 112ème désordre ».

La direction de la maison d'arrêt de Strasbourg, René Vogel et l'association Parenthèses.

Les directeurs régionaux de l'administration pénitentiaire de Bordeaux, Rennes et Strasbourg.

L'auteure face à la prison.
Dessin d'un détenu.

INTRODUCTION

« Écrire est une manière de se situer au plus ardent de soi-même. »

Charles Juliet

Dès qu'on entre en prison, le temps se met à compter. Sans doute en va-t-il ainsi de tout mauvais temps. Alors que les gens heureux ne le voient pas passer, les détenus, comme certains malades hospitalisés ou écoliers enfermés à leur corps défendant, se trouvent face à un temps à tirer. Un sale temps, quoi !

Voudrait-on l'oublier ce temps, à coups de jeux de patience, de mots croisés, de somnifères ou d'épisodes délirants, que les autres viendraient cependant vous le rappeler. Immuables questions posées dans les cours de prison : « Combien t'as pris ? » « Combien t'as fait ? » « Combien y te reste à faire ? » Si, à l'extérieur, les individus sont souvent définis par leur profession ou leur âge (un « jeune », un « vieux »), en détention les substantifs les plus fréquemment utilisés renvoient soit à l'infraction commise (« braqueur », « pointeur [1] »...), soit à la longueur de la peine : « petite peine », « longue peine », « perpète [2] ».

Depuis le début des années 1980, le nombre des « longues peines » et des « perpètes » s'est accru dans les prisons françaises : les jurys d'assises prononcent des condamnations de plus en plus lourdes. Et cette tendance ne semble pas près de s'infléchir [3]. Le

1. Détenu incarcéré pour un délit sexuel. Voir aussi le glossaire final.

2. Ce mot est couramment utilisé pour désigner les condamnés à perpétuité.

3. Pour mieux comprendre cette évolution, on se reportera à l'annexe II : « L'allongement des peines : quelques données politiques et juridiques ».

grand public est peu ou mal informé sur ce sujet et, s'il l'était, n'y verrait sans doute rien à redire. Sécurité d'abord. Les seuls — ou presque — à s'inquiéter et à questionner le bien-fondé de cette sévérité accrue sont les familiers du monde pénitentiaire : chefs d'établissement, avocats, familles... et bien entendu les intéressés eux-mêmes.

Au moment où fut évoqué au Parlement le projet de loi dit « de perpétuité réelle »[1], j'enquêtais en prison. « Au bout de dix, douze ou X années, me disait tel ou tel de mes interlocuteurs, on n'évolue plus, la prison n'a plus de sens ! » Et le chiffre cité était toujours inférieur à ceux qu'évoquaient dans les médias les partisans du nouveau projet.

De l'observation de ce décalage est née la présente enquête. La sociologue que je suis a voulu savoir ce qui aidait à donner du *sens* à une sanction comme « la perpétuité » ou empêchait qu'il y en ait, et, de façon générale, comment les condamnés s'y prenaient pour vivre une très longue peine.

Ces interrogations en ont suscité une myriade d'autres, plus terre à terre : que font ces hommes et ces femmes de leur journée ? sur quelles ressources et solidarités peuvent-ils compter ? quelles satisfactions leur sont encore accessibles en détention ? comment s'arrangent-ils pour faire avec les privations, le stress, voire les dangers de la vie carcérale ? y a-t-il des constantes dans leur cursus ? des moments-clés qui ponctuent la peine mais aussi la journée, la semaine, l'année... ? Autant d'interrogations qui ont aiguillé mon enquête, autant de réponses qui m'ont progressivement permis, *in situ*, de cerner le quotidien des condamnés à perpétuité.

Mais il n'est pas de recherche scientifique qui ne soit aussi une recherche pour soi et sur soi. Évidence que le chercheur élude trop souvent de peur de jeter la suspicion sur sa neutralité, surtout dans le domaine des sciences humaines. Du coup, il passe sous silence ses curiosités profondes et ses *a priori* secrets. Pour être tus, ceux-ci n'en existent pas moins et risquent d'ailleurs, s'il n'en a pas conscience, d'affecter sérieusement l'objectivité de ses conclusions. A son cœur défendant. Alors, ces questions intimes qu'on

1. En 1993. Ce projet de loi visait à rendre extrêmement difficile l'octroi de la libération conditionnelle pour certains criminels condamnés à perpétuité.

n'aborde guère officiellement, j'ai choisi, quant à moi, de me les poser et d'y répondre aussi honnêtement que possible. Car dans cette enquête, mon itinéraire est autant en jeu que celui des perpètes que j'ai rencontrés. Sinon pourquoi nos chemins se seraient-ils un jour croisés ?

La prison est entrée dans ma vie il y a vingt ans. Par hasard ! Prof de lettres classiques à l'époque, je me sentais devenir aussi morte que les langues que j'étais chargée d'enseigner. Et pourtant ! J'avais adoré le grec et le monde polythéiste, terre à terre et bucolique auquel il m'avait fait accéder. Mais passer de l'univers sensuel d'Homère qui avait charmé ma jeunesse à des cours de dissection de syntagmes et de matraquage de conjugaisons m'avait rapidement désenchantée. Alors, tout en m'accrochant au mouvement Freinet pour vivifier ces heures qui me mortifiaient, j'ai repris mes études de sociologie. Là, rêvais-je, je serais à nouveau sur le terrain, j'irais où battait le cœur même de la vie !

Au travail, les rigidités scolaires m'étouffaient de plus en plus. Je devenais violente. Envie de casser tout ce qui étouffait le plaisir d'apprendre. Et de me casser ! Envie de comprendre aussi le pourquoi de toutes ces coercitions et l'intensité de ma rage. C'est alors que je fis une rencontre : *Prisonnières*[1] ! Un livre de femmes en colère sur les femmes en prison. Un déclic ! J'avais trouvé un écho à mon bouillonnement intérieur et... le sujet de thèse que je cherchais ! Et aussi, sans le savoir, pénétré dans un univers violent, paradoxalement mortifère *et* terriblement vivant, dont je ne pourrais plus me désintéresser. Trop informée dès lors pour pouvoir l'oublier ! La preuve : vingt ans plus tard, cette enquête sur la perpétuité qui m'y ramène une fois de plus !

Derrière cette recherche, bien des choses se jouent pour moi, à commencer par le souci de faire connaître encore et toujours un monde mal connu. Ensuite il y a la quête lancinante et banale — ô combien ! — du sens de la vie et, partant, de la kyrielle d'épreuves qui la constitue, avec, en tête, la mort. Enfin, ou plutôt simultanément, mon désir de revisiter les tenants et aboutissants du Mal.

Pour ce faire, la rencontre avec des condamnés à perpétuité ne peut qu'être tentante. Dans l'imaginaire collectif, ne représentent-

1. C. Ehrel et C. Leguay, Paris, Stock, 1977.

ils pas ostensiblement la Faute ? De surcroît, chez eux, celle-ci est bien circonscrite, consignée quelque part sur un procès-verbal alors que chez moi, elle n'est souvent qu'une entité diffuse et fantasmatique.

Ces hommes et femmes ont non seulement à voir avec le Mal mais aussi avec la punition qui m'affecte le plus : l'enfermement. De surcroît il va leur arriver, je le pressens, toutes ces horreurs qui ont peuplé mes cauchemars d'enfant et pas complètement déserté ceux de l'adulte que je suis devenue. Enfermés, ils seront sans doute oubliés de tous. Année après année ils devront traîner le poids du remords et représenter l'Ignominie aux yeux du monde... Bref, mes pires hantises concrétisées.

Alors cette enquête, j'ai eu envie de la réaliser un peu comme les enfants entreprennent, si j'en crois Bettelheim, la lecture des contes de fées : afin de se rassurer. Si le héros surmonte l'infortune qui l'a frappé, le lecteur sera soulagé. Placé dans la plus terrible des situations, il saura lui aussi s'en tirer. Pour moi, c'est la même chose ! Je voudrais savoir si mes *alter ego*, soumis aux épreuves les plus redoutables, parviendront à s'en sortir. Car pour ma part, j'ai terriblement peur de ne pas y arriver... Même si, au fond de moi, l'espoir est aussi là, qui s'accroche, me travaille, se dispute à la crainte. Sinon pourquoi aurais-je lu tant et tant de livres sur la Résistance ? Pourquoi cet intérêt tenace pour tous les Survivants, ceux d'Auschwitz et du Goulag, ceux revenus du front du Cancer et de tous les autres fronts où doivent se battre un jour ou l'autre les humains ?

« Les fantasmes de l'enfant vont discréditer le travail de la chercheuse ! » Voilà ce que me souffle mon mentor intime qui redoute visiblement qu'on ne m'exécute vite fait. Cette critique, je la récuse. Ce n'est pas parce que j'ai des inquiétudes secrètes et irraisonnées que je ne suis pas *aussi* une chercheuse adulte et réfléchie. Et puis la recherche intérieure que je viens d'évoquer ne peut me satisfaire que si je la fais le plus rigoureusement possible. Comment pourrais-je jamais me sentir soulagée — s'il y a lieu de l'être — si je pipe les dés ? Pour ce faire, la personne que je dois convaincre avant tout, c'est moi-même. Impossible donc de tricher, sauf en parfaite méconnaissance de cause. Risque au demeurant toujours présent et dans toutes les recherches ! Enfin, quels que soient mes désirs inconscients, l'opinion des personnes que j'interviewe m'importe. Tous, tant qu'ils sont, du perpète au surveillant en passant par l'aumônier ou le chef d'établissement, je les prends au sérieux et je voudrais qu'ils le sentent, qu'ils n'aient pas le sentiment d'avoir été trahis...

Ainsi ai-je conduit cette enquête un peu comme un cocher qui essaierait de diriger un attelage composé de chevaux tirant parfois à hue et à dia : en les ayant tous à l'œil et en tenant fermement les rênes. Ou comme un chef de chœur qui veillerait à coordonner ténors et basses, sopranos et altos. D'où ce livre-choral où s'entrecroisent plusieurs voix. Différentes mais associées.

Réflexion sur le sens de la vie et la gestion du temps dans des lieux de mise à l'écart pour une durée à la fois infinie et indéterminée. Observation des ressources que des êtres humains peuvent trouver (ou pas) quand ils ont perdu leur liberté et qu'ils sont placés dans une situation paroxystique. Bilan, côté détenus, d'une politique pénale qui s'est durcie sans avoir peut-être pris en compte leurs intérêts. Interrogation sur les visages du Mal. Telles ont donc été les ambitions de l'enquête que j'ai menée en prison [1] auprès de condamnés à perpétuité. Ses conclusions nourrissent l'essentiel des pages qui vont suivre. L'essentiel mais pas la totalité. Car je me suis aussi servie, pour étayer ce livre — notamment pour les sujets délicats (trafics, pratiques illicites...) —, d'informations recueillies auprès d'autres sources rencontrées en d'autres lieux.

La personne assise en face de moi était avant tout « détenue » ; c'était la seule réalité qui m'était perceptible. Qu'elle ait jadis tué, je le savais mais n'en voyais aucun signe sensible ; c'était pour moi de l'ordre de l'irréalité, à moins que mon interlocuteur n'évoque « les faits ». Mais même dans ce cas, je ne pouvais lui accoler le substantif de « violeur » ou de « criminel ». Un substantif n'implique-t-il pas que quelque chose perdure ? Or comment savoir si cet homme ou cette femme qui m'a parlé, qui me parle, peut à nouveau tuer, violer, torturer ?

1. Dans quatre établissements de la France métropolitaine. La plupart des entretiens ont été réalisés au cours de l'année 1996.

Ainsi dirai-je que j'ai interviewé[1] vingt-sept détenus, des perpètes pour la plupart — à quelques exceptions près —, qui avaient comparu devant des cours d'assises pour crimes.

Au CNO[2] à Fresnes : Cyrille Michel, peine de trente ans, dix-huit ans de sûreté, condamné pour un meurtre (celui de son hôte qui lui aurait ordonné de vider les lieux) — qu'il a toujours nié ; Christophe Geng, RCP[3], trente ans de sûreté pour viols et meurtres de fillettes ; Jean-Marie Tacier, RCP, vingt-deux ans de sûreté pour le meurtre de sa voisine (elle l'avait surpris en train de la voler) ; Roland Pereira, RCP, dix-huit ans de sûreté pour le viol et le meurtre d'une auto-stoppeuse qu'il a toujours niés ; Gérard Lalique, RCP, dix-huit ans de sûreté pour le meurtre de ses beaux-parents chez lesquels son épouse, prête à divorcer, s'était réfugiée. Elle fut elle-même blessée lors du drame.

Au centre de détention de Rennes : Laurence Marelle, Marylin Alphonse, Fatima Bella, Yolande Mitz, Jacqueline Triève, toutes condamnées à la RCP pour avoir tué leur(s) enfant(s), les deux premières à l'instigation de leur nouveau compagnon. Francine Balard, elle, avait pris vingt ans pour un crime qui ne fut jamais évoqué et Sophia Rado, perpète pour avoir assassiné une amie sans mobile apparent.

A la centrale de S. : Jacques Leduc, condamné à dix-sept ans de prison pour un meurtre dans le milieu, meurtre d'honneur qu'il a pourtant toujours nié. Jean Blanchard, quant à lui, avait eu droit à la RCP pour avoir trucidé son voisin qui s'était violemment plaint des aboiements de son chien. RCP aussi pour Pierre Artigo, condamné pour deux « règlements de compte » dans le milieu, pour Dominique Lœillet, auteur lui aussi d'un règlement de compte dans le milieu, et pour Karl Wagner, écroué après un homicide qualifié de « raciste ». Luc Lalonde, lui, avait pris vingt ans pour le meurtre de sa fille dont une douloureuse procédure de divorce l'avait éloigné.

Au centre de détention de C. : Michel Bellay, condamné à la

1. On se reportera à l'annexe I pour en savoir plus sur mes choix méthodologiques et sur les conditions dans lesquelles mon enquête s'est déroulée.

2. Centre national d'observation par lequel transitent tous les perpètes et de façon générale tous les détenus dont le reliquat de peine est supérieur à dix ans.

3. Réclusion criminelle à perpétuité.

RCP pour avoir supprimé son enfant et sa femme (désireuse de divorcer) de même qu'Alain Debarge qui avait tué sa vieille maîtresse (elle avait raillé son impuissance), Denis Dodelet, son nouveau-né (trop bruyant ?), André Simoni, sa voisine (qui l'avait contrarié), et Irénée Fayet, sa femme infidèle (avec en prime pour ce dernier : dix-huit ans de sûreté). Un point commun entre les auteurs de ces trois derniers meurtres : leur éthylisme au moment des faits. RCP aussi pour les assassinats qualifiés de crapuleux commis par Paco Perez et Jacques Pelletier. Enfin Marc Marcus avait été condamné, tout comme Christophe Geng, à la RCP avec une période de trente ans de sûreté pour le viol et l'assassinat d'une enfant tandis que Jean Blot, le seul de mes interlocuteurs à ne pas avoir commis d'homicide, avait pris dix-sept ans pour une série de viols sur mineurs, commis dans le cadre de son travail.

On aura noté que les victimes d'une bonne partie des détenus leur étaient proches. Rien d'étonnant à cela ! Comme l'observe le psychiatre Jean Picat, « le passage à l'acte est bien autre chose que le banal désir de “faire mal” [...] c'est oublier que les “objets d'amour” semblent plus exposés que les non-aimables aux conduites violentes [...] c'est oublier que, loin de se situer à l'opposé, Amour et Haine ne sont que les deux facettes [...] d'une même pièce [1] ».

1. J. Picat, *Violences meurtrières et sexuelles,* Paris, PUF, 1982, p. 115.

Première partie

LE TEMPS DES MAISONS D'ARRÊT : SURVIVRE À L'INSUPPORTABLE

502

« J'ai été arrêté un mercredi, le 10 septembre 1990. » Marc Marcus — trente-cinq ans, dont six de détention —, avec lequel je démarre un entretien, m'a répondu sans aucune hésitation et c'est de la même façon, sans faire le moindre effort pour fouiller dans sa mémoire, qu'il mentionnera les dates de son passage aux assises et de son arrivée à Fresnes. Certes, Marc Marcus est jeune et en début de peine mais il n'empêche : son cas n'est pas unique et j'ai été maintes fois surprise de la précision et de la facilité avec lesquelles bien des détenus citaient ces dates. Précision d'autant plus marquante qu'elle contraste avec le caractère presque indifférencié du temps que beaucoup d'entre eux sont en train de vivre dans les établissements pour peine où je les rencontre. Est-on en 1996, 1995 ? Certains semblent ne plus très bien le savoir. En tout cas, une chose est claire : de même que la plupart des êtres humains n'oublient pas la date de leur naissance ou de leur mariage, nombre de détenus gardent gravées dans leur mémoire les dates-clés de leur histoire carcérale. Car ces jours-là leur sort a basculé. « J'ai l'impression d'être né en prison », me dira un homme de trente et un ans, arrêté à vingt. Comme si sa vie antérieure s'était déroulée dans un autre monde et qu'il s'était réincarné dans une existence nommée détention.

Marc Marcus aurait-il pu me mentionner avec précision la date du crime[1] ? Je l'ignore, ce sujet n'ayant pas été évoqué, mais rétrospectivement j'aimerais le savoir. Après tout, n'est-ce pas ce jour-là que tout a véritablement commencé — et fini —, n'est-ce pas ces faits qui fondent la longue vie carcérale qu'il a à vivre ?

Ceux qui m'ont cité spontanément cette date avaient tous tué un être cher ou qui l'avait été : leur femme, leur enfant. Une date à

1. Le viol et le meurtre d'une fillette.

marquer d'une pierre noire, une date mémorable, plus peut-être que l'arrestation. Même si celle-ci et les divers grands moments du parcours judiciaire qui vont suivre rendent indubitables des faits restés parfois irréels. De la même façon que dans la vie courante l'enterrement d'un proche oblige à réaliser ce qu'on avait vu sans tout à fait y croire : il est vraiment mort.

LE TEMPS MORCELÉ DE LA MAISON D'ARRÊT

Au commencement donc il y a le crime puis l'arrestation. « Entre les deux, me dit un détenu, y a eu une semaine, mais je me souviens de rien ; le temps s'était arrêté. Je me rappelle plus qu'avoir commandé quelque part un diabolo orgeat. L'arrestation m'a redonné des repères chronologiques. »

La dureté des débuts

Mon interlocuteur évoque la garde à vue, « le temps le plus dur » — d'autres m'avaient déjà tenu les mêmes propos. Ensuite les conditions de rétention, les passages à tabac, le sommeil empêché pendant soixante-douze heures. « Une terrible épreuve, un temps qu'on peut pas palper. Y'a pas de montre, on sait pas si c'est le jour ou la nuit, on attend, on maîtrise rien. » Point d'orgue à cette « descente aux enfers » : la photo à la mise sous écrou. « On est pas lavé, pas rasé, la photo qu'on fait de vous est dégueulasse. » Miroir inquiétant pour le prévenu de ce qu'il est devenu et de ce qu'il donne à voir. Photo d'une nouvelle identité qui témoigne d'un moi dégradé. Qu'on redoute parce qu'elle reflète l'ombre portée du détenu, voire du criminel qui s'est immiscé en vous.

Les premiers jours, premiers mois de détention qui vont suivre, tous mes interlocuteurs les décrivent en utilisant la même gamme de mots : ils sont « sonnés », « abasourdis », « assommés » et parfois aussi « exaspérés », voire « fous de rage ». Ils sont sous le choc soit des « faits », soit de l'incarcération, soit, le plus souvent, des deux. « Entre le moment du drame et les assises, j'ai vécu une période affreuse, raconte Michel Bellay, incarcéré après avoir tenté de se suicider suite au meurtre de sa femme et de son enfant ; j'ai été très déprimé jusqu'au jugement, pas soutenu et seul en cellule. Après le drame, quand on a tout perdu[1], c'est là qu'on aurait le plus besoin d'être aidé et d'être compris or c'est là qu'on vous insulte et qu'on vous met dans des taudis. » Michel Bellay, ex-principal de collège, ne connaît pas le monde de la prison, n'est pas habitué à être tutoyé et rudoyé. Il est choqué par les « faits » mais aussi par le déclassement brutal qu'il subit. Et il découvre avec indignation le quotidien des vieilles maisons d'arrêt françaises.

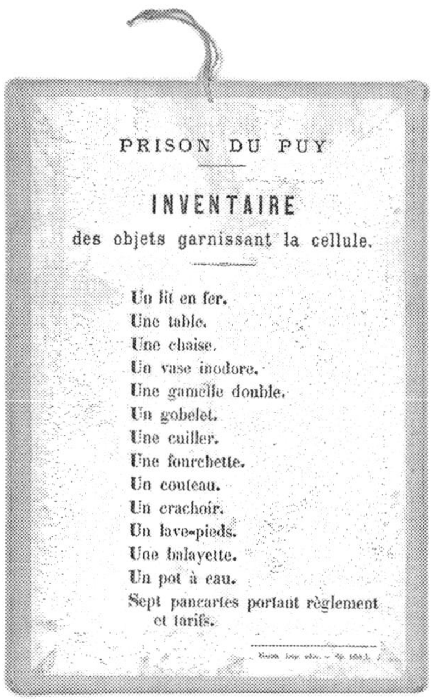

PRISON DU PUY

INVENTAIRE

des objets garnissant la cellule.

Un lit en fer.
Une table.
Une chaise.
Un vase inodore.
Une gamelle double.
Un gobelet.
Une cuiller.
Une fourchette.
Un couteau.
Un crachoir.
Un lave-pieds.
Une balayette.
Un pot à eau.
Sept pancartes portant règlement et tarifs.

Inventaire d'équipement affiché à l'intérieur d'une cellule de maison d'arrêt au XIXe siècle. (Collection du Musée national des prisons.)

Mais Michel-le-principal souligne aussi la situation paradoxale à laquelle se trouvent confrontés les détenus en général et plus spécifiquement ceux qui, selon toute vraisemblance, vont être condamnés à de lourdes peines : c'est au moment où ils souffrent

1. « Qu'on imagine maintenant, écrit Primo Levi, un homme privé non seulement des êtres qu'il aime, mais de sa maison, de ses habitudes [...] de tout ce qu'il possède : ce sera un homme vide, réduit à la souffrance et au besoin, dénué de tout discernement [...] car il n'est pas rare, quand on a tout perdu, de se perdre soi-même » (*Si c'est un homme*, Paris, Julliard, Pocket, 1987, p. 27).

le plus moralement qu'ils vivent les conditions de détention les plus difficiles. C'est en effet en maison d'arrêt que les insuffisances traditionnellement relevées dans les établissements pénitentiaires sont les plus criantes : vétusté, hygiène très relative, inactivité, promiscuité, etc.

Ainsi Luc Lalonde, ex-psychiatre et meurtrier de sa fille, garde-t-il de ses débuts carcéraux un souvenir « halluciné » : « Les petites maisons d'arrêt où je suis passé, j'aurais jamais cru que ça pouvait encore exister. On peut pas imaginer la saleté, l'attitude de certains surveillants ; en plus ils supportent mal les intellos. Y'a parmi eux des alcoolos, des sadiques, des mecs aussi pourris que certains des détenus qu'ils gardent. »

Sans doute les détenus originaires des classes les plus favorisées tombent-ils de plus haut, mais ils ne sont bien entendu pas les seuls à souffrir. Irénée Fayet, un Réunionnais vivant de « p'tits boulots », fut lui aussi horrifié par sa découverte de la prison : « En maison d'arrêt à la Réunion, la vie était terrible, on était à douze dans douze mètres carrés ; à part la bouffe, y avait rien, pas de travail, pas assez d'eau et y faisait très, très chaud. Je me disais que j'allais mourir ». Et d'ajouter : « On pensait pas pendant ces années-là, on parlait, parlait, parlait pour remplir le temps. » « A Bourg-en-Bresse, me raconte encore un autre détenu, les murs de la cellule étaient crades ; en été, on avait des cafards et de temps à autre on voyait des rats ; y avait des matelas par terre et la plus grande partie de la journée je restais sur mon lit à cause du manque de place. Et puis dans ma cellule, y avait un mec qui parlait tout seul ; la nuit, parfois il hurlait et ça réveillait tout le monde. Je me demande comment j'ai fait pour pas devenir fou. »

Face à ces réalités objectives — qui ne sont cependant pas partout aussi dramatiques —, le prévenu cherche désespérément des branches auxquelles se raccrocher. Et d'abord du côté de ses codétenus : longues parties de cartes et discussions sans fin. Quand c'est possible ! Certains vont en effet vivre une partie ou la totalité de leurs premières années de détention dans la plus grande des solitudes. Car la plupart des maisons d'arrêt n'ont pas les moyens de gérer correctement la vie d'un prévenu dont le crime défraie la chronique nationale aussi bien que carcérale, ou dont on redoute qu'il ne s'évade. Ainsi va-t-on le mettre à « l'isolement ». Pour sa protection ou celle de l'institution...

Inculpé pour avoir commis un crime raciste, Karl Wagner a longtemps vécu cette expérience : « A la maison d'arrêt de Montauban où je me suis retrouvé après mon arrestation, 60 % de la population était maghrébine ; je craignais pour ma peau, j'étais pourtant à l'isolement mais je me méfiais quand même de tout le monde. J'ai fait du sport, je faisais mille pompes par jour pour pouvoir dormir, éviter les cauchemars. Après, j'ai été transféré à Mende ; je me suis mis à dérailler complètement, j'avais plus de repères ; en même temps la peur, l'angoisse m'envahissaient perpétuellement. Ici, en centrale, aucun détenu connaît mon affaire. Les surveillants ont une éthique et des consignes qu'ils ont pas en maison d'arrêt. Maintenant je respire ; y a des maisons d'arrêt où j'ai vécu un calvaire. »

Même son de cloche pour Christophe Geng, écroué pour le viol et l'assassinat de deux fillettes et isolé pendant cinq ans. Quand je fais sa connaissance, il me dit redouter aussi bien qu'espérer la fin de l'isolement qui, pense-t-il, sera consécutive à son transfert en établissement pour peine. Geng est partagé entre la peur de revivre les brimades et insultes qu'il a connues depuis son arrestation et le désir de sortir de la solitude dans laquelle il se morfond depuis qu'il a été arrêté. « A Mende, à l'isolement, parfois je me faisais l'impression d'être Napoléon dans un sarcophage. J'avais une cour spéciale. Je voyais tous les jours une multiplication inscrite là par un de mes prédécesseurs : « 60 × 60 × 24 heures = X milliards de secondes. Le temps paraît peut-être plus court quand on décompte les secondes mais n'empêche, on devient fou. »

Les cas de Jacques Pelletier et de Pierre Artigo (respectivement 18 et 24 ans de détention) sont différents : ils ont connu l'époque des QHS [1] ; Artigo y a été placé parce qu'il était « détenu particulièrement signalé » (DPS) et qu'on craignait qu'il ne s'évade. Isolement total. Coups de la part de certains surveillants qu'il qualifie de « nazis ». Après deux ans de QHS, Artigo était « cuit, sans volonté », il ne pensait plus à rien, même pas à son procès. « J'avais perdu jusqu'à la haine », soupirera-t-il, me rappelant par

1. Quartier de haute sécurité : ces structures, très contestées, furent supprimées en 1982. Les quartiers d'isolement dans lesquels sont confinés certains détenus pour des durées parfois très longues continuent cependant — dans des cas bien précis — à remplir des fonctions analogues.

ces mots Bettelheim. Évoquant dans *Survivre* le comportement des déportés soumis à des situations extrêmes, ce dernier note en effet : « Quand toute résistance ouverte et toute tentative de protection s'avéraient impossibles, un sentiment d'indifférence envahissait les prisonniers [1]. »

Si les « isolés » ne peuvent pas compter sur une éventuelle entraide entre codétenus, il en va en grande partie de même pour les auteurs des crimes particulièrement stigmatisés, ceux qu'on appelle « les mauvais délits ». « Si les matonnes avaient fait leur boulot, j'aurais pas été battue, soupire une perpète. J'attendais de la vigilance de la part du personnel, surtout que j'étais enceinte. » Comme elle, la plupart des « infanticides » [2] rencontrées à Rennes m'évoqueront les brimades physiques ou les insultes subies au début de leur cursus carcéral avec l'aval plus ou moins tacite de certaines surveillantes.

C'est donc en maison d'arrêt que les détenus doivent encaisser le plus d'agressivité. Si l'on y ajoute le rejet brutal (consécutif au crime) de tel ou tel proche, qui se manifeste parfois par l'amorce de procédures de divorce, les rencontres avec le juge d'instruction, les portraits peu flatteurs tirés par la presse régionale ou nationale, on comprendra que les (futures) « longues peines » se sentent alors comme des ânes trébuchant sous les coups : assommés. Puis déprimés ou haineux.

Au stress de l'agressivité subie va s'ajouter ou succéder celui suscité par une échéance à la fois espérée et redoutée : le procès. « Pendant la première année, me dit un jeune détenu, on sait pas où on va ; on est pris par l'instruction ; quand l'instruction est finie et qu'on a signé la feuille, on attend notre date de jugement ; c'est stressant car on sait pas ce qui va vous arriver. Et puis on arrête pas de nous demander : "Quand tu passes aux assises ?" La famille, les autres détenus, tout le monde vous le demande. Le problème c'est que tant qu'on est dans l'incertitude, on peut pas faire de projet. »

Comment vivre avec tout ce stress ? Comment supporter cette

1. B. Bettelheim, *Survivre*, Paris, R. Laffont, Pluriel, 1979, p. 88.

2. Meurtrières de leurs enfants. Les profanes et les médias utilisent de façon extensive ce terme qui désigne *stricto sensu* le meurtre d'un nouveau-né.

souffrance ? La réponse, une bonne moitié[1] de mes interlocuteurs l'avaient trouvée dans la « fiole »[2]. Surtout pendant les premiers mois, voire pendant tout le séjour en maison d'arrêt. Ainsi la prison devient-elle hibernation, temps douloureux vécu sous anesthésie grâce à une médication facilement proposée par les services pénitentiaires et médicaux. On dort beaucoup en maison d'arrêt, faute de trouver d'autres échappatoires. « Au début, j'essayais de mettre de la distance entre moi et mon affaire, m'explique ainsi Karl Wagner, alors j'ai pris la fiole. Maintenant je prends plus que de légers sédatifs. Et encore ! c'est rare ! »

D'autres, les femmes surtout, poursuivent une dépendance médicamenteuse antérieure à la détention : « Quand je suis arrivée, j'étais dans l'autodestruction la plus totale à cause des traitements que je prenais, se souvient Sophia Rado, écrouée pour un meurtre commis dans un état second ; les six premiers mois, je sais pas comment je les ai vécus. »

Cet assoupissement qui peut durer jusqu'aux assises, voire se poursuivre ultérieurement, cesse fréquemment avant. Lassitude ? dégoût ? En exergue à une exposition qu'il a montée sur le thème du temps, Jean Blot, un ex-toubib que je rencontrerai à C., cite Romain Rolland : « Il faut du temps à l'âme pour s'accoutumer à la douleur. » Peut-être cesse-t-on en effet de se fioler quand l'âme s'est un peu « accoutumée », qu'elle peut affronter la réalité sans l'écran des psychotropes. Ou parce que la vie, quand on l'entrevoit entre deux fioles, est encore plus dure à supporter. Cette évolution positive, beaucoup l'imputaient aussi à une rencontre : un aumônier, une surveillante ou un codétenu qui à un moment donné leur avait dit : « Reprends-toi ! » ou « Je peux t'accompagner dans ta souffrance » ou encore « Tu choisis entre la fiole et moi ! ».

En tout cas, quelles qu'en soient les raisons, il semble que lentement le détenu « fiolé » finisse par accepter de voir ce qu'il en est de sa situation : il est en prison pour des faits graves et il risque gros. Et prendre la « fiole » n'arrangera rien. « Les trois premiers

1. Et notamment la totalité des femmes.

2. Les médicaments et notamment les psychotropes ont longtemps été proposés aux détenus sous une forme diluée : « la fiole ». Plusieurs médicaments pouvaient ainsi être mélangés dans la même solution ; ils devaient être bus devant le surveillant qui l'apportait. L'expression est toujours usitée en détention.

mois je savais pas si j'avais envie de m'en sortir ou pas, se souvient Paco Perez. Je pensais qu'au passé, aux pertes ; j'étais très triste. Et puis le fait de voir tant de gens se laisser aller, dormir, pas manger, m'a fait réagir. J'ai eu peur. Le déclencheur ç'a été aussi l'arrivée d'un mec qui lui était pas fiolé ; j'ai commencé à me raser, à sortir en promenade, à jouer aux échecs, au tarot, j'ai repris les études, j'avais envie d'autre chose. Ah ! plus jamais ça ! » Et mon interlocuteur d'ajouter : « Maintenant ça me paraît irréel, cette époque. »

> Irréel, pour moi aussi, car lorsque je le rencontre, le jeune Marseillais, trapu et souriant, qui me fait face, n'a plus rien à voir avec le type abattu qu'il me décrit. Il badine avec les surveillants, parle de lui-même très (trop ?) positivement : « énergique », « beau gosse », « déterminé ». L'image même du battant, intelligent et studieux. Mes questions, il ne les élude jamais et se positionne très clairement. Ses réponses sont rapides et fines, son élocution aisée. Rien à voir avec l'image que j'avais de l'auteur d'un crime crapuleux, trucidant et détroussant un type au coin d'une rue. Et pourtant, c'est ce qui a fait tomber Paco Perez. Pourquoi ? comment ? je ne le saurai jamais. Cherchez la faille !

Si tant de détenus se sont tournés vers l'anesthésie médicamenteuse, c'est aussi parce que les possibilités de sortir de cellule sont rares et que l'offre d'emploi est faible en maison d'arrêt [1], surtout pour les prévenus impliqués dans une procédure criminelle. Pour des raisons de sécurité, ils n'ont en effet pas le droit d'accéder aux activités situées dans des locaux insuffisamment protégés, ce qui interdit le travail à bon nombre d'entre eux, réduit parfois à l'extrême leurs revenus et limite, du même coup, pouvoir d'achat (télé, livres, journaux...) et possibilités de distraction. Ainsi, à quelques exceptions près (notamment chez les femmes car on ne craint guère qu'elles s'évadent), la plupart des détenus interviewés étaient restés inactifs pendant tout leur séjour en maison d'arrêt. Or le travail à ce stade de la trajectoire judiciaire « aide à garder la tête hors de

1. Selon le Rapport annuel d'activité de l'Administration pénitentiaire pour l'année 1997, c'est en maison d'arrêt que le taux d'activité est le plus faible (33,5 % contre 40, 9 % pour l'ensemble des établissements pénitentiaires).

l'eau », comme me le fait observer une femme de Rennes. Et d'ajouter : « Vu mon délit [1], j'étais tabassée, alors je me suis accrochée au boulot — fabrication de santons — comme à une bouée de sauvetage. »

Parmi les hommes, Gérard Lalique, ex-boucher (profession recherchée en prison) et détenu modèle (« le parfait faux cul », me dira laconiquement un membre de « la Pénitentiaire »), fait figure de privilégié. Dès le deuxième jour de sa détention il avait un emploi. Or pour lui la vie professionnelle a toujours été prioritaire (j'apprendrai d'ailleurs qu'il a tué ses beaux-parents après qu'ils l'ont traité de « fainéant »). « Dans notre famille, m'explique-t-il fièrement, on tient de notre père qui craignait pas le travail » ; de surcroît, en prison, « ça vous occupe les journées, c'est 80 % de votre temps et vous pensez pas ». Et puis pouvoir exercer sa profession lui donne le sentiment que sa vie à l'extérieur se poursuit à l'intérieur. Ce qui l'aide à préserver son identité sociale — et sa virilité.

Entre Gérard Lalique et moi, ça ne sera pas le grand amour. Ce quadra à l'allure de gros poupon aux aguets derrière ses lunettes est visiblement aussi heureux d'être en ma compagnie que de recevoir les câlins d'un crotale. S'il a accepté de me rencontrer, c'est, je suppose, pour complaire au directeur qui le lui a proposé. Son discours sera pénitentiairement correct du début jusqu'à la fin. Les surveillants sont des êtres admirables, lui ne demande qu'à leur faciliter une tâche ô combien difficile ! Travail, famille et discipline, telles sont ses valeurs. Saint Lalique, quoi !

Visiblement le pauvre homme craint, par inadvertance, de lâcher une bourde que je m'empresserais bien entendu d'aller répéter en haut lieu. Lors de notre dernier entretien, quand je lui demanderai s'il souhaite qu'on se revoie, il me répondra d'un air benoît : « Oh ! je crois qu'on peut arrêter là ; ça serait dommage de priver les autres détenus de votre présence. Il en faut pour tout le monde. » J'en ris encore.

1. L'assassinat de sa fille.

Possibilités de travail limitées, offre de loisirs faible, à quoi donc se raccrocher un prévenu en « procédure criminelle » ? « J'ai pensé à voir mes parents le plus vite possible, à ce qu'ils allaient dire, mais j'ai dû attendre un mois et demi avant qu'ils aient la permission du juge et le permis de visite. » Tacier-le-benjamin, écroué à l'âge de vingt ans, a un avantage : il peut encore compter sur l'appui inconditionnel de ses parents. Les prévenus plus âgés, eux, seront souvent moins chanceux. En tout cas, tous ceux qui n'étaient pas déjà désinsérés avant l'incarcération se tournent vers les parloirs-familles comme vers une bouée de sauvetage. Retrouver les enfants, la mère, c'est retrouver du connu, du familier alors que le sol se dérobe sous vos pieds. Sauf que dans la plupart des cas, le crime change la donne relationnelle, surtout si la victime était un membre de la famille. Aussi les premiers « parloirs » sont-ils empreints de désir et de crainte : comment mes enfants vont-ils réagir alors que j'ai tué leur frère, donc leur semblable ? mon père va-t-il accepter que son fils soit un assassin ? va-t-il m'embrasser ? Nombreux sont ceux qui attendent le verdict qui sera prononcé là, qui le redoutent d'autant plus que, stressés comme ils le sont, ils ont une forte demande de soutien. Mais ils resteront souvent sur leur faim.

Temps qui bée, temps qu'on tue

Peut-on investir positivement le temps à ce stade du cursus carcéral ? Y démarrer de vrais projets ? Certes, c'est à cette époque que plusieurs détenus, « descendus aux Enfers », ont amorcé leur remontée. Paco Perez y commencera des études, Karl Wagner découvrira la littérature et Blot-le-toubib, la spiritualité... Mais ces cas de figure, sur lesquels je reviendrai, restent minoritaires. Pour la quasi-totalité des (futurs) perpètes, le temps de la maison d'arrêt ne s'est pas prêté à l'élaboration de projets ; en fait c'est à lui, plus qu'au temps des établissements pour peine, que s'appliquent le plus justement les propos de Claude Lucas : « Le temps de la journée carcérale, écrit-il, fort de son expérience de détenu, ne se déploie pas vers un horizon, mais il bée. Béance d'abîme qu'il faut combler n'importe comment, à n'importe quel prix, sous peine, croit-on, de sombrer. Ainsi tue-t-on ce temps qui bée [1]. »

1. C. Lucas, *Suerte*, Paris, Plon, Coll. « Terre Humaine », 1995, p. 457.

« C'est le seul crime pour lequel y a jamais de procès ! » lancent les détenus en veine d'humour noir. Voilà qui laisse entendre, que se commet là à leur corps défendant — mais avec l'aval des autorités de tutelle — quelque chose qui nie la Vie. Un assassinat social et libidinal qui serait perpétré en toute impunité.

En tout cas, la plupart de mes interlocuteurs décrivent leur séjour en maison d'arrêt, en particulier lors des premiers mois ou des années précédant les assises, comme une période où le temps s'émiette et se vit, quand le détenu n'est pas assoupi, au jour le jour. Un seul souhait : qu'il passe, trépasse et surtout, surtout, qu'on en finisse au plus tôt [1] !

« Il faut distinguer, observe Blot-le-toubib [2], le temps de la maison d'arrêt du temps de la détention en établissement pour peine. En maison d'arrêt, il s'agit de survivre dans l'immédiat ; on est à trois ou quatre par cellule, y a de la promiscuité, une agressivité permanente, pas de travail ; y a que la promenade, la télé et les cigarettes. On est avec des petits récidivistes qui font deux mois par-ci, six mois par-là ; ils n'ont pas conscience de leur faute ; ça glisse sur eux. On ne peut pas changer en maison d'arrêt, rien construire, c'est un temps qu'on subit ; au contraire, ça entretient la haine et l'agressivité. » Le problème, c'est qu'en France la détention préventive est particulièrement longue. Si une minorité des détenus interviewés ont été jugés au bout d'un an, un an et demi, ils sont nombreux à avoir attendu bien plus longtemps. « A mon avis, poursuit Blot, vous pourrez rester dix ans en maison d'arrêt, y aura pas de changement. Tant qu'on est dans la survie, on ne peut pas essayer de recomposer sa vie. » Pas de restructuration psychique possible et, selon lui, une projection dans le futur extrêmement difficile car au début d'une longue peine, « l'avenir est incertain, hors de portée encore et il en résulte un fort sentiment d'impuissance ».

Sentiment qui peut durer longtemps car à la détention pré-sen-

1. « Pour les hommes libres, écrit Primo Levi, le cadre temporel a toujours une valeur [...] mais pour nous [les déportés], les heures, les jours et les mois n'étaient qu'un flux opaque qui transformait, toujours trop lentement, le futur en passé, une camelote inutile dont nous cherchions à nous débarrasser au plus vite » (*Si c'est un homme*, *op. cit.*, p. 125).

2. Écroué pour plusieurs affaires de viol.

tencielle longue[1] viennent s'ajouter de fréquentes prolongations de séjour en maison d'arrêt — pour diverses raisons, recours en cassation notamment. Ainsi trois de mes interlocuteurs qui attendaient à Fresnes leur transfert pour un établissement pour peine étaient-ils respectivement détenus depuis cinq, six et huit ans en maison d'arrêt. Ces durées indues gênent d'ailleurs aussi bien les responsables institutionnels qui se sentent démunis pour garder et occuper des cas considérés comme « lourds » que les intéressés eux-mêmes. Pour ces derniers, outre les difficultés évoquées ci-dessus, le fait de n'être que « de passage », même si ce passage risque de s'éterniser, rend difficiles l'élaboration et la mise en œuvre de projets, si petits soient-ils. « Pourquoi commencer des études, me dit l'un, puisque je risque de pas pouvoir les terminer ici ? » L'autre qui ne reçoit plus aucune visite hésite à prendre un visiteur de prison : « J'en ai marre d'être abandonné, me dira-t-il un jour ; on s'attache et puis y faut à nouveau se séparer » ; alors il remplit ses longues journées en tapant le carton et en parlant encore et encore à ses codétenus.

Cas extrême : celui de Roland Pereira — douze ans de maison d'arrêt entrecoupés d'une courte cavale et de deux procès ; il tourne en rond dans sa cellule de DPS. Sa drogue pour ne pas penser : les livres empruntés à la bibliothèque de Fresnes et les mots fléchés. Beaucoup de mots fléchés, « sinon je deviens fou, me dit-il ; j'ai aucun espoir ». Mais un objectif qu'il réaffirme lors de chaque entretien : obtenir la révision de son procès et prouver qu'il n'a ni violé, ni tué. Obstacle n° 1 à ses yeux : le manque d'argent. « Je voudrais pouvoir travailler pour pouvoir bouger et reprendre des avocats ; mon avenir, c'est ça, viser la révision. » Pereira attend donc avec impatience d'arriver en centrale pour ce faire.

Les difficultés rencontrées pour faire des projets en maison d'arrêt sont d'autant plus grandes que le contrôle de sa vie échappe au détenu. Plus qu'en établissement pour peine. Dans *Suerte*, Lucas a évoqué le rituel carcéral (promenades, repas, douches, etc.) qui « morcelle la journée de telle façon qu'il est difficile de se consacrer à une tâche personnelle sans être interrompu, sauf à manquer

1. En 1997, le délai moyen d'attente avant le passage aux assises était de 49 mois.

- MAISON D'ARRET [redacted]

REPARTITION DES TOURS DE DOUCHES

- DEUX DOUCHES PAR SEMAINE -

1er ETAGE OUEST

	MATIN		APRES-MIDI
LUNDI	Occupants cellules 1 à 13 inclus	LUNDI	Occupants cellules 2 à 14 inclus
MARDI	Occupants cellules 15 à 27 inclus	MARDI	Occupants cellules 16 à 28 inclus
MERCREDI	Occupants cellules 29 à 39 inclus + Quartier Disciplinaire.	MERCREDI	Occupants cellules 30 à 38 inclus
JEUDI	Occupants cellules 2 à 14 inclus	JEUDI	Occupants cellules 1 à 13 inclus
VENDREDI	Occupants cellules 16 à 28 inclus	VENDREDI	Occupants cellules 15 à 27 inclus
SAMEDI	Occupants cellules 30 à 38 inclus	SAMEDI	Occupants cellules 29 à 39 inclus + Quartier Disciplinaire.

2ème ETAGE OUEST

	MATIN		APRES-MIDI
LUNDI	Occupants cellules 41 à 53 inclus	LUNDI	Occupants cellules 40 à 52 inclus
MARDI	Occupants cellules 55 à 67 inclus	MARDI	Occupants cellules 54 à 66 inclus
MERCREDI	Occupants cellules 69 à 83 inclus	MERCREDI	Occupants cellules 68 à 80 inclus
JEUDI	Occupants cellules 40 à 52 inclus	JEUDI	Occupants cellules 41 à 53 inclus
VENDREDI	Occupants cellules 54 à 66 inclus	VENDREDI	Occupants cellules 55 à 67 inclus
SAMEDI	Occupants cellules 68 à 80 inclus	SAMEDI	Occupants cellules 69 à 83 inclus

Les douches : un élément rituel carcéral.

l'une des promenades quotidiennes [1] ». Au découpage institutionnel s'ajoutent les allées et venues liées à l'instruction (visite de l'avocat, convocation chez le juge), ce qui nécessite parfois des déplacements entre deux villes, des voyages en train, enchaîné. Brefs regards sur le monde libre, coupures dans un temps monotone qui sont diversement appréciées par les intéressés. Sans compter pour certains, susceptibles de s'évader, le risque d'être « baluchonné [2] », qui oblige à recommencer sans cesse sa vie carcérale à zéro et leur fait dire : « En maison d'arrêt, on peut rien entreprendre car on est jamais sûr de rien : d'un moment à l'autre on peut vous annoncer que vous partez. » Un exemple ? En douze ans, Pereira-le-DPS avait séjourné dans douze maisons d'arrêt !

Temps morcelé, temps imprévisible, mais aussi temps qu'on ne contrôle pas et qui conjugue régulièrement de longues plages d'attente avec des parenthèses d'urgence, ce qui rappelle une fois encore les récits des ex-déportés. Ainsi Tacier-le-benjamin me raconte-t-il les difficultés qu'il rencontre pour suivre des cours : « Les surveillants, y disent : "Tu viens tout de suite" ; tout à l'heure j'avais rendez-vous avec un Génépiste [3] pour un cours, mais bon ! c'est raté ! j'ai dû suivre le surveillant. Si je dois être extrait à 1 h 30, y vont venir à 1 h 27 [4] ; ça laisse peu de temps pour se préparer, surtout mentalement. A Fresnes on a aucun pouvoir sur ce qui nous arrive. »

Mais plus encore que les urgences, les situations d'attente pullulent en maison d'arrêt : c'est d'ailleurs là que le détenu est le plus dépendant du personnel. Sans lui, il ne peut que rarement se déplacer seul, qu'il s'agisse d'aller en cours, chez le médecin ou chez l'écrivain public... Attente des surveillants, mais aussi attente de l'avocat, attente de la convocation du juge d'instruction, attente de la date du procès, attente pour les soins médicaux, attente d'une audience avec son travailleur social, attente, attente... Plus que les

1. C. Lucas, *op. cit.*, p. 457.

2. C'est-à-dire transféré sans préavis pour des raisons sécuritaires dans un autre établissement.

3. Étudiant enseignant bénévolement en prison dans le cadre de l'association GENEPI (voir glossaire).

4. Il faut noter que les surveillants sont souvent prévenus eux-mêmes à la dernière minute de certaines « extractions ».

établissements pour peine, les MA font penser à d'énormes salles d'attente. Attentes si fréquentes qu'elles en suscitent toujours d'autres. Attentes-cercles vicieux. « En maison d'arrêt, me dit un instituteur, on m'amène jamais les gars à l'heure, alors du coup, moi aussi j'arrive systématiquement en retard. »

Temps qui ne sont pas respectés = gens qui ne sont pas respectables. Qui ne peut dominer son temps est un être dominé. Ce sont là quelques-uns des messages implicites que perçoivent les détenus. Le docteur J. avec laquelle je m'entretiendrai longuement me dira de ses « patients » qui « patientent » souvent pour pouvoir la voir : « Toute situation d'attente est pour eux une occasion de protester contre la Pénitentiaire. » C'est que la coupe est souvent pleine et la moindre goutte supplémentaire peut la faire déborder. Combien de fois ai-je vu ainsi arriver en entretien un détenu irrité parce qu'on l'avait fait poireauter inutilement dans telle ou telle circonstance !

En maison d'arrêt, plutôt que d'investir sa vie, on organise donc surtout sa survie, un peu mieux parfois quand on est un récidiviste pour qui la découverte frontale de l'univers carcéral est un traumatisme déjà ancien. Quoique... Être prévenu pour avoir commis un crime donne une nouvelle dimension au vécu carcéral d'un ex-petit ou moyen délinquant. Si quelques-uns des détenus que j'ai rencontrés avaient un passé carcéral, ils n'avaient jamais été incarcérés pour meurtre. Et dans ce cas, on a beau connaître certaines des ficelles du système, l'angoisse n'en est pas moins là qui vous tenaille. D'autant plus qu'un casier judiciaire déjà chargé n'arrange pas les choses le jour d'un procès, les intéressés ne le savent que trop. Pereira-le-DPS qui a connu dès l'adolescence le milieu pénitentiaire en est un bon exemple. Mélomane, jadis fou de musique classique, il a arrêté d'en écouter après son arrestation : « J'avais juste la télé qui marchait tout le temps mais je me rongeais trop pour m'intéresser à quoi que ce soit. »

Le détenu en maison d'arrêt, surtout s'il est encore prévenu, cherche donc essentiellement à remplir le vide du temps, c'est-à-dire de sa vie, mais, comme Sisyphe, il est confronté à une tâche qu'il doit éternellement recommencer. Les mêmes pensées indésirables reviennent toujours le harceler : elles oscillent entre deux pôles temporels relativement proches (ou du moins, pour le second, espéré tel) : d'un côté le passé avec l'évocation des « faits » et de tous les retentissements qu'ils ont pu avoir pour chacun d'entre eux (pertes diverses, enfants placés, relations conjugales déliquescentes), les souvenirs de l'arrestation, de la garde à vue et de l'arrivée en prison ; de l'autre, le futur : les assises avec comme étapes intermédiaires les entrevues avec le juge, les demandes de remise en liberté provisoire, etc. Et entre ces pensées qui se déclinent au passé et au futur proche (le moins souvent possible au futur lointain, trop désespérant), reviennent toujours, forcément insistantes, les contingences du présent : faire changer de chaîne à son voisin, l'empêcher de se masturber quand on est dans la cellule, trouver du tabac ou des timbres, attendre que le surveillant ait fait sa ronde pour aller aux toilettes [1], etc.

Ainsi plus les heures s'écoulent en maison d'arrêt, plus les détenus sont mus par la même envie : en finir avec ce temps de l'incertitude et de l'émiettement. Être enfin transférés en établissement pour peine ! Cela dit, quand je les rencontre des années plus tard, certains me diront parfois de cette époque qu'elle était plus « vivante », « plus en mouvement » parce que en maison d'arrêt, on est encore « extrait », qu'il y a d'incessantes allées et venues entre les milieux fermé et ouvert, qu'on y entend plus les bruits de la ville. Parce que certains d'entre eux y voyaient encore des membres de leur famille qui depuis n'ont plus donné signe de vie.

Ainsi, avec le temps, les souvenirs de la maison d'arrêt deviennent-ils parfois moins noirs même s'ils restent globalement négatifs comme l'illustrent clairement les propos que me tient Dominique Lœillet, trente et un ans, rencontré à la centrale de S.

De son séjour en maison d'arrêt, Dominique ne retient que deux événements positifs, tous les deux liés à des « visiteurs » extérieurs : les retrouvailles avec un père qui l'avait abandonné encore enfant et la rencontre avec une visiteuse de prison qui l'a « humanisé » car Dominique n'était alors que fureur et révolte. Tous les autres moments qui ont marqué cette première étape, mon interlocuteur les inscrit côté passif et me les décrit avec une délectation morose, ravivant au fur et à mesure qu'il m'en parle ses colères passées. L'entrée en prison ? Il l'évoque avec rage. C'est là qu'il

1. Par pudeur, certains détenus attendent systématiquement que le surveillant soit passé et les ait « matés » par l'œilleton avant d'utiliser les toilettes.

a découvert l'humiliation de la fouille intégrale : le déshabillage, la palpation des cheveux, des aisselles, de l'anus, de la bouche ; ensuite il décrit les fouilles-surprises le matin à sept heures, les mains en l'air devant les portes des cellules, le premier passage devant le prétoire [1], le premier séjour au mitard [2].

Il y a mitard et mitard. Dans les « 13 000 [3] », on en voit des neufs, assez lumineux, dans certains monuments pénitentiaires chargés d'histoire, des solennels, genre hautes et lugubres salles de château et, dans pas mal de vieilles prisons construites au siècle dernier, des cachots sombres, exigus et crades, couverts de graffiti anciens qui rappellent les précédents locataires et certaines illustrations vieillottes du *Comte de Monte Cristo*.

Mitard dessiné par son « locataire » (en l'an 2000).

Mais dans tous les cas, un mitard reste un mitard. La première chose qui frappe quand on y entre et qui donne envie d'en ressortir aussitôt, c'est la nudité du lieu : un lit de béton, le tabouret et la tablette scellés au mur, un WC à la turque avec souvent juste au-dessus, comme dans bien des cellules d'ailleurs, un robinet qui fait double emploi : chasse d'eau et dispensateur d'eau potable. Un cadre minimaliste et dur. Le mou, le moelleux, le plaisant à l'œil ? pas disciplinaire ! Le mitard appelle le béton et le fer. Et pour éclairer ce lieu minéral, un plafonnier souvent chiche en lumière. Pénombre propice à la méditation ? ou rigueur supplémentaire ?

1. « Tribunal » interne à la prison.
2. Cellule disciplinaire.
3. « Les 13 000 », établissements ainsi appelés car construits dans le cadre du « programme 13 000 » (places), sont à gestion semi-privée.

Aucun objet, hormis ceux que le puni pourra emporter avec lui. Tabac, livres et journaux, oui ! autorisés. Télé, radio et denrées cantinées, non ! prohibées. Pour toute compagnie, le souvenir de ceux qui se sont succédé dans ces lieux, y ont laissé des dates, des signatures et parfois leur vie[1]. « Mais, me dit Dominique, dans tous les chtards où je suis passé, y a toujours eu à un moment un chant d'oiseau pour me rappeler la vie. »

En fait, en écoutant Dominique, je me dis que ces douloureux moments qu'il me relate ne sont en rien spécifiques à la maison d'arrêt. Mitard, fouille à corps et prétoire, mon interlocuteur a vécu tout cela aussi en centrale. Mais si dans son souvenir, ces pratiques sont surtout liées à son séjour en maison d'arrêt, c'est qu'il a alors ressenti pour la première fois dans son corps cette réification, ces humiliations auxquelles on ne peut rien opposer, même pas sa colère puisqu'elle ne fait qu'envenimer les choses, bref c'est là qu'il a découvert ces cérémonials et ces dispositifs si spécifiques à l'institution pénitentiaire. *In fine*, si Dominique a un si mauvais souvenir des maisons d'arrêt, c'est parce qu'il y a rencontré LA PRISON.

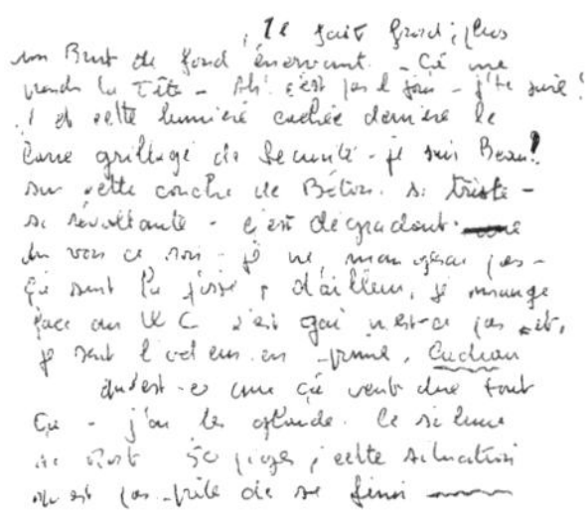

Extrait d'une lettre d'un détenu au mitard.

« Il fait froid ; plus un bruit de fond énervant. Ça me prend la tête. Ah ! c'est pas l'jour, j'te jure ! et cette lumière cachée derrière le carré grillagé de sécurité — je suis beau ! sur cette couche de béton si triste, si révoltante, c'est dégradant. Tu vois ce soir je ne mangerai pas. Ça sent la pisse, d'ailleurs, je mange face au WC, c'est gai n'est-ce pas et je sens l'odeur en prime, *cadeau*. Qu'est-ce que ça veut dire tout ça ? J'ai les glandes, ce silence de mort. 50 piges ; cette situation qu'est pas prête de se finir. »

1. Une bonne partie des suicides en prison ont lieu au mitard.

LISTE DES FAUTES DISCIPLINAIRES

Constitue une faute disciplinaire du premier degré le fait, pour un détenu :

1A d'exercer des violences physiques à l'encontre d'un membre du personnel de l'établissement ou d'une personne en mission ou en visite dans l'établissement pénitentiaire,
1B de participer à toute action collective de nature à compromettre la sécurité de l'établissement,
1C de détenir des stupéfiants ou tous objets ou substances dangereux pour la sécurité des personnes et de l'établissement, ou de faire trafic de tels objets ou substances,
1D d'obtenir ou de tenter d'obtenir par menace de violences ou contrainte, un engagement ou une renonciation ou la remise d'un bien quelconque,
1E d'exercer des violences physiques à l'encontre d'un codétenu,
1F de participer à une évasion ou à une tentative d'évasion,
1G de causer délibérément de graves dommages aux locaux ou au matériel affecté à l'établissement,
1H de commettre intentionnellement des actes de nature à mettre en danger la sécurité d'autrui,
1I d'inciter un codétenu à commettre l'un des manquements énumérés par le présent article.

Constitue une faute disciplinaire du deuxième degré le fait, pour un détenu :

2A de proférer des insultes ou des menaces à l'égard d'un membre du personnel de l'établissement ou d'une personne en mission ou en visite au sein de l'établissement pénitentiaire,
2B de participer à des actions collectives de nature à perturber l'ordre de l'établissement, hors le cas prévu au 1B,
2C de commettre ou tenter de commettre des vols ou toute autre atteinte frauduleuse à la propriété d'autrui,
2D de causer délibérément un dommage aux locaux ou au matériel affecté à l'établissement, hors le cas prévu au 1G,
2E d'imposer à la vue d'autrui des actes obscènes ou susceptibles d'offenser la pudeur,
2F de refuser de se soumettre à une mesure de sécurité définie par les règlements et instructions de service,
2G de se soustraire à une sanction disciplinaire prononcée à son encontre,
2H de se livrer à des trafics, des échanges non autorisés par les règlements ou tractations avec des codétenus ou des personnes extérieures,
2I de détenir des objets ou substances non autorisés par les règlements ou de se livrer à leur trafic, hors le cas prévu au 1C,
2J de se trouver en état d'ébriété, ou d'absorber sans autorisation médicale des substances de nature à troubler son comportement,
2K de provoquer un tapage de nature à troubler l'ordre de l'établissement,
2L de mettre en danger la sécurité d'autrui par une imprudence ou une négligence,
2M de tenter d'obtenir d'un membre du personnel de l'établissement ou d'une personne en mission au sein de l'établissement, un avantage quelconque par des offres, des promesses, des dons ou des présents,
2N d'inciter un codétenu à commettre l'un des manquements énumérés au présent article.

Constitue une faute disciplinaire du troisième degré le fait, pour un détenu :

3A de formuler des outrages ou des menaces dans les lettres adressées aux autorités administratives et judiciaires,
3B de formuler dans les lettres adressées à des tiers, des menaces, des injures ou des propos outrageants à l'encontre de toute personne ayant mission dans l'établissement ou à l'encontre des autorités administratives et judiciaires, ou de formuler dans ces lettres des menaces contre la sécurité des personnes ou de l'établissement,
3C de proférer des insultes ou des menaces à l'encontre d'un codétenu,
3D de refuser d'obtempérer aux injonctions des membres du personnel de l'établissement,
3E de ne pas respecter les dispositions du règlement intérieur de l'établissement ou les instructions particulières arrêtées par le chef de l'établissement,
3F de négliger de préserver ou d'entretenir la propreté de sa cellule ou des locaux communs,
3G d'entraver ou de tenter d'entraver les activités de travail, de formation, culturelles ou de loisirs,
3H de jeter des détritus ou tout autre objet par les fenêtres de l'établissement,
3I de communiquer irrégulièrement avec un codétenu ou avec toute autre personne extérieure à l'établissement,
3J de faire un usage abusif ou nuisible d'objets autorisés par le règlement intérieur,
3K de pratiquer des jeux non autorisés par le règlement intérieur,
3L de multiplier, auprès des autorités administratives et judiciaires, des réclamations injustifiées ayant déjà fait l'objet d'une décision de rejet,
3M d'inciter un codétenu à commettre l'un des manquements énumérés au présent article.

SANCTIONS

Durées maximales des sanctions de cellule de confinement et de cellule disciplinaire

<table>
<tr><th></th><th colspan="2">Premier degré</th><th>Deuxième degré</th><th>troisième degré</th><th rowspan="4">A noter : la durée cumulée des sanctions de cellule successivement prononcées, soit à raison de la commission de plusieurs fautes, soit à raison de fautes commises au cours de l'exécution d'une sanction de cellule, est limitée au maximum réglementaire afférent à la faute la plus grave.
Rappel : les sanctions de cellule de confinement ou disciplinaire ne sont pas applicables aux mineurs de moins de seize ans.</th></tr>
<tr><td>Majeur confinement et disciplinaire</td><td colspan="2">45 jours</td><td>30 jours</td><td>15 jours</td></tr>
<tr><td>Mineur de plus de seize ans confinement</td><td colspan="2">15 jours</td><td>8 jours</td><td>4 jours</td></tr>
<tr><td>disciplinaire</td><td>avec violences 15 jours</td><td>sans violences 8 jours</td><td>5 jours</td><td>3 jours</td></tr>
</table>

Autres sanctions

Interdiction de recevoir des subsides	Privation de cantines	Mise à pied [2]	Privation de l'usage d'un appareil	Suppression de l'accès au parloir sans séparation	Travaux de nettoyage [1]	Privation d'activités [2]	Travaux de réparation [1]
2 mois	2 mois	8 jours	1 mois	4 mois	40 heures	1 mois	exécution du travail

[1] Ces sanctions ne peuvent être prononcées que comme des alternatives aux sanctions de cellule disciplinaire et de confinement, après accord du détenu.
[2] La mise à pied, le déclassement et la privation d'activités de formation ne sont pas applicables aux mineurs de moins de seize ans.

Direction régionale :	**CONVOCATION DEVANT LA COMMISSION DE DISCIPLINE EN DATE DU**	Exemplaire A destiné au détenu
Établissement :	Nom : Prénom : N° d'écrou : ☐ Prévenu ☐ Mineur de moins de 16 ans ☒ Condamné ☐ Mineur de plus de 16 ans	

En application des dispositions de l'article D. 250-2 du Code de procédure pénale, vous êtes convoqué devant la commission de discipline, en vue d'y présenter vos explications sur les faits indiqués ci-après, qui vous sont reprochés.

Un délai, qui ne peut être inférieur à trois heures, vous est accordé avant la comparution devant la commission de discipline, pour préparer vos explications orales ou écrites.

EXPOSÉ DES FAITS

Le 7/01/98 vers 17H00 à l'énoncé de la sanction disciplinaire vous concernant lors de la commission de discipline vous avez eu une attitude provoquante et menaçante envers le sous directeur, en le traitant à plusieurs reprises de fasciste.

De plus à la sortie de la salle vous avez déclaré « Entrer en guerre contre le sous directeur

Date et heure de la comparution :	L'intéressé reconnaît avoir pris connaissance du présent document et en avoir reçu copie le 19/1/98 à 15 h 00 heures.	Signature du détenu : refuse de signer
Date et heure de la notification :	Le présent document a été notifié à l'intéressé qui en a reçu copie le ... à ... heures.	Nom et signature de l'agent : [redacted]

Rapport disciplinaire donné à un détenu après sa comparution au prétoire.

Retour sur Dominique Lœillet

Pas mal la pièce où je reçois les détenus de S. ! Extérieure à la détention[1], elle n'a rien d'une cellule. Plutôt claire, spacieuse et récemment repeinte, elle doit servir de bureau à la JAP[2]. De mon siège j'aperçois par la porte-fenêtre la cour où déambulent parfois quelques rares détenus. De la lumière et du silence ! j'en oublierais presque que je suis en prison.

Aujourd'hui j'attends une nouvelle recrue. Un jeune du milieu bordelais, la trentaine, DPS. Pas facile, paraît-il.

La porte s'ouvre. Le surveillant s'éloigne. Dominique déboule. Je me lève, lui tends la main, désigne le siège en face de moi, sors le laïus classique : « Sociologue..., aucune obligation d'entretien, de réponse..., magnétophone seulement si d'accord ; non, non, je ne suis pas journaliste... je sais, je sais qu'il y aurait des tas de choses à dénoncer... A quoi ça sert ? peut-être à sensibiliser les gens à certains problèmes... Tout le monde s'en fout ! Oui, ça aussi je sais. »

Je souris, mais pas trop. Convaincre que ça vaut le coup de se parler, oui, mais racoler, pas question !

Je cause, je cause — lui aussi ! — et je reprends mes esprits. Car l'entrée en scène de Dominique m'a laissée pantoise. Grand, bien bâti et ne faisant strictement rien pour le cacher vu qu'il porte un marcel décolleté, Dominique est ce qu'on appelle un beau gosse. Les bras musclés et pleins de tatouages — j'essaie de regarder ailleurs, sur mon cahier par exemple, mais je ne sais quelle pulsion anthropologique me pousse à les déchiffrer. Il est en nage et son torse rappelle Brando dans *Un tramway nommé Désir*. Il jouait au foot quand on l'a appelé. Ah bon ! Moi qui croyais avoir affaire à un gars un peu exhibitionniste... N'empêche, c'est la première fois que je fais un entretien avec un interlocuteur aussi légèrement vêtu. Heureusement j'ai de la bouteille, et puis avec l'âge, je suis moins sensible à ce genre de jeune beauté virile.

Le premier entretien ne sera pas facile vu que Dominique est aussi volubile que musclé. Entre deux flots de paroles, j'essaie de placer une question mais il redémarre aussi sec. Il vocifère : enfance malheureuse, délinquance précoce, parents divorcés, père perdu de vue, beau-père issu du milieu, qui s'est servi de lui pour un règle-

1. Ce mot est à prendre ici dans son sens de « quartier où vivent les détenus ». Celui-ci est généralement situé au cœur de la prison.

2. Juge de l'application des peines.

ment de compte. A vingt ans Dominique a descendu un type à sa demande. Ensuite la taule, sa haine de la taule, son évasion, son retour en taule. Et toujours ce leitmotiv : je suis UNE VICTIME. Dominique me le crie en me défiant du regard. C'est sûr, je ne le croirai pas. Un silence. « C'est vrai, je réponds doucement, vous avez vraiment l'air d'en avoir bavé. » Dominique me regarde, incrédule. « J'ai beau le savoir, bégaie-t-il, ça fait du bien de se l'entendre dire. » J'ai dû prononcer des mots magiques car Dominique s'est maintenant radouci. Ouf ! la suite de la discussion sera plus détendue !

Nous nous reverrons plusieurs fois. Pendant nos entretiens je verrai régulièrement déambuler derrière la porte vitrée l'ombre d'un surveillant. C'est rare à S. Mais sans doute dû à ce statut de DPS. Il est vrai que Dominique-le-Bordelais a un côté effervescent. Parfois la tension est à son maximum. Alors il se déchaîne, insulte les surveillants, détaille les humiliations subies, maudit les balances... Parfois son excitation retombe ; il est détendu, me parle de sa visiteuse, rêve de sa future (très, très future) perme, esquisse même un sourire.

Le dernier jour où nous nous verrons, pendant tout l'entretien, il ne tiendra pas en place. Ce qui était agréable — vider son sac — est devenu une contrainte ; il a besoin de bouger, il me le dit et me le répète ; six heures en atelier, déjà ça lui prend la tête, alors être immobilisé un peu plus, non ! Il faut qu'il se défoule ! Contrairement à d'autres, il me quittera avec satisfaction, pressé d'aller taper sur le ballon. Ouf ! à nouveau libre !

La salle de discipline à la maison centrale de Fontevrault
par un cambrioleur récidiviste condamné aux travaux forcés.
In J. Lacassagne et J. Couty, *Albums du crocodile. L'art en prison. Dessins de criminels,* 1939.

Trompe-l'œil

L'œil du BIG BROTHER PÉNITENTIAIRE peut vous voir à tout instant et dans n'importe quelle situation, y compris les plus intimes — « intime », mot au demeurant incongru en prison. Alors certains vont chercher à annihiler symboliquement cette humiliation.

« L'œilleton, il est un peu comme un téton ; je l'ai entouré de photos de seins de femmes. »

« L'œilleton, j'ai mis dessus l'affiche du film La Haine *: deux yeux qui vous matent d'un air mauvais. »*

« Sur ma porte, j'ai mis des collages, genre dentelles ; on voit des fleurs, avec leur cœur et leurs pétales autour ; la fleur du milieu, si on regarde de loin, on croirait pas que c'est l'œilleton. »

« D'un côté de l'œilleton, j'ai mis une photo de Léo Ferré et de l'autre une de Brassens. Ces deux-là, ils ont le maton à l'œil. »

« A dix centimètres de l'œilleton, j'ai collé un œil découpé dans un magazine. Ça rééquilibre la situation. Un œil dedans, un dehors. Un œil à eux, un à moi. »

« Ce que beaucoup de gars font, c'est d'accrocher juste sous l'œilleton la boîte à lettres où on met le courrier que le surveillant ramassera. Quand on veut être peinard, on mettra dedans une grosse enveloppe qui va cacher l'œilleton. Si le maton râle, on dira : "C'est pas moi, c'est l'enveloppe" ! »

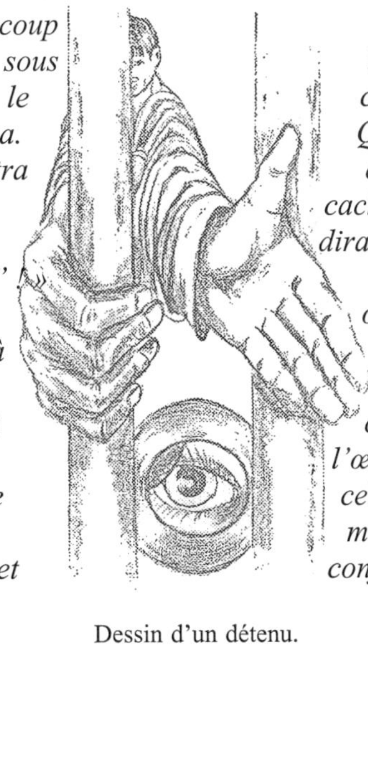

Cet œil indiscret, on s'ingénie donc à le transformer, à lui trouver un contrepoids, à le jumeler, à se l'approprier. Grâce à ces trompe-l'œil, on fait comme si l'œilleton reflétait une autre réalité que celle du panoptisme. Réaménagement magique qui se joue du maton mateur et conjure le mauvais œil.

Dessin d'un détenu.

LA PERCEPTION DU CRIME

> *« Ni fatal, ni surdéterminé, le passage à l'acte délictuel du criminel de comportement demeure une tentative de solution, unique et donc nécessaire, à une situation psycho-affective en impasse, qui admettrait un autre dénouement*[1]. »

« Où les gars trouvent-ils des ressources pour ne pas se suicider ? me dit pensivement M. C., le psychologue que je rencontre au CNO. C'est pas évident de survivre à un acte criminel. » Cette question, cela fait bien longtemps que je me la pose moi-même. Est-ce dû à ma familiarité déjà ancienne avec le monde des prisons ? Il est rare que j'entende le compte rendu télévisé ou radiophonique d'un meurtre sans penser *aussi* à la souffrance des coupables, les journalistes se focalisant traditionnellement — et c'est normal ! — sur celle des proches des victimes.

« Il y a ceux qui se protègent par le déni, m'explique mon interlocuteur, et ce déni se décline de plusieurs façons : soit ce sont des gens qui restent dans leur mutisme et refusent de parler de leur affaire quitte à l'évoquer dans une expression artistique. Soit ils mettent en place une autre version des choses : ils se présentent souvent comme persécutés — par leur femme, par exemple. Le gars se reconstruit une néo-réalité délirante qui va occulter la perception de son délit et qui est possible à partir d'un clivage du moi. Je trouve que massivement les gens se présentent en déniant la réalité.

— Massivement ?

— Oui, c'est ce que je constate. Il y a, poursuit M. C., un défaut

1. J. Picat, *Violences meurtrières et sexuelles, op. cit.*, p. 8.

d'émotion par rapport à la souffrance faite à autrui ; de toute façon, si les gars sentaient ou avaient senti, ils ne pourraient pas agir. Mais s'ils choisissent de survivre en occultant leur culpabilité, ce sera au détriment d'une conscience morale des actes commis. »

Ce constat d'un déni massif de la réalité, mon enquête ne le corrobore pas : trois seulement des condamnés avec lesquels je me suis entretenue se disaient innocents — je reviendrai ultérieurement sur leur cas. Mais, me dis-je, mon interlocuteur doit surtout faire allusion aux pères incestueux, or je n'en ai pas rencontré dans ce travail. Par contre, ce que j'ai observé, ce sont des omissions (ou amnésies ?) partielles dans la relation des faits, éventuellement favorisées par un long recours à la « fiole ». « Certains ne se souviennent plus, m'avait dit un éducateur, parce que pour eux la réalité est insoutenable et puis beaucoup de choses se font dans un moment de désorganisation complète de la personnalité. »

Pour en revenir à l'anesthésie des sentiments pendant et après le crime, le psychologue qui m'en parle l'attribue notamment au passé professionnel des détenus et je lui sais gré de contextualiser socialement un fonctionnement psychique. Tendance pas si fréquente, me semble-t-il, « chez les psys ». « Beaucoup des gens que je vois, m'explique-t-il, ont travaillé dans le bâtiment ; ils étaient des exécutants ; pour tenir le coup, il leur a fallu occulter les sensations. Il y a là une insensibilité suscitée par des impératifs professionnels qui va se poursuivre en dehors du travail, par rapport aux enfants, par exemple, dont on ne supportera pas les pleurs. D'où une glaciation psychique qui a des effets délétères sur les projets d'avenir. » Tout en écoutant mon interlocuteur, je repense à Denis Dodelet qui a tué son nourrisson lors d'une crise d'éthylisme. Mineur pendant onze ans, Dodelet s'est mis à boire dès qu'il a commencé à travailler : « On s'habitue à la mine, me dira-t-il, on s'habitue pas à la prison. » D'autant moins peut-être que l'alcool y est interdit...

Si, avant la détention, les boissons alcoolisées[1] contribuent fré-

1. « Les dommages causés par l'alcool arrivent au premier rang des pathologies des détenus [...] chez les hommes, un entrant en maison d'arrêt sur quatre a une maladie liée à l'alcool [...] un entrant sur trois a un problème lié à l'alcool, c'est-à-dire une maladie et/ou une consommation à haut risque et/ou des problèmes judiciaires liés à son alcoolisation » (M. Guillonneau et A. Kensey, « La santé en milieu carcéral, éléments d'analyse démographique », *Revue française des affaires sociales,* n° 1, janv.-mars 1997, p. 48).

quemment à cette anesthésie psychique, *intra-muros*, celle-ci est souvent entretenue, de l'avis de M. C., par une activité sportive et culturiste intense : « Y'a des types qui passent tout leur temps à ça ; le soir, ils dorment bien parce qu'ils ont fait de la muscu, ils pensent pas — le sourire de M. C. se fait sarcastique — mais s'il leur arrive un pépin, là ils passent à l'automutilation. »

La glaciation des sensations, les propos de Marc Marcus l'illustrent bien. « Moins je pense, mieux je me porte », voilà ce qu'il affirme avec une belle constance. Quel effet lui a fait l'expertise psychiatrique dont il a été l'objet ? « rien » ; voir d'autres détenus aller « en perme » ? « rien ». Ne pas sentir, telle semble être la consigne que s'est donnée Marc. Et de toute évidence elle ne date pas de la prison ! « J'essaie d'oublier mon délit, me dit-il, j'y arrive ; si on n'oublie pas, ça fait trop mal ! » « Trop mal », le mot me fait sursauter tant la gamme des plaisirs et déplaisirs que Marc m'a dit éprouver me paraissait jusque-là réduite. Visiblement son blindage n'est pas sans faille !

Sur les vingt-sept détenus rencontrés, vingt ont évoqué et explicité leur crime. Sobrement ou avec force détails. Il faut dire que même si j'avais choisi de ne pas aborder moi-même le sujet[1], il s'agissait là d'une question centrale ; ne pas en parler pouvait rendre difficilement intelligible le quotidien pénitentiaire qui m'était décrit.

En maison d'arrêt, ce crime qu'ils viennent de commettre ou dont ils sont accusés — pour ceux qui nient leur culpabilité — va généralement accaparer leur attention, du moins jusqu'aux assises. Les entretiens avec le juge d'instruction, avec l'avocat ou avec les proches empêchent d'ailleurs ceux qui voudraient enfouir les « faits » au plus profond d'eux-mêmes de le faire.

Difficile de faire le point sur les sentiments éprouvés à ce sujet. D'où vient la souffrance si souffrance il y a ? D'avoir tué un être humain, d'être devenu quelqu'un d'inacceptable à ses propres yeux

1. Pour deux raisons. D'abord parce que le crime représente pour beaucoup de détenus une blessure intime sur laquelle ils ont été X fois questionnés et que je ne voulais pas, moi, une étrangère, à nouveau rouvrir la plaie. Et puis je souhaitais surtout me consacrer à l'étude de la trajectoire et de la condition carcérales des condamnés.

— un criminel —, d'avoir fait du tort à ses proches, à la famille de la victime ? Par ailleurs, certains parlent peu mais n'en ressentent sans doute pas moins, d'autres paraissent presque exhiber leur souffrance mais il faut compter aussi avec l'image socialement acceptable qu'il convient de donner de soi : la mère qui se dit bourrelée de remords l'est sans doute mais peut-être tente-t-elle aussi de redonner d'elle une vision plus normale : « mère éplorée » après avoir été « mère indigne ». *A contrario*, dans le milieu « voyou », il est mal vu de manifester du remords. Ce qui n'empêche pas d'en ressentir ! Alors, sauf à pécher par imprudence ou par présomption, comment prétendre évaluer l'intensité des regrets et leur authenticité ? Et puis, comme me le disait un jour l'un des instituteurs de C. : « Regrettent-ils leur crime parce qu'ils ont fait une victime ou parce qu'ils se sont fait pincer ? » Il est évident en effet que la perception de « l'acte » est affectée par l'incarcération, la sanction et l'opprobre subséquents. Les remarques qu'on me fera à propos de la sentence le démontreront clairement.

Cela dit, c'est sans doute l'homicide d'un proche et notamment des enfants qui engendre le plus de remords ; dans ce cas *l'endeuilleur* se retrouve aussi fréquemment *endeuillé*, et donc doublement susceptible de souffrir.

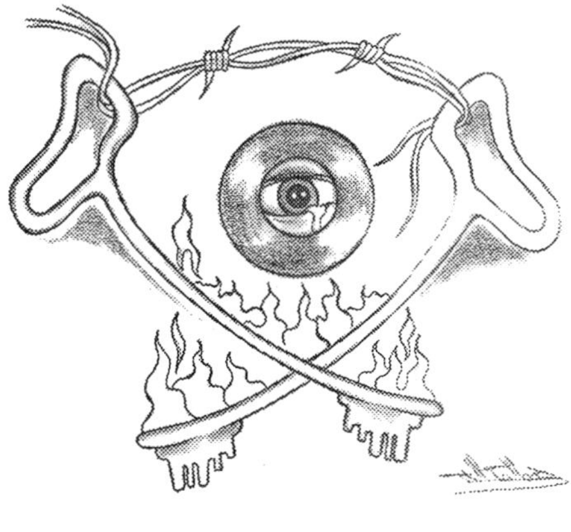

Dessin d'un détenu.

Difficile donc d'énoncer des généralités tant la nature des crimes perpétrés et le profil des meurtriers divergent, mais dans les relations qui m'ont été faites du « passage à l'acte » reviennent néanmoins quelques récurrences marquantes.

Le sentiment d'irréalité tout d'abord. Même s'ils sont les auteurs de l'acte commis, beaucoup s'expriment comme le font les témoins de drames divers, accidents de voiture ou autres : ils n'y croient pas. « Pendant un an et demi, j'ai pas réalisé ce que j'avais fait, raconte Karl Wagner, auteur d'un crime commis un soir de beuverie, j'étais surtout furieux d'être en prison ; et puis j'ai lu *L'Étranger* de Camus ; là, ç'a été une lumière pour moi ; j'ai découvert que l'autre, c'était moi-même. » Karl me regarde. Un silence... Puis, comme dans un murmure : « Jusque-là j'avais pas compris que j'avais tué un être humain. » Mais, quelques jours plus tard, le même homme me dira encore : « C'est le jour des assises quand j'ai vu la famille de la victime, que j'ai *vraiment* réalisé que j'avais tué un être humain ; pour moi c'était resté très abstrait. »

« J'ai mis une année à peu près à comprendre que c'était moi qu'avais fait ça », se souvient aussi Christophe Geng. « Ça », c'est-à-dire le viol et l'assassinat de deux petites filles. « Je me disais : "Je vais me réveiller". A l'époque, je pouvais encore avoir des moments de bonheur, maintenant c'est plus possible. Quand je me dis : "T'avais ton libre arbitre quand t'as fait ça", c'est insupportable. » Mais Geng avait-il tout son libre arbitre quand il s'est acharné longuement sur les organes sexuels de ces deux fillettes ? Il me paraît toujours difficile de l'affirmer quoi qu'aient pu en dire les psychiatres qui l'ont expertisé...

« Ma colère contre la personne que j'ai tuée est tombée dès qu'elle est morte, se rappelle aussi Paco Perez ; tout de suite après, je me suis rendu compte que c'était atroce. » Et pourtant le même homme qui avait « compris » qu'il venait de donner la mort ajoutera plus tard : « A partir du moment où je suis passé devant le Parquet, j'ai pris conscience que j'étais un assassin à part entière ; on se sent mal, très mal ; on en voudrait presque à tout le monde, aux flics, au procureur, au juge d'instruction. »

Ces propos illustrent un thème constamment abordé lors des entretiens : la prise de conscience de la réalité de « l'acte » se fait très progressivement. Quand elle se fait...

Autre leitmotiv : la rapidité des « faits », ce qui contribue d'ailleurs à les rendre irréels. Mais bien évidemment cette remarque vaut surtout pour les relations d'homicides qui n'impliquaient pas de préméditation. Quoique... « Ç'a été très rapide ; en cinq minutes, me dit Irénée-le-Réunionnais, on a tué quelqu'un ! » Quelqu'un qui était sa femme. Ce meurtre, Irénée en parle d'ailleurs comme s'il s'agissait des rushes d'un film qui lui auraient été projetés trop vite ; combien de fois les a-t-il revisionnés au ralenti pendant ses années de détention, revenant inlassablement sur certaines images dont il n'est pas sûr mais qui sont — ô combien ! — importantes pour lui ?

« Six minutes pour tuer et ensuite toute la vie pour expier. » Karl Wagner semble encore trouver incroyable, je le vois bien à son air incrédule, qu'une vie humaine qui a mis des années à se construire puisse se défaire si rapidement. En six minutes seulement ! Et, de surcroît, de son fait.

Mais si plusieurs détenus ont insisté sur la rapidité du crime, c'est qu'elle est corrélée à un sentiment fréquemment évoqué : ce qui s'est passé les dépassait. Certes, toutes ces observations peuvent faire partie d'une stratégie destinée à diminuer le sentiment de culpabilité. Mais une telle analyse me paraît un peu réductrice. Et puis j'ai cru entendre dans les propos prononcés de tels accents de sincérité !

« Acte qui me dépasse, situation devenue impossible », ces deux thèmes sont imbriqués. La douzaine de détenus qui m'ont dit avoir tué pour en finir avec une souffrance intérieure et une situation impossible se sont sentis « agis » : le crime leur est quasiment imposé par un je-ne-sais-quoi de plus fort qu'eux. Il conclut une période impossible, une spirale folle. Ainsi Lalonde-le-psy tue son enfant après des années de lutte pour en obtenir la garde : « Sur le moment, reconnaît-il, j'ai ressenti comme un soulagement : tout était enfin fini. »

« A l'époque de mon affaire, c'était la fin d'un individu ; je voulais arrêter la vie que je menais », voire la vie tout court, me dira aussi un détenu qui s'est présenté à moi comme étant un « ex-polytoxico et gigolo ».

« Mon mari me répétait : "Y faut que tu choisisses entre ton fils [d'un premier lit] et moi" ; j'étais déprimée, j'en avais marre. » L'épouse a alors choisi et tué... Des années plus tard, la mère endeuillée que je rencontre décrit la meurtrière qu'elle a été comme « une femme dépossédée d'elle-même », « une femme sous influence ».

Les narrations des faits (que je ne demandais pas) combinent parfois précisions minutieuses et trous... troublants. Laurence Marelle qui me raconte spontanément le martyre de sa fille, tuée par elle-même et son concubin, détaille ainsi certains points : « Y s'est mis en maladie pendant quinze jours » [pour la torturer], tout en en omettant d'autres. Puis elle conclut par une formule énoncée au passif qui évacue la part active qu'elle a pu prendre au crime : « Ma fille est morte d'un viol avec hémorragie. » Pourquoi Laurence a-t-elle pris perpète ? [1] En quoi a consisté au juste sa participation au meurtre ? Je ne le saurai pas. En tout cas, l'enchaînement des faits qui a abouti à la mort de sa fille paraît, tel qu'il est relaté, relever de l'inexorable. Laurence n'est pas une exception. Les formules impersonnelles ou passives sont souvent utilisées pour narrer les faits et contribuent à donner cette impression : ils (ou elles) ont été « agi(e)s » par le mal, le destin, une puissance supérieure, la folie du moment [2]...

Cette analyse impersonnelle et distanciée doit néanmoins être replacée dans le contexte où elle a été énoncée, c'est-à-dire des années après le crime. Rétrospectivement, dans le calme relatif de la détention, quand tout est devenu si éloigné, que les passions se sont estompées, comment ne pas avoir le sentiment qu'on était littéralement « hors » de soi, et en tout cas « de son sens » ? « Avant, me dira Sophia Rado qui a tué sa meilleure amie dans des conditions dramatiques, je croyais pas à la fatalité, mais depuis

1. Dans *Femmes, délinquances et contrôle pénal : analyse socio-démographique des statistiques administratives*, CESDIP, Études et données pénales, n° 75, 1996, la démographe F. L. Mary fait observer que la justice se montre en général plus clémente avec les femmes pour la plupart des infractions, sauf pour les atteintes à la personne et à la famille. Rien d'étonnant alors à ce que la peine maximale sanctionne plus particulièrement les femmes qui ont tué leur enfant — ou se sont rendues complices de son meurtre.

2. « Dostoïevski parle du crime comme “d'un moment de folie”, écrit J. Picat, et cependant tous les criminels ne sont pas fous... Alors, cela veut-il dire que seul un fou peut tuer ou bien que, comme la folie, le crime demeure ce qui ne peut se comprendre ? » (*op. cit.*, p. 7.) Surtout, pourrait-on ajouter, si l'on n'essaie pas de quitter momentanément son propre point de vue sur la vie pour tenter de saisir celui du criminel (ou du fou).

que je suis en prison, si ; je me dis que ce qui s'est passé devait arriver. »

Autre récurrence : l'évitement de tout terme qui exprimerait trop la brutalité de l'acte. Le mot crime n'est quasiment jamais utilisé : on parle fréquemment des « faits », de l'« accident », du « drame », voire de « cette bêtise ». Mais de manière générale c'est le mot « délit » qui revient le plus souvent. Passe-partout, il présente aussi l'avantage de mettre — d'un point de vue langagier — tous les reclus à la même enseigne quoi qu'ils aient fait : braquage prestigieux ou crime stigmatisé.

Un seul détenu a évoqué « l'assassinat » commis, en ajoutant : « Inutile de tourner autour du pot, c'est ça ! » Mais Paco Perez n'avait pas tué une personne chère ; il lui aurait sans doute été plus difficile d'user d'un terme « dur » dans ce cas. Car si certains évitent les mots « crime » et « assassinat » pour mieux ignorer leur responsabilité — « ça les empêche, observe l'aumônier de C., de voir les choses en face et d'assumer leur acte » —, pour d'autres, il s'agit surtout de ne pas raviver une souffrance intime [1].

Trop dur à prononcer. Trop évocateur d'une cruelle réalité... « Quand j'y pense, observe Irénée-le-Réunionnais qui a tué sa femme de vingt coups de couteau, je dis : "la mort de ma femme" ou "la mort de Marinette", je dis pas : "le crime" ; ça ferait gros ! ça blesserait trop ! on verrait le sang ! »

> Marinette, Irénée aime m'en parler. Son infidélité, l'amant facteur et sa fuite à lui dans l'alcool. A grosses doses. Un jour il m'apportera sa photo, celle du couple avec les enfants. Le bon vieux temps... La douceur d'Irénée, grand métis d'allure tranquille, me rappelle celle de mon voisin, au village, quand j'étais petite. Gentil et patient avec nous, les enfants. Mais le samedi soir, parfois surgissait Mister Hyde, une brute avinée qui cassait toute la vaisselle et courait la hache à la main derrière sa femme. Non ! lui n'a pas tué ! l'alcool l'a eu avant.

1. Mais cette attitude d'évitement n'est-elle pas couramment adoptée par bien des personnes endeuillées quand elles euphémisent la désignation de la mort ?

Autre moyen utilisé pour pouvoir « faire avec » l'horreur de la chose ou la minimiser (qui peut décider des raisons qui suscitent ces comportements ?) : les comparaisons qui montrent ce que gagne la victime... à être morte. Technique peut-être grossière mais classiquement employée, elle aussi, dans la vie quotidienne après la mort d'un proche. « Bien sûr la personne que j'ai tuée n'est plus là mais elle souffre plus », me déclare ainsi Dominique-le-Bordelais. Jean Blanchard, le militaire, qui a occis son voisin, estime, lui, qu'il a rendu service à la femme du défunt. « Il la brutalisait, la pauvre ! » Quant à Tacier-le-benjamin, meurtrier d'une personne âgée, il se réconforte en ces termes : « Tuer un nourrisson qu'a toute la vie devant soi, c'est pire ! » Mais s'il avait tué un nourrisson, sans doute aurait-il retourné la formule à son avantage. Enfin lorsqu'il dénonce les violeurs et qu'il me déclare candidement : « Eux, c'est pire, la victime a des séquelles toute sa vie », je souris intérieurement. Sûr que sa victime à lui, Tacier, expédiée *ad patres*, est délivrée définitivement de « séquelles » invalidantes !

Bref, comme le faisait remarquer ironiquement Karl Wagner, « un être humain a tendance pour limiter ses souffrances à se masquer un peu la réalité ». Et parfois plus qu'un peu.

Retour sur Karl Wagner

A la centrale de S., si « mon référent » est théoriquement le surveillant formateur, censé me guider et me fournir des sésames dans une maison où il n'est guère facile de circuler, mon interlocuteur privilégié — et nettement plus puissant ! — est en fait le chef de détention, un quinquagénaire humain et efficace, quoique parfois bourru. Sa prison, il la connaît comme sa poche, et c'est surtout avec lui que je discute du profil des détenus que j'aimerais interviewer. Qui a-t-il à me proposer aujourd'hui ? Il me regarde d'un air interrogateur. Un jaloux qui a tué sa femme ou un meurtre dans le milieu ? Je fais la moue. Non, j'ai déjà ça en rayon. J'aimerais du nouveau. Caressant pensivement son crâne dégarni, M. F. soupire. Au diable les chercheurs qui viennent vous compliquer la vie des détentions ! Enfin ça, il l'a pas dit mais il l'a pensé très fort. Une lueur d'espoir ! « Y'aurait bien Wagner, un Autrichien, me dit-il, vous savez, ce crime raciste. Un Nord-Africain jeté d'un train. Toute la presse en a parlé. »

Un crime raciste ? Non, je veux pas ! je crois que je pourrai pas !

Pourquoi ce rejet instinctif ? Au fil des ans j'ai pourtant interviewé toutes sortes de criminels... Mais je n'ai pas vraiment le temps de scruter mon inconscient ; M. F. aimerait bien — ça se voit à cent mètres — que je lui réponde et que je dégage rapidement son bureau.

OK. Je le verrai. Enfin, s'il est d'accord ! Ma devise n'est-elle pas : « Toujours prête à partir au feu » ? Quitte à me taper crises de foie sur crises de foie comme lorsque j'ai réalisé ma première enquête sur les sortants de prison.

Le lendemain, 13 h 30. Devant le bureau de M. F., un homme d'allure jeune, vêtu d'un anorak noir, attend. L'œil est brillant, le regard vif, l'air intelligent, le cheveu brun. Ça doit pas être lui, il n'a pas une tête d'abruti ! C'est lui. Surprise, surprise. Donc dans la mienne de tête, y avait l'équation « raciste = grosse brute avec un air bovin ». Apparemment j'ai tout faux.

La rencontre avec Karl sera l'une des plus marquantes de cette enquête et je ne regretterai pas d'avoir passé outre à ma répulsion première. Primo parce que j'adore être agréablement détrompée. Secundo parce que l'itinéraire de Karl est original et parfois spectaculaire (suicide, conversion religieuse et intellectuelle). Enfin c'est un interlocuteur vif et passionné par le débat d'idées. Bien sûr il y a ce hic ! et il est de taille ! ce meurtre raciste, la conclusion d'un parcours de routard à la dérive — ses parents sont morts quand il était ado. Échecs, excès en tout genre, détresse...

Sa vie, Karl en parle durement, si durement que parfois je serais tentée de modérer ses propos. Mais je ne moufte pas, je note, j'enregistre, j'écoute. Passionnément. Et quand il me dit : « Au fond je crois que c'était même pas un crime raciste. Ce soir-là j'aurais pu passer ma rage d'avoir tout raté sur n'importe qui. » Quand il me dit ça, instinctivement je le crois. Pourquoi mentirait-il, lui qui ne rate aucune occasion de faire son autocritique ?

Karl Wagner-le-raciste (?) : une rencontre qui m'aura fait remettre en question quelques-uns des clichés qui traînaient dans ma tête.

FOLLES EXPERTISES ET PRISONS POUR FOUS ?

« Chez les praticiens qui collaborent à la justice, le souci de satisfaire a remplacé l'exigence de contester. La teneur des rapports d'expertise en est le reflet direct, dans l'abandon de la stricte discussion sémiologique pour des remarques purement psychologisantes. Les prémisses enfouies d'une intention possible viennent suppléer le manque de preuves matérielles[1]. »

Il est aussi difficile de parler de l'expertise psychiatrique que de ne pas en parler. Ne pas en parler, c'est passer sous silence la question de la présence accrue de malades mentaux en détention et des problèmes qu'elle pose. C'est aussi faire l'impasse sur des dires et des moments qui vont influencer la façon dont les condamnés jugeront le bien-fondé de la sentence et, partant, vivront leur peine. Mais en parler, si l'on ne veut pas s'en tenir à des commentaires sommaires, risque d'entraîner des développements excédant largement le cadre de cet ouvrage. Aussi me contenterai-je de résumer ici l'essentiel des propos que m'ont tenus à ce sujet les condamnés et les psychiatres rencontrés en détention.

La plupart d'entre eux ont surtout trouvé à *redire* aux expertises dont ils avaient été l'objet ou le témoin (voire l'acteur) au cours de l'instruction et dont ils ont entendu le compte rendu énoncé publiquement lors des assises.

Beaucoup de condamnés — et *a fortiori* s'ils sont dans le déni — reprochent tout d'abord aux experts le caractère mensonger de leurs

1. M. Dubec, expert-psychiatre de renom, « L'expertise psychiatrique en péril », journal *Libération*, n° du 18 octobre 1999, p. 8.

analyses. Comment s'en étonner si l'on songe à l'impact sur le quantum des peines que peuvent avoir eu leurs rapports ? Et puis l'image d'eux-mêmes qu'ils leur renvoient est loin d'être flatteuse. « Y m'ont assassiné », s'indigne un détenu. Condamné pour le meurtre d'une auto-stoppeuse, il n'a toujours pas digéré qu'on l'ait décrit comme « aimant pas ses parents ». Même plainte chez Luc Lalonde, l'ex-psy : « Comme j'avais tué ma fille, on m'a aussi décrit comme étant nul professionnellement[1]. » Bref, l'expertisé est désormais « mauvais partout ». Comme si le crime colorait de noir toutes les facettes de sa vie.

« Ces expertises n'ont pas été structurantes », observera encore Lalonde, et Jean Blot, médecin comme lui, me dira : « L'expertise de B. (expert célèbre) a été effrayante ; je me suis dit : "C'est trop fort comme regard, il faut que je me défende, que je montre que je suis autre chose que ce qu'il me renvoie". En fait ça a relancé mon désir de vivre. »

Autre critique fréquente : certaines questions sont graveleuses. « Y m'a dit en regardant son questionnaire avec un sourire gras : "Est-ce que vous avez déjà couché avec votre mère ?" Je lui ai répondu : "Et vous ? ça vous est arrivé ? j'espère au moins que ça vous a fait jouir !" », me raconte un détenu encore outré par cette question mais visiblement content de sa riposte (réelle ?)[2].

Qu'en pense le Dr P., ex-expert que je contacte au CD de C. où il travaille ?

« Venez donc dîner à la maison, on aura plus de temps pour en parler ! » Voilà une réponse qui me réchauffe le cœur, moi qui passe mes journées exposée au « froid pénitentiaire »[3].

C'est donc devant une brandade de morue et un feu de cheminée que le Dr P. me parlera de son ancienne activité. L'homme est

1. « C'est inquiétant pour un expert, me confiera un psychiatre, d'être confronté à un confrère qui a tué. Pour s'en démarquer, il peut avoir envie de le nier professionnellement. »

2. « C'est une remarque qu'on entend souvent dans la bouche des voyous quand ils racontent leur expertise, me dit l'ex-détenu qui a relu ce manuscrit. Mais, à mon avis, face à l'expert ils ont pas moufté, c'est après qu'ils récrivent l'histoire pour montrer aux copains qu'ils ont des couilles. »

3. *Le Froid pénitentiaire*, c'est aussi le titre évocateur de l'excellent ouvrage (Paris, Le Seuil, 1973) que la psychothérapeute S. Buffard consacra à l'univers carcéral.

réfléchi, visiblement peu enclin au manichéisme et très concerné par les problèmes de ses « clients ». Les expertises, il a cessé d'en faire pour « des raisons d'éthique ». « Et pourtant, sourit-il, financièrement, c'était pas inintéressant ! » Mais il ne souscrit pas pour autant à toutes les critiques des détenus.

« Ce type de questions, les experts les posaient par le passé, maintenant il me semble qu'elles sont révolues, m'objecte-t-il, et puis "coucher" peut signifier simplement "partager le lit" sans connotation sexuelle. » Quiproquo alors ? Peut-être mais pas toujours si j'en crois cette femme de Rennes : « Vous vous rendez compte, s'écrie-t-elle indignée, y m'a demandé si j'avais déjà fait l'amour avec mon père et avec des animaux ; c'est dégoûtant un type qui vous connaît pas et qui se permet de vous demander des cochonneries comme ça. » Dix-sept ans plus tard, elle enrage encore en se remémorant ces moments de « goujaterie », de « sadisme » où elle ne s'est pas sentie « respectée ». « C'est vulgaire, conclut-elle, ils ne nous considèrent pas comme des individus à part entière. » Et de soupirer : « Où est l'amour dans tout ça ? » Surprise, je cesse d'écrire. Amour et expertise, quelle étrange association d'idées ! Mais non ! je la scrute du regard, mon interlocutrice ne semble pas faire d'humour noir !

— Meurtre, 37, sans antécédents judiciaires.

— Attentat à la pudeur, Italien, 19 ans, sans antécédents judiciaires.

Photographies de criminels tirées de : C. Perrier, *Les Criminels*, Lyon, 1902.

Les légendes de l'époque illustrent la tendance, pas tout à fait révolue, à réduire le criminel à son crime.

Qu'ajouter à ces commentaires ? Quoi qu'il en soit de la pertinence de certaines questions (partage du lit maternel, par exemple), il paraît clair qu'elles sont trop intimes pour pouvoir être posées dans le contexte d'un entretien unique, rapide et impersonnel. Sinon « on se sent pas respecté ». Ou « violé », pour reprendre l'expression de Lalonde. L'ex-psychiatre qu'il est estime en outre que venir étaler la vie des gens et leur sexualité à la barre est « une objectivation réductrice », incompatible avec la mission thérapeutique qu'il avait choisie jeune homme. Quant au prévenu qu'il est devenu ultérieurement, il a trouvé l'audition des rapports aux assises « cauchemardesque ».

Autre reproche : les jeux sont forcément pipés dans la mesure où l'expert-psychiatre a lu, avant d'interroger les prévenus, les rapports des juges d'instruction. « Ils ont ainsi une opinion préforgée », me dira Michel Bellay.

> Ses expertises et ses contre-expertises — une littérature aussi copieuse que contradictoire —, Michel me les fera lire. Et d'ailleurs rares seront les jours où il ne m'apportera pas quelque nouvelle « pièce à conviction ». Au début de chaque entretien, je vois débouler sa silhouette corpulente, un classeur sous le bras. Ex-principal de collège, il est maintenant le bibliothécaire de C. Homme de papier donc et de procédures. Il consigne, enregistre, écrit inlassablement. A peine assis en face de moi, il s'enflamme : les experts, son affaire, l'exploitation des détenus au travail, etc. Il fait feu de tout bois. Corpulent, Michel, mais pas mollasson ! Loin de là ! Sa combativité et son ingénuité de notable, sidéré par les réalités qu'il a découvertes en prison, m'émeuvent. Me font sourire aussi : il y a si longtemps, me semble-t-il, que je n'ai plus ses illusions ! Avec Michel, Lorrain et enseignant comme moi, imprégné des valeurs de l'école de Jules Ferry — supériorité du Savoir, importance des Diplômes, respect des anciens, impartialité de la Justice —, j'ai l'impression d'apercevoir mon passé dans un miroir. Mais en prison, quelle incongruité !

Comme Michel-le-principal, le Dr P. pense que les experts ont tendance, à l'instar des magistrats, à « instruire à charge », c'est-à-dire à expertiser quelqu'un qui est déjà supposé coupable[1]. Avant même d'avoir été jugé ! D'où des biais possibles dans le portrait qui sera fait du détenu. « Il faudrait, me dit-il, reprendre l'exemple des pays anglo-saxons ; on ne fait pas d'expertise avant que le type ne soit déclaré coupable. Quand sa culpabilité est établie, on l'expertise pour savoir ce qu'on en fait. »

Autre critique récurrente : les interrogatoires sont très (trop) rapides. « Le premier expert que j'ai vu, me dit Blot-le-toubib, c'était B., je l'ai vu douze minutes. Il a fait les questions et les réponses. Il a sorti cinquante pages de rapport. Les experts, poursuit Blot, ont déjà structuré leurs idées après avoir lu votre dossier et ce que vous pouvez dire a peu d'importance. A mon avis, ils créent des électrochocs pour faire tomber les défenses et analyser la façon de répondre. A partir d'un seul point, ils vont tirer une cascade de conclusions et pourtant y a une marge d'erreur ; un expert psy peut vous faire prendre cinq ans de plus. »

La rapidité des expertises, le Dr P. la confirme tout en précisant avec un léger sourire : « Ça fait aussi partie de la tradition orale carcérale d'insister là-dessus. Certains entretiens dureront peut-être vingt minutes ou deux heures mais les détenus ont l'impression qu'on les a à peine écoutés et ils diront ensuite : "Y m'a vu cinq minutes". L'expertise est toujours perçue comme trop rapide surtout quand ils pensent à la longueur des peines qu'ils vont prendre. »

Cela dit, le Dr P. comme le Dr K., psychiatre lui aussi en centre de détention, sont d'accord sur ce point : les expertises posent en effet des problèmes de « temps ». Mais ils divergent dans leurs analyses. « D'une part l'expertise est faite de façon trop brève, me dit le Dr K. ; on n'a pas de vue globale de la personnalité de la personne détenue ; c'est une aberration. A nous, psychiatres travaillant en SMPR[2], il faut souvent un mois pour comprendre le profil

1. Ce que reconnaît implicitement M. Dubec dans *Libération*, *op. cit.*, puisqu'il préconise — pour « redonner un équilibre » — que la défense ait désormais, elle aussi, « la possibilité de diligenter des expertises ».

2. Service médico-psychologique régional. Ces services spécialisés dans le traitement des pathologies mentales ont des antennes dans un petit nombre de prisons françaises comme le CD de C. et le CD de Rennes ou la MA de Fresnes. Voir aussi le glossaire.

du malade. Le gars, quant à lui, se dit que son sort se joue très vite et il vivra ça comme une injustice. D'autre part, ça a lieu souvent trop tard après les événements : un mois au mieux ou six mois-un an après. Les symptômes disparaissent très vite. Par ailleurs, les éléments les plus importants, l'expert ne les connaît pas.

« J'ai été assister, ajoute le Dr K., à des procès pour des gens que je connaissais très bien car je les avais dans mon service ; je me rappelle par exemple avoir été atterré de voir un psychotique paraphrénique traité de psychopathe alcoolique. » Mon interlocuteur soupire, affligé. Je souris : le distinguo entre ces deux pathologies ne me paraît pas si évident... Mais je ne suis pas psychiatre, et encore moins experte !

Que les expertises soient biaisées, le Dr P. le reconnaît volontiers, quoiqu'il tienne à distinguer celles faites en cours d'instruction de celles demandées beaucoup plus tard en établissement pour peine par le JAP (pour un dossier de libération conditionnelle notamment). « Lors de la première expertise, m'explique-t-il, le détenu est dans un temps figé, il est contenu hors de l'agir ; il attend dans un temps immobile fixé sur des dates imaginaires. Le procès, il saura quand il a lieu seulement un mois avant. Et puis, en maison d'arrêt, il évalue sans cesse la longueur de la peine qu'il va prendre. Il ne pense qu'à ça, à son avenir — si on lui en laisse le loisir —, ce qui ne lui permet pas de revenir vraiment sur lui-même. Or pour faire une expertise valable, il faut que le détenu ait eu le temps de réfléchir à son acte. » C'est pourquoi le Dr P. ne pense pas que les expertises doivent avoir lieu plus tôt : « Les gars après les faits n'arrivent pas vraiment à en parler et au moment des faits l'expert n'est évidemment pas sur les lieux du crime ! »

Les expertises faites bien plus tard en établissement pour peine lui paraissent, elles, plus pertinentes car « les gens se sont installés dans une durée qui n'est pas simple non plus mais au moins ils ont pu s'approprier le temps. En centre de détention, les détenus ont beaucoup plus envie de parler au moment de l'expertise et ils ont pu faire le point ».

La brièveté des interrogatoires ? Pour le Dr P., c'est un faux problème. « L'expertise, me dit-il, est une clinique de l'instant, c'est une photo prise à un moment T. Même si elle durait des semaines, on serait toujours dans la photo. Le problème, c'est que les gens ont de multiples facettes, qu'ils évoluent et qu'à partir d'une ou plusieurs photos instantanées on va demander au psychiatre de faire une projection sur le devenir de l'expertisé. » Bref, à l'en croire, l'expert doit jouer les prophètes à partir d'éphémères polaroïds. Illégitime ! Et d'autant plus grave que de lourdes peines sont en jeu ! « L'expertise dans le procès, ça a un poids colossal et le fait que l'expertise soit duelle n'y change rien », conclut-il d'un air désabusé.

Pour améliorer les expertises, le Dr P. souhaiterait-il, comme le suggère son collègue, qu'on applique en France l'exemple canadien en faisant examiner le détenu par l'ensemble de l'équipe médicale qui le suit ? « Certes, on multiplierait les objectifs, me concède mon interlocuteur, mais — il sourit — on serait toujours dans la photo et puis y aurait un problème de déontologie pour l'équipe soignante. Le fait de participer au jugement par les renseignements donnés à la juridiction est incompatible avec une optique thérapeutique. » Et justement le Dr P. n'aime pas beaucoup, je le sens bien, que le discours des experts se pare de plumes « thérapeutiques », de « mots cliniques ». « On parle de curabililité, proteste-t-il, comme s'il s'agissait de soigner le gars alors que c'est fondamentalement un discours de défense sociale que tient l'expert. C'est un discours pseudo-médical et pseudo-scientifique qui recouvre dans la réalité des rapports qui sont d'ordre très subjectif. » On touche sans doute là, me dis-je, « les raisons d'éthique » qui ont poussé le Dr P. à abandonner sa pratique d'expert.

Ce glissement d'un discours « de type thérapeutique » à une expertise de « la dangerosité », mes deux interlocuteurs le dénoncent tous les deux : « On demande à l'expert, me dit le Dr P., non pas si le type est malade mais s'il est dangereux. Lui peut juste parler des symptômes qu'il décèle et des problèmes mentaux. » De surcroît, selon le Dr K., si un expert avance « l'argument classique : "M. X. est trop dangereux pour être pris à l'hôpital", cela va impliquer qu'on déclarera celui-ci "responsable de ses actes". Et, ajoute-t-il ironiquement, plein d'experts responsabilisent les individus parce qu'ils veulent surtout pas les voir dans leurs lits à l'hôpital ! »

Effets pervers de l'ouverture et de la libéralisation de la psychiatrie [1] et de son image de marque ? Manque d'équipement sécuritaire

1. Avec la création des « secteurs » au début des années 1970 s'est amorcée une tendance au « désaliénisme des fous » qui s'est poursuivie au cours des décennies suivantes. L'objectif visé ? Suivre le maximum de malades mentaux dans le cadre

dans des lieux thérapeutiques ? Les motifs qui poussent à déclarer de plus en plus souvent « pénalement responsable »[1] une personne mise en examen et donc à écarter son orientation vers un hôpital psychiatrique ne tiennent certes pas qu'à des raisons d'ordre pratique, même si celles-ci jouent indéniablement. Plusieurs protagonistes de la scène judiciaire (psychiatres, familles des victimes...) ont estimé en effet nécessaire de ne pas faire l'impasse sur le procès car le mis-en-examen déclaré irresponsable[2] fait l'objet d'un non-lieu avant d'être interné en milieu hospitalier. Sans audience publique et sans reconnaissance de culpabilité[3].

Mes deux interlocuteurs jugent d'ailleurs qu'il n'y a pas d'incompatibilité entre l'aliénation mentale et la responsabilité pénale, mais les juridictions se reposeraient trop à cet égard sur l'avis des experts. Or, en dernière instance, n'est-ce pas à elles qu'il revient d'en juger ? « En général, observe le Dr P., l'avis de l'expert est décisif et de surcroît les magistrats pressés ont tendance à courir aux conclusions de son rapport. Ils veulent savoir si le gars est dangereux, responsable de son acte, accessible à la sanction pénale. Or ce dernier point est ambigu car, derrière la question posée sur le plan psychiatrique (le gars a-t-il accès au symbolique ? peut-il se le réapproprier ? a-t-il conscience du tort qu'il a fait ?), s'en cache une autre, insidieuse : "Est-ce que le condamné sera capable de supporter la prison ?" »

De fait, mes interlocuteurs me donnent bel et bien l'impression

de structures ambulatoires du type hôpital de jour. Démarche au demeurant facilitée par l'apparition sur le marché d'une nouvelle pharmacopée pouvant servir de « camisole chimique ».

1. Ces dernières années, seulement 0,05 % des affaires criminelles instruites ont abouti à un non-lieu fondé sur une déresponsabilisation pour troubles mentaux. Jusque dans les années 1980, ce chiffre était de dix fois supérieur. A titre d'exemple, le nombre de personnes mises en examen déclarées pénalement irresponsables est passé de 611 à 295 entre 1989 et 1995.

2. Au nom de l'article 122-1 du code pénal, anciennement appelé « article 64 ».

3. « La théorie psychanalytique, écrit M. Dubec dans *Libération*, *op. cit.*, veut que la responsabilité soit une chance offerte à l'individu [...] la symbolique du procès aurait une vertu thérapeutique. » Ce qui semble le laisser dubitatif. « Certains procès récents, observe-t-il, ont montré l'absurdité douloureuse de faire à toute force un procès public à des malades délirants » ou « à des malades profondément atteints qui ne disent rien et pour qui l'audience se déroule sans encombre mais sans leur participation psychique. »

de se sentir coincés entre leurs souhaits et la réalité carcérale. « Pour ma part je pense qu'il ne faut que rarement irresponsabiliser complètement quelqu'un, me dit ainsi le Dr K., mais ça pose ensuite une question : comment peut-on aménager la prison de façon thérapeutique ? » Or la capacité « thérapeutique » de la prison, le Dr K. ne la connaît que trop puisqu'il gère un SMPR ! Ce qui lui fait dire d'un air excédé, évoquant les experts qui, aux assises, laissent entendre que le condamné va être soigné en prison : « Quand on sait qu'il y a en tout et pour tout dans l'ensemble des SMPR français soixante médecins, on se dit qu'ils n'y connaissent rien et qu'ils entérinent un leurre. » Et le Dr K. d'évoquer le manque de personnel de son service, le temps passé à régler les urgences (retour d'assises, retour de permission). « Je suis toujours pressé, soupire-t-il, je prescris, prescris. Dans une après-midi, je vois dix à quinze patientes. Sur quatre-vingts personnes que je vois, y en a une dizaine à peu près avec lesquelles je peux faire un vrai travail d'entretien. »

J'évoque la sectorisation qui a rattaché le service santé des prisons aux hôpitaux. N'a-t-elle pas amélioré les choses ? « Ça les a changées très légèrement ; dans certains endroits où y avait rien du tout, y a un petit quelque chose maintenant ; ailleurs y a de petites améliorations mais je connais aussi des prisons où c'est pire qu'avant. De façon générale, il y a beaucoup de détenus qui ont des problèmes mentaux alors que pour les prisons de Rennes, pour prendre un exemple que je connais bien, y a en tout et pour tout un mi-temps psychiatrique pour trois ou quatre cents détenus. C'est — la voix du Dr K. se fait grave — nettement insuffisant. » D'autant plus que, selon lui, les peines infligées devraient être plus courtes et les aménagements, très précoces. « A mon avis, me dit-il en martelant ses mots, on bousille quelqu'un en le condamnant à vingt ans. Mais si on le condamne à six ans, il faut en revanche des soignants compétents qui aient le temps de faire leur travail. » Ce qui est loin d'être le cas à l'heure actuelle, comme le soulignera aussi le Dr P. en évoquant les listes d'attente de détenus dans son service au CD de C.

Alors ne faudrait-il pas inverser la tendance à la carcéralisation des malades mentaux dangereux ? « Personnellement je préfère être en prison plutôt qu'en hôpital psychiatrique », me dit Blot-le-toubib qui n'a pris, il est vrai, « que 17 ans ». « En psychiatrie on est sous camisole chimique, on a peu d'autonomie et on n'a plus le choix alors qu'en prison on peut se positionner. » Si cette méfiance par rapport à l'hôpital psychiatrique semble partagée par un bon nombre de détenus, ils sont tout aussi nombreux cependant à déplorer la présence de « fous » en détention. Beaucoup m'ont signalé comme autant de signes de démence institutionnelle ou d'obscénité des cas lourds qui, selon eux, « devraient plutôt être à l'hosto ». Compassion pour plus déshérités qu'eux ? peur de la contamination ? difficultés à cohabiter avec des « gens dérangés » ? En tout cas sur ce point, membres du personnel et intervenants divers (aumônier, infirmière, etc.) rejoignent les détenus. D'autant plus qu'ils ne s'estiment ni assez armés, ni assez nombreux pour faire face aux problèmes posés par ce type de condamnés.

« La prison, me dit un membre du personnel du CNO d'un air désenchanté, ressemble de plus en plus à l'asile du siècle dernier. Depuis trois ans, le problème que nous pose la présence de psychotiques devient de plus en plus aigu ». « Je vois, renchérit un surveillant, des détenus de plus en plus perturbés, beaucoup plus qu'avant, et ça fait vingt ans que je travaille ici ; certains frôlent la débilité légère, d'autres ont des problèmes d'hygiène ; parmi les gars qu'ont pris trente ans de sûreté, y a des gens très perturbés : certains ne sortent pas de leur cellule, d'autres ont des bouffées délirantes. Ils avaient un passé psy et pourtant on les a déclarés accessibles à la sanction pénale ; ces gars sont pas à leur place ici mais, conclut mon interlocuteur en haussant les épaules, la prison, ça coûte moins cher que l'hôpital psychiatrique ! »

En écoutant ces constats empreints d'amertume, on en vient à se demander s'il est raisonnable que les experts et les magistrats, se faisant l'écho de pressions diverses, « responsabilisent » de plus en plus les auteurs de crimes, visiblement atteints de troubles mentaux. Connaissent-ils ou méconnaissent-ils ce que signifie dans la pratique « la sanction pénale » (en l'occurrence la réalité carcérale) à laquelle ils les déclarent accessibles ? En fait il y a là des incohérences graves : on met de plus en plus en détention des malades mentaux « lourds » [1] pour des durées de plus en plus longues sans

1. Dans le rapport Pradier « Sur la gestion de la santé dans les établissements du programme 13 000. Évaluations et perspectives », commandité par la Chancellerie et rendu public en décembre 1999, l'auteur évoque « le désastre psychiatrique » des prisons françaises, « l'inexplicable présence en prison d'un grand nombre de psychotiques » et de « malades délirants chroniques sévères ».

que « l'intendance » suive. L'intendance, c'est-à-dire l'écoute, le cadre et l'accompagnement psychiatrique que l'état des intéressés nécessiterait. A l'orée du vingt et unième siècle, la prison se rapprocherait-elle effectivement de l'asile du dix-neuvième ?

Dessin d'un détenu

Carnet de bord n° 1 [1]

Crevée ! Je sors de prison. Retour de Fresnes ? Non, *Retour à Roissy* !

Pourquoi le titre de ce fichu livre me trotte-t-il ainsi dans la tête ? Mots-mouches que je rejette d'un coup de menton hargneux, tout en mangeant du chocolat, affalée sur mon lit. Fausse question. Pourquoi ? comme si je le savais pas ! La suite d'*Histoire d'O*. *Retour à Roissy*, c'est clair, c'est retour à la case masochisme, à la case prison.

Cette enquête sur les perpètes, personne me forçait à la faire. C'est moi, la superwoman, qui l'ai cherchée. Et maintenant je gémis : « Ah ! Seigneur, éloigne de moi ce calice ! » Voici venue l'heure du jardin des Oliviers. « Mais, me disent les intimes, mi-attristés, mi-irrités, la prison, t'aimes ça quand même, depuis le temps que t'y vas, que tu nous en parles ? Et les perpètes, t'as toujours dit que ç'était un sujet passionnant, qu'il y avait là un réel problème ? » Soupir et resoupir. Eh oui ! j'ai dit tout ça et en plus je le pensais ! D'ailleurs je le pense toujours. N'empêche ! la prison, j'en ai ASSEZ !

La préparation du projet, c'est vrai, m'a passionnée ; ça me touchait tellement aux tripes, toutes ces questions ! Mais quand il a fallu démarrer le terrain, ç'a été une autre paire de manches. C'est bien simple, je voulais plus y aller. J'ai atermoyé plusieurs mois avant de me décider. Je fermais les yeux, je revoyais le passé. Le ventre qui se serre un peu chaque fois que je franchis le portique, les épaules qui se raidissent quand je traverse une cour de prison et que je sens tous ces yeux qui me regardent. L'auto-surveillance constante à laquelle je me soumets. Calme avec les détenus même quand c'est des agités de première, lisse et professionnelle avec le personnel même quand je les sens hyper-méfiants ou hostiles. Éviter les fous rires dans les entretiens, c'est suspect. Ne pas balancer nonchalamment la courroie du magnétophone accrochée à son poignet — « Vous n'êtes pas au Club Méditerranée ! m'avait tancé un jour un petit chef en mal d'autorité, vous êtes dans un établissement pénitentiaire. » Ben voyons ! C'est fou le nombre de petits détails qu'il vaut mieux éviter en détention mais c'est fou aussi ce que ça fatigue de devoir toujours être vigilante.

Et puis toujours cette misère... Tant et tant de misère concentrée

1. Ce carnet reprend en grande partie les notes que j'ai prises pour mon journal pendant toute la période de mon enquête, plus quelques extraits de lettres adressées à des proches. J'ai essayé pour l'essentiel d'en respecter la formulation.

au même endroit. A Osny cette Algérienne, toxico, séro-po, menacée d'expulsion à sa sortie, à Fresnes ce jeune sidéen qui poireautait, oublié dans un coin, en attendant d'être rapatrié dans sa prison d'origine. La prison c'est la Cour des miracles, c'est le rendez-vous de la misère du Tiers et du Quart Monde. Et moi, petite sociologue, je suis la greffière de ces misères. J'enregistre que X n'a jamais vu la couleur d'une trousse pour indigents [1], que Z s'est arraché une dent tout seul parce qu'il fallait attendre trop longtemps pour voir le dentiste. J'enregistre, je retransmets et après, qu'est-ce que ça change ? Rien ou presque. Or non seulement le spectacle de la misère n'a rien de rigolo mais en plus voir ça et se sentir impuissant, c'est terrible ! Quand les gens ont égrené devant vous leur chapelet d'avanies et de douleurs, repartir en souriant après leur avoir serré la main comme si de rien n'était, c'est dur-dur. On se sent salaud, on préférerait ne jamais avoir su pour pouvoir toujours dormir tranquille. Ou alors on aimerait se dire que ce qu'on va écrire va faire bouger les choses, mais mon œil ! à qui tu veux faire croire ça ?

Et puis retrouver la prison, c'était retrouver l'enfermement, celui de l'autre en face de moi, reclus dans une cellule de 6, 9 ou 12 m², seul ou avec d'autres, au nom des lois de ma patrie, la douce France, l'illustre pays des droits de l'homme. Le mien, d'enfermement, aussi. Enquêter en prison, c'est rester rivée pendant des heures et des heures à une table face à un détenu dans un local souvent exigu. C'est me retrouver limitée dans mes possibilités de circuler, même si ma réclusion à moi est modulable.

La prison, c'est enfin des attentes excessives par rapport à mes compétences, à mes forces... Un surveillant qui veut absolument vous parler de sa détresse. Au poste où il est, il a des horaires qui lui interdisent de voir sa fille dont il a la garde alternée. Que puis-je y faire, moi, simple ver de terre ? Un détenu qui n'a pas de point de chute pour aller en perme, vous êtes peut-être pour lui la rencontre providentielle, vous le lisez dans ses yeux. Il vous trouve « cool ». Cool, certes, mais pas prête à l'héberger et gênée de devoir le décevoir. Il y a celui qui vous dit en rougissant qu'il suit vos allées et venues de la fenêtre de sa cellule et dont vous voyez bien qu'il est en mal de femme. Bref, la prison, c'est le terrain miné, les attentes impossibles, parfois cocasses d'ailleurs, le casse-tête garanti !

De repenser à tout ça, ça me paralysait. Tellement bloquée que j'ai attendu plusieurs mois avant de demander au ministère l'autorisation

1. Cette trousse, distribuée en principe aux nouveaux arrivants, comprend les produits d'hygiène de première nécessité.

d'enquêter dans quatre prisons. Ce qui m'a finalement décidée ? Le commentaire d'une chercheuse au CNRS, une autorité dans mon domaine. « Tu penses pas, j'ai risqué, que je pourrais faire une enquête mais sur un autre sujet, moins dur, car tu vois, celui-là, non vraiment... » Elle a paru choquée, m'a fait remarquer que j'étais une privilégiée[1], que ceci, que cela. Alors, mon sens moral, un vieux compagnon, blanchi sous le harnais, a repris le dessus : j'ai baissé les bras. C'est sûr, quelqu'un, quelque part, a dû un jour me condamner à la prison à PERPÉTUITÉ ! Et le résultat, c'est ça : *Retour à Roissy.* Trop tard pour faire demi-tour. On descend pas d'un avion en vol. Il me reste plus qu'à attacher ma ceinture. Les turbulences, ici, c'est pas ça qui manque.

Il n'est plus interdit de cracher par terre...
Collection Direction de l'Administration pénitentiaire.

1. Car je bénéficiais pour réaliser cette recherche d'un détachement au CNRS. Or il est difficile — faute de postes — d'en obtenir quand on est prof de fac. Pour ce faire, il faut proposer à une commission *ad hoc* un projet précis qui implique des activités *a priori* peu compatibles (enquêter en prison sur la détention à perpétuité dans mon cas) avec l'exercice des fonctions d'enseignant.

LE CHOC DES ASSISES

« Les jurés tendent à évaluer des "personnes", à placer au centre du procès la manière dont les accusés et les victimes se sont comportés dans les rôles assignés par leurs statuts sociaux[1]. »

Pour la quasi-totalité des prévenus, les assises sont attendues avec angoisse — leur sort va s'y jouer — mais aussi avec impatience — leur longue attente en maison d'arrêt va prendre fin.

Qu'ont-ils ressenti pendant l'audience ? J'étais d'autant plus curieuse de le découvrir que depuis longtemps, en écoutant les chroniqueurs judiciaires rendre compte de procès médiatiques, je m'interrogeais sur le point de vue de ces accusés dont, écrivait jadis Roland Barthes, on reconstitue sans l'ombre d'un doute les mobiles et l'enchaînement des actes comme si leur psychologie était la même que celle du président des assises ou de l'avocat général[2].

Une perception des assises très négative

Quelques détenus[3] disent s'être attendus à la lourdeur de la peine compte tenu de la nature du crime commis (assassinat crapuleux, double meurtre...). « J'ai rien ressenti le jour des assises, je m'attendais à être enfermé à vie », me dira ainsi Marc Marcus, inculpé

1. L. Gruel, *Pardons et châtiments*, Paris, Nathan, 1991, p. 133.

2. *Mythologies*, « Dominici ou le triomphe de la littérature », Paris, Éd. du Seuil, coll. Points, 1957, p. 50-54.

3. Pour en savoir plus sur les caractéristiques des condamnés à la RCP (âge, sexe et nationalité), on se reportera à l'annexe III.

pour le viol et l'assassinat d'une enfant. Mais d'ajouter aussitôt : « Quand même, trente ans de sûreté, je comprends pas. Je me suis dit : "Les jurés en ont rien à foutre !" » Malgré la colère qui transparaît dans ces derniers propos et qui contredit son « j'ai rien ressenti » initial, Marc-le-blindé reprend vite son ton impavide pour décrire les jours qui ont suivi le procès. Déprimé, lui ? Non, il a essayé d'oublier, y arrivant... « un peu ».

Art. 304 – "Vous jurez et promettez d'examiner avec l'attention la plus scrupuleuse les charges qui seront portées contre X. de ne trahir ni les interets de l'accuse, ni ceux de la societe qui l'accuse jusqu'apres votre declaration ; de n'ecouter ni la haine ou la mechancete, ni la crainte ou l'affection ; de vous decider d'apres les charges et les moyens de defense, suivant votre conscience et votre intime conviction, avec l'impartialite et la fermete qui conviennent a un homme probe et libre, et de conserver le secret des deliberations, meme apres la cessation de vos fonctions".

Le serment du juré.

Laurence Marelle était sous antibiotique quand elle a pris perpète pour l'assassinat de sa fille : elle venait d'être opérée d'un cancer de l'utérus. « Je m'attendais à cette peine, se souvient-elle, j'avais un avocat commis d'office, que des témoins à charge et pas mal d'experts psychiatres contre moi. » « Avez-vous quelque chose à déclarer ? » lui a demandé le président à la fin des assises. « J'ai rien pu articuler, je pensais : "Si je pleure, y vont dire que c'est de la comédie" ; mon avocat me l'a reproché ensuite. »

Si une minorité de personnes s'attendaient au verdict — mais sans y croire intimement —, la plupart disent avoir été abasourdis. « Perpète, se souvient un détenu, ça m'a laissé KO. » Et cet autre : « La sentence, ça m'a laissé froid ; on se dit : "Y sont fous !" ; ça veut dire quoi, "perpète" ? ça veut dire "crève !" c'est tout ! » Si la sentence le laisse « froid » tant elle lui semble invraisemblable, par contre la réponse de la Cour de cassation qui rejette sa demande de pourvoi le mettra au désespoir. Et il ne sera pas le seul ! « Combien de temps, me dira-t-on souvent, il va encore falloir attendre avant de pouvoir faire appel d'une décision de cour d'assises ? »

Estourbis par la lourdeur de la peine, la plupart de mes interlocuteurs ne m'ont pas caché non plus leur ressentiment à l'égard du cérémonial judiciaire. « On devrait nous préparer aux assises, fulmine une détenue, on se défendrait mieux. On a pas le temps, pas toujours les mots qu'y faudrait, notre famille non plus [1] ; on comprend pas toujours ce qui se dit. Et quand on veut parler, c'est jamais le bon moment. Il faudrait qu'on connaisse les règles du jeu. » Doléance qui illustre bien l'analyse d'Antoine Garapon : le procès, écrit ce magistrat, est « une camisole symbolique qui inhibe l'accusé » mais aussi « un rite de passage devant formaliser la dévaluation de [son] statut social [2] ». Quand ce n'était pas déjà fait !

Beaucoup en veulent aussi à ceux de leurs proches qui ont témoigné contre eux, aux experts, aux jurés, aux magistrats — à l'avocat général en particulier... Et en écoutant mes interlocuteurs me dire leur rancœur, je mesure combien ils l'ont, depuis les assises, longuement remâchée.

« Le jour du procès, se souvient Michel-le-principal, le procureur a raconté n'importe quoi, par exemple que j'avais fait des études [doctorat] parce que ma relation conjugale était mauvaise, etc. Comment peut-on parler avec autant d'assurance d'un passé qui n'est pas le sien ? » s'indigne le principal avant d'ajouter : « Ces types-là, ce sont des irresponsables, ils ne paient jamais de leur personne ; quelles que soient leurs déficiences, ils resteront à leur poste. » Et Paco Perez : « J'ai écouté le réquisitoire du procureur ; je me suis un peu reconnu mais y transpirait la haine ; la moitié de ce qu'il a dit, je l'ai pas pris en compte. L'autre moitié, c'était des choses vraies qu'on se refuse à admettre. »

Autre cible privilégiée : l'avocat [3] ! « Pas motivé », « juste inté-

1. Les parents de cette détenue étaient, en l'occurrence, des harkis maîtrisant mal le français.

2. Le même auteur observe aussi que si, « pour le sens commun, c'est le crime qui suscite le rituel, il se pourrait que ce soit à l'inverse le rituel judiciaire qui construise l'accusé » ; et il conclut : « Alors que jusqu'au prononcé du jugement il est présumé innocent, le rituel le désigne déjà comme coupable en affaiblissant sa défense » (*Bien juger, essai sur le rituel judiciaire,* Paris, Odile Jacob, 1997, p. 105-110).

3. Qu'il ait été commis d'office ou rémunéré par le prévenu ne m'a pas semblé affecter la nature du jugement porté à son encontre. Pour ma part, ce qui m'a le plus étonnée, c'est de constater qu'après le procès, bien des avocats ne donnent plus signe de vie à des êtres désemparés qu'ils ont pourtant côtoyés régulièrement et connus intimement.

ressé par le fric », « s'il voulait pas de l'affaire, il aurait pas dû la prendre »..., les critiques abondent. Mais surtout, surtout ! il a entretenu de faux espoirs ! « C'est vrai, quoi ! me dit Paco Perez, il aurait dû me prévenir de la lourdeur de la peine encourue. Bien sûr, après coup je me suis rendu compte qu'elle était prévisible. C'est presque décidé avant, d'après l'échelle prévue par le code pénal. On officialise simplement quelque chose en faisant venir les jurés mais y sont pas formés et y suivent le président du tribunal. Les peines de perpète sont nombreuses parce que le président des assises dit aux jurés qu'on aura des réductions de peine, qu'on sortira au bout de quinze ans. »

Juge représenté par un détenu.

Peine maximale demandée pour neutraliser par avance l'effet des remises de peine, l'argument a été maintes fois entendu dans les prétoires et souvent évoqué par les interviewés. Avec parfois beaucoup d'acrimonie quand, vingt ans plus tard, comme c'est le cas d'André Simoni, on est toujours détenu : « L'avocat général a dit : "Vous voyez cet individu ; il sera dehors dans quinze ans." Alors il a demandé perpète, mais je crois que la presse a aussi beaucoup joué contre moi. Vous savez — la voix de Simoni tremble, les mains cramponnées à ses genoux, il me regarde d'un air grave — y m'appelaient dans le journal — il avale sa salive — le monstre aux cisailles ».

« C'est tout à fait vrai et c'est effroyable, soupire un éducateur [1], la médiatisation d'une affaire influence beaucoup le prononcé de la peine. »

Parmi les affaires très médiatisées figure celle de Christophe Geng, qui vécut son procès comme une dramaturgie spectaculaire : « C'est un phénomène très étrange quand on est dans une cage de verre avec d'un coup dix caméras et deux cents CRS. Ça paraît fou ; j'ai eu l'impression d'être comme le mec au départ de la fusée Apollo. » Ou le spectateur et non le protagoniste de la pièce quelque peu irréelle qui se jouait là.

Christophe Geng, sa carrure massive, ses lunettes fumées. Je ne l'ai pas reconnu la première fois que je l'ai aperçu dans le couloir de Fresnes. Pourtant j'avais vu comme tout le monde la photo du « tueur de petites filles » à la une des journaux ou à la télé. Mais il m'arrive aussi de ne pas reconnaître à Saint-Germain-des-Prés telle ou telle star de cinéma. Comment s'y retrouver sans les projecteurs, le cadrage et surtout le commentaire : « *Attention, monstre pervers !* » ou « *Ici, vedette inoubliable !* » ?

Geng mettra du temps à se détendre. Moi aussi. Le stress de l'un suscitant sans doute celui de l'autre. Dans le petit bureau, c'est une forteresse pleine de méfiance qui me fait face. Avec un pont-levis qui descend, certes ! mais prudemment.

Geng crève aussi de solitude. Et de souffrance. Alors malgré sa peur — et si je vendais ses confidences à *Détective* ? et si, en sortant de Fresnes, je me faisais écraser et que la presse mette la main sur mon magnétophone ? — il continue à prendre le risque fou de me parler. « Un gars qui se noie, dit-il, quand une branche passe près de lui, il s'y accroche. »

Au moment du prononcé de la sentence, Christophe Geng n'a pas bronché. Mais son attitude, on l'a vu, n'a rien d'exceptionnel. Rares en fait sont les détenus qui, comme Cyrille Michel, m'ont dit avoir réagi violemment : « J'ai gueulé : "Bande d'enculés, vous

1. Si l'on parle toujours d'« éducateur » en détention, ce terme a été officiellement remplacé par celui de « conseiller d'insertion et de probation » (CIP).

me volez ma vie !" » Non, si quelques-un(e)s ont crié ou fondu en larmes, la plupart sont restés silencieux.

Les raisons de cette « impassibilité » sont multiples. Soit l'accusé est « ailleurs » (« j'étais absente au moment du prononcé de la peine, on réalise pas, on est dans notre histoire »), soit il est sous l'effet des calmants ingérés (« j'étais fiolée »), soit il s'est blindé en mettant progressivement à distance ce qui se dit sur son acte et sur son compte pour pouvoir soutenir l'épreuve du procès, soit il est trop estourbi ou perturbé pour avoir vraiment saisi les tenants et les aboutissants de la sentence, soit, comme Dominique-le-Bordelais, il estime que face à la déferlante d'accusations qui le submerge, il ne lui reste qu'une liberté : celle de « sauver la face » (« on a dit à mon procès : "L'accusé a les yeux vides de toute expression" mais c'était la moindre des choses, s'insurge le Bordelais que je reste debout, que je tienne le coup ! »). Soit, encore, il a attendu trop longtemps avant d'être jugé et n'a plus l'impression d'appartenir à l'espace-temps qui est au cœur du procès : « Je suis passé aux assises trois ans et demi après le meurtre, soupire Lalonde-le-psy. Cette longue attente a vidé le verdict de son sens. J'étais tellement loin des faits... Depuis trois ans, en maison d'arrêt, je vivais une autre vie sur une autre planète ; y a un truc cassé en moi d'avoir vécu cette réalité-là. Le rituel judiciaire pour moi n'avait pas de sens. Ces deux jours d'audience, c'était très formel et très long ; je me sentais spectateur autant qu'acteur. »

Tous ces propos montrent la fragilité de certaines interprétations journalistiques à l'issue des procès. L'absence de réactions de l'accusé au moment du prononcé de la sentence est fréquemment évoquée comme signant son insensibilité et son absence de remords... Voilà qui semble *a posteriori* justifier la sévérité de la sanction !

Pour ma part, en écoutant certains de ces hommes et femmes évoquer leur état « pétrifié », j'ai repensé à plusieurs reprises aux propos tenus par le père d'une victime, Pierre Rambla, fondateur de l'Association contre le crime et pour l'application de la peine de mort : « Si Ranucci [condamné à mort pour le meurtre de sa fille] avait eu un comportement humain aux assises ! Il n'a rien dit, il n'a eu aucun regret, il n'a pas demandé pardon [1]... » Pour

1. Propos cités par P. Boudin et H. Vieille, *Condamnés à vivre*, Paris, Le Félin, 1991, p. 200.

compréhensible qu'elle soit, cette réaction trahit cependant une méconnaissance du vécu des accusés[1] pendant le procès et de la violence à laquelle ils sont exposés. Pour eux, le film qui vient d'être projeté sur leur écran intime pourrait facilement s'intituler « l'Assommoir ». Quel que soit au demeurant le bien-fondé des critiques qui auront été émises à leur propos.

Récurrence moins fréquente mais significative : l'effroi teinté d'incrédulité qu'ont exprimé les intéressés quand la peine de mort avait été évoquée à leur encontre. Est-ce parce que son abolition lui confère désormais un caractère illégitime ? Que son nom paraît associé à une justice anachronique, voire démesurée, et donc contraire à l'image de tempérance que l'exercice de celle-ci semble requérir ? En tout cas, de son évocation (qu'elle date d'avant ou d'après 1981), l'institution judiciaire ne sort pas grandie.

Condamné en 1980 à l'âge de vingt ans pour l'assassinat d'un vieillard Jacques Pelletier se souvient : « Le procureur a demandé la peine de mort, son réquisitoire était violent, presque sanguinaire. J'oublierai jamais... » N'oublieront pas non plus Jacqueline Triève, condamnée en 1980, Jean Blanchard, en 1983 (« l'avocat général a dit que j'aurais dû avoir la tête tranchée »), Paco Perez, jugé quant à lui en 1988 (« l'avocat général a dit que la peine de mort aurait servi pour mon cas ») et d'autres encore.

Les commentaires que j'ai mentionnés jusqu'ici peuvent donner le sentiment que, vu du côté des accusés, le procès est surtout perçu négativement. Une exception : Karl Wagner. Simple coïncidence ? Il est aussi le seul qui ne souhaite pas être libéré un jour — je reviendrai plus tard sur ce point.

Karl, je l'ai déjà dit, a pris conscience du fait qu'il avait tué un être humain en voyant la douleur de la famille aux assises : « C'étaient des gens très simples qui comprenaient pas pourquoi on leur avait pris leur fils. Ils voulaient le châtiment, j'étais d'accord avec eux. J'ai demandé moi-même à être condamné à perpétuité.

— Pourquoi ?

1. Outre le fait que, dans l'exemple cité, Christian Ranucci était peut-être innocent du crime pour lequel il fut condamné (voir *Le Pull-over rouge*, ouvrage dans lequel G. Perrault défend cette thèse, Paris, Éd. Fayard, 1994).

— Parce que j'avais tué cet homme, même si c'était sans le vouloir. C'était un être unique, y fallait une peine unique. »

« Une peine unique », perpétuité en l'occurrence, je ne peux m'empêcher de trouver quelque peu mégalomaniaques les propos de Karl. Souhaitait-il cette peine maximale parce que son remords était intense ? Parce qu'il s'estimait lui-même « unique » ? Parce qu'il était prêt à se précipiter dans la souffrance de la punition avec la violence même qui l'avait agi lors du crime ? J'en suis là de mes réflexions quand mon interlocuteur ajoute très pragmatiquement : « Et puis aussi je savais pas quoi faire de moi à l'extérieur. » Prendre perpète avait donc ceci de rassurant : cela le protégeait durablement de l'exercice de sa liberté.

Il n'empêche, la sentence, même si Karl l'avait lui-même sollicitée, lui a paru « dure à entendre ». « Je me suis dit : "Tu sortiras jamais, ça fera une période très, très longue". » « Très » ou « trop » longue ? Qu'en pense-t-il des années plus tard ? « Je sais bien, me dit Karl en haussant les épaules, que si je reste trente ans de plus, ça restituera rien à la victime ! »

Karl Wagner mis à part, le procès est essentiellement décrit comme un lieu de démesure verbale et de mise à mal du prévenu. Est-ce à dire que les intéressés n'ont pas conscience des répercussions « bénéfiques » qu'a pu avoir sur eux un tel cérémonial ? Retour à la réalité « des faits » alors qu'on l'a vu, le crime paraît souvent irréel. Déchiffrage (ou du moins amorce de) d'un geste incompréhensible. Responsabilisation d'un acte dont l'acteur présumé se sent souvent plus victime ou auxiliaire qu'auteur véritable. Mise en mots de violences qui ont parfois été commises faute de pouvoir en verbaliser les tenants et les aboutissants. Partage avec ceux qui représentent le corps social d'une histoire intime et en bonne partie fantasmatique [1] — et partant, alors que l'intéressé, en passant à l'acte, s'est mis hors la loi, donc hors le groupe, réinclusion dans la société [2]. Délimitation d'une peine qui permet d'objectiver (en nature et en durée) la « dette » à payer, évitant ainsi au coupable des remords éternels... Je

1. « Avec le procès, écrit la psychanalyste C. Cherki-Nicklès, l'acte quitte la scène imaginaire qui l'a produit et prend un pourtour symbolique. Ce n'est qu'après avoir été interprété et entendu comme crime qu'il devient réinterprétable » (« Phénoménologie du procès », *Psychiatrie française*, vol. 25, mars 1994, p. 13).

2. Par le biais non seulement du procès mais aussi de la sanction.

n'évoque là qu'une partie des bénéfices symboliques qui sont généralement cités pour démontrer que les accusés ne font pas *que* les frais des assises mais y trouvent aussi leur compte.

Alors, comment analyser cette quasi-absence de commentaires positifs ? Certes, il n'est pas évident de prendre conscience des « gains » précités mais, surtout, la rigueur de la condition carcérale, la violence de certains propos tenus à leur encontre et enfin la lourdeur de la sentence rendent les condamnés plus enclins à s'indigner encore et encore qu'à créditer l'institution judiciaire d'un quelconque « bénéfice ». D'autant plus que pour beaucoup, cette peine s'inscrit dans une histoire de vie qui était déjà une longue histoire de peines, peines de prison y comprises.

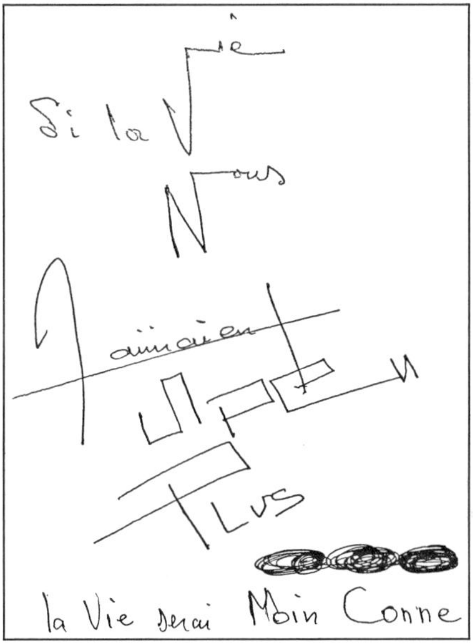

Lettre d'un détenu.

Des passés de peines

« Ceux qui prennent les plus longues peines, me dira M. A., éducateur à Fresnes, sont aussi les plus pauvres. » Projection de ma part ? Derrière la voix calme de mon interlocuteur, il me semble percevoir une indignation retenue. « Avant le crime, poursuit-il, ils vivaient dans une pauvreté sociale et morale parfois épouvantable. » « Beaucoup de détenus, renchérit M. C., psychologue au CNO, sont des gens pour qui le passé a été une succession de trucs traumatiques ; ils auront du mal à s'imaginer un futur positif parce que leur vécu a été jusque-là négatif. Pratiquement tous ont connu la violence étant enfants, ce qui explique que pour certains, le plus vieux souvenir remonte à huit, neuf ans. Ils ont occulté totalement la première enfance ; en fait ils héritent des casseroles et des souffrances de leurs parents. »

Il est vrai que lors de cette enquête j'ai entendu des récits d'horreur. Au point où il m'est arrivé, notamment à Rennes, d'aller me coucher en sortant de la prison tant je me sentais vidée. Trop de souffrances ! Et puis toujours ce même constat : la peine va à la peine, elle frappe avec prédilection ceux qui ploient déjà sous le faix. Et pourtant il ne m'a pas semblé que les détenus donnaient particulièrement dans le misérabilisme. Ainsi ce perpète qui m'évoque avec regret les petits plats que faisait sa mère le dimanche : « de la daube », ajoute-t-il presque avec désinvolture : « Mais c'était rare que le repas, y dure jusqu'au bout ; mon beau-père, il était presque toujours saoul et à la fin, la table, elle valsait ! » Anecdote que j'ai retrouvée presque mot pour mot dans la bouche d'une femme de Rennes. Seul le plat avait changé : de la poule au riz. Ah, les jolis dimanches en famille !

La plupart des femmes rencontrées à Rennes avaient été battues [1] par l'un des parents d'abord, par les conjoints ensuite. Les « infanticides » évoquaient également des mères « rejetantes ». Et deux d'entre elles m'ont raconté des scènes de mariage épouvantables, sorties directement de romans de Zola. C'est le cas notamment de Jacqueline Triève, une Normande de trente-huit ans. Si je sais qu'elle a pris perpète pour le meurtre de ses deux enfants, elle-même n'y fera jamais allusion. Mais il n'est pas anodin, me semble-t-il, qu'elle me relate de façon aussi minutieuse l'histoire de ses noces et de ses accouchements. Description de ce qui sera la genèse du crime ?

1. C'était aussi le cas d'un certain nombre d'hommes. Ainsi Cyrille Michel m'a-t-il raconté avoir été défenestré, enfant, par un beau-père alcoolique. « A l'école, me dit-il, j'arrivais pas à me concentrer, je me demandais toujours si j'allais me faire cogner le soir ou pas. »

Enfance villageoise, milieu fruste. Mariée à quinze ans par son père, Jacqueline hérite d'un mari alcoolique et cogneur. « Y s'excusait après m'avoir battue, dit-elle, en haussant les épaules, mais il aurait mieux fait de se pendre, le con ! » Jacqueline parle d'un ton assez détaché, en me regardant très peu et en tortillant un bout de sa jupe ou une mèche de ses cheveux. Elle me décrit avec minutie les hors-d'œuvre prévus pour la noce, le mobilier de la chambre où le jeune couple logeait... Et puis hop ! elle délaisse ces détails anodins pour dire « les accouchements qui l'ont déchirée », « l'hémorragie qu'elle a eue pour la naissance du garçon », les coups donnés par son mari dans son ventre de femme enceinte. « La garce » ! « le salaud » ! jette-t-elle parfois d'un air irrité et à chaque fois je sursaute tant le ton de sa voix est habituellement monocorde. Et puis Jacqueline, aux cheveux bien lissés et à l'habillement sage, fait tellement comme-il-faut !

Laurence Marelle, dont la fillette fut violée par son concubin, mentionnera quant à elle les sévices sexuels qu'elle eut à subir enfant, une mère et un mari « qui frappent », bref « un passé qu'[elle] préfère oublier ». Sans y parvenir. Quant à Yolande Mitz, la sexagénaire, meurtrière elle aussi de sa fille, c'est en baissant la voix qu'elle me confiera lors de notre dernier entretien : « Mon père, c'est mon grand-père. » Inceste qui aura pesé lourd dans la vie de trois générations de femmes. Et vraisemblablement favorisé la fin prématurée de la dernière...

Si l'enfance et la vie familiale de la plupart de mes interlocuteurs avaient été difficiles, voire effroyables, une bonne partie d'entre eux provenaient, qui plus est, d'un milieu modeste ou très pauvre [1] (mis à part une minorité de détenus qui, comme Michel-le-principal ou Lalonde-le-psy, avaient été condamnés pour des crimes « passionnels » ou sexuels). De fait, mes interlocuteurs avaient le plus

1. On ne dispose que depuis une date très récente de statistiques nationales indiquant l'origine socio-professionnelle des détenus (quel que soit le quantum de leur peine). C'est à l'occasion du recensement de 1999 que l'INSEE a décidé pour la première fois d'inclure le monde carcéral dans une vaste étude nationale. Les conclusions de l'INSEE ? « Les milieux défavorisés sont surreprésentés *intra-muros*, tous les indicateurs le confirment : profession, âge de fin d'études, pays de naissance (les hommes nés à l'étranger — avec en tête l'Europe de l'Est — sont en effet deux fois plus nombreux en prison que dans l'ensemble de la population). » (INSEE Première, n° 706, avril 2000.)

souvent conjugué une vie professionnelle pénible ou très aléatoire avec des difficultés psychologiques, l'affectif et le professionnel s'imbriquant étroitement.

C'est le cas, par exemple, de Marc Marcus : « Je vois pas de changement entre dedans et dehors », me déclare-t-il à plusieurs reprises. En prison, Marc essaie de « tuer le temps » comme il le faisait déjà dehors mais il y gagne mieux sa vie. Or il touche mille trois cents francs par mois ! Comme je m'étonne, il évoque son ex-métier de plongeur : « J'étais très mal payé » (voire pas du tout !) ; et puis « dehors », sa vie relationnelle semblait assez limitée : Marc était « timide » et ne parlait pas beaucoup. « En prison, me dira-t-il un jour, on a tout ce qu'on veut. » Affirmation surprenante qui appelle cependant des réserves : lorsqu'il m'évoquera ultérieurement « les choses qui [lui] ont vraiment fait plaisir dans la vie », il mentionnera un séjour aux sports d'hiver, forcément inaccessible à un détenu. *In fine*, si pour Marc le dedans ressemble au dehors, c'est que la peine prolonge une existence marquée par la morosité, la soumission et l'absence de projets.

Parmi ces « histoires de peines » figurent aussi celles de ces hommes qui, outre les douleurs familiales, ont connu en prime, dès l'adolescence, les institutions judiciaires. Tous relatent avec colère des souvenirs particulièrement éprouvants. Pereira-le-DPS évoquera ainsi son passage à Aniane (un « bagne pour enfants ») : « C'est là qu'on m'en a fait le plus voir. J'y suis entré à treize ans et j'y suis resté trois ans, j'ai connu le mitard ; on vous met tout nu et hop ! les coups de nerf de bœuf ! Ah ! j'ai pas eu de jeunesse ! » fulminera-t-il en tapant du poing.

« La plupart des gars comme moi, me dira aussi Dominique-le-Bordelais, ils ont eu une enfance dure, des parents divorcés, y sont passés par des endroits plus ou moins bien. A neuf-dix ans, j'étais en maison de correction. Les gamins qui sortent de là — rire sarcastique — y en a peu sur les bancs de la fac ! »

« A cinquante-quatre ans, observe froidement Jacques Leduc, un ancien du milieu nantais, je peux dire que j'ai subi tous les systèmes répressifs que l'homme a inventés : maison de correction à douze ans, Bat' d'Af' [1] ensuite, plus tous les types de prison ; tout ça, c'est la moitié de ma vie ! »

1. Bataillon d'Afrique : corps d'armée disciplinaire.

Dominique-le-Bordelais, Leduc-le-Nantais ou Roland Pereira, autant d'anciens pensionnaires des maisons de correction qui sont devenus des révoltés et des récidivistes. Familiers des institutions judiciaires et pénitentiaires, ils ont accumulé les griefs contre elles : ils y ont laissé des plumes aussi bien affectivement que professionnellement. Et comme beaucoup de leurs codétenus, s'ils acceptent très mal la peine qui les condamne à être « dedans » si longtemps, c'est qu'ils ont le sentiment de n'avoir connu de la vie que beaucoup — voire trop — de douleur. Au point de me dire souvent : « Ma vie, c'était pas une vie. » Alors comment accepter que ce « pas-une-vie » se poursuive en prison-à-vie ?

Deux moments forts d'un procès d'Assises. - Extraits d'une BD réalisée par B. et P.L., détenus à la Maison d'arrêt d'Angoulême.

Le réquisitoire de l'avocat-général.

Retour sur Marc Marcus

Au CD de C., je mène mes entretiens dans un bâtiment situé, comme à S., un peu à l'écart de la détention. Sauf qu'ici je suis rarement seule. Il y a là six ou sept boxes à exiguïté et luminosité variables où divers intervenants (prof, visiteur de prison et autres) rencontrent les détenus.

A C., un surveillant patrouille en permanence dans le couloir et, selon les circonstances, sa présence me gêne ou me rassure. Me gêne quand je ne crains rien et que je suis la seule visiteuse — ça arrive ! Même s'il est payé pour, faire poireauter un autre être humain pendant des heures dans un espace réduit me perturbe. Mais certains jours, quand une inquiétude me saisit, je suis bien contente d'entrevoir l'ombre de son dos.

Peur ou pas aujourd'hui ? Je n'en sais rien encore. J'attends Marc Marcus, l'une des vedettes de C. car il a pris la peine maxi. J'ai hésité à l'interviewer. Instinctivement je fuirais plutôt les détenus connus. Peur de les harceler une fois encore, voire d'entendre des discours réchauffés, déjà servis ici et là. Mais on m'a plusieurs fois parlé de lui. Un p'tit gars replié, suivant toujours le même itinéraire, se plaçant de façon à être vu des surveillants — par peur sans doute de certains détenus. Alors j'ai demandé à le rencontrer.

Après le verdict, le réconfort de l'avocat.

Au CD de C., comme à Fresnes, quand le détenu « appelé » arrive, il est palpé. De haut en bas. Les premières fois, j'ai regardé, détourné les yeux puis regardé à nouveau. Subrepticement. Malaise et voyeurisme. Puis j'ai décidé de sauter désormais cette séquence du film. Je sais, je sais, c'est pour ma sécurité ! N'empêche ! Entre le gars qu'on fouille, chosifié, et le gars à qui je vais sourire et serrer la main d'humaine à humain, il n'y a que quelques mètres. Deux conditions différentes dans un espace si réduit, je n'arrive pas à m'y faire.

Marc est donc arrivé sans que je le voie venir. Grand ? Petit ? Je ne sais. Chétif, malingre, voilà les mots qui me viennent. Le teint pâle, le regard incertain, le visage secoué de tics.

Le premier entretien sera dur. Marc est d'une redoutable économie langagière. « Oui, non, j'sais pas, peut-être. » Quand il est plus prolixe, il se fend d'un cliché : « Les absents ont toujours tort », « mieux vaut tard que jamais ». Je suis servie ! Je me sens face à un feu que j'essaierais en vain d'allumer mais qui serait toujours sur le point de s'éteindre.

En attendant j'essaie d'être tonique. Dur, dur. A la fin du premier entretien, je suis prête à abandonner. Veut-il qu'on se revoie ? Oui ! il a dit oui ! Marc est-il maso ? En tout cas, moi, je le suis, c'est sûr !

Les jours suivants, rebelote ! Toujours cette impression de ramer à contre-courant, de faire la conversation à un autiste. Jamais eu autant l'impression que mon interlocuteur se soumettait à un interrogatoire.

Enfin le dernier entretien ! Demain je quitte C. L'idée que l'heure de la quille approche me rend allègre. Une dernière question, une réponse brève comme à l'accoutumée. Je repose mon stylo. Ouf ! fini ! Je regarde Marc avec un grand sourire. Il ne bouge pas. Il ne sait pas encore qu'il va être délivré de son pensum, car j'en suis archi-sûre, s'il accepte chaque jour de me revoir, c'est qu'il n'arrive pas à se dérober à mes demandes. Marc cligne des yeux à plusieurs reprises, me regarde furtivement ; il semble décontenancé. « Voulez-vous qu'on se revoie ? » Je rêve ou quoi ? La question rituelle que je lui posais quotidiennement, c'est Marc lui-même qui vient de la prononcer. Je respire mieux, je souris jusqu'aux oreilles, lui explique que je vais partir. Marc ne semble pas particulièrement ravi d'apprendre cette nouvelle. Ni pressé de se lever et de quitter la pièce.

Le doute me saisit : malgré ses airs de martyr, ses silences, Marc était peut-être content de me voir, de m'entendre parler et qui sait ?

DE ME PARLER. Voilà que je commence à regretter mon départ. Une porte s'est entrebâillée que j'aimerais ouvrir plus largement.

Son crime, Marc ne l'a pas évoqué. Je savais par la presse que le viol et l'assassinat de la fillette étaient horribles, que Marc avait déjà par le passé agressé une enfant. Mais chez cet assassin-là plus que chez beaucoup d'autres, plus extravertis ou ouvertement violents, j'ai senti intensément la présence de la victime. Celle qu'il est, qu'il porte en lui, être cassé, replié, rétracté. Et le contraste entre la violence, la force mortifère qui a fait de lui un jour un assassin et l'impression d'étiolement qui se dégageait de sa personne m'a paru particulièrement saisissant.

DIGÉRER LE PROCÈS

« Tant que la sanction n'a pas été reconnue elle-même pour raisonnable par le condamné, elle n'a pas atteint ce dernier comme être raisonnable[1]*. »*

« Comment font-ils pour survivre au crime ? » s'interrogeait le psychologue du CNO. « Et comment font-ils pour survivre aux Assises ? » se demande en écho la sociologue encore étourdie par la relation des procès qu'on vient de lui faire.

« Sois sage, ô ma douleur et tiens toi plus tranquille. »
Dessin d'un détenu.

1. P. Ricœur, « Sanction, réhabilitation, pardon », *in Justice et vengeance,* Actes du colloque organisé par *La Croix*, Paris, Le Centurion, 1994, p. 100.

« Perpète, c'était beaucoup mais en même temps je réalisais pas. Et puis comme j'étais suicidaire, je pensais que je la ferais pas. » La détenue qui me tient ces propos n'est pas la seule qui ait pensé à en finir avec la vie. « En rentrant des assises, me dira une autre femme, je suis montée en haut des escaliers de la maison d'arrêt, je voulais me foutre en l'air ; on m'en a empêchée. »

Jean Blanchard, lui, n'a pas été effleuré par l'idée du suicide. « Ce soir-là, me raconte-t-il, je me suis étendu sur mon lit ; j'existais plus. J'ai essayé de me remémorer le procès ; tout était en vrac. » Qu'a-t-il pensé de la sentence ? « Quoique ayant tué par légitime défense [1], il me semblait que je méritais une peine, me dit-il, mais perpète, non ! C'est quand même la seule bêtise que j'aie commise dans ma vie ! » Et puis, pour un crime analogue, un homme qui est passé aux assises en même temps que lui a pris, lui, dix-huit ans ! « Alors, s'insurge-t-il, y a une faille quelque part. »

Certes, les jurys d'assises rendent des verdicts très contrastés [2], la chose est connue et nourrit abondamment les conversations carcérales. Ces divergences ne facilitent pas l'acceptation d'une peine lourde et nombreux seront les détenus qui, au cours de nos entretiens, évoqueront telle ou telle sentence bien plus favorable dont a bénéficié un justiciable impliqué dans une affaire semblable à la leur [3]. Ces propos peuvent paraître stériles car on peut gloser,

1. Militaire retraité et chasseur passionné, Blanchard a tué son voisin d'un coup de fusil à la suite d'une querelle qui a dégénéré.

2. Voir notamment les conclusions de l'ouvrage de L. Gruel, *Pardons et châtiments, op. cit.*, p. 119. Analysant les disparités entre les sentences prononcées par diverses cours d'assises, il conclut : « Les jurés tendent à surpénaliser ceux qui trahissent leurs "rôles", prennent le contre-pied des comportements prescrits par leur statut (parents "indignes", époux "scandaleux"...) et, corrélativement, à protéger les accusés se conformant aux attentes collectives, respectant le répertoire de conduites prévues à la "place" qui est la leur, exerçant à la limite une violence de "contrôle social" en châtiant celui ou celle qui a manqué à ses devoirs sociaux. »

3. Des enquêtes ont également montré que selon les régions et les zones (rurales ou urbaines), des crimes analogues étaient sanctionnés par des verdicts à géométrie variable. Ainsi en va-t-il par exemple du viol. Selon S. Gignoux et M.-F. Masson, « la gravité des condamnations pour viols progresse très exactement avec le caractère "citadin" des jurés » (article de *La Croix* cité *in Justice ou Vengeance*, *op. cit.*, p. 131).

comparer et alimenter sa rancune à l'infini, mais ils reflètent une réalité incontournable : plus la Justice a la main lourde, plus elle est sommée d'être juste, c'est-à-dire égale pour tous. Et si j'en crois tous mes interlocuteurs, institutionnels ou détenus, égale, c'est chose certaine, la Justice ne l'est pas !

« Y faudrait déjà, soupire Artigo, un ex-truand marseillais, que les gens qui incarnent la loi soient exemplaires, or c'est pas le cas », et Artigo de me citer en vrac les flics ripoux, les politiques qui se servent des truands (comme lui) pour régler des comptes (pour lesquels, eux, les commanditaires, ne sont jamais inquiétés), les avocats véreux, les juges obtus, les surveillants sadiques, etc.

Justice peu à la hauteur de la vertu qui la désigne d'un côté, peine très lourde de l'autre, voilà qui, de prime abord, rend les décisions judiciaires difficilement acceptables. Surtout si la sentence comprend ce terme aussi terrible que « flou » : PERPÉTUITÉ.

« J'aurais pris dix-huit ans, j'aurais pas réagi mieux, reconnaît Blanchard-le-militaire, sauf que là on sait où on va. On connaît dès le départ la date de sa sortie ; mais perpète... »

« Ce mot, me raconte une détenue, je l'ai compris que trois mois après les assises. Une gradée à qui j'ai demandé ce que c'était m'a dit : "Ça fait trente ans à être enfermée ; y faudra être courageuse". »

Paco Perez, lui, a pris du recul au bout de six mois. Il s'est informé ; on lui a dit : « Perpète, c'est pas à vie, c'est au plus vingt-cinq ans. » Il a alors décidé de s'organiser. « Je trouve qu'un perpète n'a pas à dire qu'il a rien à perdre, s'insurge-t-il, seul un mec qu'a pris trente ans incompressibles peut dire ça. »

On le voit, passé les premiers temps d'abattement, les condamnés tendent tout naturellement à convertir en une durée mesurable une entité abstraite. Sachant qu'ils ne pourront faire un quantum inférieur à la « sûreté incompressible » qui assortit leur peine, la plupart évoquent les quinze, dix-huit ou X années stipulées par celle-ci. Incontournables. Ensuite les plus optimistes se raccrochent aux dernières moyennes (dix-huit ans en 1996)[1] établies pour les détentions des perpètes ; les plus prudents, quant à eux, superstitieux ou réalistes — ils connaissent le malthusianisme

1. Cette moyenne a tendance à s'élever rapidement au fil des ans.

accru des aménagements de peine — se préparent au pire (vingt-cinq ans, voire plus), tout en espérant secrètement sortir avant.

Cette conversion semble constituer de fait la condition *sine qua non* pour que la sentence puisse être apprivoisée. Les responsables pénitentiaires le savent bien qui me diront fréquemment « faire le point » avec les arrivants à ce sujet. « Je leur rappelle la durée moyenne d'une perpétuité, m'explique le directeur de S., et je fais un diagnostic avec eux en fonction de leur dossier et des statistiques nationales. Ça leur permet de visualiser un peu plus leur avenir. »

Intégrer progressivement l'idée qu'on va être emprisonné pour de longues années n'implique cependant pas qu'on arrive à accepter la sentence. « Vous vous rendez compte, je peux pas compter sortir avant l'an 2015 ou 2020 ! » Cette phrase, combien de fois l'ai-je entendue, souvent accompagnée d'un rire sans joie, voire d'un hochement de tête qui disait clairement le caractère insensé d'une telle limite temporelle : projeter le condamné si loin dans l'autre siècle, ce n'est pas la justesse de la justice, non ! c'est l'extravagance de la science-fiction !

Certes, il n'est pas besoin d'être une « longue peine » pour craindre de finir ses jours en prison[1]. Mais ne pas pouvoir envisager son élargissement avant une ou deux décennies, voire plus, attise forcément cette peur. « Mourir en détention, me dira un travailleur social, c'est de toute façon ce que les détenus redoutent le plus, alors vous pensez, quand on a pris perpète ! » Et puis mourir en prison, c'est non seulement finir ses jours dans un lieu peu avenant, privé des soins et de l'accompagnement de ses proches, c'est aussi garder *ad vitam aeternam* une identité de prisonnier. Quitter cette terre sans être redevenu un Homme ou une Femme à part entière[2]. « Si je crève ici, me dit Irénée-le-Réunionnais, pour

1. Cette crainte n'est d'ailleurs pas que fantasmatique. « La surmortalité de la population des prisons » — hors suicide — « est une réalité que l'on ne peut ignorer, écrivent M. Guillonneau et A. Kensey ; les personnes entrent dans un état physique et psychique fragile qui se dégrade avec la détention » (« La santé en milieu carcéral : éléments d'analyse démographique », *op. cit.*, p. 53-54).

2. « Est-ce que vous croyez, me demande un détenu inquiet, que je peux décider de ce qui sera fait de mon cadavre ou est-ce que, même mort, j'appartiens encore à la justice ? Parce que moi, ce que je voudrais, c'est être incinéré. »

mes enfants, leur père aura été un prisonnier toute sa vie. » Et cette perspective, je le lis sur son visage, lui déplaît souverainement.

Dans ce contexte, certains problèmes de santé prennent alors un relief particulier. Quel que soit le fondement somatique des symptômes, la peur ressentie par le détenu traduit aussi la situation mortifère qu'il lui semble vivre en détention. Au point de céder parfois à la panique : la prison va avoir sa peau ! La prison et aussi son passé, voire, par un effet de boomerang, son crime ! Ainsi Cyrille Michel est-il convaincu de ressentir le type de douleurs précurseur des infarctus. « Avec la vie que j'ai menée, me dit-il, c'est normal, on trinque. » Le même homme qui, la veille, m'avait dit fièrement : « Moi, madame, j'ai jamais gratté ! » reconnaît que « les cambriolages et la flambe, c'est dur pour le cœur ; on est toujours dans l'émotion ! » Bref, il le sent et le redoute : il va « canner en taule » !

C'est à Fresnes que je rencontre pour la première fois Cyrille Michel. « Avec sa mèche qu'il ramène en arrière, on dirait un peu Bernard Tapie », me dit en souriant le directeur. Y a de ça, en effet. De Tapie, Cyrille a aussi la gouaille, les origines banlieusardes, l'expérience du showbiz (deux disques à son actif, un peu de cinéma), le charme (gueule virile et belle voix de basse) et la vivacité. Mais Cyrille, lui, n'a pas fait qu'un séjour éclair en prison. Depuis l'âge de quinze ans, la taule, ce délinquant juvénile, devenu plus tard toxico, joueur et braqueur, la fréquente régulièrement. Et quand je le rencontre, il est, à quarante-huit ans, au début d'un nouveau cursus (six ans accomplis sur une peine de trente ans).

Accusé d'avoir sous le coup de la colère tué l'homme qui l'hébergeait sur la Côte, Cyrille nie farouchement son crime. Sans me convaincre.

En écoutant mon interlocuteur, bon et beau parleur — « dans le milieu voyou, me dira-t-il fièrement, mon surnom, c'est "l'avocat" » —, j'ai parfois l'impression de visionner de vieux films policiers. Cyrille jacte à l'ancienne et connaît sa mythologie voyoue comme sa poche. Quand il le faut, il joint le geste à la parole, mime avec un grand talent cambriolages, arrestations et assises. Je reste médusée et, très vite, renonce à démêler le vrai du faux. Voilà qui pour Cyrille n'a aucune importance. Ce qui compte, n'est-ce pas ? c'est la qualité de la représentation qu'il me donne à voir. Non, j'exagère, quoique...

Avec le temps, car je le reverrai souvent, je décélerai plus clairement, derrière le bagout du tchatcheur soucieux « d'assurer », les souffrances de l'enfant et la fragilité de l'adulte. Cyrille-l'avocat ? Un grand Gavroche écorché vif et désespéré !

Comme Cyrille, Dominique-le-Bordelais (trente et un ans) a cru souffrir de problèmes cardiaques et s'est vu mourir à S. : « On se dit : "Non, pas moi ! je suis trop jeune, en pleine santé" ! la mort d'un détenu, c'est ce qu'y a de pire ! qu'est-ce qu'on dit alors ? "Désolé, c'est la vie" ! non, c'est pas possible ! s'emporte Dominique, c'est pas ça la vie ! Mais si je dois mourir, poursuit mon bouillant interlocuteur, j'en prendrai un avec moi ! » Ces propos vengeurs, un autre détenu me les tiendra aussi. Est-ce à dire que mourir *en* prison reviendrait à mourir *à cause de* la prison et qu'il importerait alors de le faire payer à ceux qui l'incarnent : les surveillants ?

Il me semble que les discours apocalyptiques que tiennent à l'occasion quelques autres révoltés relèvent en partie du même état d'esprit. Christophe Geng évoque ainsi à plusieurs reprises « la fin du monde », « les fléaux mondiaux », « la France qui risque un jour d'être rasée », « l'Apocalypse », toutes perspectives qui impliquent qu'il ne sera pas le seul à être durement frappé. Fantasme revanchard ou désir de voir d'autres humains associés à son malheur, lui qui souffre tant de son exclusion du corps social ?

Quand ils évoquent leur peur de mourir en prison, les détenus les plus âgés en arrivent tout naturellement à mentionner leur désir de « laisser quelque chose » derrière eux. Et notamment leurs Mémoires. Ainsi Cyrille-l'avocat rêve-t-il de trouver quelqu'un qui écrirait sa biographie. Il aimerait montrer ce qu'il y a eu de positif dans une vie qui parfois lui paraît fichue — « ma putain de vie, ma putain d'enfance », me dira-t-il souvent —, faire ressortir les cohérences cachées d'une existence apparemment éclatée, les moments de joie et de beauté qui l'ont émaillée alors qu'elle semble désormais submergée par le drame. Ah ! surtout ne pas symboliser que l'échec ! « ou alors vaut mieux se flinguer ! » Et puis Cyrille voudrait comprendre aussi ce qui l'a amené là : sa longue vie hors les normes, ses errements, cette affaire pour laquelle il a « morflé », le pourquoi de cette sentence. « Un mec intelligent, me dit-il pensivement, s'il a une longue peine, y veut piger. »

D'autres veulent surtout expliquer et refaire un procès qu'ils estiment lacunaire, relater des faits qui, selon eux, n'ont pas été dits ou ont été déformés. « Les assises, c'est très manichéen, me dit Michel-le-principal. Moi j'ai été plus que noirci et ma femme, elle, parce que je l'avais tuée, n'avait plus que des qualités[1] ! » Alors Michel a écrit des centaines de pages pour rétablir la vérité. Il a relaté en détail sa carrière professionnelle, évoqué les difficultés de son couple, la découverte tardive de la double vie de son épouse (elle avait un amant), expliqué l'hostilité de certains témoins à charge par des divergences politiques et syndicales. Bref, dans la solitude de sa cellule, il a essayé de faire entendre *sa* version des choses en prenant tout son temps. Pas comme aux assises !

Ils n'étaient que deux détenus — dont Michel — à avoir mis leur projet à exécution, rédigeant de façon minutieuse leur histoire et tâchant de la diffuser. Car si beaucoup évoquent « le Livre » qui corrigerait, révélerait, dirait la « vérité vraie », bref empêcherait qu'ils ne meurent avec l'image déformée et tronquée qui fut donnée d'eux aux assises, peu se sentent capables de passer à la pratique ou s'en donnent les possibilités. Bien sûr, certains (certaines en l'occurrence) ont noirci pas mal de pages dans les premiers temps de la détention (avant et après les assises), mais pour la plupart, le Livre restera un fantasme, un « possible » réparateur. Rêve réconfortant mais inaccessible.

La tentation de l'autobiographie est, je l'ai dit, évoquée par les détenus les plus âgés ; leur problématique est en effet différente de celle des plus jeunes. « Qu'est-ce que je vais devenir en sortant à soixante-dix ans ? Est-ce que je vais seulement en sortir ? » me font observer les quinquagénaires que j'interviewe en début de cursus carcéral. Les modalités de leur « réinsertion » future (comment retrouver un travail, un logement, une famille ?) ne laissent pas de les inquiéter : « Je vais passer directement de la prison à un pavillon de gériatrie, me dit Cyrille-l'avocat avec un rire sardonique. Si j'en sors vivant ! »

On touche là à des choses fondamentales, celles qui font tenir

1. « Combien de victimes, écrit la psychothérapeute S. Buffard, ont vu ainsi leur malchance se parer des couleurs de la vertu, comme s'il suffisait de mourir de mort violente pour être un agneau » (*Le Froid pénitentiaire, op. cit.*, p. 96).

en vie et à la vie. Et qui expliquent que globalement les détenus les plus jeunes m'ont paru moins désespérés que ceux qui avaient pris perpète à un âge avancé. D'autant plus que ces derniers ont souvent derrière eux un passé pénitentiaire[1]. Ainsi, avant sa condamnation, Cyrille-l'avocat avait-il déjà à son actif dix-sept années de prison[2] et la sensation d'avoir tout compte fait peu vécu mais beaucoup souffert.

Mais — effet de compassion, manière de se consoler dans son malheur ? —, passé les premières plaintes, l'autre (qu'il soit jeune ou vieux) paraît, par moments, plus mal loti que celui qui parle. « Prendre perpète à dix-huit ans, c'est plus grave que de prendre ça à cinquante, me dit Christophe Geng (RCP et trente ans incompressibles). Moi j'ai vécu ma vie ; j'ai eu des souffrances, des malheurs comme tout le monde ; j'ai bien gagné ma vie, j'ai des enfants [dont il est sans nouvelles] ; j'ai un passé, c'est pas la même chose. Quand on est jeune, une année, c'est long. Quand on est plus vieux, une année, ça passe plus vite. De toute façon, moi intérieurement, je suis mort ; c'est plus facile de vivre trente ans mort que trente ans vivant ! »

Quelques jours auparavant, commentant sa « sûreté » de vingt-deux ans, Tacier-le-benjamin, écroué à l'âge de vingt ans, me disait quant à lui : « A quarante, cinquante ans, je comprends qu'on se tue ; moi, quand je sortirai, j'aurai moins de quarante ans [*sic*] ; si j'étais plus âgé, j'essaierais de m'évader. Je me tiens tranquille ; c'est important. Je me raccroche à mon âge, je me plains pas ; pour moi, les plus vieux sont plus à plaindre. Je veux me marier, je peux avoir des enfants[3]. Là je vais passer des diplômes, je sortirai de prison, j'y aurai pas été pour rien. »

Propos résolument positifs qui seront néanmoins contredits par la suite. Mais rares sont de toute façon les détenus qui ne passent pas par des sentiments contradictoires. Comme dehors ? Plus, sans doute... Le même Tacier ne me dira-t-il pas un jour : « Je vais

1. En interviewant certains détenus, j'ai eu à plusieurs reprises le sentiment que ce passé carcéral douloureux avait laissé des traces et expliquait partiellement le crime commis ultérieurement.

2. Pour diverses atteintes aux biens.

3. En revanche, pour certaines femmes, la fin de la peine risque de coïncider avec le début de la ménopause, perspective qui peut rendre la sentence d'autant plus dure à accepter.

gâcher mes quinze plus belles années ; ce président des assises m'a brisé la vie ; ç'a été insupportable pour moi de le voir rigoler pendant le procès avec son assesseur » ? Et ultérieurement : « Qui sait où j'en serai dans quinze ans, peut-être que j'aurai fait une dépression et que je me serai pendu ? » Quant à Christophe Geng, « déjà mort », il évoquera fréquemment son désir d'en finir... avec la vie !

Enfin il y a ceux qui supportent d'autant moins leur peine qu'ils se déclarent innocents de ce qui leur est reproché. Ou qui, tel Michel-le-principal, se sentent en quelque sorte « responsables » du crime mais pas « coupables ». Sept ans après avoir tué femme et enfant, Michel n'a toujours pas digéré sa perpète. Il est le seul condamné d'ailleurs qui, tout en reconnaissant les faits, estime qu'il aurait dû être libéré : « J'aurais trouvé ça légitime, j'ai perdu les deux êtres que j'aimais le plus. Deux secondes avant le meurtre, je savais pas encore que j'allais tuer. Et puis j'ai raté mon suicide ; si je l'avais réussi, on aurait dit : "Le pauvre !", comme je l'ai raté, on a dit : "Ah, le salaud !" » Michel estime ayant agi sous l'effet de sa dépression, il aurait dû bénéficier de l'article 64 [1] : être soigné et non pas sanctionné.

Parce qu'une bonne partie des condamnés ne trouve pas pertinente la peine qu'on leur a infligée, leur attitude face à leur crime va progressivement changer : « Jusqu'au procès, m'écrit un détenu, j'ai culpabilisé un maximum mais ce jour-là, j'ai pris perpète et j'ai entendu dire tellement de choses fausses sur moi que ça m'a vacciné ; maintenant je me sens plus coupable. » « Les premiers temps, je me suis dit, j'ai enlevé quelqu'un à sa famille, me raconte aussi Paco Perez, et puis je pensais au mal que j'avais fait à la mienne et ensuite à ce que j'avais perdu. » J'évoque un éventuel sentiment de « deuil ». Perez se méprend sur le sens que je donne à ce mot et proteste : « Deuil, non, le remords, oui, la honte, oui, toujours ! mais avec une perpétuité, je vais pas dire : "Je porte le deuil", ah, non ! » Ce revirement, Leduc-le-Nantais le résume bien quand il observe : « Au début, les gens culpabilisent, ensuite, ils culpabilisent le système. » En somme, il semble que pour une partie des condamnés l'impression d'avoir été matraqué par la lourdeur de la peine fasse basculer leur représentation d'eux-mêmes : du camp des coupables ils passent, après les assises, à celui des victimes.

1. L'(ex-)article 64 reconnaissait l'irresponsabilité du prévenu.

Mais pour minoritaires qu'ils soient, certains détenus m'ont cependant dit trouver la sentence légitime. « J'ai commis un crime affreux, je le reconnais, je mérite donc la peine prévue pour ce type de crimes [en l'occurence perpétuité] », voilà en quelques mots le type d'explications qui m'est donné. De façon générale cette attitude se rencontre plutôt chez les femmes qui, selon la directrice du CD de Rennes, « se montrent plus responsables que les hommes et se défaussent moins sur autrui ». La nature de leur crime y est sans doute pour quelque chose. Mais jouent aussi la socialisation féminine et l'influence du christianisme qui poussent traditionnellement à l'autoculpabilité et à la repentance [1].

« J'estimais, me dit une détenue, qu'ayant tué ma fille, je devais avoir *cette chose*, la perpète. Je dois supporter cette souffrance parce que c'est une revanche de la vie. Je suis marquée à vie par mon délit ; je veux faire ma peine jusqu'au bout, je dois aller jusqu'au bout en prison. »

« J'ai assassiné mon fils, me déclare une autre femme, alors j'estime que la perpétuité, je l'ai méritée. Au début, je l'admettais pas et puis j'en ai parlé avec une surveillante, avec les sœurs, maintenant je me dis que je dois faire avec ; y faut que je me rattrape, y faut que je me rende utile pour que moi, j'aie l'esprit plus propre. Mon fils est là en permanence, il est mon ange gardien, mon secours. Et puis en essayant de lui donner ma vie de combat, je l'aide, j'essaie de lui donner tout ce que j'ai pas pu lui donner de son vivant dans mon courage pour vivre le quotidien. »

Mais, au fil des entretiens, il apparaît vite que les sentiments de ces condamnées qui disent « mériter perpète » sont en fait ambivalents et qu'elles éprouvent pas mal de ressentiment à l'égard des institutions pénitentiaire et judiciaire. Certes, elles acceptent leur peine parce qu'elles reconnaissent leur culpabilité mais surtout, elles n'ont guère d'autre choix ! Si elles veulent vivre le moins douloureusement possible leur détention, il leur faut faire avec ce qu'elles ne peuvent changer. Comportement pragmatique qu'adoptent d'ailleurs, passé le temps de la révolte ou de l'abattement, une bonne partie des détenus.

« Petit à petit, me dit Marc Marcus qui a encore devant lui la

1. Voire au masochisme.

perspective de vingt-cinq ans de prison à faire, je me suis mis à m'imaginer ma vie en taule. Je vis au jour le jour et puis c'est tout.

— A quoi vous sert la prison ?

— A réfléchir. »

Mon interlocuteur parle-t-il d'expérience ? Il a en effet tendance à user de formules toutes faites. « Non, me rétorque-t-il en baissant les yeux, j'ai pas encore réfléchi. »

Suis-je cela ?

Ce que les condamnés doivent aussi digérer, c'est l'image souvent terrible qui a été donnée d'eux en public par les divers acteurs des assises. « Au jugement, c'est incroyable les choses qui sont dites, on en rajoute, on amplifie. L'avocat des parties civiles a dit que j'étais... une chienne, me raconte une détenue d'un air craintif. C'est bien simple, après les assises, je savais plus qui j'étais. »

Au moment où je les rencontre, le procès est déjà loin, parfois très loin, mais certaines phrases prononcées à leur encontre viennent régulièrement en tarauder quelques-uns. Tourment d'autant plus intense que les qualificatifs qu'on leur a accolés ont été violents et qu'ils reflètent — peut-être — leur propre effroi face à leur miroir intime.

En tête du hit-parade des étiquetages qui ont fait mal : les métaphores évoquant la bestialité et la monstruosité.

« Répondez-moi sincèrement, me demande gravement Yolande Mitz (soixante et un ans dont douze de détention), est-ce que vous avez l'impression de voir un monstre ? » Un monstre, elle, certainement pas ! Voilà une idée qui ne m'est jamais venue à l'esprit. A vrai dire, ce qui retient plutôt mon attention chaque fois que je la rencontre, c'est son air digne, son brushing et, surtout, ses pulls raffinés... Mais, de toute évidence, ce qui intéresse mon interlocutrice, ce n'est pas ce que je pense de son apparence, non ! c'est plutôt ce que laisserait entrevoir son âme !

Il y a douze ans, Yolande, née d'un inceste, a assassiné sa fille avec la complicité de son fils, issu d'un premier lit, et tant ses codétenues en maison d'arrêt que l'avocat général ont dû lui renvoyer sa « monstruosité ». Des années plus tard, elle aimerait sans doute savoir « si ça se voit » (encore). Je n'ai pas répondu franchement, me laisse-t-elle entendre. Peut-être que je préfère oublier ce qu'elle a fait. Non, non ! je ne cherche nullement à oublier ! Il me faudrait au contraire gommer la femme qui me fait face pour imaginer de toute pièce « l'assassine », avec peut-être, pour fixer l'image dans ma tête, du sang sur ses mains. Bref, il me faudrait faire un sacré effort pour la voir dans le rôle qu'elle a pourtant tenu jadis.

De façon générale, qu'il s'agisse de Yolande ou d'autres personnes, quand elles évoquent les propos tenus au procès ou les gros titres de la presse, à chaque fois que j'entends le mot « monstre », je m'insurge. Décidément ce terme, les gens qui, du journaliste à l'avocat général, sont censés faire entendre la voix de la « chose » et de l'opinion publiques (et donc *aussi* la mienne) en font un usage abusif !

Portrait réalisé par Edgardo Flores, ex-détenu.

« Le monstre, écrit la psychanalyste S. Korff Sausse dans le quotidien *Libération*, c'est celui qui n'a pas de semblable. Le monstrueux, c'est ce qui nous est complètement étranger... [Premièrement le terme est utile pour pratiquer la projection.] En voici le mécanisme : ce que je ne veux pas reconnaître en moi-même, je le projette sur un élément extérieur que je peux alors tranquillement repérer, critiquer, voire persécuter. [...] Deuxièmement le monstre ne se reproduit pas, il s'agit d'un phénomène unique, isolé [...] Le troisième avantage du mot "monstruosité" est qu'il permet d'éviter d'expliquer quoi que ce soit. Le terme contient en lui-même sa causalité. Il n'y a pas de cause à rechercher, car c'est la nature du monstre d'être monstrueux [1]. »

Même si la monstruosité évoquée dans ce texte fait plus particulièrement référence au stalinisme, ce qu'en dit l'auteur met des mots sur mon malaise. Non que je veuille minimiser la gravité et l'horreur des crimes commis. Je comprends bien évidemment la douleur et l'incompréhension des familles des victimes ou l'indignation des jurés qui, souvent, ont entendu des récits d'horreur [2], mais... l'acte de juger implique une prise en compte des intérêts de *toutes* les parties (la société, la victime et le coupable). Or qualifier celui-ci de « monstre » contribue à le rejeter dans les limbes de la non-humanité, ce qui me paraît lourd de conséquences. Pourquoi l'accusé reconnaîtrait-il en effet la légitimité d'une sentence émanant d'un groupe qui ne le considère plus comme l'un de ses membres ? Et puis, un certain nombre de détenus m'ont paru visiblement terrorisés par leur acte et par ce qu'il laissait entrevoir d'eux-mêmes. Or, en les qualifiant de « monstres », on ne fait que renforcer cette image menaçante de leur inquiétante étrangeté. On les dissuade ainsi, alors que ce serait leur intérêt et celui du corps social, de chercher à se connaître plus intimement pour comprendre « les faits ». *A contrario*, on risque d'activer divers mécanismes d'autodéfense : « Un type qu'on a qualifié de monstre, me dit ainsi l'instituteur de C., son premier souci, c'est d'en rajouter dans la normalité bien visible. Dans un premier temps, ça peut bien se passer mais y a parfois de sacrés retours d'angoisse. »

Les propos de cet instituteur rappellent aussi que l'étiquetage amorcé par la presse et les principaux acteurs des assises se poursuit en détention. Comme par un effet de ricochet, les prétoires et les

1. Numéro paru le 9 décembre 1997, p. 5.
2. Et vu des photos sanglantes.

cours de prisons se renvoient les jugements les plus stéréotypés. En effet, bien des condamnés ne se priveront pas de refaire le procès de leurs codétenus, notamment des auteurs de « mauvais délits », et leur accoleront des qualificatifs au vitriol. Ce qui poussera les plus apeurés à « la jouer hyper-normal »... ou à se terrer dans leur cellule.

Certains condamnés n'ont pas digéré non plus les épithètes de « bête féroce » ou de « fauve » dont on les a affublés. Cette *animalisation* — outre qu'elle traduit une lecture réductrice et à mon sens erronée des mobiles de leurs actes — légitime du même coup des sentences inhumaines, l'accusé, symboliquement déchu de son rang d'homme, ne méritant plus qu'on le traite comme tel. Or c'est sans doute là que le bât blesse le plus. Tous mes interlocuteurs, même quand ils reconnaissaient le caractère effroyable du crime commis, se considéraient malgré tout comme des personnes. Ces termes qui les excluent, si durs à entendre et si lourds à porter, ils peuvent d'autant moins les encaisser qu'ils savent (une partie d'eux-mêmes tout au moins) qu'ils n'auraient pas agi ainsi s'ils n'étaient justement des hommes. D'ailleurs plusieurs d'entre eux ne m'ont-ils pas dit : « Vous savez, ce que j'ai fait, ça peut arriver à n'importe qui ! » ou encore : « Un moment de folie, c'est vite arrivé ! » — sous-entendu « à tout un chacun » ? Comme s'il s'agissait pour eux de nier cette inhumanité [1] singulière qu'on leur imputait en élargissant le cercle des criminels potentiels.

Comment, me suis-je dit souvent, en me référant à tous les signes de l'humaine condition que j'avais pu observer chez mes interlocuteurs : sourire, mains moites, cicatrices rappelant des tentatives de suicide, efforts vestimentaires, tatouage assorti d'un prénom féminin..., comment a-t-on pu les qualifier ainsi si ce n'est en les maintenant à distance de façon à en faire des figures fantasmatiques ? Distance de celui qui préfère ne pas (trop) connaître pour mieux tenir son rôle d'accusateur (cas de l'avocat général ?), distance du journaliste manichéen ou sans éthique qui préfère ne pas voir le blanc pour mieux faire ressortir le noir (« la tortionnaire monstrueuse condam-

1. « Il y a, écrit Edgar Morin, une faute intellectuelle à réduire un tout complexe à un seul de ses composants. Le théâtre de Shakespeare, un film de gangster comme *le Parrain* nous montrent que des tueurs peuvent être de bons fils, de bons pères, ressentir l'amour et l'amitié » (*Le Monde des débats*, février 2000, p. 24).

née à perpétuité »), enfin distance de classe [1], dans certains cas, entre tel magistrat, juré ou journaliste et l'accusé...

Mais ces épithètes, adressées dans un premier temps aux condamnés, seront ultérieurement, par un effet classique de boomerang, retournées par les intéressés à tous ceux qui leur paraîtront injustes et irresponsables. Traités de monstres ou de bêtes sauvages, ils dénonceront à leur tour la monstruosité de la société qui les a condamnés et la façon bestiale dont elle les traite. « La prison fabrique des monstres, me dira ainsi d'un ton caustique Karl Wagner. « Y'a un type ici qui sort dans la cour avec des pantalons couverts d'excréments ; moi je trouve ça scandaleux de le laisser dans cet état. » Et rares sont les détenus qui n'useront pas de ces figures de style pour dire leur rage, les plus prisées étant les métaphores animales.

Au cours de nos entretiens, Dominique-le-Bordelais m'en fournira maints exemples. J'apprendrai ainsi que dans ce *zoo* qu'est la prison (image standard), la gamelle est si mauvaise que lui, Dominique, ne la donnerait pas à ses *chiens* mais à des *gorets*, qu'elle est par ailleurs insuffisante (tout juste bonne pour des *pinsons*), que le dermatologue est un *boucher*, juste bon à soigner les *chèvres*, et le précédent généraliste, un *charcutier* en qui il n'avait nullement confiance... Bref, on l'aura compris, Dominique ne s'estime pas considéré comme devrait l'être un être humain et finit par exécrer cette humanité qui l'a stigmatisé, lui, le monstre, alors qu'elle n'a pas honte de le traiter « *comme un chien* ».

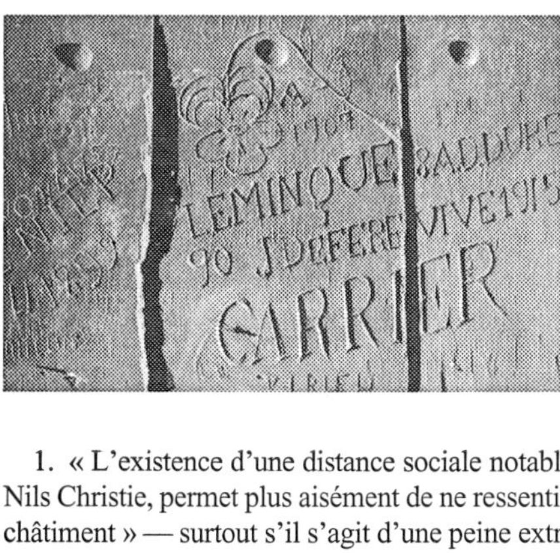

Graffiti trouvé sur le bat-flanc d'un lit de prison au début du siècle. (Collection du Musée national des prisons)

1. « L'existence d'une distance sociale notable, observe le criminologue norvégien Nils Christie, permet plus aisément de ne ressentir aucun scrupule à l'idée d'infliger un châtiment » — surtout s'il s'agit d'une peine extrême comme la RCP — (« Problèmes de détention dans le monde actuel », *in Le Contrôle des conditions de détention dans les prisons d'Europe*, document publié par Penal Reform International, Paris, 1997, p. 39).

Graffiti d'une cellule de maison d'arrêt recopiés par un détenu. « En établissement pour peine, m'écrit-il, c'est différent. Vous en trouverez rarement. Les gars tiennent plus à leur cellule qu'en maison d'arrêt et puis il y a un dicton qui dit : "Si tu inscris ton nom sur un mur de prison, tu devras y retourner pour l'effacer." »

« A quoi ça va me servir de faire vingt ou cinquante ans de prison ? Et c'est pas ça qui fera revenir la victime ! » Éternel leitmotiv que j'entends lors des entretiens. J'écoute en silence et inévitablement me reviennent à l'esprit certaines analyses de Durkheim. « Là n'est pas la question, objecterait-il sans doute s'il devait répondre à mes interlocuteurs. Ce n'est pas en tenant compte de l'intérêt du coupable que la peine est donnée. » Quels que soient les discours psychologisants qui peuvent et ont pu être tenus à son propos (condamné = malade à « traiter » ou à amender bien plus que criminel à châtier) — et de nos jours plus encore que par le passé[1].

C'est que pour Durkheim, le rôle de la peine n'est pas celui qu'on lui attribue d'habitude. « Elle ne sert pas, écrit-il, ou ne sert que très secondairement à corriger le coupable ou à intimider ses imitateurs possibles ; à ce double point de vue, observe-t-il, son efficacité est justement douteuse et, en tout cas, médiocre[2]. » Jugement qui paraît toujours d'actualité, puisque la littérature consacrée à la prison souligne de façon récurrente son incapacité à atteindre de tels objectifs, et ce depuis ses débuts[3].

« Il ne faut pas croire non plus, poursuit Durkheim, que le degré de nocivité que présente l'acte criminel soit régulièrement en rapport avec l'intensité de la répression qui le frappe [...] Sans doute, ajoute-t-il, le meurtre est toujours un mal, mais rien ne prouve que ce soit le plus grand mal. Qu'est-ce qu'un homme de moins dans la société[4] ? » Et, pourrait-on ajouter, toutes les morts sont loin de provoquer spontanément la même indignation, comme l'atteste régulièrement la modestie des sanctions prises à l'encontre des fonctionnaires auteurs de « bavures fatales » ou des responsables d'« accidents » mortels du travail et de la route.

Quoi qu'on en dise, ajoute aussi Durkheim, il ne faut pas s'imaginer non plus que la sentence n'ait rien à voir avec la vindicte. « Nous

1. J'ai montré dans ma thèse de doctorat, *La Réinsertion des sortants de prison dans le cadre des centres pour handicapés sociaux adultes*, Université de Paris VIII, 1981, doc. ronéoté, l'émergence progressive depuis le XIXe siècle, notamment après les troubles de la Commune, du thème de la réinsertion (sous diverses appellations). Cette préoccupation, *a priori* orientée vers le détenu, est désormais considérée comme primordiale — du moins dans les textes — puisqu'elle a été inscrite dans l'article premier de la loi du 22 juin 1987 portant sur le service public pénitentiaire.

2. E. Durkheim, *De la division du travail social*, Paris, PUF, éd. 1998 (1re éd. 1893), p. 76.

3. Comme l'observe M. Foucault quand il écrit : « La réforme [et la critique] de la prison est à peu près contemporaine de la prison elle-même » (*Surveiller et punir*, Paris, Gallimard, 1975, p. 236).

4. E. Durkheim, *op. cit.*, p. 38.

ne faisons pas, écrit-il, souffrir le coupable pour le faire souffrir ; il n'en est pas moins vrai que nous trouvons juste qu'il souffre [...] Nous estimons que la peine doit être avant tout une expiation du passé. Ce qui le prouve, ce sont les précautions minutieuses que nous prenons pour la proportionner aussi exactement que possible à la gravité du crime ; elles seraient inexplicables si nous ne croyions que le coupable doit souffrir parce qu'il a fait le mal et dans la même mesure [1]. » Toutes remarques qui me paraissent encore pertinentes bien qu'elles soient de moins en moins politiquement correctes, donc dicibles officiellement.

« La vraie fonction de la peine, poursuit Durkheim, est de maintenir intacte la cohésion sociale en maintenant toute sa vitalité à la conscience commune [2]. » Car c'est la « colère publique », la réaction indignée du corps social se sentant menacé par le crime commis qui va susciter une peine qu'on pourra juger « cruelle ». Cruauté qui, aux yeux de l'auteur, n'est ni gratuite ni inutile sauf à ne tenir compte que des intérêts individuels du condamné et des proches de la victime, ce qui lui paraît visiblement accessoire par rapport aux intérêts « supérieurs » de la société. Ainsi conclut-il : « Le châtiment est surtout destiné à agir sur les honnêtes gens. » La peine sert à « guérir les blessures faites aux sentiments collectifs » et par ailleurs à nous rassurer « sur le fait que de tels sentiments existent toujours et qu'ils sont bien vivants [3] ».

Bien qu'il ait été écrit il y a un siècle, le texte de Durkheim me paraît toujours utile à méditer. D'une part parce qu'il a le mérite de démystifier certains propos lénifiants et pseudo-humanistes en rappelant que les termes de « vengeance », « expiation » et « souffrance » relèvent d'une réalité toujours vivace — comme l'atteste une étude [4] récente — et ce, quels que soient les discours euphémisants qui vien-

1. *Ibid.*, p. 55.
2. *Ibid.*, p. 76.
3. *Ibid.*, p. 77.
4. Elle montre que « le rôle mis en avant » (par les Français interviewés) « est la fonction punitive de la prison, le plus souvent dissociée de tout aspect lié à l'avenir des détenus. Les Français ont une image assez simplifiée de la prison, loin des préoccupations des pouvoirs publics » (*A l'ombre du savoir. Connaissances et représentations des Français sur la prison*, étude réalisée par le GENEPI en coll. avec le SCERI, ministère de la Justice, « Travaux et Documents », n° 52, 1996, p. 73). Les chercheurs distinguent cependant des positionnements différents suivant l'appartenance socio-professionnelle : ainsi les cadres comme les professions supérieures et intermédiaires pensent-ils par exemple que les peines sont trop longues et se montrent-ils plus sensibles aux intérêts du détenu que les agriculteurs ou les ouvriers (*op. cit.*, p. 59).

nent parfois enrober ces concepts « barbares ». D'autre part parce qu'il souligne la prééminence de « l'utilité sociale » des peines prononcées sur les « intérêts individuels », et notamment ceux des condamnés, ce qui me paraît toujours d'actualité.

Cela dit, Durkheim me paraît aussi devoir être contesté. On est ainsi en droit de s'interroger sur ce qui conditionne et forge « la réaction émotionnelle de la communauté ». Durkheim n'évoque ni le rôle de la presse et des hommes politiques ni les rapports de classe... Et pourtant ! Les condamnés pour des affaires criminelles ne serventils pas d'autant plus facilement de boucs émissaires, dont on néglige les intérêts propres, qu'il s'agit dans leur grande majorité de « pauvres gens », dénués de tout statut social ?

Par ailleurs Durkheim sous-estime à mon sens le plaisir que peut procurer aux humains la souffrance infligée à autrui, la satisfaction trouble et ambiguë que bon nombre de personnes ressentent devant le spectacle[1] de la douleur, surtout si celui qui la subit a enfreint une loi qu'eux-mêmes s'interdisent — non sans frustration ! — de transgresser.

Et puis demander que celui qui a fait le mal encoure une peine qui fasse vraiment mal autorise le plaisir, intense pour certains, de faire mal à leur tour[2] en toute légitimité et en toute impunité. La jouissance empêchée de la transgression devient ainsi jouissance autorisée de la punition.

Quoi qu'il en soit et quelles que soient les satisfactions que la peine apporte à ceux qui ne la subissent pas, il est aussi légitime de considérer, vu la malléabilité du « social », qu'il y aurait moyen de conforter la vitalité du lien collectif et de sanctionner le criminel par d'autres pénalités et selon d'autres modalités que celles que nous connaissons et pratiquons actuellement.

On peut d'ailleurs lire les prémices de tels changements dans l'usage accru qui est fait du mot « sanction »[3] non seulement de la part des pouvoirs publics[4] mais aussi des associations et des personnalités qui militent pour faire évoluer le système pénal.

1. Ou, plus exactement, en apprenant par les médias que tel « monstre » vient de prendre la peine maximale.

2. Par le truchement symbolique des juges et des jurés.

3. L'avenir dira s'il s'agit d'une véritable évolution ou d'une de ces euphémisations-gadgets qui ont transformé par exemple les balayeurs en « techniciens de surface ». Et si les personnes « sanctionnées » éprouveront moins de *peine*.

4. On peut ainsi noter que dans les discours officiels des derniers gardes des Sceaux le mot « peine » se raréfie. Il est de plus en plus supplanté par les termes de « sanction » et de « réponse sociale ». Ce glissement sémantique reflète clairement une évolution théorique des pouvoirs publics, qui ne change au demeurant pas grand-chose, du moins pour le moment, au quotidien des pratiques judiciaires et pénitentiaires.

La réflexion d'un magistrat comme Antoine Garapon résume bien l'orientation de certaines recherches contemporaines à ce sujet. « Toute réflexion sur la peine, écrit-il, bute sur son ambiguïté entre sanction et réprobation publique d'une part, et souffrance d'autre part, toutes deux inscrites sous le signe de la contrainte. [...] La souffrance n'est plus la totalité de la peine mais une de ses composantes : après avoir pris acte de son inéliminabilité, il faut chercher à la rendre plus intelligente en l'utilisant comme un élément de dynamisation. La peine se conçoit de plus en plus comme une trajectoire faite de moments autoritaires et d'autres plus dialogués [1]... »

Certes, de tels propos ouvrent de nouvelles perspectives, mais dès qu'on essaie d'envisager leur pertinence par rapport au vécu des condamnés à perpétuité, on achoppe. Il apparaît clairement en effet que la longueur de la peine infligée et les conditions dans lesquelles elle doit se vivre actuellement sont quasiment incompatibles avec une telle réorientation du sens de la sanction. Celle-ci passe indéniablement par la remise en cause de cette peine comme des modalités de son exécution.

1. A. Garapon, « Pour une nouvelle intelligence de la peine », *Actes du colloque sur « La sanction pénale »*, FARAPEJ, Paris, nov. 1993, doc. ronéoté, p. 12.

Carnet de bord n° 2

A C. je loge dans l'aile du bâtiment réservée aux surveillants. Pas évident, mais pratique ! Le CD étant loin du centre-ville, j'ai pas eu envie de perdre du temps en trajets, surtout qu'en prison les journées commencent et finissent tôt. Je parle des heures « ouvrables » bien sûr. « Ouvrables »... Quel mot incongru dans ce monde clos !

Le désavantage, c'est que la prison, du coup, j'en sors peu. Et ça devient vite lourd. Partout ce sentiment que ma présence est plus tolérée que souhaitée et bien sûr que tous mes faits et gestes sont enregistrés. Le personnel est poli mais rarement chaleureux. Fonction et contexte obligent, je sais !

Le premier week-end, j'étais pressée de rentrer à Paris, de retrouver des êtres chers mais le retour en prison le dimanche soir, ah ! la la ! A la vue de l'enceinte, flash-back violent. Des années en arrière ! Les murs de l'internat qui se profilent, les jambes qui deviennent plus molles. Dans quelques minutes je serai à nouveau enfermée, à nouveau perdue dans la masse, plus qu'une forme anonyme dans un dortoir. Personne pour s'inquiéter de moi, m'embrasser avant que je m'endorme, enfant effrayée dans le froid de l'institution.

Depuis, j'ai décidé de passer les week-ends sur place. Plus de transition douloureuse. Plus de cuirasse à remettre en place pour ne pas trop sentir les choses quand je réintègre la prison. C'est pesant, mais plus simple.

A C. on m'a attribué la chambre du directeur régional qui ne s'en sert jamais. C'est la meilleure. Douches et cuisine sont communes à tout l'étage : des surveillants logent là lorsqu'ils sont de service de nuit. Le premier soir, je rentre dans la cuisine... Silence. Heureusement y a la télé. On se parle pas mais ça parle. Moins gênant. Je mange vite fait et me réfugie dans ma chambre. Couchée sur mon lit, je ferme les yeux, soupire. Mais, Dieu merci ! j'ai de la compagnie : *Suerte*, le livre de Claude Lucas, l'écrivain-détenu ! C'est-i-pas drôle ? Je suis là en train de me marrer à lire les avatars d'un prisonnier pour me consoler des miens en prison !

Certains soirs, ça se passera mieux ; je réussirai à engager la conversation avec l'un ou l'autre des surveillants. S'il est seul ! Pas facile. Je cumule les handicaps : femme, intello — et, plus grave, ça ! — passant de longues heures avec les détenus. C'est là surtout que le bât blesse. D'abord les détenus, y en a que pour eux, la presse, les visiteurs, tout le monde s'apitoie sur leur sort mais, dites-moi : qui-s'intéresse-aux-surveillants ? Personne ! Et pourtant eux, c'est pas des voyous ! ils ont les mains propres et ils font que leur boulot, un boulot ingrat d'ailleurs pour lequel ils ont jamais de remerciements ! Et puis, si je m'intéresse aux détenus, je suis forcément contre les surveillants. Ils me parlent sur leur dos, se plaignent d'eux, c'est sûr ! Me racontent les non-dits pas ragoûtants de la prison. Pfft ! inutile de nier ! on les connaît les sociologues, les psys et tous les gens de cet acabit. Les intellos, c'est tout sourire pour les détenus et nous, ça se voit bien qu'ils nous méprisent.

J'essaie de m'expliquer, de réfuter, d'argumenter. Sans grand succès, du moins avec certains. Pourtant les surveillants, je ne leur suis pas hostile. Non, vraiment. Simplement mon enquête ici porte surtout sur le vécu des détenus. Alors, normal, c'est avec eux que je passe le plus clair de mon temps.

Mais en prison, on vous demande très vite de choisir votre camp. Et si vous répugnez à le faire, les autres le feront pour vous et vous traiteront en conséquence. La toubib de S. appelle un surveillant par son prénom et le tutoie ? « Ça se voit, elle est de leur côté, me dit un détenu, faut se méfier d'elle ! » Je mange au mess de C. à une table de surveillants. Je peux compter sur le détenu qui sert pour faire passer le message : « Faites gaffe ! elle est copine avec eux. »

Si je rembobine la pellicule et que je la revisionne, je me dis que j'ai commis pas mal d'erreurs de stratégie. La faute à mon insouciance qui revient parfois au galop ! A S., le local des surveillants jouxte « mon » bureau. Entre deux entretiens je vais y chercher un café au distributeur. Silence des surveillants. Détenu qui se renfrogne quand, à son arrivée, il me voit sortir, l'air détendu, du bunker ennemi.

Dans chaque camp, quelqu'un risquera un jour la même question : « Allez, vous pouvez bien me le dire à moi, vous êtes plutôt de leur côté, hein ? » Et derrière le sourire de mon interlocuteur, je sentirai la même angoisse : en surface, elle est aimable mais au fond, peut-être qu'elle nous rejette. Pire encore, si c'était une balance ? Nous tirant les vers du nez pour tout recracher aux autres. La garce !

Derrière cette injonction : « Dites quel est votre camp ! Dites qu'en réalité vous nous méprisez ! » je sens en fait le même malaise. Qu'il soit détenu ou surveillant, mon interlocuteur n'aime pas ce qu'il représente. Enfin certains... et certains jours. Qu'ils soient surveillants ou détenus, leur crainte est d'incarner l'illégitime, voire le mal, celui qu'on a fait en tuant, violant ou volant mais aussi celui qu'on fait — peut-être — en fouillant, mettant les entraves aux pieds, enfermant un autre être humain. « La première fois que j'ai vu un détenu à poil au mitard, je me suis dit : “Je quitte ce boulot !” me raconte un surveillant ; un an après, ça me faisait plus rien. » Il me regarde l'air faraud. Que répondre ? Que je n'ai rien contre lui, mais que je désapprouve totalement certaines modalités de son travail ? Je reste silencieuse...

Qu'il ait les mains sales, oui, je le pense, mais les miennes le sont aussi. Ni lui, ni moi n'avons établi les règles écrites et non écrites qui régissent le système carcéral mais lui comme moi en sommes partie prenante en tant que citoyens et électeurs.

Non, si je réfléchis froidement, sereinement, là, sur mon lit, loin de toute situation d'entretien, je crois sincèrement que je ne suis d'aucun camp. Principe de la non-dualité du bouddhisme. Il n'y a rien à jeter et rien ne m'est extérieur. Tout est lié. Je suis le détenu et je suis le surveillant. Tous les deux coupables et victimes, tous les deux se et me reflétant, moi et la société à laquelle j'appartiens. Tous les deux incarnant la profonde complexité de l'humaine condition.

ISSUES DE SECOURS

S'il ne parvient pas à surmonter le traumatisme de la sentence ou de la détention, il ne reste plus au détenu aux abois qu'à se trouver une échappatoire. Et c'est en maison d'arrêt, compte tenu des tensions qui pèsent alors sur les « longues peines », que cette quête semble la plus exacerbée. Et que certains passages à l'acte aboutissent. On les trouvera répertoriés dans le rapport d'activité de l'administration pénitentiaire sous le titre « Les incidents recensés »[1], formule anodine qui recouvre des faits souvent dramatiques (suicides, grèves de la faim, évasions...). « Issues fatales » ou « incidents » ? Tout n'est-il pas toujours qu'une question de perspective ? Existentielle pour les uns, gestionnaire pour les autres.

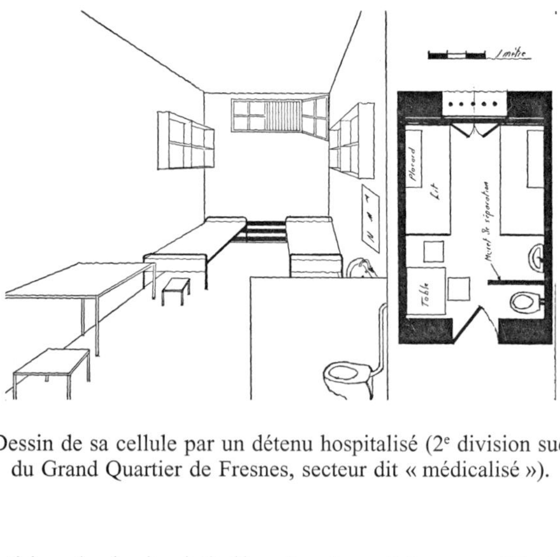

Dessin de sa cellule par un détenu hospitalisé (2e division sud du Grand Quartier de Fresnes, secteur dit « médicalisé »).

1. A l'intérieur du chapitre intitulé : « La vie quotidienne en détention ».

Une bonne moitié des perpètes que j'ai rencontrés avait sérieusement envisagé de se suicider. Et rares étaient ceux qui n'y avaient jamais songé. Il faut cependant distinguer le cas des femmes — la quasi-totalité avait été suicidaire — de celui des hommes. Cette différence qui n'est pas corroborée par les statistiques nationales est peut-être imputable à la nature des crimes commis par les condamnées que j'ai interviewées — toutes ayant tué un proche — et à l'éclatement subséquent de la cellule familiale : leurs conjoints[1] avaient souvent été écroués en même temps qu'elles, et leurs enfants « placés à la DASS ». Ainsi se retrouvaient-elles à la fois lourdement condamnées, stigmatisées et isolées. Du moins pendant les premiers temps.

Dressant le profil moyen du détenu suicidé, Nicolas Bourgoin, dont les travaux consacrés au suicide carcéral font référence[2], le décrit comme étant « plutôt prévenu, sans religion, de nationalité française, père de famille, ayant un emploi avant l'incarcération, d'un niveau social assez élevé, et soumis à une procédure criminelle. C'est le cas moyen, mais, ajoute-t-il, une série de cas très différents existent aussi. Par exemple, le fait d'avoir commis un crime passionnel est un facteur de risque important[3]... »

De cette figure idéal-typique[4], deux caractéristiques s'avèrent particulièrement pertinentes par rapport aux personnes que j'ai intervie-

1. Quand elles n'en étaient pas déjà séparées !

2. N. Bourgoin, *Le Suicide en prison,* Paris, L'Harmattan, 1994. L'auteur, démographe, a travaillé sur les dossiers de 621 détenus s'étant donné la mort au cours d'une période de dix ans et sur un corpus de 200 lettres écrites avant de passer à l'acte. Pour N. Bourgoin, on peut indubitablement parler de « sursuicidité carcérale » — dix fois plus de suicides en prison qu'*extra-muros* —, même si le lien entre le suicide et l'incarcération est parfois indirect (rupture avec les proches, échec social, stigmatisation, etc.) et si on ne peut donner de celui-ci une définition univoque.

3. N. Bourgoin, « Profils de suicide », *Dedans-dehors,* revue de l'Observatoire international des prisons, n° 3, juil. 1997, p. 14-15.

4. Comparer les profils de détenus qui ont « réussi » leur suicide avec ceux de détenus qui l'ont raté peut être instructif, mais demande de la prudence puisqu'il s'agit de « populations » qui, par définition, ne sont pas tout à fait identiques.

wées : la procédure criminelle et, accessoirement, le crime « passionnel ». « Les suicides, nous dit encore Nicolas Bourgoin, se concentrent en premier lieu au début de la détention, les trois quarts étant perpétrés au cours de la première année et la quasi-totalité dans un délai de deux ans. Par ailleurs, 14,5 % des détenus et 21 % des prévenus passent à l'acte au cours de la première semaine suivant l'incarcération[1]. » Les témoignages que j'ai recueillis corroborent tout à fait cette dernière observation puisque c'est en maison d'arrêt que certains avaient été à deux doigts de se suicider ou étaient carrément passés à l'acte. Ce qui n'excluait pas pour autant des récidives ultérieures en établissement pour peine. Un commun dénominateur se retrouve chez la plupart des suicidaires : leur crime est particulièrement stigmatisant. Meurtre de leurs enfants pour les femmes, viols sur mineurs et crime qualifié de raciste pour les hommes. Avec à la clé, dans tous les cas, une détention que les codétenus vont s'ingénier à rendre plus rigoureuse.

Ex-médecin, Jean Blot correspond assez bien au profil moyen décrit par N. Bourgoin. « J'ai fait deux tentatives de suicide en maison d'arrêt, me dit-il, je n'en pouvais plus... de tout, de la vie en cellule, des brimades à mon encontre — le détenu est étiqueté « pointeur » —, des proches qui m'avaient lâché. J'ai essayé de m'asphyxier en me mettant un sac plastique sur la tête mais j'ai été découvert par un codétenu qui ensuite m'a aidé. »

Je regarde pensivement Jean Blot. Ses tentatives de suicide, il les évoque sans émotion apparente, d'un air détendu comme à l'accoutumée. Et pourtant il a morflé mais il doit préférer, je suppose, tenir ça à distance.

Depuis notre première rencontre, Blot m'impressionne et m'intrigue. Ses analyses sont brillantes, son langage sophistiqué et son débit rapide, trop d'ailleurs pour moi qui peine à le suivre. Mais ce jeune quinqua fait plus que son âge. Et puis il y a cette bouche édentée ! Problème dentaire passager ou souvenir des brimades de Fresnes ? Un codétenu, justicier à la petite semaine, l'a-t-il pris lui, le pointeur, comme bouc émissaire et punching ball ? Peut-être, peut-être pas. Je n'oserai jamais questionner Blot à ce sujet.

1. *Ibid.*

Le profil de Karl Wagner diverge totalement de celui de Blot-le-toubib. Routard, sans insertion professionnelle ou familiale, toxicomane à l'occasion, Karl allait clairement à la dérive avant son crime.

« J'étais depuis le début de ma détention à l'isolement à cause de mon délit. Un jour, j'en ai eu ras-le-bol, j'ai voulu me suicider pour m'enlever le poids que j'avais sur la conscience. Et puis j'en avais marre d'être un monstre ! Je voulais pas porter pendant toute ma détention l'étiquette : "tueur de Maghrébin". J'ai donc décidé de me tuer. J'ai laissé une lettre où je disais : "Ne me dénigrez plus !" J'y ai pensé pendant quinze jours. Je me suis dit : "Si je me pends, on va me prendre pour un lâche ; si je me coupe les veines, ça sera violent et je mourrai comme j'ai tué, ça sera une expiation". Je me suis donc coupé les veines avec une ampoule et puis j'ai perdu connaissance. J'ai été découvert par un surveillant, y m'a fait un garrot, y m'a amené à l'infirmerie et puis le psychiatre est venu, y m'a donné des pilules pour me relaxer. Là je me suis dit : "La prochaine fois sera la bonne !" »

Douze ans plus tard, que pense Karl de ce suicide ? Haussement d'épaules, réponse lapidaire : « Je me dis que se tuer, ça sert à rien. » Et puis surtout, les conditions de détention et l'anonymat dont il jouit dans l'établissement où je le rencontre n'ont rien de comparables avec les tribulations qu'il a connues en maison d'arrêt.

Laurence Marelle, quant à elle, ne compte plus les tentatives de suicide et les automutilations ; son bras marqué de zébrures blanches en témoigne et ses treize ans de détention ne semblent pas avoir modifié son comportement. Ses gestes sont suscités autant par le désir d'en finir avec sa souffrance que par la colère qu'elle ressent de se sentir abandonnée. « Quand j'ai été arrêtée, me dit-elle, j'ai pensé mourir en me pendant ou avec des médicaments et puis au bout de deux mois, j'ai rencontré une fille qui se coupait les veines, alors j'ai décidé de faire comme elle : se couper, ça fait mal et ça saigne. » Depuis, Laurence se coupe régulièrement. Tentative de suicide ou, plutôt, rituel anxiolytique ? En tout cas, son sang coule comme a coulé celui de sa fille, son propre sang, morte d'une hémorragie.

« En mars et en septembre, dit Laurence en levant vers moi ses yeux graves qui étonnent dans son visage aux formes encore enfantines, c'est là que je me coupe le plus ; mars, c'est l'anniversaire de la naissance de ma fille et septembre, celui de la mort de mon père : deux moments de poisse dehors. » Ce faisant, Laurence adresse aussi un reproche écrit en lettres de sang à l'administration de tutelle : « Personne m'appelle, me dit-elle avec amertume, alors qu'y savent bien que j'ai des idées noires ; ils le savent avant que je vais me couper mais y font rien. » Laurence attend le soir : « Je regarde la télé et je me taille ; ça fait mal au début et après on sent plus rien. Ils le prennent pour du chantage ; c'en est pas ! »

Quand elle s'interdit de se couper, Laurence-l'écorchée-vive se rattrape sur le sucre et le chocolat ; elle avale de grandes platées de Maïzena et de semoule ou alors elle se venge « en prenant pas la fiole ». Bref son corps rebondi est le seul terrain où elle peut exercer sa violence, sans crainte de représailles. Mais cette violence, visiblement due à sa « peine », elle l'a aussi tournée par le passé contre d'autres femmes[1], des Maghrébines de préférence (son concubin et complice était algérien) : « Y fallait que le sang pisse, y fallait que je voie le sang pour me calmer. Je suis capable d'en saigner une, me dira-t-elle avec exaltation, j'ai déjà tout perdu, qu'est-ce qu'on peut me mettre de plus ? » « Qu'est-ce qu'on peut me mettre de plus ? » Laurence ne sera pas la seule à me tenir ces propos qui éclairent certains passages à l'acte commis en détention. Cela dit, dans la pratique, c'est souvent contre eux-mêmes que les désespérés retournent leur agressivité[2].

Quant aux personnes qui ont fait allusion au suicide sans être passées à l'acte, elles l'ont présenté comme « une idée qui permet de tenir » ou comme la bouée de secours qu'on est content de savoir à bord de son bateau vu les mers difficiles qu'on a eu et aura à affronter. C'est le cas notamment de Christophe Geng (RCP, trente ans de sûreté) qui évoque sa mort à chacune de nos rencontres.

Le premier jour, il me confie qu'il se donne régulièrement des

1. « Laurence vous fait pas peur ? me demandera un jour une détenue. Moi, quand je la vois dans la cour, un rasoir à la main, je suis pas rassurée. »

2. Pour l'année 1997, on recensait, pour 75 738 détenus incarcérés, 125 suicides, 1 022 tentatives de suicide et 1 337 actes d'automutilation. Pour une analyse plus détaillée des modalités de ces suicides, voir l'annexe IV.

dates-butoirs : « Je me suis dit que j'allais me tuer après le crime mais finalement j'ai été chez les flics, puis que je me tuerais après les assises, mais les assises sont passées et j'ai pensé que je me tuerais après mon arrivée en établissement pour peine. En fait, je me suis pas tué parce que je suis un lâche », me lance-t-il avec une délectation morose. Le jour suivant, Geng reprend son monologue : « N'importe quel type sensé dirait : "Arrête, tue-toi !" mais j'ai peur qu'il n'y ait rien après la mort. » Il me scrute du regard, j'esquisse un geste vague. « Rien de rien, ça serait effroyable ! » Quelques jours plus tard, il me dit, ce qui me laisse fort perplexe : « Si j'étais libre, je me tuerais tout de suite ! » et de m'apostropher : « Vous, vivez ! profitez de la vie ! perdez pas votre temps en prison ! » Mots qui, prononcés par lui, ne manquèrent pas de me troubler. Comme si la terrible situation dans laquelle il se trouvait lui conférait la clairvoyance d'un vieux sage.

Isolement, remords, sentiment de n'être plus rien, rien qu'un crime généralement stigmatisé, voilà donc les thèmes qui reviennent le plus souvent dans la bouche des suicidaires. Sans compter la perspective d'avoir, pour tout futur, une vie vaine, marquée par les avanies ou les brimades et guère d'espoir de recouvrer un jour la liberté.

Révision ou évasion ?

Les premiers temps après le procès ou après la réponse de la Cour de cassation (pour ceux qui se sont pourvus) se vivent souvent sous le signe de la prostration. Prostration plus ou moins longue selon la façon dont les assises se sont passées, l'attitude et les réactions des proches et bien sûr le sentiment du condamné par rapport à l'équité de la sentence. Passé cette phase — très brève chez certains hommes — d'aucuns reprennent le combat, bien décidés à « ne pas faire [leur] peine ». Dans la pratique, outre la tentation du suicide, cette décision peut induire deux types d'initiatives : la constitution d'un comité de soutien ou la préparation d'un projet d'évasion.

Révision...

Constituer un comité de soutien pour obtenir la révision de son procès ne va pas de soi, d'autant plus que les annulations de condamnations sont rarissimes en France[1]. Aussi me suis-je demandé pendant les entretiens que j'ai eus avec les détenus, Leduc-le-Nantais et Sophia Rado en particulier, ce qui permettait de se lancer dans une pareille entreprise.

Retour sur Sophia Rado

Lors de mon séjour à Rennes, le CD comptait onze perpètes. Parmi elles, Sophia Rado, l'une des figures marquantes de l'établissement[2]. C'est que son affaire a fait couler beaucoup d'encre. Et pour cause ! Sa victime, l'une de ses amies, a eu droit à un traitement exceptionnel qui a fait les choux gras de la presse à sensations : droguée puis noyée

1. En 1996, alors que la Commission de révision avait reçu 130 demandes de révision, la Chambre criminelle n'avait rendu que 2 arrêts d'annulation de condamnation.

2. La journaliste Christel Trinquier, qui travaillera à Rennes quelques mois après mon passage, consacrera à Sophia — et à Laurence Marelle — des pages que je lirai avec beaucoup d'intérêt et où je retrouverai souvent mes propres impressions (*Femmes en prison,* Paris, Le Cherche-midi, 1997).

dans une baignoire, enfin débitée (du moins son corps) en morceaux, déposés ensuite dans des sacs en plastique sur un parking d'hôpital. Sa tête, quant à elle, sera jetée dans une rivière après que Sophia l'eut cuite au four puis (ses yeux la regardant toujours avec un drôle de sourire) broyée à coups de marteau.

Le mobile ? *A priori* aucun. La thèse avancée par Sophia et son avocate, qui lui a d'ailleurs consacré un ouvrage[1], est la suivante : Sophia, aide-soignante, mère de deux enfants, récemment divorcée, mal dans sa peau moralement et physiquement, s'est mise à trente-sept ans à suivre un régime (son ex-mari raillait ses rondeurs). Le régime en question s'est révélé efficace : Sophia a perdu appétit et poids mais, et ce mais est redoutable, le cocktail d'amphétamines, d'extraits thyroïdiens et autres benzodiazépines, qu'elle absorbait quotidiennement, a affecté son humeur, induisant progressivement en elle, selon ses défenseurs, un état psychotique. D'où cet assassinat spectaculaire et *a priori* inexplicable. Ce qui n'a pas empêché les experts requis de la déclarer pleinement responsable. Conclusion : Sophia a été condamnée à perpétuité.

Crime aussi peu banal que son auteur. Sophia est une jolie rousse au regard clair et aux cheveux longs. La tête haute, le verbe vif et assuré, elle en impose et ne se laisse pas marcher sur les pieds. Quand j'aurai la mauvaise idée de lui faire remettre par une surveillante un livre qu'elle m'a prêté, je me ferai vertement tancer. D'abord déconfite, j'en sourirai après. Dans ces lieux où la soumission est de rigueur, j'ai toujours plaisir à rencontrer des signes de résistance, même si j'en fais parfois les frais — ça m'est arrivé quelque fois. Dieu merci ! je me dis, y a toujours des humains et des humaines qui dans les pires circonstances relèvent la tête. Et là encore, sans doute que la fierté de Sophia rassure mes peurs secrètes. Sophia-miroir de ce que je saurai peut-être être si le pire devait m'advenir. Quel pire ? Je ne sais. Le pire, c'est tout.

Les cas de Sophia Rado et de Leduc-le-Nantais divergent. Si Sophia reconnaît son crime, elle estime que le médecin qui lui prescrivait les médicaments dont les effets l'ont, juge-t-elle, conduite à tuer son amie aurait dû lui aussi être condamné. Or il ne fut jamais inquiété par la justice[2]. Elle demande donc que la

1. C. Lison-Croze, *Cherche justice désespérément,* Paris, Denoël, 1991.

2. Il fit uniquement, semble-t-il, l'objet d'une sanction disciplinaire de l'Ordre des médecins ; il vivrait désormais à l'étranger.

responsabilité du praticien soit prise en compte et la sienne minorée. Bref Sophia aimerait bien que sa peine soit coupée en deux. Et portée à deux ! Quant au Nantais qui s'active également pour obtenir la révision de son procès, il se dit, lui, totalement innocent des faits qui lui sont reprochés (un meurtre pour l'honneur dans le milieu).

Si s'estimer innocent ou semi-coupable est une condition nécessaire pour demander une révision et, surtout, susciter un comité de soutien, elle n'est cependant pas suffisante. Ainsi Roland Pereira et Cyrille-l'avocat se disent-ils tous les deux non coupables mais le premier a pour sa part choisi l'évasion — j'en parlerai plus loin — et le second semble osciller constamment entre des propos tantôt protestataires, tantôt résignés.

Par ailleurs, quand on étudie la longue histoire des jugements controversés, on trouve des illustrations de cas de figure contradictoires : d'un côté des détenus qui ont bénéficié de comités de soutien, ont été graciés mais se sont révélés ultérieurement coupables, et de l'autre des condamnés dont l'innocence a été reconnue longtemps après (parfois postérieurement à leur libération ou leur exécution) [1] et qui s'étaient résignés, semble-t-il, à leur sort. La conviction de son innocence ne suffit donc pas pour qu'un détenu se lance dans le combat et n'implique pas pour autant que celle-ci soit réelle : il peut aussi s'agir d'un violent déni de réalité. Jouent également les ressources et les solidarités sur lesquelles les condamnés peuvent compter. A cet égard, Sophia Rado et Leduc-le-Nantais me paraissent présenter quelques similarités. Tous les deux conjuguent pugnacité et intelligence, ont une bonne maîtrise de la chose écrite et disposent de soutiens extérieurs, à commencer par celui de leur famille — ce qui n'est pas le cas par exemple de Pereira ou de Cyrille-l'avocat. Certes, ces soutiens, il faut que le détenu les élargisse mais ils semblent bien être les relais incontournables (photocopies à faire, coups de fil à donner, etc.) pour un condamné qui veut obtenir la révision de son procès. Enfin « il faut

1. Dans leur livre *In Spite of Innocence : Erroneous Convictions in Capital Cases,* Northeastern University Press, 1992, M. Radelet, H. Bedau et C. Putnam, criminologues américains, ont recensé quatre cents cas — estimation basse, selon eux — de personnes condamnées aux États-Unis au cours du XXe siècle pour des meurtres qu'elles n'avaient pas commis. Quarante pour cent d'entre elles avaient été exécutées.

y croire » et l'on y croira plus aisément si, par le passé, on a pu agir sur le monde extérieur et senti qu'on comptait socialement.

Par ailleurs, demander la révision de son procès implique qu'on soit capable d'apprécier les enjeux comme les difficultés d'une telle entreprise et que l'on sache anticiper et attendre. Or ces capacités ne sont pas données à tout le monde, notamment pas à ces déshérités qui ont toujours vécu dans la précarité et l'immédiateté et qui, par ailleurs, pour en avoir fait les frais ou en méconnaître les tenants et les aboutissants, ne se sentent pas en mesure de se battre par écrit pour récuser une décision institutionnelle. Ainsi me paraît-il très vraisemblable qu'il y ait dans les prisons françaises des individus condamnés à tort qui n'entameront jamais de démarches pour obtenir « leur révision ». Faute de moyens en tout genre et faute d'espoir ou « de confiance en la justice de [leur] pays ».

C'est neuf mois après avoir été condamnée que Sophia Rado a entrepris de déposer une demande de révision, initiative mal perçue, selon elle, par l'administration de tutelle. Une fois son comité de soutien créé, elle a été transférée dans une autre maison d'arrêt, « à la seule fin de casser en beauté quelqu'un qui dérangeait ». « Je me bats pour ça, m'explique-t-elle ; si on me disait que c'est peine perdue, je l'encaisserais mal mais je baisserais pas les bras même si c'était refusé. Y'a pas de journée où je pense pas à ma révision. Ça m'occupe beaucoup, je fais pas mal de courrier, je sollicite des gens pour mon comité, des écrivains, des scientifiques... »

Leduc-le-Nantais, cinquante-quatre ans, crie, quant à lui, son innocence depuis six ans. « Quand j'ai entendu la sentence, dix-sept ans, ça m'a marqué ! Je savais pas quoi faire, alors j'ai démarré une grève de la faim car je voyais pas d'issue. J'ai été hospitalisé à Fresnes ; j'ai arrêté parce que j'ai repris espoir ensuite après avoir déposé une demande de cassation. En tout cas, huit jours après le procès, mes cheveux avaient blanchi. »

J'observe Leduc-le-Nantais. C'est vrai que son casque de cheveux gris contraste avec son allure. Encore juvénile, l'allure ! sans doute parce que l'homme, malgré sa vie de galère, déborde toujours d'énergie.

Leduc aime venir me voir parce que « ça le sort ». Du coup, il se met sur son trente et un et pourtant, entre sa cellule et « mon bureau », il n'y a que quelques dizaines de mètres. Qu'importe ! Ça lui donne l'occasion rare de mettre son costume ! Et puis Leduc aime parler de la prison, de son affaire et de la justice. Ah ! parlez-lui de la justice française et il sera intarissable ! Ses erreurs, l'inconscience des jurés, la morgue de certains magistrats, il n'en finit pas d'égrener les tares de l'institution avant de me détailler ses luttes à lui, l'ex-truand. Leduc et la justice, c'est David bien décidé à faire céder l'arrogant Goliath !

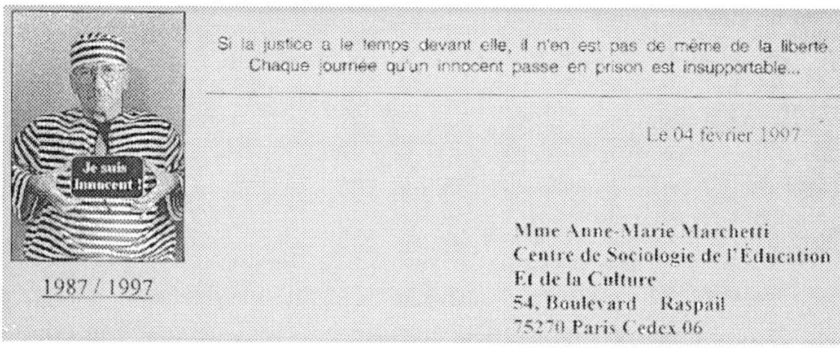

1987 / 1997

Si la justice a le temps devant elle, il n'en est pas de même de la liberté. Chaque journée qu'un innocent passe en prison est insupportable...

Le 04 février 1997

Mme Anne-Marie Marchetti
Centre de Sociologie de l'Éducation
Et de la Culture
54, Boulevard Raspail
75270 Paris Cedex 06

En-tête d'une lettre envoyée par Leduc à l'auteure.
Ainsi rappelle-t-il son combat pour faire réviser son procès.

Leduc pense qu'il a été considéré comme faisant un « bon coupable » parce qu'il avait « un passé » (judiciaire, bien entendu). « Si j'avais travaillé comme routier toute ma vie, j'aurais pas été condamné mais c'est pas parce que j'avais un passé que je devais servir de poubelle et écoper de crimes que j'avais pas commis. » Le teint de mon interlocuteur s'empourpre, son poing se serre sur la table. « Omar Raddad, on s'est ému de son cas parce que c'était un travailleur. Moi j'étais un voyou ; y avait un mort, pas vraiment de preuves contre moi mais c'est moi qu'ai été condamné. »

Comme Sophia, voire plus qu'elle, Leduc a organisé sa vie en détention autour de sa révision. Il a créé avec sa famille une association-loi de 1901 pour le soutenir dans sa lutte (avec vente de *pin's*, diffusion de cartes de visite rappelant son innocence, etc.). Il s'est même inscrit en capacité de droit pour pouvoir se débrouiller dans les méandres juridiques : « Pas pour le diplôme, non ! mais pour pouvoir les contrer ! »

Tous les jours, Leduc se lève à cinq heures du matin. J'ai pas d'autre combat que d'obtenir la révision de mon procès, dit-il ; je ferraille beaucoup, y compris les dimanches et fêtes ; je fais moi-même les démarches. Ça m'occupe mon temps de me battre pour mon innocence. J'allume mon ordinateur à six heures, j'écris toute la matinée, soit cinq, six lettres par jour ; ça me fait une grosse correspondance. » Pendant toute sa préventive, Leduc a formulé tous les jours une demande de mise en liberté provisoire. Depuis les assises, il envoie toutes les semaines des lettres au juge d'instruction, à la gendarmerie et le samedi matin à la Cour de cassation. « Je veux, dit-il, en martelant ses mots, que tous les lundis matin, les gens sachent que Leduc est encore en prison. » Il présente aussi régulièrement ses vœux à tous les jurés, leur rappelant ainsi qu'il est détenu de leur fait. « Ils ont à être responsables de leur choix », me lance-t-il d'un air farouche.

Non seulement la journée et la semaine de Leduc sont organisées en fonction de son combat et des rituels épistolaires qu'il a suscités mais, de surcroît, chaque année qui s'annonce est pour lui le cadre temporel d'une nouvelle bataille. « Tous les ans, dit-il en se redressant, je fais en sorte qu'il y ait quelque chose, un enjeu judiciaire. En six ans, je suis passé deux fois en cour d'assises, trois fois en cassation et j'ai fait deux demandes de révision de procès. » Leduc me regarde, visiblement content de lui. « Le temps me paraît plus court, reconnaît-il, quand j'ai plus de combat. » Voilà qui montre bien que pour lui, comme pour Sophia d'ailleurs, se battre n'est pas seulement une façon de riposter à une sentence contestée, mais aussi un mode de gestion du temps. « Quand j'ai des moments de déprime, poursuit mon interlocuteur, pour me faire réagir, j'essaie de démarrer une lutte ; je me dis : "Ou je vais ouvrir une procédure pénale ou je vais ferrailler contre la Pénitentiaire". » Je souris, le plaisir qu'il manifeste à me démontrer sa pugnacité est communicatif. « Mais vous savez, ajoute Leduc, un bon détenu, c'est un coupable ; les innocents en prison sont des emmerdeurs. » Ce disant, le Nantais rejoint les analyses de Sophia. Comme elle d'ailleurs, il semble s'être attiré par son activisme inimitiés et... respect.

Respect parce que le punch de ces bagarreurs en impose à leurs pairs comme au personnel, même si cela reste souvent du domaine du non-dit. Inimitiés puisqu'en se décrétant innocent, un prisonnier se met hors du lot commun, ce qui renvoie les autres détenus à leur (désagréable) condition de coupables. Par ailleurs, bien des isolés prennent ombrage de ces chanceux qui ont des comités de soutien. Hostilité aussi de certains membres de la Pénitentiaire : un détenu qui se bat est par définition une personne peu encline à la soumission, vertu cardinale *intra-muros*. De surcroît, son innocence, si elle est vraisemblable, rend sa présence en détention et le rôle du personnel illégitimes, ce qui peut susciter malaise et acrimonie. D'autant plus que, comme le note Leduc, l'innocent incarcéré se retourne souvent, exaspéré, contre ses principaux interlocuteurs, les surveillants : « Alors c'est eux qui prennent sauf qu'ils y peuvent rien ! »

Enfin le cadre pénitentiaire fait obstacle par son fonctionnement à toute démarche militante, laquelle implique forcément une certaine mobilité. « Le problème en prison, me fait observer le Nantais, c'est qu'il est difficile de communiquer avec la justice. Sans soutien, vous criez dans le désert et vous ne pouvez plus compter sur les avocats après le procès. Une fois détenu, on a personne pour nous indiquer comment faire une démarche juridique et il est formellement interdit aux greffiers de conseiller quoi que ce soit à qui que ce soit. Moi on m'a dit : "Pour protester par rapport à son innocence, y a pas d'autre moyen que de faire une grève de la faim"[1]. » C'est-à-dire de recourir à l'arme du pauvre qui n'a plus que son corps pour protester. Alors que les procédures administratives impliquent qu'on continue à se battre avec les armes mêmes de l'institution. Sur le terrain de l'écrit.

S'il ne m'appartient pas en tant que sociologue de juger du bien-fondé de la lutte menée par Sophia Rado et Leduc-le-Nantais, j'ai pu constater les bénéfices secondaires que leur action comportait : elle structure et anime un temps qui est pour beaucoup mortifère et monotone, les aide à garder un pied *extra-muros* et à se faire de nouvelles relations, alors que leurs codétenus se replient souvent sur eux-mêmes et voient leurs maigres réseaux se déliter ; elle leur permet enfin d'échapper partiellement à leur identité de condamné détenu (deux mots conjugués au passif) et à la soumission qu'implique la condition carcérale. Si leur démarche est loin d'avoir des

1. En 1997, 957 déclarations de grèves de la faim ont été enregistrées en détention.

chances d'aboutir, elle leur aura du moins permis de vivre la détention en restant combatif et... vivant !

Cela dit, à la date où j'écris ces lignes, Leduc-le-Nantais a été libéré (en conditionnelle) dans les meilleurs délais que peut espérer un détenu, c'est-à-dire à mi-peine. Libération conditionnelle ? ou comme le chuchote la rumeur, réparation non compromettante pour l'institution d'une erreur judiciaire ? Le saura-t-on jamais ?

Dessin d'un détenu

...ou évasion

Deux de mes interlocuteurs avaient à leur actif une évasion réussie et étaient d'ailleurs classés, depuis leur réincarcération, détenus particulièrement signalés (DPS)[1]. J'évoque ce sujet avec Sophia Rado. Non ! elle n'a jamais été tentée par l'évasion et le fait que ce soit une spécificité masculine ne l'étonne pas ! « La femme est plus soumise, me dit-elle, et l'incarcération c'est la soumission par excellence et puis, une cavale, c'est la rupture complète avec la famille et ça, les femmes le supporteraient pas ! »

Pour leur part, Roland Pereira et Dominique-le-Bordelais se sont tous les deux évadés à peu près au même moment : après les assises, quand ils étaient encore détenus en maison d'arrêt[2]. « J'ai

1. Etre DPS implique une surveillance renforcée. On trouve dans un rapport — daté de 1992 — sur *La Gestion des longues peines,* effectué par un groupe de travail interne à l'Administration pénitentiaire, la note suivante : « Le fichier des DPS compte actuellement près de 460 détenus [...] mais il ne constitue pas un rempart absolu contre les incidents en détention. Ainsi au 1-07-90, il était recensé 157 DPS sur 409 condamnés à perpétuité ; parmi ceux-ci, 27 ont été mêlés à des incidents. » Pourcentage faible si on le compare à celui des DPS condamnés à des peines allant de 10 à 20 ans : « 48 % d'entre eux ont été mêlés à des incidents » (*op. cit.*, p. 17).

2. Tendanciellement la plupart des évasions se font pendant la première année de détention ; c'est donc dans les maisons d'arrêt (moins équipées au demeurant en dispositifs sécuritaires) qu'elles sont les plus nombreuses.

été condamné à perpétuité à l'âge de vingt-deux ans, me raconte Dominique. Perpète pour moi, c'était inassumable d'une part parce que j'étais primaire[1] et d'autre part parce qu'y a pas de date de libération. On vous dit qu'y a rien à faire avant quinze ans ; pour moi ça voulait dire baisser les bras, rien pouvoir gérer. J'ai fait une demande de cassation, j'ai attendu, attendu mais je voyais rien venir et puis à force de regarder le mur, je me suis dit : "J'ai rien à faire en prison." On est parti à cinq, on a été repris assez rapidement. » « Avec la RCP, j'avais rien à perdre, me dit à son tour Pereira, alors je me suis arraché. Je voulais voir les journalistes, je voulais qu'on refasse mon procès[2]. Quand j'ai été repris, ç'a été quarante jours de mitard, puis isolement, grève de la faim et ensuite les transferts en série. »

Depuis son retour en prison, Roland Pereira se sent découragé. La preuve : il a arrêté de faire des pompes ! « Par moments, je sens que je me laisserais facilement crever, avoue-t-il ; ah ! (il hoche furieusement la tête) faut pas que je pense ! » Lassitude ou prudence face à l'enquêtrice ? Pereira n'évoque plus la tentation de l'évasion. Pour le Bordelais, trente et un ans, elle reste par contre le rêve qui l'aide à tenir. Et le fait d'en avoir réussi une le conforte dans l'idée que « si ç'a marché une fois, c'est que c'est faisable ! » « La première chose que je fais quand j'arrive dans un nouvel établissement, me dit-il d'un ton déterminé, c'est d'examiner les lieux pour trouver la faille ; je visite des yeux, je regarde sur quoi donne la fenêtre ; je peux supporter l'emprisonnement si je peux envisager une possibilité d'évasion. C'est comme de savoir qu'y a une issue de secours. »

J'évoque la tentation du suicide. Dominique a un geste de dénégation. Non ! le suicide, il n'y a jamais pensé ! « A mon avis, pour faire ça, me dit-il, il faut être ou lâche ou courageux. De toute façon, la société, je veux pas lui faire ce plaisir-là ; y me casseront pas ! Pour le moment en tout cas, y m'ont pas cassé et j'ai dix ans de détention derrière moi. » Et Dominique de sourire jusqu'aux oreilles.

Ce qui me frappe chez Dominique et Pereira, comme chez tous

1. Détenu qui n'a jamais été condamné ou, par extension, qui est incarcéré pour la première fois.

2. Il avait été condamné pour le viol et le meurtre d'une auto-stoppeuse.

ceux rencontrés lors d'autres enquêtes qui avaient à leur actif une évasion réussie, c'est l'impression de bouillonnement qui émane de leurs personnes. Et de colère. Énorme... Oui, Pereira et Dominique paraissent prêts à éclater mais tous deux retiennent aussi l'attention par leur présence physique et leur vitalité. Pereira, notamment, est un quinquagénaire qui ne fait pas son âge, et pourtant sa vie n'a pas été facile. Tous les deux ont encore un autre point commun : dès l'adolescence, ils ont eu maille à partir avec la justice. Ces expériences précoces et éprouvantes ont indéniablement contribué à façonner leur personnalité, leur propension à passer à l'acte et leur hostilité profonde à l'égard des institutions de tutelle.

Vitalité ou dangerosité ? Certains des détenus considérés comme dangereux par l'administration pénitentiaire le sont essentiellement parce qu'ils refusent la détention[1]. Détention = situation contre nature, comme le reconnaissent volontiers certains membres du personnel pénitentiaire. La première réaction d'un rat qu'on enferme n'est-elle pas, selon le biologiste Henri Laborit, de tenter de fuir ? S'il ne peut le faire, il tournera son agressivité contre un autre rat et si c'est impossible, contre lui-même ; ainsi tombera-t-il malade. « Vous trouverez aucun détenu sensé qui n'ait pas pensé à fuir », me dira d'ailleurs un perpète d'un ton sentencieux. Comme si cette tentation signait en quelque sorte la bonne santé psychique d'un individu. Ce n'est que quand cette évasion-là paraît hors de portée qu'on penserait à l'autre, la définitive, celle qu'on ne peut appeler « la belle »[2]. Et encore, comme le montre l'exemple de Dominique, faut-il que la psyché s'y prête !

Les autres détenus qui ont mentionné la tentation de l'évasion ont insisté sur les difficultés d'un tel choix, le problème essentiel n'étant pas tant, à leurs yeux, l'acte lui-même avec les risques « techniques » qu'il comporte que « la cavale qu'il faut assurer ensuite ». « Une cavale, c'est perpétuité, observe Leduc-le-Nantais,

1. On leur oppose classiquement les détenus dociles à l'intérieur — certains délinquants sexuels par exemple — mais potentiellement dangereux à l'extérieur.

2. On peut constater que, si les suicides ont doublé en dix ans — 60 en 1987 contre 125 en 1997 —, les évasions, rendues de plus en plus difficiles, ont, quant à elles, diminué de moitié — 37 en 1987 contre 18 en 1997. Selon N. Bourgoin, ces deux tendances sont partiellement corrélées : certains suicides sont en effet consécutifs à des tentatives d'évasion ratées et aux séjours au mitard qui les sanctionnent.

alors que la prison, elle, a une fin ; y faut se dissimuler pendant toute sa vie et aujourd'hui avec les accords internationaux, y a pratiquement plus d'endroit où on soit à l'abri d'une extradition. Et puis on est forcément acculé à gagner sa vie à coup d'expédients ; si on travaille normalement, on finit tôt ou tard par être identifié. Dans les deux cas, on risque ou de tomber sous le coup de la loi ou d'être extradé ; c'est dur à vivre ! » Et d'ajouter : « Celui qui se met en cavale, c'est pour améliorer son existence, pas pour être encore plus enquiquiné. »

Il est peut-être significatif que ces remarques m'aient été faites par quelqu'un qui, d'une part, a pris une peine plus courte (dix-sept ans) et, d'autre part, entrepris un combat de longue haleine *via* la chose écrite.

Opter pour la révision de son procès ou pour l'évasion n'implique donc pas les mêmes rapports au temps et à l'espace. Ainsi le Bordelais et Pereira semblent-ils avoir plus songé au présent-prison qu'ils voulaient fuir qu'à l'avenir-cavale qu'ils avaient peu préparé et dû gérer au jour le jour. « S'évader a été quelque part le pied, parce que ça me plaisait de leur faire la nique, m'explique le Bordelais avec un grand sourire ; je leur montrais que c'étaient plus eux qu'avaient le pouvoir. » Mais les choses se sont compliquées après l'évasion. « Une fois dehors, se rappelle-t-il, c'était plus un jeu, c'était la réalité. D'un côté ma joie était permanente parce que je me sentais libre ; de l'autre, j'étais de nouveau emprisonné mais dans mes propres murs : en cavale y faut constamment faire attention ! »

A-t-il eu tort de s'évader ? Des années plus tard, qu'en pense-t-il, lui qui a eu droit depuis à une détention particulièrement surveillée ? « Peut-être que si j'avais pas eu ce plaisir, me dit-il pensivement, la détention aurait été trop dure à vivre. »

Aborder le thème de l'évasion m'a permis aussi de constater que tous les détenus qui l'évoquaient d'un air désabusé semblaient en fait peu désireux d'échanger un exil (loin des citoyens non captifs) pour un autre (loin de leur pays et de leur culture). Mis à part la minorité des condamnés aisés, la plupart d'entre eux ne connaissaient pas de langue étrangère et n'avaient quasiment jamais quitté l'Hexagone. Ainsi, non seulement ne disposaient-ils pas des appuis nécessaires pour survivre à l'étranger, mais de surcroît leur socialisation antérieure ne les y préparait guère.

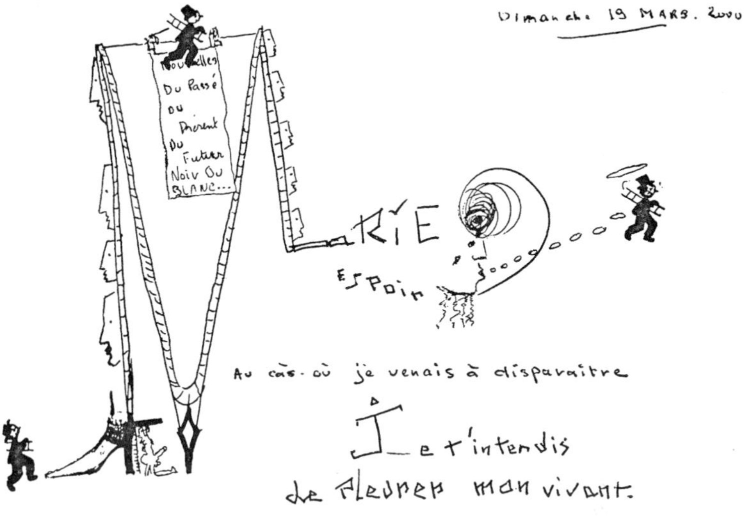

Extrait d'une lettre d'un détenu à son amie Marie.
Il rêve d'une évasion amoureuse mais sait bien qu'il sera ensuite obligé de réintégrer la prison. Et là, la tentation du suicide l'effleure...

Cela étant dit, si l'on considère les cas de Dominique-le-Bordelais et de Pereira, on peut se demander si, condamnés à une peine de dix ou quinze ans, ils auraient également cherché à s'évader. Peut-être... mais ils semblaient surtout avoir été *acculés* à cette extrémité par la démesure de la sentence prononcée et la désespérance qu'elle avait suscitée chez des hommes actifs, encore moins aptes à supporter une vie confinée que des individus plus casaniers.

On retombe à nouveau sur la question de la dangerosité : où réside-t-elle ? dans le caractère du détenu ? dans le mode de vie qu'il est amené à vivre en détention ? ou dans une sentence « inassumable », pour reprendre les termes du Bordelais ? La question est d'autant plus d'actualité que l'obsession sécuritaire a conduit à la fois à un alourdissement des peines et à un accroissement des dispositifs anti-évasion en détention. Or ce « sécuritarisme » accru ne peut que rendre encore plus irrespirable pour les reclus l'air de la prison et les pousser à prendre tous les risques (prise d'otages, par exemple) pour s'évader. Bref, n'est-il pas plus dangereux *in fine* d'enlever tout espoir à un condamné que de faire preuve de « mesure » lors du prononcé de la peine ?

« L'administration pénitentiaire, observe ainsi le magistrat Jean-Paul Jean, est contrainte de garder de plus en plus longtemps des personnes qui n'ont aucun espoir de libération, donc qui ont peu à perdre en prenant des risques pour une évasion. » Et d'ajouter, après avoir rappelé que la période de sûreté de trente ans est de plus en plus fréquemment prononcée : « La différence des situations juridiques des condamnés pose aussi problème. Ainsi, comment expliquer à la population d'une maison centrale que, selon la date de condamnation, tel détenu effectuera pour la même peine une durée moins longue qu'un autre, du fait des périodes de sûreté ? De plus, ce sont les condamnés les plus récents qui subissent le régime le plus rigoureux, voyant sortir leurs codétenus en fin de peine dans des délais qu'ils ne pourront jamais connaître, ce qui renforce leur sentiment d'injustice. » Et puis, conclut-il après avoir évoqué l'augmentation des agressions contre les surveillants et la nocivité de l'automaticité de la peine de sûreté, « comment demander à des surveillants d'être au contact permanent de détenus qui n'ont rien à perdre, aucune perspective et aucun avantage à bien se tenir[1] ? »

Bref, alors que traditionnellement toute évasion pousse les médias à se centrer sur le profil de l'évadé, il serait sans doute plus pertinent d'analyser les raisons institutionnelles qui l'ont suscitée.

1. J.-P. Jean, « Le détenu dangereux », *in* A. Garapon et D. Salas (sous la dir. de), *La Justice et le mal*, Paris, Odile Jacob, p. 94-95.

Retour sur Roland Pereira Me voilà de retour à Fresnes où j'ai enquêté plusieurs fois. Plaisir de retrouver la maison. Pour un chercheur elle comporte un gros avantage : il y a tellement d'allées et venues qu'on y passe plus inaperçu. A supposer qu'on puisse l'être dans un lieu où l'observation d'autrui est de rigueur !

Autre charme de Fresnes : les entretiens se font au cœur de la détention. Du coup je perds pas une miette du spectacle. Ici, les détenus rangés contre le mur partent pour la promenade. En rang, vestes boutonnées, mains le long du corps. Fresnes, c'est la prison à l'ancienne, « disciplinaire ». Un peu plus loin, un auxi[1] pousse mollement un balai muni d'une serpillière en me regardant subrepticement. Là, un surveillant actionne la poulie qui va faire passer un panier au premier étage. Et partout ce bruit que je retrouve tous les soirs quand je réécoute mes bandes et qui les rend parfois inaudibles. Portes qui claquent, détenus qu'on appelle, barreaux qu'on sonde, sifflements divers. Ceux qui prennent les prisons pour des couvents, dans le genre lieu de repentance et de silence, se mettent le doigt dans l'œil jusqu'au coude. Les prisons, et surtout les maisons d'arrêt, c'est très bruyant.

Je suis là, dans le couloir de la deuxième division de Fresnes, à faire les cent pas en attendant Roland Pereira. De lui, je sais pas mal de choses. Quinqua, entrepreneur en bâtiment, déjà incarcéré par le passé — pour un viol —, enfance difficile. Cette fois-ci il a été condamné pour le viol et le meurtre d'une auto-stoppeuse, faits qu'il nie farouchement, accusant sa femme de l'avoir dénoncé pour se débarrasser de lui et filer le parfait amour avec son amant. « La salope ! la pute ! le fumier ! », sa voix part dans les aigus, il en bave de colère, me prend à témoin, s'agite sur son siège.

Après chaque entretien avec Pereira, la sociologue est une serpillière sortant de la machine qui vient de l'essorer.

Le voilà ! Trapu, vif, la chevelure auburn abondante, marchant comme à l'accoutumée d'un pas décidé. Le surveillant qui l'accompagne m'ouvre un petit bureau sombre — murs gris, mobilier minimal et vétuste —, format cellule, du côté nord. Je sens que je vais encore passer quelques heures agréables à me frigorifier. Pereira, lui, qui s'agite comme un beau diable, n'a jamais l'air d'avoir froid, mais moi qui écris sans bouger, j'ai rapidement les pieds gelés. D'autant plus qu'à l'écouter, je finis toujours par bloquer mon souffle. C'est que mon interlocuteur, très surveillé depuis son évasion, partiellement isolé, inactif pendant la quasi-totalité de la journée, est toujours survolté quand il me retrouve. La cage est ouverte, et le lion lâché !

1. Détenu affecté au Service général de la prison (cuisine, ménage, etc.).

Du coup, non seulement je me laisse gagner par sa tension mais je ne suis pas rassurée. Pereira n'a plus rien à perdre, il me le dit et le répète. Il se dit prêt à tuer les responsables de son malheur, X, Y et Z. Et si par hasard, pour faire bonne mesure, il m'ajoutait à sa liste ? Pensée dé-rai-son-nable. Je sais, mais je ne suis pas qu'un être raisonnable. Et puis à Fresnes, en deuxième division, les surveillants ont d'autres chats à fouetter que de patrouiller devant ma porte.

Pour l'amadouer et calmer mes craintes — voyez, cher monsieur, comme je suis brave ! —, j'ai eu l'idée lumineuse de lui apporter des mots fléchés, son passe-temps numéro un.

Aujourd'hui le surveillant à qui j'ai remis mon cadeau — règlement oblige — pour qu'il le lui transmette ensuite a ricané : « Vous croyez qu'il mérite ça, cette canaille ! » *No comment. No comment* non plus quand Pereira s'est répandu en propos racistes (l'amant de sa femme est arabe).

Pas étonnant que j'aie froid partout à force de retenir ce que je pense !

Malgré ma peur et nos divergences, disons « idéologiques », je finis pourtant par bien l'aimer, ce cher Pereira, même si je suis toujours soulagée quand je le quitte. Il me touche, cet homme, par sa vitalité, sa solitude, sa blessure, le tragique de sa destinée et puis ces tête-à-tête où chacun essaie malgré tout de parler vrai — autant qu'il le peut à la place où il est, ça crée des liens. Eh oui ! Même entre une féministe xénophile et un violeur xénophobe.

LE SOUTIEN DE LA SPIRITUALITÉ

> *« Au sein de n'importe quelle réalité de ce monde, nous pouvons être touchés par une réalité qui n'a rien à faire avec ce monde [...] Nous sommes subitement saisis par quelque chose qui donne à l'ambiance totale de notre état actuel une qualité particulière qu'on appelle le "numineux"*[1]. »

« Quand on a frôlé la mort, me raconte Blot-le-toubib, on est blackboulé, ça ouvre une faille, moi, ça m'a fait redécouvrir le chemin de la foi, le sens du bien et du mal. J'ai eu de la chance, parce que le détenu qui a découvert ma tentative de suicide se posait les mêmes questions que moi. Alors on a essayé de cheminer ensemble. Jusque-là j'étais pratiquant mais de façon superficielle. »

Blot n'est pas une exception. C'est parfois après un suicide raté et, de manière générale, dans les premières années de la détention que tous ceux qui m'ont dit « tenir » grâce à la foi avaient ressenti un renouveau de vie spirituelle ou « rencontré Dieu ». Ce qui avait changé leur perspective sur la vie. Ainsi Blot a-t-il réalisé progressivement que, comme bien des violeurs, il ignorait superbement ce que ressentait l'autre en face de lui. « Ceux qui accomplissent de grands maux, me dit-il, le sens du mal n'affleure plus à leur conscient. Avec la foi, on redécouvre l'autre, on quitte sa démarche narcissique, on quitte la position centrale qu'on occupait jusque-là, on entre alors dans la souffrance de l'autre et ça devient intolérable. » Pour lui, l'expérience de la foi a été brutale : « On est obligé de se repositionner et de trouver un chemin de non-nuisance ; on

1. K. Graf Durkheim, *Dialogue sur le chemin initiatique,* Paris, Albin Michel, 1999, p. 55.

apprend à reconnaître les chemins scabreux et les chemins de rachat mais il y a une blessure indélébile et il faut trouver des voies de sublimation compatibles avec la vie des autres. Et puis il faut pas se mentir à soi-même d'autant plus qu'on peut toujours retomber dans les mêmes ornières et que la base même de la perversion c'est le mensonge. C'est aussi la solitude absolue. » Cette expérience spirituelle a marqué un tournant dans la vie de Blot : elle donne, avec la démarche psychanalytique qu'il a entamée, un autre sens à son existence et, partant, l'aide à supporter sa peine.

L'histoire de Karl Wagner rejoint à certains égards celle de Blot. « Après mon suicide, dit-il, j'ai rencontré une étincelle divine. Elle m'a poussé vers une spiritualité qui m'a donné des motifs pour me battre. J'étais debout dans ma cellule ; une épée m'est apparue et une voix m'a dit : “Tu mérites de vivre ; tu dois découvrir d'autres chemins”. »

L'histoire est trop belle pour ne pas me paraître un tantinet rêvée, d'autant plus qu'elle me rappelle des conversions devenues légendaires. Dubitative, je hasarde :

« Cette voix, c'était quoi ? c'était qui ?

— C'était en fait moi-même qui pensais mais ça m'a résonné dans la poitrine comme une voix extérieure. J'étais saisi ; je me suis dit que j'avais des ancêtres juifs qui peut-être veillaient sur moi. Cette impression, je l'ai encore maintenant » — dix ans plus tard — « et pourtant j'avais pas eu d'éducation juive. A part Hanoukka, je connaissais rien au judaïsme. J'ai choisi alors de lire des livres juifs : *La Repentance*, *La Lumière de Dieu*, puis j'ai étudié la Bible, le Talmud, la Kabbale ; c'est grâce à ça que je suis vivant aujourd'hui.

— Dieu, vous vous le représentez comment ?

— Je suis spécial, sourit Karl, je crois en un Dieu qui me comprend ; et puis je crois en Dieu en théorie, mais y a des moments où j'ai des doutes. »

Mais il n'est pas nécessaire d'avoir fait une tentative de suicide au préalable pour s'appuyer sur l'idée de Dieu, même si les détenus qui m'ont dit « tenir grâce à lui » semblaient avoir bu en maison d'arrêt le calice jusqu'à la lie. C'était notamment le cas de certaines « infanticides » qui avaient, au demeurant, rencontré sur leur chemin des chrétiens convaincus. Ce qui n'est sans doute pas anodin... Aumôniers, visiteurs, membres du personnel, les âmes pieuses sont en effet fréquentes en détention. Les aumôniers[1] y circulent librement et ont accès aux cellules. Un certain nombre de visiteurs de prison sont également animés par des convictions religieuses, voire par un souci de prosélytisme. Par ailleurs, dans quelques établissements, des religieuses occupent des postes d'éducatrices ou d'infirmières.

« J'avais été élevée dans la religion mais c'est quand je suis tombée en 1985 que Dieu est redevenu important dans ma vie, me raconte une détenue ; à Fleury-Mérogis, sœur D. m'a proposé de venir à la messe. J'y ai été et là, y avait une prière sur les merveilles, sur la nature, sur l'enfant, le ciel. Chaque fois que je retournais à la messe, je reprenais cette prière que j'ai recopiée ; je l'ai mise en cellule avec une croix en face de moi. » Et mon interlocutrice de conclure avec flamme : « Ah, oui ! Dieu, c'est un soutien fondamental pour moi ! »

« Dieu comptait déjà avant, me dit une autre femme de Rennes. Mais ici c'est devenu très important ; même si je travaille, je prie ; j'ai besoin de parler à Dieu surtout quand ça va pas. Mais, ajoute-t-elle, maintenant j'ai des doutes et des fois je l'engueule. » Cette détenue a-t-elle plus de « doutes » parce que, après dix-sept ans de détention, elle n'en peut plus de porter sa croix et qu'elle attend avec une terrible impatience sa libération conditionnelle ? Je m'interroge, tout en l'écoutant.

Ce dont je suis sûre, par contre, c'est que les détenus qui m'ont paru les plus intéressés par la spiritualité présentaient des analogies : ils n'étaient ni des professionnels de la délinquance ni des habitués du monde carcéral, ils manifestaient tous du remords, enfin ils avaient souvent commis un (ou des) crime(s) particulièrement stigmatisant(s) et donc vécu des débuts de détention difficiles.

Comment ne pas se demander alors si l'investissement religieux d'un individu particulièrement noirci par son acte n'émane pas sur-

1. L'article D 436 du CPP stipule qu'« à son arrivée dans un établissement chaque détenu est avisé qu'il lui est loisible de recevoir les visites du ministre d'un culte et d'assister aux offices religieux ». Mais si des aumôniers (ou des diacres) catholiques interviennent dans la plupart des établissements pénitentiaires, les pasteurs, prêtres orthodoxes ou bouddhistes, rabbins et imams (ou leurs auxiliaires) sont représentés de façon plus inégale sur l'ensemble du territoire français. Et pas uniquement pour des raisons d'effectifs. Ainsi dans certaines maisons d'arrêt où les détenus d'origine musulmane sont nombreux, on ne trouve cependant pas d'imams.

tout d'un désir de restaurer sa propre image ? Ainsi la mère « indigne » va-t-elle trouver dans la lecture de la Bible, souvent évoquée, un discours d'amour et de pardon qui peut la réhabiliter à ses propres yeux, même si cette réhabilitation ne semble jamais acquise une fois pour toutes. D'où la récurrence chez ces âmes pieuses de certains thèmes, comme le renversement du mal transformé en bien grâce à l'alchimie divine : « Avec Dieu, je sais que mes larmes vont devenir des rayons de soleil. » « Avec lui, mes échecs peuvent devenir des réussites. » Ou encore : « Je remercie pas assez Dieu pour ce qu'il me donne et m'a donné. »

Autres leitmotive : l'acceptation (« il faut que j'assume ma peine »), l'altruisme (« le sens de la vie, c'est d'aider les autres »), et enfin une version christianisée de la « loi du talion ». Ainsi Yolande-la-sexagénaire, qui s'est cassé le col du fémur, me dit : « Je me suis rebellée contre la douleur pendant deux jours et puis ma visiteuse m'a fait comprendre qu'il fallait que je repasse par les souffrances que j'avais fait subir à ma fille. »

Troublantes, ces similarités que je relève dans les propos des femmes de Rennes... D'autant plus que je n'ai rien entendu d'aussi systématique chez les hommes. Elles reflètent vraisemblablement la prégnance des thématiques chrétiennes au sein d'un établissement qui rappelle plus que les détentions masculines les institutions religieuses. Cette similarité, Yolande me la signifiera elle-même quand elle me dira : « Rennes, ça me rappelle le début de ma vie quand j'étais chez les sœurs ; j'ai la prison aux deux extrémités de mon existence. »

Et il est vrai qu'à Rennes l'impression d'être dans un couvent est toujours latente ; on la ressent dans l'architecture, dans l'uniforme des surveillantes, dans la présence de religieuses-éducatrices ou dans une certaine euphémisation langagière. Et puis, l'absence de rotation des « longues peines » féminines explique sans doute l'enracinement d'une tradition orale chrétienne qui fait paraître quelque peu stéréotypés certains propos — comme le sont dans un autre registre les discours « voyous » que j'entendrai dans les centrales masculines.

Cela dit, que ce soit à Rennes ou dans d'autres prisons françaises, vers quoi peuvent bien se tourner des détenus en quête de sens par rapport à ce qui en paraît dénué : le crime lui-même pour certains, l'ampleur du châtiment pour la plupart d'entre eux, enfin

Carte envoyée à l'auteure, pour Pâques, par une perpète de Rennes.

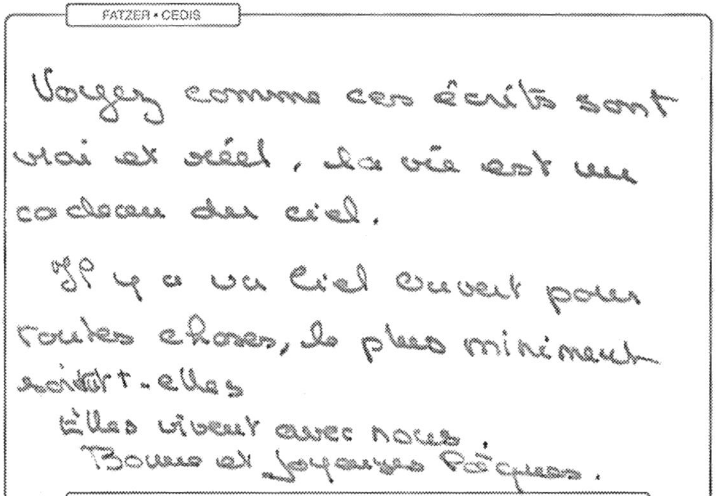

FATZER • CEDIS

Voyez comme ces écrits sont
vrai et réel, la vie est un
cadeau du ciel.

Il y a un Ciel ouvert pour
toutes choses, les plus minimes
soient-elles
Elles vivent avec nous.
Bonne et joyeuses Pâques.

620.331 - Photo: U. Schneiders - © EDITIONS FATZER SA, CH-8590 Romanshorn l'intensité des souffrances subies à certaines périodes de la détention ? Désemparés, souvent privés d'interlocuteurs autres que « croyants » — « les seuls qui ne m'aient pas laissé tomber, me dira Blot-le-toubib, c'est les chrétiens » —, il est logique que d'aucuns soient tentés par la spiritualité et plus particulièrement par le christianisme, religion familière qui, de surcroît, jouit d'un statut quelque peu privilégié [1] dans les prisons françaises.

L'investissement dans le spirituel comporte aussi, s'ils sont compatibles avec le système de référence du détenu et les fréquentations qu'il peut se permettre, des avantages non négligeables : il crée des possibilités de sociabilité, favorise l'élaboration d'un réseau d'alliés à l'intérieur de la prison, voire l'accès à une zone franche protégée : la chapelle. Dans une vie *a priori* pauvre en moments forts, adopter une pratique religieuse apporte en outre de nouveaux repères temporels, qu'il s'agisse de rituels quotidiens et individuels comme la prière ou hebdomadaires et collectifs comme la messe et les rencontres du groupe de réflexion biblique. A cela s'ajoutent pour certains quelques bénéfices secondaires particulièrement appréciés. Ainsi à Rennes, près de la chapelle, se trouve un petit jardin dont l'entretien fait le bonheur des détenues pratiquantes.

Le cas de Dodelet-le-mineur, vingt ans de détention, diffère quelque peu de ceux que j'ai évoqués jusqu'ici ; sa pratique religieuse est restreinte, solitaire et plus tardive : il ne fait pas partie de « l'équipe qui va-t-à la messe » et ne « parle pas religion et amour du prochain ». Ce n'est au demeurant guère dans sa culture d'ancien mécréant très porté sur l'alcool et « les conneries ». Ce qui l'a fait bifurquer, c'est la mort de sa mère. Pour combler cette perte, Dodelet s'est mis en quête d'une correspondante. Une carmélite s'est proposée et, sans doute est-ce corrélé, il a désormais comme livre de chevet la vie de sainte Thérèse de Lisieux. Il se tourne vers elle « surtout quand ça gamberge ». « Ça m'apporte car c'est une histoire vraie, c'est quelqu'un qu'a connu la souffrance et le bonheur et qu'avait toujours quelque chose à quoi se raccrocher. » Comme lui-même, Dodelet, avec ce livre. Au point de penser à l'apprendre par cœur.

Cet intérêt pour la « chose religieuse » survivra-t-il à l'épreuve de la détention ? Qu'en pense l'aumônier de S. ?

1. Pour des raisons essentiellement historiques.

Nous sommes assis dans la cuisine du presbytère. La porte vitrée qui donne sur le jardin intérieur est ouverte, l'air est doux, mon interlocuteur, détendu. Un peu plus, je ronronnerais d'aise. Satisfaction significative. C'est au soulagement que j'éprouve à m'entretenir dans des conditions normales que je réalise la contrainte qui pèse *a contrario* sur moi en détention. Bien sûr, ça fait belle lurette que je le sais : comme les détenus, pour survivre, je me suis mise au fil des jours à refouler mes sensations, tant et si bien que je finis par les oublier. D'où mon étonnement quand au hasard d'un entretien particulier je les redécouvre et mesure du même coup l'ampleur du blindage que je m'impose quotidiennement.

« C'est bien de se convertir, observe l'aumônier, mais c'est pas évident ; le faux spirituel est fréquent en prison. Je vais vous en donner un exemple : un gars me dit qu'il voit le Diable dans sa cellule. Je reste perplexe, il insiste : "Je vous assure que j'ai vu le Diable vers trois heures du matin. Il a cassé la glace, elle a explosé."

— Et alors, quelle est votre version des choses ?

— A mon avis il s'était vu dans la glace et il se faisait peur ! Mais, ajoute mon interlocuteur, goguenard, les détenus voient surtout la Vierge ; c'est normal, ils sont privés de femmes, du regard d'une femme ; leur nuit en est hantée. Une nuit, un gars a vu la Vierge en rêve, il me l'a décrite très précisément ; je lui ai dit : elle ressemble à Claudia Cardinale, t'as dû la voir hier soir à la télé ! »

On l'aura compris, l'aumônier de S. est un mécréant qui ne croit ni au Diable, ni à la Vierge, du moins — ne soyons pas injuste ! — dans la version que lui en donnent certaines de ses ouailles. « Ces apparitions de la Vierge, me dit-il, correspondent à l'image qu'ils ont de la femme idéalisée, pas la traînée qu'ils ont parfois fréquentée et qui les a laissé tomber. Ça leur fait passer les nuits et les jours, poursuit mon interlocuteur, décidément très philosophe. La Vierge, c'est comme l'ordinateur ou les fantasmes d'évasion, ça les occupe. Y'en a qui se construisent une bulle religieuse mais je suis pas sûr que ça tiendra à la sortie. »

On le voit, l'aumônier de S. est sans illusions ; un peu plus il plagierait Marx en m'expliquant que « la religion est l'opium du détenu ». Ces propos sont-ils représentatifs de ce que pense sa profession ? Je ne sais ; ils ont en tout cas le mérite de montrer la précarité de comportements suscités par la détresse dans un monde aussi coupé de la réalité que l'univers carcéral.

Si c'est vers le christianisme que se tournent la plupart des nouveaux convertis, d'autres voies m'ont été évoquées. Le bouddhisme notamment, et le fait que celui qui s'y réfère soit Christophe Geng, cinquante-deux ans, détenu depuis cinq ans et condamné à une peine de sûreté de trente ans, me paraît significatif.

La spiritualité, tout comme le suicide, mon interlocuteur l'évoque quasiment lors de chaque entretien. « Comment vivre avec mon passé ? me dira-t-il le premier jour, comment croire en un avenir ? Pour y croire, y faut nécessairement croire en Dieu. » Ainsi, à l'entendre, a-t-on le sentiment que Geng a « besoin » de croire en Dieu pour que sa détention soit vivable au présent. D'autant plus que si Dieu existe, il va de soi que ses petites victimes lui auront pardonné. Ce qui ne peut qu'alléger le remords qui pèse sur lui.

Le problème, c'est que Geng oscille sans cesse entre son désir de croire et un profond scepticisme. « J'ai l'intime conviction, me dit-il un jour, que je mourrai en prison ; mais j'arrive à tout relativiser ; parfois je me dis que rien n'a d'importance. La seule question essentielle, c'est : "Dieu existe-t-il ?" et si oui : "Qu'est-ce qu'il y a après ?" Mais je trouve pas la réponse. Le bouddhisme, poursuit Geng, m'intéresse depuis que je suis en maison d'arrêt, en particulier à cause de la réincarnation ; y a pas une vie mais des tranches de vie ; la vie est cyclique. J'aimerais savoir ce que j'ai été dans une vie antérieure. Peut-être que je rachète des karmas, que j'expie pour ceux qui m'ont précédé : si c'est le cas, c'est vraiment le pire des karmas ! Mais l'idée de réincarnation est une idée de futur, et ça, c'est réconfortant ! alors que dans la conception catholique, on est mort et on le reste jusqu'à la résurrection. »

L'explication bouddhiste a donc l'énorme avantage de décharger Geng d'une partie de la culpabilité qui l'écrase (il paie mais pour des fautes commises par ses incarnations antérieures) et de lui laisser espérer que sa vie ne s'achèvera pas en prison puisqu'il sera réincarné. On peut d'ailleurs rapprocher de cette espérance le rêve qu'il exprime de « mourir en bonne santé » ; quelqu'un d'autre, greffé, pourrait ainsi vivre avec l'un de ses organes. Bref, sa vie se poursuivrait après cette détention qu'il perçoit comme « un enterrement de première classe ».

Cela dit, pour réconfortante que soit cette lecture bouddhiste, mon interlocuteur n'y croit qu'épisodiquement et oscille à ce sujet comme il le fait dans bien d'autres domaines entre des postures contradictoires.

> « La réincarnation, me dit Geng ce jour-là, c'est une connerie ! »
> Je l'interroge du regard. Ce qu'il me raconte me passionne mais j'ai du mal à me concentrer. « La GX, elle est mieux pour la tenue de route... oui la direction... d'accord quand tu braques, elle est meilleure, mais pour freiner... » Les deux surveillants qui patrouillent dans le couloir de Fresnes sont eux aussi en plein débat. Décalage ironique. Dû au contexte, je sais, je sais. Toujours est-il que dans « mon bureau », les conversations avec Geng, « le monstre », volent souvent haut. Pendant ce temps, dehors, celles des gardiens de l'ordre rasent de près le bitume. Cocasse quotidien des enquêtes en détention...

« D'être la conséquence d'une vie passée, ça donne trop une impression de fatalité », m'explique Geng, et aujourd'hui il trouve cela particulièrement lourd à encaisser. Il revient au christianisme, raconte que depuis qu'il est incarcéré, il a été assailli de courrier — son arrestation et son procès ayant connu une grande couverture médiatique. « Plein de gens veulent racheter mes péchés, Geng hausse les épaules, ils sont souvent zinzins. » Il me réaffirme sa méfiance à l'égard de tous ceux qui veulent lui parler de Dieu, évoque un prêtre rencontré en maison d'arrêt : « Il a été important pour moi parce qu'il avait une parole d'homme et pas une parole d'évangile ! » et conclut : « Ceux qui acceptent de ne pas me parler de Dieu sont ceux qui me sont le plus utiles [1] », avant d'évoquer à nouveau la perspective de mourir en prison et la promesse faite par le Christ au bon larron : « Ce soir, tu seras au Paradis avec moi. » Comme la réincarnation bouddhiste, cette promesse le séduit mais finalement il soupire : « La raison raisonnable, c'est qu'y a rien après la mort. »

1. « Il y a *grosso modo* deux types d'aumôniers, me dit un familier du monde carcéral : d'un côté on trouve des hommes qui sont désireux d'évangéliser des âmes perdues et de l'autre, ceux qui viennent pour prendre toute la réalité à bras-le-corps et apporter du réconfort en tout genre. Ce clivage, on le trouve dans toutes les confessions. »

André Simoni, cinquante-sept ans, dont vingt passés en détention, se dit lui aussi croyant, mais il s'est visiblement confectionné une spiritualité sur mesure qui reflète ses modes de vie successifs de rural fruste et de détenu solitaire. Ses premiers propos sur le sujet évoquent des pratiques somme toute classiques : « Je suis catho et je respecte le Bon Dieu. Quand je suis né, m'explique-t-il, j'ai été baptisé catho par ma mère ; depuis, je respecte cette religion que ma mère m'a donnée. » Si Simoni se dit « catho », c'est donc pour réaffirmer une identité antérieure à la détention et s'inscrire dans une généalogie, bien plus que par attachement à un enseignement bien précis. Ne me dira-t-il pas d'ailleurs, quand je lui demanderai s'il va à la messe : « Je suis croyant mais pas pratiquant ; enfin dans le temps j'allais à la messe qui passait le dimanche matin à la télé ; c'était projeté en salle de vidéo ; maintenant les gens la regardent dans leur cellule. L'aumônier, je l'aime pas ; un jour, je lui ai demandé un service et y m'a dit : "J'suis pas le Bon Dieu." Depuis, je le vois plus. »

La pratique religieuse de Simoni est à l'image du personnage : solitaire. Son support : la Bible ou plutôt trois Bibles, dont le Nouveau Testament et la Bible de Jérusalem que lui a laissés un codétenu, témoin de Jéhovah [1]. Quand Simoni ne va pas bien, il ne se tourne pas vers le Nouveau Testament mais vers *Bonne Nouvelle aujourd'hui* ; « dedans, me dit-il, c'est catho et Jéhovah ; quand je l'ouvre, je sens que ça pivote. J'ouvre au hasard et je tombe souvent sur la sagesse, sur les psaumes. J'ai toujours mes lunettes sur ce livre ; rien que de savoir que je touche ma Bible, ça me suffit, je sens que ça me crée quelque chose. »

Je regarde mon interlocuteur. Il a l'air grave, concentré. Voilà plusieurs jours que nous nous rencontrons ; visiblement il a fallu qu'il se sente un peu en confiance pour qu'il en vienne à me parler de « ça ». Et « ça » lui tient de toute évidence à cœur. Je lui en fais la remarque. « Quand je parle de religion, me rétorque-t-il sobrement, ça me fait du bien. » André Simoni se tait, me regarde comme s'il évaluait jusqu'à quel point il peut me parler sans crainte. Il se lance : « Un jour, en maison d'arrêt, y m'a semblé L'entendre. J'étais seul dans ma cellule ; y avait quelque chose qui me disait : "Tiens bon !"

1. A ce propos, il faut remarquer qu'en détention plusieurs sectes chrétiennes sont représentées et font à l'occasion du prosélytisme. Qu'il s'agisse de détenus, de visiteurs ou de membres du personnel...

Depuis ça, j'ai toujours tenu tête, y a quelque chose qui me soutient. »

Au fil des entretiens, j'en apprendrai plus sur sa spiritualité et je serai surprise de la forte composante panthéiste qui la sous-tend. Quoique... Même si cet ex-rural est privé de son biotope depuis vingt ans, connaissant son amour pour la Nature, j'aurais dû m'en douter : il vit dans l'attente de leurs retrouvailles. Ne m'a-t-il pas dit lors de notre première rencontre : « La nature, j'y suis né et j'espère bien y mourir » ?

Et puis un jour il s'est mis à me parler du firmament et je l'ai écouté, fascinée, tant ce qu'il me disait était à la fois convaincu, beau et insolite en un tel lieu. « Je crois aux étoiles ; tout le monde a une étoile. Quelqu'un qui meurt, son étoile, elle tombe. Les nuages existent, la lune, le soleil, l'arc-en-ciel, tout ça, ça vit comme les étoiles. » Simoni parle mais ce n'est plus le détenu vieillissant, au visage un peu triste et au crâne dégarni que j'entends, non ! c'est le Petit Prince, celui qui apprivoisait les renards et voyageait de planète en planète ! « Je me suis beaucoup basé sur les étoiles, poursuit-il, je fais des recherches ; dans ma cellule, je me mets à la fenêtre et je reste à regarder le ciel ; vous savez, c'est ce qui me fait vivre. La lune, le soir, je la regarde ; en ce moment, c'est un croissant. Quand je pense qu'y a des fous qui viennent la chatouiller. On a rien à faire là-haut ! » me lance-t-il d'un air courroucé, avant d'affirmer avec solennité : « Le plus à quoi je crois, c'est *mes* étoiles et ça se voit que c'est vivant, ça brille, ça bouge. Un nuage aussi, ça vit ; j'ai vu des personnages et même le Bon Dieu dans les nuages. Moi, j'ai que ça ! Quand je prends la Bible, soit je pense à la lune, soit je pense aux étoiles. Dans certaines pages que j'ouvre au hasard, je tombe sur les mots "soleil", "lune", et tout ça. »

Au cœur de la religion de Simoni se trouve donc ce qu'il perçoit, lui, l'immobilisé, du mouvement du cosmos tel qu'il le capte jusqu'à en être imprégné [1]. « C'est peut-être grâce à ça, conclut-il pen-

1. J'ai été troublée de trouver dans le beau roman de Jacques-René Doyon : *L'Enfermé de Clairvaux*, Paris, Robert Laffont, 1992, des pages qui me rappellent beaucoup les propos de Simoni, l'ex-homme des bois. Dans ce récit qui relate l'itinéraire mystique d'un ancien voyou parisien, devenu militant d'Action directe puis détenu à Clairvaux, on trouve par exemple les lignes qui suivent : « Il n'était plus un homme qui regarde la *nature,* depuis sa cellule [...] il était au milieu de la forêt, des arbres, des vies, des oiseaux. Il vivait avec les étoiles, à leur rythme... » (p. 211).

sivement, que je suis vivant. Cette religion-là, quand j'en parle, je me sens bien à mon aise mais c'est pas facile de trouver des gens pour causer de ça. » Et ce disant, Simoni me scrute attentivement. Vais-je émettre des réserves, avoir l'air narquois ou apitoyé ? Je reste un moment silencieuse ; je me sens très émue par ce que je viens d'entendre et pleine de reconnaissance envers mon interlocuteur qui a bien voulu se livrer ainsi. Ses propos, lui dis-je finalement, me rappellent la mythologie grecque. Il acquiesce ; il se sent proche aussi des hommes préhistoriques qui se chauffaient avec les pierres, proche aussi des Indiens. Tous croyaient comme lui en Dieu et en la Nature.

De quand date son intérêt pour ce Dieu-Nature ? « Ça m'est venu assez vite en prison, dès les premières années, m'explique Simoni qui ajoute fièrement : « Je voulais que ça vienne de moi, je voulais pas lire ce qui venait de l'extérieur. Je me suis accroché à ce que je voyais. » Réflexe de libre-penseur ou d'illettré ? Simoni m'a en effet laissé entendre qu'avant sa détention, il ne savait presque pas lire. Si lire implique forcément qu'on se reporte à ce qui est dit par autrui, n'est-on pas alors tenté, quand on est illettré, de se forger son propre credo ?

Toujours est-il que son panthéisme le maintient en contact avec le flux de la vie et avec l'humanité, alors qu'il pourrait en paraître particulièrement éloigné, « mais, dit-il, on est plus fasciné par la nature en prison que les gens dehors[1] ». Surtout quand on passe comme lui des heures à sa fenêtre. « J'ai peu de contacts, dit-il, mais cette chose que je crois, ça m'amène à tout ; le fait de savoir qu'y a de la vie là-haut, ça me pousse à regarder les gens ; j'étudie et je me dis : "Les surveillants y vivent aussi, y sont comme les étoiles, comme les oiseaux que je nourris le matin." Tout est vivant, c'est de voir ça qui m'a beaucoup aidé à supporter la prison. »

Je reste abasourdie ; Simoni est peut-être le seul détenu qui trouve de l'humanité aux surveillants parce qu'il aime les oiseaux !

1. Ces propos m'ont rappelé le constat de V. Frankl : « La tendance à l'intériorisation qui apparaît chez certains déportés les conduit, quand l'occasion s'y prête, vers une profonde et intense perception de l'art ou de la nature. Et l'intensité d'une telle expérience intérieure peut faire oublier totalement l'affreuse condition qui est la nôtre » (*Un psychiatre déporté témoigne*, Lyon, Éd. du Chalet, 1973, p. 75).

Me revient du même coup à l'esprit l'histoire de cette femme de Rennes qui avait tout cassé dans sa cellule. Tout, sauf le bocal où vivait son poisson rouge. A ceux qui s'en étonnaient, elle avait répondu : « Qu'est-ce que vous croyez ? je suis humaine, moi ! » De l'utilité des animaux pour comprendre les humains. Pour en revenir à Simoni, si son sentiment religieux ne le fait pas, à l'instar de la plupart des détenus qui se disent croyants, adhérer à une communauté unie par le même credo, au moins lui permet-il de supporter ceux qui l'entourent, surveillants y compris.

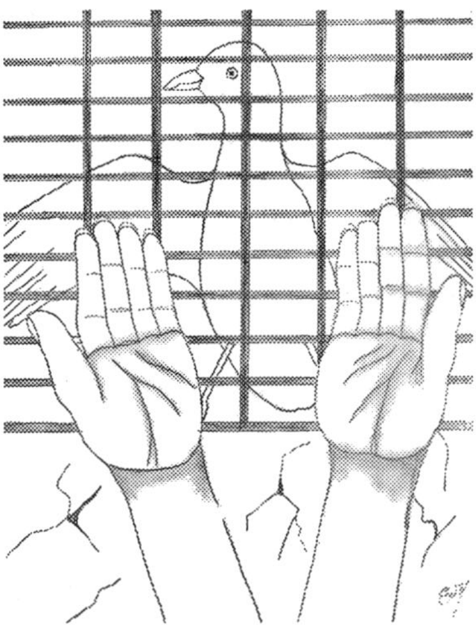

Dessin d'un détenu.

Comme André Simoni ou Christophe Geng, Michel-le-principal a éprouvé le besoin de trouver une réponse spirituelle aux questions qui le taraudaient. Comme eux il s'est bricolé des réponses en marge des institutions religieuses. « Le gros problème à gérer en prison, me dit-il, c'est la séparation de ceux qu'on aime. Et puis y a la perpète ; là j'ai fait sept ans ; si je fais le compte à rebours par rapport à la sortie, c'est déprimant parce que c'est trop long ; alors il faut transcender tout ça et le voir dans un autre registre ; je sors de ces limites matérielles et charnelles pour rejoindre ceux que j'aime. » Ceux qu'il aime, c'est son enfant qu'il a tué pour — paradoxalement — ne pas le perdre quand sa femme lui a annoncé son départ. Et l'amie mariée qui le soutient moralement mais dont les hauts murs le séparent.

« Avant la prison, m'explique Michel, j'étais catho, croyant mais à la recherche de quelque chose que je n'arrivais pas à saisir. En maison d'arrêt, j'ai lu plein de livres sur le thème de la mort, sur les choses extra-corporelles, la vie après la mort, les livres de Moody. » Ces lectures puisées dans la littérature dite du Nouvel Age l'ont aidé et lui ont apporté des réponses. « Maintenant je sais que mon enfant, je le retrouverai, conclut Michel, je surmonte le drame de sa disparition ; je peux rire, je me dis que mon petit a fait le saut de sa vie terrestre. » Cette recherche spirituelle ne l'empêche pas de me dire : « C'est pas en prison qu'on devient religieux ! » car il est en désaccord avec l'aumônier de l'établissement.

Mais les détenus qui investissent dans la spiritualité restent à mon sens minoritaires. En fait, la plupart des personnes interviewées, notamment les hommes, ne semblaient pas porter la religion dans leur cœur, même s'il pouvait leur arriver de s'entretenir avec l'aumônier ou d'aller à la messe. C'est qu'en prison l'office permet de sortir de sa cellule, d'échanger dans un lieu non pénitentiaire, voire de renouer, dans une institution où l'on est menacé dans son identité, avec des pratiques familiales.

Pour un certain nombre de détenus, et notamment chez ceux qui s'auto-étiquettent « voyous », tout ce qui se réfère à la religion (et surtout au christianisme) est louche et soupçonné de vouloir les « récupérer » ou d'être de connivence avec « la Pénitentiaire ». La prison semble même, à cause de l'image à laquelle est associé le catholicisme, les rendre encore plus anticléricaux. « Je crois à rien, me lance Irénée-le-Réunionnais d'un ton irrité, je veux pas entendre parler de ce genre de cinéma. Dieu, c'est les gens bien placés ; si Chirac me relâche demain, ça sera Dieu. » « Moi, la religion, j'y crois pas, j'en ai trop vu », me dit de la même façon Pereira-le-DPS, qui s'était pourtant déclaré « catho » lors d'un précédent entretien. Mais si Irénée comme Pereira rejettent la religion, c'est en fait à la manière de ces déportés qui récusaient l'existence d'un Dieu qui laissait faire l'intolérable ou qui était incapable d'y mettre fin.

D'autres accusent les clercs ou les visiteurs de prison prosélytes d'être paternalistes, de faire la morale, d'encourager la soumission à l'ordre établi, de prôner la contrition, bref de servir objectivement la cause d'une société qui leur a réservé une peine si terrible. Ainsi, si Dominique-le-Bordelais n'aime pas les curés, c'est que, dans un lieu de chasteté obligatoire comme la prison, leur célibat lui paraît de mauvais aloi : « Les moins malhonnêtes, m'assure-t-il, c'est les protestants ; les pasteurs au moins ont une vie normale ; c'est moins hypocrite. » Quant aux visiteurs, « des cathos pratiquants, en général », il leur reproche de venir en prison pour faire leur BA, ce que cet écorché vif ressent comme une humiliation.

Cyrille-l'avocat, qui se targue d'être un « garçon [1] », haussera les épaules quand j'évoquerai un éventuel soutien spirituel : « Je suis pas un cave, ironise-t-il, j'ai pas envie qu'on me fasse la morale en m'offrant des petits bonbons, je mange pas de ce pain-là. » De même, Leduc-le-Nantais se fait narquois quand il évoque ces détenus qui « tombent dans la marmite en prison » et disent avoir rencontré Dieu. Péremptoire, il me lance : « Je refuserai encore plus de m'occuper de Dieu en prison qu'au-dehors. » Car devenir croyant dans un pareil contexte signifierait pour Leduc, comme pour quelques autres irréductibles, qu'il s'est laissé influencer par la détention [2]. Et ça, pas question !

Et puis la participation à telle ou telle mouvance religieuse de certains détenus particulièrement stigmatisés en éloignera *a contrario* ceux qui font mauvais ménage avec ce qu'ils symbolisent. « A la promenade, me dit d'un air moqueur Blanchard-le-militaire, y a des Témoins de Jéhovah avec une croix haute comme ça, notamment un gars qui s'est payé toutes les petites filles de sa famille et qui essaie de convertir les autres ; il a regroupé une dizaine de détenus pour prêcher l'Evangile. » Blanchard n'en dira pas plus, mais il est clair que, s'il doit chercher un réconfort, ce n'est pas vers un mouvement religieux dont la publicité est si peu attrayante qu'il se tournera.

Les exemples que je viens de citer montrent en tout cas qu'en détention le recours au religieux est socialement conditionné. Par l'éducation bien sûr : la plupart des « dévots », les femmes en particulier, avaient renoué avec une spiritualité dont les rudiments leur avaient été inculqués pendant l'enfance. Par la nature du crime et l'appartenance à tel ou tel groupe qui y est corrélé, ce qu'illustre *a contrario* l'absence des délinquants d'habitude [3] parmi « les croyants ». Par les relations qu'entretiennent les détenus avec « la Pénitentiaire » et la représentation qu'ils ont de leur peine, les

1. C'est-à-dire un voyou.

2. « Si les voyous tiennent souvent en public un discours anticlérical, me dit un ex-détenu, ça n'empêchera pas certains d'entre eux de discuter de Dieu avec l'aumônier quand ils seront seuls avec lui en cellule. »

3. Du moins parmi les détenus que j'ai interviewés.

rebelles étant nettement moins enclins à faire ami-ami avec Dieu. Bref, pour reprendre l'expression du Nantais, ce n'est pas par hasard qu'on « tombe dans la marmite » en prison.

Retour sur André Simoni

Pouvoir parler intimement à des êtres très différents de moi est l'un des privilèges de mon métier. Quoi de plus excitant que d'observer chez l'autre des goûts et des valeurs qui me sont totalement étrangers mais qui pour lui vont de soi ? Voilà qui me ravit et m'interpelle. Quoi ? On peut être aussi différent de ce qu'on m'a inculqué comme étant « normal » ? Incroyable, non ? Alors, avec André Simoni je suis aux anges. Né dans le quart-monde rural (famille très nombreuse, beau-père alcoolo, père inconnu), peu scolarisé, il est on ne peut plus éloigné de mon milieu professionnel. De surcroît, comme Simoni ne travaille pas, il a beaucoup de temps libre et semble très heureux de me voir. Aussi discutons-nous des heures et des heures pour ma plus grande satisfaction.

Au fil des entretiens, Simoni — visage assez marqué, petits yeux enfoncés sous des paupières flétries — se livre de plus en plus. Et là, divine surprise ! ce rustre qui ne paie pas de mine me tient des propos sur Dieu, la mort, la vie ou la nature auxquels je ne m'attendais pas du tout ! Je suis ravie.

Simoni m'épate mais Simoni, comme les autres, a tué. A trente-sept ans. Il avait installé sa caravane et sa p'tite vie sur un bout de terrain près d'un bois. « Tu vas décamper, mon gars, lui a dit un jour le garde-champêtre, t'as pas le droit de rester là, c'est pas à toi ici. » Colère intense alimentée par l'alcool et renforcée par l'échec d'un projet agricole. Un commentaire acerbe de la voisine qui lui avait prêté un sécateur et là, tout bascule. Tuée à coups de sécateur, la voisine, alors que, me dira sombrement Simoni, celui qu'il aurait aimé tuer, c'était « cet enfoiré de garde-champêtre » !

Simoni, un crime, une vie qui auraient inspiré Brassens.

Dans une étude récente consacrée à l'évolution de la vie religieuse contemporaine [1], Danièle Hervieu-Léger esquisse une classification des nouveaux types de convertis. Des trois figures qu'elle dégage, c'est celle du « réaffilié », du « converti de l'intérieur » qui découvre ou redécouvre « une identité religieuse demeurée jusque-là formelle, ou vécue *a minima* de façon purement conformiste » que rappellent le plus certains de mes interlocuteurs.

Ce type de convertis trouve dans la religion une issue à des problèmes sociaux et identitaires et leur adhésion religieuse est souvent enclenchée par des « situations de désordre individuel ». « Ceci apparaît particulièrement, explique D. Hervieu-Léger, dans le cas des conversions liées à un événement tragique de la vie personnelle (mort d'un proche, déracinement...). » A ces malheurs subis que cite l'auteur, on pourrait ajouter, s'agissant des détenus, ceux qu'ils ont eux-mêmes suscités : le crime, l'incarcération, la déliquescence des liens familiaux...

En tout cas, quelle que soit la « galère » qui est à l'origine de la conversion, celle-ci remplit, que ce soit dans les cas évoqués par D. Hervieu-Léger (islamisation de jeunes Maghrébins des banlieues, par exemple) ou dans ceux que j'ai mentionnés ci-dessus, les mêmes fonctions : « Tous les parcours de convertis se racontent comme des chemins de la construction de soi. » « S'oppose un "avant" tragique et un "après" caractérisé au contraire par la plénitude de sens. » Notamment parce que le converti va pouvoir accéder « à l'estime de soi-même [2] », ce qui explique que les condamnés les plus stigmatisés comme une partie de la jeunesse perdue des banlieues soient attirés par la voie religieuse : ils espèrent en effet y trouver une réhabilitation identitaire et sociale.

Expérience religieuse réparatrice et restructurante, donc, mais aussi, observe l'auteur, recherche d'un salut intérieur là où les chances d'agir sur l'extérieur — le social — et les atouts dont on dispose pour changer la situation qu'on subit sont nuls ou extrêmement limités.

En détention, la conversion n'est-elle pas tout compte fait — comme *extra-muros* — la dernière arme contre la désespérance, quand le militantisme paraît dérisoire, inopérant — compte tenu d'une conjoncture très défavorable (malthusianisme accru des aménagements de peine et opprobre garanti pendant des années pour les auteurs de « mauvais délits ») — voire inadapté à la structure psychique du détenu ou à sa culture [3] ?

1. *Le Pèlerin et le Converti,* Paris, Flammarion, 1999.

2. *Ibid.* Cette citation comme toutes celles qui précèdent sont tirées des pages 124, 130 et 131.

3. On peut ainsi remarquer que les deux détenus dont j'ai relaté le combat pour obtenir la révision de leur procès ne semblent pas avoir d'investissement religieux.

LE TEMPS DU TRANSIT : FRESNES ET LE CENTRE NATIONAL D'OBSERVATION

Une fois condamné à une « longue peine », le détenu sait qu'il va être transféré, *via* Fresnes et le Centre national d'observation[1] (CNO), dans un établissement pour peine. A moins qu'il ne se soit pourvu en cassation, ce qui va forcément retarder son départ. S'il se sent en partance, son transfert est néanmoins loin d'avoir lieu dans la foulée des assises. Les attentes sont parfois longues, bien que n'excédant pas en général une année. Le séjour à Fresnes (qui peut aller de six mois à un an, voire plus) est ainsi vécu comme un intermède incontournable. Fresnes, c'est la transition entre le temps morcelé et limité de la maison d'arrêt et celui de l'établissement pour peine qui se déploiera à l'infini.

De fait, cette parenthèse se décompose en trois parties : deux périodes d'attente souvent longues *avant* et *après* le CNO en deuxième division (D2) avec, *au milieu*, le séjour de six semaines au CNO proprement dit. Là, soixante détenus sont examinés[2] par une équipe composée de travailleurs sociaux, psychiatres, psychologues et surveillants. Un dossier est ensuite établi qui suivra le condamné pendant toute sa détention et sera rouvert à l'occasion d'éventuels incidents ou lors d'une demande de commutation de peine.

1. Cette procédure concerne tous les condamnés masculins qui ont un reliquat de peine supérieur à dix ans. La plupart des perpètes femmes aboutissent directement à Rennes ou — moins fréquemment — à Bapaume.

2. « Il y aurait beaucoup à dire, écrit la psychothérapeute S. Buffard, sur l'objectivité d'une observation dans un milieu aussi artificiel et sur son utilité pour le traitement pénal » (*Le Froid pénitentiaire, op. cit.*, p. 161).

> Après avoir traversé les hautes coursives du « grand quartier » de Fresnes, bifurqué sur la gauche au cœur de la deuxième division, reniflé l'odeur tenace du Crésyl mêlé à celle de la gamelle, on aboutit à la fin du couloir devant une petite porte. On sonne, bruit de l'œilleton qui se soulève, porte qui s'ouvre. On entre. C'est encore Fresnes, ce n'est plus Fresnes. Certes, ce sont toujours des « camemberts[1] » exigus qui servent de courettes de promenade, mais ici personne ne crie, les murs ont des couleurs, les surveillants, l'air détendu et ouvert, le directeur paraît calme et disponible, les cellules sont repeintes et presque spacieuses — un gars par cellule, pas plus. « Luxe, calme et volupté », n'exagérons pas ! mais le contraste avec le bruit, la promiscuité — et parfois la crasse — de D2 est saisissant. D'un pavillon d'agités on se croit passé à une maison de retraite, d'autant plus que l'âge des détenus est nettement plus élevé au CNO qu'au « grand quartier ».

Le passage au CNO est censé servir à orienter l'avenir pénitentiaire du détenu et à l'aiguiller vers l'établissement *ad hoc*. Mais évoquer le futur impliquera forcément de parler à nouveau de la sentence. Notamment avec les membres du service socio-éducatif qui, comme M. A. avec lequel je m'entretiens, voient les détenus en tête à tête.

« Comment les condamnés que vous voyez perçoivent-ils le fait d'avoir pris perpète ?

— Leur rappeler simplement la longueur de la mesure de sûreté est quelque chose de très douloureux pour eux car c'est ça qui compte, plus que le quantum de la peine.

— Et pourtant ils le savent puisqu'ils m'en parlent dans les entretiens.

— Sans doute, mais ils s'arrangent parfois pour l'enfouir dans un coin de leur mémoire. Il y a la tentation récurrente de nier cette réalité du temps pénal qu'ils vont vraisemblablement faire. Je dois dire aux gars : “Non, ne rêvez pas ! préparez-vous à vivre cette

1. Ainsi appelés par les détenus parce qu'ils rappellent la forme de portions de camembert.

détention ! faites des projets pour cela !" Croire à une sortie proche, c'est se leurrer et perdre son temps.

« Je leur dis, poursuit M. A., qu'une fois qu'ils auront fait les deux tiers de leur peine de sûreté, ils pourront demander que cette mesure soit révisée, ce qui implique qu'ils aient évolué positivement. Mais le problème, c'est qu'on doit trouver un juste milieu, car le fait qu'on incite le gars à se projeter dans l'avenir et à penser à la sortie pose des problèmes à la gestion de la détention.

— Il veut en finir avec la prison pour démarrer ce dont il rêve ?

— Oui, et c'est l'une de nos difficultés : il faut maintenir un certain dynamisme sans mettre en jeu l'institution qui garde. Si le gars se projette trop dans l'avenir, il ne supportera pas le présent, sera déprimé, agressif. En fait il faut, dans les premiers entretiens, qu'on permette une insertion pénitentiaire : c'est le principe de réalité et c'est quelque part très contradictoire avec la réinsertion.

« Le rôle du travailleur social, poursuit M. A., c'est de renvoyer au gars son bilan biographique d'après ce qu'on peut voir dans les enquêtes de personnalité et non pas de la façon édulcorée avec laquelle certains détenus, par exemple les pères incestueux, le présentent : bons pères, bons maris, etc., ce qui est contredit par les dossiers qui les montrent parfois tyranniques. Ainsi ils valorisent souvent le travail alors qu'on se rend compte qu'ils déraillaient depuis longtemps, par exemple qu'ils n'en avaient plus ou qu'ils étaient en congé de maladie. Et puis les gars idéalisent une vie familiale qui, d'après les dossiers, était loin d'être idéale. »

Certes ! me dis-je tout en écoutant mon interlocuteur, mais la situation de déchéance que vivent les détenus, dénigrés lors des assises, stigmatisés par leur séjour en prison, montrés du doigt par la presse et le voisinage, ne les accule-t-elle pas à travestir leur histoire pour protéger leur narcissisme de l'effondrement total ? Sauf à être d'une trempe exceptionnelle, il n'est sans doute pas facile d'accepter de voir la réalité toute nue et toute crue. Surtout à ce point de leur trajectoire, quand les traumatismes du crime, de l'incarcération et des assises sont encore très présents.

« L'éducateur, m'explique M. A., rappelle au détenu son crime pour voir comment il se positionne par rapport à ce qu'on lui reproche ; celui qui se considère comme innocent gérera mal sa détention ; celui qui se sent coupable risque d'être dépressif. On fait le point sur les relations extérieures. Y a rarement le vide total, sauf chez les gens des banlieues. Souvent ces gars ont survécu au jour le jour, ils n'ont jamais eu de projets. »

J'opine en silence ; je pense à Cyrille-l'avocat, ex-titi de la banlieue parisienne, si extraverti et si seul en même temps. Cyrille a passé sa vie à alterner tranches de vie libre et tranches de vie carcérale ; il y était accoutumé — résigné ? — mais les trente ans qu'il vient de prendre[1] l'ont assommé. Cyrille me fait souvent penser à un sprinter à qui on demanderait de faire un marathon : il n'y est pas préparé, ne connaît que les épreuves de courte durée qu'on gère au coup par coup. Face à une longue peine, il me paraît d'autant plus désemparé que son long passé carcéral l'a désinséré et qu'il ne bénéficie plus d'aucun soutien extérieur.

Le passé de ses « clients », justement, M. A. l'aborde : « On ne peut pas tirer un trait dessus ; les gars qui ont eu de très longues peines cumulent particulièrement les échecs. On essaie de leur faire sentir qu'ils ont touché leurs limites mais il faut aussi les aider à restaurer une image d'eux-mêmes qui est extrêmement négative. »

Raison pour laquelle, me dis-je *in petto*, bien des détenus sont tentés de faire subir à leur autobiographie une opération de chirurgie esthétique : mythomanie restauratrice mais très provisoirement salvatrice, car, à long terme, les menteurs sont presque toujours démasqués, décrédibilisés et leur image en sort encore plus dégradée.

« Le CNO, reprend M. A., ce n'est pas seulement faire le point sur le passé, c'est aussi soulever la question des projets. Que veut faire le détenu ? comment voit-il son avenir carcéral ? a-t-il des alliés ? On lui propose aussi de démarrer des activités : musique, théâtre, etc. Ça permet de sensibiliser les gens à une discipline et de leur montrer qu'ils peuvent accéder à un monde qu'ils ne connaissaient pas. »

Mais l'équipe du CNO sait bien qu'elle devra surfer entre deux réalités : la nécessité de remobiliser « sa clientèle » d'une part et les incertitudes d'ordre spatio-temporel d'autre part (où le détenu sera-t-il affecté et pour combien de temps ?), ces dernières risquant d'empêcher la concrétisation d'objectifs trop précis. « Le projet "clés en main" est un leurre car la Pénitentiaire et la société ne suivront pas forcément », reconnaîtra d'ailleurs M. A. avant de

1. Après décision de la Cour de cassation qui a « cassé » sa RCP.

conclure d'un air un peu désabusé : « Passer un examen qui ne leur servira peut-être à rien leur évitera au moins la dégradation intellectuelle. »

Ce désenchantement — qui contredit singulièrement les ambitions affichées par certains de mes interlocuteurs officiels —, M. A. semble le ressentir d'autant plus que le CNO accueille désormais une population d'un type nouveau : « En 1977 on n'avait quasiment pas de délinquance de mœurs, m'explique-t-il, on avait des braqueurs, des affaires passionnelles. Maintenant on a plus de faits effectués en bande, d'actes de barbarie et pas mal de pères incestueux. Or les délinquants sexuels sont ceux qui réalisent le moins le sens de la sanction. Et puis, depuis une dizaine d'années, il y a un polymorphisme de la délinquance qu'on reçoit ici : des gars qui volent et violent aussi, par exemple. » Bref ces nouvelles recrues, M. A. me le signifie clairement, ne lui facilitent pas la tâche et ne semblent guère enclines à mordre à l'hameçon « projets ».

« En ce qui concerne l'orientation, m'explique mon interlocuteur, les détenus jeunes et peu dangereux vont aller directement en centre de détention, au régime plus souple, les autres iront d'abord en centrale où le régime est plus strict ; l'idéal, c'est que le détenu voie une progression en passant de centrale en centre de détention. C'est un non-sens (la voix posée de M. A. monte d'un octave) d'accorder la libération conditionnelle à un détenu alors qu'il est encore en centrale. Il faut un sas de transition. »

L'étape du CNO pourrait être néanmoins, selon M. A., plus bénéfique si l'équipe du site avait plus le temps de s'occuper des soixante personnes qu'elle accueille toutes les six semaines. « Il faudrait, soupire-t-il, qu'on puisse faire de la discrimination positive pour pouvoir nous occuper des détenus auxquels on peut être le plus utile. Le père incestueux de soixante-cinq balais, par exemple, il veut rien dire, rien faire ; y a rien à en tirer ! Il est inutile de le faire passer par ici ! »

Le CNO côté cour

Aux yeux des visiteurs (intervenants divers, JAP, etc.) comme de son personnel, le CNO passe pour un endroit privilégié, l'une des vitrines de l'administration pénitentiaire. Mais le sociologue qui, après les acteurs institutionnels, tel M. A., rencontre des détenus ne laisse pas d'être déconcerté par la différence de tonalité entre les propos recueillis. Côté condamnés, ce qui frappe en effet, c'est le manque flagrant d'enthousiasme. C'est que les transférés doivent subir avant d'accéder au CNO — et d'en partir ensuite — une épreuve redoutable : l'arrivée à Fresnes et le séjour en D2 (le bâtiment réservé à tous les transitaires du site). Séjour qui peut parfois s'éterniser et que l'on ne supporte, me dira Irénée-le-Réunionnais, que « parce qu'on sait qu'on va bien finir par partir » !

« L'arrivée à Fresnes est terrible, se rappelle un détenu transféré de Fleury-Mérogis ; j'oublierai jamais. »

Janvier 1996. Six heures du matin. Cinq détenus dont un jeune primaire attendent leur transfert au dispatching, le carrefour administratif de Fleury.

Le camion est là dans la cour ; manquent plus que les surveillants. En voilà un ! Il porte une mallette noire, l'ouvre ; un faux mouvement, et hop ! les chaînes tombent et ondulent au sol dans un bruit métallique. Le primaire est devenu blême.

Appel. Tout le monde est là. L'un après l'autre, ils s'avancent. Le surveillant s'accroupit aux pieds de chaque détenu, lui ordonne de relever la jambe de son pantalon. Il dégage la cheville, visse après avoir entravé l'os dans la chaussette tombante. Le primaire, une patte entravée, l'autre encore libre, se redresse. Surtout se tenir droit et rester digne. Les anciens rient, chiens habitués à la laisse ; eux semblent contents de changer d'air et de niche. Ou font semblant.

Le primaire fait un mètre quatre-vingts ; on vient de lui accoler son compagnon de chaîne : un petit vieux. Les voilà rivés l'un à l'autre, jambe gauche contre jambe droite.

C'est l'heure de monter dans le camion. Quelle jambe choisir ? Le fer blesse le premier pas à deux. Dix mètres cahin-caha. Les voilà devant la porte étroite du fourgon. Reste plus qu'à monter dedans mais comment ? Avec quelle jambe, avec quel pied ? Gravir trois marches de métal, fer contre fer, c'est plus acrobatique qu'on ne croit. Ça cliquette et recliquette. Une bande son pour *Métal hurlant.* Le problème des pieds fait oublier les poignets. Entravés eux aussi. Non ! pas par des menottes mais par une chaîne assortie de cadenas pour vélos !

Heureusement, les surveillants assurent la manutention des paquetages. Le primaire en a cinq ; un étranger n'en a qu'un, plein de vide. La misère est légère.

Enfin assis ! Un vieux réflexe veut qu'on croise les jambes. Un « Aïe ! » succède au « Ouille ! ». Dans les yeux de chaque détenu le même message : « Fais gaffe à pas m'arracher la viande ! »

Le camion est parti. Pas moyen de voir le paysage ; les petites guillotines coulissantes sont tirées. On rêve en silence. Ça tourne, on pressent Fresnes. Le camion entre dans la cour d'honneur (honneur de quoi ?). La porte principale s'ouvre et après elle, celles des cellules intérieures du fourgon.

Refaire maintenant les mêmes acrobaties dans l'autre sens. Mais les jambes sont ankylosées. Des fourmis dans tous les muscles. Un aboiement : « Portez vos cartons ! » On cherche le chien, non, c'est la voix d'un homme, l'un de ces terribles matons qui font la réputation de Fresnes. Fleury, c'est fini... Tant bien que mal, chacun cherche ses biens du regard, essaie de porter un carton.

Attention ! il faut avancer en ordre ! Deux par deux, entravés. Ni à gauche, ni à droite, bien au centre ! Trente mètres à se bringuebaler ainsi jusqu'au greffe. Là s'arrête la chaîne. Pieds et mains sont libérés. Reste à se faire (à) ou à se défaire de l'image de soi qu'on a vue sous les fers. A se pincer pour se dire qu'on a rêvé, que cette histoire s'est passée au cinéma. Ou en Afrique, au siècle dernier, celui des négriers.

« A Fresnes, raconte Michel-le-principal, de prime abord, vous êtes insulté par les surveillants ; on jette vos affaires sans ménagement sur une couverture ; dans les cellules des arrivants, y a des traces de merde sur les matelas ; c'est l'horreur. » « Le CNO, renchérit un autre perpète, c'est un mirage dans le désert. J'ai attendu six mois en deuxième division, à trois en cellule ; c'était l'angoisse totale. On fait rien, on peut rien faire, on a aucune maîtrise sur le temps. » « Je suis resté deux mois avant le CNO en D2, se souvient aussi Lalonde-le-psy. Nourriture limite. Les matons sont des fous encadrés par des tordus. Y a pas de possibilité de faire du sport, or j'ai un besoin très fort de me défouler physiquement ; en promenade, ce sont des bandes qui font la loi. Les transitaires ont pas le droit de voir des visiteurs de prison. C'est à la limite du supportable. Pour tous les détenus, c'est un cauchemar au point où tout le monde évite d'avoir à repasser par là pour un transfert ou une hospitalisation. » Autant de souvenirs, autant de descriptions peu riantes qui résument les principales critiques faites par tous ceux qui évoqueront leur séjour en D2.

> La cellule en D2 ? Sans les meubles, neuf mètres carrés. Avec, quatre pour se déplacer. Un placard mural, une tablette, des chaises. Trois lits superposés. S'agite-t-on au troisième étage ? ricochets garantis au premier. On est prié de ne pas se toucher pendant la nuit ! ça réveille les voisins. Des matelas et un oreiller de mousse, deux couvertures vertes et pelucheuses, des housses plus ou moins clean. Des draps mais, comme dans toutes les maisons d'arrêt, pas de taie d'oreiller. Sauf à la cantiner. L'évier ? Petit. Pour la vaisselle, mettre une assiette après l'autre. Pour la lessive, s'en tenir aux slips et chaussettes. Préférer les douches pour le pantalon. Surtout que l'eau en cellule est froide. Comme l'est le carrelage au sol. En hiver, température limite. Ne pas marcher nu-pieds. Demander par écrit une troisième couverture ; on vous l'octroiera.
>
> Thermoplongeur interdit. Chauffe artisanale tolérée. Fabrication standard : une boîte de thon pour recevoir l'huile de chauffe, deux armatures d'aluminium confectionnées à partir d'un tube quelconque et garnies de mèches — des Kleenex feront l'affaire. Des deux côtés de la chauffe, deux boîtes de conserve serviront d'appui à la casserole. Système D aussi vieux que les vieilles maisons d'arrêt où on le pratique.
>
> Aux deux extrémités de la cellule, la porte et la fenêtre. Côté fermeture, vue sur l'œilleton et les deux gros verrous, côté ouverture, perspective panoramique sur des barreaux et un grillage. Avec un trou gros comme la main qui passera le yoyo à la cellule voisine et fera circuler tabac, allumettes et tutti quanti.
>
> Trois heures de promenade quotidiennes par petits groupes dans les courettes. Resteront ensuite vingt et une heures à se morfondre en rêvant d'un ailleurs plus riant que la longue parenthèse fresnoise.

Ce transit en D2, trop long, tranche sur les six semaines somme toute très brèves que les condamnés passeront dans le quartier du CNO et semble en faire oublier les bons côtés. De surcroît, quand ils évoquent cette période (« mirage » ou « oasis dans le désert »), les détenus ne commentent positivement que les qualités matérielles de l'hébergement et l'humanité des surveillants ; pour le reste (les entretiens, les bilans, les ateliers divers), la tendance est plutôt au « bof ! bof ! ». Un « bof ! » désabusé parce que les messages émis par le personnel se sont neutralisés ? « Ne désespérez pas ! » ont-ils entendu mais aussi : « N'ayez pas de faux espoirs ! » Alors les intéressés semblent ne plus avoir qu'un seul souci : « Où je vais être affecté ? »

J'évoque la tiédeur de ces propos à un membre du service socio-éducatif. « Les détenus qui veulent faire quelque chose de leur peine peuvent profiter du CNO », me répond-il. Ce que réfute Lalonde-le-psy qui me lance abruptement : « Il faut raser le CNO ; d'un côté en D2 on est traité comme des chiens, on vous vole à la fouille et puis on arrive là. Changement de registre : on est materné, cerné de toutes parts ; ça tient du centre de loisirs où on fait de la peinture sur soie et de l'hôpital : on vous refait votre procès à la façon psy. Y'a des entretiens bizarres ; on vous pousse à étaler votre culpabilité alors que la plupart des gars en ont pas envie, notamment les voyous et les pères incestueux. D'un point de vue psy, je trouve ça vachement agressif, la même violence que les expertises. En gros, on vous fait déballer votre vie pour rien ! » Un autre détenu évoquera « un entretien insupportable avec un éduc » : son crime lui fut renvoyé à la figure, dans une autre version, plus *hard*, que celle qu'il en donnait lui, ce qui le rendit fou furieux.

Ces derniers propos me laissent perplexe. Même si cet homme est dans le déni, me dis-je, une telle intervention qui remet en cause un fonctionnement destiné après tout à le protéger psychiquement est-elle pertinente ? Peut-on balancer ses quatre vérités à quelqu'un qui ne veut pas les entendre dans un contexte qui de surcroît n'est plus judiciaire, qui se veut même plutôt semi-thérapeutique ?

Je fais part de mon interrogation à une visiteuse de prison que je croise sur mon chemin : « La vérité seule, c'est pas ça, me dit-elle, y a pas de vérité sans amour ! Qu'est-ce qu'on a à gagner dans une situation d'inhumanité à dire la vérité ? Certes, les gars se racontent des histoires mais on leur en a tellement raconté aussi. Pour ma part, je trouve déjà bien si on approche de la vérité. »

D'autres griefs m'ont encore été évoqués par Lalonde-le-psy. En arrivant au CNO il espérait trouver de l'information sur les études en prison car il avait décidé de reprendre les siennes et, en toute logique, il pensait être orienté vers un établissement où il pourrait suivre un cursus universitaire. Or il a été affecté à S. où de telles possibilités sont très limitées.

« Il est vrai, reconnaît un éducateur, que c'est la Chancellerie qui décide de l'affectation des détenus à tel ou tel endroit. Elle obéit à deux critères : les places disponibles (certains établissements sont très demandés [1]) et la logique sécuritaire, mais nos propositions sont très largement suivies et nous essayons d'orienter l'affectation en fonction de critères individuels. »

Déçu par son affectation, Lalonde s'est senti, pour sa part, berné. « Je regrette maintenant, fulmine-t-il, de m'être confié, d'avoir accepté une mise à nu bidon. » « Bidon », un mot désenchanté que je réentendrai bien des fois par la suite. Et pas seulement à propos du CNO !

1. Notamment les centres de détention. Ainsi Tacier-le-benjamin dont le CNO avait demandé l'orientation vers un CD — compte tenu de sa jeunesse — a-t-il finalement été transféré en centrale.

Carnet de bord n° 3

J'irrite, je sais. Même les intimes ! Je sors de Fresnes, la tête encore pleine de tout ce que j'ai vu et entendu. J'ai besoin de vider mon sac, de partager avec d'autres ces souffrances dont on m'a prise à témoin, toutes ces plaintes que je recueille quotidiennement. Aujourd'hui, c'est Pierre, une vieille connaissance, que j'ai réquisitionné. Voilà dix minutes que je me déverse au téléphone. « Bidon ! bidon ! me dit-il, mais qu'est-ce qu'ils veulent ? Ils sont toujours à se plaindre, tes gars. » Ai-je rêvé ? Y'a comme de la mauvaise humeur dans sa voix. « Mais enfin ! — là c'est moi qui monte sur mes grands chevaux — qu'est-ce que tu dirais, toi, si on t'incitait à faire des projets d'avenir, à envisager une formation qui puisse te servir plus tard, qu'est-ce que tu dirais, dis-moi ! si dans la pratique tu constatais une chose : qu'on n'a pratiquement pas tenu compte de tes vœux et de tes intérêts ? »

Silence au bout du fil. Bouffée d'autosatisfaction. J'aurais dû être avocate ! Quand je m'enflamme, ça paie. J'en rajoute une louche : « Et le problème, c'est qu'en prison, c'est comme ça tout le temps, enfin, presque... Les gars ont l'impression qu'on se paie de mots à leurs dépens, qu'on se moque d'eux, quoi ! Et le plus insupportable, tu sais ce que c'est ? C'est que ceux qui leur sortent tous ces laïus qui aboutiront à rien, c'est pas des truands ou des escrocs, non ! c'est les gens de la Pénitentiaire. Et la Pénitentiaire, à leurs yeux, elle représente quoi ? La justice et la société ! Ceux qui leur ont fait la morale et les ont condamnés. Alors venant d'eux, tu vois, y a des choses qu'ils avalent pas. » CQFD. Ah ! je me sens mieux !

« Bon, mettons — la voix de Pierre n'a pas l'air enthousiaste — mettons qu'ils aient des raisons de se plaindre, mais, quoi ? tu vas quand même pas nous faire pleurer sur leurs malheurs ? Ces gars, c'est des salauds quand même, faudrait pas l'oublier ! » Je soupire... Si même des amis me tiennent ce genre de propos, y a de quoi désespérer ! Cet argument, je l'ai entendu si souvent ! Prononcé par le cafetier du coin, le voisin beauf ou tel ou tel membre de ma famille entre la poire et le fromage...

Ce que je répondrai à Pierre est très simple. « Faut être cohérent ! Soit on se dit que ces gens-là c'est des affreux et que les affreux méritent que des choses affreuses. Retour à la loi du talion. Sophia Rado a découpé sa copine et fait cuire sa tête ? On fait de même avec elle ! OK ? » Raclement de gorge au bout du fil. « Soit on se dit qu'on vit dans une démocratie, qu'il faut sanctionner mais que les coupables, salauds ou pas, doivent aussi être soignés, aidés et réhabilités un jour. C'est le choix actuel de la France. Si, si ! Est-ce que tu sais qu'après la garde, la mission n° 2 de l'administration pénitentiaire c'est la RÉ-IN-SER-TION ? Si ! je te le jure ! Mais dans tous les cas on sort de l'AMBIVALENCE ! Parce que d'un côté, on te parle, enfin les textes ou les officiels, de ta réinsertion, formation, évolution, réappropriation de ton existence, enfin tous ces mots en « -on » à la con ! J'exagère ? Je sais, mais aujourd'hui, faut que je me défoule ! et de l'autre, en prison ou dans la rue, j'entends : "Après-ce-qu'y-z-ont fait, on va quand même pas leur faire des faveurs !" ou bien : "Et y-z-osent-se-plaindre-après-ce-qu'y-z-ont fait !" Alors tu vois, ça suffit ! Les textes de loi, c'est pas moi qui en suis l'auteure ! mais puisqu'ils existent, ce que je voudrais, c'est QU'ON LES APPLIQUE ! » Gros soupir au bout du fil. « En fait, je demande pas grand-chose, je voudrais juste qu'on soit COHÉRENT !

— Pas grand-chose ! Que les Français soient cohérents à l'égard des détenus ! Mais, ma pauvre amie, tu crois au Père Noël ! » Voilà qu'il persifle, ce bougre de Pierre. « Vraiment, ta naïveté me touche ; ça me rappelle ma jeunesse : "Soyez réaliste ! demandez l'impossible !" qu'on disait. »

Chère Anne-Marie,

J'ai été transféré ce jour. Après ces mois d'attente à Fresnes, je suis content, mais bon, la prison, c'est la prison ! Hélas, je la connais depuis bien trop longtemps. La porte s'est refermée sur moi à [redacted]. Il était 12 heures. Entre Fresnes et [redacted], 7 heures de libre-échange avec l'extérieur ; j'en ai pris plein les yeux. Tous ces paysages, c'était en quelque sorte un adieu à la liberté. La rupture avec la vie civile et un dernier regard sur la société vivante. Jusqu'à quand ? Pendant le transfert, j'ai tout revu, le passé, les Assises. J'ai analysé mon procès.

Nous étions cinq détenus pour une masse de flics déterminés à assurer la loi. On avait les entraves ; parfois les sirènes. C'était impressionnant, souvent chargé émotionnellement pour les surveillants comme pour les détenus, mes camarades. Un silence de mort car pendant des années notre vie allait être dans l'ombre carcérale. Ici je suis en observation. Pendant dix jours, je vais être à l'isolement ; c'est toujours comme ça pour les arrivants. De ma fenêtre, je vois de l'herbe, un petit jardin, des légumes, des plantes, toute l'animation de la nature. Ça change de Fresnes.

Courrier d'un détenu récemment transféré.

Deuxième partie

TENIR DANS LA DURÉE.

LE TEMPS DES ÉTABLISSEMENTS POUR PEINE

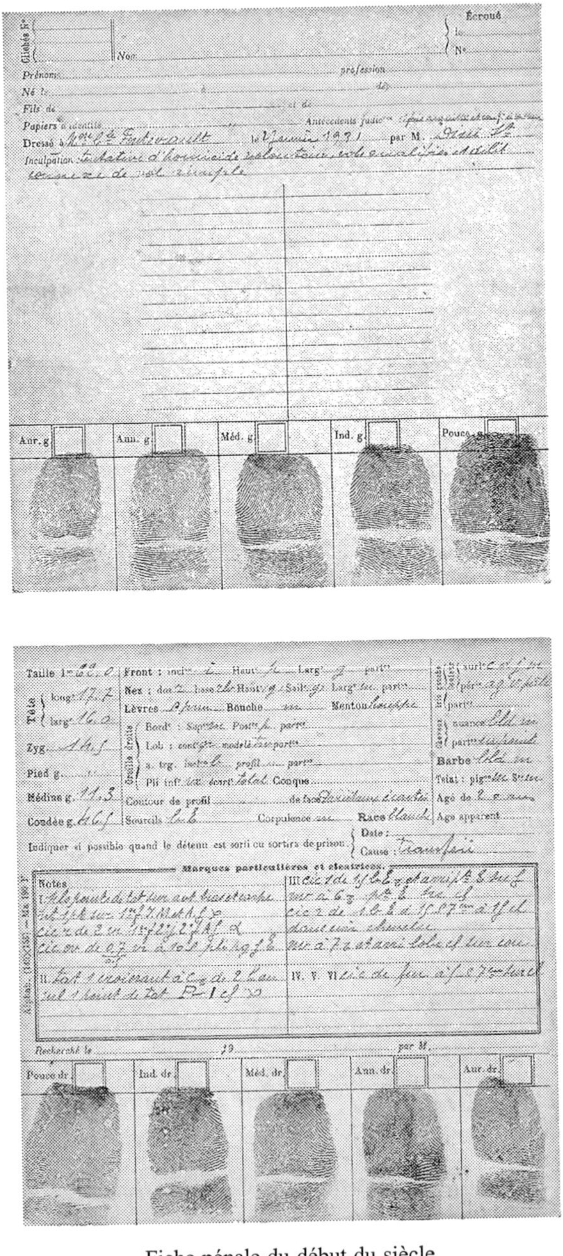
Écroué le N°
Nom
Prénoms profession
Né le à dép.
Fils de et de
Papiers d'identité Antécédents judic.
Dressé à le par M.
Inculpation
Aur. g | Ann. g | Méd. g | Ind. g | Pouce g

Taille
Tête long. larg.
Zyg.
Pied g.
Médius g.
Coudée g.
Front : incl. Haut. Larg. part.
Nez : dos base Haut. Sail. Larg. part.
Lèvres Bouche Menton
Oreille droite Bord. Lob. a. trg. Pli inf. Conque
Contour de profil de face
Sourcils Corpulence Race
Barbe
Teint
Age de
Age apparent
Indiquer si possible quand le détenu est sorti ou sortira de prison. Date : Cause :
Marques particulières et cicatrices.
Notes
Recherché le 19 par M.
Pouce dr | Ind. dr | Méd. dr | Ann. dr | Aur. dr

Fiche pénale du début du siècle.
(Collection M.N.P.)

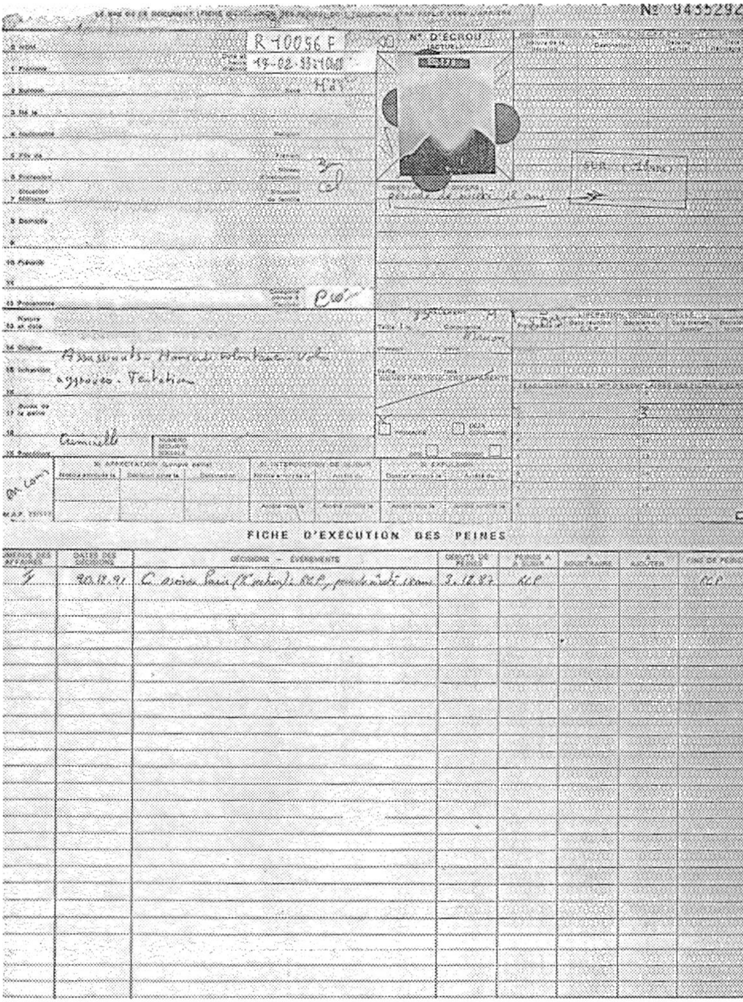

Fiche pénale actuelle.

On notera que les renseignements portant sur la morphologie des détenus sont beaucoup plus détaillés à cette époque que de nos jours...

... car l'empreinte est parlante. (Dessin d'un détenu.)

Avec l'arrivée en établissement pour peine, c'est une autre vie qui commence pour les détenus. « On pose son paquetage, me dit l'un d'entre eux, et on se dit : "Si tout se passe bien, je bougerai plus d'ici, je vais faire mon trou." » Faire son trou et s'organiser désormais sur le long terme. Essayer de trouver un deuxième souffle pour pouvoir tenir jusqu'au bout. Bout de la peine ou bout de la vie ?

Pour reprendre une métaphore nautique, quitter le CNO c'est appareiller pour un voyage au long cours alors que le temps passé en maison d'arrêt s'apparentait plutôt à du cabotage, les côtes du monde libre restant toujours perceptibles à l'horizon.

L'AMÉNAGEMENT DU TEMPS AU QUOTIDIEN : DE LA MAISON D'ARRÊT À L'ÉTABLISSEMENT POUR PEINE

Malgré les espérances que beaucoup de condamnés nourrissent (se faire des amis, trouver un travail, quitter l'isolement), il n'empêche, ce n'est pas sans appréhension qu'ils arrivent dans l'établissement où ils ont été affectés. « On quittait un monde qui bouge pour un monde vraiment fermé, se souvient un détenu. Un gars m'avait dit avant : "Profite du transfert pour regarder la vie, les femmes, les chiens, car tu sais pas quand tu les reverras. Si tu les revois !" »

De même, plusieurs femmes m'ont évoqué l'angoisse qui les avait saisies en arrivant à Rennes, prison qui symbolisait pour elles l'immobilité à perpétuité, la maison de retraite où elles se voyaient finir leurs jours. « J'avais vingt-deux ans, j'ai pleuré, je me suis dit que j'avais gâché ma vie », me raconte une perpète. Et l'une de ses codétenues, encore bouleversée par ses souvenirs, de renchérir : « Quand j'ai vu les toits de Rennes, des toits d'ardoise, des toits noirs, j'ai fondu en larmes. Je me suis dit : "Je sortirai jamais d'ici". »

Pour les anciens, les arrivants représentent un sang neuf, la chance, sait-on jamais ? de retrouver des têtes connues jadis ou de renouveler un réseau qui tourne parfois en rond dans des lieux plus clos que les maisons d'arrêt.

L'institution, quant à elle, va mettre les nouveaux venus en observation pendant deux semaines et leur faire rencontrer leurs principaux interlocuteurs (personnel de direction, médecin, instituteur, travailleur social...). Question de faire le point sur les aptitudes de chaque détenu, sur ses vœux et les problèmes qu'il pose. Cette procédure qui reprend de façon plus longue et plus détaillée les formalités réservées aux arrivants en maison d'arrêt peut être instructive : certains des intervenants mesurent alors les effets délétères qu'ont eus sur leurs nouvelles recrues les années passées en détention. « Je leur demande de venir me voir tous les matins pendant quinze jours, me raconte un surveillant-moniteur de sport ; certains n'ont plus la notion de l'espace et de l'équilibre, savent plus dribbler ; ils ont des réflexes psychomoteurs bizarres, des réflexes de gamins. Pour les sports collectifs, c'est le bazar complet ; j'arrive pas à les faire fonctionner en équipe. »

Après la phase d'observation, le nouvel arrivant va intégrer progressivement la communauté carcérale et essayer de s'adapter au rythme de l'établissement pour peine.

Autonomie faible, mobilité restreinte, dépendance du *tempo* imposé par l'institution et partant, des surveillants, voilà ce qui caractérisait la vie en maison d'arrêt. En centrale, la circulation devient un peu plus libre, et l'accès aux diverses activités plus facile. Et cette tendance va encore s'accentuer en centre de détention où, de surcroît, les intervenants extérieurs sont souvent plus nombreux.

Le rythme de base d'une journée carcérale

Mais s'il y a, selon les types d'établissements, des différences dans la gestion du temps, le rythme de base d'une journée carcérale y est *grosso modo* identique ; en fait il évoque une partition faite de blanches et de noires qui serait proposée à tous les détenus mais qu'ils enrichiraient progressivement au fil des années en y ajoutant leurs propres variations : croches, soupirs, bémols ou dièses. Bref en interprétant de plus en plus librement un morceau dont ils ne pouvaient guère s'écarter à l'origine. Si du moins ils en ont le désir ou les moyens...

Cependant les usagers ne peuvent guère changer la « clé » du morceau à jouer, laquelle dépend dans tous les établissements... de l'ouverture et de la fermeture des cellules[1]. C'est un fait : ce sont

1. Les horaires sont *a priori* déterminés par le code de procédure pénale et le règlement intérieur de chaque prison. Le CPP prévoit ainsi que « les deux principaux repas doivent être espacés d'au moins six heures et [que] la durée pendant laquelle les détenus sont enfermés la nuit dans leur dortoir ou laissés dans leur

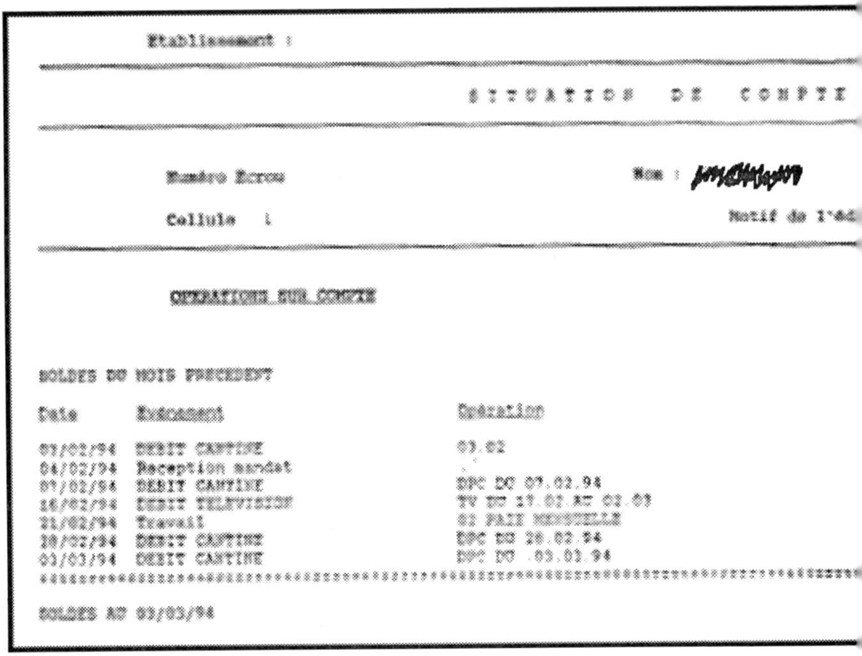

Etablissement :

SITUATION DE COMPTE

Numéro Ecrou — Nom : [redacted]

Cellule — Motif de l'ad

OPERATIONS SUR COMPTE

SOLDES DU MOIS PRECEDENT

Date	Evénement	Opération
01/02/94	DEBIT CANTINE	03.02
04/02/94	Reception mandat	
07/02/94	DEBIT CANTINE	DPC DU 07.02.94
16/02/94	DEBIT TELEVISION	TV DU 17.02 AU 02.03
21/02/94	Travail	02 PAIE MENSUELLE
28/02/94	DEBIT CANTINE	DPC DU 28.02.94
03/03/94	DEBIT CANTINE	DPC DU 03.03.94

SOLDES AU 03/03/94

Relevé de compte nominatif d'un détenu.

L'argent étant interdit en détention, toutes les transactions financières se font par le biais de la comptabilité de la prison qui envoie régulièrement au détenu des relevés de compte. On notera que l'argent crédité est systématiquement réparti en trois pécules (P. disponible, P. libération, P. partie civile). Ainsi, le détenu qui a touché une paie de 620 F ne pourra disposer librement que de 496 F.

les portes qui donnent le *la* à une journée carcérale. Leur ouverture accompagne les grands moments de la vie en détention : les « mouvements »[1] divers (terme qui en dit long sur l'immobilité inhérente à la réclusion) lors du départ pour les ateliers, les promenades, les cours, etc., mais aussi les repas ou le passage des « cantines[2] », pour ne citer que les principaux rituels de la journée.

cellule ne peut excéder douze heures » (B. Bolze, J.-C. Bouvier, P. Marest et E. Plouvier *Le Guide du prisonnier,* Paris, Éd. de l'Atelier, OIP, 1996, p. 85).

1. Sont appelés « mouvements » en détention toutes les allées et venues collectives des détenus (promenade, retour des ateliers...).

2. Les « cantines » sont les denrées que les détenus font acheter par les services de la prison (la cantine) en fonction du choix offert et de l'argent disponible sur leur pécule.

Le 3 mars 1994

FEVRIER 1994

Prénom :

: SEMAINE COMPTABLE

Répartition DEBIT			Répartition CREDIT		
F.Disponible	F.Libération	F.Part.Civile	F.Disponible	F.Libération	F.Part.Civile
			174,32	164,19	164,19
200,00					
			200,00		
100,00					
100,00					
			[illegible]	62,00	62,00
350,00					
50,00					
			124,32	164,19	164,19

Si, pour parler du rythme carcéral, on est tenté de filer la métaphore musicale, c'est que pendant toute leur détention, et dès la maison d'arrêt, les détenus perçoivent surtout la scansion sonore du *tempo* des établissements. Un exemple : la narration que Pereira-le-DPS me fait d'une de ses journées. A défaut de pouvoir voir le va-et-vient de la vie, Pereira l'entend. Claquement de portes, bruits de pas, clés qui s'entrechoquent, coups de sifflets indiquant la fin de la promenade, sonneries concluant la journée de travail, tous ces sons, le reclus aux aguets les enregistre : « A cinq heures du matin, c'est les transferts, le premier bruit de la journée. Les surveillants donnent de grands coups dans la porte ; on entend crier : "Oh ! oh ! dans cinq minutes, on passe !" A sept heures trente, on crie : "Café !" on ouvre la porte, puis "Boum !" on referme la porte. A huit heures trente, j'entends le brigadier crier : "Promenade !" puis "1, 2, 3, 4...". Là on entend tout le monde qui se prépare ; les détenus Nord vont vers le Sud et vice versa. Après c'est : "Cantine !", des bruits de porte, on ouvre et on me dit : "Trois Ricoré, etc." A onze heures trente, c'est : "Repas !" Le soir, ça s'arrête à six heures quand y ferment la grille de ma cellule. Les bruits sont très forts et les murs sont pas isolés. Ce qui me marque le plus pendant la journée, conclut Pereira, c'est les portes qui claquent ; les surveillants, on dirait qu'y s'acharnent dessus ! »

En centrale et en centre de détention comme en maison d'arrêt, ce sont les horaires des travailleurs (en atelier) qui surdéterminent en partie le découpage temporel de la journée et donc l'ouverture des portes. Voilà qui en dit long sur l'importance accordée à l'emploi, même là où il manque cruellement. Ainsi, dans certains établissements pour peine où la journée de travail commence et finit très tôt [1], comme à C. ou à Rennes, le repas de « midi », servi à onze heures trente en maison d'arrêt, est reporté à treize heures trente (juste à la sortie des ateliers). D'ailleurs jusqu'à cette heure, dans beaucoup de CD, les détenus inoccupés ne pourront quitter leur cellule ; ils ne jouiront d'une certaine liberté de circulation que lorsque les travailleurs auront quartier libre.

	PRIX DE VENTE				PRIX DE VENTE		
	DESIGNATION	Frs	Euro		DESIGNATION	Frs	Euro
1	RICOREE	10,80	1,65	52	MAYONNAISE	9,60	1,46
2	SUCRE MORCEAU 8,25	9,08	1,38	53	NUTELLA	13,20	2,01
3	CAFE MOULU N°1 AROME	7,50	1,14	54	MIEL	18,70	2,85
4	SPAGHETTIS 4,15	5,20	0,79	55	PETIT BEURRE LU 4,40	6,60	1,01
5	CHOCOLAT A CROQUER	3,60	0,55	56	PULCO CITRON	15,30	2,33
6	TORSADE	4,90	0,75	57	PRUNEAUX	12,50	1,91
7	SUCRE POUDRE	8,98	1,37	58	PECHES AU SIROP	7,50	1,14
8	FARINE	4,90	0,75	59	NESCAFE DECAFEINE	45,00	6,86
9	MOUTARDE 2,35	4,60	0,70	60	CORNICHONS	7,50	1,14
10	POIVRE	5,90	0,90	61	SEMOULE COUS MOYENNE	7,20	1,10
11	NOUILLE	4,70	0,72	62	CORN FLAKRS GENALY	13,00	1,98
12	HUILE DE TABLE	9,70	1,48	63	OLIVES NOIRES	10,10	1,54
13	CAFE MOULU N°2 REGAL	10,00	1,52	64	JUS DE POMME	6,20	0,95
14	TOMATE PELEE	3,30	0,50	65	MAIZENA	10,00	1,52
15	CHEWING GUM	3,80	0,58	66	SUCRE ROUX CASSONADE	8,98	1,37
16	VINAIGRE	4,30	0,66	67	GLACE VANILLE FRAISE	30,50	4,65
17	SEL 1,95	2,60	0,40	68	KELLOGS CHOCOLAT NOISETTE	26,10	3,98
18	CONCENTRE DE TOMATE	3,80	0,58	69	LENTILLES VERTES	7,60	1,16
19	HUILE D'OLIVE	31,00	4,73	70	SEMOULE	7,10	1,08
20	COQUILLETTE 4,15	4,90	0,75	71	GATEAU RIZ CARAMEL	14,00	2,13
21	CHAMPIGNON DE PARIS	7,30	1,11	72	POTAGE	4,00	0,61

Vendu en cantine.

1. Respectivement à 7 h et 13 h 30.

Si, en établissement pour peine, le taux d'activité est plus élevé qu'en maison d'arrêt — 58 % contre 33,5 % —, on est loin cependant d'y trouver le plein emploi. De surcroît on observe dans ces sites comme en MA d'importantes variations suivant la localisation de l'établissement, son mode de gestion (publique ou semi-privée) et son implantation régionale.

Un détenu sera « classé », c'est-à-dire considéré comme susceptible de travailler — et « déclassé » — en fonction de critères d'ordre professionnel — sa compétence, sa concentration — et disciplinaire (indic de l'administration, meneur qu'on veut neutraliser, etc.).

Il existe principalement trois types d'organisation du travail en détention.

1 — LE RÉGIME DE LA CONCESSION

L'employeur n° 1 des prisons n'est pas l'administration pénitentiaire mais des entreprises privées qui font travailler les détenus en se conformant — en principe — aux obligations qui leur sont imposées par un contrat de concession. En 1997, selon le Rapport de l'Administration pénitentiaire [1], ce secteur représentait 9 311 emplois, soit un peu moins de la moitié des postes existant en détention.

Le travail fourni (souvent de la sous-traitance) consiste dans 70 % des cas dans des activités à faible valeur ajoutée (conditionnement classique), et dans trois cas sur cinq il s'agit de tâches épisodiques. Rémunération moyenne par jour travaillé : 111 francs.

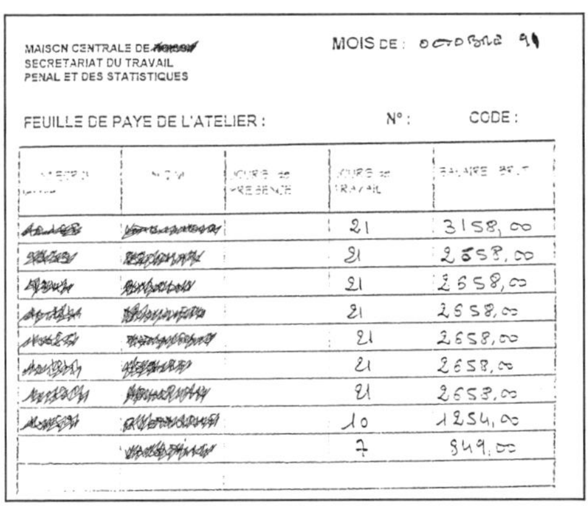

MAISON CENTRALE DE [redacted]
SECRETARIAT DU TRAVAIL
PENAL ET DES STATISTIQUES

MOIS DE : OCTOBRE 91

FEUILLE DE PAYE DE L'ATELIER : N° : CODE :

[illegible]	[illegible]	JOURS DE PRESENCE	JOURS DE TRAVAIL	SALAIRE BRUT
[redacted]	[redacted]		21	3158,00
[redacted]	[redacted]		21	2558,00
[redacted]	[redacted]		21	2658,00
[redacted]	[redacted]		21	2658,00
[redacted]	[redacted]		21	2658,00
[redacted]	[redacted]		21	2658,00
[redacted]	[redacted]		21	2658,00
[redacted]	[redacted]		10	1254,00
	[redacted]		7	849,00

Feuille de paye d'un atelier dépendant d'un concessionnaire.

1. Les données chiffrées qui figurent dans ce tableau sont extraites pour la plupart du chapitre consacré au travail (p. 211-220).

2 — Le régime du service général

Il dépend de l'administration pénitentiaire et regroupe toutes les activités de maintenance et d'entretien des prisons. En 1997 il occupait 6 829 personnes.

Activité mal payée — le salaire moyen oscille entre 21 francs et 54 francs par jour travaillé —, le service général est cependant moins prenant que le travail en atelier. Les « auxis » jouissent aussi de divers privilèges : télévision gratuite (ou moins chère), liberté plus grande de circulation dans l'établissement, etc.

3 — La RIEP

Ce service regroupe tous les emplois proposés par l'administration pénitentiaire — services généraux mis à part. Il concerne 1 350 postes dont les deux tiers se trouvent en établissement pour peine. En 1997, les clients privés sont devenus les principaux donneurs d'ordre devant les administrations d'État (la Chancellerie, par exemple), commanditaires traditionnels de la RIEP.

Les activités proposées par la RIEP (reliure, informatique, cannage de chaises, typographie, etc.) sont dans l'ensemble un peu plus qualifiées que celles offertes par les concessionnaires. Rémunération moyenne par jour travaillé : 130 francs.

En règle générale, malgré les efforts faits par l'administration pénitentiaire pour améliorer ce secteur critique, le travail carcéral est tendanciellement peu gratifiant, mal payé et intermittent [1]— ce qui rend d'ailleurs difficile l'estimation de salaires mensuels, tant le nombre de journées travaillées peut varier d'un mois à l'autre.

Outre celui impulsé par le travail en atelier, il est un autre rythme fondamental en prison : celui donné par la télé (ou, moins fréquemment, la radio). Quand il est évoqué par les détenus, c'est générale-

1. On trouvera dans le *Livre blanc sur l'Administration pénitentiaire*, édité par l'Union syndicale pénitentiaire (un syndicat de surveillants), Paris, 1999, une attaque en règle du travail pénitentiaire, illustrée par plusieurs exemples d'illégalismes commis aux dépens des détenus, par exemple à Fleury-Mérogis : « L'administration accepte souvent que les détenus soient honteusement exploités dans les ateliers pénitentiaires par les concessionnaires privés. L'aveuglement coupable de l'AP l'empêche d'exercer le moindre contrôle sérieux sur les abus que ces entreprises commettent. Parfois se mettent en place dans les établissements de véritables associations de malfaiteurs surfant sur le laxisme accepté » (*op. cit.*, p. 40). Autre exemple cité par l'Observatoire international des prisons : à Fresnes, des détenus ont été payés pour enlever les étiquettes « made in Thailand » des tricots où elles étaient cousues et les remplacer par des étiquettes « made in France ».

ment en termes positifs, sauf s'il leur est imposé par leurs cocellulaires (cas des maisons d'arrêt). Autant le rythme ouverture/-fermeture des portes est infligé et rappelle par son caractère immuable l'intangibilité de la détention et sa monotonie, autant celui donné par les médias est délibérément choisi (surtout en établissement pour peine où le détenu est seul en cellule). De surcroît il renvoie à son monde d'antan. Ainsi, en écoutant son émission musicale favorite, « Carrefour de Lodéon », Pereira, le mélomane, tout DPS encagé qu'il est, renoue-t-il avec ses pratiques d'homme libre.

Il en va de même pour tous ces détenus qui suivent comme des millions de Français les infos du journal télévisé de vingt heures. Ainsi se sentent-ils symboliquement rattachés non seulement à leur passé antérieur mais au monde dit libre — ou à d'autres continents pour ceux qui s'évadent par le « câble ». *Réunion* par la liturgie du JT, voire *communion* pour ceux qui, tel Blot-le-toubib, regardent la messe du dimanche sur le petit écran en même temps que leurs amis non captifs.

Cette scansion radiophonique ou télévisuelle jouera, et il en va de même *extra-muros*, un rôle de balisage du temps quotidien et hebdomadaire d'autant plus important que le détenu aura peu d'activités. Les plus oisifs parmi mes interlocuteurs m'ont ainsi décrit des tranches de vie essentiellement ponctuées par les repères institutionnels (promenade-repas-cantines) et audiovisuels (feuilletons, JT)[1]. « Quand j'avais les moyens de me payer la télé[2], me raconte Pereira qui attend son transfert en tournant en rond dans sa cellule, ma vie était très réglée : le matin de bonne heure, j'écoutais Leymergie ; à midi, je regardais d'abord la cuisine — Maïté sur la 3 — et après, "La Roue de la fortune" ; l'après-midi je faisais la sieste et puis le soir, c'étaient les jeux et les films, un temps rapide. Maintenant, le soir, je regarde ma montre sans arrêt pour pouvoir enfin éteindre et dormir. Ah ! ici, sans la télé, c'est la mort, la mort, la mort ! »

Quant à Christophe Geng, qui a quasiment toujours vécu à l'iso-

1. Ponctuation temporelle qu'on retrouve presque à l'identique chez certaines catégories de retraités.

2. La location d'un téléviseur coûte entre 200 et 250 francs par mois en prison. On imagine la somme astronomique qu'aura consacrée à ce loisir un perpète en fin de peine.

lement, il ne connaît guère, en dehors du rythme carcéral, que celui apporté par le petit écran. Ainsi le dimanche est-il pour lui un jour privilégié : les programmes dominicaux sont particulièrement riches et lui rappellent le passé, la vie familiale devant la télé. Geng est d'ailleurs la seule personne qui ait évoqué positivement l'intangible rythme carcéral : « J'ai besoin maintenant de cet ordre », me dit-il. Pour lui qui a vécu longtemps dans un total désarroi, « c'est régénérateur de batteries ; ça me permet de retrouver le contrôle de ma vie. Maintenant les *infractions* au rythme de la prison, ça me désoriente ».

Aux rythmes carcéral (ouverture, fermeture des portes, mouvements divers) et audiovisuel, s'ajoute une ponctuation « ménagère » (ménage, lessive, achats à la cantine...) qui vaut pour les hommes comme pour les femmes et qui les accapare plus en établissement pour peine (on y tient davantage à une cellule dont on est le seul responsable). « Je fais la lessive tous les lundis, m'explique Lalique-le-boucher, je prends la douche le dimanche donc je mets mon linge à tremper parce que ça me permet d'avoir de l'eau chaude et ensuite je fais sécher mon linge sur les tuyaux que j'ai lavés. »

Le rythme des cantines (équivalent des « courses » à l'extérieur, sauf qu'on ne « court » pas, on ne fait que « cocher des bons » de commande) prend en général plus d'importance en établissement pour peine car les ressources dont disposent les détenus y sont souvent moins limitées qu'en MA. Et puis, une fois « installés, » ceux qui ont des revenus réguliers tendent à aligner leurs consommations sur l'extérieur : achat de cassettes, de cirage, de vêtements *via* le catalogue de la Redoute, etc. « Le lundi, me dit ainsi Jacqueline Triève, je commande des cigarettes, le mardi, c'est la cantine "accidentelle" (shampooing, lime à ongles...), le mercredi, l'alimentaire, le jeudi, les périodiques et les cartes de téléphone, et le vendredi, de nouveau l'alimentaire. » Regard désemparé. Jacqueline a soudain interrompu sa litanie. « Ah ! oui, ajoute-t-elle joyeusement, un samedi tous les quinze jours je commande des pâtisseries... »

Reprendre l'initiative dans la gestion de son temps

Le balisage temporel que je viens de citer concerne la quasi-totalité des détenus. Il s'enrichira diversement suivant les sites et les ressources matérielles ou relationnelles dont les uns et les autres disposeront. A commencer par le travail, s'ils y ont accès. De surcroît, pour tous ceux qui ont des correspondances, des parloirs ou — en établissement pour peine — des entretiens téléphoniques réguliers avec l'extérieur, s'établissent souvent des repères chronologiques précis. « J'écris tous les dimanches à ma mère, me dit ainsi un perpète qui tient en bonne partie grâce à la famille. Elle reçoit ma lettre le mardi, ça me revient le jeudi. Et le premier dimanche de chaque mois, elle vient au parloir. »

A ces repères qui relient à l'extérieur, il faut ajouter les loisirs internes auxquels les détenus peuvent plus facilement s'adonner en établissement pour peine, certaines maisons d'arrêt faisant *a posteriori* figure de parent pauvre. Yoga, culturisme, peinture sur soie, cours de droit, les rendez-vous ne manquent pas, même s'ils ne sont pas toujours honorés. Repères librement choisis qui permettent de réaffirmer un peu de son libre-arbitre.

A côté de ces tentatives pour ajouter de nouveaux jalons à un quotidien standardisé et monotone vont se manifester, dès la maison d'arrêt, certaines formes de résistance pour se soustraire au rythme institutionnel. Ainsi Pereira-le-DPS me décrit-il un comportement classique en détention : « A Fresnes, à dix-sept heures trente, y servent le dîner ; c'est trop tôt, alors je mets de côté le dessert. » Nombreux sont les détenus à se réserver ainsi une petite collation pour la soirée, après le journal télévisé ; ainsi réalignent-ils leur repas sur les horaires en vigueur *extra-muros*. Même état d'esprit chez Tacier-le-benjamin, vingt-cinq ans, qui après cinq années de détention continue à se coucher tard le samedi soir : jadis, ce jour-là, il allait en boîte !

Commencer à pouvoir *prévoir* ce qui va arriver est, comme le soulignait Bettelheim, à l'origine d'une « certaine force affective » et implique une reconquête relative du pouvoir sur sa vie. C'est pourquoi, dès que le rythme institutionnel sera intégré, les détenus tendront à anticiper les horaires imposés. Pereira mettra par exemple son point d'honneur à se lever et à faire son lit *avant* l'ouverture matinale des portes, échappant de cette façon à deux situations désagréables : commencer sa journée parce qu'un représentant de l'ordre pénitentiaire en a décidé ainsi et être surpris par « l'adversaire » dans son intimité. Anticiper ce qu'on va vous demander de faire, c'est aussi ne pas laisser au personnel la possibilité de vous rappeler à l'ordre. Ainsi Sophia Rado est-elle particulièrement ponctuelle et ordonnée. Au point, pense-t-elle, de susciter l'irritation de certaines surveillantes : « L'une d'elles m'a dit un jour avec aigreur : "Toujours prête, Rado, qu'est-ce qu'on pourrait bien trouver pour vous aligner ?" »

Devancer l'institution et, partant, minorer son pouvoir, réaligner autant que possible son rythme de vie sur l'extérieur, ces formes de résistance se retrouvent dans toutes les prisons. Mais c'est en établissement pour peine que leur palette va s'enrichir le plus aisément. Ainsi, pour casser la routine et la condition carcérales, Lalonde-le-psy avait-il choisi au début de son séjour en centrale de dormir le jour et de vivre la nuit. « La nuit, on est tout seul, les autres dorment et la détention est moins présente. » Mais il a fini par reprendre le *modus vivendi* commun : « On m'a proposé un travail, me dit-il, et puis, j'avais peur de trop me marginaliser. »

En maison d'arrêt, Karl Wagner s'évadait grâce à la fiole et au haschisch. « Ici, en centrale, me dit-il, je me débrouille autrement. Tous les trois jours, le soir, quand la porte est fermée, je me transforme : je mets mes pantoufles, mon pyjama, je me détends jusque vers dix heures trente, je prends des petits médicaments légers et puis je me mets à faire mon courrier ; chaque lettre doit durer une heure trente au moins ; je fais ma correspondance tout en prenant du thé ; je passe à peu près six heures à écrire ; je me suis rendu compte qu'à une heure du matin, je me sentais bien ; la prison est calme, y a plus de cris, plus de porte qui claque. » Dans le silence de la nuit, Karl prend tout son temps pour chercher des citations et philosopher. Parfois il s'arrête pour fumer, boire du thé, écouter de la musique. « A quatre heures du matin, me dit-il, je me relaxe en lisant la Bible et à six heures, je regarde une émission religieuse sur la 3. »

Bref, leur vie, Lalonde-le-psy et Karl Wagner ont tenté de se la réapproprier en misant sur la face nocturne du temps carcéral, plus propice à l'intimité. Et leur cas n'est pas exceptionnel !

Les « contretemps » institutionnels

Réussir à anticiper ou casser le rythme carcéral n'évite pas pour autant ce qui est presque incontournable en prison : les temps d'attente et le passage obligé par des intermédiaires qui ralentissent d'autant toute activité. Si ces attentes étaient particulièrement nombreuses en maison d'arrêt, elles ne disparaissent pas pour autant en établissement pour peine, et même en CD, structure où l'institution pénitentiaire accorde le plus d'autonomie aux détenus.

Ainsi téléphoner implique des formalités préalables, des tranches horaires bien précises, une prise de rendez-vous. « Là où c'est dur, me dit un surveillant, c'est quand le détenu a un problème urgent à régler à l'extérieur, par exemple si sa femme quitte le domicile en emmenant les enfants Dieu sait où. C'est compliqué à gérer de l'intérieur : il faut passer par plein d'intermédiaires ; là les types deviennent agressifs ou suicidaires. »

« Et si un détenu essaie de se débrouiller seul, ça va surtout embêter les gens, observe ironiquement Mme T., responsable du service socio-éducatif de Rennes. Et pourtant la personne détenue, surtout en établissement pour peine, ne devrait pas avoir besoin de passer par le personnel pour un certain nombre de choses ! Mais dès que les détenues veulent programmer *leur* temps, l'institution devient coercitive : elle casse. » Mme T. voit là des analogies troublantes avec la façon dont fonctionne la torture dans les dictatures : « on casse psychiquement une personne en l'empêchant de prévoir ». « Ce n'est pourtant pas du machiavélisme de la part de l'institution, ajoute-t-elle, mais le poids de la coercition est tel que le surveillant va se sentir obligé d'imposer quelque chose, parce que cette institution ne peut pas marcher autrement. » En rappelant qui commande [1] quand le comportement d'un détenu, plein d'initiatives, brouille les rapports traditionnels de domination.

« Par exemple, poursuit Mme T., si quelqu'un a prévu de faire telle ou telle chose à tel moment, tous les dysfonctionnements seront là pour l'empêcher de faire ce qu'il avait prévu à l'heure dite. Ainsi sa famille ne pourra pas entrer au parloir, parce qu'il

1. « Le pouvoir, écrit M. Foucault, s'articule directement sur le temps ; il en assure le contrôle et en garantit l'usage » (*Surveiller et Punir*, *op. cit.*, p. 162).

manquera tel ou tel papier. Tout cela est contradictoire avec le fait qu'on incite à la prise de responsabilité, qu'on parle d'investir dans des projets pour se réinsérer ; mais quand une détenue prend tout cela au sérieux, on va considérer qu'elle n'en fait qu'à sa guise. Il y a ici une femme qui se démène beaucoup ; elle occupe son temps d'une façon fort intelligente mais ça embête les gens et ça a joué contre elle quand son dossier a été présenté pour une libération conditionnelle. Refusé ! Y'a quelque chose de pervers dans tout cela. Et le bouc émissaire tout désigné, c'est le surveillant ! Mais en fait le problème vient de l'essence fondamentalement coercitive de l'institution. »

Bref, Mme T. met le doigt sur un point litigieux : en théorie, l'institution pénitentiaire encourage la responsabilisation des personnes détenues en établissement pour peine et leur tentative pour gérer efficacement leur temps, mais en pratique, comme — et plus que — toutes les institutions disciplinaires, cette émancipation lui paraît menaçante car elle questionne une partie de son pouvoir. Un détenu qui s'autogère (relativement) est un détenu qui se libère dans une institution dont l'essence, même en centre de détention, reste « fondamentalement coercitive ».

Faut-il ajouter ici ce que les détenus ne semblent guère réaliser, sauf quand ils reviennent de permission ? La détention, ce n'est pas que l'attente et le passage obligé par la médiation d'autrui. C'est aussi un accès facilité à certaines prestations. Notamment grâce à l'unité de lieu. Dans un territoire rétréci, où la mobilité est limitée, ils gagnent du temps là où nous en perdons. Ainsi Francine Balard n'a-t-elle qu'une centaine de mètres à franchir pour faire son jogging, rejoindre ensuite son travail, revenir manger en division, repartir faire de la vidéo, suivre des cours, etc., activités qui, dans un cadre urbain, seraient beaucoup plus difficilement conciliables compte tenu de la dispersion spatiale des principaux lieux impliqués (stade, bibliothèque, maison de la culture, etc.).

Francine Balard, je la reçois toujours avec un vif plaisir. Cette quadra rousse, aux cheveux courts, à l'œil pétillant et au verbe caustique, entre dans « mon bureau » d'un pas rapide et hop ! tout de suite nous attaquons le sujet du jour. Pour Francine-la-résistante le temps est compté. Y a qu'à l'écouter raconter ses journées pour le comprendre. A chaque fois je pousse un soupir d'envie : « Quelle chance elle a de pouvoir faire tout ça ! et comme j'aimerais être à sa place ! » A sa place de détenue si libre de faire plein de choses plutôt qu'à la mienne, pauv' sociologue, clouée à mon siège, prisonnière de ma vie de forçate. Mais ça je ne le dis pas, sauf aux intimes. Peur qu'on me rie au nez ou, pis encore, qu'on m'engueule, privilégiée inconsciente que je suis !

Si on peut *aussi* gagner du temps en prison, c'est bien sûr le fait qu'ils ont l'impression de le perdre et surtout de ne pas pouvoir le contrôler que commentent le plus les détenus. Ce qui peut expliquer, soit dit en passant, le succès de l'informatique : non seulement, en bon hypnotique, elle fait passer le temps sans qu'on le voie passer, mais de surcroît, comme me le fait observer un mordu, « on voit les résultats de ce qu'on fait tout de suite ; y a là une rapidité dans la production qu'est presque miraculeuse ». Mais l'informatique est un peu un paradis artificiel, en marge d'une réalité carcérale où l'on se sent bien souvent dépossédé de son temps, découragé de programmer son existence selon ses intérêts et obligé d'attendre bêtement sans savoir pourquoi. « On est, gronde Leduc-le-Nantais, comme des grands singes dans un zoo ; personne juge utile de les informer. » Et Leduc de conclure : « On nous prend pas en compte, on nous rend pas de comptes parce qu'on compte pas. »

Scansion de la journée

A la question : « Quel est pour vous le meilleur moment de la journée ? de la semaine ? » aucun détenu n'a répondu : « Il n'y en a pas. »

A la question : « Quel est pour vous le plus mauvais moment de la journée ? de la semaine ? » aucun détenu n'a répondu : « Ils se valent tous. »

Aussi tristes qu'aient été parfois mes interlocuteurs, tous savaient néanmoins saisir quelques moments de douceur et de bonheur, ne serait-ce que par un simple effet de contraste avec les moments de douleur qu'ils avaient vécus précédemment.

« Le meilleur moment de la journée, c'est la nuit quand je rêve », me dit un jeune condamné. Ce rêve que Leduc-le-Nantais déteste, tant il incarne aux yeux de cet habitué des prisons françaises l'impuissance du détenu : « Et puis, c'est là qu'on risque d'avoir du remords », et le remords, Leduc ne veut surtout pas en entendre parler.

« Le meilleur moment de la journée, c'est le soir quand la porte se ferme, y a plus de maton, on est libre. »

« Le soir, on nous impose plus rien. »

« Le soir, je suis pressé qu'y ferment ; avant la fermeture, y a du bruit, de la musique, ensuite, c'est le silence complet et je peux manger tranquille. »

« Le soir, plus personne vient me déranger avec des questions d'informatique. »

« Le soir, après la fermeture, je me retrouve dans mon domaine avec des affaires qui sont à moi. »

« Le soir, quand la porte se referme, j'entends plus les gens qui rient chez ma voisine, je me sens moins isolée et je peux écouter ma musique. »

Au hit-parade des bons moments arrive donc la fermeture des portes, suivie — mais pas talonnée — par l'ouverture matinale. Preuve est faite en tout cas que ces deux instants où se réaffirme l'essence réclusionnaire des établissements sont les pulsations fondamentales de la journée carcérale. Et ressenties comme telles par les détenus.

Une pénalité révolue

1. Départ pour la Guyane des forçats internés à l'île de Ré. Avril 1926.
Cette ancienne citadelle, sise en bord de mer, est devenue depuis une maison centrale.
© collection Roger-Viollet

2. Bagnards au travail. Dessin de H. Meyer, 1890. *© collection Roger-Viollet*

3. La bastonnade des forçats. Gravure du XIXe siècle de Bisson.
© collection Roger-Viollet

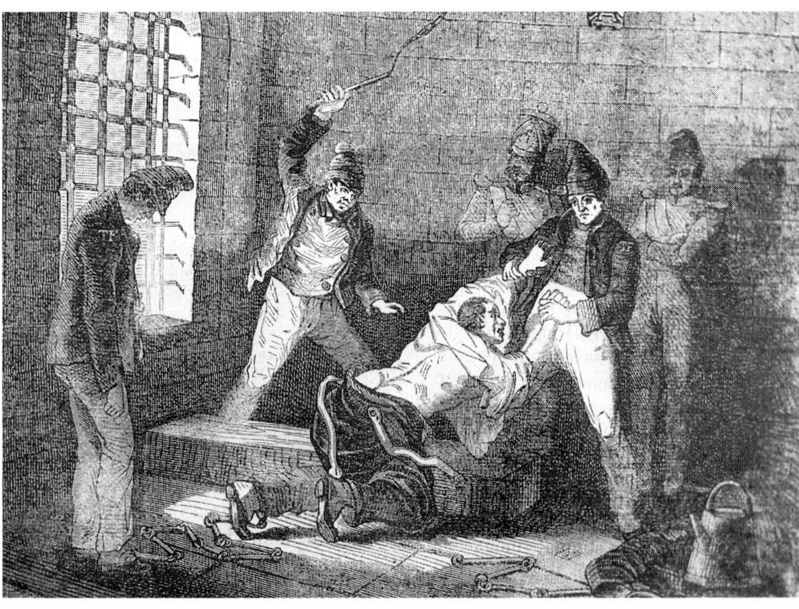

Des pratiques pénitentiaires révolues

4. Le grand amphithéâtre de la prison de Fresnes : une conférence sur les méfaits de l'alcoolisme devant un auditoire de détenus.
© L'Illustration-Sygma

5. Photographie prise en 1983 à la chapelle de la maison d'arrêt de Caen. On notera que, pour des raisons « sécuritaires », ce partage du culte se faisait dans l'isolement.
© Jean Gaumy/Magnum

Palais de Justice, Maisons d'Arrêt et Etablissements pour peine

7. *A droite, en haut :*
Palais de Justice de Créteil (Val-de-Marne). Dans ces nouveaux édifices – qui pourraient tout aussi bien être le siège de banques ou de grandes entreprises – on chercherait en vain les pompes et les lambris d'un « palais ». Mais si le cadre a changé, les rituels judiciaires sont, eux, pérennes.
© collection Roger-Viollet

6. Palais de Justice de Paris. Vestibule de Harlay. La solennité des procès, le caractère sacré des lois se lisent dans la pierre et le décorum de ces palais où se disait et se dit toujours la Justice. *© collection Roger-Viollet*

8. Prison de la Santé (ouverte en 1867) – seul établissement pénitentiaire sis à Paris –, vue générale. Le cursus carcéral des « longues peines » commence en maison d'arrêt. Ils y attendent leur passage aux Assises, puis leur transfert pour Fresnes.
© collection Roger-Viollet

9. Centre pénitentiaire de Fresnes (Val-de-Marne). Vue aérienne. C'est par cette prison, construite à la fin du XIXe que transitent tous les condamnés de France qui ont pris 10 ans et plus. De là, ils partiront vers des centrales ou des centres de détention dispersés dans tout le pays. Au-dessus de la cour de la prison, ont été mis en place depuis quelques années des filins visant à empêcher des évasions par voie aérienne.
© collection Roger-Viollet

10. Couloir de la prison de Fresnes. Photographie prise en 1947. Les lieux ont peu changé. Les murs sont toujours imprégnés d'histoire.
© collection Roger-Viollet

11. Dans les couloirs des prisons ont été récemment installés des filets anti-suicide.
© Bernard Bisson / Sygma

12. Prison de Fleury-Mérogis. Photographie prise lors de sa mise en service en avril 1968. La plus grande prison d'Europe, pourtant qualifiée de « quatre étoiles », a connu bon nombre de suicides ! *© collection Roger-Viollet*

13. Le centre de détention de Rennes. C'est dans cette structure hexagonale (créée en 1875) – qui ressemble fort à un couvent – que séjournent la plupart des femmes condamnées à perpétuité. *© collection Direction de l'Administration pénitentiaire*

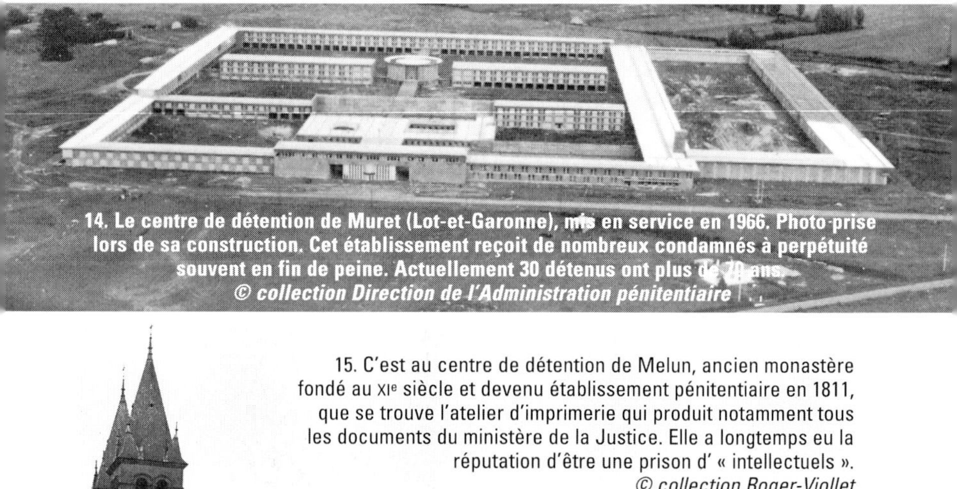

14. Le centre de détention de Muret (Lot-et-Garonne), mis en service en 1966. Photo prise lors de sa construction. Cet établissement reçoit de nombreux condamnés à perpétuité souvent en fin de peine. Actuellement 30 détenus ont plus de 70 ans.
© collection Direction de l'Administration pénitentiaire

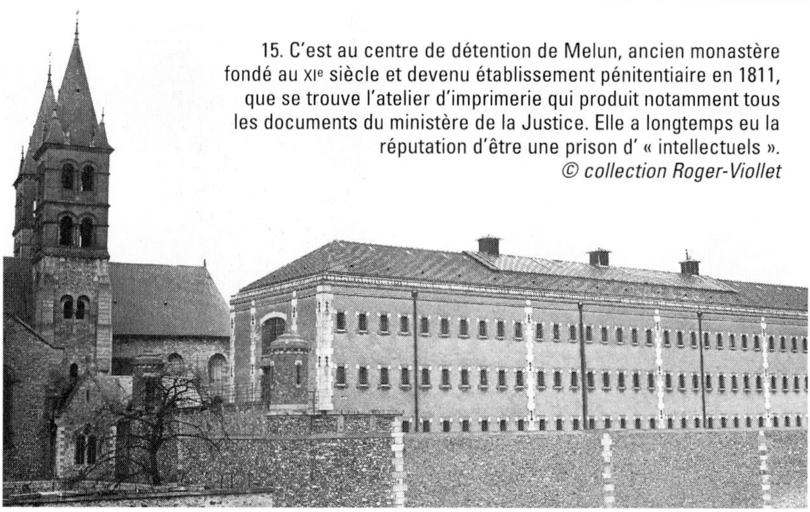

15. C'est au centre de détention de Melun, ancien monastère fondé au XIe siècle et devenu établissement pénitentiaire en 1811, que se trouve l'atelier d'imprimerie qui produit notamment tous les documents du ministère de la Justice. Elle a longtemps eu la réputation d'être une prison d'« intellectuels ».
© collection Roger-Viollet

Si la fermeture est bien vécue par un certain nombre de détenus, c'est qu'elle les protège des surveillants, des codétenus et de leurs nuisances, qu'elle permet une solitude « normale » et non plus subie. Fermeture qui apporte l'intimité dans un lieu où celle-ci est rare ou qui permet de « tomber le masque ». Fermeture qui libère du poids du dehors... carcéral.

L'ouverture, elle, est appréciée par les lève-tôt, ceux qui attendent avec impatience de retrouver les bruits de la vie.

« J'ai hâte que la nuit soit passée, me dit Leduc, la journée, ça vit ; y a un semblant d'existence alors que la nuit c'est l'immobilité complète. » C'est-à-dire la détention telle qu'en elle-même.

« Le meilleur moment de la journée, c'est le matin, je me réveille, je bois mon café, j'allume une cigarette et j'écoute les infos. »

« Le meilleur moment de la journée, c'est le matin, quand on m'ouvre la porte pour aller travailler. » C'est que Lalique-le-boucher retrouve alors un espace, des gestes, bref une identité connus. Au travail, il ne se sent plus en détention. Comme une minorité d'autres détenus.

Le réveil par contre est le moment jugé le pire par les rêveurs fervents, ceux qui s'embarquent la nuit dans des lieux qui n'ont rien à voir avec la prison. Le matin, patatras ! C'en est fini des illusions ! « Ce qui est terrible, c'est de sortir d'un bon rêve et de se retrouver en cellule, et le cauchemar après ça, c'est d'aller travailler. » Dominique-le-Bordelais, l'ex-évadé qui me tient ces propos, est amer et n'a rien de commun, on le voit, avec Lalique-le-boucher pressé de se rendre à un travail familier.

Le pire moment pour les femmes ? La clôture des portes. Évoquant les minutes qui précèdent la fermeture du soir, l'une d'elles observe : « C'est là qu'y a le plus de filles dehors, dans les couloirs de la division, parce que bientôt elles seront toutes enfermées en cellule ; c'est le moment où je regarde le plus ma montre. »

« Le seul moment difficile, c'est à sept heures, la clôture, y a un flash de quelques secondes mais il est terrible ; on était deux et on se retrouve seule, alors j'écoute de la musique, je chante. »

« C'est le moment le pire, quand la porte se referme ; on est là

entre copines et d'un seul coup tout est fini ; ça travaille et on a plus goût à rien. »

« J'ai une sensation d'étouffement comme si j'étais coupée de la vie, je redoute ce moment-là, je le gère très mal même s'il ne dure pas longtemps, les journées se passent bien sauf là. » C'est Sophia Rado qui parle, or pendant la journée, Sophia est au travail, fait de l'informatique... Elle ne se retrouve véritablement confrontée à son sort de détenue que le soir, quand elle est recluse dans sa cellule.

Bref, ceux et celles qui craignent la fermeture la redoutent pour les raisons qu'on attendait : isolement, claustration, immobilisation, tout ce qui renvoie à l'aspect mortifère de la détention.

Si, pour la plupart des détenus, tout se joue — le meilleur comme le pire — le matin ou le soir selon que la porte va s'ouvrir ou se fermer, selon qu'ils échappent ou sont confrontés à l'essence de la condition carcérale, deux autres moments forts ont été mentionnés :

— Le passage du courrier :

« Recevoir une lettre, la lire tranquillement et s'en imprégner, c'est la dernière intimité qui nous reste. » Ce qui implique aussi qu'en cas d'absence de courrier ce moment peut être le plus douloureux de la journée.

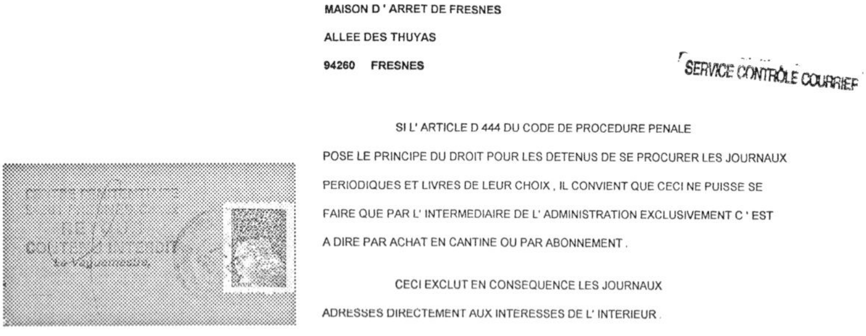

MAISON D ' ARRET DE FRESNES

ALLEE DES THUYAS

94260 FRESNES

SERVICE CONTRÔLE COURRIER

SI L' ARTICLE D 444 DU CODE DE PROCEDURE PENALE

POSE LE PRINCIPE DU DROIT POUR LES DETENUS DE SE PROCURER LES JOURNAUX

PERIODIQUES ET LIVRES DE LEUR CHOIX , IL CONVIENT QUE CECI NE PUISSE SE

FAIRE QUE PAR L' INTERMEDIAIRE DE L' ADMINISTRATION EXCLUSIVEMENT C ' EST

A DIRE PAR ACHAT EN CANTINE OU PAR ABONNEMENT .

CECI EXCLUT EN CONSEQUENCE LES JOURNAUX

ADRESSES DIRECTEMENT AUX INTERESSES DE L' INTERIEUR .

Lettre renvoyée par la maison d'arrêt de Fresnes,
assortie de l'article D 444 du code de procédure pénale.
Elle contenait des extraits de revues — écologiques notamment.

— La période de loisirs après le travail

« Le meilleur moment de la journée, c'est l'après-midi après le boulot, c'est une période agréable, car on bouge, on est debout. » Et bouger, quand on est détenu et qu'on travaille, est une chance à saisir.

« Le meilleur moment de la journée, pour moi, c'est l'après-midi, quand je suis au bricolage ; le boulot est fini, je fais ce que je veux, des choses de longue haleine ; et puis je vois pas de surveillant. » Libéré du travail, libéré des surveillants et de ses codétenus, Irénée est pendant quelques heures un homme libre !

Scansion de la semaine

Comme la clôture des portes pour la journée, le week-end est fréquemment cité comme étant ou le pire ou le meilleur moment de la semaine. « C'est les week-ends et les jours fériés qu'il y a le plus d'automutilations », me dira une infirmière de C. qui note cependant qu'elles sont moins nombreuses au CD de C. qu'à la maison d'arrêt voisine.

Mais là se dessine très nettement un clivage entre « inoccupés » et salariés, les premiers appréciant peu la pause que représentent ces deux jours.

« Le week-end, c'est mort, c'est dur. »

« Le dimanche, c'est mort : on écrit, on dort, on essaie de passer le temps le plus vite possible. »

Ainsi parlent les inoccupés, alors que pour les autres :

« Le week-end, c'est un temps plus agréable, un temps sans contrainte, c'est là que je fais mon courrier. »

« Le meilleur moment de la semaine, c'est le samedi, je travaille pas, je fais mon ménage, mais le dimanche, c'est un peu mort et je suis content que le lundi revienne. »

« Le week-end, c'est un bon moment pour l'ouvrier et pour ceux qu'ont les parloirs-familles. »

« Le meilleur moment de la semaine, c'est le samedi matin, quand je téléphone à ma concubine. »

« Mes repères, c'est les parloirs, c'est assez convivial ; on peut faire des pâtisseries pour les familles, recevoir des fleurs » (femme de Rennes).

Ces derniers commentaires montrent aussi que ce qui fait du week-end un moment particulièrement heureux ou triste, c'est l'ou-

verture ou la fermeture supplémentaire qu'il représente sur l'extérieur : téléphone mais surtout parloirs-familles. Ou absence de parloirs, ce qui justifie doublement la phrase de Pereira-le-DPS, inoccupé, abandonné par sa famille et impécunieux : « Le weekend, c'est mort, c'est dur. » La prison démultipliée en quelque sorte.

TEMPS COMPTÉ, TEMPS DATÉ

« A la fonction de moyen d'orientation remplie par le temps s'en ajoute encore une autre, celle d'instrument de régulation de la conduite et de la sensibilité humaines[1]. »

Le détenu qui compte les jours dans sa cellule fait partie de l'imagerie humoristique traditionnelle : on le voit soit entouré de calendriers qu'il a rayés, soit ajoutant un trait supplémentaire à une longue succession de bâtonnets qui recouvrent les murs d'un cachot. L'infiniment petit essayant d'apprivoiser l'infiniment grand : Chronos. En observant cette iconographie, je me suis souvent demandé ce qu'elle traduisait au juste : les fantasmes des non-captifs ou des pratiques bien réelles ? Qui aideraient à « faire le temps ».

Les mesures du temps

Les calendriers et autres agendas abondent désormais dans les établissements pénitentiaires. Les associations caritatives (Armée du Salut, notamment) se chargent d'en offrir aux détenus en janvier[2] ; aussi la plupart d'entre eux m'ont-ils dit en posséder au moins deux. Ce type de cadeau peut paraître à la fois bien venu et

1. N. Elias, *Du temps,* Fayard, Paris, 1996, p. 40.

2. « J'ai dans ma cellule un de ces calendriers bibliques annotés de psaumes, proverbes et autres matines dont on arrache quotidiennement une page. Un de mes rares plaisirs le matin en prison est de jeter la bonne parole à la poubelle ! » Cette observation d'A.-H. B., détenu et écrivain — et accessoirement l'un de mes correspondants —, illustre l'ambivalence de certaines personnes, les voyous notamment, par rapport aux cadeaux qui sentent l'eau bénite.

quelque peu décalé puisque la temporalité mise en forme dans un calendrier est celle de la vie extérieure : elle évoque notamment le temps des vacances scolaires, de fêtes diverses (Armistice, Toussaint...) qui ne correspondent plus au vécu de bien des « longues peines ». Mais offrir aux détenus un tel objet, c'est tenter de le rattacher encore à ce temps dominant. *A contrario* je n'ai pas manqué d'être troublée par l'un des hobbies d'André Simoni (vingt ans de détention) : des calendriers, justement il en fabrique avec de vieux magazines. Et lors de notre dernier entretien, il me dira son regret : il aurait aimé m'en offrir un. Cadeau qui eût été aussi paradoxal que symbolique...

Quelques perpètes m'ont raconté avoir, au début de leur détention, systématiquement rayé chaque jour écoulé puis s'être arrêtés. Barrés ou pas, les jours ne passaient pas plus vite. Mais certains continuent à recourir à de petits subterfuges : l'un tourne avec un jour d'avance son éphéméride, l'autre arrache les feuillets par paquets (« du coup, j'ai depuis dimanche quatre jours de peine en moins ! »), le troisième met carrément les bouchées doubles puisque dès le 15, il raie tout le mois sur son calendrier. « Hop ! c'est déjà mort ! » me dit-il avec allégresse. « Mort », voilà la deuxième fois en quelques jours qu'un homme jeune prononce ces mots avec une satisfaction qui me met mal à l'aise. Car vie et peine sont inextricablement liées et, en se réjouissant de la lente agonie de l'une, n'oublie-t-on pas que l'autre s'en va en même temps ?

Certains se servent des calendriers pour leurs rendez-vous avec l'extérieur (anniversaires, parloirs...) et en réservent parfois un ou deux à ce seul usage. Bien sûr, noter telle et telle date vise *a priori* à ne pas l'oublier, mais en détention cette pratique prend une connotation supplémentaire : elle réaffirme à l'intérieur d'un espace hors du monde que des dates inscrites dans une temporalité antérieure et extérieure comptent encore. « J'ai un calendrier affiché sur la porte, me dit une perpète (dix-sept ans de détention) ; je me dis : “Tiens ! à telle heure, mes parents font ça !” puis je regarde les dates d'anniversaire et les deuils. » Mon interlocutrice reste un moment silencieuse avant d'ajouter : « Vous savez, le passé, ça s'oublie pas comme ça. »

Mais l'utilisation de calendriers ou d'agendas pour consigner telle ou telle donnée obéit encore à d'autres raisons qui n'ont de sens que dans le contexte de la détention. « Dehors, me dit Lalonde-le-psy, je n'avais pas de calendrier pour moi mais ici, j'oublie, alors je suis obligé de tout noter, les anniversaires, les jours d'examen... ; dernièrement par exemple, je trouvais plus mon adresse. » Quant à cette détenue qui me dit cocher régulièrement les dates de ses règles depuis qu'elle est incarcérée, elle commente sa pratique par un sibyllin : « On est dans un contexte pas normal ici. » Bref, dans un lieu asexué comme la prison, la féminité est toujours susceptible d'être déréglée : elle demande donc à être surveillée de près !

S'agissant des activités liées à la détention, un leitmotiv revient : il faut noter et dater parce qu'« ici, la confiance ne règne pas ». *A contrario* la vigilance s'impose. Nombreux sont donc les détenus qui enregistrent les dates de départ et d'arrivée de leur courrier, et parfois le numérotent. Crainte de pertes de lettres [1], de courrier laissé en souffrance. Les calendriers et autres agendas servent ainsi de « main courante ». L'une soulignera le jour de son départ à

1. « Les grèves des postes, m'écrit un détenu, vous pouvez pas savoir l'anxiété que ça cause en détention. Les gars se font toutes sortes de plans sur ce qui peut arriver à leur courrier. »

l'hôpital au cas où elle devrait rendre compte de son absence, l'autre notera sa demande d'audience au directeur pour ne pas risquer de la réitérer indûment et « se faire secouer ». « Il faut toujours qu'on leur donne des preuves », me dit une détenue en haussant les épaules. Alors on brandit, qui son cahier, qui son calendrier, pour se justifier. Sauf si on a réussi par le statut qu'on a acquis en détention à asseoir sa crédibilité.

Mais les détenus se servent aussi des calendriers pour mesurer les intervalles entre l'émission d'une demande (de consultation, d'audience, de produits extérieurs...) et sa satisfaction. Ainsi évaluent-ils l'efficacité de l'institution, la considération qu'on leur porte et s'en servent-ils éventuellement pour se plaindre ou vitupérer la Pénitentiaire. « Il y a des gars, me dit Blot-le-toubib, qu'ont un contentieux permanent avec l'administration ; ils ne survivent que pour des combats quotidiens (délais d'audience ou qualité de la bouffe). »

Enfin il y a ceux qui, faute d'interlocuteurs ou de repères spatio-temporels, notent sur des supports divers qui vont du cahier au calendrier les moments importants de leur vie : demande de divorce, pourvoi en cassation, retrouvailles au parloir. « Si je devais partir très vite d'ici, me dit ainsi Geng, l'un de ces scripteurs, je prendrais mon cahier ; sans lui je perdrais mon passé. » Geng n'est pas une exception : d'autres personnes renâclent aussi à jeter leurs agendas en fin d'année. Conserver ces traces d'une année carcérale, pour pauvres qu'elles puissent paraître à un non-captif, c'est tenter d'empêcher ces parcelles d'une vie oubliée du monde de disparaître définitivement.

Comme le calendrier ou l'agenda, l'utilisation qui est faite d'une montre en détention doit beaucoup au contexte dans lequel elle s'inscrit. Il faut rappeler que les détenus n'ont pas toujours pu en disposer : n'étant pas maîtres de leur temps, ils n'avaient pas à en avoir et puis elles étaient considérées « comme des objets susceptibles de menacer la sécurité : on pouvait suivre sur le cadran la fréquence des rondes de surveillance [1] ». La libéralisation consécutive aux mouvements qui agitèrent les prisons françaises, l'individualisation progressive de la vie en détention et l'accroissement

1. J. Favard, *Des prisons,* Paris, Gallimard, 1987, p. 120.

des échanges avec l'extérieur ont finalement contribué à ce qu'en 1973 elles soient, enfin, autorisées *intra-muros*.

Cet objet jadis si contesté, tous mes interlocuteurs le détiennent. Et pourtant ! Les repères et les contraintes du quotidien carcéral : ouverture des portes, émissions télévisées... sont suffisamment nombreux pour qu'un détenu puisse le plus souvent s'en passer. Mais il n'empêche ! beaucoup tiennent à vérifier l'heure. « Au travail, me dit Blanchard-le-militaire, y a des sonneries collectives aux pauses et à la fin des ateliers, mais moi, j'ai besoin de me situer — le menton de Blanchard se redresse — je suis pas un mouton de Panurge ! »

« Pas mouton de Panurge ! » voilà qui explicite bien la raison pour laquelle même les détenus peu rebelles tiennent à cet objet ; dans une institution où l'on est toujours dans la dépendance, il leur donne le sentiment de détenir une certaine autonomie. Ou tout au moins de conserver leur identité antérieure : « J'en porte, parce que j'en portais dehors, me dit laconiquement Lalique-le-boucher ; c'est important pour moi de garder le même rythme qu'à l'extérieur. »

Si la montre symbolise qu'on a encore du pouvoir sur son temps, « comme avant », dans la pratique, elle sert surtout à gérer les relations avec l'extérieur. « Moi, me dit Tacier-le-benjamin, j'ai besoin de savoir l'heure parce que mes parents, y me disent : "Tel jour, à telle heure, on pensera à toi". » Plusieurs détenus reconnaissent d'ailleurs que pour les activités collectives (travail, promenade...), ils laissent la prison gérer leur temps. Par contre, pour tout ce qui leur est personnel (parloir-famille, rendez-vous avec le psychologue...), pas question de se passer de montre !

Et puis il y a toutes les situations de réclusion solitaire : séjour à l'isolement ou enfermement nocturne (douze heures de tête-à-tête avec soi-même). Là, c'est un objet qui rassure en rappelant au reclus l'existence d'une réalité temporelle collective. « Maintenant, me dit un perpète qui se servait peu de sa montre *extra-muros*, quand je suis tranquille et qu'elle sonne, ça me remet dans le temps ; faut des repères en prison ! » Repère qui rappelle l'existence des heures, des minutes, des secondes dans un endroit où, au fil des jours, la saison ou l'année devient souvent l'unité temporelle de référence, l'heure étant la goutte d'eau qui se perd dans l'océan de la peine. Repère qui ramène aussi au présent puisque c'est cet espace-là, bien réel, que la montre mesure.

Plusieurs condamnés ont évoqué aussi des montres « sonnantes » ou « parlantes ». Autant d'amies ou d'alliées dans un monde de solitude ! Signes du progrès technique dans des lieux où le temps paraît s'être arrêté, les objets qui parlent semblent procurer à leurs propriétaires beaucoup de plaisir. Ainsi André Simoni a-t-il les yeux brillants quand il m'évoque sa montre : il l'a programmée pour qu'elle clignote à la date de son anniversaire (que personne ne lui souhaite) et pour Noël ; ces jours-là, dès sept heures trente, elle lui joue une aubade. Un vrai bonheur ! « Souvent la nuit, quand je me réveille, me raconte aussi Leduc-le-Nantais, j'appuie sur le bouton de ma tocante : elle me dit l'heure et elle fait cocorico ; je trouve ça extraordinaire. » C'est avec le même enthousiasme que Leduc me parlera des « ordinateurs qui vous répondent ». Et je vois bien que s'il en avait les moyens, il en doterait sa cellule.

Faute de compagnes(ons), faute d'animaux de compagnie, les détenus s'offrent ainsi des « objets de compagnie » [1] (dont la sacro-sainte télé) qui leur parlent à moins qu'ils ne se mettent, comme le racontent certains, à « causer tout seul », telle cette perpète qui mangeait devant son miroir « pour avoir en face [d'elle] quelqu'un à qui parler ».

Fêtes et anniversaires

On aura peut-être noté à propos de l'utilisation des montres et des calendriers l'importance des anniversaires, repères annuels qui peuvent prendre plus de relief en détention où le temps est vécu comme uniforme. Mais le mot « anniversaire » recouvre des événements divers. Et pas forcément heureux !

Il y a tout d'abord son propre anniversaire. Côté hommes, quelques détenus qui n'ont presque plus de relations intimes avec l'extérieur le vivent plutôt sur le mode nostalgique, en pensant à leur passé, leur enfance ou aux premiers temps de leur mariage. En fait, ce jour-là, ils se sentent plus seuls et plus durement

1. « La "longue peine" qui n'arrive plus à croire au temps, me dit un éducateur, va investir non pas dans un projet mais dans un objet. »

confrontés à la réalité de leur réclusion que les autres jours. Sauf à initier une fête, comme ce perpète qui offre pour l'occasion gâteaux et boissons gazeuses aux quelques membres de son club-photo. D'autres s'y refusent, notamment les détenus issus du banditisme : « Je reçois des cadeaux de l'extérieur mais je veux pas qu'on me souhaite ni un bon anniversaire, ni une bonne année, me dit Leduc-le-Nantais d'un ton sans réplique ; y a rien de bon en prison ! » Propos auxquels fait écho Artigo-le-Marseillais : « On m'envoie des cartes pour mon anniversaire mais je l'ai jamais fêté en détention », m'assure-t-il avant d'ajouter, soudain véhément : « J'ai supporté, subi la prison mais on n'y est pas bien ! » Quelques-uns évoquent les cartes ou mandats reçus et le sentiment de communion spirituelle avec les proches qu'ils ont ressenti ce jour-là. D'autres enfin reprennent le thème récurrent de l'ambivalence face au temps qui passe : une année de plus dans sa vie, c'est aussi une année soustraite à la peine.

Chez les femmes de Rennes, les anniversaires suscitent des manifestations plus festives, d'autant plus que, dans chaque division, il existe autour de la cuisine des pratiques communautaires : « On fait des gâteaux, du café, on met de la musique dans le commun ; on danse, ça fait du bien, c'est un quart d'heure d'humanité. » En évoquant ce sujet, plusieurs détenues ont d'ailleurs la nostalgie du bon vieux temps... où les portes étaient closes pendant la journée. « A l'époque, me dit une ancienne, les rencontres étaient plus rares mais on se faisait alors de vraies fêtes ; maintenant qu'on circule librement, chacune reste avec sa petite bande. »

Les personnes qui refusent de fêter leur propre anniversaire en prison sont peut-être celles qui attachent le plus d'importance à celui de leurs proches. Ainsi Artigo prépare-t-il ses cartes un mois à l'avance et fait-il envoyer des fleurs à sa femme par le biais d'amis. C'est que les mêmes condamnés qui récusent fortement la détention valorisent l'extérieur et veillent soigneusement à l'entretien de leurs relations. Ne sont-elles pas d'autant plus importantes qu'ils en dépendent affectivement et qu'elles sont menacées par l'éloignement ? « La fête des mères, c'est devenu plus important pour moi, me dit ainsi Marc Marcus ; depuis cinq ans que je suis en prison, ma mère est venue me voir tous les quinze jours ». Et d'ajouter sans plus de commentaire : « On n'est plus habitué aux dates en prison. »

« Chaque année, m'explique une femme de Rennes, je ressens au moment de la date de mon entrée en prison un malaise ; je me réveille mal, c'est un truc physique ; si je regarde le calendrier, je comprends tout de suite ; ça me fait le même effet que l'anniversaire d'un deuil ! » L'incarcération comme la mort de la victime (s'il s'agissait d'un proche) font en effet partie des « mauvaises dates » qu'on se remémore dans la douleur.

« Chaque 4 novembre je pense que ma peine s'abrège, me dit pour sa part Irénée-le-Réunionnais, mais aussi que ma femme est morte. De toute façon je pense à ça tous les samedis[1], je me dis : "Pourquoi j'ai fait ça ?" et le jour de la fête des mères, je me dis : "Je comprends que mes filles m'en veulent !" » Soucieux de « réparer », Irénée envoie des mandats à ses enfants pour leur anniversaire et verse chaque année avant la date fatidique la somme nécessaire à l'entretien de la tombe de la défunte.

En bref, en dehors des petites fêtes organisées à Rennes pour les anniversaires, s'il est des dates importantes, il n'est quasiment pas de moments festifs récurrents. Les grandes fêtes de l'extérieur provoquent en général plutôt de la tristesse, sauf si la famille est présente au parloir. Et Noël comme le Jour de l'An sont ressentis comme les rappels d'une longue exclusion, parfois accentuée par la tentative institutionnelle de donner aux lieux un air de fête : « Ils mettent des sapins ; du coup on pense sans arrêt à sa famille et les gâteaux, le jour de Noël, ça souligne encore plus l'absence[2] », me dit Irénée. Et de me citer des codétenus qui, ces soirs-là, « se shootent aux somnifères ».

Le 14 juillet est lui aussi un jour critique : tous les détenus attendent l'annonce du décret de grâce présidentielle. « Les perpètes en sont systématiquement exclus, me dit l'aumônier de C., alors, pendant que certains sont tout à leur joie, eux, ils restent à l'écart à remâcher leur amertume. »

A considérer ces dates qui toutes impliquent du lien social, on comprend que certains m'aient répondu : « Y a pas de bonne date

1. Sa femme a été tuée un samedi 4 novembre.

2. En écoutant les détenus, on se rend compte que, de toute façon, quoi qu'elle fasse pour Noël, la direction d'une prison aura forcément tort. Si elle ne fait rien ou pas grand-chose, on lui reprochera de faire peu de cas des états d'âme de ses administrés, mais si elle veut donner un air de fête aux lieux, elle suscitera des sarcasmes ou des réactions de nostalgie comme celle évoquée par Irénée.

en prison, à part la libération », les autres rappelant plus souvent le drame et l'exclusion que des moments heureux.

Carnet de bord n° 4

Samedi, 9 h 30 du matin. Je vaque à mes petites affaires. Vaisselle, rangements, deuxième café. A S. je loge loin du front de la prison, dans une annexe du presbytère. Ouf ! deux jours de libres devant moi ! Je sifflote d'aise. Radio en bruit de fond. « Je hais la guerre, dit une voix dans le poste, mais quand il y en a une quelque part, c'est là que je me sens bien. » Je m'immobilise, touchée au cœur. La voix s'explique. En temps de guerre, tout est plus intense entre les gens, la haine et les solidarités. Les hommes sont plus directs, ne sont plus dans le train-train. Plus d'inquiétude pour l'avenir ! on est dans la survie. Alors le quotidien prend une force exceptionnelle. Je résume en substance... C'est Jean Hatzfeld, reporter de guerre en Yougoslavie. Il parle de son livre : *L'Air de la guerre*. Et il parle de moi, des bonheurs que je trouve en prison. Je dis bien moi, pas les détenus ! ne pas confondre !

La prison, je l'ai souhaitée au diable, j'y suis revenue à reculons, le soir j'en sors souvent groggy mais certains jours, je me suis entendue dire : « Ah ! je donnerais pas ma place pour un empire ! » D'abord, contrairement aux êtres libres, tout occupés à causer à leur portable, les détenus sont, eux, plutôt désireux de me parler. Solitude, manque d'écoute véritable et puis avidité de rencontrer l'Extérieur et, qui sait ? un extérieur peut-être influent. Si pour l'autre camp, le personnel, je me sens souvent indésirable — ou juste tolérée —, avec eux, c'est plutôt le contraire. Du coup en prison, j'ai l'impression d'exister pleinement.

Hier soir, drôle d'expérience. L'après-midi, entretien bouleversant avec Karl Wagner. Il m'a raconté son suicide, ses années d'isolement. Karl parle vrai, je le sens, et de choses dures, au cœur de la vie de tout être humain. Je le regarde : oui ! j'ai de la chance de vivre ce moment, d'entendre ce témoignage exceptionnel ! Comment on parvient à survivre quand on est confronté à tant et tant de souffrance... Mon interlocuteur, je le trouve beau, comme j'ai trouvé beaux et belles tous ceux qui, face à moi, m'ont parlé sans fard de choses graves. Et moi, je suis sereine. Dans cette pièce, y a plus rien de futile et je me sens à ma place.

Je quitte la prison, encore tout imprégnée de ce que j'ai entendu. Je me dirige comme à mon habitude vers le premier café. J'entre, je m'assieds à une table. Je rêve. Dix minutes se passent. Le serveur m'a pas vue, il cause à son comptoir. Je regarde la salle : en fait personne ne me voit ! Bouffée de tristesse... Soudain, pour la première fois de la journée, je me sens transparente. Avec le monde libre, j'ai retrouvé l'indifférence. D'un côté des murs, je suis un ballon chatoyant qu'on regarde évoluer attentivement, de l'autre, une baudruche crevée qui ne mérite plus un coup d'œil. D'un côté des murs, c'est Racine, les huis clos en tête à tête où se disent des choses essentielles, de l'autre, dans cette ville de S. qui n'est pas la mienne, l'indifférence ou le babil du quotidien, « le Perrier, avec ou sans citron ? »

C'est pas qu'une question de narcissisme. C'est vrai qu'en prison je suis une denrée rare et pas à l'extérieur. Mais c'est aussi que la situation d'entretien — temps resserré avec des hommes et des femmes qui ont morflé — est exceptionnelle. On va, plus vite qu'à l'extérieur, à ce qui est essentiel et dans cet espace réduit, on trouve en concentré toutes les grandes questions qui hantent l'humanité : le sens du mal, de la vie, de la liberté et de son contraire, les grandes souffrances aussi : l'humiliation, l'absence d'amour de soi et des autres, la privation de sexe, de tendresse et j'en passe. Alors dans cet univers je me sens, comme lorsque je fais une retraite dans un monastère, au plus près du noyau dur de l'humanité, de mon noyau dur.

Retour sur Jean Hatzfeld. « Reporter de guerre », oui, ces mots me plaisent ; ça me rappelle aussi Philippe Labro. Dans *Un début à Paris* que je suis en train de lire, il écrit à propos de son ancien métier : « Les hommes et les femmes, j'en ai plus appris d'eux lorsqu'ils étaient sous pression, en danger... et c'est peut-être pour ça qu'il me faut passer par la guerre. » « Reporter de guerre », oui, décidément, ces mots m'éclairent. Comme eux, je connais la jouissance d'être sur les lignes de feu puis les envies de vomir devant trop de souffrance, le soulagement de retrouver le train-train de la vie normale et très vite, trop vite, le blues du combattant démobilisé qui tourne en rond. J'en ai souvent fait l'expérience entre deux enquêtes, je la ferai encore ce week-end à S. Deux jours fades et longs comme un jour sans pain.

La prison, finalement, pour moi, comme la guerre pour les reporters, c'est pas loin d'être une drogue. Certains jours, je sens que je vais craquer et que je risque l'overdose si je continue. Mais quand je reviens d'un trip, que j'essaie de me réinsérer petit à petit dans mon univers de chercheuse parisienne, la vie me paraît parfois d'un gris ! Alors quand, aux infos, j'entends : « Fresnes » ou « Fleury »... « grève des surveillants » ou « évasion aux Baumettes », c'est toujours la même excitation. Si je m'écoutais, hop ! sur-le-champ, je ferais mon paquetage et je retournerais au front !

TENIR : PETITS PLAISIRS ET GRANDS SENTIMENTS

Tenir sur le long terme implique non seulement de reprendre autant que possible le contrôle de son temps mais d'être capable de (re)trouver même en prison du goût à la vie. Au début, quand le détenu est en deuil (de la liberté, des êtres aimés...), les moments heureux sont rares. Surtout s'il ne peut compter que sur ses ressources intimes ou sur celles de l'établissement. Puis peu à peu, en établissement pour peine — ou bien avant —, les intervalles de plaisir vont s'élargir progressivement, voire se multiplier. Qui observe attentivement les jouissances grappillées ici ou là et analyse ce qui peut adoucir ou ressourcer « une longue peine » verra se dessiner en ombre portée l'ordinaire afflictif et dénué de saveur du quotidien carcéral.

Des plaisirs suscités par le contexte carcéral

A première vue, certaines joies ne diffèrent guère de celles vécues à l'extérieur : plaisir de jouer avec l'ordinateur, de lire tranquillement un magazine, d'écouter de l'opéra, d'écrire à l'encre « parce que c'est plus joli que le Bic », de chanter à la messe, d'étendre un linge odorant, de faire de l'aquarelle... Mais si toutes ces satisfactions banales prennent un relief particulier, c'est qu'elles sont vécues *en prison*, lieu de confinement et d'austérité où elles ne sont pas ou n'ont pas toujours été possibles... Paco Perez hume avec volupté l'odeur du linge propre ? C'est que le CD de C. n'a pas toujours été équipé de machines à laver : en matière de lessive, Perez a connu pendant longtemps le système D. Avec pour résultat des habits mal lavés et malodorants !

« Quand quelqu'un vous sourit, s'inquiète de votre santé, c'est important, parce que c'est rare, me dit aussi une femme de Rennes ; y a des choses ici qui me font du bien alors que dehors ça me paraîtrait des détails sans importance : le fait qu'on me serre la main, par exemple ; ici y a que les intervenants extérieurs qui le fassent[1]. » Bref, tous ces petits plaisirs le sont avant tout parce qu'ils permettent de se démarquer du mode de vie pénitentiaire standard, voire de l'abolir. A cet égard, la description des « petites bouffes » est éloquente : « Je mange rarement la nourriture maison », me dit Perez dont le credo tient en quelques mots : « Pas de bonne journée sans bon repas ! » Comme d'autres détenus, il va donc s'ingénier à transformer l'alimentation fournie par la prison. Il va recuire les viandes, braiser les endives, ajouter des poivrons frits et de l'huile d'olive aux nouilles cuites à l'eau. Ce faisant, il se réapproprie une nourriture qui symbolise aux yeux de beaucoup la condition carcérale, c'est-à-dire la survie, sans le plaisir de vivre !

« La douche, c'est l'endroit le plus libre de la prison ! s'exclame Cyrille-l'avocat, là je suis vraiment moi-même. » Pendant une dizaine de minutes, Cyrille se retrouve en effet seul, sans surveillance ; il n'est plus corps fouillé, scruté, aligné, il devient insouciance, corps qui jouit de la caresse de l'eau chaude sur sa peau, vie qui palpite. Comme avant !

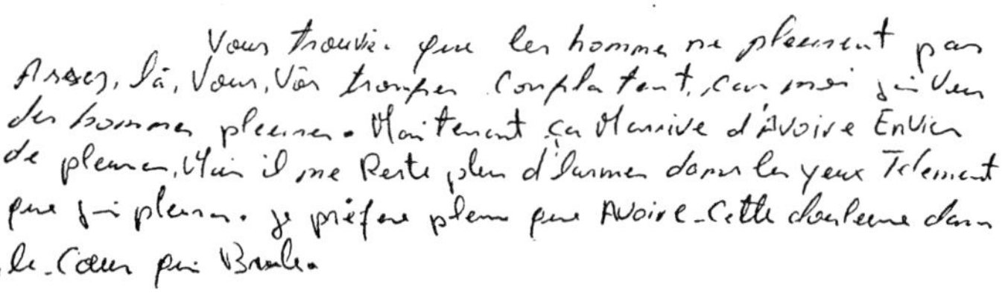

Extrait d'une lettre de détenu :

« Vous trouviez que les hommes ne pleurent pas assez, là, vous vous trompez complètement, car moi j'en vois des hommes pleurer. Maintenant, ça m'arrive d'avoir envie de pleurer, mais il ne me reste plus de larmes dans les yeux tellement que j'ai pleuré. Je préfère pleurer que d'avoir cette douleur dans le cœur qui brûle. »

1. Le personnel de surveillance ne serre pas la main aux détenus.

Et puis il y a ces plaisirs qu'on ne peut trouver que dans la solitude nocturne. Enfin ! on peut se laisser aller ! « La nuit, me dit François, une ex-"longue peine", c'est ce qui permet de supporter la ratière. C'est là que les gars décompensent. La nuit, c'est là que les mecs pleurent le plus ; vous savez, on pleure beaucoup en prison. » Non, je ne sais pas ; aucun détenu (homme) n'a jamais pleuré devant moi. J'ai bien vu des explosions de colère mais des larmes, jamais ! Cela dit, pareils propos ne m'étonnent pas. Ces pleurs, je n'ai que trop perçu les souffrances qui pouvaient les susciter. « Y font pas que pleurer, poursuit mon interlocuteur, la nuit, y a des mecs, quand y sont seuls en cellule, qui pètent les plombs. Y'a le gars qui s'interviewe tout seul, celui qui met son miroir par terre, qui se met à poil et regarde son sexe pour vérifier ce qu'il est devenu ; y a le type qui répète devant sa glace les mauvais regards qu'il va jeter à tel ou tel type le lendemain dans la cour. Y'a les détenus qui jouent avec leur corps, qui jouent avec leur tête, qui dansent... » Flash-back soudain. Bulle Ogier dans *La Salamandre,* le film de Tanner. Ouvrière robotisée dans une chaîne de production de saucisses. Après l'usine, musique à fond la caisse. Danse. Danse effrénée, à corps perdu, pour libérer une vie emprisonnée des heures durant devant une machine. Oui, il est facile d'imaginer pareille scène en cellule.

« Une nuit, me dit un surveillant avec lequel j'évoque cette double vie, quand je faisais ma tournée, j'ai vu par l'œilleton un gars qu'avait recréé dans sa cellule une ambiance de boîte de nuit ; il avait tamisé la lumière avec une serviette, il avait mis son chapeau de travers, il jouait avec sa cigarette et il dansait... » Mon interlocuteur sourit puis soupire : « C'est quand même pas évident leur vie ! » Pas évident, c'est sûr ! mais comme le notait François, « la nuit, ça permet de tenir le jour ».

Pour sortir du carcan imposé par la prison, Laurence-l'écorchée-vive aime faire corps avec les éléments. Quand elle peut en saisir l'occasion, elle reste dehors sous la pluie, ne se met à l'abri que quand elle est bien trempée, s'habille peu en hiver pour sentir le froid sur sa peau... En prison, n'est-ce pas ? on voit passer les saisons mais on en jouit plus difficilement qu'à l'extérieur : les éléments par définition non domestiqués, contrairement aux détenus, sont tenus à distance. En prison, on ne plonge pas dans l'eau, on ne se roule pas dans l'herbe ou dans la neige, le corps n'est pas censé exulter au contact des forces de la nature. Une denrée rare, d'ailleurs, la nature ! La plupart des établissements anciens sont démunis d'espaces verts. Aussi quand l'occasion de la retrouver se présente, l'émotion est-elle grande : « Je suis presque tombé dans les pommes de voir une pelouse, me dira Blanchard-le-militaire, un ex-rural, toujours abonné à *Rustica* après dix ans de réclusion ; dans toutes les prisons que j'ai connues, y avait que du macadam ! » Ce moment fort, Blanchard l'a vécu le jour où il a été amené à jouer les photographes sur un terrain de rugby. Subrepticement il profitera de cette occasion pour prélever un pied de pâquerettes et le mettre en pot devant sa fenêtre. C'est là, à sa croisée, qu'il passe l'essentiel de son temps l'été à regarder le bois qui jouxte la prison.

Si les végétaux peuvent être mis en pots — dans quelques établissements seulement —, si de leur fenêtre les plus chanceux peuvent entrevoir la nature plutôt que les murs d'enceinte, il n'en va pas de même avec les animaux. Hormis les oiseaux, ils sont absents de la plupart des prisons. « J'ai passé la moitié de mon existence sans chien et sans cheval ! » me dira Artigo-le-Marseillais en me regardant comme s'il proférait une énormité.

Dans ce contexte de mise à l'écart de la nature, je m'attendais d'ailleurs à ce que les condamnés attachent une importance particulière à certaines saisons mais de fait, quand on les a évoquées, c'est essentiellement pour les avantages ou désavantages sociaux qu'elles impliquaient. Ainsi, si l'été est souvent mal vécu en détention, c'est peut-être parce qu'on y dort mal faute d'une climatisation adéquate, mais c'est surtout que les intervenants extérieurs se raréfient et que les ateliers ferment : du coup cette période de « vacance » est vécue comme un surcroît de réclusion !

Mais il est d'autres jouissances, plus altruistes, qui permettent elles aussi d'exprimer une façon-d'être-au-monde non soumise au moule carcéral. Ainsi, si l'on s'en tient aux textes, un détenu qui a besoin d'aide doit faire appel à un membre du personnel ; l'entraide entre reclus est *a priori* suspecte : crainte d'une délinquance intracarcérale (trafics divers...) mais aussi d'une solidarité qui pourrait nuire à l'ordre pénitentiaire (risque d'évasion, de « mouvements » rebelles). Et puis le détenu qui en aide un autre prend ou reprend du pouvoir dans un lieu où il n'a pas à en avoir. Bien entendu, dans le quotidien carcéral on est loin d'appliquer les règlements à la lettre. « Si on le faisait, observe flegmatiquement un surveillant, au bout de quinze jours, la prison exploserait. » Entraide et coups de main divers y sont donc monnaie courante.

« Je suis pas l'abbé Pierre, me dit Cyrille-l'avocat, mais je suis pas non plus le mauvais apôtre, j'aide les autres quand je peux avec du café, des cigarettes ; c'est important pour moi. » D'autant plus important peut-être que Cyrille ne reçoit pas de visite, n'a pas de statut social en détention puisqu'il n'est ni étudiant, ni travailleur, ni caïd. Certes, Cyrille est quelqu'un de serviable mais s'il souhaite exister socialement, il a tout intérêt à l'être. « Mon codétenu a reçu une mauvaise nouvelle, m'explique-t-il, alors je lui ai fait une gamelle avec des p'tits oignons ; j'ai pris une tomate, j'ai fait une p'tite sauce, j'ai mis des olives, j'ai pris le bœuf, je l'ai fait participer ; après, y avait une odeur d'oignon dans la cellule, il était rayonnant. » Et mon interlocuteur d'arborer lui-même un air très satisfait.

Si, à l'instar de Cyrille, plusieurs détenus ont évoqué comme autant de moments de plaisir les petits services qu'ils ont pu rendre aux autres, c'est ceux qui se disaient chrétiens — et en particulier les femmes — qui ont le plus conceptualisé la chose : « J'ai été aidée au début par des filles, me dira une détenue, alors maintenant ce qui me tient, c'est d'être utile à mon tour. » Femmes relais, maillons d'une chaîne : après avoir été soutenue, on se tourne vers le maillon le plus faible pour le soutenir à son tour. Mais cette aide ne doit pas qu'à l'altruisme le plus éthéré : « J'acceptais pas d'être une mère indigne, m'explique une « infanticide » ; en aidant d'autres femmes, ça m'a permis d'oublier mon délit. » Et de materner A., elle, la « mauvaise mère », qui dit avoir toujours été rejetée par la sienne. « J'ai essayé de donner à A. ce que j'aurais bien aimé qu'on me donne », me dira-t-elle avant d'ajouter : « J'ai tué mon fils, y faut maintenant que je fasse le bien que j'ai pas fait pour lui. Dieu met pour ça des gens sur ma route. » C'est qu'aux yeux de certain(e)s il ne suffit pas de « faire son temps », comme le veut l'opinion commune, pour se sentir quitte de sa « dette ». Il faut aussi inverser le processus qui a conduit en détention en semant le bien à la place du mal. Du même coup on pourra espérer gommer l'image de « diabolique » ou de « mauvais(e) » qui vous colle peut-être à l'âme, donner tort à tous ceux qui vous ont qualifié de « monstre » et se rassurer soi-même sur son humanité.

Mais l'altruisme — dont les condamnés semblent d'autant plus s'enorgueillir qu'ils sont dénués de statut — s'apparente parfois à une prise de pouvoir sur celui qu'on « soutient ». Évoquant l'une de ses amies, une détenue me dit ainsi : « J'aide cette fille *parce qu'à tout moment elle m'écoute* » et, à propos d'une de ses anciennes protégées, elle m'assurera d'un air ravi : « Cette femme, *je l'ai construite entièrement* ; c'est ce genre de choses qui, au début, m'a apporté le plus de satisfaction. » Satisfaction qui peut mal tourner si j'en crois une visiteuse de Rennes : « Beaucoup de femmes, me dit-elle, essaient d'aider les autres, mais d'une part elles n'en ont pas toujours les moyens, et d'autre part, quand les autres redeviennent autonomes, elles le vivent mal parce que l'autre était devenue leur propriété. »

Petits faits de résistance

« Pour bien vivre en prison, me dit Karl Wagner, j'ai besoin de commettre régulièrement un petit illégalisme : boire du vin par exemple. » Cette transgression, Karl Wagner la cite en riant, d'autant plus qu'il est l'un de ces cas rares qui se plaisent en détention. Comme d'autres suivent un régime, il veut bien suivre le règlement, à condition de pouvoir faire de temps à autre un écart. Mais la plupart des détenus n'évoquent pas la gamme multiple de leurs faits de résistance sur ce ton badin. Pour eux, il s'agit de défendre leur honneur d'homme ou de femme et c'est chose grave. Même si chacune de ces pratiques leur procure de la satisfaction, la colère n'est jamais loin.

L'un des fronts importants est celui du langage. Sophia Rado, qui dit partir tous les matins « sur le sentier de la gué-guerre », joue habilement de ce registre. Tout ce qui rappelle le rapport de forces qu'on lui impose, elle l'euphémise. « Je prononce pas, dit-elle, certains mots, je les évite ou je les remplace par les miens ; je dis "studio" et pas "cellule". » Pour mieux imposer sa réalité, Sophia a d'ailleurs, comme d'autres femmes, personnalisé ledit studio en en recouvrant les murs avec du tissu d'ameublement. Dans la même optique, alors qu'on utilise en détention le terme passif :

être « appelé » chez le médecin, Sophia s'acharne à « prendre rendez-vous ». Enfin elle n'appellera jamais une surveillante : « surveillante ». Un « madame » simple suffit et lui évite de rappeler la nature des rapports qui la lient à la personne en question.

Mais résister en détention, c'est résister aussi à ses codétenus. Ainsi Sophia, la BCBG, n'hésite-t-elle pas à utiliser « la langue de l'adversaire » pour se défendre. « Ici, m'explique-t-elle, y faut savoir dire : "Langue de pute !" et "Enculée !" si on veut se faire entendre ; c'est pas mon langage, mais c'est percutant. »

A côté de la résistance linguistique, toute une sémiotique vestimentaire sert aussi à dire « non ». « S'habiller à la mode carcérale, pas question ! s'exclame Sophia, j'irais pas *sombrer* en faisant ça. » Ainsi, comme certaines détenues, a-t-elle banni les joggings-baskets, l'uniforme carcéral (et asexué) par excellence. Mieux encore, elle a fait le choix (difficile) du raffinement, assortissant ses barrettes ou ses lunettes à ses vêtements. « J'ai besoin de compensations, dit-elle, et puis j'aime les accessoires ; ici de pouvoir faire ça, c'est galère ! alors je savoure ça comme une petite victoire. »

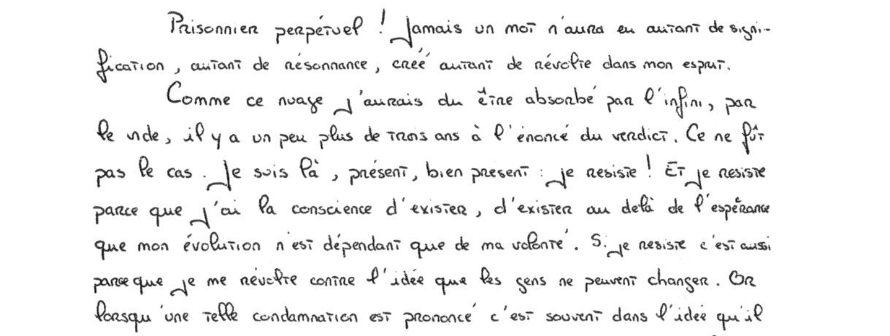
Prisonnier perpétuel ! Jamais un mot n'aura eu autant de signification, autant de résonnance, créé autant de révolte dans mon esprit.

Comme ce nuage j'aurais du être absorbé par l'infini, par le vide, il y a un peu plus de trois ans à l'énoncé du verdict. Ce ne fût pas le cas. Je suis là, présent, bien present : je resiste ! Et je resiste parce que j'ai la conscience d'exister, d'exister au delà de l'espérance que mon évolution n'est dépendant que de ma volonté. Si je resiste c'est aussi parce que je me révolte contre l'idée que les gens ne peuvent changer. Or lorsqu'une telle condamnation est prononcé c'est souvent dans l'idée qu'il n'y a aucune évolution possible. Sinon, pourquoi une telle condamnation ?

Extrait d'une lettre de Y., détenu « résistant ».

Mais ceux qui persistent à s'habiller comme à l'extérieur risquent de se marginaliser par rapport au reste de la population et de paraître désavouer ses pratiques. A moins de ne conserver ces habitudes précarcérales que dans certains espaces — au parloir par exemple — ou de « faire sobre » comme Michel-le-principal : il remplace son jogging « négligé » par un pantalon de « civil » pour se rendre à la bibliothèque dont il est responsable, même si celle-ci n'est qu'à quelques empans de sa cellule. Ainsi préserve-t-il son image sociale d'homme au travail et conserve-t-il son habitude de « s'habiller pour sortir ». La résistance en prison ne commence-t-elle pas par éviter de se conduire comme si l'on était tout le temps « dedans » ?

La résistance et, de façon plus générale, la quête des petites satisfactions quotidiennes passent beaucoup, on l'aura peut-être noté au passage, par la recherche ou l'évitement de certains espaces. Enclave semi-privée, la cellule suscite des attitudes radicalement opposées. Pour les uns, les femmes en particulier et les détenus les plus marginalisés, c'est un havre de paix potentiel. Pour d'autres, certains « voyous » notamment, c'est avant tout le noyau dur de l'oppression[1] ; ils refusent de « s'installer » dans ce lieu qu'ils n'ont pas choisi, ajoutant : « C'est pas *ma* cellule, c'est la cellule à laquelle on m'a affecté, nuance ! » La promenade, quant à elle, est évitée par tous ceux que gêne le contact avec la collectivité carcérale : les délinquants stigmatisés, les détenus dont la culture antérieure diverge beaucoup du comportement dominant et, de façon générale, tous ceux qui veulent qu'on leur fiche la paix. « Les petites peines posent problème par les rackets, les bagarres et les trafics, me fait observer un surveillant, alors les longues peines évitent les promenades ou bien ils restent entre eux. »

Ainsi certains ne font-ils que passer par la cour, lui préférant des lieux moins « pénitentiaires » : gymnase, atelier de peinture, jardin de la chapelle, bibliothèque, local menuiserie, etc. Espaces qui sont autant de parenthèses permettant de supporter la vie carcérale.

Cas extrême : Blot-le-toubib. Tout en se déplaçant beaucoup, il a délibérément choisi de « [se] poser » uniquement en « zone non occupée » : « l'espace de la psychanalyse[2] et puis l'école et l'église. Ce sont des univers, me dit-il, où on est de plain-pied avec l'extérieur et que les surveillants n'aiment pas ; *ils frappent avant d'entrer*. Je ne vais pas au club poterie, ajoute-t-il, car le surveillant y est ; les clubs organisés par la prison, je n'y vais pas ; pour moi, c'est un piège parce qu'on oublie qu'on est en prison ; moi,

1. Cela dit, voyous ou pas, plus le temps passe et plus les « longues peines » passent de temps en cellule, tous mes interlocuteurs pénitentiaires me l'ont confirmé.

2. L'infirmerie n'est plus une zone pénitentiaire depuis la loi de 1994 sur la sectorisation.

conclut-il, *je sais où est la ligne de démarcation.* » Ainsi Blot réduit-il au minimum son identité carcérale puisque dans les secteurs qu'il fréquentera, il sera tour à tour catholique, patient, étudiant ou auxiliaire d'enseignement. Mais pas détenu !

A écouter Blot, souvent cité en exemple pour sa courtoisie, je mesure combien le choix de ses itinéraires carcéraux traduit d'hostilité à l'égard du système pénitentiaire et du statut qu'il lui confère. Hostilité ou haine ? je ne sais. En tout cas, à l'origine des pratiques de résistance, on trouve toujours l'un ou l'autre de ces sentiments. S'y mêle ensuite le plaisir de récupérer des bribes de liberté, de faire preuve d'inventivité pour contrevenir à l'ordre pénitentiaire, de renverser ces rapports de forces si durs à supporter quotidiennement.

« La Haine », d'autant plus froide qu'elle ne supporte pas d'épithète, m'a semblé souvent excéder le cadre de ces « petits plaisirs ». A vrai dire, à chaque fois qu'un détenu y a fait allusion, j'ai cru percevoir un état d'esprit qui enfiévrait plus qu'il ne donnait de joie ou ne poussait à l'action. Haine contre l'avocat, la justice, un membre de la famille, la société, la prison, les surveillants..., les objets de haine ne manquent pas, même si le détenu interviewé fait souvent l'économie du complément ; il a « la Haine », c'est tout. Cela dit, ceux qui L'ont évoquée m'ont souvent donné le sentiment d'avoir encore pas mal de vitalité, comparés à certains de leurs codétenus, moins agités peut-être mais aussi plus abouliques. Colère tonique donc, sauf si le détenu se laisse submerger par elle [1]. Ainsi Cyrille-l'avocat qui, après vingt-trois ans de détention, toutes peines confondues, a de plus en plus de mal à supporter les frustrations carcérales, cède-t-il régulièrement à des accès de rage. Résultat : des sanctions disciplinaires, un équilibre fragilisé et des pertes de remise de peine qui attisent encore plus sa rancœur. Cercle vicieux au demeurant courant en détention.

Si chez certains la Haine ne se manifeste qu'épisodiquement, pour d'autres elle est une compagne indéfectible. Un exemple : celui de Pierre Artigo, l'un des vétérans des prisons françaises.

1. Se laissant ainsi doublement asservir, et par la détention et par « sa passion », ce qui m'évoque *a contrario* une remarque du poète Aimé Césaire, descendant d'esclaves : « Haïr, jamais ! je ne veux pas retomber en esclavage. »

Artigo est un ancien du milieu marseillais. Cinquantaine souriante, belle prestance, allure sportive, sens de l'honneur. Pas marqué physiquement par les années de prison, et pourtant il a morflé psychiquement, notamment en QHS. Ce qui l'a fait tomber ? Deux règlements de compte. Deux morts. Des truands « qui valaient rien », qu'il a tués froidement. « Ça va vous écœurer, dit-il, mais j'ai rien ressenti. » Il me regarde attentivement, ajoute quelques détails susceptibles de « m'écœurer » un peu plus : le gars qu'il venait de buter, il est revenu sur ses pas pour lui vider son chargeur en pleine poitrine, etc. Même son complice était dégoûté. Je reste imperturbable.

Artigo aime bien me voir. Moi aussi. J'aime l'écouter : il est une anthologie vivante des prisons françaises et puis, lassitude ? âge ? il fait calme. Voilà qui me repose des tirades volcaniques de certains de ses codétenus.

« La haine m'a fait tenir pendant assez longtemps, presque dix-sept ans, reconnaît Artigo, l'espoir a pris le relais quand j'ai entrevu la chance de revoir une vie normale avec la commutation de ma perpète. » Mais plus tard il se rétractera : « Non, j'ai encore la haine, j'en aurai jusqu'à cent ans, simplement je la contrôle mieux. Tous les jours ce que je vois à la télé me fout les boules, tous les jours y a de l'injustice dedans et dehors ; on voit que ça ! »

La rage d'Artigo a pourtant décru chaque fois qu'on lui a fait confiance — il évoquera ainsi avec émotion ce directeur qui lui demanda sa parole d'homme avant de lui octroyer une permission exceptionnelle pour l'enterrement de son père. Mais ces accalmies furent de courte durée ! Quand je le rencontre, lui qui attend sa libération conditionnelle fulmine à nouveau : « Ce qui me fout la haine, c'est de sortir de prison ; on a jamais fini de payer avec les gens de dehors. Je resterai un voyou pour ma famille, pour les gens de mon quartier, pour les flics qui nous croient jamais, nous lâchent jamais. Je vois aucun exemple autour de moi d'un gars que les flics aient laissé tranquille. » Bref, à en croire Artigo, tant que la prison lui collera à la peau, la haine lui collera à la peau. Et pourtant le Marseillais a fait une psychothérapie qu'il entend poursuivre une fois libéré. Il ne fait donc pas partie de ces gens que critique Blot-le-toubib parce qu'ils ne se remettent jamais en cause : « Pour eux, toute la faute revient à la société, ils refusent d'intégrer leur responsabilité personnelle à l'égard des faits. »

En écoutant Blot, me sont revenus les visages de ces « enragés » au passé de « galère » qui n'ont cessé pendant nos entretiens de vitupérer les institutions répressives. Peut-être, me dis-je, était-il impératif pour ces hommes prématurément humiliés de préserver un narcissisme fragile en se critiquant peu et en centrant leurs attaques sur « la société ». Et d'ailleurs leurs diatribes n'étaient pas dénuées de fondement. Bien au contraire !

Cela dit, je crains bien que la formule sans appel de Blot-le-toubib ne vaille pour tous ces écorchés vifs qu'étouffe la rage : « Tant que le détenu n'a pas intégré sa responsabilité, il restera piégé par la haine et il ne s'en sortira pas ! » Mais, pourrait-on ajouter, c'est peut-être grâce à cette haine qu'il se maintiendra en vie.

Dessin d'un détenu.

Carnet de bord n° 5

« La vie ici, c'est pas une vie ! » « Ici, c'est tout sauf la vie ! » « On est en dehors de la vie. » Des considérations de ce genre, j'en ai plein mon calepin. Alors y a des jours où ça m'échappe : « C'est quoi, la vie ? Vous qui me parlez, là, en ce moment, vous n'êtes donc pas vivant ? — Mais c'est pas la *vraie vie* ! » On me rétorque ça avec assurance et étonnement. Et parfois avec colère. Suis-je aveugle pour ne pas voir ce qui saute aux yeux ? Moi, oui, je suis dans la vraie vie, parce que je suis LIBRE. Mais eux ! Totalement différent.

Moi, dans la vraie vie ! moi qui suis comme une chèvre attachée à cette enquête et à ce livre. Un vrai piquet, oui, ma vie ! Je proteste pas, mais je baisse la tête sur mes notes. Le temps de laisser passer un ange ou deux.

Les humains libres à qui j'en parle, souvent ces remarques, ça les énerve aussi. « Ils se rendent pas compte, me dit une sœur, visiteuse de prison, des avantages qu'ils ont, logés, nourris, soignés. Moi je travaille dehors avec des SDF, des gens qui se demandent comment survivre, ça, oui ! c'est pas une vie ! » « Parce que les Kosovars, les Rwandais, les Timorais, c'est une vie, ça ! » s'insurge aussi un proche. Et ainsi de suite. Si j'essaie de jouer les avocats de la défense, c'est sans grand succès. Mes interlocuteurs, je le sens bien, sont pas loin de trouver eux aussi que la vie dehors n'en est pas une. Pour les malheureux patentés d'abord et, plus secret — ça, qui va l'avouer ? — peut-être bien que pour eux aussi... Exaspérant en tout cas ces gens qui nous regardent avec des yeux d'envie, nous les libres, alors qu'on doit se coltiner des tas et des tas de problèmes, lutter sans cesse pour le boulot, les enfants, la voiture à réparer..., pendant que d'autres sont entièrement pris en charge — et de surcroît avec nos impôts ! Qui a dit que cette vie-là, la nôtre, c'était la vie ? Un peu de pudeur, s'il vous plaît, messieurs-dames les détenu(e)s, et un petit conseil, consultez l'ophtalmo !

Mais si la vue est basse, c'est pas que du côté carcéral. De part et d'autre des murs des prisons, on tend vite à mythifier la vie de l'autre. Ce qui compte, c'est pas tant la réalité de son vécu, à l'autre, que nos propres vicissitudes. Si j'en bave pour trouver un toit, le détenu me paraît bien chanceux, lui qu'a même pas eu à le chercher ! Si moi, détenu, je crève d'être privé à perpète de nuits passées à faire l'amour, le routard libre d'aimer sous les étoiles, ah ! là, je donnerais cher pour prendre sa place ! Ça, oui, c'est une vie ! même avec les poches et la besace vides.

Du coup, inutile de vouloir raisonner les uns et les autres. De rappeler aux non-captifs, qui fantasment sur ces prisons trois étoiles où l'on chouchouterait les malfrats, les fouilles à corps, la promiscuité, la pénurie d'éducateurs et de psys, les privations, la désespérance, la solitude qui règnent si souvent derrière les murs... Et aux détenus qu'avant, leur vie, plusieurs l'ont pourtant reconnu, avait tout d'une vie de chien et que celle des autres dehors n'est pas forcément géniale. A quoi bon ! N'est-ce pas le propre de l'humain de croire que l'herbe est plus verte ailleurs, d'idéaliser ce qu'il a perdu ? Pour le malade, la vraie vie, c'est avant ou après l'hôpital, pour le combattant, avant ou après la guerre, et pour beaucoup de détenus, avant ou après la prison. Façon de supporter l'épreuve, en se réfugiant dans une image transfigurée du passé, de l'avenir et de l'ailleurs ? Ou grossière erreur qui va rendre le présent encore plus douloureux ? Moi, je pencherais plutôt pour ce point de vue-ci.

Tous les sages le disent, du moins ceux que je pratique : notre grand tort, c'est de vouloir faire un tri. Y'aurait d'un côté ce qui fait la vie : l'amour, le boulot qu'on aime, la nature en été, les enfants si touchants devant l'arbre de Noël, et de l'autre, ce qui n'est pas la vie : les guerres, les cyclones, les divorces, le cancer, la privation de liberté, bref tout ce qui fait souffrir. En fait, la vie, on la veut et on la juge vraie à la condition expresse qu'elle respecte les conditions qu'on lui a imposées. Sinon va te faire voir ! T'es qu'une chienne de vie !

J'exagère ? Pas tant que ça ! Quand je fais le calme en moi, que je ferme les yeux dans le silence de la nuit, je me dis qu'ils ont raison, mes chers maîtres. Raison de dire que la souffrance, elle vient de là : on veut pas tout prendre, on n'accepte pas de faire suffisamment de place en soi-même pour y accueillir tous les aspects de la vie. Oui, je le crois, la vraie vie, elle peut être partout, même quand on est sociologue, c'te blague ! et même en prison ! Mais ça, je peux juste le penser. Le dire à un détenu, surtout pas ! Bien trop peur d'avoir l'air d'entériner le sort qui lui est fait !

Ce que j'ai pourtant fait remarquer à l'un ou deux d'entre eux, plus proches de ma longueur d'onde, c'est que la vie qu'ils vivaient, celle-là même qu'ils trouvaient exécrable, des êtres l'avaient choisie pour en faire une existence qu'ils n'auraient échangée pour rien au monde, riche en moments de bonheur, voire en béatitude. Car quelle vie ressemble autant — matériellement s'entend — à celle des perpètes si ce n'est celle des moines ? Clôture, mise à l'écart du monde, règle stricte, univers monosexué, dépouillement, etc. : entre l'univers du Bien (ou supposé tel) et l'enclos du Mal (ou supposé tel), les ressemblances sont flagrantes. Avec bien sûr quelques différences, dont l'une, notamment, est fondamentale : les uns ont choisi ce que les autres subissent. Conséquence : les uns vomissent ce dont les autres jouissent. Ce qui est en jeu, on le voit bien, ce n'est pas tant les composantes de ces existences qui parfois pourraient se confondre — quoique... — que la question de leur sens. Car une vraie vie, ce me semble, ne requiert pas tels ou tels ingrédients bien précis, non ! c'est tout simplement une vie à laquelle on trouve du SENS ! Qu'on ait pris... j'hésite à écrire ces mots — trop énormes, obscènes — qu'on ait pris perpète ou pas ! Mais la non-détenue que je suis ne peut que *penser* cela. Ce que je viens d'écrire pour ma propre gouverne, seul, me semble-t-il, quelqu'un qui a pris perpète aurait le droit de le dire à autrui.

DROGUES ET TRAFICS

« L'usage de drogues en milieu pénitentiaire est le plus souvent nié parce que la reconnaissance d'une telle pratique — interdite par le règlement intérieur des établissements pénitentiaires — tend à mettre en cause le système de valeurs des acteurs, qu'ils soient surveillants, travailleurs sociaux ou médecins et suscite un sentiment d'échec[1]. *»*

« Pour tenir en prison, me dit un perpète, j'ai besoin de fumer un pétard[2] de temps en temps. » Un pétard ? Certains s'étonneront peut-être... Mais il faudrait être bien naïf pour penser que les activités licites que j'ai décrites jusqu'ici soient les seules qui permettent au détenu de (re)trouver du goût à la vie. Si l'on observe la partie immergée de l'iceberg pénitentiaire, on entreverra un bon nombre de pratiques illégales, notamment la consommation de stupéfiants et les trafics afférents. D'autant plus que « des drogues, on peut en trouver dans toutes les prisons de France ».

Ce constat d'un observateur averti du monde carcéral risque de faire sursauter le profane. Quoi ? derrière ces enceintes qui incarnent majestueusement la Loi, celle-ci serait donc si facilement transgressée ! Certes, et quotidiennement. Et s'il ne s'agissait que des stups[3] !

1. M. Rotily, « L'usage des drogues en milieu carcéral : approche épidémiologique », *Les Cahiers de la sécurité intérieure,* n° 31, 1998, p. 196.

2. Joint de cannabis ou « tarpé » en verlan. Le cannabis, quant à lui, est plus fréquemment appelé « shit », « H », « chichah » ou « chocolat ».

3. Comme l'observait déjà Foucault, la prison, institution sous main de justice, est un lieu où les illégalismes sont monnaie courante. Et les infracteurs peuvent se compter aussi bien — mais pour des raisons différentes — parmi les détenus que parmi les « détenants ».

« Mais pourquoi se droguent-ils ? » me demande naïvement un vieil ami, Candide étranger à l'univers pénitentiaire. Pourquoi ? Je lève les yeux au ciel, quelle question ! D'abord « pour tenir », pour reprendre la formule du détenu précité. Et certains chercheront d'autant plus à « tenir » grâce aux stups que les boissons alcoolisées sont désormais interdites dans les prisons françaises[1]. Et que la vie y est dure, surtout dans les maisons d'arrêt, ce qui explique en partie l'importance qu'y prennent de telles consommations. D'autant plus qu'un nombre accru de toxicomanes y sont écroués[2], notamment pour de petits délits.

« En MA, y a des toxicos qui rentrent et sortent sans arrêt, me dit un expert des problèmes sanitaires en prison. Ils ont des petites peines — pour avoir dealé ou volé — et ils essaient autant que possible de poursuivre à l'intérieur le mode de vie qu'ils avaient à l'extérieur. On peut trouver d'ailleurs paradoxal, ironise mon interlocuteur, qu'un jeune qui a été incarcéré pour usage ou trafic de stups se voie proposer en prison ce qui lui a valu une peine... de prison ! » Enfin, c'est aussi en maison d'arrêt que les possibilités, voire la nécessité de trafiquer sont les plus grandes. En témoigne cet ex-détenu, issu des quartiers pauvres de Marseille, qui évoque les difficultés financières qu'il a connues en détention. « Quand j'étais aux Baumettes, au début, je m'en sortais mieux. Je me faisais à peu près cent francs par semaine grâce au shit que ma copine m'apportait au parloir. Ça a marché un an ; après, elle a arrêté de venir. Là, c'est devenu dur. » En bref, dans des établissements où le taux de chômage est important, ce jeune homme, comme tant d'autres de ses congénères, a poursuivi *intra-muros* et pour les mêmes raisons (manque de ressources et présence d'un marché potentiel) ses activités antérieures de dealer auprès d'une clientèle quasi identique à celle qui était la sienne dehors.

1. Interdiction qui suscite évidemment son lot de trafics, sauf qu'il est plus facile de faire passer des stups que des bouteilles. A noter que la bière cantinée est sans alcool.

2. « Le Haut Comité de Santé publique évalue entre 15 % et 20 % la proportion de détenus concernés par la toxicomanie, soit entre 7 900 et 10 500 personnes », écrit M. Rotily avant d'ajouter qu'il existe néanmoins « une possible sous-estimation des statistiques sur les usagers de la drogue entrant en milieu pénitentiaire » (*op. cit.*, p. 198-199). Ce taux atteint 30 ou 40 % dans les grandes maisons d'arrêt de la région parisienne et du Sud-Est. Ces pourcentages sont encore supérieurs dans des maisons d'arrêt de femmes comme la MAF de Fleury-Mérogis.

Mais avec le temps, les visites extérieures se tarissent — surtout si l'on est transféré loin des siens —, le sevrage se fait et la demande diminue, voire devient moins pressante. De surcroît, en établissement pour peine, on trouve moins de détenus ayant une pratique antérieure de drogues douces ou dures. Leurs excès, les pères incestueux, les braqueurs, les gros bonnets de la drogue [1], les auteurs de crimes passionnels les ont plus souvent vécus en levant excessivement le coude qu'en se piquant, fumant du shit ou sniffant de la coke [2]. Question de milieu, de classe d'âge, voire d'éthique. « La drogue, dit ce braqueur connu, c'est pas-touche. » Façon de se respecter et de résister à la pression carcérale qui guette le reclus.

« Est-ce à dire, s'enquiert l'ami naïf, qu'il y a des détenus qui se mettent à consommer des drogues en prison alors qu'ils ne le faisaient pas dehors ? » Bien sûr ! Et tous les témoignages que j'ai recueillis vont dans ce sens. En voici un : « Ici, y me semble que les gars qui fument pas de shit sont rares. Quasiment tout le monde en fume un jour ou l'autre, or tous n'en fumaient pas avant. La prison, c'est un lieu hors norme ; du coup on a le sentiment qu'on peut y faire des trucs qu'on ferait pas dehors. J'en entends qui disent : "Si j'étais dehors, je prendrais un baby [3], mais là, je vais me fumer un joint." Je connais aussi un mec qui s'est mis au Subutex [4] au bout de treize ans de détention. C'était pas un toxico et maintenant y peut plus s'en passer. »

Si l'on trouve « de la drogue » dans tous les établissements pénitentiaires, c'est cependant en maison d'arrêt que les substances consommées sont les plus variées : « S'il y a de l'héroïne ou du crack en prison, c'est plutôt là, me dit un expert, mais le problème actuellement en MA, c'est surtout les polytoxicos qui sont prêts à

1. Les grands trafiquants de drogues ou les « mules » issues du tiers-monde, les Colombiens par exemple, laissent à d'autres, qu'ils méprisent d'ailleurs, le soin de consommer la marchandise qu'ils fournissent.

2. Si aucune statistique ne permet de savoir combien de « longues peines » — et notamment de perpètes — sont d'anciens « toxicomanes », les entretiens que j'ai eus lors de cette enquête me laissent penser qu'ils sont pour le moment minoritaires. Chez les femmes interviewées, la dépendance était plutôt médicamenteuse et chez les hommes, liée à l'alcool.

3. Un whisky.

4. Le Subutex est un médicament dispensé aux toxicomanes par les médecins au titre de substitut de la drogue consommée jusque-là.

tout avaler : Subutex plus amphétamines plus alcool. Ça fait des cocktails détonants. Et des overdoses qui peuvent mal finir[1]. »

Ainsi pourrait-on définir deux pôles dans la consommation des stups illicites en prison : d'un côté en MA un éventail plus large de drogues, avec notamment des « substances dures » et des pratiques à risque[2], une demande forte de certains toxicomanes non sevrés, de l'autre, en établissement pour peine, une consommation « plus pépère » et essentiellement centrée sur le cannabis.

« Fumeurs de marijuana dans un coin de la cour. »
Peinture réalisée par un détenu.

1. Et pas qu'en détention, car « on s'éclate » beaucoup à la sortie. « Il a été montré, écrit ainsi M. Rotily, que la proportion de décès par overdose au cours des deux semaines suivant la libération est extrêmement élevée » (*op. cit.*, p. 203).

2. Contamination liée à des échanges de seringues ou à des rapports non protégés impliquant des toxicomanes (cas de viols ou de prostitution). Le taux de séropositivité relevé chez les entrants en maison d'arrêt pour l'année 1997 est de 3 à 4 fois supérieur à celui de la population extérieure pour les mêmes caractéristiques de sexe et d'âge.

Si l'« on marche aux stups pour supporter la taule » et (ou) parce qu'on est un (ex-)toxico, la consommation de « drogues » du type cannabis répond aussi, comme dans la vie courante, à un besoin de convivialité : « Ce que les mecs apprécient, quand ils sont à trois-quatre en cellule à faire tourner un joint, me dit un détenu, c'est pas seulement le joint, c'est le plaisir du partage. Et puis y a la complicité dans la transgression de l'interdit. Braver ensemble la Pénitentiaire, ça donne des bouffées de bonheur. » Et un sentiment d'appartenance à un groupe dont l'exclusion peut *a contrario* susciter des dépits dangereux : « Parfois, lorsque des fumeurs font tourner un joint, m'écrit un détenu, il peut y avoir des bagarres et des délations de la part des exclus. » Mais le cas de figure inverse m'a aussi été relaté par François, ex-« longue peine » et grand sportif, très remonté contre toutes les addictions. « Un jour, dans mon aile au CD de Bapaume, y avaient plusieurs mecs en cellule en train de fumer un pétard, y m'ont proposé de me joindre à eux. J'ai refusé ; ils l'ont très mal pris ; y m'ont traité de balance et tout et tout. » C'est qu'en refusant ce partage dans la transgression, le réfractaire est perçu comme un traître qui récuse la loi du groupe détenu et prend le parti — déloyal — du code pénal. « Ç'a failli mal tourner pour moi, poursuit mon interlocuteur, parce qu'après ils ont fait courir le bruit que j'étais un pointeur qu'avait violé un bébé de dix-huit mois ; du coup j'ai eu des problèmes en détention jusqu'à ce qu'un mec qui me connaissait d'avant fasse taire la rumeur. »

« Mais, s'étonne une fois encore le profane avec lequel je m'entretiens, ça rentre comment ? » Je souris. Une prison est souvent perçue par les non-captifs comme un caisson étanche alors que les échanges entre l'extérieur et l'intérieur sont quotidiens. Plus poreux qu'on ne croit, le caisson !

« Ça rentre comment ? » Mon ami réitère sa question avec une légère irritation dans la voix. « Par les détenus eux-mêmes quand ils reviennent de permission, par les proches (amis, famille) *via* les parloirs ou — plus rares — les projections par-dessus les murs, les intervenants divers (par compassion ou par intérêt) et... je fais une pause — le sujet est délicat — par les surveillants ripoux. » Je réfléchis deux secondes. Non, je crois bien ne rien avoir oublié.

« Et il en rentre de grosses quantités ? » Je soupire. Difficile de répondre avec précision. Primo, ces pratiques sont clandestines donc, ne rêvons pas ! on ne trouvera nulle part de statistiques fiables à ce sujet ! Secundo, selon mes sources, ça dépend des régions. Certaines maisons d'arrêt du Sud ou des grandes métropoles seraient mieux achalandées que d'autres moins « bien » situées. Par contre, si j'en crois mes informateurs, côté détenus, la drogue circule fréquemment mais en petites quantités, alors que côté surveillants, la tendance est inversée. « Par le biais des parloirs, me dit un perpète, on peut pas faire passer grand-chose, vu qu'à chaque fois, après, y a une fouille à nu. Sauf si le gars connaît bien un surveillant très précis, mais encore faut-il qu'y ait pas de tierce personne qui soit témoin des faits. Et ça, c'est pas possible partout. Au parloir, poursuit mon interlocuteur, les mecs que je connais sont approvisionnés par leurs potes, leurs frères et sœurs. Très rarement les mères. Car y a quand même un risque. A Melun, par exemple, en cas de flagrant délit, l'AP porte immédiatement plainte. Y peut y avoir arrestation au parloir, mandat de dépôt et incarcération immédiate. Donc un fils évitera de demander ça à ses parents. »

C'est pourquoi mes informateurs estiment que les surveillants, qui échappent, eux, à la fouille, sont les mieux placés pour faire entrer de la drogue (ou d'autres denrées !). « Pourquoi ? me lance un détenu, l'œil rigolard, mais parce qu'à coups de cinq cents francs, le gars pense s'enrichir. Entre des barrettes de shit, un téléphone portable, de l'alcool, des lettres postées à l'extérieur, il arrondit ses fins de mois. Et puis il a l'avantage de savoir avec qui il traficote puisqu'il peut avoir accès — ne serait-ce que par le bouche à oreille — au dossier de son complice détenu. Il sait si le mec est du genre fiable ou pas.

— Et si le détenu se fait pincer ?

— Le ripou n'est pas balancé. Il est considéré comme un délinquant « pro ». On le balance pas pour le faire durer et se le refiler entre gens de bonne compagnie.

— N'empêche, chaque année, on lit dans la presse des histoires de trafic mettant en cause des surveillants. D'où viennent les fuites ?

— A mon avis, d'autres surveillants [1] ! et, dans certains cas, les

1. Comme l'illustre d'ailleurs le passage que le surveillant Ch. Lambert a consacré à une question de trafic dans son livre : *Derrière les barreaux*, Paris, Éd. Michalon, 1999, p. 53-64.

appartenances et les rivalités syndicales doivent jouer. C'est "Règlements de compte à Syndicat Corral[1]" ! » Mon interlocuteur s'esclaffe avant d'ajouter, l'œil brillant : « Mais vous remarquerez aussi que les trafics les plus importants qui sont démantelés mettent toujours en cause des membres du personnel pénitentiaire à *tous* les niveaux de la hiérarchie. Et moi, ce qui me frappe aussi, c'est qu'aussitôt après que la presse en a parlé, l'AP met au jour une vague de petits traficotages de détenus.

— Pour recentrer l'attention sur les illégalismes de la population carcérale ?

— Bien sûr, sourit mon interlocuteur, comme si cinquante petits trafics de détenus pouvaient compenser un gros trafic toutes marchandises confondues qui met en cause quelques surveillants. Mais, conclut-il, philosophe, de nos jours, c'est plus la drogue qui tient le haut du marché, c'est le portable et aussi, vu la longueur des peines, les complicités d'évasion. Là, je connais pas les tarifs mais (hochement de tête répété) ça doit coûter très, très cher. »

La répression des « traficotages » à laquelle mon interlocuteur vient de faire allusion pourrait donner — à tort — le sentiment que « la Pénitentiaire » est intraitable en matière de trafics — et notamment de stups. Ce qui n'est pas le cas[2]. « En fait, me dit un détenu, l'AP essaie de trouver un juste milieu entre complaisance — pour les drogues douces — et répression. »

Des exemples de tolérance à l'égard du cannabis, on m'en a cité à foison : « J'étais gameleur[3] à Bapaume, me raconte ainsi un détenu ; certaines semaines, ça sentait le shit dans toutes les cellules. Mais le surveillant, lui, il avait l'air de rien remarquer. » Ce que mon interlocuteur interprète comme un signe de complicité *active*. « Pas forcément, m'objecte François, l'ex-"longue peine", simplement y en a qui s'en foutent. Y se bouchent le nez à défaut de fermer les yeux parce que le shit, c'est comme la télé, quand les mecs ont leur petite dose assurée, y se tiennent tranquilles et y font mieux leur prison. Les surveillants ont tout à y gagner. »

1. Allusion au titre du western *Règlement de comptes à OK Corral*.

2. « Ici, me raconte par exemple un détenu, la direction ferme les yeux sur les trafics de stups d'un gars parce que c'est une de leurs balances. »

3. Le gameleur va de cellule en cellule escorté par un surveillant pour servir les repas.

Mais le vent peut changer et la tolérance virer à la répression. « A la connivence officieuse, me dit un spécialiste, peut succéder le grand nettoyage. » Revirement qu'on peut observer à tous les niveaux de la hiérarchie. Un rapport sur la toxicomanie ou sur les trafics aura fait parler d'eux dans la presse ? « Alors, persifle un perpète, la Pénitentiaire jouera les grandes effarouchées et Paris déclenchera quelques opérations spectaculaires avec chiens policiers et tout le tralala. » Autre cas de figure à l'échelon d'en dessous : « Un directeur cool, me raconte le même détenu, est remplacé par un jeune croisé antishit et antisexe, du genre shérif qui veut faire appliquer la loi à la lettre. Du coup les mecs qui faisaient leurs petits trafics peinards se retrouvent tout étonnés au mitard et c'est la grogne en détention. » Troisième cas de figure : un surveillant fermait jusque-là les yeux (souvent sur les conseils implicites ou explicites de ses supérieurs), mais soudain ça sent le roussi. Risques de sanction ! Il doit faire un rapport — et vite ! — sur des infractions devenues trop patentes (ou risquant de l'être). « Par exemple (mon interlocuteur sourit d'un air moqueur), parce qu'un type est assez stupide pour se rendre en audience chez le directeur en état d'apesanteur ou bien qu'une fouille ministérielle s'annonce avec la grosse artillerie. Dans ce cas-là, le surveillant sympa préviendra, s'il le peut, certains détenus *in extremis.* » Et pas seulement par charité chrétienne mais surtout parce que lui-même risque de se retrouver dans le collimateur de sa hiérarchie.

Du fait de la variabilité de la météo pénitentiaire en matière de répression des stups et des trafics, les détenus condamnés aux plus longues peines se montrent plutôt prudents dans ce domaine et s'abstiennent en général, une fois qu'ils sont condamnés et transférés en CD ou en centrale, de susciter ou de participer activement à des trafics. Prudence oblige [1].

« L'avantage financier serait minime pour eux, observe un éducateur, alors que les risques de poursuite et de pertes de remises de peine ou de mise en danger d'une permission ou d'une conditionnelle sont importants. Et puis, de nos jours, on peut se droguer en toute légalité avec la pharmacopée fournie par les médecins. Et

1. Cela dit, l'enquêtrice que je suis doit reconnaître que c'est l'un des thèmes sur lesquels mes interlocuteurs étaient les moins diserts, ce qui ne peut que m'inciter à faire preuve de réserve dans mes conclusions.

Région : .

NOTIFICATION D'UNE SANCTION DISCIPLINAIRE

Etablissement :

Bâtiment :

Nom : Prénom :

né en : N° d'écrou :

Prévenu [] Condamné [] XX

En application des dispositions de l'art.D.249 alinéa 1 du CPP, vous avez été appelé à comparaître le devant le chef d'établissement en vue de présenter vos explications sur les faits ci-dessous indiqués:

Le 28 199

```
Ce jour, vers 10H10, lors d'une fouille intégrale le Surveillant
vous a demandé de vous baisser et de tousser. VOUS AVEZ catégoriquement
refusé d'obéir à cette injonction. UN CSP2 était présent et a assisté
à toute la scène.
```

Faits constitutifs d'une faute disciplinaire au regard des dispositions réglementaires existantes :

A l'issue de cette audience disciplinaire vous avez fait l'objet d'une décision de sanction de :

[] Relaxe

[] Réprimande

[] Autre décision :

[X] Punition de cellule de 8 jours

dont 0 avec sursis

[] Avec demande d'élévation à jours

[] Avec exécution fractionnée (jours :

En vertu de l'art.D.260 du CPP cette décision est susceptible de recours.

Vous pouvez à cette fin saisir le Directeur Régional des Services Pénitentiaires de

Adresse : :

L'intéressé reconnaît avoir pris connaissance du présent document

le à heures et en avoir reçu copie.

Signature du détenu:

Rapport disciplinaire :

le détenu a été sanctionné par 8 jours de mitard.

Au verso, l'intéressé s'est expliqué en ces termes :

« Se baisser et tousser » veut dire se pencher vers l'avant et tousser pour ouvrir le sphincter. Comme je vous l'avais écrit (si mon mot vous est parvenu ?), mes hémorroïdes n'étaient pas présentables ce jour-là et ne le seront JAMAIS pour eux. Bref, juste l'histoire d'un trou du cul voulant en voir un autre.

Des recherches de stups qui pourrissent la vie...

en plus, on encourage ces pratiques ! » C'est pourquoi certains détenus reprochent au corps médical d'être « plus préoccupé du maintien de l'ordre, plus proche de la mission de l'institution que du détenu-patient[1] » et considèrent les médicaments comme « un surplus de détention[2] » . Quitte à en user eux-mêmes indûment !

Cela dit, il en va, me semble-t-il, de l'usage des hypnotiques et autres médications comme de celui des stupéfiants : on y recourt plus en maison d'arrêt — pour les raisons que j'ai mentionnées au début de cet ouvrage — qu'en établissement pour peine[3].

Pour en revenir aux usagers de drogues illicites, même s'ils sont moins nombreux ou plus tempérants en établissement pour peine, leur présence continuera cependant à affecter le quotidien des « longues peines ». « Ils me pourrissent la vie en prison, soupire un détenu, j'ai horreur de montrer mon cul aux surveillants mais avec leurs putains de trafics on échappe pas à ce genre de fouilles. » Et Cyrille-l'avocat : « Ma génération avait encore le respect des valeurs humaines. On était voleurs mais cool. Depuis les années 1980 la came a tout pourri, les toxicos qui arrivent ici en centrale, c'est des gens qui respectent plus rien ; tout pour eux est source d'intérêt ; ils mouchardent. La plupart d'entre eux, c'est des irresponsables ! » Voilà qui incite mon interlocuteur à vivre plutôt replié sur sa cellule et ses rares copains.

En concluant cette réflexion sur les consommations de stupéfiants et leurs répercussions sur la vie des « longues peines », il me paraît utile de rappeler une évidence : la prison n'est pas la planète Mars. *Dans la mesure du possible*, on y dealera, se piquera, fumera du shit — la liste n'est pas exhaustive — comme on le faisait avant

1. Propos recueillis par M. Monceau, M. Jaeger, B. Gravier et P. Chevry, « La consommation des tranquillisants et des hypnotiques en prison : logiques à l'œuvre et enjeux », *in* Cl. Faugeron, A. Chauvenet et Ph. Combessie (sous la dir. de), *Approches de la prison,* Paris, Bruxelles, De Boek, 1996, p. 163-164.

2. « Le toubib ici, me dit un détenu, il a fait le serment d'hypocrite. »

3. Cette observation, l'enquête sur la consommation de tranquillisants évoquée ci-dessus la corrobore. Dans la typologie qu'ils esquissent, M. Monceau *et alii* distinguent en effet deux pôles : la consommation maximale serait le fait de femmes prévenues, en maison d'arrêt, alors que les condamnés masculins, ayant une certaine ancienneté, auraient, à l'opposé, la consommation minimale. Ainsi les auteurs ont-ils remarqué qu'à Clairvaux la consommation médicamenteuse passait du simple au double de la centrale (où se trouvent les plus longues peines) au CD régional, sis dans le même centre pénitentiaire (*op. cit.,* p. 159).

la détention. Par ailleurs, vu l'accroissement des incarcérations de toxicomanes et de malades mentaux[1] (sous dépendance médicamenteuse), vu la dureté des conditions de détention (promiscuité, inactivité, absence de parloirs intimes, situations d'indigence, etc.), les susdits vont inévitablement chercher à se procurer des anesthésiants, voire des revenus pour tenir le coup. Enfin, à supposer que l'administration de tutelle veuille interdire tout trafic (comme le prévoit au demeurant le code de procédure pénale) il faudrait intensifier les contrôles de tous les trafiquants possibles (détenus, familles et surveillants), ce qui provoquerait un tollé général, rendrait la vie quotidienne intenable et susciterait des mouvements de détenus ou de surveillants. Fiasco garanti ! Or, ce que souhaite avant tout l'AP — qui, soulignons-le, ne recrute pas elle-même sa clientèle, doit faire avec des structures et des prestations inadéquates, en sus d'un allongement constant des peines[2] —, c'est maintenir la « paix sociale ». Donc, pragmatisme oblige, les responsables pénitentiaires chercheront à éviter *intra-muros* les débordements violents entre trafiquants rivaux ou à réguler les consommations illicites et les trafics plutôt qu'à les supprimer[3]. Quant aux perpètes, on l'aura compris, l'âge et l'ancienneté venant, ils auront — en principe — appris à maîtriser les pratiques clandestines avec une certaine dextérité ou à s'en tenir éloignés si les coûts en temps de détention supplémentaire risquent d'être supérieurs aux bénéfices escomptés. Sauf s'ils ont perdu la tête — et l'espoir de sortir un jour.

1. Selon le Haut Comité de la Santé publique, un détenu sur cinq souffrirait de problèmes mentaux. Estimation à revoir nettement à la hausse selon mes observations.

2. Toutes conditions qui ne dépendent guère d'elle mais du vote des parlementaires et donc du choix des Français.

3. On peut d'ailleurs se demander si la disparition effective des trafics de stups ne favoriserait pas l'augmentation des suicides et/ou des addictions médicamenteuses.

Des plaisirs tarifés

« Le pauvre prend des médocs, le moins pauvre prend du shit, le plus riche prend de la coke mais elle est rare. »

« Un joint dans le milieu carcéral, par sa rareté, devient un vrai signe de richesse. »

« Le toxico qu'a pas un rond, faut qu'y rackette ou qu'y se prostitue. »

« A M. un joint de H s'échange contre un paquet de cigarettes blondes (valeur vingt francs). »

« Pour un gros pétard, j'ai casqué quatre cents balles. »

« Pour fumer un joint par jour faut être riche. Au ballon, c'est presque impossible. Aux Baumettes, quand la quantité de shit sur le marché était faible, j'ai vu des joints à six cents, sept cents francs. »

« Certains se font envoyer l'argent des allocs pour pouvoir se payer un joint. »

« La barrette de shit, c'était trois cents balles à une époque, mais j'ai vu le cas d'un gars qu'a donné ses Nike et son jogging qui faisaient six cents balles pour une barrette, juste une ! »

Bref le cours de la bourse du shit et autres stups est à géométrie très variable. Résultat : pour que la paix règne en détention, il faut, selon un spécialiste, qu'il y ait toujours assez de shit en circulation. Assez, c'est-à-dire ni trop, ni trop peu !

« En maison d'arrêt, quand y a plus qu'une barrette qui circule, qu'on ferme les robinets, les clans se l'arrachent, c'est la guerre. Mais s'il y en a trop, ça casse le marché, il est saturé, les prix baissent. A ce moment-là un clan a intérêt à contrôler le marché dans son intégralité pour faire remonter un peu les prix. Donc y a règlements de compte entre clans, on se bagarre jusqu'à ce qu'y en ait un qu'abandonne la partie. Ça se passe sous les douches, en promenade ou à la salle de sports. C'est couteau ou rasoir. L'AP connaît ces choses-là. Quand y voient un mec avec un coup de couteau, y comprennent. Et puis y sont renseignés par les balances, qui sont souvent eux-mêmes des trafiquants ou des toxicos. »

La nécessité de garder un marché fluide, bien approvisionné, on la retrouve ici et là dans les pratiques du secteur médical.

« A Fleury, les toubibs prescrivent plus de tranquillisants et de Subutex, parce qu'y savent que les mecs se font racketter. Y savent aussi que plus ça circulera, moins y aura de racket. »

Et pratiquement, ça rentre comment ?

« Si c'est juste pour la consommation au parloir, c'est pas compliqué ; il suffit de mettre la came dans un sachet ou quelque chose qui sonnera pas au portique. »

« Mon pote, c'est par les chaussures et les ourlets. »

« X vient au parloir avec un préservatif plein de shit sur le sexe. A la fin du parloir, son pote se le fout dans le cul ou dans la bouche, ça dépend du surveillant qui fait la fouille à corps ensuite. »

« Le type qui revient du parloir, qui file direct en cellule au lieu de discuter avec les copains, on sait très bien qu'il va se faire dégueuler le shit qu'il vient d'avaler. »

« A la Santé, y a une fille qu'est venue voir son ami au parloir avec de l'héro. Pas de chance, ce jour-là, y a eu débarquement de flics avec chiens policiers. La fille a eu la trouille, elle a avalé l'héro, elle a dit qu'elle avait un malaise, elle a réussi à ressortir et elle a dû être hospitalisée. »

« A Val-de-Reuil, un jour on s'est rendu compte qu'y avait cinq ballons de foot au lieu de quatre. Dans un ballon, y avait quatre cents grammes de cannabis. Mais ce genre d'opérations, c'est rare. Le shit, ça coûte ; les mecs peuvent pas se permettre des opérations trop risquées. Y vaut mieux faire rentrer peu mais bien. »

« Y a quelques intervenants extérieurs, genre dentiste ou formateur, qui donnent un coup de main, vu qu'ils sont pas fouillés, mais ils sont très vite grillés, c'est des fusils à deux coups. »

« A la MA d'Amiens, y avait des arbres autour de la prison, des jeunes montaient sur les branches et envoyaient au lance-pierre du shit, des Rohypnol et d'autres médocs. La direction a demandé à la ville de faire couper les branches. »

« A F., y a eu des envois par-dessus les murs d'enceinte mais ç'a duré une semaine. C'est pas une bonne solution. On sait pas si ça parviendra au destinataire et alors c'est du blé dépensé pour rien. »

« A D., on demande aux permissionnaires de se répartir le travail, chacun doit rapporter un peu de shit pour le groupe. »

« Le surveillant qui fournit un gars va lui déposer le shit lors d'une fouille de cellule. »

« J'ai vu un surveillant déposer le shit dans les coursives, dans la plomberie. »

« Un surveillant a caché du shit dans la cellule d'un mec qu'il voulait faire tomber. Au prétoire, que vaut la parole d'un détenu contre celle d'un surveillant ? »

« Vous savez, y a pas mal de possibilités de cachettes dans une cellule, surtout qu'il est vite dispatché et consommé. »

Et, me disent quasiment tous mes interlocuteurs après m'avoir raconté ces petits « secrets » avec moult précautions oratoires : « Y faut pas se faire d'idées : l'AP est au courant de tout. Y'a des balances partout et beaucoup plus qu'avant. Elle sait qui fait quoi, où et avec qui. » « Sauf que parfois, sourit un détenu, elle le sait avec un petit peu de retard. »

Fouille de prisonniers. Dessin réalisé par un détenu.
In C. Perrier, *Les Criminels*, Lyon, 1902.

APARTHEID SEXUEL ET HÉTÉROSEXUALITÉ

« D'un organe de plaisir, la prison fait un objet de torture. »

A.-H. B.

Dans la gamme des plaisirs et des faits de résistance « qui permettent de tenir », il y a bien sûr « le Sexe » ! Sujet incontournable auquel se rattachent des questions identitaires fondamentales. Sujet sur lequel pèse aussi un non-dit particulièrement lourd mais qui est de fait, comme dans tous les établissements monosexués (casernes ou internats...), obsédant.

Cela dit, ce que j'ai pu recueillir d'explicite sur une question aussi intime est resté limité car elle était délicate à aborder, notamment avec les hommes. J'avais d'ailleurs délibérément choisi de n'en parler que si mon interlocuteur(trice) y faisait allusion.

Univers monosexué et identité sexuée

Quoique les prisons soient placées sous le régime de l'apartheid sexuel, il y entre à l'heure actuelle de plus en plus de personnes de l'autre sexe, notamment « côté hommes », que ça soit au sein des services pénitentiaires[1], sociaux, médicaux et éducatifs, des

1. « Je me demande ce que cherche la Pénitentiaire », m'écrit un détenu du centre de détention de Melun, établissement pilote où depuis quelque temps des surveillant*es* sont de service en cellule. « C'est sûr que c'est agréable le matin d'être réveillé par une voix féminine, mais bon ! elles peuvent nous trouver à moitié à poil ou en train de faire notre toilette, c'est pas évident pour nous et à mon avis y a des risques aussi pour elles. Ce qui est sûr, c'est que ça pacifie la détention, qu'y a des mecs qui en pincent pour elles. Genre ours qui tournent

visiteurs de prison ou encore des intervenants divers : profs de yoga ou de poterie... « Ça a rendu tout plus humain », note un ancien.

Si cette mixité plus grande permet en effet de rapprocher la réalité carcérale de la vie *extra-muros*, de se positionner à nouveau comme homme ou comme femme — éventuellement séduisant(e) — par rapport à l'autre sexe, les relations avec les divers intervenants n'ont pourtant pas *a priori* de caractère « intime ». Mais dire ses angoisses à un(e) psychologue ou être ausculté(e) par un(e) généraliste a forcément à voir avec la relation sexuée et sexuelle, y compris dans sa dimension affective. La charge sexuée de ce réconfort, les soignants la confirment d'ailleurs et la perçoivent souvent avec ambivalence. A S. les infirmiers raillent les détenus, nombreux à consulter la séduisante dermatologue. Comme sont raillées de manière générale les stratégies mises au point par les reclus pour pallier les privations impliquées par la détention. « Voyez, me dit-on, comme ils sont menteurs et infantiles ! » Comme si les intéressés se conduisaient ainsi spontanément, alors qu'ils y sont acculés par le fonctionnement de l'institution.

En tout cas, l'absence de l'autre sexe va influencer profondément le vécu des détenus tout au long de leur cursus carcéral et cela excède largement les questions de sexualité.

« Cette absence est tellement présente, écrivent deux thérapeutes, qu'elle en est invisible et qu'il faut y penser pour la voir [...] mais cette absence est au cœur de tous les instants de la vie comme une infirmité à laquelle on s'habitue : il n'y a qu'elle et on fait comme si elle n'existait pas. C'est elle qui altère les relations entre les hommes. C'est elle encore qui resurgit dans certaines périodes d'inquiétude, c'est autour d'elle que parfois se structurent des pertes ou des évanescences de l'identité[1]. » Car l'identité sexuée des détenus est indéniablement menacée par leur mise à l'écart de l'autre « moitié du village ».

Un exemple ? Le cas, très répandu, des condamnés masculins qui ont été socialisés d'une façon plutôt machiste. Ainsi Y. ne

autour d'un pot de miel. Mais moi finalement ce que je crains, c'est qu'elles soient utilisées pour nous faire filer plus doux. »

1. P. Plichart et A. Golse, « Psychiatrie en prison, une clinique aux limites », *Mana,* revue de sociologie, n° 5, 1998, p. 97.

concevait-il la place de son épouse qu'au foyer ; il surveillait ses fréquentations masculines, ses sorties. Il n'avait jamais lavé lui-même son linge ni reprisé ses chaussettes... Et vlan ! Revirement de situation. Le voilà maintenant confiné, dépendant des visites et du courrier de sa femme. Ce n'est plus lui qui régente ses sorties ; c'est elle qui décide ou pas de venir au parloir, signe les carnets scolaires des enfants, lui envoie un mandat[1]... C'est lui qui va, avec les moyens du bord, entretenir son linge[2]. Y., comme bien d'autres détenus, se sent donc déstabilisé, d'autant plus que son identité sexuée est amplement mise à mal par l'assujettissement carcéral.

Dessin d'un détenu.

L'effet humoristique recherché repose sur l'allusion sexuelle et sur l'inversion des rapports de force et de sexe qui caractérisent la détention.

« Le prisonnier se définit tout entier par l'absence de phallus, écrit ainsi la psychothérapeute S. Buffard, il est celui à qui le pouvoir a été retiré, celui qui est à tout instant sous le pouvoir d'autres hommes. [...] L'homme fouillé est un homme possédé. Aussi cherche-t-il fébrilement à être un mâle [...] il traite de "gonzesses"

1. Si elle en a les moyens !

2. Cela dit, on voit toujours les jours de parloir des queues de femmes tenant des sacs de linge qu'elles rapportent à leur mari ou fils.

ceux qui sont aimables avec les surveillants, il fait fonctionner à plein tous ses mécanismes de défense et de déplacement[1]. » Bref, il en rajoute dans le comportement viril stéréotypé au point de se rendre insupportable à certains de ses codétenus dont l'*habitus* et la socialisation antérieurs sont fort différents : « Je supporte pas de vivre qu'avec des hommes, soupire ainsi Lalonde-le-psy ; j'ai pas d'amis hommes. Je me sens très éloigné du comportement des gars ici en centrale : c'est à qui essaiera d'épater l'autre ; moi je me sens plus proche de la sensibilité féminine, alors ici, je manque d'interlocutrices ; y aurait bien les infirmières mais elles gardent leurs distances. »

Autre inconvénient de ces comportements qui tendent à en rajouter dans la virilité bien visible : ils suscitent — et reflètent — un clivage de la psyché. Ainsi, quand je m'entretiens avec Y., suis-je frappée par ses angoisses enfantines, son sentiment de ne plus compter socialement, sa peur d'être anéanti (y compris par le passage à l'an 2000)[2], qui contrastent singulièrement avec les propos qu'il me tient parfois en roulant des mécaniques : « Je me plains pas, je pleure pas. OK ! je me la fais à la dure mais je suis un homme, moi ! » Voilà, me dis-je, une façon d'être qui doit l'écarteler et lui rendre la vie pas facile[3].

Le sujet de la séduction, ce sont mes interlocutrices de Rennes qui l'ont surtout évoqué. Les débuts en maison d'arrêt ont souvent été une période de « fiole » et de laisser-aller corporel. Plaire, on n'y pense guère ! Ainsi une « infanticide » me raconte-t-elle s'être débarrassée après les assises de ses habits « chic ». La vie qui l'attendait allait être monastique : elle devrait payer et toute coquetterie aurait signé son absence de remords[4].

Avec le temps, la (le) détenu(e) se reprend généralement ; une fois « installé(e) », ses possibilités d'investir dans des projets divers (études, activités artistiques, etc.) et de rencontrer par voie de

1. *Le Froid pénitentiaire, op. cit.*, p. 47-48.

2. Ces craintes millénaristes qu'on rencontre chez certains détenus cristallisent visiblement les angoisses suscitées aussi bien par le crime que par la prison mortifère.

3. Mais qui lui permet aussi de tenir son rang « d'homme » auprès de ses codétenus !

4. « Quand elle est arrivée à Rennes, c'était une loque », me dira sa visiteuse.

conséquence des personnes de l'autre sexe s'accroissent et l'envie de plaire revient — du moins chez certain(e)s. Cette évolution est surtout flagrante chez les femmes dont la socialisation antérieure a été plus axée sur la séduction. Ainsi, venant d'un établissement masculin où mes interlocuteurs étaient généralement vêtus de l'uniforme jogging-baskets, ai-je été surprise à mon arrivée à Rennes de me retrouver face à « des civiles », soigneusement pomponnées [1].

Mais les hommes, même si leurs efforts vestimentaires sont moins poussés, en font aussi à l'occasion : « Quand ils sont appelés chez l'éducatrice ou la psychologue, on les voit qui s'habillent, qui se parfument », note ce gradé affecté au CNO. Avec satisfaction. Car pour beaucoup de surveillants, le laisser-aller corporel et vestimentaire du détenu est un miroir d'une condition carcérale mal vécue. Et une source de malaise pour les agents de l'institution qui l'incarnent.

A contrario, le et surtout la détenu(e) jugé(e) trop séduisant(e) paraissent déplacé(e)s dans une institution « pénitentiaire », c'est-à-dire austère et asexuée, qui prône implicitement l'effacement et la retenue. L'exemple de Sophia Rado illustre bien les enjeux sous-jacents à la mise en scène de soi en détention. Lors de notre première rencontre, son allure, sa coiffure impeccable, le raffinement de ses vêtements m'ont surprise. Pendant quelques instants, la surveillante vêtue d'un uniforme sombre qui l'escortait m'a paru être une obscure duègne chargée d'accompagner une « personne d'importance ». Sophia l'éclipsait complètement, ce qui annulait symboliquement la réalité des rapports de subordination. Je lui en fais la remarque ; elle sourit et me dit : « J'ai accepté de vous parler parce que je veux qu'on sache qu'il y a de tout dans les perpètes. » Sophia essaie donc de réhabiliter l'image peu flatteuse des criminelles *horribiles visu* et, partant, de sa propre condition. Et puis, me dira-t-elle plus tard, elle ne veut pas qu'on l'oublie ! Commentant les réactions du personnel face à sa mise, elle soupire : « Là où le bât blesse, c'est que je fais des jalouses. On m'a dit : "Vous correspondez pas à l'image de la Pénitentiaire !" C'est vrai, je suis toujours nickel. Certaines surveillantes ne supportent pas qu'on se mette du parfum. Moi, dit-elle avec force, je suis femme et je veux pas devenir grise comme les murs ; ça fait partie de mon sentiment de survie. »

1. En tout cas lors de nos entretiens.

Mais l'absence de l'autre sexe n'est pas à lire qu'en termes de privations et de désarroi identitaire. Elle permet aussi d'investir le terrain occupé hors les murs par les hommes ou les femmes et d'y trouver éventuellement son compte. *Intra-muros* en effet la parité des rôles est *a priori* réalisée. Qu'on soit homme ou femme, on est avant tout un détenu, censé vivre seul — du moins en établissement pour peine —, astreint à faire le ménage de sa cellule, sa couture, et à gagner soi-même sa croûte sauf si on est assisté par sa famille [1].

Cette nécessité (et cette possibilité) d'investir des occupations réservées dans la vie antérieure à l'autre sexe m'a paru faire des heureux, surtout côté femmes : prestige lié à la sphère virile ? réticences à dire *a contrario* son plaisir — sauf pour la cuisine — à s'activer à des tâches « féminines » ? Côté hommes, peu de confidences donc sur ce sujet. Mais Lalonde-le-psy prend plaisir à me décrire « ces mecs qui briquent leur cellule, la repeignent tout le temps, y circulent en patins et vont répétant haut et fort : "On est des mecs, on est des mecs !" ». Pour sa part il a recours — moyennant quelques cannettes — « à un black » qui lui fait sa couture.

Les propos de Laurence Marelle illustrent bien le double désir de bien des détenu(e)s : sauvegarder leur identité sexuelle tout en profitant aussi de l'espace social rendu disponible du fait de l'absence de l'autre sexe. « Au début, raconte Laurence, j'avais une jupe ouverte sur le côté, je passais pour une fille qui provoque et avec mon histoire [assassinat de son enfant], on me faisait sentir que je devais pas m'habiller comme ça. Ça va et vient en fait : parfois je mets un jogging mais j'aime bien m'habiller avec un décolleté, une minijupe pour montrer ma féminité. » Mais Laurence travaille aussi au service général « dans des travaux où il faut de la force ». Elle note fièrement : « La place que j'ai, la direction peut pas la donner à n'importe qui ; d'ailleurs je travaille avec des hommes en commando et j'ai dit à un gars qui voulait faire un truc lourd à ma place : "Tant que je travaille au commando, tu me

1. Il est d'ailleurs intéressant de noter que ceux de mes interlocuteurs qui étaient « inoccupés » et financés par leur famille (parents ou épouse) étaient... des hommes. Les femmes, elles, travaillaient quasiment toutes. Le travail carcéral passant souvent pour humiliant, vu sa nature et la médiocrité de ses gratifications financières, les « hommes » ou « voyous » préfèrent protéger leur honneur en le récusant — l'honneur, c'est tout ce qui me reste », me dira ainsi Cyrille-l'avocat, pourtant démuni et non assisté.

prends pour un mec !" » Laurence a même réclamé des « poignets de force ». Demande qui reflète son désir de se positionner en *force* dans un univers exclusivement féminin et de satisfaire un vieux rêve : adolescente, Laurence a été orientée vers un CAP de couture alors qu'elle aurait préféré une profession plus physique. Ne me dira-t-elle pas aussi qu'elle a été une femme battue et confinée dans l'univers domestique ?

Le discours des détenues de Rennes m'a souvent rappelé les témoignages des femmes restées seules pendant la dernière guerre alors que leur conjoint était prisonnier en Allemagne. Sorties du rôle traditionnel dans lequel elles étaient cantonnées en temps « normal », elles se sont découvert des capacités et des ressources qu'elles ne se soupçonnaient pas. D'où leur manque d'enthousiasme à l'idée de reprendre un jour leur rôle traditionnel. Ainsi, sans vouloir faire passer les prisons de femmes pour des lieux d'émancipation féministe, ce qu'elles ne sont pas, force est de constater que la plupart de mes interlocutrices se sont dites incapables de reprendre une vie de couple analogue à leur vie antérieure — dominée et confinée —, alors qu'aucun homme ne m'a fait ce type de remarques.

« Je suis devenue plus assurée, plus vache ; avant je parlais pas, maintenant, si ! je peux dire n'importe quoi ! Je me laisserai plus taper ! Je suis plus la petite Jacqueline bien gnan-gnan ! » Ainsi parle Jacqueline Trième, la Normande, édentée par un mari brutal qui l'a trop souvent « arrangée ».

Curieusement, en interviewant certaines épouses de détenus, et notamment Mme Jamy, j'ai eu le sentiment d'entendre comme en écho les femmes interviewées à Rennes. Mme Jamy est une Gitane, mère de trois enfants. Son mari a pris quinze ans pour meurtre ; il est incarcéré à trois cents kilomètres de leur domicile. « Le jour où je me suis retrouvée seule, me dit-elle, je me suis dit : "Terminé ! y m'exploitera plus !" Avant y me tapait, j'étais faible, maintenant je l'admets plus et je lui ai dit : "Plus question que tu lèves la main sur moi !" » « Même un geste de violence de la part d'un mec, m'avait dit un mois plus tôt une femme de Rennes, et ce serait fini entre nous ! » « Je sais que je le surprends, poursuit Mme Jamy avec une fierté non déguisée : c'est moi qu'assume tout, la maison, les gosses, le loyer... » Sans compter les voyages tous les mois pour venir le voir à S. avec les enfants, et le CES qu'elle complète par du travail au noir.

L'énergie de mon interlocutrice m'impressionne et j'ai du mal à imaginer que cette forte femme ait eu « peur de lui avant ». Mais je ne suis pas au bout de mon étonnement : Mme Jamy, femme docile s'il en fut, qui jusque-là avait travaillé dans la confection, va démarrer dans quelques mois une FPA de... chauffeur poids lourds ! Voilà qui me rappelle Laurence Marelle et ses poignets de force !

Finalement, détenues ou épouses de détenus, ces femmes ont toutes comme point commun d'avoir été enfermées dans une relation de couple machiste et de s'en être trouvées libérées par la détention (d'elles-mêmes ou de leur conjoint). Libération définitive ? Il serait bien imprudent de l'affirmer. Francine-la-résistante, elle, est assez pessimiste. Elle me cite le cas d'une codétenue « retombée en perme sur un gars violent et revenue couverte de bleus ». Certaines habitudes ne se perdent pas si facilement, surtout quand, sortant d'un milieu clos et monosexué, on se retrouve pratiquement désarmé face au monde libre.

Une sexualité douloureuse

Les *relations* sexuelles sont hors la loi en prison[1], ce qui est en totale contradiction avec la mission impartie à l'administration pénitentiaire : maintenir autant que possible les liens familiaux des détenus et de façon plus générale favoriser leur réinsertion et, partant, leur bien-être. « La privation de relations sexuelles, me dit Michel-le-principal, c'est la pire brimade corporelle, c'est une torture. Ce que je trouve fou, c'est qu'ensuite, au bout de quinze ans, on vous fera passer devant un psy pour voir si vous êtes pas trop abîmé et si on peut vous laisser sortir[2]. »

1. « Officiellement seuls deux établissements, Casabianda et Mauzac, mettent des parloirs intimes à la disposition des détenus » (B. Bolze *et alii*, *Le Guide du prisonnier, op.cit.*, p. 135). Cela dit, il s'agit là de structures très particulières et ces dispositions concernent un nombre extrêmement réduit de personnes.

2. La souffrance, l'angoisse et les transformations consécutives à la privation de *relations* hétérosexuelles sont régulièrement évoquées par les anciens détenus qui publient leur histoire de vie, voire consacrent un ouvrage à ces questions centrales ; voir notamment J. Lesage de la Haye, *La Guillotine du sexe*, Paris, R. Laffont, 1978, livre pionnier dans ce domaine ou, plus récemment, R. Agret, *L'amour enchristé*, Paris, Éd. Blanche, 1998.

Karl Wagner, lui, me déclare tout de go que l'absence de relations hétérosexuelles ne lui pose plus de problème. « Je crois avoir canalisé cette énergie vers la réflexion. Je me sens comme certains prêtres pour qui la sexualité s'exprime surtout dans les rêves ; ça, on peut pas l'éviter. Je sublime sexuellement ; ma sexualité, elle est quelque part dans une femme catholique et fantasmatique. Si j'étais dehors, je sais pas du tout ce que je ferais ; j'ai l'impression que je pourrais avoir une aventure, mais rien de suivi. »

Mais est-on jamais sûr d'avoir dominé sa sexualité, surtout quand on n'a pas l'occasion de rencontrer l'autre sexe sur son chemin ? Un jour, Karl ne vint pas au rendez-vous pris l'avant-veille et me fit dire qu'il préférait qu'on arrête là. Un an plus tard, il m'écrivit pour s'excuser. « Ses vieux démons » l'avaient repris et il avait préféré pour sa paix intérieure ne pas poursuivre les entretiens. Au-delà de l'anecdote, l'exemple de Karl montre combien certains équilibres suscités par la contrainte sont précaires. Combien aussi la sublimation sexuelle et le détournement libidinal vers d'autres objets (spiritualité, études, création artistique) sont des processus réversibles et difficiles à maintenir à long terme dans le cadre de la prison.

A l'issue de mes entretiens j'ai eu le sentiment que beaucoup de détenus vivaient leurs rapports à la sexualité et à l'autre sexe de façon très clivée. C'est au demeurant ce que leur propose l'institution pénitentiaire. D'un côté, des relations hétérosexuelles, sentimentales et partiellement désincarnées, qui reposent essentiellement sur de la correspondance ou des visites épisodiques aux parloirs. De l'autre un auto-érotisme (masturbation, sensualité recherchée dans les activités sportives, régression au stade oral — analogue à ce qu'on observe chez les personnes âgées — avec une importance accrue accordée à la nourriture...) ou une homosexualité de « circonstance » sur laquelle je reviendrai plus loin.

Cellule de CD. Cellule d'homme, ça saute aux yeux. Pareilles décorations ne seraient jamais, au grand jamais, tolérées à Rennes. Cellule coquette, personnalisée. Patins en feutre devant la porte. Napperon sur la table. Couvre-lit et oreiller à fleurs. Roses comme la chair féminine qui recouvre tout le mur surplombant le lit. Chair à portée de main. Chair débitée en morceaux. Hauts morceaux

> tétonnants en attente de lèvres mais surtout bas morceaux offerts à l'avenant : toutes sortes de fesses, des bronzées, des très rebondies, des avec string noir, des avec rien du tout et puis une abondance de sexes, découvrant des lèvres très ouvertes, recouverts de rosée, pileux, un peu, beaucoup, pas du tout.
>
> Ici et là, au milieu de tous ces abats, quelques divines créatures, rescapées du découpage, crient leur désir, se contorsionnent dans des affres atroces, appellent à l'aide. « Je suis en manque », clament-elles, écho mensonger du râle du condamné qui les mate en se branlant.

A ma connaissance, la masturbation à base de stimuli visuels (posters et revues pornos [1], cassettes vidéo diffusées sur le circuit interne de la prison, émissions classées X sur Canal Plus, etc.) est largement — et discrètement — entretenue par les directions d'établissements (masculins) qui se retrouvent devant une double injonction : administrer au mieux des « longues peines », donc tenir compte d'activités vitales pour l'être humain tout en interdisant les *relations* sexuelles. D'où cette gestion, quelque peu honteuse au demeurant, de la « question sexuelle ».

« Vous voulez savoir, me dit, goguenard, un détenu au moment où nous nous quittons, ce que tous les détenus feront ce soir à vingt heures trente ? » Non, je veux pas savoir, d'autant plus que je sais déjà. A cette heure, la cassette vidéo louée chaque semaine par un membre du service socio-éducatif sera passée sur le circuit interne de la prison. Ce qui m'intéresse plus par contre, c'est le pourquoi de cette remarque quelque peu provocante. Derrière ces paroles, je crois entendre un je-ne-sais-quoi d'indigné, quelque chose qui me rappelle Alain Souchon : « On nous inflige / des désirs qui nous affligent.../ Foule sentimentale / assoiffée d'idéal. »

Deux jours plus tard, j'évoque le sujet avec l'une des jeunes sous-directrices de l'établissement : « Ça ne vous pose pas de pro-

1. « Je vous assure, m'écrit un détenu, c'est grave ce qui se passe. C'est un peu — avec le côté pur et ludique en moins — comme une bande d'enfants tombant sur un bouquin érotique ; ici quand il y a un bouquin porno, les gars se l'arrachent quasiment les uns des autres. Étrange aussi, celui qui lit le premier se sent AMANT PRIVILÉGIÉ bien que virtuel des filles posant nues. Là aussi il y a question ! Après, le propriétaire du livre semble une espèce de proxénète qui prête son bouquin. Moi, je suis écœuré. »

blème que l'institution réponde ainsi aux besoins sexuels des détenus ? » Non ! que ne vais-je pas imaginer ? « Il y a là une simple question d'hygiène que la vidéo porno permet de satisfaire. » Décidément j'ai trop d'états d'âme. Là où je perçois un vide relationnel déshumanisant, mon interlocutrice, en professionnelle pragmatique, ne voit qu'un trop-plein de sperme à vidanger de façon que le samedi matin, les détenus soient bien propres et détendus et que la vie carcérale puisse continuer son cours tel un long fleuve tranquille. Dépollué.

A S., c'est tous les soirs que Lalonde-le-psy, qui s'est vu confier la fonction ambiguë de « bibliothécaire », passe des vidéos pornos. « Jusqu'à deux heures du matin, me précise-t-il, c'est pour les détenus ; après, j'en mets à la demande des surveillants. » Ai-je rêvé ou cet ex-aequo surveillants-surveillés dans la sexualité non dite et honteuse lui a arraché un sourire ?

La masturbation, pour les quelques détenus (masculins) qui m'en ont parlé, souvent dans des courriers (qui mettent moins à mal la pudeur que le face-à-face), est un peu comme la langue d'Ésope : la meilleure comme la pire des choses.

La meilleure : « Je jouis, donc y a toujours du bonheur à prendre au présent ; même en prison je bande, donc je suis toujours un homme », m'écrit D. pour qui le sexe a toujours été chose capitale. Dans ce pénis qui se lève, y compris au parloir, alors que des surveillants tournent autour des boxes où des couples essaient de s'étreindre furtivement, c'est la vie qui refuse la cage que D. est fier d'affirmer, l'érection et le désir que la détention n'a pu abattre. Ce désir menacé par l'absence de pratique sexuelle et la soumission exigée par l'institution [1], beaucoup d'entre eux redoutent qu'il ne les conduise à *l'impuissance*. Ainsi doublement stigmatisé, le détenu aurait perdu non seulement tout statut social mais la base même de son identité : la virilité. « J'ai un copain, me dit D., qui s'est suicidé quelque temps après sa sortie ; il a pas supporté ! » D'être enfin libre et de ne plus être un homme.

La pire des choses : D., comme bien d'autres, bande dans le vide, éjacule alors qu'aucune union réelle n'a été consommée. *Ani-*

1. « La prison, écrit S. Buffard, est d'abord une castration » (*op. cit.*, p. 50). Et rares sont les écrits sur l'univers carcéral où ne figure pas ce mot.

mal triste sine coïtum. D. se masturbe en sachant qu'il n'a devant lui que des simulacres : la photo de sa petite amie, le film classé X. Lui qui semble fait de vif-argent s'acharne à rester vivant mais son plaisir jouxte la rage ; il remâche ce qu'il ne peut faire : l'amour interdit au nom de la justice française. C'est ce qu'il écrit, se répandant en invectives contre les juges, les jurés, la Pénitentiaire, bref tous ceux qui se sont conjurés pour le tuer intimement. Lui interdire à perpétuité les relations sexuelles, c'est un signe de plus, aux yeux de D. qui l'exècre viscéralement, que « la justice n'en est pas une », qu'elle n'est que simulacre et que cette peine qu'on lui a infligée est BARBARE.

Extrait d'une lettre d'un détenu.

Ce n'est sans doute pas un hasard si D., en mal de relations sexuelles et peu porté sur la sublimation, s'est mis au culturisme comme bon nombre de détenus. Le culturisme, c'est la possibilité de se réapproprier une virilité menacée, de la cultiver quotidiennement aux côtés de collègues qui comparent leur musculature (phallique ?) comme les ados (qu'ils ne sont plus) en se servant mutuellement de miroir. Mais ce qui compte plus que tout, pour couronner tous ces efforts, c'est la reconnaissance féminine. D. attend avec impatience de retrouver son amie au parloir pour pouvoir exhiber ses biceps turgescents, les lui faire toucher, être témoin de ses commentaires admiratifs. Le voilà rassuré : il est toujours un homme ! Un vrai !

Quant aux relations entretenues avec l'autre sexe, elles sont en fait peu physiques. Bien sûr, des rapports charnels existent au parloir[1], mais ils sont rares — les amoureux(ses) ne vivent pas tout près — et obligatoirement furtifs : « Je fais l'amour avec mon mari, me dit une femme de détenu, quand le surveillant est au bout du couloir [quinze mètres de long], j'ai peur mais je peux pas lui refuser ça[2]. »

A la centrale de P., dans la colonne qui s'achemine vers le parloir, on reconnaît facilement d'un côté « les familles », les sœurs, les mères, parfois les pères et les frères, de l'autre, les « amoureuses », plus apprêtées, solitaires et rêveuses ou regroupées à deux ou trois et se chuchotant des confidences à l'oreille, parfois ponctuées par un rire émoustillé. Devant la dernière porte, soudain le silence se fait, les visages deviennent graves. C'est l'heure H. On entre. Certaines femmes se précipitent vers tel ou tel box. « Le 27, me confie l'une d'elles, c'est le meilleur. » J'y jette un coup d'œil. Déjà pris ! En attendant les hommes, chacune occupe son bout d'espace. Genre putes d'Amsterdam attendant le micheton devant sa vitrine.

Les voilà ! La porte du corral s'est ouverte : ils sortent en file indienne. Beaucoup de jeunes, l'allure souvent sportive. Because le jogging-baskets ou les biscotteaux musculeux qui s'exhibent parfois. Effusions et embrassades dans l'allée. Puis direction les boxes.

1. Ils sont plus ou moins envisageables et périlleux suivant les configurations des parloirs, lesquelles varient selon les sites. Ainsi celui de C. m'évoque plutôt la salle de classe d'une école maternelle ; la séparation entre les divers « coins-rencontres » ne doit pas faire plus de 50 cm de haut et les ébats des couples y sont forcément visibles. Ailleurs, à S., par exemple, ils rappellent plutôt les compartiments — ouverts — d'un train où le surveillant-contrôleur arpenterait le couloir. Enfin certaines centrales seraient équipées de vidéos. Bref, rien de très propice aux relations intimes.

2. « Moi, je ne peux pas jouir dans ces conditions », reconnaît Mme Jamy, « moi, me dit Y., j'arrive pas à éjaculer ». Et d'après ce que j'entends ici et là, ils ne sont pas les seuls dans ce cas. « Dans ces conditions » de clandestinité, il n'est pas non plus question de mettre des préservatifs, ce qui pose un grave problème en matière de prévention de la propagation du virus HIV.

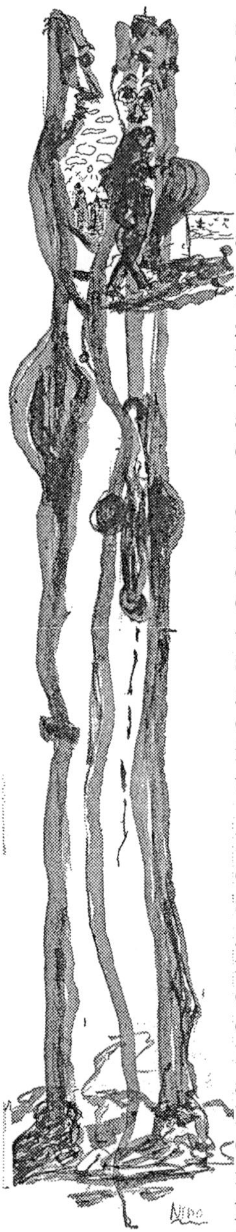

On y baisera aujourd'hui comme la semaine dernière, c'est sûr. Les preuves ? c'est pas ça qui manque. Ici un nourrisson tout neuf couine pour tout le parloir. Visiblement un produit maison. Là une femme enceinte laisse son homme palper son ventre protubérant.

Que peuvent bien penser les surveillants à la vue de toutes ces infractions vivantes ? Autant de signes flagrants de leurs « fautes » professionnelles. Ou de la schizophrénie maison ! Je scrute leur visage. Les trouve lisses et vides. Hommes qui voient sans voir. Mais qui font leur ronde, avec plus ou moins de zèle selon les jours et les consignes.

Y a pas qu'eux qui dérangent les couples. Ici, des enfants courent dans l'allée ; soudain, certains petits s'arrêtent, étonnés. Qu'ont-ils vu ? Le soir, j'entendrai maugréer dans la colonne sortante. « Machin, elle pourrait quand même tenir ses gosses ! » Et puis si y avait que les gosses ! Non, le parloir a été savamment calculé. A chaque coin stratégique a été installé soit un distributeur de boissons soit un WC. Alors la circulation est incessante.

Pauvres amants ! Les échappatoires sont limitées et insatisfaisantes. Ma voisine de droite est venue voir son jules avec sa sœur. Requise, la frangine, pour être de garde à l'entrée d'un box-baisodrome d'un mètre carré. Pas question d'être pudique ni de se pâmer bruyamment. A ma gauche, le couple a choisi la technique classique — je l'entreverrai en revenant des toilettes. Elle, assise sur ses genoux, une jupe ample et longue recouvrant leurs sexes dénudés. Coït au ralenti. Bien obligé ! vu le public inévitable. Plaisir-frustration, frustration-plaisir, c'est toujours le même enchaînement : loi d'airain des parloirs de prison.

C'est l'heure, dernières embrassades dans l'allée, dernières étreintes. Les hommes reprennent la direction des coulisses. Moins fringants qu'à l'aller, dos plus voûtés. La file des visiteurs(euses) patiente puis sort à son tour. Les visages sont graves, souvent recueillis. On n'échange guère au retour. Chacun, chacune repart le cœur chaviré vers sa vie.

« Vu les conditions », un certain nombre de mes interlocuteurs m'ont dit différer les émotions érotiques qu'ils auraient pu ressentir au parloir pour en remettre la jouissance à plus tard. Sans cesse menacés par le regard du Big Brother pénitentiaire, ils éviteront délibérément un contact physique trop frustrant et angoissant pour se situer d'ores et déjà dans la perspective du futur. Ainsi A. touche-t-il parfois les seins de sa femme mais, plus que ce contact fugace, il aime qu'elle soulève rapidement son tee-shirt devant ses yeux attentifs. Pas pour en jouir au présent. Non ! ce présent-là, trop rapide et quasi irréel, A. en a fait son deuil depuis longtemps. En fait, dès le parloir, il « fait ses provisions de souvenirs » pour les savourer en solitaire dans l'hibernation de sa vie cellulaire. Comme un photographe qui, en prenant rapidement une photo, se réserverait le plaisir de la contempler à loisir, loin des curieux, dans sa chambre noire.

Habitué depuis des années à ne pouvoir s'unir à sa femme, A., plutôt que de prendre le risque de la caresser, préfère qu'elle lui apporte un pull dans lequel elle aura dormi la veille. Ah ! son odeur, son parfum ! Pendant des jours il les humera étendu seul sur son lit... Lui-même lui proposera son tee-shirt tout empreint du souvenir de sa peau. Avant son départ, il lui fixera rendez-vous à dix heures, le soir même, pour que sa masturbation devant sa photo ne soit pas solitaire ; il la saura alors offerte à lui.

Au parloir, A. le reconnaît, il est souvent « absent », même si une partie de lui aspire avidement toute cette féminité qui lui fait face. A. a tellement pris l'habitude de se blinder qu'il semble ailleurs. Le présent, il en parlera dès qu'il sera passé et que lui-même sera seul, donc capable de recontacter ce que des années de prison lui ont interdit de ressentir dans l'instant. Pour pas souffrir, pour supporter, pour pas se trahir. A la fin des parloirs, sa compagne se plaint parfois de son indifférence or, les jours suivants, A. va se passer au ralenti tout le film de leur rencontre. Un jour, il me dira :

« La première fois que je l'ai revue, j'étais tellement ému que j'étais pas là. »

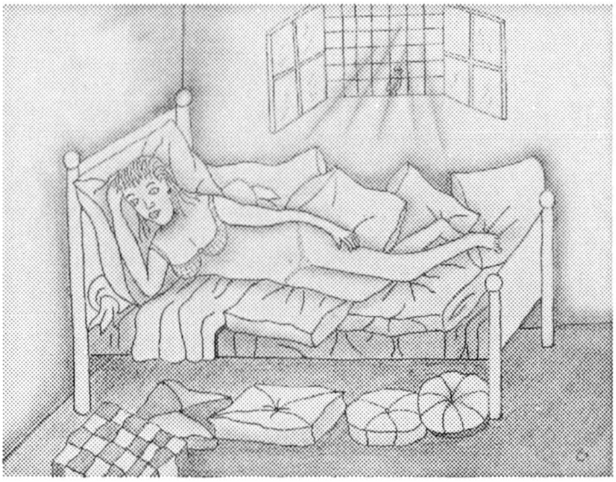

A quoi rêve un détenu dans sa cellule ?

Mais pour la plupart des détenus, ces bribes de rapports charnels avec l'autre sexe ne représentent qu'une infime partie du temps carcéral. Et dans la pratique, les rapports « amoureux » qu'ils entretiennent avec une personne étrangère à la détention sont par la force des choses majoritairement désincarnés, qu'il s'agisse d'un(e) correspondant(e) connu(e) par petite annonce, d'un(e) intervenant(e) extérieur(e) ou d'un(e) ex-compagnon(-gne). Encore plus désincarnés s'ils lient des détenus des deux sexes qui ne peuvent évidemment communiquer que par écrit.

« Excessives et fantasmatiques ! » « Ces correspondances ne tiendront pas le choc par rapport à la réalité », observe froidement Francine-la-résistante. Ce qui l'irrite, c'est ses codétenues — « elles se racontent des histoires ! » — mais aussi l'attitude des surveillantes qui, en demandant des nouvelles du « p'tit ami », accréditent un leurre. Or ce qui indigne plus que tout mon interlocutrice, c'est que l'institution conforte les simulacres de relations qu'elle induit. Et, ce faisant, participe à l'infantilisation des recluses.

En fait, il en va des correspondances entre détenus des deux sexes comme de la quasi-totalité des relations amoureuses des « longues peines » en prison : elles sont pour la plupart vouées à n'être que des accompagnements de quelques mois, voire quelques années, rarement plus, même si dans ce domaine les hommes — et notamment ceux issus du milieu — semblent nettement plus avantagés que les femmes.

Artigo-le-Marseillais, vingt-quatre ans de détention, a pour sa part convolé en prison avec une « connaissance d'avant », s'est « séparé » d'elle ultérieurement et « [s'est] remis avec elle » quelque temps avant sa (future) libération conditionnelle. S'il est le seul parmi les détenus que j'ai rencontrés à s'être marié, son cas n'est cependant pas isolé mais là encore, il s'agit d'une spécificité masculine. Les exemples similaires au féminin semblent rarissimes. Ces mariages, s'ils aident à vivre pendant un certain temps (les épouses viennent souvent s'installer dans la ville voisine, fréquentent le parloir assidûment), n'ont guère d'avenir après la libération si j'en crois l'aumônier de C. : « Ça se solde souvent par un divorce quelque temps après la sortie », m'assure-t-il.

En tout cas, près de la moitié des hommes et des femmes que j'ai rencontrés m'ont dit avoir eu une « relation sentimentale » à un moment de leur cursus. Relation... ou plutôt bluette platonique, qui avec « un détenu qu'a travaillé un été ici » (à Rennes), qui avec « une enseignante plus que sympathique »... Ces « idylles » m'ont paru surtout concerner des condamnés « installés ». Aucune de ces relations ne semblait au demeurant bâtie dans le béton et si les amoureux caressaient des projets communs, les obstacles à leur réalisation ne manquaient pas.

A contrario, un petit nombre de condamnés avaient vécu en détention la fin de leur couple, la plupart du temps dès la maison d'arrêt, en raison, semble-t-il, non pas tant de la longueur de la peine que des tenants et des aboutissants du crime commis.

L'exemple de Paco Perez, trente-trois ans, dont dix de détention, illustre bien les diverses formes que peut prendre la vie sentimentale en détention. Quelque temps après son arrestation (suite à un assassinat crapuleux), sa femme lui fait part de son désir de divorcer. Le coup sur la tête ! Désemparé, Perez cherche — et trouve — une bouée de secours : les petites annonces. « A un moment, me dit-il en souriant, j'ai eu jusqu'à quatre-vingts correspondantes ; mais en fait, je triais très vite. » Passé l'effervescence du début, il réduit progressivement sa graphomanie, sans jamais sortir complètement du « réseau PA ».

« Je vis maintenant en *concubinage* avec une Marseillaise, poursuit Perez ; elle a trente-huit ans, moi trente-trois ; c'était la sœur d'un de mes copains et c'est la fille adoptive de mon codétenu ; elle vient me voir une fois par an ; on a beaucoup de projets ensemble (enfants, maison) ; elle fait partie de ma vie, y a des photos d'elle partout, on se téléphone tous les quinze jours, on discute sur tous les sujets. Je lui écris quatre fois par semaine, elle, une fois. »

Bien sûr, j'écoute attentivement Paco Perez et quand il évoque son amie, son enthousiasme fait plaisir à voir tant il détone au milieu de la morosité carcérale, mais ce mot « concubinage » qu'il a prononcé au début de notre entretien me laisse perplexe. Il évoque un partage charnel et spatial qui colle mal, c'est le moins qu'on puisse dire, avec une rencontre qui n'a lieu qu'une fois l'an dans le cadre peu intime du parloir de C. Ce singulier « concubinage » me rappelle l'un de mes précédents interlocuteurs, « sorti » en maison d'arrêt avec une étudiante. Je fais part de mon étonnement à Perez qui me rétorque aussi sec : « Y'a que mon corps qu'est en prison, mon esprit est sans menottes ni barreaux. » Que répondre à cela ? J'opte prudemment pour le silence.

« J'ai tout perdu en prison mais j'ai retrouvé quelqu'un, une femme, un *foyer* — le mot “foyer”, pour incongru qu'il me paraisse, est bien dans la logique du *concubinage* ; ça me permet de vivre ma détention différemment. C'est ma raison n° 1 de tenir ». Cette relation va-t-elle durer ? J'effleure le sujet quand Perez me dit qu'il en a peut-être encore « pour cinq, six, sept, allons jusqu'à huit ans ! » ; il a plein de projets mais il sait bien qu'il ne faut pas « hypothéquer l'avenir » et, malgré la conviction avec laquelle il m'a parlé de son amie, il ajoute : « Si on pouvait rester amis, ça serait bien ; c'est une fille chouette » et, après un soupir, il conclut : « Je suis blindé par rapport à beaucoup de choses. » CQFD ; tout commentaire serait superflu.

Il est difficile de conclure un chapitre traitant d'un sujet qui prêterait encore et toujours à commentaire. Et de le conclure en gardant son sang-froid car ce que j'ai vu, entendu ou deviné m'a souvent fait sortir de mes gonds. Et je mesure mes mots. Comme Simone Buffard, j'ai pu constater que bon nombre de mes interlocuteurs avaient eu des relations à l'autre sexe plutôt difficiles avant leur incarcération et que ce qui leur était proposé en détention, années après années, était aussi déshumanisant que cruel et inadéquat. Voilà qui laisse fort mal augurer de l'avenir, après la libération[1]. Sauf à ne pas s'en soucier, ce qui est de toute évidence le cas. Car un pays qui s'inquiéterait réellement du sort de ses ex-« longues peines » ne saurait s'y prendre plus mal.

1. Dans son livre *L'Homme de métal*, Paris, Éd. Existences, 1995, J. Lesage de la Haye décrit les difficultés d'un ancien détenu incapable de se débarrasser de la carapace qu'il s'est forgée en prison et de retrouver une vie sexuelle normale.

Les détenu(e)s relèvent souvent la crudité des propos tenus sur l'autre sexe, chez les hommes notamment. L'un d'eux s'étonne du « drôle de langage que les gars tiennent sur les femmes : à les écouter on a l'impression qu'elles pensent qu'au sexe ». Bien sûr les discours crus se tenant généralement entre proches du même sexe, je ne pouvais m'attendre à en être témoin mais, pour ma part, ce qui m'a surprise, c'est surtout l'idéalisation de la Femme par certains détenus. Femme pétrie de romantisme, femme qu'on doit protéger de la vilenie de ce monde et notamment de la prison. Combien de fois ai-je entendu cette phrase : « Mettre les femmes en taule, ça devrait être interdit » ?

Cette femme qui manque cruellement en prison doit aussi ne pas être salie par elle. Alors que toute la personne du reclus est contaminée par la détention, ce qu'il porte (haut) dans son intimité doit rester préservé du stigmate carcéral. N'est-ce pas d'ailleurs ce que clame la dernière lettre d'Artigo qui attend toujours — après vingt-quatre années de détention — sa conditionnelle ? Sa femme et sa fille viennent d'être incarcérées : il est catastrophé : « Je préférerais, écrit-il, faire plus de prison et pouvoir leur éviter de vivre ça. »

Pour en revenir à l'idéalisation de la Femme, je suis quasi persuadée que certains de ces dévots ont dû battre la leur dans une vie antérieure. Mais cela ne les empêche pas de s'accrocher à cette image de femme-icône, juchée sur un piédestal, et quand j'essaie de contester cette vision, je vois bien que mes interlocuteurs ne sont pas prêts à se laisser « désenchanter ».

Cette idéalisation, deux psychologues l'évoquent dans un article qu'ils ont consacré à la sexualité en prison[1]. Selon eux, confronté au manque de l'autre, le détenu oscille entre un double mouvement : « D'une part, la construction d'une image de la femme totalement idéalisée où le sujet tente de réparer ce qu'il n'a jamais pensé ou agi jusque-là. Cette construction s'accompagne de projets de vie eux-mêmes idéalisés. [...] D'autre part, l'élaboration d'une image persécutrice liée directement à la frustration et aux angoisses d'abandon consécutives, provoquées elles-mêmes souvent par un retard de courrier, une absence au parloir ou une rupture authentifiée. »

Concubine idéalisée ou persécutrice, source de souffrance et de désillusion, pour les auteurs, il y a « de constants allers et retours, entre ces deux images », qu'ils assimilent à « un travail de deuil, de déliaison » qui va permettre « une mise à distance et un investisse-

1. M. Desbarats et A. Martinez, *Revue Forensic*, n° spécial, 1er trimestre 1995, p. 15.

ment dans le travail ou des activités intellectuelles ou sportives en détention ».

La femme persécutrice, je dois dire que je l'ai peu rencontrée, beaucoup moins en tout cas que l'homme persécuteur car les crimes commis par les femmes interviewées à Rennes avaient souvent partie liée avec leur relation de couple (assassinat de l'enfant, par exemple, à l'instigation du conjoint).

C'est peut-être, me dis-je, que la femme persécutrice est une image plus prégnante en début de cursus — et justement les psychologues précités pratiquent en maison d'arrêt ! —, qu'on l'ait tuée parce qu'elle vous avait quitté (cas de Michel-le-principal) ou trompé (cas d'Irénée-le-Réunionnais), à moins d'avoir été dénoncé par elle (cas de Pereira-le-DPS) ou d'avoir été tout simplement abandonné (cas de Christophe Geng) après la découverte du crime. Or tous les détenus que j'ai rencontrés avaient au minimum cinq ans de détention derrière eux — et le plus souvent bien plus. La haine s'était-elle affaiblie avec le temps ?

En fait, si cette image persécutrice n'a pas retenu mon attention, c'est surtout, me semble-t-il, qu'elle me paraissait bien plus justifiée par les faits que l'image mièvre de l'autre sexe que certains m'ont évoquée. Sauf, et la précision est d'importance, les femmes de Rennes.

Carnet de bord n° 6

La sociologue elle aussi a un sexe et celui de ses interlocuteurs ne lui est pas indifférent. J'enfonce une porte ouverte ? Oui, je sais, mais je trouve bon de le faire. Dans le domaine de la recherche, comme en prison, on fait si souvent comme si le corps, le sexe et compagnie, tout ça n'existait pas ! Sauf comme objet d'étude, mais, en ce qui nous concerne, nous les scientifiques, entités asexuées comme les anges du Moyen Age, on est au-dessus de ça. Tu parles !

« Tu préfères travailler dans une prison d'hommes ou chez les femmes ? » Question couramment posée, réponses à géométrie variable. Tout ce que je sais, c'est que je suis soulagée quand je passe d'un univers à l'autre. Je le sens très nettement en arrivant à Rennes. Impression de me retrouver face à des alter ego. Enfin, presque... Le sexe, bien sûr mais aussi le langage, l'habillement, la sensibilité. Moins exotique, c'est sûr, mais reposant.

Et puis, côté femmes, j'ai jamais peur physiquement. Si, ça m'est arrivé une fois ! En maison d'arrêt. Une arrivante, inculpée pour homicide, au bord de la crise de nerfs et prête à tout casser.

Enfin et surtout, je me sens plus libre, plus insouciante. Bien sûr, la sexualité est refoulée ici comme ailleurs mais, bon ! ça ne joue pas sur mon travail ! A Rennes, je peux m'habiller à ma guise. Robe courte ou jupe longue, peu importe. Mon corps sera détaillé peut-être, mais pas comme chez les hommes.

A Fresnes, à S. ou à C., c'est une autre paire de manches. A chaque fois, l'impression d'entrer dans une caserne. Toilette sage, vêtements amples, pas de parfum. Ma ligne de conduite, c'est rassurer la Pénitentiaire, ne pas provoquer les détenus. Je suis pas une pin-up, loin de là ! et de surcroît j'ai, Dieu merci, l'austère étiquette de « chercheur (mot masculin) CNRS », mais n'empêche ! l'AP, je connais ses hantises, sa peur du désordre, voire certains de ses fantasmes. « Les femmes qui viennent en détention, c'est pour mouiller leur p'tite culotte », voilà un commentaire que je suis pas près d'oublier. Projection d'un obsédé ? Peut-être ! mais qui en dit long sur ce que peuvent penser certains membres du personnel. Quant aux détenus, assis en face de moi, je connais leurs intérêts, leurs frustrations, je sais ce qu'ils vivent, du moins ceux qui n'ont plus de copine depuis belle lurette. Quand ils en avaient !

« J'aime bien Elisabeth Hubert, la ministre », me confie un jour Cyrille-l'avocat d'un air rêveur. Affinités politiques ? Je le croyais pourtant anar. Que nenni ! « Elle a un beau cul », m'explique-t-il sans ambages. Et Dodelet-le-mineur, en veine de romantisme : « Quand je vois une femme en détention, j'aime lui mater le cul. » Fulgurance soudaine. Alors que je m'efface poliment devant les détenus à l'entrée de « mon bureau », Dodelet, lui, insiste toujours pour me laisser passer. Moi qui m'étonnais de la courtoisie de cet homme un peu fruste ! En tout cas, c'est clair, côté hommes, la sociologue ne peut guère oublier qu'elle a un corps et un cul.

Pourtant, on est toutes d'accord là-dessus — enseignantes, visiteuses de prison ou sociologues —, on peut pas reprocher aux détenus d'acte déplacé, de propos graveleux. Pas en notre présence en tout cas. Non, ce qui est parfois pesant, c'est les regards, même furtifs. Sensation que chaque détail vestimentaire, chaque geste est enregistré et commenté intérieurement. Et puis de temps à autre, l'un d'entre eux risque une remarque, pas salace, ça non ! mais l'on y devine les non-dits, les ruminations solitaires en cellule.

« Je me suis demandé, me dit l'un, en me regardant d'un air pénétrant, si vous étiez une vraie blonde. » Je balbutie quelques paroles anodines, rougis un peu. Parlons d'autre chose !

« Ça me ferait plaisir de vous inviter un jour au restaurant. » Celui-là rêve tout haut ; le pauvre, il est pas près de sortir ! « Mais bon [il rougit], je sais pas ce qu'en dirait votre mari ? » Regard interrogateur. Le coup du mari, j'y suis habituée. Question classique. Selon les jours, je souris en silence ou réponds laconiquement, un peu distante.

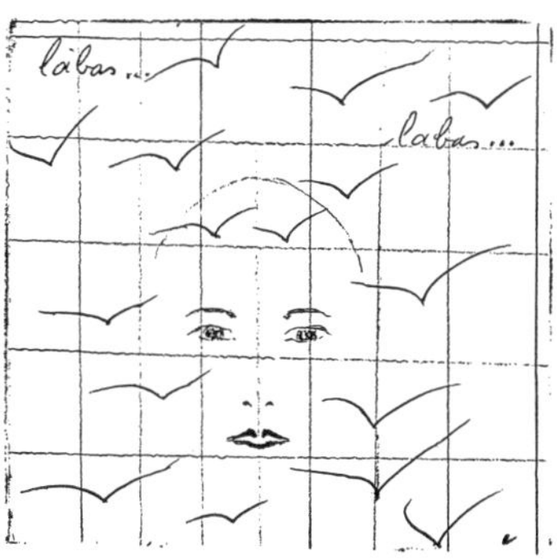

Portrait idéalisé de l'auteure.

En fait, cet intérêt, ces espoirs, tout ça m'émeut — la vie est toujours là qui ne demande qu'à refleurir —, me flatte ou me met mal à l'aise, c'est selon... selon les hommes qui me font face et les variations de mon baromètre intime. Pourtant, même quand je suis dans mes petits souliers, jamais je ne leur en veux. Quoi de plus normal après tout que ces propos ? D'ailleurs, qui a demandé à les voir, qui leur pose des questions intimes ? qui essaie d'avoir avec eux des échanges vrais et cordiaux ? Moi, bien sûr. Alors qu'au fil des jours certains s'enhardissent et me soumettent à mon tour à la question, quoi de plus légitime ?

Il n'empêche, côté femmes, c'est plus simple, moins ambigu et pourtant, quand je quitterai Rennes pour S., à nouveau je me sentirai soulagée. Le contexte est moins feutré. Je suis dans une prison, pas dans un couvent ! Oui, ç'a le mérite d'être clair mais y a pas que ça ! Plus que les hommes — et pour cause ! —, les femmes de Rennes me renvoient en miroir les vicissitudes de la condition féminine. Femmes battues, femmes dominées, femmes enceintes à leur corps défendant, femmes sous influence.

En les écoutant, c'est mon histoire et celle de mon sexe que j'entends. Quand j'étais gosse, pour moi qui rêvais d'explorer le vaste monde, mes idoles étaient — hélas ! — masculines, en tout cas pas ces femmes, satellites des hommes, confinées dans la sphère domestique que je voyais autour de moi. Ah, surtout, surtout, ne pas vivre cette vie-là !

Départ pour l'Amérique, entrée dans le féminisme, dans le concubinage libre, dans le décryptage du social et la psychanalyse. Comme beaucoup de mes congénères, j'ai essayé de « me libérer ». Pensé que les femmes qui allaient en taule payaient pour avoir transgressé l'ordre patriarcal. D'où l'émergence de mon intérêt pour les prisons de femmes.

Or à Rennes, tout ce que j'entends, je parle des vies d'avant la prison, me renvoie en pleine figure la face sombre de la féminité, celle qui m'a angoissée, que j'ai tenté de rejeter dans les limbes de ma mémoire. Malaise diffus. Souvenir, que me veux-tu ? Quoique... Elles remontent la pente, ces femmes, du moins certaines, et leurs lendemains chanteront, je l'espère, bien plus que leur passé. Que notre passé.

Écoutez, cela vous semblera idiote, mais grâce à vous, J'ai l'impression d'être un peu vivant à l'exterieur, eh oui ! vous me donnez (vous réelle), respect de par vos etudes, de la admiration et fierté de vous avoir connue, et même cela crée une attirance (choses de detenu ? oui peut-être), mais cela me dit que je suis vivant.

Extrait d'une lettre envoyée à l'auteure par un détenu étranger :

« Écoutez, cela vous semblera idiot, mais grâce à vous, j'ai l'impression d'être un peu vivant à l'extérieur, eh oui ! vous me donnez (vous réelle), respect de par vos études, de l'admiration et fierté de vous avoir connue, et même cela crée une attirance (choses de détenu ? oui peut-être), mais cela me dit que je suis vivant. »

DÉTENTION ET HOMOSEXUALITÉ

« L'homosexualité est présentée comme un fléau extrêmement répandu, mais qui épargne évidemment ceux qui en parlent[1]*. »*

Une pétition demandant l'instauration de parloirs intimes a récemment circulé parmi les compagnes d'hommes détenus dans un établissement du Sud-Ouest de la France. « Nos maris n'ont pas le droit d'avoir de relations sexuelles avec nous mais on leur distribue des préservatifs. La Pénitentiaire veut donc en faire des homos ? » Tel était le thème central de cette pétition. Résultat ? Côté épouses, plus de deux cents signatures, côté administration, zéro réponse.

Cette démarche souligne l'incohérence, moult fois dénoncée, d'une institution adonnée à la double injonction. D'un côté, on interdit aux détenus les « relations » (hétéro)sexuelles mais — sida oblige — de l'autre, on les incite officiellement à se protéger en cas de relations illicites (hétéros ou homos)[2]. Qu'est-ce à dire ? Ou, plus exactement, qu'est-ce *à ne pas dire* ?

Cette pétition soulève aussi la question du sens des relations homosexuelles en prison, des satisfactions et des problèmes qu'elles peuvent apporter, voire de la remise en cause identitaire

1. S. Buffard, *Le Froid pénitentiaire, op. cit.*, p. 44.

2. En principe on doit trouver dans toutes les infirmeries des établissements pénitentiaires des corbeilles remplies de préservatifs dans lesquelles les détenus peuvent plonger la main sans mot dire. Mais suivant la « sensibilité » du médecin responsable, la corbeille en question est parfois laissée obstinément vide. L'obtention d'un préservatif nécessite alors de la part du détenu une demande explicite, ce qui en décourage plus d'un.

qu'elles risquent de susciter, chez les « longues peines » en particulier.

Une homosexualité à géométrie variable

Lors de la présente enquête, quatre personnes sur vingt-sept m'ont évoqué leur homosexualité. Dans quelle mesure ce chiffre reflète-t-il la réalité des pratiques ? je serais bien en peine de le dire. D'abord il s'agit d'un sujet tabou, notamment en maison d'arrêt[1] et en centrale, types de structures auxquels peut le plus s'appliquer l'épithète d'« annexe de la maison des hommes[2] » que Daniel Welzer-Lang *et alii* accolent à la prison : celle-ci contribue selon eux « à la production et à la reproduction de l'ordre masculin et de la domination masculine[3] » *via* notamment la diffusion de discours et de pratiques homophobes[4]. Et puis, en maison d'arrêt comme en centrale, les relations homos se vivent en général à l'abri des regards. Comme me l'écrit ingénument un détenu : « Si deux cocellulaires font des trucs ensemble, comment puis-je le savoir ? Je suis pas dans leur cellule. » Ce n'est en effet que dans le secret des huis clos cellulaires que l'on s'autorise ébats et attouchements divers. Et parfois dans les douches, quand elles sont collectives. « Mais là, me dit C., en MA et en centrale, faut faire gaffe ; c'est des branlettes vite fait sur le gaz. » Sexualité sommaire donc, au point où certains récusent le terme de « relations » homos. « C'est plutôt, me dit un détenu, un retour aux cours d'école. On rejoue à touche-pipi, on échange des services : "Je te branle, tu me suces." C'est pas désagréable, mais bon ! c'est pas vraiment mon truc ! J'ai l'impression de régresser. »

Si des détenus se font repérer en flagrant délit d'homosexualité, gare aux représailles ! Quolibets, brimades, voire abus sexuel si

1. « Ici, m'écrit un détenu, c'est motus et bouche cousue. »

2. D. Welzer-Lang, L. Mathieu et M. Faure, *Sexualités et violence en prison*, Lyon, OIP, Aléas, 1996, p. 109.

3. *Ibid.,* p. 110.

4. Dans certaines grandes maisons d'arrêt, on demande aux prévenus écroués s'ils sont homosexuels. S'ils répondent par l'affirmative, ils peuvent être mis à l'isolement comme d'autres détenus devant être particulièrement protégés : policiers, surveillants, etc.

l'infracteur ne sait pas ou ne peut pas se défendre : on punira l'enculé de pédé en l'enculant, ce qui ne fera pas de l'abuseur un pédé, non ! trois fois non ! mais, par un retournement quasi jésuitique, « un homme, un vrai, qu'a des couilles ».

Mais c'est sans doute en centrale où l'*ethos* est forgé par les « durs »[1] et les relations homos plus difficiles à entretenir[2] que la stigmatisation est la plus forte. « A S., me dit Lalonde-le-psy, c'est très mal vu ; quand deux durs sont surpris dans les douches, ils demandent d'eux-mêmes l'isolement puis leur transfert ; plus personne ne leur parle. C'est une société néo-fasciste ici, y a plein de racismes qui se superposent : contre les pointeurs, les homos, tel ou tel groupe ethnique... »

Quid des réactions du personnel pénitentiaire ? Là aussi, elles sont à géométrie variable suivant le type d'établissements, l'esprit insufflé par la direction (tolérance zéro ici, liberté relative là[3]) et bien sûr la sensibilité de chaque individu. Cela dit, comme l'observe un surveillant, la tonalité générale c'est : « Pendant qu'ils s'enculent, ils ne scient pas les barreaux[4]... » Bref, on ferme plutôt les yeux sauf si « l'on veut emmerder le mec ou la nana ». Et « l'emmerder, c'est lui mettre un rapport disciplinaire ou faire charitablement circuler l'info en détention. Après c'est "gare à ta gueule" en promenade ! » observe un ex-détenu.

Ce type de réactions, on peut le trouver même dans les structures où les relations homos jouissent *a priori* d'une plus grande tolérance de la part de la population carcérale et du personnel, à savoir les établissements féminins et les centres de détention masculins (comme C.[5]). Des exemples ? Un des permanents de l'Observatoire

1. C'est en centrale que subsistent encore chez les anciens du milieu et un petit nombre de braqueurs des formes résiduelles du vieux code du banditisme : Honneur, Résistance à l'ordre pénitentiaire et... Machisme.

2. En centrale, chaque détenu est seul en cellule et la liberté de circulation à l'intérieur de l'établissement limitée.

3. Dans un centre de détention que j'ai visité, le chef d'établissement avait demandé aux surveillants de ne pas faire de rapport disciplinaire quand les détenus avaient des relations sexuelles dans la sphère « privée », concept *a priori* étranger à l'univers carcéral où le détenu ne peut prétendre à un tel espace. Cette consigne, très appréciée des détenus, était par ailleurs en totale opposition avec une circulaire officielle émise par « Paris ».

4. Ch. Lambert, *Derrière les barreaux, op. cit.*, p. 95.

5. « C., m'écrit un détenu de M., on l'appelle "la centrale des culs-cassés" à cause du nombre d'homos qu'il y a là-bas. »

international des prisons[1] avec lequel je m'entretiens m'en cite deux : « L'attitude des surveillants est très variable, me dit-il ; à la MAF de Fleury, y a des filles ouvertement homos, des couples qui s'affichent et une bonne partie des surveillantes sont plutôt cool avec elles mais, par contre, on a été alerté pour un cas grave à Nîmes, où certains membres du personnel tiennent d'ailleurs des discours homophobes. Y avait deux filles qui filaient le parfait amour dans la même cellule jusqu'au jour où une gradée a voulu les emmerder ; elle les a donc séparées. A partir de ça, l'une d'elles a commencé à péter les plombs au point où, le jour de sa libération, elle a été internée d'office en hôpital psychiatrique. Elle s'est suicidée une semaine plus tard. » Un ange passe... « Quelle connerie la vie ! » écrivait Prévert et « comme elle est fragile ! » me dis-je, la gorge soudain serrée.

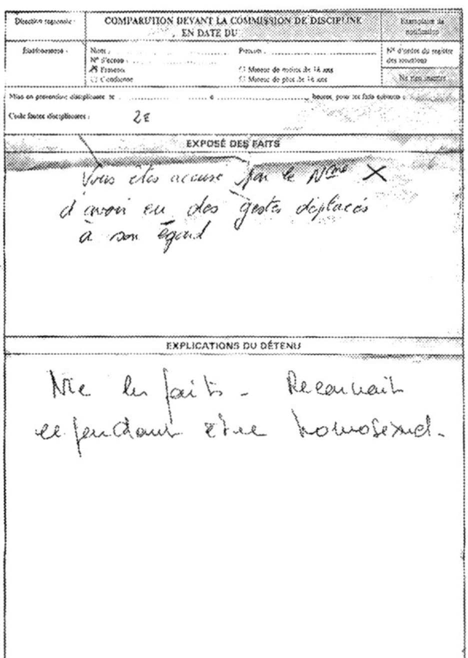

COMPARUTION DEVANT LA COMMISSION DE DISCIPLINE
EN DATE DU

Code fautes disciplinaires : 2E

EXPOSÉ DES FAITS

Vous êtes accusé par le Nom X
d'avoir eu des gestes déplacés
à son égard

EXPLICATIONS DU DÉTENU

Nie les faits. Reconnaît
cependant être homosexuel.

Rapport disciplinaire pour un problème d'abus sexuel que l'intéressé nie. On notera le commentaire : « Reconnaît cependant être homosexuel. »

1. Cette ONG s'est donné comme objectif la défense des droits de la personne détenue.

Autre exemple qui a pour cadre le CD de T., une structure *a priori* relaxe dans ce domaine. « Y'avait deux cocellulaires qui avaient des relations amoureuses, m'explique mon interlocuteur. Or un matin, le surveillant qui a ouvert la porte les a trouvés à poil au pieu. Aussi sec il crie à l'outrage à la pudeur, fait un rapport disciplinaire : les deux détenus sont séparés. Depuis cet incident ils ont des problèmes avec les surveillants. Ils ont demandé leur transfert pour un autre établissement, mais ça fait deux ans et demi qu'ils l'attendent. »

La morale de ces histoires ? Avoir des pratiques homos dans des lieux disciplinaires comme les prisons, qui au demeurant les suscitent, risque toujours de vous amener des complications...

Cela dit, dans la plupart des CD comme Rennes ou C. où vivent des « longues peines » et où l'ouverture des cellules facilite les rencontres, la tendance générale est à la tolérance. « La durée accrue des peines, soupire un surveillant, fait que les gars n'en peuvent plus et finissent par sauter le pas. » D'autant plus que la présence accrue de délinquants sexuels dans ces structures bat en brèche l'*ethos* machiste et homophobe en vigueur dans les centrales sécuritaires. Ainsi, au CD de C., selon un ancien (hétéro), cent vingt détenus sur quatre cent trente vivraient en couple : « Les gars marchent ensemble dans la cour, y se tiennent par la main ; y en a même qui font des partouzes en cellule, vu que la circulation à l'intérieur du CD est relativement libre. »

En tout cas, ceux qui pour diverses raisons « ont tourné leur veste » semblent l'avoir fait lors de leurs premières années de détention. Sexualité de substitution pour beaucoup[1] (Laurence Marelle notamment). Découverte d'un aspect de soi-même qu'on jugeait inacceptable jusque-là (cas d'un détenu qui après le meurtre de sa maîtresse a « reconnu » son homosexualité)[2]. Sexualité de

1. Des surveillants m'ont évoqué les cas de quelques détenus qui, après la visite de leur conjointe au parloir, rejoignaient leur « petit ami » en détention sans que, selon eux, leur compagne ne se doute de cette double vie.

2. Karlin et Laîné, qui ont suivi et filmé pendant un an ce détenu pour la série « L'amour en France » semblent avoir joué un rôle déterminant dans son changement de cap.

protection et de dépendance pour tous les détenus paumés[1] qui trouvent soutien moral et financier auprès d'ancien(ne)s plus aguerri(e)s. Enfin sexualité de soumission et de dégradation pour d'aucuns — dont X. qui raconte avoir été violé et torturé au tout début de son long parcours carcéral. Autant de cas cités, autant de relations « sexuelles » à tonalités différentes. Avec cependant un dénominateur commun, pour celles du moins qui ont été choisies : elles permettent un ancrage positif dans le présent de la détention en colorant de plaisir le cadre quotidien *a priori* récusé. Ce qui correspond précisément au vécu de Jacques Pelletier.

> J'aime voir arriver Jacques. Jeune (trente-sept ans), intelligent, spontané, il est de surcroît toujours enjoué. Et pourtant quelque chose en lui me déconcerte. « Un gars dangereux », m'a dit le membre du personnel qui me suggérait de le rencontrer. Dangereux pour qui ? Pourquoi ? Avant ? Encore maintenant ? Je l'ignore. Bien sûr Jacques a commis un acte affreux. Avec son complice, un villageois comme lui, ils ont, un soir de goguette, suivi « un vieux » jusque chez lui, puis ils l'ont détroussé et assassiné avant de mettre un peu plus tard le feu à sa maison. Mais cette horreur, Jacques ne l'élude pas ; au contraire, il l'évoque fréquemment. Non, ce qui me surprend sans doute, c'est l'alliance d'éléments disparates que je perçois en lui : des propos qui me touchent par leur candeur, leur fraîcheur enfantine, son goût prononcé pour les blagues, sa franchise mais aussi ce justaucorps de cycliste qui moule un torse dont la rigidité parfois me frappe. Et puis ces lunettes fumées qui, avec l'étiquette « dangereux » et le souvenir du crime, brouillent un peu l'image de jovialité que j'associerais facilement à son nom.

Ses amours, Jacques Pelletier y fait fréquemment allusion. Écroué à vingt ans — il était puceau —, les relations sexuelles, c'est en prison qu'il les a découvertes. Ses rencontres avec Pierre ou Paul font d'ailleurs date dans sa vie. Facilitées parce qu'il a été assez rapidement détenu dans un centre de détention, ces liaisons lui ont, estime-t-il, rendu la vie en prison plus douce, d'autant plus qu'il a choisi de ne pas s'en cacher : « Ça facilite les choses ;

1. Et notamment les jeunes, fragiles, ancien(ne)s de la DASS, en demande de figures paternelles ou maternelles.

ensuite vous parle qui veut. Y a des mecs qui me disent : “T’es homo, t’as de la chance ! t’es pas privé de sexualité !” C’est vrai, quoique beaucoup pourraient en faire autant mais ils n’osent pas. Ici, poursuit Jacques, c’est sûr, les choses sont facilitées à cause de la proximité entre nous mais je me suis jamais mis avec un mec du jour au lendemain. Y a toujours eu entre nous autre chose, un échange, une complicité. Le premier gars que j’ai connu ici, c’était en 1982 ; on faisait de l’électronique, du sport, on parlait ensemble. Quand il a été libéré, ça m’a déchiré. C’était mon premier amour ; y m’a écrit pendant quelque temps et puis y s’est marié ; j’étais content pour lui ; je sais qu’il aimait les enfants. »

Si Jacques a de bons souvenirs « d’après-midi passés au lit à faire l’amour [1] », c’est sur le réconfort moral que procure une liaison en prison qu’il insiste surtout : « J’ai toujours eu quelqu’un pour m’écouter quand j’avais le cafard, pour m’offrir un morceau de gâteau. » Mais avoir des relations homos n’a pas toujours été sans risque pour lui : ça lui a valu aussi mitard et commentaires acerbes !

S’il dit avoir cessé toute relation sexuelle en détention depuis qu’il s’est fait une amie en permission, Jacques s’estime aussi changé par son homosexualité carcérale. Il a désormais d’autres attentes par rapport aux hommes. Un exemple ? Avant la prison, son père ne lui parlait guère « et ça me manquait pas ! ». Maintenant il souhaiterait échanger avec lui, « mais, lui, il est pas à l’aise. Y me dit : “C’est pas bon pour toi d’avoir été qu’avec des gars”. »

Si Jacques considère que les relations de couple sont rarement égalitaires — « y en a toujours un qui donne plus, qui dépense plus que l’autre » —, il n’évoque jamais de rapports de forces alors que cette dimension est très souvent dénoncée chez les couples homos par leurs codétenus. « A Rennes, observe Francine-la-résistante, c’est toujours dominant-dominé et moi, c’est clair et net que je me laisserai plus dominer par quiconque. » En fait, ce qui met hors d’elle mon interlocutrice, c’est que des femmes qui étaient fréquemment soumises à leurs compagnons avant le crime reconstituent cette situation dans un lieu de soumission. « Vivre avec une

1. A C. ou à Rennes, comme dans quelques autres centres de détention, les détenus ont le droit de cacher l’œilleton pendant la journée avec un morceau de liège. Cela dit, les surveillants peuvent pénétrer à tout moment dans une cellule.

femme macho, dit-elle d'un air farouche, très peu pour moi ! c'est la prison dans la prison ! » et Francine de déplorer que « beaucoup de femmes en couple ne soient plus elles-mêmes » et que « les filles hypermasculines soient très recherchées ». Analyse que reprend de façon plus tempérée le père B. qui fut aumônier à Rennes : « C'est sûr, dans les couples homos, la dépendance recommence, l'une protège l'autre mais ça fait exister aussi la nouvelle et ça l'aide à prendre pied dans la prison. »

Les relations sexuelles qu'évoque Laurence Marelle me font penser à la fois à celles de Jacques et à celles, plus *hard*, que me relatera X. Visiblement, Laurence, qui a été une femme « dirigée » dans sa vie précarcérale, a eu envie de retourner la situation et de commander à son tour « en mec », mais sans violence : elle est fière d'aider financièrement et matériellement ses copines et dit sa satisfaction de se passer « du costume trois pièces pour monter au septième ciel ». De toute façon, Laurence, qui est dépressive et suicidaire, a besoin de désirer et de se savoir désirable. Le sexe lui permet d'endiguer cette pulsion de mort qui la taraude. Mais, elle le reconnaît, c'est aussi une source de souffrances (ruptures, infidélités) dont elle se passerait bien ! « Les trois quarts des problèmes en division, me dira un surveillant de C., c'est des histoires de jalousie amoureuse[1] ! » Et de me citer le cas d'un détenu délaissé qui venait de se pendre.

En regardant les yeux tristes de Laurence, en l'écoutant me parler de son besoin d'être touchée, de la mère maternante qu'elle n'a pas eue (la sienne était « sévère »), « de [sa] femme qu'a cinquante ans », je ne peux m'empêcher de repenser à cette surveillante qui l'évoquait récemment : « Je la laisse faire ses *cochonneries* sous les douches, m'avait-elle dit d'un air pincé, c'est une fille qu'est très portée sur le sexe. » Pauvre sexe ! que de propos réducteurs ne tient-on pas à son sujet !

Pour X., qui n'évoque le sujet qu'après s'être assuré que je ne le trahirai pas, les relations homosexuelles qu'il a vécues sont à l'image de l'institution pénitentiaire : violentes et sadiques.

1. Ce que me confirmera un ancien de C. qui ajoutera : « Ces problèmes-là, la Pénitentiaire sait pas les gérer. »

Voilà déjà plusieurs jours que nous nous voyons, X. et moi. Entretiens souvent détendus. Aujourd'hui je le sens préoccupé. J'attrape mon stylo, ouvre mon cahier, vais pour allumer le magnétophone. « Je voudrais vous parler de quelque chose de pas facile. » Je le regarde, les sourcils froncés. Il attaque : « Bon, je voulais vous dire... » Il se racle la gorge, me scrute. Suis-je suffisamment attentive ? Oui ! Tellement que mon souffle s'arrête, je repose mon stylo, tout mon corps s'immobilise. Voilà, les mots arrivent : vingt ans... nouveau venu... mitard... seul... surveillant... nu dans le froid... 48 heures... vioL, viOL, vIOL, VIOL, le mot est sorti, a dynamité mes oreilles. Viol et sadisme... divers objets, balayette, etc., je ferme les yeux, mon Dieu ! je soupire profondément, quelle horreur ! « Vous vous en foutez, hein ! » C'est la voix de X. Violente. Je sursaute ; m'en foutre, si seulement ! J'ai rouvert les yeux, fait non de la tête. X. est rasséréné, il continue, je le regarde. Il égrène les douleurs, les tentatives de suicide, après... Parfois j'entends, parfois j'entends pas, j'entends plus. Trop dur pour moi. La voix de X. parle toujours, elle est froide, incisive. Toute la pièce vibre de sa colère. Et puis, à un moment, il n'y aura plus que le silence. Comment s'est-on séparé ? qu'ai-je dit ? je me souviens plus. Mais ce soir-là, j'ai longtemps marché dans les rues, le cœur au bord des lèvres, et dans ma tête se bousculaient les « pourquoi ? »

Les expériences homosexuelles que X. a connues ultérieurement, après ce viol « initiatique » commis par un surveillant, il les décrit comme autant d'humiliations. Le cadre : des dortoirs de mineurs [1] où les détenus les plus forts violaient régulièrement les plus faibles. Baiser, c'était dominer, écraser. Visiblement, des décennies plus tard, X. se sent toujours mortifié par ce qu'il a vécu là. Ne me dit-il pas d'ailleurs en parlant de la prison où il a été violé : « Je suis mort à E. » ? Et il ajoutera, plein d'une rage froide : « Quand j'en suis sorti, j'avais qu'une envie : tuer. » Ce qu'il fit.

Un autre jour, j'évoquerai des relations homosexuelles joyeuses, pas brutales. X. hochera la tête : « Non, en prison, c'est différent, c'était dégradant ! » Et d'illustrer son propos en évoquant un viol collectif commis à F. où il était détenu précédemment. « J'ai

1. A ma connaissance, on ne trouve quasiment plus de dortoirs dans les maisons d'arrêt françaises, mais certaines cellules surpeuplées où des matelas sont posés par terre font figure de dortoirs.

ramassé le gars, il avait l'anus en sang ; vous savez les CD, ç'a pas que des avantages ! on circule librement mais pour les sales coups, ça facilite les choses et les surveillants des fois y laissent faire. » Visiblement, pour X., son passé, c'est « la honte ». « Si ça se savait en détention ! » Il me scrute intensément... Mais il s'inquiète aussi pour son avenir, après sa libération. Il se dit perturbé quant à son identité. Il ne sait plus qui il est et ce qu'il veut au juste ; il craint de ne plus pouvoir correspondre à l'image virile qu'une femme a de lui, d'autant plus qu'il a toujours évolué dans un milieu où il importait pour un homme de se conduire « en homme ». En parler à ses proches ? « Non, impossible ! » En tout cas, depuis ce viol, X. a perdu confiance « en l'être humain adulte » et, s'agissant de lui, il me dira lors de notre dernier entretien : « Jusqu'à ce que je meure, je me sentirai toujours capable du meilleur comme du pire. » Sa voix atone résonne encore en moi.

X. est-il une exception [1] ? Difficile de répondre car le sujet du viol a longtemps été tabou en prison. La honte, la peur des représailles, la tendance de l'institution à étouffer ce type d'affaires [2] rendent malaisée l'évaluation de cette délinquance intracarcérale. En tout cas, ici et là, au cours de mes enquêtes, on m'a cité régulièrement des cas de viols pour lesquels il n'y eut aucune poursuite pénale. Si la victime porte plainte auprès de l'AP, le violeur se retrouve le plus souvent sanctionné par un séjour au mitard, suivi ou pas d'un transfert dans un autre établissement. Sans autre forme de procès.

Des témoignages que j'ai recueillis ressortent néanmoins quelques constantes. La victime est en général une personne jeune, vulnérable (désarroi, isolement, « mauvais délit »). Le violeur (ou

1. La presse s'est fait l'écho ces dernières années d'abus sexuels dont les auteurs étaient des membres de « la Pénitentiaire » qui ont fini par être dénoncés (à la maison d'arrêt de Beauvais et à Fleury-Mérogis, au bâtiment des travestis, notamment).

2. Le surveillant Christophe Lambert raconte les difficultés qui lui ont été faites par son administration parce qu'il a encouragé un détenu violé à porter plainte et qu'il a été témoigner à son procès : « Dans cette histoire, j'ai été le seul à prendre mes responsabilités, écrit-il, et par la même occasion, le seul à avoir des problèmes avec la hiérarchie, du style harcèlement psychologique, mise à l'écart, etc. » (*op. cit.*, p. 120).

la violeuse[1]) a par contre pour lui (elle) l'ancienneté en détention, la force, l'impunité (relative)[2], un passé de violence, voire l'aide d'un ou de plusieurs cocellulaires. Quant aux viols eux-mêmes, ils sont porteurs de significations diverses. « Violer un pointeur[3], par exemple, comme l'observent D. Welzer-Lang *et alii*, c'est imposer une marque de distinction et de discrimination selon les critères de hiérarchisation dominants » en prison, « appliquer la loi du talion », montrer que des « vrais hommes » rejettent ce type de comportements[4]. C'est dans un esprit quelque peu similaire qu'« on violera, me dit un ex-détenu, un type qui vous doit du fric ou un mec qu'a fait des embrouilles ». Viol-règlement de comptes : qui vous a baisé sera baisé à son tour.

Enfin on m'a cité ici et là des cas d'abus sexuels commis par des personnes écrouées précisément pour des affaires de viol. Un exemple parmi bien d'autres, celui qu'évoque l'un des permanents de l'OIP : « A D., un arrivant jeune et efféminé a été placé dans la même cellule qu'un violeur de mineurs. Il a été abusé et il a décidé de porter plainte à l'infirmerie. L'administration l'a dissuadé d'aller devant la justice mais le gars a persisté. Il y avait là une faute manifeste de la Pénitentiaire mais, ajoute mon interlocuteur, ça n'a rien d'exceptionnel. Et il est rarissime que l'AP soit condamnée dans ce genre d'histoires. C'est arrivé deux fois seulement à ma connaissance. »

Si l'on creuse un peu plus la question de l'homosexualité en prison, on constatera qu'entre les viols d'un côté et les relations homos librement choisies de l'autre existent d'infinies gradations. « Tout dépend, me dit un perpète, de l'intensité et de la nature du *compromis sexuel* qu'on est prêt à accepter. Celui-ci est quotidien parce qu'en prison la vie est dure et chère. » Ce « compromis » n'est pas en effet suscité uniquement par des raisons sexuelles ou

1. Il y aurait également des viols dans les établissements féminins, mais il s'agit sans doute de faits plus rares.

2. La presse s'est fait l'écho ces dernières années d'abus sexuels dont les auteurs étaient des membres de « la Pénitentiaire » qui ont fini par être dénoncés (à la maison d'arrêt de Beauvais et à Fleury-Mérogis, au bâtiment des travestis, notamment).

3. Ce cas de figure est fréquemment évoqué en maison d'arrêt.

4. D. Welzer-Lang *et alii*, *Sexualités et violences en prison*, *op. cit.*, p. 137.

affectives. Il s'agit parfois purement et simplement de prostitution (volontaire, voire involontaire)[1].

Des cas de prostitution délibérée m'ont été cités dans tous les établissements. Un peu moins cependant dans les centrales sécuritaires, mais peut-être y sont-ils simplement mieux dissimulés. Il s'agit parfois de transsexuel(le)s ou de détenus qui acceptent de se travestir[2] (rouge à lèvres, porte-jarretelles, etc.), de toxicomanes en manque (cas des maisons d'arrêt), prêts à tout pour se procurer des stups[3], et de manière générale de jeunes indigents. La contrepartie des prestations sexuelles ? Du tabac (cartouche de Marlboro ou quelques paquets), du haschich, de l'alcool et surtout de l'alimentation[4]. « A C., me raconte un ex-détenu, quand les salaires tombent et qu'on voit plusieurs gars se précipiter avec plein d'affaires qu'ils ont cantinées vers la même cellule, on comprend très vite qu'y a là un mec qui se prostitue. »

Résister à la « tentation homosexuelle »

Quel que soit le mode selon lequel l'homosexualité se décline (violent, mercantile ou tendre), toujours est-il qu'il est difficile

1. Lors d'une enquête que j'ai réalisée sur *Les Pauvretés en prison*, Ramonville-Saint-Agne, Éd. Érès, 1997, j'ai ainsi recueilli le témoignage d'un jeune Gitan. Fraîchement écroué, indigent, il débarque dans une cellule où ses cocellulaires lui proposent de le dépanner en tabac, timbres, café... Mais quelques jours plus tard, on lui présente la facture : « paiement en nature », « on [l']avait pas nourri pour [ses] beaux yeux ». Se sentant le dos au mur, le jeune a casqué. « Le pire, me dira-t-il, c'est qu'ils l'ont répété et que dans une autre cellule où j'ai abouti, on m'a dit : "Puisque t'y es déjà passé, tu peux recommencer !" C'est la casserole qui me suit, l'horreur, quoi ! »

2. A ce propos le nom d'une centrale, E., revient régulièrement dans les conversations.

3. M. Rotily cite à ce propos dans *L'Usage des drogues en milieu carcéral, op. cit.*, p. 204, une étude écossaise selon laquelle on observerait chez les toxicomanes un taux plus élevé de relations homosexuelles, ce qui peut s'expliquer, selon l'auteur, par la nécessité d'en passer par la prostitution pour s'approvisionner en stups. Avec les risques de contamination par le virus HIV — en cas de rapports non protégés — que ces pratiques impliquent.

4. La liste n'est pas exhaustive. Jacques Pelletier m'a ainsi raconté avoir eu une liaison à C. avec un(e) transexuel(le) dont il avait été en quelque sorte le « garde du corps ».

pour un détenu, surtout en CD, de ne pas y être confronté. Et pour certains, cela ne va pas de soi. C'est ce que j'ai ressenti notamment lors de mes derniers entretiens avec André Simoni, l'ex-homme des bois. Hétérosexuel prude avant sa détention (« si j'avais parlé à ma mère d'homosexualité, j'aurais eu une bonne fessée »), il évoque avec colère le quotidien de C. : « La dignité, dit-il, c'est pas de se ficher de tout. » Ces hommes qui « se donnent du bon temps » l'indignent. Lui, il a « toujours refusé de toucher à ça ». Pas question même d'y penser !

« Si votre fils vous disait qu'il est homosexuel, me demande-t-il avec impétuosité, vous lui mettriez une paire de baffes, non ? » Ma réponse ne lui plaît pas, il veut que je partage son courroux, que j'indique clairement que ces choses-là ne doivent pas se faire. Il s'excite ; je reste sur mes positions. Lui qui pendant vingt ans s'est « débrouillé » sexuellement ne me demande-t-il pas en fait de réitérer la loi jadis énoncée par la mère — qui lui aurait fichu une raclée s'il avait parlé de « ça » ? Ce faisant, je conforterais son refus de cette sexualité qui a dû, me dis-je en pensant à ces longues années d'abstinence sexuelle, forcément le tourmenter. Surtout qu'à C., les détenus ne cachent guère leurs relations « privilégiées ».

Simoni me rappelle Jacqueline-la-Normande, rurale et prude comme lui, que les pratiques homosexuelles dont elle est témoin à Rennes mettent mal à l'aise : « La dernière fois, y avait des filles sous les douches qui faisaient exprès de se toucher devant moi ; maintenant (Jacqueline me regarde avec un air de défi), je prends ma douche à trois heures, comme ça je risque pas de tomber sur quelqu'un. »

« Il est vrai, me dira l'aumônier, qu'il y a des relations homos à Rennes qui jouent le rôle de miroirs perturbants ; ils renvoient à certaines l'image de leur passé, des histoires de couples ou d'incestes qu'elles ne peuvent plus voir en peinture. » Ou d'interdits dont la transgression est trop angoissante.

Extra-muros, une personne troublée par l'homosexualité peut éviter certains quartiers ; *intra-muros* la promiscuité imposée rend les évitements plus difficiles et interroge sur le bien-fondé de ses présupposés identitaires. Si Simoni accepte qu'on puisse être homosexuel alors que cela va à l'encontre de ses valeurs, sa vie qui a déjà été très remise en question par la prison ne va-t-elle pas vaciller encore plus ? Que lui restera-t-il comme repères ? Il est d'ailleurs significatif qu'après avoir critiqué l'homosexualité, il me dise regretter les soutanes des prêtres : « Au moins, commente-t-il, on savait à qui on avait affaire. » Là où il y avait auparavant une harmonieuse adéquation entre les signifiants : homme et soutane, et les signifiés : hétérosexualité et prêtrise, il n'y a plus maintenant que trouble et incertitude.

Voir des couples homosexuels en détention quand on a une identité structurée par l'hétérosexualité ne va donc pas toujours de soi. *Extra-muros* aussi, m'objectera-t-on. Certes, mais dans le monde libre, toutes les pratiques qui ne correspondent pas à la norme sociale ne sont pas pour autant vécues comme des signes d'une adaptation négative. Il me semble en effet qu'une partie de la méfiance ou de l'hostilité suscitée par l'homosexualité en prison ne découle pas des mêmes peurs que l'homophobie traditionnelle. Il faut y voir, surtout quand elle se manifeste chez des détenus plutôt libéraux, l'irritation qu'engendre ce qui est perçu comme une capitulation face à l'ennemi. Résister à l'homosexualité vers laquelle tout vous pousse (milieu monosexué et parloirs si peu intimes), c'est résister à l'institution pénitentiaire. Ce qui n'empêchera pas au demeurant certaines personnes d'afficher un discours de résistance tout en ayant des relations homosexuelles clandestines ! Et celui-ci sera d'autant plus homophobe que certaines des pratiques « amoureuses » qui se donnent à voir semblent contaminées par l'esprit des lieux.

« J'ai probablement une image faussée de l'homosexualité, reconnaît ainsi Sophia Rado, parce qu'en prison c'est particulier ; d'abord c'est implicitement favorisé par l'institution et les relations sont souvent utilitaires et puis, en promenade, les couples sont parfois très exhibitionnistes. » Sophia reste un moment silencieuse avant d'ajouter : « Je pense aussi qu'y a des filles qui sont jalouses parce que je suis pas homo. » Jalousie parce que la jolie Sophia n'a pas cédé à la pression carcérale ? Qu'elle renvoie aux autres, qui ne le sont pas, une image d'irréductible et donc un miroir peu plaisant pour leur propre image ? Ce qui laisserait aussi entendre que l'homosexualité de circonstance est le lot de celles et ceux qui n'ont pas assez de ressources personnelles et extérieures pour pouvoir camper obstinément sur leurs positions hétéros. Sophia a des parloirs, reçoit des visites masculines, quand d'autres ne peuvent plus compter affectivement que sur le monde monosexué de la détention.

En tout cas, il est clair que la façon dont chaque « longue peine » vit sa sexualité en détention dépasse largement la seule question du sexe et reflète son attitude par rapport à l'institution, son positionnement par rapport à la population pénale, son aptitude à la sublimation compte tenu des ressources personnelles (spirituelles ou intellectuelles) que celle-ci suppose, son ouverture sur l'extérieur, etc. Bref, le vécu sexuel en détention est un révélateur de l'être-au-monde-libre-et-carcéral du détenu.

Carnet de bord n° 7

Retour au bercail. Assise dans un fauteuil, je ferme les yeux. « Il est rarissime que l'AP soit condamnée dans ces histoires de viol. » La remarque de mon interlocuteur de l'OIP me poursuit. Des images me reviennent en mémoire. Difficile d'oublier...

C'était il y a trois ans, en octobre. Palais de Justice de Paris. Procès d'assises. Une première ou presque. Un détenu [1] a osé porter plainte pour viol contre d'autres détenus et, contrairement aux us et coutumes de la grande muette pénitentiaire, l'affaire n'a pas été étouffée par la direction. Le Parquet a été saisi.

Le lieu du drame : une cellule de la Santé. Les protagonistes : d'un côté, des anciens, condamnés l'un pour vol, l'autre pour un hold-up, tous les deux toxicomanes, hétérosexuels — *dixit* la défense — et multirécidivistes, de l'autre, un arrivant, écroué pour une affaire passionnelle, un homme bien inséré socialement — ce qui a peut-être contribué à ce que sa plainte soit « entendue ».

Trois détenus donc, entassés dans une petite cellule. L'un des toxicomanes est sous traitement. Pas tout à fait sevré. Énervé. Il ne supporte pas qu'il y ait dans son espace déjà fort restreint plus de deux personnes. C'est ce qu'est venu dire à la barre un surveillant-chef, en ajoutant que la veille du viol, le gars avait demandé à changer de cellule. Refus du fonctionnaire qui commente d'un ton ferme : « C'était entre lui et moi une partie de bras de fer. » Et toute sa personne l'indique, c'est pas le détenu qui allait lui dicter sa loi ! Du coup, quand débarque dans son univers amorti par les psychotropes un nouveau venu très agité (sortant d'une garde à vue de quarante-huit heures dans la « souricière » du Palais de Justice), le détenu revendicatif est à cran. L'autre violeur, également toxicomane, revenait quant à lui d'un séjour de dix jours au mitard. Humilié, exaspéré, tendu, d'autant plus que, depuis qu'il se savait « séropositif », il était, a dit la défense, devenu méchant. Voilà pour les protagonistes.

La nuit même qui a suivi son arrivée, le nouveau venu a été violé par ses cocellulaires, l'un aidant l'autre à le maîtriser. La victime a porté plainte. Elle fut entendue et je m'en félicite. Par contre, pendant les assises une absence m'a paru sidérante. Dans le box des accusés, il n'y avait que deux personnes, deux trentenaires un peu gauches qui ne payaient pas de mine : uniforme jogging-baskets, épaules voûtées, élocution rugueuse. Oui, il manquait un accusé et non des moindres : le représentant de l'administration pénitentiaire. Quelqu'un en a fait

1. En fait deux affaires furent jugées en même temps, mais je n'évoquerai ici que l'une d'entre elles.

la remarque à l'un des avocats de la défense qui a rétorqué : « Il est difficile pour une institution de porter plainte contre une autre institution. » Ben voyons ! Justice et Pénitentiaire, c'est cousins germains. Car en suivant le procès, on ne pouvait s'empêcher de se poser cette question : ce viol aurait-il eu lieu si l'institution de tutelle appliquait la loi qu'elle est censée représenter et remplissait les missions qui lui sont imparties ? Et la réponse, aussi brutale que claire, était : NON !

Non ! il n'y aurait pas eu viol si les détenus avaient été seuls en cellule comme le stipule l'article D 83 du CPP (en particulier quand il s'agit de prévenus, cas du détenu violé) !

Non ! il n'y aurait pas eu viol si l'espace vital de ces trois détenus avait respecté les normes édictées par l'administration pénitentiaire elle-même (la surface minimale prévue pour une personne incarcérée est de 11 m^2, mais cette norme est rarement respectée) !

Non ! il n'y aurait pas eu viol si l'on avait tenu compte de la demande de « déplacement » d'un des toxicos en manque d'espace !

Il n'y aurait sans doute pas eu viol non plus — sauf que le problème cette fois-ci n'est plus d'ordre pénitentiaire mais judiciaire — si la justice avait trouvé en réponse aux délits commis par ces deux toxicomanes une issue plus pertinente qu'un séjour en détention vécue dans l'inactivité, la claustration — vingt et une heures sur vingt-quatre —, la promiscuité et l'abrutissement médicamenteux.

Lors de ces assises, un sujet a finalement été peu abordé, c'est celui de la sexualité en prison. On (la défense) a juste évoqué une homosexualité nocturne et clandestine, une homosexualité honteuse que « la Pénitentiaire » ne veut pas connaître. Personne n'a fait allusion à l'absence de parloirs intimes dans les établissements. Quant à l'avocat général, il a apostrophé les jurés en ces termes : « Vous allez dire : "Il y a une espèce de sexualité en prison, il faut bien que l'humanité se défoule [...] qu'elle se vive même dans le sordide et le clandestin !" » Propos à prendre au premier ou au deuxième degré ? Je ne sais. Mais, pour ma part, en les entendant, j'ai eu honte : ils traduisaient un tel mépris à l'égard de ces « sous-hommes » ! Honte de la justice de mon pays ! honte d'être française !

Le verdict ? Les deux violeurs ont été condamnés pour crime, mais la prison pousse-au-crime a échappé, quant à elle, au jugement qu'elle aurait mérité. A l'énoncé de la sentence : respectivement six et huit ans de prison, je me suis demandé ce que cette nouvelle détention allait bien pouvoir apporter à ces hommes que la vie et l'incarcération n'avaient déjà que trop évidemment blessés. Surtout s'ils étaient amenés à la vivre dans des conditions analogues à celles qu'ils avaient connues à la Santé.

Assise dans mon fauteuil, les yeux clos, je repense à ce viol. Détenus baisés par la société, qui à leur tour se vengent de ce qu'ils subissent sur un plus faible qu'eux en l'enculant, c't enculé qui fait chier. La prison ? Une poupée russe. Quand on l'ouvre, on découvre un bouc émissaire, lequel en cache un autre puis encore un autre et un autre...

« Est-ce ainsi que les hommes vivent ? » Oui, Léo Ferré, oui, Louis Aragon, c'est ainsi.

PASSE-TEMPS, PROJETS ET TEMPORALITÉS

« Un grand nombre de détenus se révèlent soit passifs, soit révoltés et incapables de se projeter dans l'avenir, faute de repérer les étapes qui marqueront l'exécution de la peine. » Jacques Toubon, ministre de la Justice[1].

Certes, les détenus tentent au fur et à mesure de leur progression dans le cursus pénitentiaire de réinjecter de la liberté, du sens et du plaisir dans une vie au cadre strictement délimité. Mais ont-ils, peuvent-ils avoir des objectifs à long terme ? S'ils ont entendu parler de *projets* au CNO, ce mot qui implique à la fois la durée et l'investissement personnel est souvent resté pour eux lettre morte. Cependant, après leur transfert en établissement pour peine, le sujet est généralement réabordé. Le condamné est désormais entré dans une ère où il devra mettre en œuvre « quelque chose » — d'ordre professionnel, scolaire, thérapeutique...

Pour *naturalisé* qu'il soit en centrale ou en CD, le mot « projet » n'en est pas pour autant *naturel* dans la bouche des détenus, mis à part la minorité qui en faisait déjà usage *extra-muros*. Quant aux autres, ils semblent surtout l'utiliser parce qu'ils sentent qu'avoir des projets (crédibles) est bien vu de leurs partenaires institutionnels. Pour autant, les obstacles pratiques à leur élaboration ne manquent pas, qu'ils soient imputables au fonctionnement psychique des détenus ou aux méthodes et à l'essence de l'institution.

1. Note du garde des Sceaux du 2 mai 1996 lors du lancement du « projet d'exécution de peine » dans les établissements pour peine.

« Le quotidien, je suis pas dedans, me dit Lalonde-le-psy, j'essaie d'être ailleurs grâce aux livres ou à la peinture, par exemple. Je mets la télé pour avoir de la compagnie, mais le temps réel ne m'intéresse plus. Les actualités, je m'en fous. » L'actualité extérieure, il n'en est plus partie prenante, l'actualité carcérale, il la récuse ! « Le présent, renchérit Dominique-le-Bordelais, dix ans de détention, c'est les quatre murs ; le passé, c'est ce qu'on a perdu, ça met les glandes ; l'avenir, on en a pas les moyens ; il ne reste plus qu'à penser au futur immédiat : ce que je vais manger, que je vais boire frais. » Bref, il est fréquent que le détenu se désintéresse d'un présent carcéral qu'il ne peut supporter. Il va donc se blinder — ou continuer à le faire pour ceux qui étaient coutumiers du fait. Ainsi risque-t-il à terme de ne plus savoir où sont ses désirs, voire de ne plus en avoir, toute son énergie étant requise pour ne plus sentir.

Déserteurs du présent, certains détenus n'arrivent pas non plus à anticiper l'avenir, ce que leur passé chaotique explique en bonne partie. Ce rapport au temps, plusieurs chercheurs l'ont d'ailleurs noté chez un certain nombre de groupes dominés. Évoquant « les jeunes en galère » (profil qui avait été celui de plusieurs de mes interlocuteurs), Jean Chesneaux fait ainsi observer qu'ils « représentent à la fois le degré zéro de la citoyenneté et le degré zéro de la temporalité [...] que leur projet de vie, leur capacité à penser dans la durée ne dépasse pas quarante-huit heures [1] ». Quant à Bourdieu, il souligne « qu'en deçà d'un certain seuil de chances objectives, la disposition stratégique elle-même qui suppose la référence pratique à un à venir [...] ne peut se constituer [2] ». Bref, celui qui a surtout fait l'expérience de son manque de pouvoir, et qui, de surcroît, méconnaît souvent les tenants et les aboutissants du jeu social verra bien sûr son temps se conjuguer au futur mais sans avoir pu le maîtriser de façon à en faire un avenir. Qui plus est, il aura tendance à se réfugier dans l'imaginaire : « Ici, me dit

1. J. Chesneaux, *Habiter le temps, présent, passé, avenir,* Paris, Bayard, 1996, p. 12.

2. P. Bourdieu, *Méditations pascaliennes,* Paris, Éd. du Seuil, 1997, p. 262.

Lalonde, les plans tirés sur la comète, c'est monnaie courante. » Mais les fantasmes ne sont pas réservés au futur, ils poussent aussi sur les débris du passé. « Des gars qui n'ont aucun projet, ajoutera mon interlocuteur, se revalorisent en racontant des choses qu'ils n'ont jamais faites ; ils se créent des identités factices qui remplaceront ce qu'ils n'arrivent pas à réaliser. »

Que ces difficultés soient autant d'obstacles à la réalisation de certains objectifs apparaît clairement quand on observe, par exemple, le devenir des « projets » scolaires amorcés par quelques « longues peines » : « L'école, me dit Irénée-le-Réunionnais, j'étais mauvais avant ; j'y suis quand même allé mais on attend les profs ; des fois y sont absents, y sont pas là en été. » Bref, non seulement Irénée revenait à reculons dans une institution jadis honnie mais de surcroît il y était exposé à des aléas divers ; il a donc déclaré forfait et s'est mis au bricolage. « Là le temps passe plus vite, j'oublie que je suis en prison ». Et il ne dépend de personne dans la gestion de ses horaires !

« Beaucoup de détenus, notera à ce propos Lalonde-le-psy, notamment les voyous, sont incapables d'attendre : ils veulent tout tout de suite. Ces gars ont du mal aussi à croire aux promesses qu'on leur fait parce qu'ils ont eu des parents peu fiables. Pour eux, y a jamais rien eu de sûr. Le problème, c'est qu'en prison, c'est la même chose : on fait miroiter aux gens un tas de promesses qu'on ne tient pas. Un exemple : ici, c'est aux éducateurs d'organiser les examens en détention, mais ils oublient souvent. »

L'instabilité émotionnelle de bien des détenus rend également problématique l'acceptation de certaines contraintes. Ainsi la scolarisation implique-t-elle une intégration minimale à un groupe, de la régularité, des « devoirs » à rendre, « or, me dit l'institutrice de Rennes, en fonction des états d'âme — un mauvais parloir, par exemple —, il y a une fluctuation des effectifs, notamment des nouvelles venues. Je vois beaucoup de comportements en dents de scie ; certaines sont par moments shootées aux médicaments et sont mentalement absentes ». Résultat : « Beaucoup de projets scolaires inaboutis, d'autant plus qu'un certain nombre de femmes viennent en classe surtout pour passer le temps. Acquérir des connaissances ou un diplôme, non ! elles n'en voient vraiment pas l'intérêt ! »

« Et puis, me dit un psychiatre, avec le vécu qu'ils ont eu, plein de gars ne supportent plus les coercitions ; alors ils n'arrivent pas à s'accrocher aux études même quand ils sont doués, et y en a plein ici ! » Ces propos, Dominique-le-Bordelais, trente et un ans, les illustre parfaitement. Visiblement doté d'un esprit vif et curieux, Dominique a lu et étudié épisodiquement mais, bien que l'idée de passer des examens l'ait tenté, il se dit « incapable d'assiduité ». « En maison d'arrêt, m'explique-t-il, mon affaire me prenait pas mal la tête, je pouvais pas me concentrer ; ici j'ai trop besoin de bouger après le travail et dès que j'ai une contrariété, j'ai envie d'arrêter. » Enfin, comme l'observe M. C., le psychologue du CNO, « l'école a été pour eux un lieu d'échec, et la mobilité ascendante par le biais de la scolarité, ils ne l'ont pas vue fonctionner autour d'eux. Alors les diplômes, ça ne les motive guère » !

Si toutes ces difficultés peuvent être imputées au passé des détenus (vie familiale, professionnelle, détentions antérieures...), elles sont indéniablement renforcées par leur présent carcéral : le statut de détenu n'est-il pas par définition synonyme d'échec et de contrainte ? D'où cette formule couramment lancée par ceux qui récusent l'école ou le travail : « Je vais quand même pas faire de la taule en taule ! »

Mais il est d'autres obstacles à la mise en œuvre de projets qui sont dus, eux, aux « partenaires » et au fonctionnement institutionnels.

« Quand on met les gens dans des centrales vides de prestations, les gars se chronicisent, ou alors ils nouent des liens de solidarité avec une population chevronnée, des caïds bien assistés qui les manipulent », m'avait ainsi dit, non sans amertume, M. B., éducateur au CNO, avant de m'énumérer quelques établissements de ce type. Le chef d'établissement de S., à qui je rapporte ces propos, soupire : « Le partenariat, ça n'est pas si simple. » Les intervenants extérieurs ne se bousculent pas pour venir dans son établissement ! Pas plus que dans les autres centrales situées loin des grandes agglomérations ou dans des régions sinistrées. Et puis la métropole régionale voisine « n'est pas très tonique ». « Enfin, ajoute-t-il, le partenariat relève d'autant plus de la gageure qu'on accueille des gens qui sont particulièrement défavorisés dans plein de domaines et qu'on nous demande à nous de les remettre d'aplomb, avec des moyens limités, alors que dehors, c'est déjà pas facile. »

Le fait de rester très longtemps dans le même site — surtout s'il offre peu de prestations — peut aussi être un facteur négatif. « Comment font les filles ici pour trouver du plaisir à recommencer le même atelier d'initiation à la peinture sur soie ? » s'étonne ainsi Francine-la-résistante (dix ans de détention). « On nous facilite pas la tâche et on a peu le choix », ajoute-t-elle en me citant des stages régulièrement reconduits — bureautique, cuisine et couture — qui visiblement ne la feront jamais rêver !

Si le problème de la répétitivité se pose (surtout à Rennes d'ailleurs, les hommes circulant généralement un peu plus dans les prisons françaises), la critique la plus souvent adressée aux établissements porte *a contrario* sur la fugacité et la précarité des projets mis en place. En prison, le *turn over* est chose commune et compromet fréquemment les activités collectives. Ici on avait démarré un journal ; le départ de l'éducatrice à l'origine du projet y a mis fin. Là le nouveau directeur a fait fermer un club vidéo pour des raisons sécuritaires et le « baluchonnage » d'un coéquipier a brutalement mis fin à une activité qu'il dynamisait. Démobilisés, certains en arriveront à dire : « Pourquoi commencer quelque chose qui va s'arrêter tôt ou tard ? » Ainsi se protègent-ils contre la déception et... disposent-ils aussi d'un alibi pour justifier leur inertie.

Les « facilitateurs » de projets

Il est souvent plus facile de déceler ce qui entrave les désirs et les projets divers des détenus que ce qui les favorise, tant les obstacles sautent aux yeux. J'évoque ce sujet avec M. H., l'instituteur de S.

M. H. a hésité à s'entretenir avec moi. Pour qui je travaille ? Comment mes écrits vont-ils être utilisés ? Enseigner en prison l'a rendu méfiant et désabusé. Il va bientôt prendre sa retraite, en semble soulagé. Et pourtant je le sens, il a dû pas mal mouiller sa chemise pour ses « étudiants », même s'il estime qu'à S., « y a une cinquantaine de crapules avec lesquels on ne peut strictement rien faire. » Mais avec les autres, si déshérités, ah ! comme il aurait aimé disposer de plus de temps et de moyens, avoir de meilleurs partenaires pour pouvoir mener à bien son travail ! Sa mission, devrais-je dire, d'autant plus que, pour un éducateur motivé comme M. H., une terre de mission, la prison l'était quasiment.

« Je connais trois types qui s'en sont sortis, me dit-il ; ce qui les a aidés, c'est l'amour, mais ça — petit rire goguenard —, ça se vend pas et ça se trouve rarement par petites annonces. Ici, le cas contraire est plus répandu : la plupart des gars n'ont plus de relations familiales, c'est comme si leur chronologie intime s'était arrêtée. Y a des cadeaux refusés par les familles à qui on les envoie. » Donc, pour M. H., « le gros problème, c'est de créer une dynamique désirante dans un contexte de peine ». « Dynamique désirante », l'expression fait florès en détention. Côté psys, services sociaux ou personnel de direction, notamment. A Fresnes, un éducateur m'avait dit en l'évoquant : « Pour que le détenu soit mobilisé par un projet, il faut qu'on touche quelque part un moteur, qu'il sente que c'est son intérêt. »

Voilà qui me rappelle la phrase que m'avait lancée un jour un navigateur célèbre, O., avec lequel j'évoquais « mes » perpètes : « Ces mecs-là, il faut qu'on les fasse rêver ! » Ça m'avait trotté dans la tête. Bien sûr que O. avait raison mais... y avait un gros Mais. Plus j'y réfléchissais, et plus je me disais que ça bloquait du côté du principe de réalité, surtout avec des perpètes. Certes, ici et là des détenus ont été amenés à participer à des projets porteurs de rêves : la construction d'un bateau, par exemple, dont ils ont suivi ensuite le périple avec l'un des leurs — libéré — à bord. Au CNO on m'a cité aussi (en moins aventureux !) le succès des chantiers-écoles Euronef : des condamnés ont participé à la construction de gymnases en prison, « un travail utile et collectif, avec un CAP à la clé »[1]. Mais pour positifs que soient ces investissements, ils restent limités. D'abord ils ne concernent qu'une minorité de personnes, et puis ces programmes portent sur un temps restreint (quelques années tout au plus). Ensuite c'est le retour à la routine de la détention et à l'absence de perspective de sortie. Après la griserie (éventuelle), la gueule de bois ! Car faire rêver un détenu, c'est sans

1. « Pas d'accord ! me dit un détenu avec lequel je parle de ces chantiers : les gars ont servi de main-d'œuvre, d'esclaves ; c'est tout ! »

doute lui proposer quelque chose qui le dépasse mais qui dépasse aussi le confinement carcéral. Et qui le fait rêver à coup sûr d'en sortir !

Pour M. H., soit « la dynamique désirante » émerge *naturellement* grâce à des rencontres avec des intervenants extérieurs et (ou) « avec des détenus qui vous revalorisent », soit *elle doit être suscitée par l'institution*, ce qui implique « une synergie entre les acteurs concernés, une évolution du personnel de surveillance et des détentions plus courtes. Il y a, affirme mon interlocuteur, une faille positive dans chaque détenu ; il faut leur renvoyer en miroir les petites envies qu'ils ont et ensuite insuffler un espoir qui pourra susciter un projet ». Tout en veillant le cas échéant à apaiser leur « peur de se planter »...

« C'est vrai, soupire M. C., le psychologue du CNO, il faut leur faire comprendre qu'ils ne sont pas des crétins sociaux. Beaucoup d'entre eux avaient un *habitus* d'échec ; le travail, que cela soit le leur ou celui de leurs parents, ils le perçoivent[1] comme persécutoire. Pareil en prison ! Mais il faut les faire entrer dans une dynamique positive. » Cette « subversion d'un *habitus* d'échec généralement bien ancré » est loin d'être facile à réaliser et résistera mal à un nouveau revers, une mauvaise note à une copie, par exemple. « Quand je corrige leurs travaux, m'explique ainsi l'instituteur de S., j'annote en rouge ce qui est réussi ; ils ont toujours l'habitude du contraire. Et puis je joue à leur créer des petits buts, dans des temps rapprochés comme la préparation d'un examen. Quand les gens obtiennent le CFG, ils sont supercontents. »

Enfin, tous mes interlocuteurs le soulignent, les détenus ont besoin du « soutien des autres » à toutes les étapes d'une entreprise. « Il faut se trouver des associés, ne serait-ce que pour cuisiner, me dit Paco Perez, car la solitude pousse à désinvestir de beaucoup de choses ; malheureusement beaucoup de longues peines sont de plus en plus isolés. » Le même détenu me dira aussi combien il est stimulant pour lui d'étudier le droit à C. : « Travailler en binôme avec un autre étudiant, ça aide sacrément ! »

Mais pour beaucoup de mes interlocuteurs, surtout s'ils étaient

1. Et si l'on considère la nature des travaux évoqués et leur rémunération, ce n'est pas qu'une « perception » entachée de subjectivité.

relativement insérés *extra-muros*, l'autre qui compte, celui pour qui et avec qui on souhaite faire des projets, se trouve à l'extérieur de la détention. « Dehors, me dit Lalonde-le-psy, j'avais l'impression de servir à quelque chose par mon métier et à quelqu'un — ma fille. Ici, je sers à rien ! Pour avoir un projet, poursuit-il, il me faudrait un ancrage à l'extérieur et moi, depuis que ma copine m'a largué, je suis démobilisé ! » Que retenir de ces propos ? Que Lalonde, comme beaucoup d'êtres humains, a besoin de se sentir aimé pour entreprendre. Et là, *intra-muros,* le bât blesse terriblement car « l'amour ne s'y vend pas », *dixit* l'instituteur de S. De surcroît, quand par bonheur il existe ou se rencontre, la durée des peines va le mettre en péril. Et puis les projets ressemblent plus à de « vrais projets » s'ils se concrétisent à l'extérieur. D'ailleurs, la reconnaissance d'un savoir-faire passe forcément par sa visibilité. Dans la vraie vie ! Ainsi Jacques Pelletier, qui s'est découvert une passion pour la poterie, n'aura-t-il de cesse que les travaux des détenus soient exposés dans la ville de C. d'abord, à un festival international de sculpture ensuite.

Il en va des « facilitateurs de projets » comme des obstacles à leur élaboration : ils ne dépendent pas que des ressources des détenus mais aussi des établissements d'accueil. Il ne s'agit pas seulement de faire avec *la* prison mais avec *une* prison bien précise. « Il a fallu à peu près huit ans pour que j'arrive à faire des projets d'avenir, me dit Perez ; en maison d'arrêt, c'était pas possible ; à Fresnes, non plus ; en fait, il m'a fallu cinq ans de CD (à C.) pour acquérir un rythme et pouvoir faire des plans. Ici y a des détenus sérieux, pas mal d'étudiants, un prof de droit qui vient toutes les semaines pour nous faire un cours ; heureusement ! parce que par correspondance, ça serait dur ! »

C'est également en centre de détention que les choses se sont débloquées pour Artigo. « Tant que j'étais en centrale, me dit-il, j'ai vécu au jour le jour, plutôt dans la haine et dans la tristesse. Mais c'est dur de rien attendre ! A vrai dire, j'avais qu'une idée : m'évader ! Tout a changé pour moi à partir du moment où j'ai été transféré en CD ; l'espace, le règlement, les initiatives que la direction m'a laissé prendre, la possibilité d'investir dans la boxe, tout ça, ç'a été un renouveau positif. Surtout la boxe, parce qu'on vit au présent et qu'on a des contacts avec l'extérieur. Et puis ça m'a donné un statut en détention. » Artigo évoquera ensuite la psychothérapie qu'il a alors pu démarrer : « J'avais enfin la stabilité, je pouvais m'organiser ; quand elle me faisait appeler, la psy savait que j'avais pas été baluchonné. Aller mieux dans sa tête, ça fait quand même partie du projet, non ? »

Les itinéraires de Perez et d'Artigo montrent bien l'importance de la politique « maison » et des prestations offertes par les structures. Et ce n'est sans doute pas un hasard si mes interlocuteurs m'ont paru plus mobilisés dans les centres de détention[1] que dans les centrales, souvent évoquées comme des « endroits morts ».

Temporalités et projets

Les propos que je viens de citer soulignent aussi la nécessité, si l'on veut étudier les conditions propices à l'émergence d'un éventuel projet, de replacer celui-ci dans son contexte pénal : quels empans temporels le détenu a-t-il derrière et devant lui ?

Certes Artigo aurait peut-être pu, s'il n'était pas passé au préalable par une centrale « triste », démarrer plus tôt des projets, mais Perez, pour sa part, laisse entendre qu'il lui a fallu cinq ans pour prendre le « rythme ». Et bien des personnes font écho à ces propos : pour qu'un détenu ait envie d'élaborer quelque chose à partir d'un « petit désir », un certain temps doit s'être écoulé depuis les assises. Temps à géométrie variable suivant les individus, leur crime et leur profil socio-professionnel. Temps qui implique qu'on ait récupéré des traumatismes initiaux et apprivoisé la souffrance. « Au début, j'ai eu peur de craquer, se souvient Irénée-le-Réunionnais, les premières années à cause de ce que j'avais fait et puis l'avenir était sombre ; je me disais : "C'est trop, trop long, j'y arriverai pas !" mais au bout de trois-quatre ans, on s'y fait. Alors j'ai commencé à m'intéresser à l'ébénisterie... »

Si avoir fait en partie le deuil du passé, avoir apprivoisé la « situation » et jouir d'un minimum de stabilité paraissent nécessaires à la mise en œuvre de « projets », ceux-ci n'ont évidemment ni la même envergure ni la même signification suivant qu'on les élabore

1. Les détenus y jouissent d'une plus grande autonomie et les intervenants extérieurs y sont généralement plus nombreux.

au bout de cinq ans de détention ou douze ans plus tard. D'ailleurs certains anciens qui en auront affiché assez tôt dans leur cursus récuseront parfois ce terme lors de nos entretiens. Comme s'il avait surtout servi à entretenir une illusion auprès des partenaires institutionnels ou... d'eux-mêmes : le détenu est sérieux puisqu'il pense à son avenir, fait quelque chose de son temps. Mais *a posteriori,* les intéressés prennent souvent plaisir à dénoncer la vacuité ou les limites de ces « faux projets » : « bidon », « mini », simples « passe-temps » ou « occupations », diront-ils en haussant les épaules.

Les propos de Jacques Pelletier, condamné à l'âge de vingt et un ans pour un crime crapuleux, sont à cet égard significatifs. Alors qu'il m'a décrit précédemment avec force détails les activités pour lesquelles il s'était passionné à C., il me lancera lors de notre dernier entretien : « J'avais des projets quand j'étais prévenu, mais quand j'ai vu que j'avais pris perpète [1], mon idée ç'a été de *m'occuper* pour pas voir le temps passer. J'ai vraiment eu des projets d'avenir qu'après avoir obtenu la conditionnelle. » « J'ai essayé d'investir dans le plus de choses possible : théâtre, chorale... en me disant qu'ainsi *le temps passerait plus vite* », me confiera également une femme de Rennes qui m'avait pourtant affirmé avec une belle énergie : « Si on me prend mon temps, *je veux en faire quelque chose.* » Un tel hiatus me paraît symptomatique d'une ambition qui n'a pas eu les moyens de se concrétiser. Faute de vrais désirs, faute de moyens, faute d'échéances précises.

Pour tuer le temps et faire bonne figure, beaucoup s'engagent donc dans des activités que Leduc-le-Nantais qualifie de « bidon [2] ». Cours de dessin qu'on suit à Rennes parce que le prof est un homme, messe où se pressent des athées pour retrouver les copains, club vidéo que l'on fréquente parce qu'il permet des sorties-photos hors les murs, la liste des occupations détournées de leur objectif officiel serait longue. Pour les détenus, il s'agit de grappiller le plus possible des moments de liberté *intra-muros*, et pour l'institution — pas dupe — de maintenir la paix sociale.

1. Jeune et primaire, J. Pelletier ne pensait pas prendre une peine aussi lourde.

2. Ces activités « bidon » sont *grosso modo* l'équivalent de ce que E. Goffman qualifie d'« adaptations secondaires » (*Asiles. Études sur la condition sociale des malades mentaux,* Paris, Éd. de Minuit, 1968, p. 245).

Dans la hiérarchie des pseudo-projets, le « court-terme » ou « mini » est classé au-dessus du « projet bidon » : lui n'est pas que simulacre puisqu'il implique un peu de désir. Et qu'un certain temps se soit écoulé depuis l'incarcération ! Ainsi Paco Perez distingue-t-il « les projets à court terme » (refaire du dessin, se remettre aux études...), qu'il a démarrés en début de CD, des « projets à long terme qu'on ne peut entreprendre que quand on voit la fin » comme les études juridiques qu'il a récemment entamées avec l'espoir d'en faire usage sur le plan professionnel une fois libéré.

C'est Artigo-le-Marseillais qui porte rétrospectivement le regard le plus désabusé sur les « projets » entrepris dix ans auparavant. « Il s'agissait là de trucs superficiels, soupire-t-il, évoquant notamment le club de boxe qu'il avait lancé ; c'étaient des occupations pour motiver ma vie à l'intérieur. Un projet, ajoute Artigo qui est désormais absorbé par l'attente de sa conditionnelle, concerne for--cé-ment l'avenir ! » et l'avenir, c'est clair, est à l'extérieur.

Ainsi, *a posteriori*, pour intenses qu'elles aient été au moment où elles ont été lancées, les activités qui n'avaient pour cadre qu'un futur intracarcéral semblent revues à la baisse. Comme si elles renvoyaient à une réalité que la perspective de la sortie rendait progressivement irréelle.

Les propos des visiteurs de prison et des personnels (éducatif, de direction...) rejoignent, tout compte fait, ceux tenus par une bonne partie des détenus. « Il est difficile de dynamiser la première partie de la peine, me dit ainsi le directeur de S. Il faut que les détenus s'occupent en attendant de pouvoir prétendre à une permission. J'évoque avec eux les échéances : la première perme en CD, c'est dès le tiers de la peine[1], chez nous en centrale, c'est à mi-peine avec un reliquat de moins de trois ans ; cela dit, dès la mi-peine, certains peuvent sortir pour des “activités travaux”. » « Quand des perpètes arrivent à Rennes, me dira pour sa part la directrice de l'établissement, on leur propose des projets de formation, on essaie de faciliter les parloirs mais on ne leur parle pas de l'extérieur ; on leur parle essentiellement de ce qu'elles peuvent faire ici pour travailler et se maintenir : ne pas se négliger, ne pas

1. « C'est ce qui est écrit dans les textes, me dit un détenu, mais dans la pratique, c'est pas vrai ! »

s'abîmer davantage ou essayer de s'améliorer. Il y a la possibilité d'un suivi psy, mais, ajoute mon interlocutrice avec un léger sourire, si toutes en souhaitaient, on ne pourrait répondre à la demande ! Les permissions, on les évoquera plus tard, aux trois quarts de la peine de sûreté. »

On l'aura remarqué, outre l'incontournable : « Au début, on n'a rien à proposer si ce n'est des occupations », il semble qu'il y ait quelques divergences entre les stratégies des directions. Dues aux individus ou aux caractéristiques des populations pénales de chaque site ? Difficile à dire. Est-ce pour mieux gérer une population masculine détenue en centrale, *a priori* plus susceptible de s'évader ou de se mutiner, que les échéances concernant le retour à la liberté sont mentionnées assez tôt ? Est-ce parce qu'il s'agit de femmes que le maintien du capital corporel, la coquetterie, les soins psy sont plus évoqués à Rennes ?

Mon troisième interlocuteur, le directeur de C., distingue quant à lui d'autres étapes dans le cursus carcéral : « De sept à neuf ans, y a un passage difficile ; le gars se demande combien il lui reste, il est dans le flou. De neuf à onze ou douze ans, il importe d'occuper la détention avec si possible un projet de détention. Au delà de ces onze-douze ans, y a des projets de sortie mais aussi une impossibilité de les planifier dans le temps. Car les détenus sont à la merci de l'opinion publique. Après un assassinat d'enfant, des espoirs d'aménagement de peine tombent à l'eau et les projets aussi. Rien n'est plus aléatoire qu'une date de sortie ; du coup, les perpètes sont voués à être toujours dans l'interrogation. »

Les projets à l'heure des aménagements de peine

C'est souvent le fait d'entrevoir ou d'avoir entrevu la liberté qui va donner au détenu (qui en est capable) l'envie de programmer son avenir. « Les gars viennent fréquemment nous voir pour nous demander quelque chose quand ils rentrent de permission, observe ainsi le directeur de S. ; là on voit des objectifs émerger. » Mais c'est aussi quand le détenu est devenu « commuable » ou « conditionnable » qu'il lui est demandé de présenter un projet impliquant l'extérieur et que sa conduite en prison sera évaluée. « Alors, observe le directeur de S., plus la peine est longue, plus on regardera ce que le gars a fait de tout ce temps. » Le détenu doit donc cesser de vivoter avant qu'il ne lui en soit fait officiellement injonction, sous peine de voir s'allonger sa détention.

L'exemple de Dodelet (vingt ans de détention) est à cet égard instructif. Dodelet est un petit homme qui ne paie pas de mine. Ex-mineur, (ex-)alcoolo, ce quadragénaire a pris perpète pour un « infanticide sauvage ». Longtemps il a vécu au jour le jour comme il le faisait avant son incarcération, partageant son temps entre le travail et le bricolage solitaire en cellule. Et puis il a décidé de passer son « certif ». Pourquoi avoir attendu quinze ans pour ce faire ? Dodelet évoque des incitations extérieures : les échanges avec son visiteur et sa correspondante l'auraient peu à peu « stimulé ». Mais surtout, il a pris conscience des obstacles qui s'opposaient aux aménagements de peine auxquels il pouvait juridiquement prétendre. « On est là et on se dit : "Les autres sortent, pourquoi pas moi ?" » Récemment, après avoir essuyé six refus à sa demande de conditionnelle, Dodelet s'est mis à l'informatique. Pourquoi ce choix ? « Pour plus m'emmerder, me rétorque-t-il, et en prison, je me suis beaucoup emmerdé, j'étais comme un chien dans une cage, tournant en rond. » Mais ce qu'il me raconte par la suite montre les limites de son intérêt pour l'informatique. « Quand les gars qui occupent la salle me plaisent pas, je me dis : "Bon, je reviendrai l'an prochain". » En fait si Dodelet a passé son certif et s'est mis à faire de l'informatique, c'est pour obtenir des aménagements de peine : « L'assistante sociale m'a dit : "Essayez de faire un premier pas, faites des études !" » Et puis il a fini par se rendre compte que certains codétenus auxquels il pouvait s'identifier arrivaient, eux, à obtenir des diplômes et à faire de l'informatique. Toutes activités que sa socialisation antérieure lui interdisait sans doute. « A l'école, j'étais toujours dernier, m'explique-t-il, j'ai toujours dit que j'étais pas venu en prison pour faire des études et des trucs que j'aurais pas faits dehors. »

Protéger son identité, cette préoccupation est récurrente en prison. Mais derrière l'argumentation de Dodelet, sans doute trouverait-on aussi... la peur d'échouer. Une fois encore ! Et d'ailleurs, que n'a-t-il continué sur sa lancée, lui qui dit avoir compris que « les études en prison, ça peut combler le trou de la vie » ? « Le BEPC, je l'ai pas passé, me rétorque-t-il, parce qu'y m'avaient pas donné ma conditionnelle. » Voilà qui indique clairement les priorités de mon interlocuteur : donner satisfaction à la justice en faisant des études, moyennant quoi la justice devait lui rendre la pareille. Si le système don/contre-don ne fonctionne pas, inutile de persister à offrir des diplômes à une institution qui ne vous récompense pas. Surtout si les études ne motivent guère le candidat, pourtant fier, après coup, d'avoir eu son certif à quarante ans ! Ainsi, on le voit, le même homme constate-t-il à la fois qu'il a changé, qu'il a eu des projets et... qu'il n'en a pas : « La sortie est trop loin. » Pour contradictoires qu'ils soient, ces propos sont cependant courants en détention. Et révélateurs de ce que bien des « objectifs » y sont suscités par la conjoncture judiciaire. Et qu'ils varieront avec elle !

En tout cas, si cet exemple montre clairement que la perspective d'un aménagement de peine peut stimuler des détenus, il laisse aussi entrevoir l'amertume que peuvent engendrer des espoirs déçus. « Il y a des rendez-vous à ne pas manquer, observe la directrice de Rennes ; on voit souvent des régressions après des refus de conditionnelle ; le ministère doit être vigilant par rapport aux propositions des établissements. » Bref, on peut passer après un, voire plusieurs refus du *projet* qui oriente vers le futur au *rejet* de tout. Y compris de la vie et de soi. Car non seulement s'avère-t-il peu facile d'entreprendre entre quatre murs mais de surcroît cette capacité n'est pas extensible *ad libitum*.

A titre de contre-exemple il est intéressant d'analyser la trajectoire de Francine-la-résistante. Si Francine n'avait pas non plus de diplômes, son niveau scolaire (BEPC) était cependant supérieur à celui de Dodelet et son milieu professionnel (elle était animatrice) moins éloigné de la sphère « culturelle ». A Rennes, Francine, condamnée à vingt ans de détention, a donc repris ses études à la fois pour s'occuper mais aussi, dit-elle, « pour apprendre [ses] droits et emmerder la Pénitentiaire ». Elle a en effet choisi de passer une capacité et un DEUG de droit — sans avoir pour autant l'intention de faire carrière dans cette branche. Occupant un poste clé (bibliothécaire), elle a pu inviter des auteurs (dont l'un est devenu un ami) et participer à un stage vidéo qui a « fait tilt » : Francine avait trouvé sa « vocation ». Dès lors elle organisera sa vie et notamment ses permissions ainsi que son dossier de conditionnelle en fonction de son choix professionnel : faire des documentaires. A l'heure où j'écris ces lignes, Francine, après avoir essuyé un premier refus, a été libérée et suit une formation correspondant à la filière qu'elle a choisie.

Plusieurs facteurs ont à mon sens joué en sa faveur : sa socialisation antérieure et ses goûts (la photo lui était déjà familière), les prestations proposées par l'établissement (club vidéo, interventions de conférenciers), la longueur de sa peine (il est plus facile de se projeter dans le futur avec une peine « à temps » qu'avec une perpétuité) et le souci constant qu'elle a manifesté de « ne pas s'installer en détention ». Enfin on ne peut manquer de se demander en l'écoutant parler de « la Pénitentiaire » si son énergie ne doit pas beaucoup à la rage. Une rage que, contrairement à d'autres, elle aurait su canaliser et utiliser.

Le PEP

Les cas comme celui de Francine sont rares : la masse des détenus, à l'instar de Dodelet-le-mineur, élabore difficilement des projets dignes de ce nom. Pourtant l'institution a besoin que la peine fasse sens pour ses administrés afin de conforter la légitimité de son action et de faciliter sa gestion de la population pénale. Et puis, en période de crise économique, il n'est guère souhaitable que les candidats aux aménagements de peine présentent des projets de sortie bâtis sur du sable. Trop fragiles. Trop risqués. Aussi la Chancellerie a-t-elle lancé en 1996 le « Projet d'exécution des peines » [1].

Lors de mon enquête, le PEP [2] n'en était encore qu'à ses balbutiements et mes interlocuteurs institutionnels m'en ont parlé avec beaucoup de circonspection. « Avec le PEP, me dit le directeur de C., l'idée est de déterminer avec le détenu quels projets il se pro-

1. Le PEP a été suscité par le rapport Cartier. Publié en 1994, ce dernier est le fruit d'un groupe de travail qui s'est penché à la demande de la Chancellerie sur « La prévention de la récidive des criminels ». Il s'inspire aussi clairement de l'exemple anglais ; il reprend notamment l'une des conclusions du célèbre rapport Woolf (1991), issu d'une enquête « Sur les désordres dans les prisons britanniques ». Celle-ci (n° 5) préconise « la rédaction pour chaque détenu(e) d'une "convention" ou d'un "contrat" définissant ses attentes et ses obligations dans l'établissement où il est incarcéré ».

2. Il devait être généralisé à tous les établissements pour peine aux environs de l'an 2000.

pose d'élaborer, de réfléchir avec lui aux moyens et aux échéances nécessaires pour les mettre en œuvre. Le but du PEP, c'est de *rendre la vie la moins inutile possible en détention.* » Formule qui ne manque pas de me frapper par la modestie des ambitions qu'elle reflète.

Le projet qui aura été choisi par chaque détenu devra être consigné dans un livret qui, à l'instar des livrets scolaires, le suivra lors d'éventuels transferts et permettra qu'on lui demande périodiquement où il en est de « ses » objectifs. Enfin, les projets élaborés au moment de la demande de libération conditionnelle devraient, en toute logique, s'inscrire dans la continuité du PEP que le demandeur aura précédemment « choisi » en détention.

J'interroge mon interlocuteur sur le sens et la nature de l'accord qui liera le détenu et l'institution. Cet accord ne pose-t-il pas question dans la mesure où il semble impliquer que se noue entre les deux parties une relation contractuelle *a priori* contraire aux rapports en vigueur *intra-muros* ? Ne va-t-on pas aussi vers une adhésion quasiment « forcée » des condamnés et une obligation de moyens de la part de l'établissement ? Mais je brûle les étapes, semble-t-il. Selon le directeur de C., l'élément contractuel n'aurait encore jamais été formalisé.

Mes autres interlocuteurs institutionnels m'ont paru également très prudents : hommes et femmes de terrain, conscients des difficultés à surmonter, ils espéraient simplement que le PEP donnerait plus de poids aux observations faites par le personnel de surveillance, et partant, revaloriserait ce dernier tout en aidant à améliorer l'écoute des détenus et à aiguiser leur prise de conscience de l'avenir.

L'instituteur de S., lui, hausse les épaules : il est plus que sceptique ! Comment le PEP pourrait-il répondre aux questions posées par l'absence de désir et l'assoupissement progressif des « longues peines », l'allongement de la durée des détentions, le manque d'avenir qui est le lot des plus faibles *extra-muros*... ? « Ici [1], pour les surveillants, observe-t-il ironiquement, le PEP c'est avoir un

1. « Ici, au CD de Melun, m'écrit un détenu, le PEP consiste surtout à nous faire payer les frais de justice. » Une circulaire datée du 13 juillet 1998 insiste en effet sur la nécessité « d'intégrer dans le processus de réinsertion l'indemnisation des victimes ».

livret sur chaque détenu, or on n'a jamais réduit des désirs à un livret ! » Mais tous les observateurs du microcosme carcéral ne se montrent pas aussi désabusés. Certains visiteurs de prison notamment. « Ça implique une amorce de dialogue entre la Pénitentiaire et le gars, me dit l'un d'eux ; et puis on va pour une fois tenir compte des motivations du condamné et le traiter comme un sujet en devenir. »

Est-ce à dire que « tout baigne » ? Non, bien sûr ! « Responsabiliser le détenu par rapport à son devenir est certes une bonne chose, me dit une visiteuse, mais lui faire porter le chapeau en cas d'échec serait injuste. » « Injustice » qui est pourtant dans l'air du temps comme le notent ici et là bien des praticiens du social ou un magistrat comme A. Garapon. Observant que « “le contrat”, avec sa constellation de concepts annexes (partenariat, négociation), a envahi l'espace social », celui-ci s'interroge en effet — et il n'est pas le seul — sur le bien-fondé de la responsabilisation de personnes en grande difficulté sociale à une période où, justement, les perspectives économiques sont particulièrement bouchées [1].

Comme le RMIste qui n'a qu'à s'en prendre à lui-même s'il ne réussit pas à mettre en pratique les clauses de son contrat d'insertion, le détenu « longue peine » devra-t-il battre sa coulpe s'il n'arrive pas à construire un projet cohérent ? La société et l'institution pénitentiaire seraient ainsi dédouanées alors qu'il verrait pour sa part stigmatisée son incapacité à planifier son existence...

1. A. Garapon, *Bien juger, op. cit.* p. 128.

Dans son livre *Temps et ordre social*, Roger Sue rappelle ce qu'avait déjà souligné Max Weber dans *L'Éthique protestante et l'esprit du capitalisme* : le temps moderne est un temps qui, contrairement au temps traditionnel, est perçu et géré comme un capital. La formule : « Le temps, c'est de l'argent » est devenue inhérente à notre époque et, comme le dit R. Sue, « "réussir" sa vie passe forcément par la meilleure rentabilisation de son propre temps... à savoir faire le plus de choses possible dans un temps donné, ou une seule chose dans un temps toujours plus court, principes mêmes de la productivité [1] ». Dans un tel système, il devient donc impératif de viser à « économiser » du temps, à en « gagner », à l'« investir ». On en parle ainsi comme d'une action cotée en Bourse qu'il faudrait absolument faire prospérer.

On serait *a priori* tenté de croire qu'une « longue peine » ne peut pas gérer le temps de la détention sur un mode aussi productiviste : la mise entre parenthèses carcérale ne brise-t-elle pas tous les espoirs de carrière ? Et pourtant la façon dont, dans la vie courante, les plus nantis et les plus occupés évoquent leurs vacances devrait nous mettre en garde. Cette temporalité blanche qui semble vide des enjeux sociaux habituels, combien en parlent comme le ferait un conseiller financier : « Ça serait bête de faire la Grèce sans faire la Turquie dans la foulée », « il faut rentabiliser son séjour en apprenant une langue » ? De tels exemples ne manquent pas. Alors pourquoi le temps de la détention échapperait-il à cet impératif contemporain ? Qui dit qu'il a raison ce surveillant qui me déclare : « En prison, personne n'est jamais pressé. Pour faire quoi ? pour aller où ? On sort de sa cellule pour y revenir un peu plus tard. »

Justement ! L'instauration du PEP qui formalise et souligne l'importance des projets élaborés pendant la détention me paraît témoigner d'une propagation accrue de cette perception moderne du temps au sein d'un microcosme carcéral qui dans l'histoire pénitentiaire a toujours été décalé par rapport au temps dominant mais qui finit aussi par refléter tôt ou tard son évolution.

Cette perception « moderne », Weber en a étudié en son temps l'émergence : il l'attribuait à une éthique religieuse, celle du protestantisme naissant. « Être oisif, bavard, dormir plus qu'il n'est nécessaire à la santé [2], écrivait-il, est passible d'une condamnation morale absolue. » Le bon calviniste ne doit pas non plus, comme dans certaines communautés religieuses du Moyen Age, se consacrer à une vie surtout contemplative. Non ! ce qui plaît à Dieu, c'est que l'homme pieux

1. R. Sue, *Temps et ordre social*, Paris, PUF, 1994, p. 97.
2. Conduites fréquemment observables en détention.

rationalise sa vie, notamment dans le cadre du travail, de façon à accroître par ses œuvres la gloire de Son Seigneur [1] !

A « homme pieux », « vie » et « Dieu » il suffit de substituer « bon détenu », « peine » et « Justice » pour entrevoir les similarités entre l'*ethos* religieux ainsi décrit par Weber et celui du bon détenu, dans sa version moderne, tel qu'il est suggéré par les zélateurs du PEP : celui-ci ne doit pas gaspiller « sa peine » mais la rationaliser, la vivre sous le signe du progrès et de la productivité. Ce faisant, il témoignera de la grandeur de la « Justice » qui la lui a donnée. Dans le cas contraire, s'il a perdu son temps, il sera lui aussi, pour reprendre les termes de Weber, « passible d'une condamnation ». Et pas que morale, si l'on songe aux rejets des demandes d'aménagements de peine et à leurs conséquences sur la durée de la détention.

Comme le PEP ne concerne que les établissements pour peine et qu'il implique pour l'heure surtout les « longues peines », on peut penser que la modernisation de la gestion du temps carcéral touche en fait surtout les centrales et les CD. Aussi, si l'on reprend les analyses de Weber, peut-on se demander si on n'assiste pas entre la maison d'arrêt et l'établissement pour peine à une évolution analogue à celle qu'il relève entre deux époques : précapitaliste et capitaliste. D'un temps carcéral encore traditionnel (MA) où la « longue peine » est régie par la scansion temporelle imposée par la collectivité et où la vertu consiste à s'y soumettre, on passerait à un temps plus moderne (centrale, CD) où doit s'affirmer la responsabilité individuelle du (bon) sujet dans la gestion rationnelle de sa vie. Bref, en maison d'arrêt, l'institution demanderait surtout à une « longue peine » de « faire son temps » sans faire de vagues, et en établissement pour peine de « faire quelque chose de son temps ».

Bien sûr il s'agit là d'une schématisation idéal-typique ; dans la réalité les choses sont plus complexes. Ainsi le temps des établissements pour peine (CD y compris) ne sera-t-il jamais totalement « moderne » dans la mesure où la scansion temporelle collective, pour atténuée qu'elle soit, y a toujours de l'importance. Et puis l'origine sociale des détenus influera elle aussi, on le verra, sur la façon dont ils géreront leur temps.

Observons aussi que cette « modernité » est relativement récente en prison puisque la création des centres de détention (avec l'allègement des contraintes temporelles qui les caractérise) date des années 1974-

1. M. Weber, *L'Éthique protestante et l'esprit du capitalisme,* Paris, Plon, coll. Pocket, réédit. de 1964 (1re éd. 1905), chap. « Ascétisme et esprit du capitalisme », p. 186-227.

1975. Et qu'elle reflète plusieurs mutations : l'individualisation croissante de la société contemporaine, qui gagne par ricochet l'univers carcéral ; la volonté de réformer — mutineries obligent — l'institution pénitentiaire, et notamment les établissements pour peine, en accentuant la politique d'individualisation des peines — et du temps de la peine ; l'allongement progressif des peines, et donc de temporalités qui risquent d'être de plus en plus vides si rien n'est entrepris pour les dynamiser ; la peur accrue de la récidive, des délinquants sexuels notamment, et le souci de les pousser à changer en les impliquant dans un travail thérapeutique ; enfin les craintes que suscitent les « inaptitudes » dénoncées de façon récurrente chez les détenus (passivité, etc.).

Notons que si cette dénonciation est ancienne, la solution préconisée — responsabiliser de plus en plus l'individu détenu en établissement pour peine — est, quant à elle, « moderne ». On lui fera maintenant grief de ne pas assez prendre en main sa destinée quand, jadis, on lui aurait reproché de ne pas s'être assez soumis à l'institution. Est-ce à dire qu'on rend l'individu d'autant plus responsable de son avenir que le corps social se sent de moins en moins capable d'assurer aux « longues peines » une détention et un avenir qui font sens ?

Mais la responsabilisation accrue des détenus pose un autre problème que rappelle notamment R. Sue. Les individus sont, observe-t-il, inégaux devant ces impératifs de rentabilisation temporelle, les plus marginalisés (chômeurs, jeunes, etc.) disposant de plus de temps libre mais de moins de ressources pour en tirer profit, les plus intégrés et les plus aisés n'ayant par contre que peu de temps pour profiter de leurs investissements (pécuniaires et temporels). Et ces différences, on les retrouve bien sûr parmi les détenus.

D'ailleurs, si l'on en croit quelques intervenants en milieu pénitentiaire, l'incapacité à rationaliser leur existence dont témoigneraient certains criminels invaliderait non seulement leur avenir mais éclairerait aussi *a posteriori* la genèse des « faits » commis. Leur acte comme leur incapacité à concrétiser des projets en détention seraient imputables à une psyché anachronique. Anachronique, car supposant une gestion du temps qui ne correspond plus aux valeurs dominantes *extra-muros*, valeurs dont une mesure comme le PEP serait précisément porteuse.

VÉGÉTATIFS ET HYPERACTIFS

Intra-muros, point n'est besoin d'avoir lu Chesneaux ou Sue pour constater rapidement que coexistent chez des personnes du même âge des modes de gestion du temps extrêmement différents. Et dans le monde clos de la prison qui abroge spatialement certaines distances (notamment socio-professionnelles), ces variations surprennent particulièrement. Un exemple : la prise de rendez-vous à l'issue de chaque entretien. A C., André Simoni, cinquante-sept ans, est toujours disponible alors que Jean Blot, cinquante ans, est pour sa part « hyperbooké ». Certes ils n'ont pas la même peine : Blot a pris dix-sept ans et Simoni perpète, mais surtout, Blot était médecin hospitalier alors que Simoni vivait de rapines et de récupération. L'un avait une carrière, l'autre n'en avait pas.

« Y'a pas de reconversion en prison, me dit un éducateur, ceux qui font des études, c'est ceux qui les avaient arrêtées, c'est rarement des gens qui n'avaient jamais rien fait. Y'a pas de secret, ceux qui réussissent, ce sont tous des gens qui avaient déjà un niveau avant ; eux sont aidés par la prison parce qu'elle leur donne une disponibilité et des possibilités qui vont leur permettre de se réaliser. »

Parmi les détenus que j'ai rencontrés, une dizaine de personnes ont en effet reconnu qu'en détention, « on a plus de loisir pour faire des choses pour soi ». Le risque ? « Ça favorise l'égoïsme [1], puisqu'on est momentanément déchargé de la responsabilité des autres. » De la famille en particulier.

1. E. Goffman, qui observe « chez le reclus un penchant prononcé à l'égocentrisme », l'attribue pour sa part à la réaction d'autodéfense que suscitent chez la personne « internée » la perte de statut social et le dépouillement qu'elle a subi (*op. cit.*, p. 111-112).

Faute d'échéances et de repères, les plus végétatifs semblaient au contraire aspirés par le néant. Temps libre devenu temps mort.

Hyperactifs...

« J'ai toujours été hyperactif, me répond Blot à qui je demande si sa façon de gérer sa vie date de la prison, je ne dors que quatre heures par jour depuis que j'ai fait mes études de médecine. Être hyperactif, c'est une fuite en avant ; celui qui est plus fruste devient végétatif en prison. Mais il suffit pas de dire : "Je veux meubler mon temps", il faut le pouvoir ! Si on le peut pas, on replonge dans le sommeil. J'ai partagé ma cellule avec un mec qui dormait vingt-trois heures par jour, il se levait juste pour manger alors que moi, je veux avoir barre sur le temps. » Des projets, Blot en regorge. Grâce à un système de cassettes il a repris des études et poursuit ses travaux avec le professeur B. « pour [se] resituer dans l'avenir ». « J'ai bien l'intention, s'écrie-t-il, de pas devenir un légume, j'essaie de maintenir mes capacités intellectuelles. » Mais il le reconnaît volontiers, « des activités de remplissage », il en a aussi. Comme avant d'ailleurs. « Au Club Med, me dit-il, vous meublez un temps que vous avez choisi. Ici vous l'avez pas choisi mais si vous faites rien, vous en mourrez. »

Comme beaucoup de détenus actifs, Blot oppose le temps collectif de la journée au temps solitaire de ses soirées. « Le jour, je peux me frotter aux autres, dit-il ; tout évolue d'une manière très chronologique mais, de sept heures du soir à sept heures du matin, je suis seul. En fait, quand la cellule est fermée, je cesse de faire attention au temps : je me détends en gros jusqu'à dix heures, j'écoute de la musique, je programme les enregistrements musicaux que je veux faire. Ensuite je me consacre à la prière. » Pendant la journée, Blot partage son temps entre la psychanalyse, les études, la préparation d'expositions et le groupe de réflexion religieuse. Ses participations à la vie collective se sont mises en place petit à petit. On l'a sollicité et il a accepté. « Il faut se sentir utile pour avoir un sentiment de dignité, me dit-il ; c'est quelque chose qui a toujours été un aiguillon pour moi. » Et puis, s'il réfute le système, il ne rejette pas les détenus. « Les gens ici ne sont pas différents de l'extérieur ; je vis bien parce que je m'entends bien avec les autres. » A l'entendre j'en oublierais presque le récit dramatique qu'il m'a fait quelques jours auparavant de son séjour à Fresnes, marqué par sa crainte des surveillants et par deux tentatives de suicide.

« Je suis de cette vie [la prison] mais il faut pas se bloquer sur cette vie-là, me dit-il cependant, il y a un risque certain à perdre l'idée qu'on n'est pas dans la vraie vie. » Voilà qui me rappelle Francine-la-résistante, « prise dans la prison, mais surtout, ah ! surtout pas plongée dedans ! » « J'arrive à vivre avec les détenus, poursuit Blot, mais je construirai rien avec eux ; on n'a pas de projets communs. Ici, je suis hors de la présence de ma famille. Ce n'est pas un milieu de vie normal. » Voilà qui dit bien ce que cela veut dire : en prison, Blot ne peut avoir que des ambitions à court terme. Les grands projets qui impliqueraient son travail (qu'il ne peut exercer *intra-muros*) ou ses proches sont forcément incompatibles avec la détention.

« Ici, je suis plus absorbé qu'à l'extérieur, observe à son tour Michel-le-principal qui en effet n'arrête pas, je vois pas le vide de la vie, je vois le trop-plein. J'ai des journées de quarante-huit heures. » Hyperactif depuis toujours, il s'est intéressé dès son séjour en maison d'arrêt à l'informatique : « ma bouée de sauvetage », me dit-il. Bibliothécaire, il fait aussi du travail de sous-traitance pour des commanditaires extérieurs (rectorat, couvent...) qui le paient à des prix défiant toute concurrence. Mais si cela le fait fulminer, il n'en continue pas moins à s'activer.

Je pourrais continuer à aligner les exemples : Lalonde-le-psy et son « souci d'obsessionnaliser [son] temps », Leduc-le-Nantais et sa « hantise de [se] retrouver à glander », « [sa] peur de couler, [son] besoin de bouées », ou Sophia Rado, « étouffée par les temps morts », qui trouve toujours les journées trop courtes... Ces activistes n'ont pas forcément un cursus qui implique une *progression*, sauf s'ils font des études longues : ainsi certains enchaînent-ils formation sur formation sans que la seconde implique une continuité par rapport à la première. Faute de possibilités offertes par l'établissement ? Faute d'entrevoir une date de sortie ? Ce qui rend de toute façon périmables des apprentissages non suivis de pratiques.

L'énoncé de certains emplois du temps m'a parfois donné le vertige. Que disent-ils ces plannings quasiment dénués de trous ?

Que le temps mort est plus redouté en prison qu'à l'extérieur parce que ce lieu est perçu comme mortifère. Qu'il importe d'y manifester vaille que vaille qu'on est vivant. Que les détenus qui en ont les moyens essaient de reprendre avec pugnacité ce qu'on leur a pris : leur vie, et de revaloriser un temps carcéral peu coté à la bourse du prestige social, quitte à le bourrer au maximum. Que l'activisme forcené peut servir aussi à ne plus avoir le temps de penser. Et de souffrir. Et puis l'on découvre que les détenus hyperactifs étaient toujours des gens actifs avant l'incarcération, généralement bien insérés [1] et occupant parfois des professions enviables — notamment les condamnés aux peines « les plus courtes ». Qu'ils s'activent d'autant plus aisément que leur socialisation antérieure leur a appris à gérer leur temps et qu'ils disposent de diverses ressources (intellectuelles en particulier). Que ce sont eux qui, après les premiers mois, voire les premières années de dépression, se relancent sans doute le plus tôt dans l'action. Qu'ils occupent des fonctions clés en détention. Et enfin qu'ils ont conscience que leur activisme devrait favoriser leurs demandes d'aménagement de peines [2].

« Il est clair, me dira d'ailleurs le directeur de S., qu'un détenu qui a un bon niveau, très tôt, il se dirigera vers des activités gratifiantes : informatique, photo ; *c'est un plan de carrière.* » Si ce mot n'a jamais été prononcé par un détenu [3], il est évident qu'une personne qui gère son quotidien et fait des projets, même mini, risque d'entrevoir plus tôt la fin de son cursus carcéral en faisant les choix les plus *payants*. Un tel détenu, en montrant qu'il investit intelligemment son temps, souscrit à l'idéologie moderniste évoquée plus haut, dont on voit bien qu'elle vaut aussi pour la durée de la peine. Il convient de « faire son temps » en le ren-ta-bi-lisant.

Parce qu'ils ont des projets, qu'ils se fixent des échéances, les

1. Y compris dans le « milieu ».

2. De surcroît, comme l'observe R. Sue, « la définition d'objectifs, la mobilisation des capacités, la programmation d'étapes [...] en laissant croire à l'individu qu'il peut maîtriser son avenir, lui permettent effectivement d'être un peu plus *libre* » (*op. cit.*, p. 93). Ce qui, pour un détenu, est un bénéfice non négligeable.

3. Par contre, un de mes correspondants-détenus fait régulièrement allusion aux rencontres ou comportements « qui sont bons pour [son] CV ». CV pénitentiaire, ça va de soi !

hyperactifs se suscitent des périodes d'urgence qu'on serait bien en peine de trouver chez d'autres détenus. Moments paroxystiques toujours liés, semble-t-il, à une activité qui implique l'extérieur. Ce qui confirme et infirme à la fois la phrase citée plus haut : « En prison, on n'est jamais pressé. » Oui, si l'on reste coupé de l'extérieur. Non, si l'on s'ouvre sur lui. « J'ai beaucoup de périodes d'urgence, me dit ainsi Francine-la-résistante, les périodes d'examen, les week-ends de théâtre, les écrivains que j'invite, plus les urgences liées aux permes et à mon dossier de conditionnelle. »

Mais on ne peut analyser l'hyperactivisme carcéral sans rappeler que ces emplois du temps archi-pleins sont favorisés non seulement par l'unité de lieu mais aussi par... la perte de statut social. Pas de déperdition temporelle ici du fait des transports ou des changements vestimentaires ! Ainsi pourra-t-on courir dans la cour en jogging et se rendre à l'atelier voisin quelques minutes plus tard, vêtu à l'identique, contrairement aux pratiques en vigueur *extra-muros*. On voit donc que la mise « hors jeu » du détenu comporte *aussi* des bénéfices secondaires. Certes il ne compte plus socialement, mais il économise ainsi tout le temps qu'il fallait dépenser pour compter : les réceptions, les réunions de travail, bref toutes les obligations « sociales » voire mondaines, si *prenantes*, auxquelles sont soumises les personnes disposant d'un statut dans le monde libre.

...et végétatifs

L'hyperactivisme, on en est loin avec André Simoni, Cyrille-l'avocat ou Jacqueline Trième, eux qui oscillent surtout entre deux lieux : leur cellule et la cour. « Oscillait », devrais-je dire s'agissant de Jacqueline Trième, la Normande. Cette ex-rurale me laisse en effet pantoise quand elle me déclare d'un air négligent : « Ça fait depuis 1984 que je suis pas sortie dans la cour. » En outre, Jacqueline ne fréquente plus beaucoup la bibliothèque. « Ça m'intéressait plus », dit-elle, les yeux fixés sur sa jupe, en évoquant vaguement une rencontre désagréable. Pourquoi cet évitement des lieux collectifs de l'établissement ? Pourquoi accentuer une situation réclusionnaire en rétrécissant encore un peu plus son espace ? Jacqueline ne me le dira pas, elle se contente d'observer d'une voix atone qu'elle n'avait plus envie de voir des gens, « qu'y a des moments, [elle a] envie de [se] foutre en l'air ». Des propos échappés lors d'autres entretiens me feront penser — peut-être à tort — que Jacqueline a souffert de propositions homosexuelles qui lui ont été faites, voire d'une relation amicale qui aurait mal tourné ; alors elle a préféré se replier sur elle-même et sur sa division [1].

Avec Cyrille-l'avocat, personnage à la fois vif physiquement et vivace verbalement, on est dans un registre un peu différent. « Ma vie, elle est contemplative, me déclare-t-il ; je vis simplement parce que je veux pas crever », ce qui ne l'empêche pas d'évoquer souvent la mort et de me dire un jour : « Je vais m'éteindre en prison. » En détention, Cyrille vit sans doute comme il le faisait à l'extérieur : au jour le jour. Inactif, il ne l'est pas à proprement parler puisqu'il discute avec ses codétenus, joue aux cartes, sort en promenade, fait un peu de gym et s'intéresse aux médias, mais sa vie ressemble plus à une vie de retraité (de la délinquance) qu'à celle d'un homme actif. « Des fois, me dit-il, dans ma cellule, je roule une cigarette pour me dire : "Je fais quelque chose". »

Quand il n'est pas abattu, Cyrille rêve : « On est des mythomanes, on se fait des plans pour supporter la prison », reconnaît-il. Lui qui dans sa vie d'homme libre semble avoir beaucoup zigzagué, un peu au hasard des rencontres, oscille entre de fréquents moments de découragement (rien n'est possible, on ne l'aide pas, il va dépérir sur place) et des périodes — plus rares — d'espoir, voire d'exaltation. Il voudrait faire un disque, enregistrer des contes pour enfants, toutes activités difficiles [2] à mettre en œuvre en prison. Pour l'heure, une seule chose est sûre : il ne se laissera pas « prendre aux trucs de la réinsertion ». Car Cyrille refuse la prison et ses attrape-nigauds : « Je participe pas à toutes les activités, *je me respecte* ; en prison je refuse tout, je suis sincère, entier, y a que les caves qu'on réinsère ! » me dit-il, soudain grandiloquent. S'entretenir avec un visiteur de prison, pas question ! voir l'assis-

1. Mais le cas de Jacqueline Trième rappelle aussi ces comportements de repli relevés par Goffman dans toutes les structures totalitaires, cas symptomatiques selon lui de la « régression » et de « l'adaptation » (désintérêt progressif pour un extérieur qui vous est interdit) que celles-ci peuvent engendrer (*op. cit.*, p. 106).

2. A la date où je relis ces lignes je viens de recevoir une cassette des chansons de Cyrille qu'il a enregistrées dans sa cellule avec les moyens du bord. Le titre en est éloquent : « A l'air libre » !

tante sociale ou l'aumônier, très peu pour lui ! fréquenter le club-contes, sans intérêt ! Bref, inutile d'insister ! tout ce qui est organisé par « la Pénitentiaire », Cyrille s'en « bat les couilles » ! Ultérieurement j'évoquerai une écoute psy que Cyrille récusera également, mais j'apprendrai plus tard, par hasard, qu'il « consulte » épisodiquement un psychiatre qui l'a connu mineur dans le même établissement. *Re-père* pour un homme qui dit n'en avoir qu'un dans sa vie : sa date de naissance — à Nantua où il naquit « de père inconnu ».

Par tous ces rejets, Cyrille tente de réaffirmer sa fierté d'« homme » trop souvent humilié qui ne veut pas « [se] soumettre dans sa tête ». Il est détenu mais on l'aura pas ! Ça non ! La genèse de ces refus est sans doute plus complexe qu'il n'y paraît, comme le montre sa réticence à évoquer ses consultations psychiatriques : pour spontané qu'il soit, Cyrille-l'avocat affiche souvent les attitudes qui conviennent, à ses yeux, au « voyou qui se respecte », idéal-type qui n'est pas Cyrille. Ce voyou-là n'a pas de faiblesses, ne voit pas de psy et ne participe pas aux activités de *patronage* qu'on peut lui proposer : il est un homme « à qui on la fait pas ». Moyennant quoi, s'il sauve son honneur (à ses yeux surtout), Cyrille a devant lui la perspective d'un futur peu riant, d'autant plus qu'il est sans travail et sans revenus (hormis ceux qu'il peut retirer du système D carcéral). On peut se demander aussi si le fonctionnement de Cyrille n'a pas perdu de sa pertinence à partir du moment où cet habitué du milieu des récidivistes urbains qui peuplent les maisons d'arrêt est entré dans une zone inconnue, celle des « longues peines ». Car si cette pratique de l'opposition quasi systématique à l'institution est courante en MA et concevable sur des durées relativement courtes, elle devient plus difficile à tenir sur le long terme.

André Simoni, l'ex-homme des bois, mène, quant à lui, une vie dont je ne sais s'il faut la qualifier de végétative ou de contemplative. Il ne travaille plus. Pour quelles raisons ? Il ne tient pas à le préciser ! mais il ne semble guère souffrir de l'absence de ressources pécuniaires. Habitué depuis toujours à vivre de peu, il n'a guère changé en détention, même s'il est encore étonné (et fier de son audace) d'avoir dépensé une somme « folle » (d'autant plus astronomique qu'il la cite en anciens francs : deux cent soixante-cinq mille francs), pour s'acheter une chaîne hi-fi. Il « cantine » peu, sait pouvoir bénéficier de l'aide aux indigents, dit n'avoir besoin que de mille francs par an (alors que ce chiffre est souvent présenté par ses codétenus comme la ressource mensuelle incontournable) et a, par le passé, réussi à se constituer un petit pécule.

Ses nuits sont longues : couché aux environs de vingt-deux heures, il se lève entre dix heures trente et midi mais il consacre une partie de ce temps nocturne à réfléchir ou à regarder le ciel. Une fois levé et lavé, Simoni écoute la radio, sans laquelle il ne pourrait vivre : « Si on l'enlevait, ça serait l'émeute ! » Sa vie, il la vit au jour le jour : « Ce qui va se passer aujourd'hui m'intéresse, demain je veux l'oublier. » Mais « dehors », en allait-il autrement ? Non, bien sûr ! Jusqu'à vingt-cinq ans il a vivoté sans faire de projets.

La journée, il se tient plutôt à l'écart de la collectivité. « Je participe à rien en prison, bougonne-t-il, je marche dans la cour, et encore, de moins en moins car on en a vite fait le tour ; je me tiens à l'écart des détenus, à part un avec qui je peux discuter de ce qu'on a vu à la télé. Y faut voir les gens ici comme y mentent, soupire-t-il, et d'ailleurs on sait d'avance ce qu'y vont raconter. J'ai été une fois à une réunion ; c'était débile ! » Et puis si Simoni n'aime pas les activités collectives, c'est non seulement parce qu'il y retrouverait une communauté carcérale qu'il cherche plutôt à oublier, mais « c'est aussi que ça coûte ! », or il ne veut pas gaspiller son argent, surtout pour des activités qu'il ne valorise guère [1].

Les raisons avancées par André Simoni expliquent-elles vraiment son attitude ? Je m'interroge. Car à l'extérieur, les activités collectives ne semblaient pas intéresser non plus ce marginal qui vivait seul dans sa caravane, à l'écart du village. Et puis, *intra-* ou *extra-muros*, ni sa socialisation au sein d'une famille très anomique ni son illettrisme ne lui permett(ai)ent d'obtenir des satisfactions narcissiques : être reconnu, se faire une place dans un groupe impliqueraient une culture et des facilités langagières qu'il n'a pas. Le seul moyen que Simoni a trouvé pour « s'imposer » dans la communauté carcérale eût fait sourire Freud : « J'avais un bouc, y

1. En prison, et notamment en établissement pour peine, une grande partie des loisirs nécessitent le paiement d'une cotisation à l'association socioculturelle.

faisait deux mètres ! c'était le plus long de toute la prison ! », me dit-il fièrement en caressant son menton redevenu imberbe.

Si la nuit, Simoni passe beaucoup de temps à regarder les astres, il consacre parfois plusieurs heures par jour à se repasser le film de son dernier rêve. « Ça, c'est du vécu ! dit-il avec satisfaction, et on peut pas me le prendre ! » Que le rêve soit plus réel pour Simoni que le quotidien carcéral montre bien qu'à la différence de certains hyperactifs[1], il se sent peu capable d'influer sur celui-ci pour qu'il se rapproche un tant soit peu de sa vie onirique.

Enfin Simoni se met souvent à sa fenêtre pour observer des heures durant l'extérieur. « C'est pour ça, dit-il, qu'on m'a mis au troisième étage. J'observe les gens, j'ai besoin de les voir marcher. J'ai pas d'enfants, alors j'adore regarder un gosse jouer, jongler avec son ballon. Et puis je cale une glace dans ma cellule de façon à voir la bijouterie d'en face ; ce que j'aime, me dit-il d'un air ravi, c'est regarder bouger le cadran de la montre de la bijouterie. » Image hautement symbolique : une vie immobilisée, spectatrice invisible du temps qui passe par-delà les murs.

In fine, l'attitude « végétative » de ces détenus m'a paru découler à la fois de leur origine sociale et de l'indétermination temporelle impliquée par leur peine. Double causalité donc, comme le laisse entendre d'ailleurs la remarque de Dominique-le-Bordelais (ni végétatif, ni hyperactif) : « Le futur ici, me dit-il, ça veut plus rien dire ; des projets sur le papier, oui ! mais en pratique, je maîtrise rien ! Mais vous en connaissez, vous, des ouvriers dehors qui peuvent vous dire ce qu'ils feront dans les années à venir ? »

En tout cas, chercher juste à « faire son temps » s'avérera indubitablement moins *payant* dans une perspective d'aménagements de peine que la politique inverse que j'ai qualifiée plus haut de *moderne.* Mais les exemples précités montrent clairement que les *végétatifs* sont tributaires de leurs valeurs et de leur vie passées et que le mode de vie *traditionnel* qu'ils mènent en détention n'est pas choisi de façon réfléchie. Même si les intéressés rationalisent leurs attitudes *a posteriori.* Ainsi, c'est sans doute le ressenti des « végétatifs » que l'analyse de Goffman éclaire plus précisément

1. « Le rêve, m'avait dit Leduc-le-Nantais, en haussant les épaules, c'est la croisière du pauvre. »

quand il note : « Le reclus finit souvent par penser que [...] sa peine a été pour lui une période d'exil total, hors de la vie » et, ajoute l'auteur, il faut imputer « ce sentiment de vie gâchée » à « l'impossibilité fréquente d'acquérir dans l'institution des avantages susceptibles d'être transférés à l'extérieur : gains financiers [...] ou formation sanctionnée par un diplôme [1] ». Or l'hétérogénéité des *modus vivendi* que j'ai décrits ci-dessus interdit de généraliser cette observation à *tous* les reclus, les hyperactifs échappant en partie aux limitations induites par l'institution.

Pour en finir avec la question de la rentabilisation à géométrie variable du temps carcéral, il est intéressant de considérer les indemnisations accordées à des détenus innocentés par la Commission nationale d'indemnisation. Ce sont autant de miroirs de ce que vaut le temps d'un détenu, négatif photographique du positif qu'était sa vie antérieure, en fonction de laquelle les indemnisations sont calculées. Ainsi, d'après le journal *Libération* [2], un médecin détenu à tort pendant un mois a touché cent mille francs d'indemnité en 1998 alors qu'un détenu plus modeste, emprisonné pendant trois ans et demi, a, quant à lui, perçu vingt mille francs.

Même en prison *time is money*, mais toutes les vies n'ont pas le même prix.

1. E. Goffman, *op. cit.*, p. 113.
2. 7 mars 1998, p. 17.

IDENTITÉS AU PASSÉ, IDENTITÉS MENACÉES

« Le principal problème de l'auteur pendant sa déportation : sauvegarder son moi, de telle façon qu'il puisse se retrouver — une fois libéré — à peu près tel qu'il était, en tant que personne, au moment de son arrestation[1]*. »*

Inconscience des enjeux ? Nécessité intime de sauvegarder avant tout son « moi » ? Toujours est-il que j'ai été surprise d'entendre des détenus en mal d'aménagements de peine — faute d'avoir adopté les « bons » comportements — me déclarer avec une évidente satisfaction : « J'ai fait ma peine comme je devais la faire, *en restant moi-même.* »

Filiation en détention

Pour certains, ce souci identitaire impliquera une reprise des habitudes parentales. Ce faisant, ils combleront symboliquement le vide creusé par la prison entre les diverses générations et réaffirmeront la suprématie de l'éducation donnée par leurs géniteurs sur celle sous-entendue par l'institution pénale. Ainsi en va-t-il des pratiques ménagères, du choix d'un parfum (« je mets celui que met ma mère ; c'est mon oxygène », me dit une détenue) et bien sûr de la nourriture, creuset des coutumes familiales et régionales.

S'accrocher à sa filiation pour ne pas se perdre peut pousser à renouer avec des traditions qu'on négligeait « avant ». Ainsi Karl Wagner et Francine-la-résistante se sont-ils tous les deux « rappe-

1. B. Bettelheim, *Survivre, op. cit.*, p. 84.

lé »... qu'ils étaient juifs ! Si pour Karl le judaïsme a répondu à des aspirations religieuses, dans le cas de Francine il a surtout servi à étayer sa rébellion face à l'institution pénitentiaire. « En prison, m'explique-t-elle, on est déraciné ; j'avais donc envie de retrouver mes racines. En fait je me suis toujours sentie juive et même si je suis pas pratiquante, je connais toutes les pratiques. Par exemple je mange *casher*. Sauf en perme ! », précise-t-elle, l'œil rigolard, et d'ajouter : « J'aime emmerder la Pénitentiaire en demandant des repas spéciaux. » Qui attestent, me dis-je, qu'elle n'est pas qu'un matricule et lui évitent de manger la nourriture impure que fournit forcément une institution mal-aimée et « mal-aimante ».

Francine a aussi demandé à avoir une visiteuse juive et porte une médaille qui la lie symboliquement à son père (ex-déporté). Mais dans le renforcement de sa judaïté transparaissent encore d'autres motivations : « Je savais pas ce que je cherchais ; bien sûr je voulais comprendre mes racines, mais aussi la peur que les gens ont des Juifs. » Et donc d'individus perçus comme étant si nuisibles et si menaçants qu'on les a déportés. Est-ce à

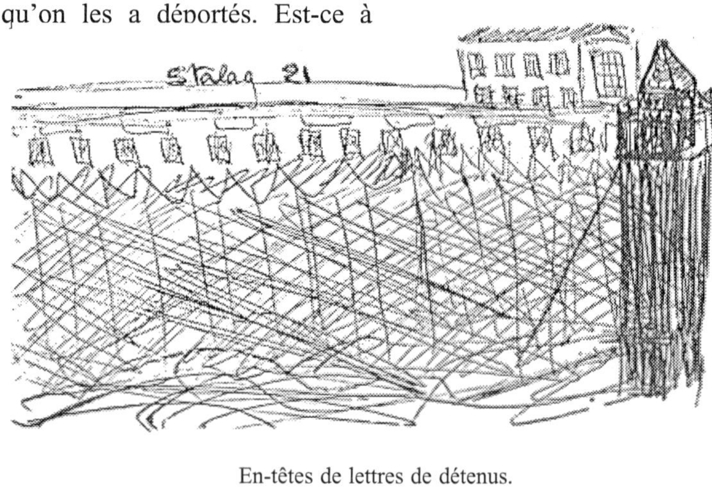

En-têtes de lettres de détenus.
Les perpètes comparent fréquemment leur sort à celui des déportés.

dire que le sort des Israélites pendant la dernière guerre rappellerait à Francine celui des détenus ? Oui. Après avoir évoqué les ghettos et l'oppression qu'ont subie ses ancêtres, elle me lancera en effet : « Je suis plus sensible à ce qu'ont vécu les minorités opprimées parce qu'ici, *on en fait partie des minorités opprimées.* » Mais un peu plus tard, elle nuancera ces propos : « On se dit que si des gens non coupables qui ont vécu en camp de concentration des choses plus difficiles que nous s'en sont sortis, nous on doit pouvoir tenir aussi. »

Renouer avec les pratiques de ses ascendants, qu'elles soient spirituelles, alimentaires ou vestimentaires, rassure peut-être mais n'empêche pas le passage du temps — et ses ravages — hors les murs. Vu la longueur de leur peine, une bonne partie des condamnés, et en particulier les plus âgés, risquent fort de vivre en étant détenus la mort d'un proche et *a fortiori* celle de leurs parents. « La peur de cette perte me hante », me dit Jacques Pelletier, trente-sept ans, dont dix-huit de détention. Si son père ou sa mère venait à mourir, tous les trois auraient attendu en vain leurs retrouvailles. Et puis quel sens aurait alors le retour vers l'Extérieur, la Maison, si ceux qui les ont symbolisés pendant des années n'étaient plus là ? A l'écouter, on sent bien que dans ce cas, Jacques serait presque tenté de rester là où il a fait sa vie : en prison.

Enfin, de même qu'aucun détenu ne veut mourir sans être entouré de l'amour d'un ou des proche(s), la plupart d'entre eux souhaitent assister aux derniers moments des quelques êtres aimés qui leur restent et être présents à leur enterrement. J'évoque ce sujet avec la généraliste de S. « J'ai en ce moment, me dit-elle, le cas d'un Turc de soixante et onze ans que je vois en consultation ; il vient d'apprendre la mort de sa femme ; elle était malade, il avait des difficultés à financer ses soins, c'est comme ça qu'il s'est retrouvé à trafiquer et qu'il a abouti en prison. On essaie de le laisser s'exprimer : il parle de sa tristesse, de sa solitude, il s'inquiète pour sa maison. Il aimerait avoir une photo de sa femme datant des derniers mois avant sa mort. » Avoir manqué les derniers moments ou les funérailles[1] peut laisser en effet au détenu un sentiment d'incertitude ; l'autre est mort, il le sait, mais comme il n'en

1. Les détenus peuvent demander une permission exceptionnelle pour assister à l'enterrement d'un proche mais elle ne leur sera pas obligatoirement accordée.

voit pas de preuve tangible, cela reste pour lui irréel ; de surcroît, à un moment de douleur intime, il ne bénéficie pas du soutien du groupe familial. En prison il vit une souffrance qui a à voir avec une autre temporalité, un autre espace...

Ce décès survenu sur une autre planète, Leduc-le-Nantais est le seul à me dire qu'il l'a vécu moins durement que s'il avait été libre : « Si j'avais été dehors au moment de la mort de ma mère, y a des réalités matérielles dont j'aurais dû m'occuper : le tri des papiers, l'aménagement des tombes. » Bref, il aurait été confronté à la réalité de la perte. Peine moindre ? Ou douleur différée qu'il risque de retrouver à sa sortie ?

Mais pour les auteurs d'homicides, le décès d'un proche peut aussi être le déclic qui fera reconsidérer la mort. C'est le cas d'Artigo-le-Marseillais qui commit deux assassinats sans ressentir aucune émotion. « Quand on perd des proches, on réalise ce que c'est que la vie d'un homme, me dit-il d'un ton mélancolique. J'ai compris à ce moment-là que j'avais tué trop facilement. Tuer, conclut-il après un silence, ça peut devenir un engrenage ». Surtout dans le milieu !

Si la mort d'un être aimé est une crainte particulièrement répandue parmi les détenus, il est d'autres peurs qui touchent l'autre extrémité de la vie. Les hommes mais plus encore les femmes ont évoqué leur tristesse de ne pas avoir vu grandir leurs enfants. « J'ai pas vu les premières dents de mon fils », se lamentera une détenue, enceinte lors de son arrestation et séparée ultérieurement de son petit[1]. Avoir manqué des étapes de leur croissance, ne pas les avoir accompagnés à la puberté..., le regret est là, que l'on songe à soi-même ou à l'intérêt de ses enfants. Car de même qu'il n'a pu remplir ses devoirs à l'égard de ses ascendants âgés, le détenu ne peut jouer convenablement son rôle de parent. Et à écouter les perpètes de Rennes, on sent bien que certaines redoutent les répercussions négatives de leur absence. Qu'elles craignent, ces mères criminelles, de faire malgré elles d'autres victimes parmi leurs enfants, souvent « placés, selon l'expression consacrée, à la

1. Les enfants nés avant ou pendant la détention peuvent rester avec leur mère jusqu'à ce qu'ils aient dix-huit mois. Ils quittent alors la prison pour être « placés » ou pris en charge par la famille de la détenue.

DASS ». Elles voudraient tant ne pas perpétuer de leur fait la spirale du malheur dont elles ont fait elles-mêmes les frais !

« Il semble évident, note la directrice de Rennes, que pour la grande majorité des femmes qui ont des enfants, la gestion de leur détention comme leurs projets de sortie s'élaborent précisément autour de ce lien de filiation. C'est un aspect très important. Il y a des femmes qui ne semblent tenir que grâce aux visites des enfants[1]. » « En schématisant, observera un autre membre du personnel de Rennes, je dirais qu'avec les hommes nous gérons la privation de liberté, l'enfermement en tant que tel, alors qu'avec les femmes, c'est le déchirement familial qu'il nous faut affronter [...] Les mères se sentent souvent comme déchues de leurs droits maternels[2] même s'il n'y a pas déchéance au sens légal du terme, ce qui provoque, notamment dans le cas des « longues peines », des tensions et parfois une sorte de rivalité des mères vis-à-vis de la famille nourricière perçue comme usurpatrice[3]. »

Et puis il y a ceux et celles qui n'ont pas de progéniture. Entrés jeunes adultes, ils sortiront de prison à l'âge où l'on devient grand-père. Une génération sera passée. Sans eux. Beaucoup me racontent la même anecdote : ils ont revu un neveu ou une connaissance connu(e) jadis bébé et devenu(e) depuis adolescent(e) et ils relatent, encore incrédules, cette évolution accélérée comme une bonne — ou mauvaise — blague que la vie leur aurait faite.

Être « longue peine », c'est non seulement être interdit *a priori* de procréation, ne plus participer au flux de la vie, c'est aussi être coupé de l'enfance, sauf si l'on a des parloirs. Un détenu qui ne reçoit plus de visites ne voit plus d'enfants en chair et en os. « Les gosses me manquent, les bébés me manquent », m'ont dit plusieurs hommes, ou encore : « Je voudrais voir la vie de près. » Quand une femme, membre du personnel, est enceinte en prison, c'est une rareté, le retour du refoulé derrière les hauts murs. Certains hommes, tenus ainsi à distance depuis si longtemps des choses de la femme, semblent d'ailleurs méconnaître ou avoir oublié les lois biologiques, la réalité d'une grossesse ou de la ménopause. J'en

1. Observation citée par Ch. Trinquier, *Femmes en prison, op. cit.*, p. 285.

2. Le pire étant pour une femme dont les enfants ont été placés en nourrice de s'entendre appelée « la dame » ou « madame » au parloir.

3. Ch. Trinquier, *Femmes en prison, op. cit.*, p. 285.

fais la remarque à Cyrille-l'avocat (vingt-trois ans de détention, toutes peines confondues) qui me tient des propos que je juge peu réalistes : « Oh, vous savez, me rétorque-t-il, *ces choses-là*, je connais pas bien. » Pour certains détenus la femme semble en effet devenue (à moins qu'elle ne l'ait toujours été !) *terra incognita*[1].

Aucun des détenus que j'ai rencontrés n'avait conçu de « bébé-parloir » mais, je l'ai déjà évoqué, certains procréent clandestinement[2]. Ainsi lors de mon enquête à S., on décomptait, au centre d'accueil des familles, treize petits issus des visites à la centrale.

Certes, on peut penser qu'offrir à un enfant un père qu'il ne verra qu'en prison n'est pas un cadeau à lui faire mais, du côté des géniteurs, une naissance est généralement vécue positivement. Justement, le docteur J. me cite le cas de l'un de ces détenus : « Il voit son enfant grandir, m'explique-t-elle, c'est son repère à l'extérieur alors que pour d'autres ce sera la communion du gamin ou le mariage. Cet homme, ajoute mon interlocutrice, je le trouve plus libre dans sa tête que beaucoup d'autres et c'est aussi ce qu'il dit ; il est vrai que dans son cas il y a une stabilité de sa vie de couple. » Contrairement à d'aucuns — qui évoquent le tort fait aux enfants — le docteur J. trouve donc important que les détenus puissent procréer. « Ça les aide à reprendre un rythme, me dit-elle, celui de la croissance de l'enfant. Le gosse est réparateur et puis il est porteur d'espérance : le père se dit que le temps à venir sera meilleur. » Bref, se reproduire peut aider à vivre au présent et à croire au futur. Voilà qui plaide en faveur des « unités de vie familiale » qui devraient être créées[3] — un jour, peut-être — dans certains établissements pénitentiaires.

1. Comme me le fait remarquer l'un de mes correspondants, beaucoup de détenus, incarcérés mineurs et « à moitié puceaux », puis devenus multirécidivistes, ont presque toujours vécu entre hommes. Ainsi, malgré des allures délurées et des discours salaces, sont-ils en fait très ignorants en matière de physiologie et d'affectivité féminines.

2. La surveillance semble néanmoins beaucoup plus stricte à Rennes. Il faut dire que la grossesse d'une détenue pose à l'AP un « problème » qu'elle aura à gérer *intra-muros*. Ce qui n'est pas le cas côté hommes.

3. Mais dont la mise en place est — depuis près de quinze ans — régulièrement repoussée par la Chancellerie à des dates ultérieures. Renvoyée en somme aux calendes grecques...

Passéisme et modernité

Des anecdotes destinées à illustrer le *déphasage* de certaines « longues peines », j'en ai entendu raconter dans chaque prison. Ainsi, évoquant Jacqueline Triève, la Normande, une gradée me dit : « Elle s'habille comme en 1960, écoute des chansons des années 60 ; le temps s'est arrêté pour elle. » Tellement arrêté que mon interlocutrice en rajoute : Jacqueline, qui n'a que trente-huit ans, est en effet arrivée à Rennes au début des années 80. De surcroît la gradée semble oublier que Jacqueline a recours au « vestiaire », alimenté par les œuvres caritatives — qui n'est pas vraiment à l'avant-garde de la mode. « A ses débuts, poursuit mon interlocutrice, le règlement était strict ; on respectait le personnel ; Jacqueline a gardé le pli, elle baisse la tête et se tait. » Bref, à l'en croire, une fois que cette détenue a adopté une attitude et des goûts, elle n'en change plus, même si autour d'elle le monde a changé.

Certes, la personnalité et l'origine sociale des reclus expliquent en bonne partie le caractère désuet de certaines de leurs pratiques ; ainsi est-il probable que, comparées au mode de vie dominant, les façons de faire et d'être de Jacqueline, originaire d'un milieu rural très traditionnel, devaient déjà paraître rétrogrades avant sa détention. Mais l'institution pénitentiaire favorise largement ce déphasage par son incitation permanente à la soumission et sa méfiance à l'égard des changements. Dans le domaine des mœurs et du travail notamment.

Ce décalage est fréquemment commenté — et la chose n'est pas anodine — sur le mode humoristique, alors que bien souvent il FAIT PEUR. L'autre dont on se moque, qui semble s'être immobilisé dans le temps, quel détenu, surtout s'il n'en est qu'au début de sa peine, n'a craint un jour de lui ressembler ? Ainsi plusieurs de mes interlocuteurs, après avoir raillé le passéisme d'X. ou Y., soulignaient-ils avec insistance leur propre « modernité ». Cela dit, les mêmes détenus qui se targueront d'être modernes dans certaines de leurs activités pourront très bien passer pour archaïques dans d'autres.

Mais s'accrocher au passé n'implique pas qu'une inaptitude à suivre le mouvement de la vie dans un monde menacé par l'immobilité. Chez certains, cela relève, comme la réinscription dans la filiation, d'une résistance à une institution qui propose ou impose à tous les détenus, quels que soient leurs *desiderata*, le même *modus vivendi*. Si cet attachement à des modes de vie antérieurs peut rassurer des identités menacées, ceux qui en sont spectateurs peuvent, pour leur part, y lire l'impact mortifère de la prison : le détenu ne parvient plus à évoluer, faute d'être partie prenante d'une communauté en mouvement, faute d'être suffisamment armé pour « résister ».

Un exemple ? André Simoni, cinquante-sept ans, l'ex-homme des bois. « Je lave mon linge à la main sur une planche de bois », me raconte-t-il fièrement. Et pour sa toilette, son ménage ou sa lessive, il ne se sert que d'une seule et même denrée : le savon de Marseille. Pour Simoni, c'est clair, il n'y a qu'une façon de faire qui vaille, c'est celle inculquée par sa mère ! Et puis il tient à réaffirmer son identité de rural « qui fait avec peu » dans un endroit où la distinction ruraux/citadins n'a plus cours : n'y sont comptabilisés que des « détenus », et la nature en est absente. Ce faisant, il manifeste aussi sa méfiance à l'égard d'une modernité qui non seulement lui a été quasiment interdite auparavant, vu l'extrême pauvreté de son milieu, mais qui, de surcroît, a dû symboliser son exclusion sociale. Ainsi décrie-t-il cette machine à laver « où tout le monde se mélange », reflet de la promiscuité et du *melting pot* qu'incarne la prison, avec laquelle, justement, il ne veut pas se mélanger, et conserve-t-il depuis vingt ans des pratiques ménagères qui suscitent railleries ou sourires en coin.

Mais si tant de détenus valorisent certaines choses du passé (films, musique, par exemple), ce n'est pas seulement parce qu'ils se raccrochent à leurs racines et vivent dans un lieu clos, peu perméable aux fluctuations des modes, c'est aussi parce que celles-ci ont une charge affective qu'ils n'arrivent guère à retrouver dans le quotidien de la détention. Elles leur rappellent la douceur de la liberté, l'insouciance d'une jeunesse non encore marquée par le drame (même si, pour nombre d'entre eux, les jeunes années furent loin d'être idylliques), les amours, bref les paradis perdus, idéalisés au fil du temps. Ainsi la nourriture, encore elle ! (blanquette de veau, œufs à la neige...) qui a réuni époux et femme, mère et fils dans la même jouissance, est-elle évoquée avec nostalgie. Et pourtant la sphère gastronomique est parmi les sources de plaisir perdues celle que l'on peut réinvestir le plus facilement en établissement pour peine. « Mais, me dit-on laconiquement, ici c'est pas pareil ! »

Entretien avec Cyrille-l'avocat. Je le trouve très amaigri depuis notre première rencontre. « La bouffe est dégueulasse, me lance-t-il brutalement ; à midi, j'ai tout jeté dans les toilettes. » Je demande des détails ; il hausse les épaules : « Toujours la même chose, immangeable ! » « Moi, dis-je, incidemment, hier j'avais fait du pot-au-feu ; ça faisait longtemps que j'en avais pas mangé. » « Pot-au-feu » ! quel mot magique n'ai-je pas prononcé ? « Avec un os à moelle ? » me demande mon interlocuteur, soudain très attentif. « Oui, bien sûr », je connais mes classiques. « Et une branche de céleri ? » J'acquiesce. « Et un bouquet garni ? » Hochement de tête. Le visage de Cyrille s'est éclairé. Il me contemple avec émotion. « Vous êtes une femme bien ! » me dit-il soudain avec ferveur.

Quelques jours plus tard je recevrai une lettre de lui, une véritable ode au pot-au-feu. « Madeleine de Proust » d'un ex-enfant abandonné qui n'aura connu que fugacement la cuisine de maman. Grâce à moi — la femme bien, ô combien ! — il aura à nouveau humé ce fumet inoubliable dans le parloir anonyme d'une prison.

De même la musique alimente bien des souvenirs mélancoliques, d'où le succès en détention de Radio Nostalgie. Ses émissions, Jacques Pelletier en est fana. « J'aime bien les tubes des années 60-70 que j'écoutais dehors, me dit-il, des fois ça me fout les glandes ; ça me rappelle les sorties dans les bals, les fêtes foraines. J'aime pas trop ce qu'on fait maintenant. » Dans le répertoire plus contemporain, quelques musiques trouvent cependant grâce à ses yeux — elles lui rappellent une liaison qui a beaucoup compté : « Antoine est arrivé en 1989, il avait vingt-deux ans ; y m'a fait découvrir d'autres choses ; avec lui y fallait pas critiquer les années 80 ; c'étaient pour lui des années fastes. C'était pas le même gars quand il écoutait ça ; comme si d'entendre cette musique, ça le remettait dans l'ambiance du dehors. »

Que les détenus les plus nostalgiques soient aussi les plus végétatifs et les plus isolés ne surprendra pas : ils valorisent d'autant plus le passé qu'ils n'arrivent pas à donner de goût au présent et à s'y investir. « Ç'a évolué dehors un peu trop vite, et pourtant on est en retard sur certains pays, me dit Simoni. Ç'a évolué en mal, les gens se respectent plus, y a plus de violence ; dehors ça doit être pire. Ah ! je regrette mon époque ! » Il en va en effet des détenus comme de certaines personnes âgées : cette évolution qui s'est faite sans qu'ils s'en sentent les acteurs et alors qu'ils ont progressivement désappris le mode de vie dominant leur déplaît. Les voilà dépassés et menacés par « le progrès » ! Ainsi beaucoup d'entre eux évoquent-ils avec inquiétude les nouveautés sociales les plus noires : le chômage, le malaise des banlieues et surtout le sida, maladie qui ne laisse pas de les inquiéter parce qu'elle se niche au cœur du plaisir sexuel. Comme si on avait profité de leur absence pour dérégler la société et leur compliquer l'avenir !

Mais la plupart des reclus ont conscience — de façon plus ou moins aiguë suivant les individus — des dangers qu'on encourt à vivre « sa prison » sous le signe de la nostalgie du passé. Soit qu'ils craignent d'être coupés de leurs proches (leurs enfants notamment) ou des jeunes arrivants, soit qu'ils veuillent échapper à la décote qui frappe les détenus atteints par l'immobilisme carcéral, soit qu'ils se soucient de leur sortie future, nombre d'entre eux se préoccupent de « rester dans le coup ». Et dans l'air de ce temps qui continue dehors à passer sans eux. Ainsi le goût pour l'actuel, le moderne, s'affiche-t-il *aussi* en détention. « Je regarde M6 le matin, pour me tenir au courant de la musique, des clips que regardent et qu'écoutent les jeunes », me dit Cyrille-l'avocat, pourtant particulièrement enclin à évoquer son passé et sa brève carrière de chanteur dans les années 70.

« Rester dans le coup », Leduc-le-Nantais insiste beaucoup là-dessus, d'autant plus qu'il attend sa « conditionnelle » : « Le temps s'arrête en prison, me dit-il ; y a des gens qui parlent encore de leur traction avant ou presque ; moi je fais très attention à ça ; plein d'infos m'intéressent pas mais je me force à suivre l'actualité, j'interroge beaucoup aux parloirs pour me tenir au courant ; je lis le journal de ma région, je regarde les nécrologies, je veux éviter les impairs. » Et Leduc d'ajouter, ce qui ne manque pas de m'intriguer car il m'a plusieurs fois évoqué son désir de « [s]'acheter une conduite » à sa libération : « Y faut s'adapter à l'évolution de la police ; elle a évolué ; les flics sont des gens *relativement intelligents.* » Ce que je traduis *in petto* par : « qui savent évoluer ». *A contrario*, Leduc se désole de voir ses « collègues » si décalés par rapport aux progrès techniques. « Les gens, me dit-il, d'un air navré, récidivent en refaisant les mêmes délits de la même façon. » Bref, pendant qu'à l'extérieur la police s'adapte, à l'intérieur, le voleur, au lieu de se recycler, stagne bêtement. Consternant !

La nécessité d'être malgré tout de son temps, même André Simoni, qui de manière générale vit surtout « à l'ancienne », l'a soulignée. C'est d'ailleurs lui qui au cours de nos entretiens a exhibé le plus fréquemment sa « modernité ». Sans doute parce qu'elle n'allait pas de soi ! Evoquant la mini-chaîne qu'il a achetée, il observe avec enthousiasme : « Si on m'avait dit dix ans en arrière que j'achèterais une chaîne, j'aurais pas cru ! » Quant à sa fameuse montre « qui fait de la musique », il commentera son achat par un vibrant : « C'est beau d'être moderne ! » Quelques jours plus tard, il reconnaîtra même, lui si irréductible dans maints domaines : « J'ai changé grâce à la prison. Je me suis pas instruit [il est toujours semi-illettré] mais j'ai appris des choses. J'ai essayé de me mettre dans le sens de la vie pour pas devenir bête. Y a vingt ans, j'aurais pas répondu si vous m'aviez parlé de religion. » Et d'évoquer son intérêt pour les médias (« c'est normal, pendant qu'on écoute ça, on oublie qu'on est en prison »), son engouement pour « La tribune de l'histoire » qu'il suit religieusement couché sur son lit, le transistor collé à l'oreille, ou encore la passion qu'il s'est découverte pour les matches de foot. Mais sa grande fierté, c'est sa familiarité toute nouvelle avec le tennis, activité de luxe qui lui était jadis étrangère (« je connais les règles », me dit-il, ravi). Voilà qui symbolise sa « modernité » et traduit les efforts faits pour échapper à un confinement imputable tant à la prison qu'à la modestie de ses origines.

Artigo-le-Marseillais, lui aussi, rend grâces aux médias : « Avant que la télé soit autorisée en taule, me dit-il, les gens qu'étaient libérés étaient comme des paysans lâchés sur Mars. Mais plus maintenant ! » Pour sa part il se trouve plus lucide qu'avant sa détention — il était alors peu téléphile —, plus en tout cas que les gens de l'extérieur qui, estime-t-il, ont moins le loisir de réfléchir aux émissions qu'ils regardent. Ainsi a-t-on le sentiment, à écouter Simoni ou Artigo, que leurs yeux se sont progressivement dessillés, les médias ouvrant à l'un des horizons qu'il n'aurait peut-être pas connus dehors et faisant accéder l'autre à une conscience politique qui lui était étrangère. Ces deux exemples, et en particulier celui d'André Simoni, parfois évoqué avec un brin de commisération par ses familiers, montrent bien que cette immobilité des êtres et du temps, si redoutée et si souvent mentionnée, n'est pas toujours absolue et qu'il est des « modernisations » intimes qui se font même chez des détenus stigmatisés pour leur passéisme.

Des comportements comme celui d'André Simoni illustrent aussi l'oscillation fréquente chez les « longues peines » entre la valorisation du passé (« leur » passé, « leur » identité) et celle de la modernité (le temps de l'anti-détention) [1]. Cela dit, si ces observations obligent à nuancer l'analyse, elles n'invalident pas cependant la règle générale : plus un détenu sera démuni de ressources (intérieures ou institutionnelles), moins il parviendra à « rester dans le coup » et à s'adapter à l'air du temps.

1. Cette tendance rappelle des comportements analogues observables dans les maisons de retraite.

ÂGE, CLASSES D'ÂGE ET SOCIABILITÉ

« Souvent, me dit la généraliste de S., les détenus font plus âgés que leur âge ; ils ne s'alimentent pas très bien, leur organisme vieillit très vite. Certains ont de l'acné due à l'enfermement ; ce n'est pas joli à quarante, quarante-cinq ans... » Pendant quelques secondes, je n'ai plus entendu la voix du docteur J., me revenaient en mémoire les propos amers d'une gradée de Rennes : « Les femmes ici font plus jeunes que leur âge ; elles ont pas tous les soucis que nous on a dehors, les transports et la peur du chômage pour les enfants ; elles, elles sont prises en charge complètement, elles ont qu'à se laisser vivre. » L'espace d'un instant, en observant l'air soucieux de cette gradée, j'avais pensé moi aussi que les détenues de Rennes avaient bien de la chance.

Qu'est-ce qui fonde des jugements aussi contradictoires ? Le fait d'avoir affaire à des hommes ? à des femmes ? Comment voit-on évoluer son corps et comment ressent-on les marques laissées par le passage des ans quand on vit une longue peine ? S'agissant des rapports au corps et à l'âge, les questions fusent plus facilement que les réponses. Comme pour la sexualité, certains détenus esquivent le sujet ou — pudeur ? angoisse ? amour-propre ? — essaient de faire bonne figure et de tenir des propos résolument optimistes.

Longue peine et vieillissement

Quand on rencontre un perpète, a-t-il l'air juvénile, on est aussitôt surpris, tant on s'attend implicitement à découvrir un homme ou une femme marqué(e) par cette « longue peine ». Cet étonnement, je l'ai éprouvé face au « petit » Marc Marcus, lui qui me répondait toujours les yeux baissés, comme un élève timide interrogé par son professeur. Quand nous avons évoqué son âge (trente-cinq ans), il m'a répondu (?) naïvement : « Je me sens avoir vingt ans parce que c'est ce que les gens me disent. »

Pourquoi Marc fait-il adolescent prolongé ? Est-ce dû à la soumission infantilisante exigée par l'institution ou à cette immaturité affective qui, si j'en crois mes interlocuteurs psys, caractériserait les pédophiles, « eux qui vivent surtout tournés vers le passé » ? Pour ma part, je me souviendrai toujours de la satisfaction (une fois n'est pas coutume) avec laquelle Marc m'évoqua l'un de ses meilleurs souvenirs : un séjour en colonie de vacances. Pour une fois son visage s'animait, un visage d'enfant indéniablement !

Même impression de juvénilité, assortie d'une vivacité rageuse, chez ceux de mes interlocuteurs auxquels était accolée l'étiquette de psychopathes. « Ils ont souvent, me dit le docteur J., des visages très vivants, beaucoup de charme alors que les autres font figés. Ils sont pas mal, dans le fantasme de l'évasion. » J'opine, me rappelant combien la vitalité de Pereira-le-DPS et de Dominique-le-Bordelais, les deux ex-évadés, m'avait frappée.

Si le « délit » joue, *quid* du sexe et des relations qu'il entretient avec la jouvence ? A vrai dire, l'apparence des « longues peines » féminines m'a souvent étonnée. Comment font, me disais-je, ces femmes au lourd passé (violences familiales, *trauma* du crime à porter...) pour avoir cette allure ? Contrairement à un certain nombre de « petites peines », toxicomanes notamment, les perpètes féminines ont l'air de « s'entretenir » [1], et ce, me semble-t-il, plus que les hommes. Elles soignent leur peau, se colorent les cheveux et veillent à leur santé. Joue de surcroît, pour certaines dont je soupçonne qu'avant la prison elles n'avaient ni le loisir ni les moyens de s'occuper d'elles-mêmes, un effet d'émulation collective : la détention ressemble parfois à un internat de jeunes filles où l'on s'évalue, se compare, reprend la mode lancée par telle ou telle détenue qui en jette, commande les mêmes produits de beauté à la cantine.

Alors, bénéfique la prison ? Cette question qui scandalisera bien des détenus, je me la suis parfois posée, en me demandant par exemple ce que serait devenue Jacqueline Triève si elle n'avait pas

1. Du moins celles que j'ai rencontrées !

été incarcérée ? Battue par son mari, isolée dans un milieu où les femmes ne semblaient guère mieux traitées que les animaux, elle était partie pour aller de grossesse en grossesse (apparemment non désirées) et se retrouver assez dégradée aux alentours de la quarantaine. Or quand je la rencontre, je découvre une femme sans doute désemparée moralement mais présentant bien physiquement.

Et puis, qu'il s'agisse des hommes ou des femmes, on peut sans doute imputer à la vie carcérale, n'en déplaise aux intéressés, des effets positifs par rapport au vieillissement. Comme les moines, les détenus, protégés des vicissitudes du Monde (ce qui ne les empêche pas d'en connaître d'autres *intra-muros* !), mènent une vie souvent plus régulière qu'à l'extérieur. Si certains (80 ou 90 % d'entre eux, selon le docteur J.) fument trop et plus qu'à l'extérieur (du fait du stress ou de l'oisiveté), tous ceux qui étaient alcooliques ou toxicos ont dû cesser de boire, voire de se droguer quotidiennement[1].

Il faudrait ajouter aux effets partiellement « bénéfiques » de cette vie régulière ceux qui sont imputables à « la résistance » : « Je suis contre les médicaments, je bois pas, je fume pas, me dit Blot-le-toubib ; et depuis que je suis en prison, mon intégrisme a augmenté ; je suis devenu plus sensible aux méfaits de toutes les drogues. Comme je me sens menacé par l'institution, je me préoccupe plus de ma propre sauvegarde. En prison, poursuit Blot, on n'a pas envie de se laisser avoir. » Même état d'esprit chez Lalonde-le-psy qui se force à faire du sport et chez Leduc-le-Nantais qui veille à se tenir droit : surtout ne pas « courber le dos » devant l'oppresseur ! Mais cette attitude semble de fait minoritaire, comme le déplore Artigo-le-Marseillais, alors que « la logique voudrait qu'on se laisse moins aller par réaction ». Beaucoup ne se reprennent qu'épisodiquement. D'ailleurs Artigo lui-même reconnaît que c'est la perspective de la sortie qui l'a poussé à suivre un régime « pour être mieux dans [sa] peau ». Comportement au demeurant fort répandu ! Plus que l'esprit de résistance à l'institution, c'est la perspective de renouer le contact avec l'extérieur qui pousse les reclus à se faire beaux.

En fait, ils oscillent entre deux tendances : d'un côté, le laisser-

1. Ce qui n'empêche pas bien sûr les consommations épisodiques — grâce à des trafics divers et à des fabrications artisanales : fermentation de jus de raisin, par exemple, voire absorption d'eau de Cologne.

aller, accentué par l'impact somatique de l'enfermement (troubles respiratoires, dermatologiques, etc.), et le désinvestissement d'un corps qui n'est plus désiré, dans un lieu que l'on trouve — et où l'on est — indésirable ; de l'autre, la lutte épisodique contre le passage du temps.

« Des détenus m'ont dit, se remémore le docteur J. : "Moi, ce qui me reste, c'est la santé ; c'est pas le corps puisque je peux pas me reproduire. Alors cette santé il faut la préserver !" Beaucoup de gars sont angoissés par leur image corporelle : ils reçoivent en miroir ce qu'ils ne voudraient pas devenir en voyant la dégradation des autres ; souvent ils élaborent un nouveau moi, un moi idéal. » Et de surcroît ils se retrouvent seuls, disposant de beaucoup plus de temps qu'à l'extérieur pour s'inquiéter de leur apparence et de leurs maux[1]. Quant au vieillissement, il les angoisse et leur semble insensé : comment peut-on se rapprocher de la mort tout en se sentant hors la vie ? Ainsi est-il courant qu'un prisonnier réclame « de sortir "tel qu'il était entré"[2] ». Comme s'il s'agissait de vivre une hibernation dont on émergerait un beau jour de printemps identique à ce qu'on était « avant ».

« Eh oui, ils espèrent souvent suspendre le temps, soupire le docteur J. ; y a même des gens qui mettent leur glace à l'envers et qui refusent de se regarder. Je connais aussi un détenu africain qui se lave tout le temps ; il vit dans un milieu ambiant très humide, il a des rituels : ainsi il met des linges humides dans sa cellule avec des lumières tamisées ; ça fait une atmosphère très feutrée. Si ce n'est pas une régression utérine, c'est un rituel ancien de mort », conclut pensivement mon interlocutrice.

1. Et d'autant plus apeurés que « toute atteinte corporelle pendant la détention, comme l'écrit Simone Buffard, semble devoir entraîner des séquelles qui dureront bien au-delà. » « Mutilation sans retour », en quelque sorte (*Le Froid pénitentiaire*, *op. cit.*, p. 47).

2. *Ibid.*, p. 51.

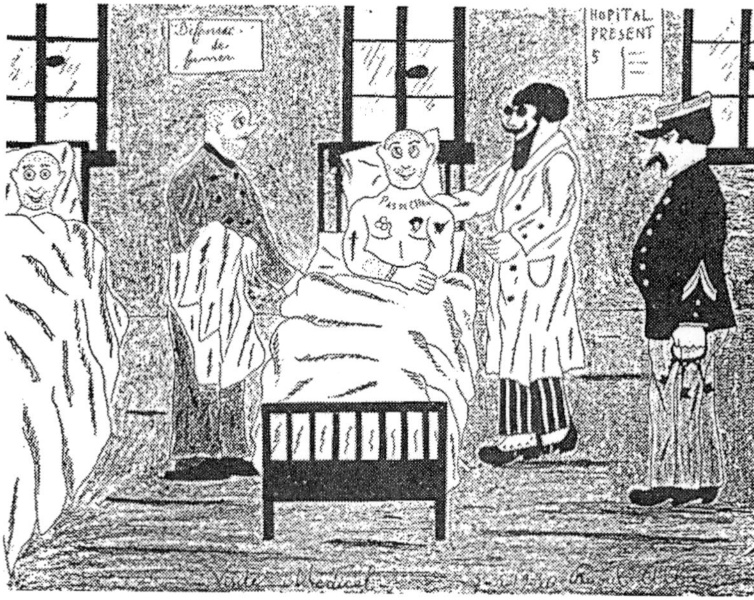

La visite médicale à l'infirmerie de la prison. Dessin d'un détenu.
In J. Lacassagne et J. Couty, *Albums du crocodile. L'art en prison. Dessins de criminels*, 1939.

Le docteur J., une jeune femme, mince et brune, m'a accordé très facilement un entretien. Visiblement ma recherche l'intéresse. Nous voilà donc toutes les deux assises à deviser dans le décor modeste de l'infirmerie de S. Le docteur J. n'est là que depuis quelques mois ; elle partage son temps entre l'hôpital où elle travaille en soins palliatifs et la prison. Après son arrivée — une femme, quelle aubaine ! — « les détenus, sourit l'un d'eux, ont défilé pour voir à quoi elle ressemblait », elle s'est trouvée confrontée à des problèmes nouveaux pour elle : « Il n'y avait pas de chaise pour faire asseoir le patient, j'ai dû en demander une ; en pleine consultation, le surveillant rentrait sans frapper, les dossiers médicaux, tout le monde pouvait y avoir accès... *Le colloque singulier*, c'est pas facile en prison », soupire mon interlocutrice et, prononcée dans ce contexte si peu intime, l'expression me fait sourire. Incongrue. Progressivement le docteur J. a dû faire entendre sa voix. Indépendance de la médecine et diplomatie dans les relations avec le personnel pénitentiaire : comment concilier ces deux impératifs ? Pas facile.

De la haute voltige ! Combien de temps, me dis-je en l'écoutant, le docteur J., funambule malgré elle, restera-t-elle en équilibre sur son fil[1] ?

Avec le docteur J., nous évoquons aussi les angoisses des détenus par rapport à leur sexualité. « De plus en plus, me dit-elle, ils abordent ces questions, les troubles de l'érection au parloir ou avant les premières permes. S'ils mettent sur la demande d'audience : "Je souhaite un entretien personnel", je sais qu'ils veulent parler de sexe. En fait quand ils arrivent, parfois il y a un flux de paroles sur d'autres sujets (ORL, etc.), alors que le véritable motif de la consultation, c'est une question sexuelle. Souvent, poursuit-elle, leurs relations sexuelles, ça se passe pas très bien. »

Et puis il y a les demandes de vitamines, les teintures capillaires, les masques de beauté et les crèmes anti-rides. Quête de l'éternelle jeunesse qu'illustre étrangement Tacier-le-benjamin. Ce joli garçon de vingt-cinq ans est aussi celui de mes interlocuteurs qui passe le plus de temps à prendre soin de son corps. Habitude qui, d'ailleurs, ne date pas de l'incarcération mais que celle-ci a accentuée. Tacier se sert de deux shampooings différents, utilise un lait hydratant corporel et, ce qui ne laisse pas de m'étonner vu la fraîcheur de sa peau, des masques de beauté. Quant au culturisme, il compte bien s'y mettre dès son arrivée en centrale.

« Je me rappelle, me dit le docteur J., un gars qui en faisait ; il se désapait immédiatement, avec beaucoup de naturel pour un simple problème d'épaule. Le message, c'était : "Regarde comme je suis beau, viril et musclé !" Mais, poursuit-elle, ils se musclent le torse et pas les jambes ; elles restent souvent toutes menues. » Le docteur J. esquisse un sourire avant d'ajouter : « A quoi servirait-il de les muscler d'ailleurs ? pour quel usage ? » Et puis ce qui compte dans l'univers machiste de la prison, n'est-ce pas surtout la virilité affichée par la carrure et les biceps musculeux ? N'est-ce pas elle d'ailleurs qui est mise en avant dans les publicités de produits masculins que diffuse le petit écran ? et qui font — ô combien ! — référence en détention !

La chirurgie esthétique et surtout les implants dentaires alimentent les rêves des détenus. Chirurgie réparatrice qui effacera — à

1. A l'heure où je relis ces lignes, j'apprends que le docteur J. a quitté S.

la libération — les ravages d'une détention mortifère et, s'agissant des dents, des carences en matière de soins. Il faut dire que la dentisterie et de façon générale la médecine en milieu pénitentiaire ne vont pas vraiment dans le sens des désirs de certains usagers : essentiellement curatives, elles sont assez éloignées d'une pratique dite de « confort » qui tiendrait compte de l'apparence et de l'image intime du corps. Ainsi Sophia Rado demande-t-elle en vain un détartrage de ses dents et Cyrille-l'avocat se plaint-il qu'on les lui arrache au lieu de les soigner.

Ces plaintes comme la surprise qui saisit le visiteur devant les gencives dénudées de certains détenus méritent réflexion. On en vient à s'interroger sur la valeur symbolique accordée à leur dentition par les intéressés et les responsables du secteur santé[1]. Pourquoi d'un côté tant de bouches abîmées[2] et, de l'autre, des soins dentaires aussi limités, voire expéditifs[3] ? Les dents des détenus auraient-elles si peu d'importance ? Questions qui en suscitent aussitôt d'autres : pourquoi aurait-on besoin de « montrer des dents » dans un tel cadre ? Pour séduire ? agresser ? Le lieu n'y est *a priori* guère propice. Alors le reclus tendra, à l'instar de certains praticiens, à *désinvestir* une « bouche inutile ». Qui ne compte plus, « qui ne mord plus, qui n'embrasse plus, qui n'avale plus qu'une nourriture standardisée[4] ». Bref une bouche castrée.

Dans la tentative de se créer un corps idéal, il y a aussi chez quelques détenus l'envie d'effacer les traces du passé qui leur collent le plus à la peau : les tatouages. Ceux qui ont évoqué le sujet ont haussé les épaules en disant : « J'étais jeune à l'époque. »

> Sur le poignet de Cyrille-l'avocat, un petit personnage attire l'œil. Je le désigne d'un air interrogateur. Il sourit : « C'est le Saint, vous

1. Et de façon plus générale sur les rapports qu'entretiennent les exclus de tout poil avec leur dentition — et la Sécurité sociale comme les praticiens de la santé avec les dents des exclus.

2. Les praticiens pénitentiaires déplorent notamment l'état dentaire désastreux des toxicomanes incarcérés.

3. Le nombre d'heures de vacations prévues, me disent aussi les dentistes, est généralement insuffisant.

4. Simone Buffard, *op. cit.*, p. 37.

savez, le gentleman cambrioleur : c'était mon héros quand j'étais jeune. » Et encore maintenant si j'en crois le tee-shirt de mon interlocuteur — où diable se l'est-il procuré ? — marqué lui aussi de l'effigie auréolée de son idole. De ses autres tatouages, Cyrille est nettement moins content. Il ne les renie pas, fierté oblige, mais s'en passerait bien. Le cœur percé d'une flèche, le prénom féminin ? Il hausse les épaules : « Je l'aimais même pas », me dit-il d'un air sombre. Cet amour défunt en tout cas, il l'a toujours dans la peau. Bien obligé.

Flash-back. Une femme, rencontrée lors d'une autre enquête. Elle avait tué son mari, un alcoolo cogneur. « C'était lui ou moi », m'avait-elle dit en guise d'explication. Le mari mort, restait toujours sur son bras ce tatouage. Presque comique, le tatouage : un cœur, encore un ! percé d'une flèche où étaient toujours unis leurs deux noms. Ensemble jusque dans la mort...

Modèles de tatouages

« C'est vrai, me dit le docteur J., que le tatouage marque un temps, parfois c'est un rituel d'accueil en détention même si c'est de moins en moins courant. Mais c'est souvent fait avant la prison, dans le groupe avec lequel ils ont volé. Ça symbolise le temps d'avant. Certains ont une attitude fataliste par rapport à ce tatouage qui va perdurer. Le dernier que j'ai vu avait fait fondre du plastic pour l'effacer et ça a laissé des traces très visibles. Ces tatouages, quand ils demandent qu'on les enlève, c'est qu'ils les portent comme une culpabilité, un poids. Il n'y a peut-être que les gens du voyage, conclut mon interlocutrice, qui en soient fiers. »

Comme à l'extérieur, tout cela ne va pas sans contradictions, puisque les mêmes qui se feront souffrir en maniant activement les haltères pour retrouver la forme et des formes, ou en se faisant détatouer, céderont à des crises de boulimie ou fumeront excessivement : « J'ai perdu plusieurs de mes amis en prison, me dira laconiquement un détenu. Cancer du poumon. »

S'il est d'éternels juvéniles, certains font aussi plus que leur âge, même si j'en ai peu rencontré lors de ma recherche. Mais sans doute est-ce imputable aux biais propres à toute enquête. J'ai évité d'interviewer des gens trop atteints mentalement et je n'ai pas eu le courage non plus de me retrouver en tête à tête avec des détenus dont on m'avait évoqué l'habillement nauséabond. Michel-le-principal, à qui je fais part du hiatus qui semble exister entre ce que j'entends dire et mes propres observations (plutôt positives), me rétorque : « Moi j'ai beaucoup grossi car je fais plus de sport en prison et je compense beaucoup par la nourriture mais bon, je suis vivant ! Mais si vous vous baladiez dans la cour, vous verriez pas mal de zombies, pleins de tics. »

Les cours de prison, j'en ai traversé mais je ne m'y suis jamais « baladée ». En détention je suis censée aller d'un point à un autre, mais je serais mal venue de flâner, de m'attarder pour adresser la parole à X. et Y., regarder tel ou tel rassemblement qui aurait piqué ma curiosité. Je verrais surgir illico un surveillant qui ferait diligence pour m'accompagner à l'endroit où je me rends. Crainte pour ma sécurité (à P., un détenu a tiré un jour les cheveux d'une des jeunes sous-directrices) ou peur de ce que je pourrais voir et raconter ? Et puis les détenus eux-mêmes n'aiment guère qu'on les observe. Un jour à la maison d'arrêt d'Osny, je m'étais arrêtée dans le couloir, intriguée par le manège de jeunes qui faisaient circuler un yoyo de fenêtre en fenêtre. Vite repérée et conspuée : « On est pas dans un zoo ici ! » j'ai filé aussi sec.

Mais au CD de C., du haut du bâtiment où j'habite, j'ai une vue plongeante sur la cour. Elle n'est pas très grande, rien à voir avec certaines nouvelles prisons comme Bapaume ou Muret. Beaucoup de détenus marchent seuls, la tête baissée, enfoncée dans les épaules ; certains marmonnent. Quelques-uns sont assis sur des bancs, l'air un peu hébété ; d'autres tournent ensemble. Fascinée par le rythme de leurs déambulations, je suis du regard trois d'entre eux. Ils sont en pleine conversation et marchent d'un pas cadencé ; arrivés devant le mur qui limite la cour, hop ! sans même le regarder, ils virevoltent avec un bel ensemble et repartent pour recommencer devant le mur opposé le même demi-tour, toujours aussi synchrone. Une chorégraphie rodée grâce à des années de pratique. Sans doute pourraient-ils arpenter les yeux fermés ce cadre immuable de leur vie.

Mis à part ce trio dynamique, quelques groupes de marcheurs et un jogger solitaire qui court sans prêter aucune attention à autrui, la cour de C. évoque plutôt une cour d'hospice qu'une cour de fac ou de caserne. On y marche peut-être, mais surtout on y tourne en rond et puis, et puis, l'étranger ressent toujours la même impression D'ATTENTE... Et qu'attend-on ? Que le temps passe, que la peine se fasse ou que, par miracle, quelque chose d'inopiné arrive dans cet univers confiné, qui casse la routine mortifère.

Paco Perez, toujours pris par les études, le travail ou les visites chez les copains, éviterait plutôt la cour de C. Quand je lui parle du vieillissement en prison, il me tient des propos analogues à ceux de Michel-le-principal : « On vieillit plus vite, me dit-il, car y a des carences dans tous les domaines (alimentation, soins...) et puis ici la moindre contrariété prend de l'importance. Y a des gens, ajoute Perez, qu'ont pris toutes les années de prison d'un seul coup sur le dos. » Et ce vieillissement prématuré l'inquiète visiblement comme l'a affecté la réaction du médecin qui l'a récemment ausculté au CHU de C. : « Il a reculé instinctivement : mes vêtements civils sentaient le moisi. » Ce que craint peut-être Perez, c'est que les êtres libres ne se détournent de lui, détenu-rebut. Qu'on lui impute une mauvaise odeur qu'il dégagerait malgré lui ! le renfermé ou la dégradation de son statut qu'aucun « sent bon » ou maquillage ne pourra jamais occulter.

Mais revenons-en aux quelques cas de vieillissement prématuré que j'ai personnellement observés ! Plusieurs de mes interlocuteurs étaient originaires de milieux très défavorisés et avaient été par ailleurs alcooliques. Vraisemblablement, le visage et l'allure vieillis que je découvrais dans le cadre de la détention auraient été identiques — voire plus marqués — si je les avais rencontrés *extra-muros*. Comment analyser par contre le cas de deux détenus, issus de milieux nettement plus aisés ? Ainsi, quand Blanchard-le-militaire, à qui je trouve des allures de vieillard, m'indique son âge : soixante-deux ans, dont dix de détention, je sursaute intérieurement ; je sursaute à nouveau quand, un peu plus tard, il me montre une photo de lui qui date de quelques années. Qu'est-ce qui l'a ainsi précipité dans la vieillesse ? Dents manquantes qui auraient affaissé son visage ? Difficulté, passé un certain âge, pour un homme assez isolé de réinvestir dans quelque chose ? Sentiment de déchéance sociale ? — Blanchard ne fréquente d'ailleurs que parcimonieusement la population carcérale, des « voyous » dont, en tant qu'ex-militaire, il se sent étranger. Pour lui comme pour les autres, je ne peux bien sûr que me confondre en supputations. Un surveillant me dira cependant : « Depuis un an, il a pris un coup de vieux ; avant, il avait envie de se battre, maintenant il a renoncé ; avant, on discutait des actualités de la région, maintenant, ça n'a plus l'air de l'intéresser. »

Mais les détenus qui *a contrario* font jeune n'ont pas forcément l'« esprit jeune » dans la mesure où le dynamisme de la jeunesse se nourrit avant tout de désirs projetés et au moins partiellement exaucés. Certains physiques juvéniles n'expriment pas la vie en mouvement mais évoquent une croissance arrêtée, une existence étiolée...

Étiolement, *dessiccation*, selon les visages que je découvre, tel mot se substitue à tel autre. Dessiccation. Le terme me rappelle un perpète de cinquante ans — dont vingt-deux passés en détention — rencontré lors d'une précédente enquête. Le flux de la vie semblait l'avoir déserté... Desséché et verrouillé du fait des contraintes carcérales ? Pas sûr car, après tout, que savais-je de son apparence antérieure ? Comment discerner ce qui est imputable à la détention ? au crime ? à l'état psychique qui y a conduit ? Comment analyser avec rigueur alors que tant de données m'échappent forcément ?

Classe d'âge et sociabilité

De toute façon, qu'on soit resté jeune ou qu'on ait prématurément vieilli, l'âge n'a pas le même poids en établissement pour peine que dans la vie courante. Si, *extra-muros*, les copains et copines appartiennent souvent, surtout quand on est jeune, à la même génération, en détention, les alliances et les amitiés tiennent beaucoup moins compte de ce critère.

« J'ai pas le sens de l'âge, me dit ainsi Jacques Pelletier, trente-sept ans, et puis y a des gens ici à qui on peut pas donner d'âge. » C'est qu'en prison, on ne dispose pas de tous les indicateurs sociaux qui permettent habituellement de situer les autres : statut professionnel, habillement, présence d'enfants... « De toute façon, poursuit Jacques, ça n'a pas vraiment d'importance ; on est tous logés à la même enseigne ici. »

Ce commentaire est éloquent : en prison, ce qui prime avant tout, c'est d'être détenu ! Les propos que me tient un peu plus tard Marc Marcus, trente et un ans, l'illustrent bien. Évoquant un codétenu qui lui remonte le moral, il me dit : « C'est mon *p'tit copain.* » Or ultérieurement, j'apprendrai que le « p'tit copain » en question (avec lequel, précisons-le, il n'entretient pas de relations sexuelles) a cinquante-six ans.

Pourquoi Marc « copine »-t-il avec un presque sexagénaire plutôt qu'avec un jeune homme de son âge ? D'abord, dans les établissements pour peine, à la différence des grandes maisons d'arrêt, l'éventail de choix n'est pas large, le mot « choix » étant au demeurant impropre car beaucoup de détenus font surtout avec ce qui se présente. Et puis d'autres critères entrent en ligne de compte. La nature du « délit » semble ainsi prioritaire : les braqueurs évitent traditionnellement la fréquentation des délinquants sexuels comme Marc ou Christophe Geng. La perception de leur acte et la stigmatisation dont ils sont l'objet expliquent en partie cet évitement mais d'autres facteurs entrent aussi en jeu : l'origine socio-professionnelle d'une partie des délinquants sexuels, leurs goûts comme l'attitude (plutôt docile)[1] qu'ils adoptent à l'égard des surveillants les éloignent des condamnés depuis longtemps en rupture de ban, nettement plus rebelles et plus violents physiquement !

Outre la nature du « délit » et les modes de vie qu'il implique, jouent aussi le milieu culturel et les pratiques sociales qui lui sont propres. Ainsi Michel-le-principal, auteur de deux crimes « passionnels », recherche-t-il surtout le contact d'autres intellectuels qui

1. Les délinquants sexuels sont souvent mal vus parce qu'ils sont perçus comme « les balances de l'AP ». « C'est vrai, me dit un détenu, mais c'est pas toujours parce qu'ils se sentent proches des surveillants ou qu'ils n'ont pas de morale ; ils y sont parfois contraints par le traitement que leur infligent les voyous. Ça les oblige à recourir à la protection des surveillants ; en échange de quoi, ils doivent filer des infos. C'est donnant, donnant. »

soient si possible férus d'informatique. Peu lui importe, semble-t-il, la nature de leur « délit », voire leur âge ; ce qui l'intéresse, c'est des personnes ayant sa culture et ses intérêts.

Proximité de délit donc et de classe, mais aussi proximité de territoire entre ruraux ou citadins. A S., Cyrille-l'avocat copine avec des détenus qui, comme lui, refusent le travail carcéral — des délinquants professionnels pour la plupart (qu'on a regroupés dans le bâtiment des « inos [1] ») — et « marche » avec un gars bien plus jeune que lui mais originaire lui aussi de la banlieue parisienne. Les copinages d'origine géographique sont d'ailleurs fréquemment mentionnés par mes interlocuteurs : souvent détenus loin de leur niche écologique originelle, ayant perdu une bonne partie de leurs attaches familiales, ils privilégieront d'autant plus les relations avec leurs « pays ». Ainsi Irénée-le-Réunionnais préfère-t-il la compagnie des créoles et Karl Wagner celle des germanophones. Même culture, même sens de l'humour, repères géographiques communs — important quand on évoque ensemble le passé — « et même mot d'ordre, me dit Paco Perez, on parle pas de prison ! » Le grand rituel qui cimente ces solidarités régionales ou nationales, c'est « la p'tite bouffe » qu'on se fait entre pays — notamment en CD où ce type de pratique est facilité par la souplesse du règlement — et qu'on pimente de blagues « du coin ».

À toutes les proximités énoncées jusqu'ici, il faut en ajouter une qui a parfois son importance : la longueur de la peine. Quand on est soi-même une « longue peine », fréquenter une « courte peine », c'est cheminer avec quelqu'un qui ne marche pas au même pas, n'entretient pas les mêmes rapports avec l'avenir et consécutivement avec le présent. « Les perpètes se retrouvent plutôt entre perpètes, me dit l'aumônier de C., c'est une affiche énorme : "animaux rares qui n'ont pas de fin de peine". Mais ils fréquentent aussi d'autres détenus en fonction de leurs activités (boulot, sports...) et de la date où ils risquent de sortir. »

Pour un perpète, être copain avec une « petite peine » c'est investir dans du périmable ; quand l'autre sera libéré, on se retrouvera seul ; il faudra recommencer à se faire un(e) ami(e) ; c'est aussi s'exposer à la souffrance : l'autre fait des projets qui vous

1. Détenus inoccupés.

sont interdits, évoque un extérieur auquel vous préférez ne plus penser, bref cela peut être stimulant et (ou) douloureux.

Dodelet-le-mineur, vingt ans de détention, trouverait plutôt ça « stimulant » : « Ma force ici, m'explique-t-il, c'est que je discute avec tout le monde ; les petites peines nous racontent des histoires ; ça permet de rester au courant de l'extérieur. » Mais Dodelet sort désormais en perme ; aurait-il tenu ces propos il y a dix ans ? « Douloureux », me dit Irénée qui évite de fréquenter des gens qui se plaignent pour des broutilles et parlent de conditionnelle ou de « perme ». « Ça me prend la tête, les gens qui parlent que de ça ; *je suis pas dans les temps*, moi ! »

A côté de la longueur de la peine joue aussi l'ancienneté dans une détention. Ainsi, quand Marylin Alphonse arrive à Rennes, elle est une petite nouvelle désemparée : « Y a des anciennes qui m'ont beaucoup apporté, se remémore-t-elle ; j'ai vu partir une fille qu'avait fait quinze ans ; c'était une femme très tranquille qu'avait bien utilisé sa vie à l'intérieur. Je me suis aussi dirigée vers une fille qu'évitait les histoires, elle m'a prise en charge. » Devenue à son tour une ancienne, mon interlocutrice aide désormais les nouvelles : « Je les vois toutes sortir, observe-t-elle avec amertume, et moi je reste là ; j'aimerais que ma prochaine copine, elle sorte à peu près en même temps que moi. »

A cause de la longueur du parcours qu'ils ont fait ou qu'il leur reste à faire, les perpètes sont souvent évoqués par le personnel comme des *marathoniens*. Plus endurcis que les coureurs à la petite semaine, ils tiendraient mieux la route, seraient plus patients et moins bruyants. Bref, ayant intégré que la peine serait longue et que la détention était ce qu'elle était, ils économiseraient colères et révoltes pour arriver jusqu'au bout du chemin. Aussi bien les surveillants disent-ils avoir plus de fil à retordre avec les « petites peines ». Du moins en centrale ou en CD !

« Nous les longues peines, opine Paco Perez, on est un peu les sages de la prison, les donneurs de conseils », et d'ajouter pensivement : « Beaucoup de détenus font la détention mais la gèrent pas. » Est-ce cette « sagesse » qui explique que dans chaque site on m'ait cité avec une certaine admiration la même « anomalie » : des perpètes surpris en train de remonter le moral à des « petites peines » ? « Sagesse » toute relative, me dis-je, en pensant à ceux dont une longue détention semble plutôt altérer la raison, tels ces détenus qui vont prêchant la fin du monde et qu'on évoque en baissant un peu la voix. Ou « sagesse » de façade qui recouvre surtout l'apathie grandissante dans laquelle certains semblent sombrer inéluctablement.

Pour en revenir au choix des copains de détention, si les perpètes ont souvent des « longues peines » dans leurs relations, cette tendance ne s'avère donc ni systématique ni exclusive. Quant à l'homologie d'âge, elle ne joue pas non plus un rôle prioritaire, sauf peut-être pour les quelques détenus fanas de loisirs très liés à une classe d'âge (club de musique rock, par exemple). D'autant plus qu'en prison, le copinage implique parfois d'autres relations que le simple compagnonnage.

Il faut se rappeler en effet que beaucoup de perpètes ont perdu — ou ne voient plus — une partie ou la totalité de leurs proches ; il y a donc chez eux un désir implicite de se bricoler des bouts de famille. Ainsi Paco Perez (trente-trois ans), l'un des rares détenus de C. à vivre avec un codétenu par choix personnel, me laisse-t-il pantoise quand je comprends que celui qu'il appelle « papa » n'est pas son père — décédé — mais son cocellulaire (âgé de cinquante-sept ans). Depuis sept ans, m'explique Perez, ils occupent la même cellule et y vivent « comme père et fils », partageant les mêmes passions, la télé, la pétanque, etc. « J'ai retrouvé en lui beaucoup des comportements paternels, me dit-il, y m'écoute, me conseille ; y m'a poussé à faire des études et des stages, y s'intéresse à ce que je fais. On a une complicité à deux ; moi, en contrepartie, je lui apporte le moral et l'écoute aussi. » Perez évoquera aussi l'argent mis en commun et la division des rôles : papa, bon cuisinier, s'occupe des repas tandis que lui joue les auxiliaires ménagers.

Malheureusement, papa va bientôt sortir, et s'il est sûr de rester en contact avec lui, c'est, dit-il, parce qu'il est le père adoptif de sa « copine ». Explication qui peut sembler étonnante. On aurait pensé en effet que la complicité qui aura permis à ces deux hommes de vivre pendant des années côte à côte devrait suffire à justifier le maintien de relations ultérieures. Mais non ! Paco Perez sait le caractère souvent transitoire des amitiés carcérales : « C'est des échanges particuliers, dit-il avec un peu de tristesse ; les gens vous promettent tellement de choses en prison et après, y retrouvent la vie extérieure ! »

Si le cas de Perez est exceptionnel, il reflète néanmoins une tendance assez répandue en détention, celle qui consiste pour les nouveaux ou les plus jeunes à se chercher des figures parentales — ou tout au moins tutélaires — parmi leurs codétenus. Relations purement amicales ou relations homosexuelles, dans tous les cas, la différence d'âge a une charge symbolique. Mais cette tendance à se refaire de la parentèle est forcément destinée à apporter son lot de désillusions, les figures adoptives étant loin de correspondre totalement aux attentes fantasmatiques qu'elles suscitent. « Ici à Rennes, me dit Fatima Bella, quarante et un ans, les relations entre les diverses générations ne sont pas toujours faciles. J'aime pas qu'on me dise : "T'es comme ma mère ou comme ma fille". Je suis ni leur mère, ni leur fille, lance Fatima d'un ton rageur. Des fois, les plus jeunes devraient s'occuper de leurs affaires ; quant aux vieilles de cinquante, soixante ans, elles sont cancanières ! » Fatima n'explicitera pas plus sa colère et son désenchantement. Mais, me dis-je, condamnée à perpète pour avoir assassiné son enfant, elle a dû souvent endurer les commentaires fielleux de certaines de ses codétenues, jeunes ou vieilles « cancanières ».

Mis à part la recherche de tel ou tel substitut parental ou filial, pour le reste des relations, la tendance générale dans les établissements pour peine va plutôt dans le sens du nivellement et de la confusion des âges. D'autant plus que, si l'on considère le cas précis de la « jeunesse » dans son acception de classe d'âge, elle n'a guère la possibilité de se vivre *intra-muros*. Les débordements et festivités diverses, sorties collectives, activités de drague ritualisées lors de bals, etc., bref cet usage exacerbé de la liberté qui la caractérise dans la vie courante s'accommode particulièrement mal de la détention. Et risque de mener au prétoire et au mitard car il oblige forcément à transgresser le règlement. Ainsi des incartades qui seraient tolérées à l'extérieur (« il faut que jeunesse se passe ! ») ne le seront pas en détention[1] : avant d'être un jeune, le détenu est un détenu et la docilité consubstantielle à sa condition.

De fait, le mode de vie proposé par la prison rappelle celui des maisons de retraite (« sorties » très limitées, repas pris tôt dans la soirée, loisirs casaniers). Aussi un jeune manquant de ressources

1. Ou si elles le sont, cela sera pour d'autres raisons indépendantes de l'âge : détenu par ailleurs « bien vu », etc.

personnelles et plutôt soumis risque-t-il facilement d'adopter des comportements vieillots. « En prison, observe Jacques Pelletier, y a des gens jeunes qui le sont plus et qui vivent comme des vieux. Après le boulot [qui se termine à treize heures trente à C.], y se changent, bougent plus et y restent dans la cellule en pantoufles devant la télé. Ça m'interloque, s'indigne Jacques, quelqu'un qui reste enfermé, qui marche pas, qui fait rien. En fait, y en a plein qui vivent comme ça, avec la petite fiole en plus. Le dimanche, poursuit mon interlocuteur, c'est le jour du repos ; ah ! là, c'est pire ! faut pas les déranger ! » et de conclure : « On vieillit pas plus vite ici ! ça dépend de comment on occupe son temps. Rester en cellule, pas discuter, c'est sûr, ça fait vieillir plus vite ! Les mecs qui vivent comme ça, souvent ils ont plus de relations avec l'extérieur. Y s'imaginent peut-être, persifle Jacques, que ça peut leur nuire d'être actifs, mais la peine sera la même pour tout le monde ! »

« Que ça peut leur nuire d'être actifs ! » cette dernière remarque m'a d'abord étonnée puis paru éloquente. Les détenus les plus domestiqués finissent sans doute par redouter qu'on ne les sanctionne s'ils s'avisent de prendre des initiatives. D'où une tendance à ne pas faire de zèle : l'essentiel n'est-il pas, à leurs yeux, de « faire [son] temps sans faire de vagues », quitte à le perdre en partie ?

Il est clair en tout cas que l'essence disciplinaire de la prison tend à niveler les classes d'âge. Le mode de vie qu'elle diffuse ramène à l'enfance car il infantilise, mais anticipe aussi la maison de retraite par ses aspects routiniers et l'absence de perspectives offertes aux très « longues peines ». Quel que soit l'âge physiologique des intéressés, comment s'étonner alors qu'en les voyant, on puisse parfois penser qu'à l'instar de l'institution pénitentiaire, ils sont d'un autre âge ?

Carnet de bord n° 8

Séance chez la kiné cet après-midi. J'ai mal au dos. « C'est la prison ! T'en as plein le dos ! » disent les copains. Et ils rient et ils se trouvent drôles ! La kiné, en tout cas, me fait du bien et puis c'est une femme calme. Mais aujourd'hui surprise, surprise ! On a parlé boulot, le sien, le mien. J'ai résumé en quelques mots : enquête, longues peines, souffrance, etc. Et là, je l'ai vue changer de visage. Moins amène, plus crispé. Elle m'a dit : « C'est curieux, mais on s'occupe toujours des coupables, et les victimes, hein ! qui s'en occupe ? qui en parle ? » J'en suis restée soufflée.

Pourquoi me faire, nous faire encore et toujours ce procès, à moi et à tous les quidams, avocats, visiteurs de prison ou autres qui nous occupons des « méchants » ? Comme si dès que quelqu'un avait fait le mal, il ne méritait plus rien et surtout pas qu'on l'écoute. La boucler, c'est tout ce qui lui reste à faire, et encore heureux qu'on lui fasse pas sa fête, qu'on lui casse pas sa sale gueule d'assassin, que la guillotine, ça soit fini, quoiqu'y a des gens qui mériteraient qu'on la refasse marcher... J'en passe et des meilleures. Quant aux gens comme moi, ils feraient mieux de s'intéresser aux orphelins, aux vieux, aux veuves, aux cancéreux, aux femmes violées, à tout le monde, quoi ! plutôt qu'à ces fils de pute ! Sûr qu'en plus ça doit être des menteurs finis et que moi — regard qui me jauge sans complaisance — moi, j'ai bien le genre à croire leurs salades ! Dans ces moments-là, je sens que je suis rien qu'une irresponsable, quelqu'un qui sait vraiment pas quoi faire de son temps, qui se pose des questions parfaitement inutiles. Et le pire, c'est quand je dis que je suis fonctionnaire. Alors ça, c'est le bouquet ! C'est l'État qui vous paie pour écouter ces gens-là ? Yeux levés au ciel, pomme d'Adam qui tressaille sous le coup de l'incrédulité. Là, je sens que je vole mon salaire et les contribuables avec, eux qui paient de leur poche pour des enquêtes qui se prétendent scientifiques...

Un peu plus et je m'excuserais : je le ferai plus, ma prochaine enquête, ça sera sur des vrais miséreux, les bébés sidéens dans les orphelinats roumains, par exemple, ou les hospices de vieux. Mais j'essaie plus beaucoup de discuter. Ma cause, je le sais, est difficile à défendre. Surtout quand l'interlocuteur ne veut rien entendre. Pourtant j'en aurais des choses à dire ! Et d'abord qu'il faut sortir de ce fonctionnement manichéen : s'intéresser au vécu des coupables n'implique pas du tout, du tout, du tout, qu'on fasse fi des victimes. On peut s'intéresser aux deux, même si on ne le fait pas forcément au même moment, quoique... Ces meurtriers, ces violeurs, tous ces malfaisants que je rencontre ont été eux aussi des victimes et le sont encore pour la plupart. Je n'aime pas faire dans le pathos, mais moi qui ai déjà fait un certain nombre d'enquêtes dans ma vie, jamais je n'ai entendu autant de récits de souffrances qu'avec les détenus, et en particulier les perpètes. Battus, abusés sexuellement, ballottés pendant leur enfance, rares sont ceux qui n'ont pas de traumatismes à leur passif ! Sans parler, bien sûr, de leur vécu carcéral.

« Tu vas pas les excuser, quand même ? » Cette phrase, je l'entends d'ici. Classique, comme la réponse que je fais illico. « Je les excuse pas, j'essaie juste de comprendre et comprendre, ça veut pas dire laisser faire ! » C'est pourtant simple mais là aussi, c'est fou le nombre de gens qui se complaisent dans les amalgames grossiers. « Ah ! qu'on me dit, parce que tu trouves normal qu'on viole des petites filles ! » Je m'étrangle... Mais, mais... j'ai jamais dit ça ! Essayer de comprendre la vie d'un violeur, ça signifie pas que « je trouve normal qu'on viole les petites filles ».

Je baisse les épaules, abandonne la discussion. L'autre est content, j'ai pas réussi à le convaincre.

Je pourrais dire d'autres choses encore mais je préfère me taire. Dire que, comme bien des gens, moi aussi j'ai été victime. L'appartement saccagé par les cambrioleurs, je connais, le voisin pédophile qui viole l'enfant dans la bouche, je connais aussi, le type qui sort son couteau pour « faire un petit amour » avec la touriste, la terreur — c'est fini, ma dernière heure est venue ! — je connais, oui, je connais, j'ai été touriste. La voix de la victime, non ! qu'on ne vienne pas me le reprocher, mais je l'ai écoutée, elle aussi ! Pendant des années sur un divan. Et parfois j'ai entendu des accents de terreur qui me retournaient les tripes.

Mais pourquoi, bon sang de bonsoir, écouter la voix des victimes empêcherait-il de tendre l'oreille pour entendre celle des bourreaux ? Bien au contraire, quand on essaie vraiment d'y voir clair, on a envie de tout entendre, tous les sons de cloche ou alors c'est qu'on veut pas comprendre. Juste conforter ses préjugés. Un grand classique, ça. Je veux pas l'écouter parce que je sais déjà ce qu'il m'a pas encore dit !

A un ami qui lui lance : « Qu'a donc l'homme à vouloir détruire ainsi ses semblables ? » Etty Hillesum, ma compagne de route [1], répond : « Les hommes, n'oublie pas que tu en es un ! » avant d'ajouter : « La saloperie des autres est en nous. » « Fais gaffe ! me dit un

1. Etty Hillesum est une jeune juive hollandaise morte en déportation. Son journal, *Une vie bouleversée*, Éd. du Seuil, coll. « Points », Paris, 1995, est l'un de mes livres de chevet.

copain, en disant ça, tu frôles le négationnisme, tu banalises le mal ! » Non, je le banalise pas ! Simplement je refuse qu'il soit diabolisé comme si nous n'avions rien à voir avec lui, nous les vertueux. C'est d'ailleurs ça le problème — ou l'avantage ! — des prisons : le mal, elles semblent le circonscrire dans un lieu bien précis, nous blanchissant du même coup. Le monstre étant à l'ombre, nous voilà passés côté lumière !

Etty écrivait aussi : « Toute situation, si déplorable soit-elle, est un absolu et réunit en soi le bon et le mauvais. » Au lieu de « situation », elle aurait pu dire « homme ». Sa remarque serait tout aussi pertinente. Nous portons tout en nous : le bien comme le mal. Ces criminels que j'interviewe, ces hommes, ces femmes, ce sont mes miroirs en bien comme en mal. Même si nos actes, qu'ils soient bons ou mauvais, ne sont pas identiques, la clairvoyance ou l'aveuglement, la générosité ou l'agressivité qui les ont engendrés sont présents aussi en moi. Comme en nous tous ! Exactement comme ils sont présents en eux !

CAÏDAT, ALLIANCES ET ASSUJETTISSEMENTS

« Vous connaissez Courtot ? » me demande un perpète, avant d'ajouter, l'air fiérot : « Je marche avec lui. » Courtot, Courtot ? je fronce les sourcils, non ! ce nom ne me dit rien ! « Je devrais le connaître ? » J'interroge du regard mon interlocuteur, visiblement déçu. Comment ? je ne connais pas ce célèbre trafiquant de stups ? « Le Vieux », qu'on l'appelle à S.

Ce que déplore surtout l'intéressé, je le vois bien, c'est que mon ignorance me rende incapable de percevoir le prestige qui rejaillit sur lui, l'illustre anonyme, du fait qu'il fréquente Courtot !

Le Vieux est-il un « caïd » ? Un chef de clan respecté dont l'aura toucherait également ses proches ? Une personnalité qui en imposerait à la hiérarchie pénitentiaire ? Autant de questions-clichés qui me passent par la tête tandis que je remonte les coursives, et que je pose au gradé avec qui j'ai rendez-vous. Il sourit : « Ça n'existe plus que dans les films américains ; c'est fini tout ça ! Par certains côtés, c'est même dommage, parce que dans ce système, y avait aussi certaines valeurs positives qui se sont perdues. Et puis c'était peut-être un système féodal, mais les gars avaient plus une vie de groupe que maintenant. Aujourd'hui pas mal de types sont très isolés. » Côté détenus, mes interlocuteurs abondent dans le même sens. Non, ce folklore qu'on trouvait dans les vieux polars des années 50 n'existe plus. Bien sûr, y a toujours des gars qu'on traite de caïds, mais — phrase que je réentendrai X fois — « c'est plus comme avant ! »

Et « avant », c'était comment ? Les anciens ne se font pas prier pour me répondre. « Dans le temps, m'explique François, un ex-“longue peine”, y avaient des groupes constitués qui tenaient la prison. » Je lève un sourcil. « Avec l'accord plus ou moins tacite de la hiérarchie, sourit François. Mais à l'époque, la vie carcérale était différente. Y avait toute une organisation interne, chapeautée par quelques caïds, qui servait indirectement les intérêts de la Pénitentiaire. Maintenant la gestion des détenus se fait selon des modalités un peu différentes. Et puis y a plus les clans d'avant.

— Les Marseillais, les Corses, *et tutti quanti*...

— Oui, avant y avait trois ou quatre grands clans dans un établissement, maintenant les gens marchent à trois ou quatre, guère plus. C'est plus des clans, s'esclaffe mon interlocuteur, c'est des groupuscules. »

Autre évolution qui a modifié en profondeur le caïdat : les trafiquants de stups et — surtout — les délinquants sexuels sont de plus en plus nombreux en établissements pour peine, alors que les détenus issus du grand banditisme et du milieu sont devenus minoritaires — même en centrale. Le milieu, me disent en substance quelques anciens, n'a plus l'existence et le corps d'antan. Ce monde hiérarchisé, soumis à des règles et respectant certaines valeurs a presque disparu. Ses activités traditionnelles (proxénétisme, jeu, machines à sous...) ont perdu de leur importance alors que les trafics de stups ont pris, eux, de l'ampleur[1].

Pour Joe, un « politique »[2], observateur averti des rapports de

1. Dans *A l'ombre du savoir. Connaissances et représentations des Français sur la prison, op. cit.*, p. 114, les auteurs notent que « d'une façon générale, on constate la quasi-disparition du grand banditisme des années 60 ou 70, la fin des “milieux”, pour au contraire voir exploser une délinquance dite urbaine, pour l'essentiel en relation avec les stupéfiants ».

2. Une bonne partie des renseignements qui m'ont été fournis sur le caïdat proviennent d'informateurs connus dans d'autres contextes que celui de la présente enquête consacrée à « la perpétuité ». Joe fait partie de ces détenus inculpés pour des délits ou crimes de « droit commun » qui ont obéi à des motifs politiques. En France les « politiques » sont essentiellement des Corses, des Basques, des militants d'Action directe et des islamistes...

pouvoir en milieu carcéral, « les phénomènes liés à la diffusion de la toxicomanie, à la délinquance des cités et à la mondialisation qui a ouvert nos frontières aux voyous venus d'ailleurs (des pays de l'Est, par exemple) ont fait voler en éclats les vieux schémas. Il me semble, me dit-il d'un air méditatif, qu'une certaine noblesse liée à ce qu'on appelait le milieu a totalement disparu pour laisser la place à une délinquance sans foi ni loi, comme si le libéralisme avait gagné les rangs de la marge. Cela dit, la question du milieu est beaucoup plus vaste que ce que mes impressions laissent apparaître. Dans ses belles années, il était lié au monde politique, mais aujourd'hui la politique a de nouvelles pratiques. Le milieu en a fait probablement les frais. Le milieu, conclut mon interlocuteur d'un air sarcastique, ou ce qu'il en reste aujourd'hui, est sans nul doute composé de gens fréquentant la Bourse et les grands conseils d'administration... »

Je quitte Joe le sourire aux lèvres. Quelle différence, me dis-je, entre la vision (noire) du milieu que j'avais jadis et celle qui ressort de tous ces propos ! Comme si son extinction progressive donnait à cette institution mal famée une touche d'honorabilité qu'elle était loin d'avoir par le passé.

Si les caïds « anciens » ont disparu, *quid* des caïds « actuels » ? « Ils sont domestiqués ! » lâche avec mépris un vétéran. « Domestiqués », le terme est fort ! « Soyons clairs, poursuit mon interlocuteur, pour moi, ils ont toujours été les alliés objectifs de la Pénitentiaire mais quand même, ils avaient plus de couilles. Y a des avantages de seconde zone avec lesquels ils acceptent maintenant de se laisser acheter qu'ils auraient refusés dans le temps.

— Du genre ?

— Du genre double parloir[1]. C'est quelque chose de très privé dont le type est le seul bénéficiaire. Un caïd à l'ancienne était censé obtenir des avantages aussi pour les gars de son clan ou pour toute la détention.

— D'autres exemples ?

1. Un détenu à qui est accordé un double temps de parloir pourra voir sa femme deux heures au lieu d'une heure ou deux fois au cours du même week-end, contrairement aux autres codétenus. Ces dérogations n'existent pas cependant dans tous les établissements.

— Il me revient une histoire. En 1986, quand y a eu les premières télés en taule, un caïd a organisé un *sit in* dans la cour parce que la plupart des détenus n'avaient pas la télé pour voir un match de coupe du monde. Le type et ses lieutenants ont été convoqués chez le directeur pour négocier. On leur a proposé quelques postes de télé et d'autres avantages. Rien que pour eux ! En contrepartie ils ont fait cesser le *sit in.* » La moue dégoûtée de mon interlocuteur est éloquente : un caïd digne de ce nom n'aurait pas manqué à ce point de vergogne.

Bref, si j'en crois mes sources, sur le cou des caïds actuels, un œil averti distinguerait aisément les traces d'un collier.

Cela dit, domestiqué ou pas, pour mériter ce nom, un caïd doit être déterminé et savoir s'imposer. « *Grosso modo*, m'explique Joe-le-« politique », y a deux-trois types de caïds :

« D'abord y a le gars qu'a un rôle de leader naturel vis-à-vis d'une communauté. Il peut avoir un statut au sein de son ethnie, c'est le cas de détenus originaires d'Afrique noire. Ou alors il a une autorité religieuse, notamment parmi les musulmans. Ou bien ça peut être un gars qu'était chef de bande au sein d'une cité de banlieue par exemple.

« Le deuxième cas de figure, c'est celui de types qui ont du poids dans le milieu du banditisme, du genre parrain, truand chevronné..., bref des mecs qui possèdent une puissance de feu qu'impressionne, c'est-à-dire des hommes de main, et, surtout, ce sont des gens qui ont de la THUNE. En clair, leurs moyens financiers leur assurent un statut de riche en détention mais...

— Ils sont de moins en moins nombreux !

— Tout à fait, à cause de l'affaiblissement du banditisme organisé sur le sol français. Par contre, on voit de plus en plus des semi-caïds, genre petits chefs à la tête des gangs qui gèrent les trafics en détention, notamment les stups. »

Qu'il soit leader religieux, « parrain » ou chef de bande, un caïd doit avoir un certain charisme. « Ce sont souvent des charmeurs, m'écrit un détenu, dans le sens magique et hypnotique du terme, quitte à employer, quand la séduction échoue, la force extrême, genre violence à main nue ou au couteau, rasoir, boule de pétanque, huile bouillante, plus tout l'arsenal qu'on peut trouver dans une salle de sports. »

Et puis, même en CD où le nombre de condamnés pour des

crimes stigmatisés est relativement important, un caïd ne peut pas avoir commis n'importe quel « délit ». « Ne devient pas caïd qui veut ! me dit François. Vous pouvez être fort, déterminé et riche, si vous avez un délit crapuleux, comme le viol, l'agression ou le meurtre d'enfants, de personnes âgées ou faibles, vous serez jamais un caïd en prison. » Bref, si l'on ambitionne de jouer ce rôle, le « bon » milieu dont il faut être issu est indéniablement la voyoucratie.

En outre, les chances d'accéder à une position de pouvoir sont encore plus grandes si le prétendant au poste de caïd a « Le Papier ». « Ça veut dire, m'explique un perpète, que le type a fait parler de lui, que son affaire a eu les honneurs de la presse. Ça signifie aussi que son blaze est connu — genre Francis-le-Belge — et qu'il a des amis qui le sont également. Ce type d'homme, poursuit le même détenu, parce qu'il a de la thune, n'est pas le client de son avocat mais son *patron*. On lui vend pas d'espoir juridique ; il sait exactement où il en est et ce qu'il va prendre. »

Symbole évident de son statut : un caïd ne marchera[1] jamais seul. Le suivent des seconds couteaux (petits dealers de stups, par exemple) qui auront fait leurs preuves en s'étant battus, en ayant fait un peu de mitard... Peuvent l'accompagner aussi — essentiellement en centrale — des *has been*. Truands incarcérés depuis des lustres, ils n'ont plus d'argent ou d'hommes de main à l'extérieur, partant plus de pouvoir, mais leur personnalité et leur expérience passée en font des conseillers écoutés du « prince ».

Mais si la présence de ces satellites est un signe de prestige, elle s'explique aussi par les risques que le caïd peut encourir : « En centrale, me dit un perpète, ces gars ont souvent des hommes de main qu'ils paient[2]. Ils les choisissent parmi les détenus les plus sûrs : des mecs dangereux qui respectent la loi du silence. Ils vont servir dans au moins deux cas de figure. Un caïd qui est à la tête d'un trafic a besoin d'une garde rapprochée parce qu'il y a inévita-

1. Il faut prendre ici le mot « marcher » aux deux sens du terme, abstrait et concret. La cour de promenade est le lieu où se lisent et se font les alliances, les hiérarchies et les exclusions. « Si un caïd ne dit pas bonjour dans la cour à un détenu, me dit un perpète, celui-ci est soupçonné de toutes les tares ; par contre on essaiera d'être vu en sa compagnie. »

2. « Un caïd, me dit Cyrille-l'avocat, je vous fais pas de dessin, c'est celui qui manipule l'oseille. »

blement des coups durs, des rivalités commerciales, des bagarres pour s'approprier ou ne pas perdre des parts de marché. Et puis il y a le cas des truands âgés, parfois impotents mais qui ont encore le bras long à l'extérieur même s'ils sont emprisonnés. Ces types ont besoin d'être protégés par des gars plus jeunes, en bonne condition physique. »

Privilèges et échanges de services

« Courtot, me raconte avec satisfaction le perpète évoqué plus haut, il m'a proposé de me faire venir une pute au parloir, j'ai refusé ! » Pourquoi ? Parce que le perpète en question est, comme il me le dit souvent, un « romantique » ? Ou parce que les contreparties demandées par Courtot en échange de ces visites féminines risquaient d'être coûteuses ?

Cette anecdote illustre en tout cas l'une des caractéristiques fondamentales du caïd : il consolide son pouvoir en jouant le Monsieur bons offices. « Le quotidien du caïd, m'explique Joe-le-politique, est fait de transactions tendant à maintenir son rôle de leader. Il va manœuvrer pour que ses amis aient les meilleures cellules, que ses alliés bénéficient de bonnes places aux ateliers et se retrouvent aux postes stratégiques en détention (bibliothécaire, auxi). » Autres exemples de services : « La majeure partie des très longues peines sont abandonnées, alors le caïd va leur filer les papiers administratifs nécessaires pour la conditionnelle (certificat de travail ou d'hébergement), tout en sachant que ça ne servira à rien puisqu'elle est accordée au compte-gouttes. Mais sa réputation de brave mec s'installera et fera boule de neige par le bouche à oreille... Le caïd peut aussi arranger les choses pour véhiculer des familles très éloignées de la prison. Il peut les faire prendre en charge dès leur arrivée, les faire héberger. »

Mais ne nous y trompons pas ! Le grand homme ne fait pas que dans le social ! L'arsenal que j'ai évoqué plus haut montre bien que le caïd et ses affidés ne se contentent pas de transactions douces. Quand la carotte ne marche pas, c'est le bâton qu'on brandit. « Quand j'étais au CD de Bapaume, me raconte un détenu, mon boulot, c'était la location des télés ; l'intérêt c'est qu'on passe dans toutes les cellules. Le caïd de l'aile m'a donc proposé de faire circuler le shit, moyennant un petit pourcentage. J'ai refusé. Aussi sec il a demandé à ses gardes du corps de me tabasser. Mais c'est lui qui s'est retrouvé sur le carreau ! et moi au mitard ! »

Et sur le long terme, quels sont les objectifs du caïd ? « Y a deux cas de figure, me répond Joe-le-politique : soit le type a pris une lourde peine et il est coincé donc il ne pense pas à l'avenir mais à vivre sa prison dans les meilleures conditions, soit il a une peine plus courte et il prépare sa sortie, alors il prospecte sa future main-d'œuvre [1]. Il investit sur l'extérieur. C'est dehors qu'il gardera le contact avec tel ou tel gars qui se sera englué dans une dette qu'on peut qualifier d'affective. Ce qu'on appelle *la mentale*. A ce propos, ironise mon interlocuteur, une phrase revient parfois lorsqu'un caïd parle d'un de ses amis : "Celui-là se ferait couper en morceaux pour moi !" mais c'est curieux, j'ai jamais entendu dire l'inverse. On pense, conclut le persifleur, qu'il rend service, alors qu'en fait, sauf exception, il *investit*. Ça lui fait des hommes à l'intérieur et de la main d'œuvre potentielle à l'extérieur.

« Vous voulez encore un exemple ? poursuit Joe que le sujet met visiblement en verve. Ici y a un caïd qui fait du sport, il cherchait un *sparring-partner* pour boxer. Il a repéré en promenade un petit jeune tout fier qu'il lui adresse la parole. Il a vérifié le pourquoi de sa présence en prison, preuve à l'appui [2]. Bon ! le mec correspondait aux bons critères ! Le caïd l'a pris totalement en charge en l'habillant d'effets de sport coûteux. Le type lui a servi de partenaire sportif et à mon avis, une fois sorti, il se retrouvera soit garde du corps, soit couverture à l'entrée d'une boîte de nuit ou d'un endroit de ce genre. »

Bien sûr, la clientèle du caïd bénéficiera d'autant plus des retombées de son pouvoir que celui-ci aura des ressources intrinsèques (monétaires et relationnelles, notamment) et qu'il sera bien vu par

1. On retrouve là l'une des conclusions de M. Foucault (*Surveiller et punir*, *op. cit.*, p. 284-285). Selon lui, l'une des fonctions de la prison est de servir de bureau de placement. Un certain nombre de détenus y sont recrutés pour servir les illégalismes des groupes dominants (réseaux de prostitution, trafics d'armes, de drogues, milices politiques, etc.).

2. Pour montrer patte blanche, un détenu est souvent obligé de présenter à ses codétenus le document administratif sur lequel figure la nature du délit qui lui vaut d'être écroué.

l'AP, ce qui implique, me dit un détenu, « qu'il aura bien tenu ses troupes ». Mais il est aussi évident que, dans cette distribution de privilèges divers, la personne la mieux servie sera le caïd lui-même. « D'autant plus, ricane François, que ces mecs-là, ils ont des gros ego. »

Qu'ils jouissent de prérogatives particulières, tous mes interlocuteurs me le confirment. Le personnel et l'encadrement de la prison parlent au caïd d'une façon particulière. On le tutoie et il peut tutoyer le surveillant, il a un accès facilité à tous ces petits avantages qui facilitent la vie en détention : coups de fil plus fréquents, meilleure écoute de la part des divers services de la prison, meilleures places au parloir. « A G., me raconte un ami, y a un caïd, lui et sa femme ont des parloirs sexuels, ça doit être les seuls à en avoir, mais en contrepartie l'AP demande au mec de régler certains problèmes internes. »

« En centrale, me dit aussi l'un de mes informateurs, ou dans les maisons d'arrêt comme les Baumettes, certains surveillants traitent avec le caïd. Ça peut consister à lui filer de simples renseignements : le maton l'avertira que tel ou tel détenu balance pour la Pénitentiaire, ou bien il lui facilitera ses trafics (whisky, gin, barrettes de shit)[1].

— Et des surveillants de ce type, il y en a beaucoup ?

— Non ! A mon avis, les types qui se laissent corrompre sont rarissimes ! Et puis ces petits trafics ne remettent pas en cause l'institution et la sécurité. Au fond, c'est ça qui compte ! »

Non seulement le caïd semble ne pas être soumis à l'AP mais, si j'en crois l'un de mes correspondants, dans certains cas, les rapports seraient quasiment inversés[2]. « Pour le caïd que j'ai dans mon aile, m'écrit-il, les surveillants ne sont pas ses matons mais ses GARDES. Gardes qu'il envoie régler ses problèmes. Exemple : il a besoin d'un papier administratif, il appellera le surveillant qui s'empressera de lui rendre service ou de lui prendre ses rendez-vous s'il désire voir un peu plus haut dans la hiérarchie.

« Le directeur qui se croit son égal a même plaisir[3] à le recevoir

1. « Moyennant des bakchichs allant de 500 à 1 000 francs », selon mon interlocuteur.

2. Du moins en apparence.

3. Dans un établissement où j'ai travaillé lors d'une précédente enquête, l'une des sous-directrices me disait sa satisfaction de recevoir en entretien un gros trafiquant de stups : « Poli, pas stressé, jamais un mot plus haut que l'autre, ça me repose de tous les râleurs que je vois à longueur de journée. »

dans son bureau pour des parloirs où l'un ment et l'autre se confie. Beaucoup de caïds connaissent la vie intime des chefs d'établissement où ils sont passés et leurs souffrances, du genre : "Depuis que ma femme m'a quitté, j'ai mal à ma couille gauche et la droite me démange". »

Intimes ou pas, les caïds collaborent de fait avec la hiérarchie pénitentiaire. « Ils n'en sont pas forcément conscients, m'explique Joe ; là est toute la subtilité du système, mais ils sont clairement instrumentalisés par l'AP. Un exemple ? En période de tension, le caïd va servir de contact privilégié avec la direction de la prison ; on va l'utiliser pour maîtriser le mouvement, éviter les dérapages, empêcher les débordements.

— Et dans la vie quotidienne ?

— Ils servent à éteindre les petits feux de forêt qui pourraient s'allumer ici et là, à convaincre les gars que leur intérêt n'est pas ce qu'ils croient mais ce que voudrait la Pénitentiaire. »

Parmi mes interlocuteurs, un constat fait cependant l'unanimité : un caïd qui deviendrait inutile à la Pénitentiaire serait transféré. « Un caïd, me dit un détenu, ça s'use, ça se casse. Quand un mec ne sert plus à rien parce qu'il n'arrive pas à se faire obéir de ses troupes ou qu'un autre fait le boulot mieux que lui, il est fini. Et vu qu'il connaît trop bien les vices de l'établissement, ses petits secrets, on s'arrange pour le baluchonner. »

« En fait, me dit Joe, la difficulté pour le caïd, c'est qu'il doit être crédible côté AP et côté détenus, donc il faut sans cesse qu'il veille au grain. Et ce n'est pas toujours facile !

— Vous voulez dire collaborer efficacement tout en passant pour un résistant.

— Exactement, un des maîtres mots du caïd, c'est de dire, après avoir joué le Monsieur bons offices : "Je fais pas ça pour vous les détenus, mais contre eux, parce que la Pénitentiaire, ça lui fout les boules de voir qu'on est solidaires !" Bref il montre ses crocs pour faire croire qu'il est rebelle et qu'il pourrait mordre l'AP.

— Et à votre avis, il est de quel côté ?

— Du sien ! Le caïd est apolitique par excellence. S'il se fait politique, c'est dans son intérêt. A mon avis, en dehors de lui, de sa famille et de ses potes, le monde n'existe pas. Ce qui ne l'empêchera pas de jouer les porte-parole de la population pénale. Mais en fait, ce qui l'intéresse, c'est d'avoir sa tranquillité et elle passe souvent par la tranquillité de la détention et la satisfaction de certains syndicats de surveillants.

— C'est-à-dire ?

— Ce que j'ai pu observer c'est que les caïds sont aussi instrumentalisés par les syndicats et, en priorité selon moi, par l'UFAP et FO. Vous pouvez pas imaginer la guérilla permanente à laquelle ils se livrent pour obtenir les adhésions, la place du leadership sur le plan local ou national. Faut pas croire, mais y a beaucoup d'intérêts en jeu : financiers, représentativité, etc. En tout cas, il n'est pas rare de voir tel ou tel syndicat *couver* tel ou tel caïd afin que ce dernier manœuvre une partie de la détention dans le sens de ses intérêts corporatistes (stratégie de la tension qui va conforter un discours sécuritaire, par exemple). Vous savez, les syndicalistes ont souvent des postes stratégiques (vaguemestre, comptable, service des transferts, greffe, etc.), donc ils disposent d'infos importantes qu'ils filent au caïd qui les reprend et va les faire diffuser par ses hommes.

— Des infos sur le dossier pénal, par exemple ?

— Oui, avec même des cas où le délit du type est déformé pour enfoncer un mec qui dérange.

— Et en échange de ça, le caïd a tous les petits privilèges dont vous m'avez parlé ?

— Oui, et pour moi, c'est clair, alors que certains détenus le voient comme un résistant, c'est souvent aux syndicats tenants du tout sécuritaire qu'il sert le plus. »

« Le caïd est tout sauf un dur, opine François, l'ex-“longue peine”, il ne porte pas d'accusation sur le système carcéral en dehors des trucs matériels (manque d'eau chaude, pas de parloirs intimes, trop de bruit !). Bref, s'il critique, c'est juste pour améliorer son confort. » Voilà qui rejoint la formule mordante d'un de mes correspondants : « Pour moi, le caïd, c'est un parasite inné ; plus les couilles sociales sont touffues, plus ce Seigneur Morbac se sent dans son élément. » La métaphore m'a fait sourire. Non ! décidément, les caïds ne sont plus ce qu'ils étaient ! A moins qu'ils ne l'aient jamais été qu'au cinéma !

Mais de toute façon, comme me l'ont dit et répété mes interlocuteurs, la « classe » des caïds semble avoir décliné parallèlement au rôle qu'ils remplissaient auprès de l'AP. D'autres outils facilitant la gestion de la population carcérale ont minoré leur utilité : la télévision dont les fonctions de « stupéfiant » sont largement attestées par tous les usagers, la pharmacopée, l'usage intensif des transferts et l'éternelle carotte que représentent les aménagements de peine. D'autant plus précieux, ceux-là, qu'ils se raréfient alors que les peines, elles, vont s'allongeant.

Il n'empêche ! Même si « les choses ont changé », il semble bien qu'il y ait toujours des caïds — simili ou mini — en détention (du moins dans certains établissements). « Le manque de démocratie en prison, me dit Joe, est l'une des raisons qui font perdurer le caïdat. C'est un phénomène pervers qui pourrait être éradiqué sans problème si l'AP le voulait. Mais [sourire ironique] elle ne le veut pas ! »

Agitation à la prison de Nîmes, le 31 mai 1901.
In C. Perrier, *Les Criminels,* Lyon, 1902.

Entre les caïds qui tiennent le haut du pavé et les détenus hyper-stigmatisés (pointeurs comme Christophe Geng ou « arabicides »[1] comme Karl Wagner) qui ont risqué leur peau en maison d'arrêt et la risquent encore en centrale[2], il existe en détention comme dehors une infinité de gradations dans les assujettissements. Le plus répandu est le racket ! « Ici à S., me dit Lalonde-le-psy, chaque voyou a un couteau ou un rasoir et son pauvre type qu'il rançonne, un mauvais délit en général ou un type qui sait pas se défendre. Les surveillants laissent faire ; de toute façon, dans la cour ils restent sur les côtés, ils veulent pas rentrer dans la mêlée et prendre des risques inutiles. »

La solution pour le détenu vulnérable qui ne vit pas à l'isolement ? Éviter les lieux publics, ce qui revient à refuser les douches, la promenade, le sport, les cours, etc., bref à vivre confiné entre quatre murs, comportement difficilement tenable sur le long terme et qui peut facilement conduire au suicide. Cette stratégie, Christophe Geng, transféré en centrale[3] après notre rencontre au CNO, l'a pourtant adoptée tant ses codétenus le terrorisent. Il va même, par peur d'un mauvais coup sur le chemin de l'infirmerie, jusqu'à recevoir sa psychothérapeute en cellule.

> Souvenir, souvenir... Quelques années en arrière. Un petit local vitré. Z., un détenu, et moi face à face. Vue panoramique sur le couloir de Fresnes et vice versa.
>
> Épaules basses, dos voûté, voix plaintive, Z. a tout du chien battu. Je l'écoute en tendant l'oreille. Soudain je sursaute. Un auxi mala-

1. Selon le titre de l'ouvrage de Fausto Giudice (Paris, La Découverte, 1992).

2. En CD, et notamment à C., les rapports semblent de façon générale nettement moins brutaux. « C'est l'un des avantages, me dit Michel-le-principal, d'être dans un établissement où il y a beaucoup d'homos ; l'ambiance est beaucoup plus calme qu'en maison d'arrêt ou en centrale. »

3. « Pourquoi Christophe Geng n'a-t-il pas été envoyé au CD de C. où Marc Marcus vit à peu près normalement alors qu'il a commis un crime également stigmatisé ? » Cette question, je l'ai posée à un responsable de l'AP. « On l'enverra à C., me fut-il répondu, mais pas tout de suite ; on veut éviter qu'il reste trente ans au même endroit, ce qui tendrait à l'enkyster. »

droit vient de heurter notre box de son balai. Il s'éloigne sans mot dire. Nous reprenons l'entretien. Isolement, pauvreté, dureté de la peine. Thèmes connus. Je note machinalement. Vroum ! Nouveau coup de balai. Bien maladroit, cet auxi ! Il pourrait faire gaffe et s'excuser !

Z. s'agite sur sa chaise. Coup d'œil interrogatif. Il balbutie : « J'ai l'habitude... Toujours après moi... Je sors plus. Peur des incidents... Pas perdre mes remises de peine. » Il baisse la tête, l'air gêné. Inutile d'en dire plus. J'ai compris. Et entrevu pendant quelques instants le quotidien d'un pointeur.

Les parias comme Geng ou Z. sont pris comme têtes de Turc par pas mal de détenus, et notamment par ceux qui veulent se faire passer pour des caïds « sans en avoir les moyens ». Parmi eux, deux spécimens ont excité la causticité d'un de mes correspondants : « Y'a d'un côté le mec bien pourvu côté biscottos ; appelons-le l'Hercule (c'est le genre culturiste qui lève 200 kilos ou le type au faciès méchamment balafré). Ce genre de gars rackette les arrivants, insulte les pointeurs... Il est entouré par quelques mecs plutôt faibles qui pensent qu'il les protégera. Il ne s'attaque pas aux détenus qu'il ne connaît pas, juste à ceux qu'on lui dénonce ou avec lesquels il se trouve soudain confronté. Ce type, il se revalorise toujours en abaissant son adversaire (genre mauvais regards, chahutage, insultes, coups). Dans un autre genre, vous avez celui que j'appellerai le Mytho. Lui il fonctionne au bagout et grâce à un carnet d'adresses virtuel. Ce type épluche les faits divers, note le nom des pointures qui sont arrêtées et il les ressort dans ses conversations avec d'autres détenus. Quand il en parle, on croirait qu'il les connaît depuis toujours.

« Un détenu incarcéré pour une grosse affaire est en promenade ; le "caïd" au bagout ira le voir pour lui demander quelque chose, l'heure, une cigarette, n'importe quoi. Il pourra entamer une conversation dragueuse du style : "On s'est déjà vus ?" La grosse pointure cherchera dans sa mémoire, avancera des lieux et des noms que l'autre s'empressera de faire siens avec des : "Ah oui ! je vois !" Son groupe déjà empoché sera témoin de cette conversation à l'écart, que le Mytho fera durer le plus longtemps possible jusqu'à l'au revoir où il lui tendra la pogne. L'autre en la lui serrant donnera la preuve, pour le public, qu'ils se connaissent ou se reconnaissent. Bref ce genre de gars vit de l'exploit et du nom des autres et il s'assure quelques groupies naïfs grâce à ça. Mais il finit souvent par se faire griller.

« Tenez, pour mieux vous montrer la différence qu'il y a entre ces faux caïds et un vrai, je vais vous raconter une scène qui s'est passée récemment dans mon aile : c'était samedi dernier, vers huit heures. Soudain les plombs ont sauté ; on était tous fumasses ; ça voulait dire pas de soirée télé pour tout l'étage ! L'Hercule a hurlé de sa voix de stentor : "Quel est l'enculé qu'a fait un toto [1] pirate ?" Le Mytho, lui, a été dire le lendemain à sa bande d'un air mystérieux : "Je m'en occupe, ça se reproduira plus". En fait, dans le secret, il a amené le personnel à faire une fouille pour saisir le toto pirate. Le vrai caïd, lui, conclut mon correspondant, n'a rien dit mais il a cantiné autant de thermoplongeurs (cent francs minimum) qu'il y a de détenus indigents à l'étage et il les a fait distribuer par l'auxi. Les remerciements, il s'en bat les couilles. De toute façon il agit pas par altruisme ; ce qu'il veut, c'est que les plombs sautent plus pour pouvoir regarder la télé peinard. »

A l'opposé de ces faux durs, certains détenus suscitent le respect unanime de mes interlocuteurs. Ce sont souvent des grosses pointures du banditisme ou « des politiques » qui ont fait leurs preuves. Bref des hommes au caractère et aux convictions bien trempés. Généralement classés DPS, ils sont considérés comme « des mecs à couilles » [2], les seuls rebelles potentiellement gênants pour la Pénitentiaire ! D'un côté, il y a ceux qui font leur détention tranquillement, mais leur passé comme leur insoumission légaliste voire procédurière [3] en font des figures dérangeantes pour l'AP. De

1. Le toto est une résistance fabriquée de façon artisanale pour faire chauffer l'eau.

2. S'ils ont commis de « bons délits » ! Ainsi Pereira, tout DPS qu'il est, du fait de son évasion réussie, sera forcément handicapé par le sien (viol et meurtre d'une jeune femme).

3. Dans le Rapport annuel de l'Administration pénitentiaire, on trouve ainsi à la rubrique « Les recours des détenus devant les juridictions administratives et européennes » un échantillonnage des contentieux qui ont opposé certaines personnes à l'administration pour des motifs divers (ouverture d'un courrier confidentiel, par exemple). Quelques noms reviennent de façon récurrente. Or engager, quand on est détenu, une procédure contre l'administration de tutelle comporte des risques de représailles certains dans la vie quotidienne (fouilles et transferts intempestifs, par exemple) et requiert donc un certain courage.

l'autre, il y a les révoltés plus violents, viscéralement braqués contre le système, avec souvent inscrite en lettres d'or dans leur CV une évasion réussie. Ils sont, me disent les détenus, « cassés par les transferts ».

« Dès qu'une direction commence à trouver un type gênant, elle le baluchonne ailleurs, m'explique un avocat — un de ses clients en est ainsi à son seizième établissement. Conclusion : le type fait le tour de France des prisons, il n'a pas de territoire où il pourrait agir, lancer un mouvement et psychiquement il en prend un coup. »

In fine, on trouve au sein des détentions comme dans toute communauté humaine des grandes gueules et des gens fragiles, des petits chefs et des boucs émissaires, de vrais rebelles et des pseudo-caïds... Mais dans cet univers clos, les alliances, les antagonismes ou les exclusions prennent un relief plus intense et peuvent avoir des conséquences dramatiques, les échappatoires étant extrêmement limitées.

Il est clair que le mode de fonctionnement de l'institution favorise ces assujettissements et cette violence, qui pourraient au demeurant être minorés — voire évités. « Mais cela impliquerait, m'écrit Joe-le-politique, une réorientation de la gestion pénitentiaire : qu'on fasse le choix de la transparence pour les prisons du pays ; qu'on lutte contre l'indigence — ce qui provoquerait une diminution des rackets, des trafics, voire du clientélisme ; et que les détenus soient représentés auprès des directions par des élus nommés sur des bases démocratiques. Toutes conditions qui, pour l'heure, sont loin d'être remplies. »

Ces assujettissements et ces rivalités intestines, les « longues peines » ne peuvent les ignorer ; ils jouent sur le climat de la vie en détention, sur l'ambiance qui règne dans les cours ou autres lieux collectifs et expliquent les évitements de telle personne, de telle pratique[1] ou de tel espace comme ils éclairent *a contrario* certaines associations ou prédilections...

Cela dit, sur ce sujet « sensible », les perpètes que j'ai rencontrés

1. Un détenu, condamné pour le meurtre de personnes âgées, m'expliquait ainsi lors d'une précédente enquête qu'il avait renoncé à fréquenter l'atelier peinture de la prison à cause du silence pesant que suscitait systématiquement son arrivée dans ce lieu.

en détention ont préféré évoquer le comportement des autres détenus plutôt que le leur. Sauf s'ils étaient *victimes* — cas des « mauvais délits » féminins en maison d'arrêt et de leurs homologues masculins en MA et en centrale ! Mais je dois aussi reconnaître que si j'ai interviewé des hommes et des femmes jouissant d'un certain statut je ne pense pas m'être entretenue avec des caïds[1]. M'ont en effet parlé ceux qui le voulaient bien. Et qui escomptaient peut-être quelque « bénéfice » de ces entretiens... Or, si l'on y réfléchit, quel intérêt un caïd, sans problèmes financiers et relationnels, sans doléance ni contestation particulière, aurait-il à rencontrer une sociologue[2] ? A mon avis, aucun !

1. Certains détenus insoumis et respectés qu'on m'avait présentés comme des caïds ont réfuté cet étiquetage en ces termes : « Je suis pas un caïd. Bien sûr, je me laisse pas marcher sur les pieds mais je collabore pas avec la Pénitentiaire. »

2. Et quelles raisons aurait-il d'ailleurs, s'il acceptait de la rencontrer, de lui faire part de ses pratiques ?

Troisième partie

RÉTROSPECTIVES ET PERSPECTIVES

Pendant des années l'esprit des « longues peines » sera surtout accaparé par le souci de tenir sur le long terme, de « faire *sa* prison ». Mais lorsque se profilent à l'horizon les aménagements de peine, le regard que les condamnés vont poser sur la détention et le monde libre va se modifier progressivement. Cette troisième étape dans leur trajectoire carcérale rappelle d'ailleurs la première, celle du séjour en maison d'arrêt, dont elle est en quelque sorte l'image inversée. Comme elle, temps des rétrospectives. Sauf qu'au lieu de faire le bilan de son passé d'homme libre, on fait le point sur sa vie de détenu(e). Comme elle aussi, temps des perspectives d'avenir. Sauf que les années « à venir » se vivront peut-être *extra-muros*.

Avenir, mon bel avenir...
Dessin d'un détenu.

EXTÉRIEUR-INTÉRIEUR-EXTÉRIEUR

Si l'extérieur est aux yeux des reclus surtout incarné par les proches, il n'est pas que cela. C'est aussi leur passé, l'actualité sociale et politique du pays, le quotidien du monde libre, l'autre sexe, les animaux et parfois la nature — puisque dans certains établissements les végétaux sont absents du paysage carcéral. Entité multiforme donc que cet Extérieur que chacun perçoit différemment au fur et à mesure de sa progression dans le cursus carcéral. Quoiqu'on puisse distinguer quelques constantes et notamment trois phases principales.

Un monde libre encore si proche...

Au début, le monde libre est très présent. Cette première phase correspond fréquemment à la durée du séjour en maison d'arrêt et va se terminer souvent — mais pas toujours — après l'arrivée en centrale ou en CD. Il faut dire que ce changement d'établissement implique en général un éloignement spatial de ce qui est en train de devenir, sur le plan temporel, le « passé » (la vie antérieure, le crime, les ex-proches) et, par conséquent, une raréfaction des visites des quelques fidèles.

La tonalité émotionnelle qui domine cette première partie de la détention varie suivant les personnes interviewées. Pour la majorité d'entre elles, c'est une période dépressive. Deuil du monde libre — voire de la victime — trop difficile à faire. Pour une minorité d'hommes qui n'arrivent pas à supporter la coercition carcérale ou qui nient leur culpabilité, c'est par contre l'agressivité qui prévaut. Agressivité d'autant plus exacerbée, semble-t-il, que la victime ne faisait pas partie des proches. Ainsi Jacques Pelletier, auteur d'un crime crapuleux, est à ses débuts « très remonté contre l'AP »[1], d'autant plus que « les contradictions et les inégalités du système pénitentiaire [le] rendent fou ».

Entre la dépression et l'agressivité, on peut encore déceler une troisième attitude illustrée par Lalique-le-boucher. Certes, Lalique n'est pas homme à dévoiler ses états d'âme et ses blessures ; *a contrario*, il semble se plaire à souligner la belle ordonnance de sa vie en détention. Certes, la réalité de son vécu ne correspond peut-être pas à l'image qu'il m'en a donnée, faite de raison et de bons sentiments. En tout cas, la routine de son quotidien carcéral semble avoir relayé celle de sa vie d'homme libre : tout entière centrée sur le travail et la famille.

Une adaptation à géométrie variable...

La nécessité de s'adapter au mode de vie carcéral et de ne pas trop penser à ce qui est perdu, sous peine de vivre un porte-à-faux douloureux, va progressivement pousser la plupart des « longues peines » à s'intégrer de plus en plus à la détention et à prendre leurs distances avec l'extérieur. Quand ce n'est pas l'inverse ! Ainsi démarre une deuxième phase, dite *d'adaptation* : la plus longue, puisqu'elle dure fréquemment jusqu'à ce que le détenu soit remis en contact avec le monde libre, le plus souvent lors de sa première permission.

Adaptation qui peut se manifester par le retour du rire. « Les cinq premières années, me dit ainsi Karl Wagner, on arrive pas à rire ; après, on apprécie les blagues ; quand on est une longue peine, on en a besoin ! » Ainsi sont-ils plusieurs qui, après m'avoir décrit des épisodes dramatiques, ont insisté sur ce point. Oui, ils étaient vivants et encore normaux ! Pas que des drames ambulants ! Car si on attend d'abord de l'interlocuteur qu'il comprenne la gra-

1. E. Goffman, qui a observé également chez certains reclus ce qu'il qualifie d'« intransigeance » à l'égard de l'institution, note : « Celle-ci correspond pourtant dans la plupart des cas à l'une des premières phases transitoires de réaction, avant que le reclus ne se laisse aller au repli sur soi ou à toute autre forme d'adaptation » (*Asiles*, *op. cit.*, p. 107), observation à laquelle je souscris et qu'illustre parfaitement l'exemple de Jacques Pelletier.

vité des choses qui se vivent en prison, on veut ensuite qu'il sache que, de cette vie-là, on a quand même su faire une vie de vivant.

Adaptation, ai-je dit, mais à quoi s'adapte-t-on au juste ? A la prison ? « Non ! » m'ont vivement répliqué plusieurs personnes. « Je me suis intégré à la population pénale, m'expliquera Jacques Pelletier ; au système, non ! » Il n'empêche, leurs réactions au retour d'une permission montreront parfois que les reclus avaient intériorisé bien plus qu'ils ne le pensaient les valeurs de l'institution.

Ainsi Jacques dit-il avoir appris comme les autres à « faire le canard[1] » sans reconnaître pour autant la légitimité des valeurs pénitentiaires (« y a toujours eu des jours où j'ai eu envie de frapper »). Et puis, comme la plupart de ses codétenus, il a progressivement investi l'espace carcéral et s'est mêlé à la population pénale. « Quand j'ai commencé à travailler en atelier, je me suis retrouvé *à faire partie des murs* », constate-t-il rétrospectivement. Peu à peu il s'est fait des intimes, s'est occupé, reprenant d'abord des pratiques familières comme le sport, puis faisant incursion dans des domaines inconnus de lui. D'abord spectateur de l'atelier poterie, Jacques a fini par retrousser ses manches et à se mettre à la terre avec passion. L'extérieur s'est donc estompé progressivement de son horizon puisque l'essentiel de ses intérêts pouvait être satisfait en détention.

En fait, pendant cette phase d'adaptation, on peut distinguer une fois encore trois types d'attitudes possibles par rapport à l'extérieur.

Jacques Pelletier illustre l'une d'elles. La détention est relativement bien vécue parce que le détenu peut, compte tenu de ses ressources propres et de celles proposées par l'établissement, y trouver des gratifications ; du coup le monde libre qu'on percevait jusque-là positivement mais qui s'éloigne de plus en plus perd de son intérêt et de son pouvoir d'attraction[2]. Certes, il continue à

1. « Faire le canard », ou encore « laisser sépi » (pisser). Par crainte de sanctions disciplinaires, le détenu ne réagit plus face à une fouille intempestive ou une interdiction arbitraire. Bref, ça glisse sur lui.

2. Ce mode d'adaptation correspond à ce que Goffman appelle « l'installation ». « Le reclus, note-t-il, se construit une existence stable et relativement satisfaite en cumulant toutes les satisfactions qu'il peut trouver dans l'institution » (*Asiles, op. cit.*, p. 107).

symboliser diverses activités incompatibles avec l'emprisonnement, mais le détenu est suffisamment occupé par son présent pour n'y penser qu'épisodiquement.

L'exemple de Karl Wagner, douze ans de détention[1], est une variante de ce premier cas de figure. Karl se dit non seulement satisfait de sa situation, mais de surcroît peu tenté d'idéaliser l'extérieur comme tendent à le faire ses codétenus. Non ! Lui, désormais, le récuse ! « La référence à l'extérieur date de l'extérieur, me dit-il d'un ton péremptoire ; depuis que je suis à S., y a plus d'extérieur ! La réalité, ajoute-t-il avec satisfaction, c'est la prison ! Je me sens privé de rien ! L'exclusion, ajoute Karl, je l'ai connue à l'extérieur. Ici, je suis intégré ! »

L'extérieur, Karl en a fait d'autant plus facilement son deuil que sa vie antérieure n'était guère riante. « Dehors, dit-il, j'avais pas d'amis, j'avais pas une vie assez stable pour ça, je bougeais constamment. Et puis ici, j'ai un p'tit boulot : c'est moi qui sers les repas ; je me sens utile en nourrissant les autres mais ça me laisse du temps pour m'occuper d'autre chose pendant la journée. » Son « oubli de l'extérieur » n'empêche pas Karl d'entretenir une importante correspondance et de rechercher la compagnie des nouveaux détenus. « J'aime beaucoup, m'explique-t-il, le gars frais qu'a deux ans de détention au maximum ; celui qui vient d'arriver, c'est un livre à découvrir. »

C'est dire qu'au fond, l'extérieur, Karl en a toujours besoin pour élargir un horizon par trop confiné. Mais, comme certains voyageurs en chambre, il lui suffit de le contacter *intra-muros*, ne compromettant pas ainsi une adaptation qu'il a eu bien du mal à mettre au point. Voilà encore un comportement qui me rappelle Bettelheim ! L'adaptation au camp de concentration, fait observer celui-ci, conduisait les déportés à considérer au bout de quelques années le camp comme étant « la réalité » ; mais cette évolution nécessitait au moins deux ans d'ancienneté et était symptomatique d'une peur : celle de retourner vers le monde libre[2]. Ce qui est précisément le cas de Karl.

1. Lors de notre première rencontre en 1996.
2. B. Bettelheim, *Survivre, op. cit.*, p. 93.

Deuxième attitude possible lors de cette seconde étape : le détenu s'éloigne du monde libre — et réciproquement — sans se sentir pour autant satisfait de la vie qu'il mène en détention. De fait, il vivote ! S'il suit l'ordre pénitentiaire, il n'est pas comme Karl ou Jacques bien intégré dans la population pénale : il lui manque les ressources personnelles ou institutionnelles nécessaires pour investir dans des projets qui lui donneraient de vraies satisfactions ou le mettraient en contact avec le monde libre. Souvent assez isolé avant sa détention, illettré ou peu porté sur la chose écrite, ce détenu voit son maigre réseau se déliter parce qu'il ne parvient pas à l'entretenir. Jacqueline Trième et André Simoni, les « végétatifs » que j'ai évoqués plus haut, illustrent bien cette attitude.

D'ailleurs garder des contacts *extra-muros* ne va pas de soi ! Avec les années, de quoi peut-on parler avec ses proches ? On vit tellement sur une autre planète ! Et puis les retrouvailles sont souvent fugaces, ce que supportent difficilement certains écorchés vifs qui ont derrière eux des vécus d'enfants abandonnés. « Voir quelqu'un qu'on aime au parloir, c'est terrible, me dira un détenu. A peine vu, le voilà à nouveau reparti ! »

Ainsi, pour Lalonde-le-psy, l'abandon de son amie — au bout de sept ans de détention — ne présente pas que des inconvénients : « Je n'ai plus à souffrir de la séparation, me dit-il ; maintenant je suis moins déprimé qu'avant ; tout est à distance : la copine et la prison. »

> Mince, l'allure sportive, le visage souvent triste, Luc Lalonde est l'une des personnalités de S. C'est que des « docteurs », y en a pas des masses en prison et des psychiatres, encore moins ! Pas forcément bien vu par ses codétenus (« pas parce qu'il a tué sa gamine, non, ces histoires de divorce, les gars comprennent ! le problème, c'est qu'ils aimeraient qu'il les conseille pour les expertises, et lui, y veut pas ! ») mais apprécié par la Pénitentiaire. Intelligent, pas dangereux et « d'un bon milieu », bref le type d'homme à qui l'on peut faire confiance. Lalonde est dépressif, il le dit et ça se voit. Un jour, un éducateur de S. m'aborde, évoque son mal-être et conclut : « Il faut qu'il sorte, visiblement il n'est pas fait pour ce milieu. » Leduc, le « voyou », un homme que la justice n'a guère ménagé, a entendu notre échange. « Parce que nous, me lance-t-il, rouge de colère, si on est dépressif, on s'en fout ! nous, bien sûr, la prison on est fait pour ! »

Désormais Lalonde vit dans ses souvenirs ou dans ses rêves. « C'est pareil, me dit-il en haussant les épaules, ça n'a pas d'existence ! mais ça m'aide à vivre en dehors de la prison ! » Ce n'est pas en effet parce que les relations avec l'extérieur se tarissent que celles-ci n'occupent plus les pensées des détenus mal adaptés en détention. Ainsi Cyrille-l'avocat évoque-t-il surtout son passé d'homme libre, en en réécrivant bien des pages pour mieux le magnifier et endurer un présent qu'il juge insupportable. Et pourtant Cyrille a passé la moitié de sa vie derrière les barreaux et n'a plus de contacts avec l'extérieur. « Chaque fois que j'ai été incarcéré, me dira-t-il, j'ai coupé. » A-t-il coupé pour éviter la douleur de l'absence ? A-t-il coupé ce qui ne tenait déjà qu'à un fil ? Et a-t-il vraiment « coupé » ? Beaucoup de détenus se présentent en effet comme ayant suscité une rupture qu'ils ont de fait subie ou anticipée, abandonnant des correspondances avec l'extérieur quand celui-ci tendait à les abandonner (visite annulée au parloir, lettre restée longtemps sans réponse)[1]. De telles relations sont déjà douloureuses parce qu'elles réveillent des angoisses de perte, mais si de surcroît elles se font aléatoires, elles paraîtront presque irréelles, faisant *a contrario* ressortir cette terrible évidence : la seule réalité solide qui ne risque pas d'abandonner le détenu, c'est la prison.

Le troisième type d'attitude par rapport à l'extérieur que j'ai observé à ce stade est celui adopté par des détenus généralement actifs ou hyperactifs : tout en s'occupant en détention, ils essaient de garder ou de mettre un pied *extra-muros*. Un tel comportement implique une conjugaison de plusieurs traits de caractère : une résistance certaine à l'institution, un besoin d'ouverture sur le monde libre (notamment pour des raisons affectives et sexuelles), une capacité à susciter des rencontres ou des projets, enfin une aptitude à maintenir des relations sur le long terme et à courir le risque d'une éventuelle séparation.

1. « A la maison centrale de Saint-Maur, sur une population de 240 détenus, essentiellement composée de longues peines, seules trente personnes ont des parloirs réguliers, me dit un éducateur de la centrale. La majeure partie des détenus ne voient en fait plus personne au parloir. » Parmi les condamnés que j'ai rencontrés, seule une minorité n'avait plus ni parloirs ni correspondants et la moitié d'entre eux entretenaient encore peu ou prou des relations avec un ou plusieurs membres de leur famille : les mères en particulier.

Dans cette catégorie se retrouvent ceux qui se battent pour la révision de leur procès, certaines mères de famille — les enfants comptent trop pour pouvoir être enfouis dans les limbes de leur mémoire —, ou encore des détenus issus du milieu. « Chez nous [dans le milieu marseillais], me dit Artigo, on se soutient », mais s'il estime avoir été privilégié (« j'ai été aidé ; des gens sont venus me voir de partout ; ça joue beaucoup »), mon interlocuteur pense aussi l'avoir mérité : « Si j'avais été un connard dehors, elles [ses femmes] m'auraient laissé tomber ; y faut voir aussi comment se conduisaient ceux qu'on largue ! » Même souci de maintenir le contact avec l'extérieur chez Leduc-le-Nantais. « Rompre, me dit-il, c'est de l'inconscience ; sans l'extérieur, on est foutu ; les courriers, ça remue, ça réveille, ça vaut mieux que de prendre des médocs ; la famille est à 50 % dans notre survie ; le pivot de notre vie ici, c'est la femme ! Le mec qui s'enferme sur lui-même se coupe de la réalité. » S'il dit, comme Artigo, avoir été soutenu par une famille « admirable » et par ses amis, Leduc souligne aussi la nécessité de « renvoyer l'ascenseur ». Généralement par relations interposées. Ces deux détenus sont d'ailleurs ceux dont la capacité d'agir *extra-muros* m'a le plus étonnée.

« Ma femme se sert de moi pour protéger son restaurant, m'explique Leduc ; les premières permes que j'ai eues, je suis allé rendre visite aux gens. J'arrive à gérer quelques petites affaires à l'extérieur, je les *drive* très clairement, honnêtement. J'ai trouvé un type qu'est prêt à me prendre comme chauffeur pour la conditionnelle mais je lui rendrai ça par la suite. »

Ce qui m'a aussi frappée chez Artigo et Leduc, c'est l'importante correspondance qu'ils ont entretenue pendant toute leur détention. Quoique n'étant ni l'un ni l'autre de grands lettrés (« je suis retourné à l'école, me dira d'ailleurs Leduc, j'ai pas eu peur qu'on se foute de moi »), ils n'ont pas hésité non plus à écrire à des notables ou à des célébrités : magistrats, journalistes pour l'un, chanteuses, actrices et autres personnalités médiatiques pour l'autre...

Cela dit, la capacité à entretenir son réseau extérieur ou à le fortifier freine mais n'exclut pas cependant une certaine *prisonization*[1]. A l'instar de la « clientèle » de toutes les institutions *totales*

1. Ce terme a été créé par D. Clemmer pour évoquer l'assimilation du détenu par le milieu carcéral in *The Prison Community,* New York, Holt, Rinehart et Winston, 1958.

(armée, maison de retraite, couvent...), une « longue peine » sera forcément modelée [1] par un séjour prolongé en prison — j'y reviendrai plus loin.

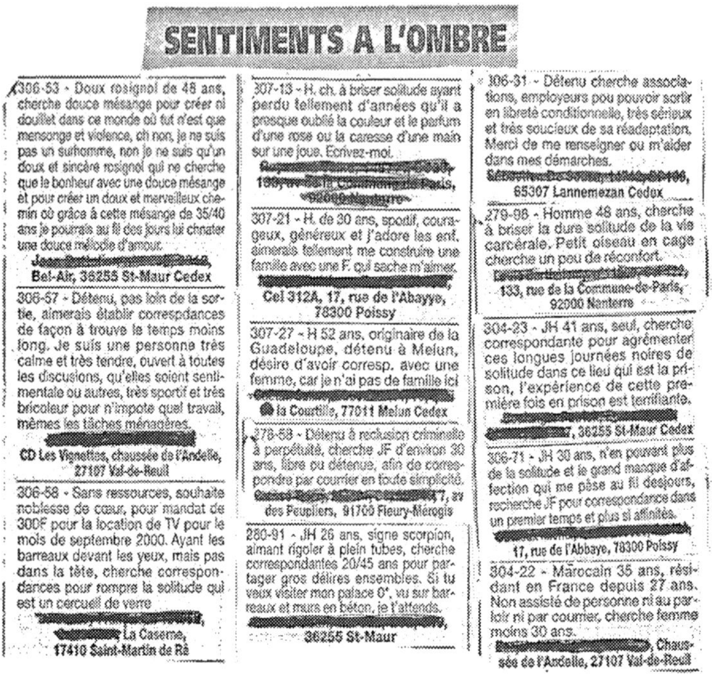

SENTIMENTS A L'OMBRE

306-53 - Doux rosignol de 48 ans, cherche douce mésange pour créer ni douillet dans ce monde où tut n'est que mensonge et violence, oh non, je ne suis pas un surhomme, non je ne suis qu'un doux et sincère rosignol qui ne cherche que le bonheur avec une douce mésange et pour créer un doux et merveilleux chemin où grâce à cette mésange de 35/40 ans je pourrais au fil des jours lui chnater une douce mélodie d'amour.
[redacted] Bel-Air, 36255 St-Maur Cedex

306-57 - Détenu, pas loin de la sortie, aimerais établir correspdances de façon à trouve le temps moins long. Je suis une personne très calme et très tendre, ouvert à toutes les discusions, qu'elles soient sentimentale ou autres, très sportif et très bricoleur pour n'impote quel travail, mêmes les tâches ménagères.
[redacted]
CD Les Vignettes, chaussée de l'Andelle, 27107 Val-de-Reuil

306-58 - Sans ressources, souhaite noblesse de cœur, pour mandat de 300F pour la location de TV pour le mois de septembre 2000. Ayant les barreaux devant les yeux, mais pas dans la tête, cherche correspondances pour rompre la solitude qui est un cercueil de verre
[redacted] La Caserne, 17410 Saint-Martin de Rê

307-13 - H. ch. à briser solitude ayant perdu tellement d'années qu'il a presque oublié la couleur et le parfum d'une rose ou la caresse d'une main sur une joue. Ecrivez-moi.
[redacted]

307-21 - H. de 30 ans, spotif, courageux, généreux et j'adore les enf. aimerais tellement me construire une famille avec une F. qui sache m'aimer.
[redacted]
Cel 312A, 17, rue de l'Abayye, 78300 Poissy

307-27 - H 52 ans, originaire de la Guadeloupe, détenu à Melun, désire d'avoir corresp. avec une femme, car je n'ai pas de famille ici
[redacted] la Courtille, 77011 Melun Cedex

278-68 - Détenu à reclusion criminelle à perpétuité, cherche JF d'environ 30 ans, libre ou détenue, afin de correspondre par courrier en toute simplicité.
[redacted]7, av des Peupliers, 91700 Fleury-Mérogis

280-91 - JH 26 ans, signe scorpion, aimant rigoler à plein tubes, cherche correspondantes 20/45 ans pour partager gros délires ensembles. Si tu veux visiter mon palace 0*, vu sur barreaux et murs en béton, je t'attends.
[redacted], 36255 St-Maur

106-31 - Détenu cherche associations, employeurs pou pouvoir sortir en libreté conditionnelle, très sérieux et très soucieux de sa réadaptation. Merci de me renseigner ou m'aider dans mes démarches.
[redacted], 65307 Lannemezan Cedex

279-98 - Homme 48 ans, cherche à briser la dure solitude de la vie carcérale. Petit oiseau en cage cherche un peu de réconfort.
[redacted], 133, rue de la Commune-de-Paris, 92000 Nanterre

304-23 - JH 41 ans, seul, cherche correspondante pour agrémenter ces longues journées noires de solitude dans ce lieu qui est la prison, l'expérience de cette première fois en prison est terrifiante.
[redacted], 36255 St-Maur Cedex

306-71 - JH 30 ans, n'en pouvant plus de la solitude et le grand manque d'affection qui me pèse au fil desjours, recherche JF pour correspondance dans un premier temps et plus si affinités.
[redacted]
17, rue de l'Abbaye, 78300 Poissy

304-22 - Marocain 35 ans, résidant en France depuis 27 ans. Non assisté de personne ni au parloir ni par courrier, cherche femme moins 30 ans.
[redacted], Chaussée de l'Andelle, 27107 Val-de-Reuil

Petites annonces extraites du journal *L'Itinérant.*

Une dernière remarque : c'est souvent pendant cette seconde phase que le détenu va nouer de nouvelles relations, notamment avec les visiteurs de prison, parfois qualifiés de « deuxième père » ou de « deuxième mère », ou avec des correspondant(e)s recruté(e)s par petites annonces. Les plus actifs, eux, vont faire de nouvelles rencontres par le biais de leur travail ou de leurs activités créatives. Ainsi Jacques Pelletier reçoit-il la visite d'artisans potiers qui ont pu admirer ses œuvres à C. et Michel-le-principal reste-t-il

1. Quand on évoque la *prisonization* ou le *carcéralisme*, c'est à l'impact mortifère de la prison que l'on pense, comme lorsqu'on déplore l'*hospitalisme* relevé par Spitz chez les nourrissons ayant longuement séjourné en milieu hospitalier.

Quelques moments de la vie en maison d'arrêt

16. Entrée des visiteurs à la maison d'arrêt d'Avignon avec le P.C., mai 2000. Cet établissement ouvert en 1871 fut construit sur sur le site de l'« hospice des insensés ».
© Jane Evelyn Atwood/Vu

17. Cour du centre pénitentiaire de Rouen (1859). Photographie prise en septembre 1983. Dans la plupart des anciennes maisons d'arrêt, l'espace prévu pour la « promenade » ne mérite pas ce nom. *© Jean Gaumy/Magnum*

18. « Parloir intérieur »
(pour les couples incarcérés en même temps pour un même crime) à la maison d'arrêt des femmes de Dijon (mise en service en 1860), 1991. Après la mutinerie de 1996, l'intérieur de la prison a été restructuré et ce reliquat du passé – la séparation par un muret – a disparu.
© Jane Evelyn Atwood/Vu

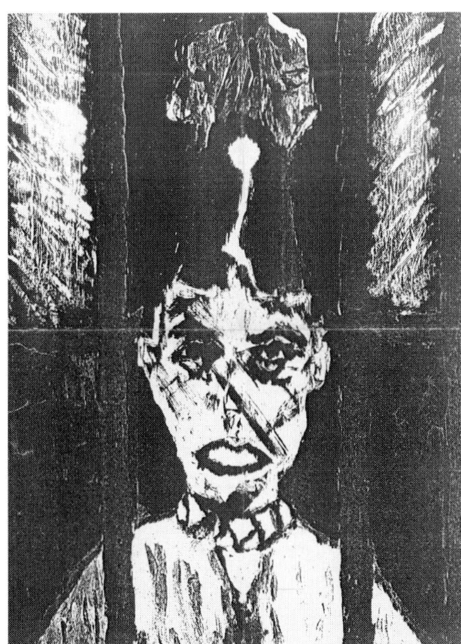

19. Autoportrait d'un condamné à perpétuité. A Fresnes, le clown triste attend son transfert pour un établissement pour peine. 2000.

Vie quotidienne en établissements pour peine

20. Une fois installés en établissement pour peine, certains – et surtout certaines – essaient de recréer dans leur cellule un « intérieur ». Mai 1990.
© Jean-Paul Bajard/Editing

21. Certains affichent leur foi… Centre de détention de Val-de-Reuil.
© Bernard Bisson/Sygma

22. … et d'autres leur haine. Centre de détention de Melun.
© Bernard Bisson/Sygma

23. Des étreintes empêchées qui font rêver, obsèdent et couvrent les murs.
Centrale de Poissy.
© Bernard Bisson/Sygma

24. Seins de femmes, sexes de femmes, fesses de femmes. Morceaux de femmes.
Absence de femme, souffrance d'homme. Centre de détention de Val-de-Reuil.
© Bernard Bisson/Sygma

25. Cellule au centre de détention de Muret. Le lit est le meuble n°1 d'une cellule. On y lit, regarde la télévision, rêve et parfois sanglote.
© Jean-Paul Bajard/Editing

26. Détenu se bricolant un frichti sur une table d'emprunt.
© Gilles Coulon/Tendance Floue

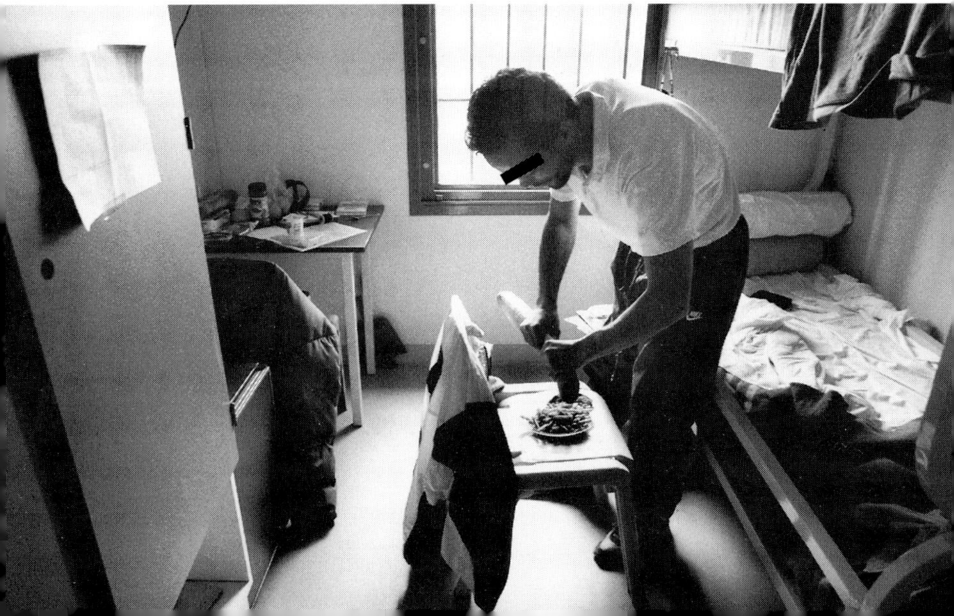

27. Centre de détention de Caen. Jacques Lerouge, ex-condamné à mort pris en photo dans sa cellule devant sa machine à écrire. Libéré en 1985, après 18 ans de détention, il s'occupe aujourd'hui de l'insertion des « longues peines ».
© Jean Gaumy/Magnum

28. Un rituel démultiplié : l'inspection de cellules par le trou de l'œilleton. Le « maton » a maté. (Prison de Poissy, Yvelines, 1983). *© Jean Gaumy/Magnum*

29. *A droite :* départ pour les ateliers au centre de détention de Melun. Photographie prise en 1983. Cet établissement est l'une des rares prisons où l'offre d'emploi est importante (compte tenu de la présence de l'imprimerie). *© Jean Gaumy/Magnum*

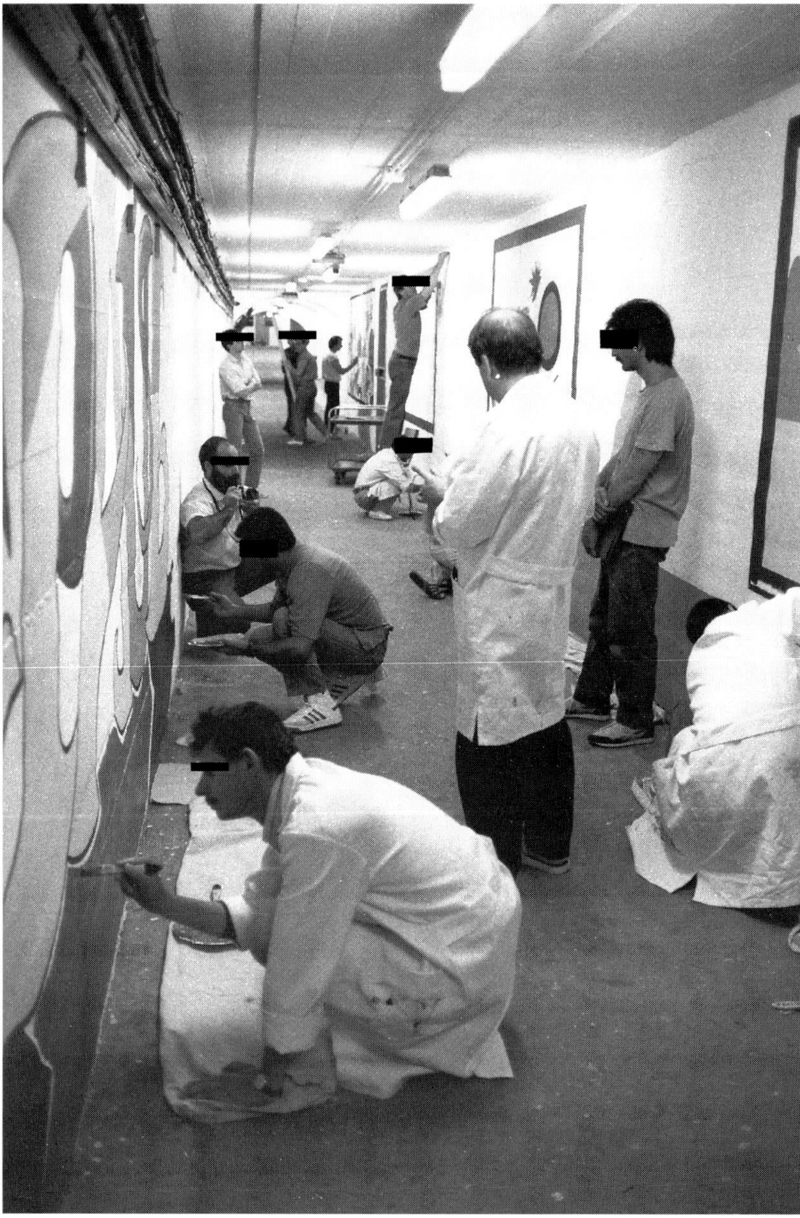

30. Des fresques et des détenus qui parlent d’évasion, d’espace et de couleurs.
Petites oasis dans le désert pénitentiaire.
© Michel Gasarian/Editing

31. Autre espace « non pénitentiaire » : la chapelle. En prison, les messes sont bien plus fréquentées qu'extra-muros. Peinture de Barrios, ex-détenu (1996).

32. La passion du culturisme. Se sentir fort, se rêver autre, résister dans un lieu d'assujettissement et de castration. (Prison de Muret, Lot-et-Garonne). Mai 1990.
© Jean-Paul Bajard/Editing

33. Les murs, les barreaux, les verrous et les portes n'empêchent pas les échanges entre détenus. © *Jane Evelyn Atwood/Vu*

34. La fouille à corps après le retour du parloir. Autant d'orifices humains, autant de cachettes possibles et… d'humiliations. Des techniques plus humaines pourraient être envisagées.
© Jean-François Campos/Vu

35. Saisie de hachisch. Placé dans une boîte de l'autre côté du mur d'enceinte, il a été projeté dans la cour de promenade de la prison. Mai 2000.
© Jane Evelyn Atwood/Vu

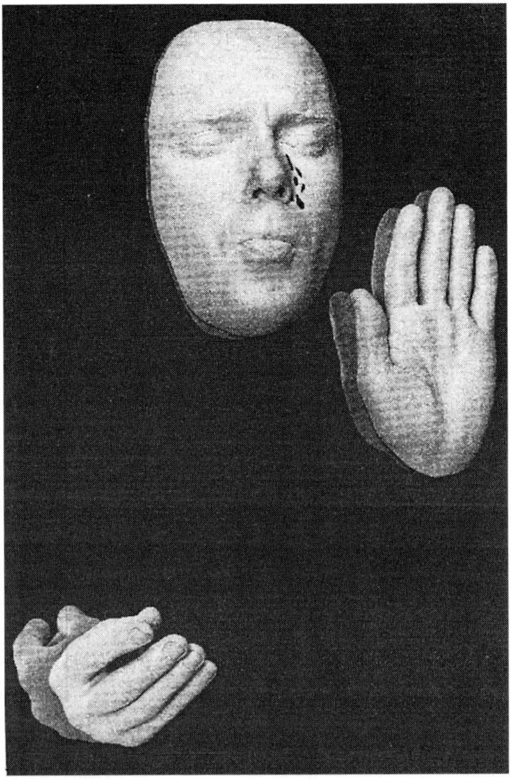

36. Miroir à deux images réalisé par J.P.F, détenu à la maison d'arrêt de Strasbourg. (Plexigas, miroir, plâtre dentaire). Par cet objet, l'artiste a exprimé le fait qu'il est deux. Un, que tout le monde voit, et un autre qu'il est le seul à connaître. Le miroir est le seul objet où il se voit deux. L'autre veut sortir, lui veut entrer. (Catalogue de l'exposition « *Objets* Détenus » organisée par l'association Parenthèses, 1994).

37. Dessin réalisé par un détenu de Tours qui s'est suicidé. Encagé, il pense à sa famille et à la liberté perdue. Vertige face au gouffre du temps à venir. C'est la mort qui mettra fin à sa peine.

38. Le mitard. Cellule disciplinaire et minérale. Aucun objet ne vient combler le vide de ce lieu. Le bat-flanc et le tabouret sont bétonnés.
© Jean-François Campos/Vu

en contact avec plusieurs enseignants pour lesquels il a effectué des travaux rémunérés.

A l'horizon, la liberté...

C'est la perspective de la libération qui marque l'entrée dans la troisième phase : comme par un effet de zoom, l'extérieur se profile de plus en plus sur l'écran intime du détenu. Si ces retrouvailles inquiètent secrètement tout un chacun, c'est clairement ceux pour qui le monde libre s'est le plus estompé (qu'ils aient été bien intégrés ou isolés en détention) qui les redoutent le plus. « Pour moi, maintenant c'est plus dur », me dit Irénée-le-Réunionnais qui a récusé l'extérieur au point de ne plus jamais regarder par la fenêtre de sa cellule (« il fallait oublier tout ça ! »). Ceux qui ont su et pu garder un pied dehors géreront plus facilement cette situation, même s'ils sont plusieurs à reconnaître *a posteriori* : « Sans m'en rendre compte, je m'étais assoupi. »

La perspective de la sortie (demande de permission, de commutation de perpétuité ou de libération conditionnelle) implique que le détenu, par ses seules relations ou avec l'aide des services sociaux de la prison, fasse des démarches pour se trouver un hébergement et éventuellement un travail. La Liberté en effet n'est pas qu'un objet de rêves mais une dure réalité à laquelle il va falloir se coltiner. « Les soucis, observe Jacques Pelletier, ont recommencé avec les permes ; jusque-là, je me sentais dans un monde à part ; là, j'ai dû atterrir. Désormais mes préoccupations sont dehors ! »

Cette dernière période, qui peut d'ailleurs être fort longue, comporte un intérêt certain pour l'administration : elle redonne un objectif au détenu et le redynamise. Quand il en a encore la force ! Ainsi, après avoir évoqué l'agressivité passée de quelques-uns de ses clients, connus jadis en maison d'arrêt, un surveillant de S. me dit : « Maintenant ils sont d'une passivité ! On se croirait en maison de retraite. » « Certains font hospice lourd, observe aussi Lalonde-le-psy d'un air morose ; ils réagissent plus. N'empêche ! on parle aux gars de leur dossier de conditionnelle même s'ils ont peu de chances de l'avoir ! Ça les fait patienter ; il faut faire plein de démarches ; ça prend du temps tout ça ! Pour l'AP, c'est un truc en or. »

L'expectative sera d'autant plus longue que le détenu sera perçu comme un cas difficile ou qu'il se sera replié sur lui-même. Comme Jacqueline Triève, qui ne sort plus dans la cour de Rennes et qui s'étonne : après dix-sept années de détention elle n'a toujours pas été commuée ! Jacqueline semble ne pas comprendre que moins elle investit l'extérieur de sa cellule, moins on la jugera prête à affronter l'extérieur. Et plus on prolongera sa détention.

Privilégiés !

Même s'ils jugent leur peine insensée, certains de mes interlocuteurs s'arrangent — par moments ! — pour se faire une raison ou trouver des avantages à leur sort. Avec parfois des arguments involontairement cocasses que je ne peux m'empêcher de trouver touchants. Comme si le désir si humain de croire malgré tout en sa chance aspirait toujours à reprendre le dessus.

« Mes amis m'écrivent : "Demain, il peut y avoir une catastrophe nucléaire et du fait que tu seras protégé par la prison, tu seras pas irradié". »

« Je me dis que ça fait longtemps que j'ai franchi le cinquième mur, que je suis plus en prison dans ma tête ; les surveillantes, elles y sont plus que moi ! »

« Je suis protégée ici des accidents de la route, du chômage. »

« Je me dis que je suis avantagée par rapport aux handicapés, aux enfants qu'ont rien à bouffer. »

« Des fois je me dis que ça pourrait être l'armée, ça pourrait être un engagement de quinze ans » (l'intéressé a été exempté du service militaire).

« Je me dis que si nous on est enfermés entre quatre murs, les gens dehors sont enfermés en eux-mêmes ; y vivent leur vie mais sont pas bien dans leur tête. »

« J'avais besoin d'air, j'étouffais sous les ailes de mes parents ; bien sûr j'ai raté le coche en me retrouvant ici maintenant. Mais la prison m'a peut-être évité la drogue » (l'intéressé ne songe pas ici au haschich, qu'il a consommé à loisir en maison d'arrêt).

« J'aurais pu mal tourner, trouver du fric comme je pouvais, faire des braquages. » C'est dire qu'en assassinant sa voisine et en étant incarcéré, mon dernier interlocuteur l'a somme toute échappé belle !

LONGUES PEINES
ET ÉVOLUTION INTIME

« Un tout petit nombre de femmes, me dit le docteur K., psychiatre à Rennes, reconnaît que la première partie de la détention a été positive ; après, pour elles, ça n'a plus eu de sens, elles se sont senties dépossédées de leur vie. Mais, poursuit le docteur K., souvent les détenues ont beaucoup de mal à dire que la prison leur a permis de progresser ; en général il faut qu'il se passe un certain temps pour qu'elles puissent le formuler. » Est-ce pour cette raison que les rares détenus qui ont insisté sur leur non-changement n'en étaient qu'à la première partie de leur peine ? Peut-être, mais sans doute faut-il aussi tenir compte de la vie antérieure de ces hommes. Car en les écoutant, j'ai eu le sentiment que ce qui distinguait leur existence d'êtres libres du quotidien carcéral était tout compte fait minime[1].

Par ailleurs, contrairement à ce que m'avait laissé entendre le docteur K., une bonne partie de ceux qui se disaient changés ont plutôt souligné ce qu'ils avaient vu de positif dans leur évolution. Désir de sauver la face ? De valoriser coûte que coûte l'impact de ce temps confisqué ? De ne pas avoir vécu toutes ces souffrances pour rien ? Allez savoir ! Enfin plusieurs personnes estimaient même, après des débuts très douloureux, voire suicidaires, s'être « trouvées » en détention. C'était notamment le cas d'Alain Debarge[2] (trente-sept ans dont dix-sept de détention). « J'ai jamais fait

1. « Il arrive, écrit E. Goffman, que son univers domestique ait été tel que le reclus se trouve en fait immunisé contre la banalité du monde institutionnel » (*Asiles*, *op. cit.*, p. 110).

2. Alain Debarge est le seul perpète avec lequel je n'ai pu réaliser qu'un entretien de deux heures. Son histoire m'est néanmoins familière puisque j'ai pu visionner le film que Karlin et Laîné lui ont consacré.

une année sans progresser », me dit-il avant de m'énumérer les formations qu'il a suivies en prison et surtout les activités artistiques auxquelles il s'adonne. « Actuellement, m'explique-t-il, je suis moi, je fais plus semblant. » A l'en croire, la détention a parachevé ce que son crime (le meurtre de sa maîtresse) avait amorcé. « On tue, me dit-il gravement, ce à quoi on veut pas ressembler, on tue pour fuir quelque chose. » Aujourd'hui, non ! il ne tuerait plus car il n'y a plus rien de factice dans son mode de vie ! Homosexuel qui s'est découvert en prison (en tuant sa maîtresse, il a liquidé du même coup une hétérosexualité de façade), Debarge y a aussi, semble-t-il, rencontré l'amour. Enfin il s'est largement investi dans l'art. Ainsi a-t-il trouvé pas mal de raisons de se revaloriser.

Dans le discours de ces hommes et de ces femmes qui disent s'« être trouvés », reviennent quelques leitmotive : leur prise de conscience d'une identité moins superficielle, la découverte de leurs qualités à un moment où tout pousse *a contrario* à se peindre en noir, et puis une plus grande ouverture à autrui et aux choses fondamentales de la vie. « La prison, reconnaît Blot-le-toubib, c'est mon chemin de Damas ; avant, j'étais imbuvable. Mais quand on rate un suicide, le narcissisme ne sort pas indemne. On a réalisé que l'image donnée de soi aux autres n'était qu'une façade, que la réalité n'était pas belle. C'est dur, soupire Blot, d'apprendre à s'aimer vraiment, il faut retrouver en soi des choses positives ; non, ce n'est pas évident ! »

« Malgré tout, me dit aussi Sophia Rado, je sortirai de cette expérience grandie. J'ai été étouffée par mon mari pendant dix-sept ans ; je me suis retrouvée en prison ; ç'a été une seconde naissance. Normalement on s'épanouit plus au sein d'un couple qu'en milieu carcéral, mais malheureusement pour moi, ç'a été le contraire. La prison m'a restructurée ; loin d'être insensible, je me sens plus aguerrie, battante pour tout. C'est une sacrée leçon de choses de la vie et un sacré basculement de se retrouver incarcérée après un meurtre. » Je regarde attentivement Sophia. La tête haute, l'air déterminé, on dirait Jeanne d'Arc dressée sur son destrier, prête à en découdre avec l'ennemi. Sauf qu'à l'origine de son destin peu banal, il n'y a ni moutons ni voix mais un meurtre terrible [1].

1. Rappelons que Sophia Rado a tué sans raison apparente l'une de ses amies avant de débiter son corps en morceaux.

Quand elle sortira, Sophia ne pourra plus vivre comme avant ! « On peut pas, dit-elle, trouver plus de misère qu'en prison ; dehors je serai obligée de donner mon temps à des gens qui resteront enfermés. D'un point de vue matériel, ajoute-t-elle, j'ai aussi évolué ; quand je pense qu'à l'extérieur, j'aurais jamais accepté de prendre mon jus de fruits sans ma centrifugeuse ! Avant, j'avais une vie de chien, maintenant, j'ai envie de vivre ! Avant, je passais à côté des choses simples qui sont l'essentiel de la vie ; j'aurais jamais pris le temps de regarder voltiger une feuille à ma fenêtre, d'écouter un oiseau. »

Savoir faire avec peu et s'en satisfaire, c'est aussi ce qu'a constaté Francine-la-résistante. « Depuis que je vais en perme, me dit-elle, je me rends compte que je me débrouille avec très peu de fric, que j'ai appris des choses, fait des études, que je me suis découverte en prison. Quand j'ai été incarcérée, je savais pas qui j'étais. C'est logique que pendant ce temps mort, on cherche en soi et puis l'épreuve fait se révéler la personnalité. J'ai plus de force qu'avant ; maintenant je me suis construite, j'ai appris à me connaître mieux, à savoir ce que je valais aussi en bien. » La psy et l'écriture ont aidé Francine, comme la découverte de la vidéo, son futur métier : « Ça donne un sens à la vie ! Et puis avant, je disais oui à tout le monde, je voulais pas décevoir les autres, je me préservais pas du tout, j'ai mûri et je connais mieux mes limites ; je m'occupe mieux de moi. »

Il ne faudrait pas croire cependant que ces détenus soient de fervents adeptes du système pénitentiaire. S'ils reconnaissent leur responsabilité par rapport au crime qui leur est reproché, ils n'en jugent pas pour autant les modalités de leur peine et sa durée pertinentes. En cela, leurs commentaires rejoignent celui d'un vétéran des prisons françaises qui observe : « Ce que j'ai enduré en prison, contrairement à d'autres, m'a plutôt bonifié que perverti ! Cela ne veut pas dire que je recommande la thérapie[1]. » Et le même de s'étonner : « Quand j'ai l'occasion de m'entretenir avec des hommes de mon âge qui ont eu, eux, l'expérience de la liberté, je

1. Bernard Madeleine, cité par les journalistes J. Expert et E. Laurentin, *in La Longue Peine,* Paris, Éd. Plume, 1989, p. 158.

me demande souvent les raisons pour lesquelles elle ne leur a pas plus apporté [1]. »

Si j'en crois mes interlocuteurs, ces bilans relativement positifs sont imputables à la façon dont ils ont su réagir face à l'adversité [2], bien plus qu'aux prestations offertes par la Pénitentiaire. Certes, ils ont pu tirer parti de l'épreuve traversée (comme ils l'auraient peut-être fait s'ils avaient dû vivre une guerre ou une maladie grave), certes, ils ont rebondi grâce à leurs ressources personnelles (culturelles notamment) et à divers soutiens extérieurs (proches ou autres), mais s'ils « ont fait avec » la prison, ils se situent plutôt du côté des « résistants ». Peut-être parce que le dynamisme et l'indépendance d'esprit qui leur ont permis de se reconstruire les ont fait régulièrement achopper contre les principes qui sous-tendent l'institution. « Y faut peut-être des prisons, me dira Francine non sans réticence, mais en tout cas [elle martèle ses mots] elles doivent être ra-di-ca-le-ment différentes. »

Ces cas où l'emprisonnement a joué un rôle quasi initiatique restent certes minoritaires, mais d'autres détenus ont évoqué eux aussi des changements positifs. « Je suis devenue plus indépendante », m'ont dit en général les femmes, « moins agressif, plus ouvert au dialogue, plus réfléchi », ont reconnu de leur côté quelques hommes.

« Je suis à 100 % plus sage », me lance Irénée-le-Réunionnais qui semblait avoir tout d'une tête brûlée avant son arrestation. « La prison m'a corrigé ; si j'étais dehors, divorcé, je serais déjà mort à cause de l'alcool, des médicaments, des bagarres ou alors j'aurais eu un accident. » Bref, Irénée doit indirectement sa vie à son crime ; s'il n'avait pas tué sa femme, c'est lui qui à l'heure qu'il est serait mort !

« Avant, j'aurais refusé de vous parler », c'est ce que m'ont laissé clairement entendre plusieurs détenus. « J'ai plus l'agressivité que j'avais, reconnaît ainsi Dodelet-le-mineur. J'ai compris que par rapport à la Pénitentiaire ça servait à rien ! » Et puis Dodelet, comme Dominique-le-Bordelais, pense que son visiteur de pri-

1. *Ibid.*

2. Il faut noter cependant que toutes les personnes qui m'ont tenu ces propos avaient fait — Debarge mis à part — moins de quinze ans de prison.

son l'a au fil des ans aidé à se civiliser. « Y a vingt ans, me dit encore André Simoni, l'ex-homme des bois, je me fichais de tout ! » Et parmi les choses dont Simoni se fichait, il y avait la vie humaine.

En écoutant mes interlocuteurs j'ai vu ainsi se dessiner, suivant les changements qu'ils évoquaient, leur portrait d'avant l'incarcération. Hommes révoltés, vivant au jour le jour, ils ne se sentaient ni respectés par les autres, ni respectueux d'autrui et pouvaient facilement basculer dans le crime, rien n'ayant vraiment d'importance pour eux.

« La vie a changé de sens pour moi, me dit Jacques Pelletier ; avant j'en avais rien à foutre, je pensais qu'à gagner et gagner du fric. » A propos de « fric », justement, hommes et femmes se disent moins matérialistes et moins flambeurs. « Dehors, me dit Tacier-le-benjamin qui était un peu le prototype du noceur, les seules choses qui m'intéressaient, c'étaient l'argent, le sexe, la fête et la drogue. Ici je vois ce qu'est la misère, je m'intéresse plus à la politique, je crois que je gaspillerai plus. » Et Tacier d'ajouter, d'un air visiblement satisfait : « Mon père m'a dit : “T'es devenu un homme.” » Ainsi, comme toutes les personnes qui ont traversé une lourde épreuve (deuil, exil...), les détenus réévaluent-ils à la baisse ou à la hausse leurs valeurs personnelles. Dans un lieu où l'on ne peut se livrer à des consommations effrénées, où beaucoup ont des moyens très limités, où l'on ne contrôle que partiellement ses possessions, les objets prennent souvent moins d'importance alors que les relations humaines (notamment avec les proches restés fidèles) sont revalorisées. « On est plus soudés avec mes filles », dit l'un, « j'ai appris l'amour que j'avais pour mes parents », dit l'autre, et cet autre encore : « Je me suis rapproché de l'Homme en prenant conscience de la futilité des choses. »

Et puis ils sont quelque-uns à souligner que, nécessité fait loi, ils sont devenus plus patients : « Avant, me dit Yolande-la-sexagénaire, j'explosais, je prenais la voiture et je roulais vite, maintenant je me dis que j'ai pas à m'en faire : je suis dans une gare et j'attends un train qui arrivera. » Patience dont il est peut-être plus facile de faire preuve quand on a mis sa vie en veilleuse. Yolande ne m'a-t-elle pas dit précédemment que ces douze ans de détention avaient été « douze ans d'assoupissement » ?

Ce dernier exemple montre bien que ces changements *a priori* bénéfiques ne sont souvent que le côté face d'une médaille qui a son revers. Revers parfois si noir qu'il arrive qu'on ne voie plus que lui. Que retient-on en effet de la plupart des témoignages consacrés à la prison durant ces dernières décennies ? Qu'elle est un lieu d'asservissement, une institution qui fait mal et que le mal pervertit ou démolit plus souvent qu'il ne fait accéder à un niveau de sagesse supérieure. Pour spectaculaires qu'elles soient, les améliorations, résurrections ou conversions décrites par tel visiteur, tel ex-détenu[1] ou aumônier paraissent bien plus souvent l'exception que la règle. Ainsi, que lit-on en quatrième de couverture du livre de Simone Buffard, *Le Froid pénitentiaire* — à mon sens l'un des meilleurs ouvrages jamais consacrés aux répercussions de la prison sur les détenus ? Un réquisitoire implacable[2]. Pour l'auteur, l'institution pénitentiaire est une structure sadique qui suscite la régression et la rétraction de l'individu cantonné dans un espace restreint, dénué d'intimité. Elle ne peut ni resocialiser les délinquants — alors qu'elle les contraint à vivre selon les valeurs les plus caricaturales — ni les rééduquer puisqu'elle les pousse au conformisme et à la servilité. Bref, c'est la volée de bois vert !

Mais, serait-on tenté d'objecter, le propos n'est-il pas forcément biaisé puisqu'une thérapeute n'est — profession oblige — confrontée qu'à des dysfonctionnements ? Rien d'étonnant alors à ce qu'elle ne voie que le noir. Et puis n'a-t-elle pas tendance à sous-estimer les capacités de résistance des reclus ? Peut-être... Toujours est-il que, comme les réquisitoires de l'avocat général le jour des assises, son livre donne le *la* et montre qu'il y a vraisemblablement plus de raisons de critiquer l'institution que de la féliciter pour les répercussions positives qu'elle aura eues sur tel ou tel détenu. Surtout quand il s'agit de condamnés à de très longues peines. Or ce sont eux et « les moins forts », *dixit* Simone Buffard, que guette plus particulièrement le carcéralisme, ainsi dépeint par l'auteure : « désinvestissement du corps, vieillissement précoce, conversions

1. Voir notamment le livre de D. Hueges, *A quoi sert de maudire la nuit,* Paris, Presses de la Renaissance, 1998, où l'auteure relate la conversion qu'elle a vécue en prison.

2. Fondé sur quinze années de pratique comme psychothérapeute en milieu carcéral.

somatiques, troubles de la sexualité, baisse du niveau psychomoteur, et tout ce qui va avec : baisse du rendement intellectuel, indifférence affective ou trop vive excitabilité ». « L'homme enchaîné, conclut-elle, qui lui apprendra à être libre ? L'homme châtié physiquement, qui lui donnera le respect de son corps propre et du corps de l'autre [1] ? »

Assise à mon bureau, je feuillette *Libération*. Soudain, mon attention est attirée par un gros titre : CIPRIANI, LA FOLIE ENTRE QUATRE MURS. Juste en dessous, une photo : un beau visage d'homme souriant, style Latino. Sexy.

Mais la suite de l'article contraste singulièrement avec ce cliché romantique. Cipriani est un ancien militant d'Action directe [2], quatre fois condamné à perpétuité. Détenu depuis douze ans, il a sombré dans la folie. Des surveillants qui ont suivi son évolution le décrivent. Avant, Cipriani était un mec fier et propre. Maintenant il est dans un état lamentable. Il ne parle plus à personne, il erre, les cheveux et la barbe longs, sale ; il a des problèmes d'incontinence. Sa cellule est aussi nauséabonde que lui. Tellement infecte que personne n'y entre. « Il n'a rien à faire en prison », conclut le représentant de la CGT pénitentiaire.

Mais si, du fait de sa notoriété, l'état de Cipriani est évoqué dans la presse, son cas n'est malheureusement pas exceptionnel. Comme me le disait un jour un gradé, en veine d'humour noir : « Y a des gars, quand ils rentrent ici, c'est Edmond Dantès, et quinze ans plus tard, c'est l'abbé Faria ou Zombie. »

Certes le carcéralisme [3] représente le pôle le plus sombre vers lequel peut évoluer un condamné ; à l'opposé l'on trouvera des cas de « bonification » comme celui de Sophia Rado ou de Blot-le-toubib, la plupart des détenus se situant sans doute entre les deux

1. *Le Froid pénitentiaire, op. cit.*, p. 53.

2. « Le cas des militants d'Action directe est quand même bien particulier, me précise un de leurs proches, ils ont eu des détentions vraiment dures, surtout avant le procès, ils ont connu l'isolement total, les grèves de la faim. Y a vraiment de quoi devenir fou ! »

3. Pour ma part, je n'ai pas interviewé de personnes souffrant de carcéralisme prononcé, mais il est clair aussi qu'une personne atteinte par ce type de pathologie n'aurait même pas ressenti le désir de me rencontrer.

extrêmes. Quoique... Si l'on se rappelle que le nombre des malades mentaux condamnés à de longues peines ne cesse d'augmenter parallèlement à la durée des détentions, on peut penser que les cas de détérioration psychique grave[1] risquent de se multiplier *intra-muros* dans les années à venir.

« Emmuré vivant »
Statue créée par des détenus « longues peines » de la maison centrale de Lannemezan.
« Le temps qui passe,
Le corps qui vieillit,
L'esprit qui s'atrophie.
Le "longue peine" s'éteint doucement.»

En tout cas, côté passifs, les commentaires ont abondé ! Et ce sont souvent les personnes devenues « réfléchies » ou « patientes » en détention qui ont le plus insisté sur les humiliations « avalées ». Humiliations qui agiront peut-être comme autant de bombes à retardement. Un exemple ? Tacier. Lui que la prison a rendu « plus attentif à la misère, plus sensible à l'amour des [siens] » s'estime également « bétonné à force d'encaisser », plus « averti qu'avant des techniques du banditisme » et il me lancera un : « Y'a pas grand-chose qui me donnerait des regrets maintenant ! » qui me laissera rêveuse. Autre exemple : Leduc-le-Nantais. Celui-ci a beau investir autant que faire se peut le créneau « relations extérieures », il n'empêche, les effets de la prison lui font peur. Il évoque certaines de ses réactions qu'il juge *a posteriori* infantiles, sa dépendance d'autrui, son irritabilité, sa difficulté à avoir des conversations soutenues : « Le problème, me dit-il, c'est qu'au bout d'un certain nombre d'années, en taule, on a plus rien à se

1. Avec les incidences physiques subséquentes.

dire, alors on régresse ! » Quant à Francine-la-résistante qui s'est « trouvée » pendant ses dix années de détention, elle me dira lors de notre dernier entretien : « La prison favorise plein de carences ; y a très peu de communication réelle et des clans qui vivent dans la méfiance. » Manipulatrice et infantilisante, l'institution rendrait dissimulé et vicieux. « Pour éviter le mitard, ajoute-t-elle, on agit toujours par des chemins détournés. » A ces propos désenchantés qui résument les traits négatifs les plus souvent cités par mes interlocuteurs, on pourrait encore ajouter en vrac des : « je suis devenue bête et disciplinée », « je me trouve plus distant, plus indifférent » et un « maintenant je suis plus méchant, plus sec », émis par Pereira-le-DPS avec un de ces grands rires tendus dont il est coutumier.

Et puis dans la colonne des passifs, il y a les pertes plus physiologiques sur lesquelles les détenus ne tiennent visiblement pas à s'étendre : dégradation de la vue (due au champ de vision limité et aux éclairages souvent défectueux) et de l'odorat. N'y aurait-il rien à sentir en prison ? Il semble plutôt que beaucoup ne peuvent la sentir : « Les odeurs ici, me dira Tacier, elles sont limite. » Et de m'expliquer qu'il marche « à l'économie », qu'il a « mis [son] odorat et [son] ouïe au ralenti pour pas [se] laisser détruire par la taule ».

Plusieurs personnes m'ont dit aussi avoir perdu la mémoire. Uniformité du temps carcéral ? Manque de pratique intellectuelle ? Sans doute faudrait-il ajouter à ces facteurs les effets des tranquillisants. Jacqueline Triève, qui en consomme depuis dix-sept ans, n'arrive plus, alors qu'elle n'a que trente-huit ans, à se souvenir du nom du village dont elle est originaire. Et pourtant elle prend depuis un an « un médicament pour la tête ». Elle s'interrompt d'ailleurs fréquemment pour retrouver un détail que sa mémoire défaillante lui refuse : « Ça devient grave, me dit-elle, je me rappelle plus ce que je faisais comme travail à l'atelier ; est-ce que c'était des boutonnières pour des tabliers ? » Non ! Jacqueline n'arrive pas à s'en souvenir ! Son oubli n'est-il pas dû au fait que ce travail répétitif ne lui plaisait pas ? N'oublierait-on pas plus en prison faute de moments heureux à retenir ? Et puis ceux qui se plaignent d'oublier évoquent parfois le manque d'échanges qui les aideraient à fixer leurs souvenirs. Ainsi Yolande-la-sexagénaire m'a-t-elle lancé un jour d'un ton triomphant : « J'ai remarqué que je faisais des progrès depuis qu'on se voit ; avant, en cellule, j'étais tout le temps en train de chercher mes affaires ; maintenant je me rappelle où je les ai mises. » Est-ce faute d'interlocuteurs qu'André Simoni ne « fixe » pas ce qu'il voit à la télé et que Jacqueline Triève, qui m'évoque avec fierté le « papier » qu'elle a reçu après avoir fait une formation, le premier qu'elle a eu dans sa vie, est cependant incapable de me dire « ce que dit ce papier » ?

L'analyse de Blot-le-toubib éclaire ces pertes de mémoire dont il est l'observateur quotidien : « Le temps déjà accompli, écrit-il, aussi rempli qu'il ait pu l'être par des activités menées en détention, paraît inconsistant, comme “effacé” de la vie, parce que, là encore, les repères chronologiques sont réduits considérablement (ne serait-ce que par l'unité de lieu ou la limitation de l'espace), peut-être aussi parce que c'est un temps dont on n'a pas trop envie de garder la mémoire, contrairement à ce qui pourrait être un temps heureux et riche. »

Simoni, lui, ne se plaint pas de sa mémoire mais il se trompe souvent : « Je suis resté huit mois à Saint-Maur », me dit-il par exemple, avant de rectifier, « non ! huit ans ! ». Et ultérieurement, il vérifiera aussi auprès de moi que nous sommes bien en 1996. Ces erreurs bénignes témoignent du caractère relatif et discutable de certaines auto-évaluations. Les colonnes « actifs » et « passifs » du bilan de la détention sont forcément lacunaires. D'une part la situation d'entretien pousse à sauver la face et d'autre part, pour important que soit l'avis des intéressés, ceux-ci ne sont pas les mieux placés pour se juger en toute objectivité. Enfin il est clair aussi que la durabilité des changements observés n'est pas acquise. S'ils sont confrontés à leur sortie à des tracasseries diverses, que restera-t-il de la « patience », de la « réflexion », de l'« ouverture à autrui » éventuellement manifestées en détention ? Induites par un contexte en partie artificiel, certaines attitudes peuvent évoluer rapidement une fois le détenu remis en contact avec le monde libre [1].

1. Ayant suivi, pour ma thèse de doctorat, *op. cit.*, cent sortants de prison, j'ai pu constater à maintes reprises l'hypersensibilité de nombre de mes interlocuteurs, leur difficulté à supporter l'échec, leur seuil de tolérance très faible à la frustration. Par ailleurs, j'ai souvent été frappée par leur gestuelle étriquée — consécutive à un long confinement ? —, voire par leur rigidité corporelle. Bien sûr, rien n'indique que ces caractéristiques aient été engendrées par la détention, mais tout me laisse penser qu'elle les a sérieusement confortées.

Enfin, quand Paco Perez me dit que l'amitié et l'amour sont devenus des références importantes pour lui et qu'il ajoute : « Je ne sais si c'est dû à l'âge ou à la prison », il pose une question fort pertinente à laquelle il est bien difficile de répondre. Perez est-il devenu plus sage parce qu'il a vieilli ou qu'il a été privé de sa liberté ? Cette interrogation est d'ailleurs symptomatique d'une difficulté plus générale : qu'il s'agisse de Perez ou d'autres détenus, comment déterminer avec certitude les « bénéfices » imputables à l'institution *pénitentiaire* ? D'autres contextes — des plus banals aux plus extrêmes (séjour sur un îlot ou dans un ermitage, longue expédition « survie » ou voyage au long cours, etc.) — n'auraient-ils pas suscité des changements analogues ? Et à supposer que Perez ait évolué positivement « grâce à la prison », peut-on évaluer exactement le nombre d'années de détention qui lui auront été « utiles » ? Et celles qui ne le seront pas, pendant lesquelles, *dixit* le docteur K., « l'impression d'être dépossédé de sa vie » se substituera au sentiment de progrès ? Enfin, qui pourra dire les blessures intimes que la détention aura laissées au reclus ? Parfois indélébiles [1].

Lettre d'un détenu.
« Qui suis-je ?
Que suis-je devenu ? »

1. Je pense ici notamment aux confidences que m'a faites X., violé en prison, qui disait se sentir « capable jusqu'à [sa] mort du meilleur comme du pire ».

AMÉNAGEMENTS DE PEINE : ESPOIRS DE SORTIE ET RETOUR SUR LE CRIME

« Les conditionnelles étaient quasi inexistantes du temps d'Albin Chalandon, et la frustration des détenus reste la principale explication des mutineries qui ont éclaté dans les centrales sous son ministère[1]. »

« Un perpète a fait une demande de certificat médical au moment de la demande de commutation, me raconte la généraliste de S. ; depuis douze ans il prenait des fluidifiants pour des problèmes cardiaques. Il était dépendant des comprimés prescrits alors comme si le risque était toujours là. Quand il y a eu l'espoir de la commutation, il a arrêté de prendre ce médicament. Là le temps devenait différent. Alors que, la première fois qu'il est venu à la consultation, quand on lui a dit : "On peut envisager l'arrêt de ce médicament", il l'avait mal perçu. »

Le parcours du combattant

La plupart des perpètes commencent en effet à penser qu'ils entrent dans une autre temporalité quand ils sont « dans les temps » pour demander leur commutation. C'est souvent la première étape d'un parcours du combattant qui voit se succéder les procédures — pour obtenir la suppression de la période de sûreté, la première permission, la libération conditionnelle... Phase différente donc parce qu'on entrevoit la fin du tunnel et que la commutation va

1. J. Expert et E. Laurentin, *La longue peine, op. cit.*, p. 166.

permettre de passer d'une « perpétuité » aux contours imprécis à une peine à « temps » : vingt ans de réclusion à compter, en général, de la date du décret de commutation. Pourtant, malgré la charge symbolique de cette transformation, la durée de la peine que l'intéressé aura encore à purger reste floue. « Avant, me dit un surveillant, les détenus sortaient en général en conditionnelle cinq ans après leur commutation ; mais maintenant, ça s'est durci. Certains vont attendre indéfiniment. » Ou ne sortiront jamais, s'ils sont toujours considérés comme dangereux, comme me le laissent entendre quelques-uns de mes interlocuteurs institutionnels.

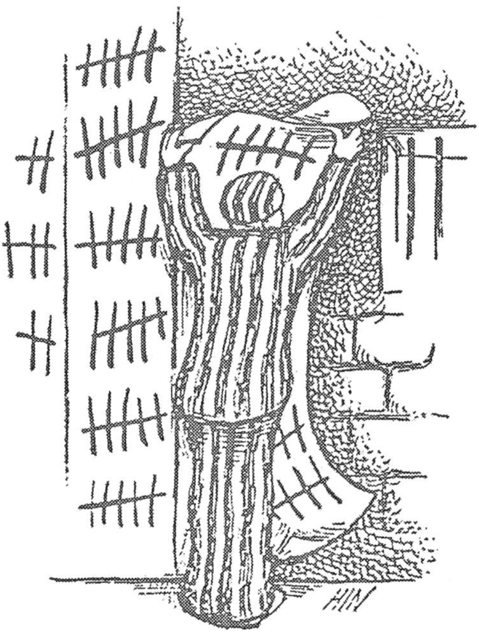

« La commutation peut intervenir à n'importe quel moment de la peine, m'explique une travailleuse sociale ; on peut fixer des dates de commutation en principe à la date d'écrou, mais dans la pratique, y a pas de commutation avant dix ans. J'ai même vu des perpètes aller en conditionnelle sans avoir été commués. On peut faire sa demande tous les ans, poursuit mon interlocutrice ; les détenus peuvent présenter leur dossier seuls mais ils n'ont aucune chance que ça aboutisse s'ils ne sont pas proposés par l'établissement. » « Les commutations n'obéissent à aucune règle, renchérit la JAP de C. Il s'agit d'une *grâce* présidentielle qui est décidée en fonction du profil du détenu. Ceux qui obtiennent des commutations[1], reconnaît mon interlocutrice, ne méritaient peut-être pas d'être condamnés à perpétuité. Ils ont en général entre douze et quinze ans de détention derrière eux [chiffres inférieurs à ceux que j'ai observés lors de mon enquête] et, selon les expertises, ils ne sont plus considérés comme dangereux. »

Plus que les nouvelles expertises psychiatriques demandées par le (la) JAP pour évaluer l'évolution psychique et sexuelle du détenu après *x* années de prison, les expertises initiales faites avant les assises resteraient, m'a-t-on dit, prépondérantes. Même si elles ont été faites, *dixit* le docteur P., ex-expert-psychiatre, dans des conditions qui les rendent beaucoup moins fiables que celles qui seront réalisées ultérieurement dans une perspective d'aménagement de peine.

Phase de projection vers le futur et la liberté, cette temporalité dans laquelle entre le détenu est aussi une période d'attente qui rappelle celle qui a précédé les assises : attente de la rencontre avec les experts, de leurs comptes rendus, éventuellement des contre-expertises (« j'en demande systématiquement, me dit la JAP de C., quand les expertises sont défavorables »), puis de la réponse de la Chancellerie.

Enfin l'heure de la commutation, comme celle de la libération conditionnelle, est l'heure des bilans. « Celui qui a juste survécu, m'avait dit le directeur de S., à ce moment-là il va le payer. » Propos dont je vérifierai la pertinence lors de mes entretiens. Dodelet-le-mineur comme André Simoni ont obtenu leur commutation tardivement (respectivement au bout de vingt et dix-sept ans et demi d'emprisonnement), Jacqueline Triève (dix-sept ans de détention), elle, l'attend toujours, alors que deux détenus plutôt actifs, Fatima Bella et Jacques Pelletier, ont été commués au bout de seize et quinze ans et demi.

Rien d'étonnant à cela ! Mis à part les cas de détenus délirants,

1. Ces propos m'ont été tenus en 1996. A la date où je relis ces lignes, juin 2000, les commutations sont en voie de disparition. Une seule commutation a été accordée en tout et pour tout par la Présidence depuis 1995.

de criminels très médiatisés et notamment de délinquants sexuels qui ont violé et tué, quand sont envisagés les aménagements de peine, ce sont les détenus les plus frustes — ayant « juste survécu » — qui essuient le plus de refus.

Je n'ai pas été surprise non plus d'entendre deux « végétatifs », Simoni et Dodelet, me dire qu'ils n'avaient même pas demandé leur commutation. Peur de l'échec — de l'aveu même de Dodelet —, vieille habitude de voir « le pouvoir » décider à sa place et de s'en remettre aux services sociaux ? malaise de gens peu instruits face aux démarches administratives ? Attitude courante en tout cas dans les couches les plus dominées de la population *intra-* et *extra-muros*.

Regards sur le crime avant la sortie

Si la dernière étape n'est pas qu'un espoir tendu vers l'avenir, c'est aussi que les expertises obligent le condamné à revenir sur son crime. Ce qui n'est pas du goût de tout le monde ! « Pendant des années, c'était moi qui supportais mon affaire, me dit André Simoni, je me sentais plus libre car on m'en parlait pas. Au bout de treize ans et demi, j'ai dû en causer aux experts. Je suis obligé de les subir ! » soupire-t-il avant de s'écrier : « C'est du vice de m'en parler maintenant ! » Simoni se retrouve ainsi dans la situation de quelqu'un qui aurait à exhumer ce qu'il a mis des années à enfouir au fond de lui-même. Ce qu'il juge d'autant plus insupportable qu'« après tout ce temps passé à payer », il lui paraîtrait légitime qu'on lui fiche la paix. Son affaire, Simoni l'évoquera pourtant au cours de nos entretiens, ne me disant bien sûr que ce qu'il veut bien m'en dire, alors que l'expert, lui, a sans doute posé des questions « délicates ». Et puis avec moi, Simoni n'a pas à craindre de répercussions sur son cursus carcéral ; c'est sans doute pour cette raison qu'il se sentirait « plus libre d'en parler dehors ». En prison, ne craint-on pas toujours l'effet boomerang d'une éventuelle confidence ?

Face à l'expertise, Jacqueline Trième a réagi comme Simoni, mais le désir d'obtenir sa commutation (refusée une première fois) l'a poussée à consulter un psychologue (à raison d'une séance par mois). « On aurait dû m'aider plus tôt à comprendre, à me délivrer de mon mal », se plaint-elle. Certes, me dis-je, l'encadrement psychiatrique était et reste insuffisant à Rennes, mais Jacqueline aurait-elle entrepris cette démarche sans ce refus ? Rien n'est moins sûr. Ces propos n'ont cependant pas manqué de m'interpeller. Voilà, me dis-je, une personne qui vient de passer la moitié de sa vie derrière les barreaux, qui va être libérée dans quelques années et qui n'a toujours pas élucidé la genèse de son crime ! Mais ce cas n'a rien d'exceptionnel, d'autres entretiens me le confirmeront.

A qui la « faute » ? Doit-on l'imputer aux intéressés ? à l'absence d'interlocuteurs *ad hoc* ? ou au contexte carcéral — la règle non écrite voulant qu'on occulte *intra-muros* l'identité antérieure des détenus ? « En détention, maugrée l'aumônier de C., on est censé ne pas s'occuper du passé criminel des gens ; on fait comme s'il était réglé alors que ce n'est souvent pas le cas ! Or les gars ne s'en sortiront que s'ils ont fait toute la lumière là-dessus. » « Je veux pas savoir ce que le gars a fait », disent en effet les surveillants. Et pourtant... Pèse en fait sur le passé des prisonniers le même non-dit que sur leur sexualité. On veut — ou dit — l'ignorer mais en pratique, il (et elle) affleure et questionne toujours[1].

De toute façon, l'attitude des intéressés par rapport à leur crime est souvent complexe. Si certains se sentent forcés par leurs souffrances de comprendre les tenants et les aboutissants de leur acte, d'autres essaient d'enfouir cet épisode gênant, trop douloureux[2] et destructurant. Enfin une partie non négligeable d'entre eux m'a paru osciller entre ces deux attitudes : un temps, on se remet en question, un temps, on hiberne.

Yolande-la-sexagénaire fait partie de celles qui ont essayé de comprendre et pensent y être parvenues. « J'étais dans un gouffre dont je ne pouvais sortir, me dit-elle, alors j'ai dû regarder la souffrance et arrêter la fiole. » Cette souffrance ne date pas de l'assassinat de sa fille. Non ! elle l'habitait depuis longtemps ! Sauf

1. Sans compter que « le délit » est utilisé ici ou là pour « se faire » un détenu (cas d'un « mauvais délit ») ou le manipuler.

2. « Si l'on entreprenait une étude sur le deuil des assassins, écrit S. Buffard, on trouverait chez eux aussi un travail de deuil, d'autant plus profond qu'ils ont eu des liens plus étroits avec leur victime ou qu'elle représentait pour eux l'image d'un ennemi plus secret » (*Le Froid pénitentiaire, op. cit.*, p. 102).

qu'avant, Yolande vivait aussi des moments de bonheur qui « engloutissaient [son] mal-être » et lui faisaient tout « avaler ».

Est-ce lié à la nature de leur acte (meurtre d'un proche) ? aux difficultés moindres que manifestent généralement les femmes à verbaliser leurs émotions et à pratiquer l'introspection ? En tout cas, les détenues de Rennes m'ont paru plus désireuses de comprendre le pourquoi de leur geste que certains de leurs homologues masculins. « Je veux comprendre, je veux pas. » C'est chez les hommes que j'ai rencontré le plus d'exemples d'une ambivalence qu'illustrent Dodelet-le-mineur et Irénée-le-Réunionnais. Alcooliques tous les deux, ils étaient ivres quand ils ont tué l'un sa femme, l'autre son nourrisson. « J'y pense tous les jours, soupire Irénée, je sais que mes enfants m'en veulent ; je regrette mais j'ai pas compris *l'accident.* » Au bout de neuf ans de détention, Irénée demande l'abrogation de la période de sûreté qui assortit sa perpétuité. Refusée. « Il faut faire quelque chose pour l'alcool ! », lui dit-on. Irénée rejoint alors sans enthousiasme un groupe d'Alcooliques anonymes. Le quitte rapidement (« c'étaient toujours les mêmes personnes ; on tournait en rond ! »). Voit ensuite un psychiatre. Le quitte après quelques séances (« y parlait presque pas ! »). Mais, me dis-je, en écoutant Irénée, veut-il vraiment comprendre les raisons de son acte et affronter l'épreuve que représente la connaissance de soi ? Car il insiste beaucoup sur le temps que lui prennent son travail et son hobby, la menuiserie. « On s'enferme, dit-il, dans le boulot, *ça permet de pas penser.* »

Le récit que me fait Dodelet-le-mineur diverge peu de celui d'Irénée. Dodelet évoque successivement son désir de comprendre, l'aide qu'il a cherchée (« pour approcher la réponse, faut un dialogue assez serré avec quelqu'un ») avant de s'écrier d'un air irrité : « Vous croyez qu'en prison, on a le temps de penser à son passé ? Le soir, quand je suis dans ma cellule, je peux réfléchir sur certains points, *si y a pas de films à la télé* ! » Et Dodelet qui m'a pourtant dit plusieurs fois « [s]'être emmerdé, mais emmerdé en prison ! » de poursuivre en m'énumérant avec force détails toutes les activités qui l'empêchent de penser à « ce truc-là ».

Si l'on veut réfléchir à « ce truc-là », il n'est pas facile en tout cas de se trouver des interlocuteurs *ad hoc.*

« Après le crime, se souvient Jacques Pelletier, j'ai dit à mon copain : “On est cinglés, on vient de tuer un homme.” Je me suis demandé pendant deux heures pourquoi j’avais fait ça et j’ai pas dormi de la nuit. J’avais tué une personne âgée et pourtant, au village, je rendais service aux vieux.

— Et en prison, est-ce que vous avez pu y voir plus clair ?

— Les autres gars, ils aiment pas qu’on parle de notre délit, ils veulent pas qu’on leur prenne la tête. J’en ai parlé à l’aumônier de T., en maison d’arrêt, je lui en ai parlé un jour, deux jours ; on allait jamais au fond des choses. Y m’a dit : “Y faut tourner la page, évoluer vers autre chose, mûrir et se faire une raison.”

— Vous n’avez pas trouvé d’autres interlocuteurs ?

— J’ai voulu en parler à l’assistante sociale, elle m’a dit que c’était pas son boulot ; ce qui fait que j’ai laissé ça de côté après un moment quand j’étais prévenu.

— Et vous n’avez pas pensé à voir le psychologue ou un psychiatre ?

— Non, j’ai jamais été tenté par *ce genre de choses*. De toute façon, est-ce qu’on se fabriquerait pas des *raisons* ? »

Jacques n’explicitera pas plus ce qu’il reproche à « ce genre de choses » mais je note au passage qu’il craint face à « un psy » de « se fabriquer des [mauvaises] raisons ». Est-ce parce que, avec un tel interlocuteur, il lui faudrait sauver la face, se défendre ? Plutôt qu’une aide, « le psy » incarnerait-il à ses yeux une menace potentielle ?

Avec sa famille, Jacques n’a pas eu plus de succès. Ses appels sont restés sans réponse : « Ma mère a dit : “Y faut oublier ! y faut tourner la page ! C’est du passé ; y faut le laisser au passé !” Quant à mon père, y supporte pas qu’on aborde ce sujet et ma copine, c’est moi qui veux pas qu’on en cause, je sais pas pourquoi. Finalement, conclut Jacques, j’ai arrêté d’en parler une fois condamné ; la sanction était là et ça faisait déjà plus d’un an que c’était passé. » Qu’il ait arrêté d’en parler n’est d’ailleurs pas tout à fait vrai, puisque Jacques a plusieurs fois abordé ce sujet avec moi et qu’il ne peut s’empêcher de l’évoquer avec sa visiteuse. « La réponse, fait-il observer, mi-sérieux, mi-badin, je la trouverai sans doute quand j’aurai rejoint le cosmos. Mais ça restera toujours moche, surtout que j’avais pas besoin d’argent ; j’avais pas le droit de faire ça ! »

Jacques va donc sortir sans avoir vraiment compris ce qui l’avait agi le jour du meurtre. Son récit — et il n'est pas le seul — m'a donné une impression de gâchis. Jeune détenu, Jacques allait demandant : « Aidez-moi à comprendre ce que j'ai fait ! » et soit il ne trouvait pas d'interlocuteur, soit on lui disait, de ce qui était toujours pour lui le présent : « N'y pense plus, c'est du passé ! » Mais point n'est besoin d'être psychanalyste pour savoir qu'un passé traumatique qui n'a pas été compris et qu'on doit refouler s'obstinera à frapper aux portes du présent. Et qu'on peut s'attendre à de nouvelles explosions de violence de la part de quelqu'un qui n'a pas élucidé les mobiles de son acte. Le témoignage de Jacques montre aussi que c'est en maison d'arrêt que la demande d'écoute au sujet du crime est la plus brûlante, d'autant plus qu'il est alors évoqué régulièrement par le juge d'instruction, les experts ou l'avocat... Avec les assises, c'est une page qui se tourne : une fois jugés, les faits relèvent du passé et le traumatisme de la sanction va souvent occuper le devant de la scène psychique, rejetant le crime en arrière-plan.

On voit aussi pourquoi la quête de Jacques est infructueuse ; soit ceux qu'il sollicite se sentent démunis (ou mal à l'aise) face à la terrible question qu'il leur pose : « Pourquoi j'ai tué ? », soit lui-même ne s'adresse pas aux personnes *a priori* les plus adéquates, à savoir « les psys ». S'agissant de ces derniers, il faut néanmoins rappeler qu'ils ont longtemps été quasi absents ou sous-représentés en détention (or Jacques a été incarcéré il y a dix-huit ans). Et qu'à l'heure actuelle, ils sont toujours insuffisamment présents, notamment en établissement pour peine. Malgré l'importance des problèmes mentaux qui touchent la population carcérale[1].

Cela dit, bon nombre de détenus ne tiennent pas non plus à consulter pour des raisons qui sont souvent liées à leur socialisation : ils viennent de milieux où aller chez un « psy » ne se fait pas ; c'est signe de folie et de faiblesse, ou cela signe un « mauvais délit ». « D'entendre un surveillant crier : "Leduc, psy !" dans la cour, ça donne pas envie d'y aller », me dit le Nantais, en faisant la grimace[2]. Il aurait l'air de quoi, en effet, auprès de ses copains

1. Dans le rapport Pradier, *op. cit.*, l'auteur souligne la « pénurie dramatique de personnel médical spécialisé en psychiatrie dans les établissements pénitentiaires ». Par ailleurs les SMPR sont quasiment absents des établissements pour peine.

2. Le même Leduc m'avait par contre fait remarquer qu'il avait repris le chemin de l'école *malgré les railleries de ses codétenus.*

du milieu ? D'un dégonflé, d'un pointeur ou d'une gonzesse ! Si Leduc ne me le dit pas, d'autres le feront, me rappelant du même coup combien il est important en prison de tenir son rang auprès de son groupe de référence et de récuser les conduites inadéquates. A moins que l'intensité des problèmes psychosomatiques ne pousse à passer outre les commentaires des copains — comme le fit Artigo-le-Marseillais à sa sortie de QHS.

Et puis les réticences à l'égard des « psys » doivent beaucoup aux contacts désagréables que les détenus ont eus avec les experts... D'ailleurs, peut-on seulement leur faire confiance à ces « psys » des prisons [1] ? « J'ai demandé, me dit ainsi Lalonde, l'ex-psychiatre, à voir un analyste en maison d'arrêt ; on m'a répondu que c'était pas possible. Avec les psychiatres, je ne suis pas sûr que certaines choses ne soient pas répétées à la Pénitentiaire. Du coup, j'ai bétonné mon angoisse moi-même comme j'ai pu... » Lalonde reste un moment silencieux avant d'ajouter : « De toute façon, je ne suis pas sûr que ça m'aiderait de comprendre pourquoi j'ai tué ma fille. D'ailleurs maintenant l'acte traumatisant est plus à distance. » Les « psys » sont donc perçus par beaucoup de détenus comme des gens qu'on est obligé de subir avant le procès, pour la commutation, voire pour le PEP [2], mais dont on se méfie et qu'on n'ira pas voir spontanément. Rien d'étonnant alors à ce qu'une dizaine de personnes seulement — sur les vingt-sept que j'ai rencontrées — m'aient dit en avoir consulté un. De fait, celles qui en voyaient de façon suivie étaient détentrices d'un certain capital culturel.

« Il y a l'obstacle du langage, me dit Blot-le-toubib ; les perpètes ne parlent pas, ils se replient sur eux-mêmes, ils sont bloqués. » Pourtant à C., à une exception près, tous mes interlocuteurs se montrent prolixes avec moi ! « C'est, me rétorque Blot, que le psy-

1. D'autant plus que l'émancipation de la médecine en milieu carcéral est récente (1994) et que l'image des praticiens reste associée aux yeux des anciens à des pratiques — en principe — révolues.

2. Des psychologues censés réfléchir avec le détenu sur son projet d'exécution de peine travaillent depuis peu dans certains établissements pour peine. Les commentaires que j'entends à leur sujet sont toujours ironiques. « C'est des jeunes, naïves, qui sortent direct de la fac, connaissent mal le terrain. » « Y a une mauvaise coordination entre les psys PEP et les psys-psys. La psy PEP m'a dit : “Tel problème c'est à moi que vous devez le dire, pas au psychiatre, etc.” »

chologue de la maison fait pour eux partie du système. Pas vous ! donc ils peuvent vous parler ! Et puis, soupire Blot, le problème avec les psys, c'est qu'ils ne sont pas bavards ; pour aller les voir, il faut être capable de sortir quelque chose de soi, d'établir un contact ; tous ne peuvent franchir ce pas. » A moins de n'attendre du psychiatre de l'établissement qu'un soulagement médicamenteux. On économise ainsi une denrée rare : la vacation « psy », et on perpétuera une vieille tradition carcérale : pendant longtemps, faute de praticiens qualifiés, on a utilisé « la fiole » bien plus que l'écoute en prison, rendant ainsi plus silencieux les cris de l'âme[1].

Blot-le-toubib est au demeurant l'unique personne que j'ai rencontrée dans cette enquête à consulter un analyste (plusieurs séances payantes par semaine). Les psychanalystes (non psychiatres) sont en effet rarissimes en détention et leurs clients aussi. Que l'origine socio-professionnelle de Blot explique ce choix ne fait pas l'ombre d'un doute : « Je n'aurais pas été voir un psychiatre, me dit-il, soudain véhément, j'ai été très échaudé par les experts, mais les analystes, j'en avais auparavant dans mon service à l'hôpital ; je sais qu'ils sont hors du système pénitentiaire. » J'évoque les travailleurs sociaux. « Les détenus n'arrivent pas à les percevoir comme pouvant les écouter, me rétorque Blot ; on fait appel à eux pour régler des problèmes ponctuels, mais on reste toujours à la surface des choses. C'est clair, les gars manquent d'interlocuteurs, d'autant plus qu'ils ont des problèmes de lecture et d'écriture ; c'est un handicap sérieux pour communiquer. »

Marc Marcus fait *a priori* partie de ces gens bloqués auxquels Blot fait allusion. Alors que j'évoque avec moult précautions la question de sa peine : une autre sentence lui aurait-elle paru plus adaptée à son « acte » (viol et meurtre d'une enfant) ? il me répond, impavide : « Il faut *les* soigner. » Le « les » me fait sursauter ; Marc se réfugie-t-il dans une réponse stéréotypée (« il faut soigner les pédophiles », disent les médias) ou adhère-t-il à ce qu'il vient de dire ? J'insiste : et pour lui-même, qu'est-ce qu'il en pense ? « J'en ai besoin comme tout le monde de me soigner », me répond-il en haussant les épaules. Sauf que Marc ne consulte personne. La raison avancée ? Le règlement de l'établissement prévoit que tout

1. Et facilitant du même coup la gestion disciplinaire de la population carcérale.

nouvel arrivant doit être « vu » par le psychiatre, or Marc n'a jamais été « appelé »[1]. Il attend donc qu'on le convoque.

Manque de motivation ? Pas si sûr ! Marc est quelqu'un de très replié sur lui-même, que sa socialisation prédispose à la passivité : ce sont les autres qui décident et « appellent ». Et cet *habitus*, la discipline pénitentiaire l'a encore accentué. Ultérieurement Marc me dira d'ailleurs : « C'est pas déplaisant de parler à un psychiatre, y sont tenus au secret professionnel. » Allusion transparente au personnel de surveillance dont l'accompagnement dans ce domaine n'a été évoqué que par une personne. C'est que, malgré la sympathie que peut ressentir un détenu pour tel ou tel surveillant, celui-ci représentera toujours une administration dont il faut se méfier, puisque tout lui est nécessairement répété.

A la différence de Marc, Christophe Geng, pédophile dont l'affaire a été également médiatisée, se dit très demandeur de psychothérapie. Quand je le rencontre pour la première fois, cet ex-cadre supérieur entame sa sixième année de détention et me dit n'avoir jamais vu que des experts-psychiatres, surtout curieux, selon lui, d'étiqueter sa pathologie. De thérapeutes, point. Il lui faudra attendre d'être transféré en centrale pour qu'il puisse enfin voir une psychologue à raison d'une séance par mois. Ce qu'il trouve insuffisant.

Les difficultés rencontrées par Marc Marcus et Christophe Geng méritent qu'on s'y arrête. Les crimes commis par ces deux hommes ont en effet suscité beaucoup d'émotion dans le pays. Lors de leurs procès, les médias et tous les protagonistes concernés, notamment les hommes politiques, ont insisté sur les mesures à prendre à l'égard des pédophiles dangereux, dans un souci de prévention de la récidive. Mais une fois l'indignation populaire retombée, les projecteurs de l'actualité éteints et ces hommes devenus des êtres de l'ombre, les engagements énergiques semblent retomber comme un soufflé : ces gens qu'on devait soigner se retrouvent (quasi) abandonnés à eux-mêmes et à leur enfermement. Jusqu'à ce qu'une autre affaire du même genre fasse resurgir la même indignation et les mêmes promesses[2]. Et pourtant ! Tous les extraits d'entretiens que je viens de

1. Cela me sera d'ailleurs confirmé par le médecin, entré en fonctions après son arrivée.

2. Cela dit, la situation s'est légèrement améliorée ces dernières années avec l'implantation progressive de SMPR en prison.

relater soulignent l'importance d'un *accompagnement* adéquat en détention. Chez beaucoup de personnes interviewées, j'ai eu le sentiment d'entrevoir une blessure qui avait du mal à se refermer. Malgré les années écoulées. En les écoutant m'est souvent venue à l'esprit l'image suivante : un homme, en tirant sur autrui, se blesse par ricochet d'une balle qui va rester dans ses chairs, empêchant que la cicatrisation ne se fasse. Et à mon sens, faute de soignants adéquats — ou du désir profond de « guérir » —, un certain nombre de détenus vont sortir en ayant toujours cette plaie douloureuse.

J'évoque ce sujet avec le directeur de C. Nos analyses divergent. Selon lui, certaines personnes ont peut-être besoin pour maintenir leur équilibre de garder une « zone obscure » dans leur for intérieur. « Dehors, me dit-il, ils resteront toujours des marginaux ; on ne sort pas intact de ce séjour. Ils ne peuvent plus réagir comme le commun des mortels. »

Certes, on ne sort pas intact d'une longue peine, les écrits d'ex-détenus en témoignent, mais de surcroît, la majeure partie de mes interlocuteurs ne sont pas près d'oublier leur crime — que la « balle » ait été extraite ou pas. « J'ai compris, me dira Francine-la-résistante, j'ai fait mon deuil mais le souvenir de ce que j'ai fait restera toujours en moi. Simplement j'ai appris à vivre avec. » « Même si j'ai fait un travail sur moi avec le psychologue, me dira aussi Fatima Bella, le passé s'enfuit pas ; il sera toujours là [1]. »

Plus souvent que les hommes, les femmes ont évoqué l'aide qui leur avait été apportée, qui par une religieuse, qui par l'aumônier, qui par une visiteuse de prison. Francine mentionnera même son éducatrice (elle fut la seule à le faire), ajoutant cependant : « Il faut demander à les voir, sinon les éducs vous appelleront pas ; ils fonctionnent à l'urgence. » Ces échanges qui l'ont beaucoup aidée ont mis du temps à se construire et impliquent, notons-le, une stabilité de ladite éducatrice, ce qui ne va pas de soi dans un milieu où les mutations sont fréquentes. Yolande-la-sexagénaire m'évoquera pour sa part une aide inattendue : la télévision. Née d'un inceste et meurtrière de sa fille, elle suit avec la plus grande attention toutes les émissions consacrées à ces sujets. « Elles m'ont toutes fait avancer, ils ont raison d'en faire ! » me dira-t-elle d'une voix vibrante.

1. Aucune de ces deux femmes n'a souhaité évoquer la nature de son crime lors de nos entretiens.

Si le désir de comprendre le sens de son crime est souvent intermittent, c'est qu'il dépend aussi des fluctuations du cursus carcéral, comme me l'expliquent deux praticiens de Rennes, le docteur K. et Mme D. « Dans les premiers temps les détenues sont déstabilisées, elles doivent se refaire de nouveaux repères. C'est un grand moment de plainte où psychiquement les choses peuvent bouger. Elles parlent beaucoup de leur affaire. Puis, les années passant, leurs sentiments sur le crime peuvent s'enkyster mais ce n'est pas le cas de la majorité. Les choses sont souvent trop douloureuses et difficiles à aborder ; parfois on les voit peu et alors elles parlent surtout des problèmes posés par leur vécu en prison. Ensuite vient le temps des expertises et des retours de permes. En perme, tout ressort, on réaffronte le regard des autres. Des fois, la première sortie est dramatique. Elles ont oublié mais pas la famille ; ça leur revient à la figure ; certaines ont dû être hospitalisées tout de suite après. » Et le docteur K. de me citer le cas d'une détenue qui avait été si mal accueillie par ses proches qu'elle s'était jetée sous un train. « Ce qui est sûr, conclut-il, c'est que par rapport à la compréhension du crime, ces femmes ne suivent pas une courbe toujours ascendante. Et qu'on manque de psychiatres ! »

L'insuffisance de l'offre psy, le docteur P., psychiatre au CD de C., la déplore lui aussi, « mais, ajoute-t-il, il ne faut pas minimiser le travail intérieur que certains détenus arrivent à faire tout seuls dans leur coin ». André Simoni, « le monstre aux cisailles », en est sans doute une bonne illustration. « C'est pas facile d'en parler, me dit-il, pas facile d'oublier. Pendant dix ans, j'y ai pensé plus que maintenant. » Peu habitué à verbaliser, il s'est interrogé et consolé comme il a pu. A ce propos il m'évoquera ses rêves :

« En maison d'arrêt, j'étais souvent sous l'eau, je voyais des bourrasques et elle apparaissait.

— Qui ? La victime ?

— Non, la Sainte Vierge dans une grotte, mais c'était peut-être la vieille au fond ! Enfin tout ce que je sais, c'est que c'étaient des rêves qui me faisaient du bien. »

Quelques jours plus tard, il évoque à nouveau la victime : « Y a une époque, je la voyais, je me disais : "J'espère qu'elle est bien !" Quand j'étais à la centrale de Saint-Maur, poursuit-il, je m'envolais pendant la nuit, j'allais dans les hôpitaux, j'allais voir les gens malades, je voyais cette femme sur un lit ; on se regardait. » Deux jours plus tard... Simoni arrive, se cale contre le dossier de sa chaise, enfonce sa casquette sur son front et me dit d'un air grave : « Pour moi, je crois qu'elle vit encore quelque part ». Et d'ajouter : « Je dis pas qu'en sortant j'irai sur sa tombe, parce que je connaissais sa fille ; j'ai peur qu'y prennent ça pour de la provocation. » Crainte qui dément clairement son propos précédent : « le monstre aux cisailles » aimerait pouvoir se recueillir sur la tombe de sa victime.

Toutes ces discussions avec les condamnés m'ont fait me demander quels seraient les interlocuteurs les plus adéquats pour un détenu désireux d'aborder le sujet du crime. Compte tenu des présupposés négatifs que certains reclus entretiennent à l'égard des « psys » (pratiques langagière et vestimentaire, associées à des images de classe dominante et « examinante », suspicion de connivence avec « la Pénitentiaire », etc.), des écoutants moins connotés (du style SOS-Amitié ou La porte ouverte)[1] seraient peut-être mieux perçus — par ceux du moins que rebute la constellation « psy » actuelle. Je les appellerais volontiers « psys aux pieds nus » en référence aux pratiques de la médecine rurale en Chine.

La longue quête d'un interlocuteur introuvable que m'a relatée Jacques Pelletier m'a conduite aussi à reformuler une phrase souvent énoncée en détention comme allant de soi : « Les détenus souffrent d'un déficit de communication. » Parler de déficit d'écoute me paraîtrait plus juste, car comme me le faisait observer Lalonde-le-psy : « Les détenus parlent beaucoup, mais en face d'eux il y a du vide ; beaucoup n'ont d'ailleurs jamais été vraiment écoutés dans leur vie. »

Déficit d'écoute de la part des codétenus ou du personnel, rareté des professionnels ou méfiance à leur égard, ceux qui voudraient qu'on les entende ont finalement peu le choix. Pourtant, à l'heure où s'ouvrent pour eux la perspective d'un futur libre et la reconfrontation avec le Passé qu'elle implique, celui-ci sera d'autant plus dur à recontacter qu'il aura été occulté. Faute d'interlocuteurs pour aider à le formuler. Et à le comprendre.

1. Profil qui est, au demeurant, celui des plus ouverts parmi les visiteurs de prison. Cela dit, sur les vingt-sept personnes que j'ai interviewées, un tiers (surtout des femmes) en voyaient un(e) régulièrement.

On peut ici, une fois encore, trouver dans l'analyse que Max Weber fait des relations existant entre le capitalisme naissant et l'éthique protestante des éléments de réflexion pertinents par rapport aux « longues peines ». Comme les calvinistes pieux, les détenus hyperactifs et modernes sont motivés par « l'au-delà » et c'est cette préoccupation qui va déterminer leurs choix existentiels « ici-bas » et colorer leur présent. Ici-bas carcéral pour les uns, terrestre et libre pour les autres, qui influera de façon décisive sur l'au-delà terrestre et libre pour les uns, céleste pour les autres.

Dans les deux cas les intéressés œuvrent pour leur salut dans le contexte où Dieu (ou la Justice) les a placés. En entreprenant et en réussissant, les uns et les autres (se) donnent tous les signes qui témoignent et de leur appartenance aux (heureux) élus et de la gloire de Dieu (ou de l'intelligence de la Justice, dispensatrice de la peine). Même si en dernier ressort, c'est toujours Dieu (ou la Justice) qui décidera de l'octroi de la grâce et de « l'au-delà » qui leur sera destiné, calvinistes pieux et « longues peines » avisées sont convaincus qu'ils ont tout à gagner à rationaliser leur existence en fonction de leur futur salut. Et en ce qui concerne ces derniers, les conclusions de mon enquête corroborent le bien-fondé de ce choix de vie : ceux qui ont axé leur quotidien sur l'obtention de l'au-delà (des hauts murs) font — sauf exception — partie des heureux élus qui y accéderont le plus tôt.

LE TEMPS DES PERMISSIONS : SORTIR, REVENIR

« Quand tu sors après des années passées à fantasmer, tu te rends compte que la réalité n'est pas à la mesure de tes fantasmes et tu te fais des réflexions du genre : "Merde, c'est vrai, ce n'est que ça... !"[1] »

« La permission » : mot mythique qui alimente les rêves — et plus secrètement les cauchemars — de tant de « longues peines ». Mot symbolique : ces jours-là, la liberté est « permise ». On peut la toucher du doigt ou, emporté par une illumination rimbaldienne, l'étreindre[2]. Se laisser griser par elle, s'enivrer de cette *eau de vie* dont on avait oublié le goût si puissant. Jusqu'à ce que sonne, toujours trop tôt, l'heure du retour en prison. Alors le monde désenchanté pointe à nouveau son visage blême et l'ivresse tourne à la gueule de bois.

Parmi mes interlocuteurs, seule une minorité — dont cinq perpètes ayant obtenu leur commutation — avait pu bénéficier de ces permes si convoitées. Toutes avaient été octroyées, alors que le condamné avait déjà purgé une bonne partie de sa peine, pour qu'il puisse se rendre dans sa famille ou « préparer sa réinsertion ».

1. Propos d'un détenu cité par J. Expert et E. Laurentin, *La longue peine, op. cit.*, p. 183.

2. Parmi divers poèmes des *Illuminations* de Rimbaud, c'est *Aube* — et en particulier les premiers et le dernier vers — qui me paraît rendre le mieux l'ivresse panthéiste mais éphémère qu'éprouvent certains permissionnaires en redécouvrant le monde libre : « J'ai embrassé l'aube d'été... La première entreprise fut, dans le sentier déjà empli de frais et blêmes éclats, une fleur qui me dit son nom... Au réveil, il était midi. »

Bonheurs et douleurs des permissions

Le temps des permes (surtout quand c'est la première) est un temps particulier. Se télescopent le retour en arrière et le grand bond en avant. D'où des sentiments d'exaltation, d'abrutissement, de déphasage et parfois de souffrance. Surtout si le détenu a peu vu ses proches au parloir ! Une fois dans sa famille il risque en effet de retrouver — à côté d'un ou deux fidèles (mère, sœur...) — ceux qui lui ont tourné le dos et là, les relations ne seront pas simples à gérer.

Et puis ce retour chez soi peut impliquer — si le détenu n'est pas interdit de séjour — un retour sur les lieux du crime [1] et des retrouvailles avec des personnes et des lieux témoins d'une violence que l'éloignement spatio-temporel avait progressivement édulcorée.

« Dans cette ville, je me suis pas senti bien, me dira Jacques Pelletier ; je me suis dit : "Je suis pas à ma place, je devrais pas être là." J'avais l'impression d'être scruté par tout le monde. » Et pourtant il est logique que ces bannis soient tentés de revenir là où ils ont leurs racines pour y retrouver des traces de leur passé et des êtres aimés. Ou simplement, comme me le raconte Dodelet-le-mineur, pour se recueillir sur la tombe des parents morts pendant la détention. Dodelet n'a pu assister à leurs enterrements mais il a

1. Rarement lors de la première permission.

besoin d'honorer la mémoire des défunts, de voir leur tombe, de participer symboliquement à un rite dont il a été exclu, de se sentir à nouveau partie prenante d'une lignée...

Retrouvailles avec la souffrance mais aussi avec les plaisirs perdus : relations sexuelles, contact avec la nature, vision d'un monde en mouvement... La liste des bonheurs recouvrés serait longue. Du coup la plupart des détenus vivent ces quelques jours de façon plus intense que le quotidien carcéral. Même si l'on retrouve dans les modes de gestion de ces parenthèses les différences entre les « végétatifs » et les « hyperactifs » que j'ai évoquées plus haut. Ceux qui n'ont pas su donner de sens au temps qui leur était confisqué ont aussi plus de mal à occuper cet intervalle de liberté. Ainsi, dans chaque établissement me citera-t-on le cas d'un détenu rentré plus tôt de permission tant il s'était senti perdu hors les murs. Mais la tendance générale, du moins pendant la première perme, est d'investir au maximum cette échappée belle et de ne pas en perdre une miette. « Après avoir passé les portes, me raconte Fatima Bella, j'ai dit à la famille : “Ne traînons pas ! cinq minutes pour moi, c'est cinq minutes !” J'étais comme un volcan en éruption. »

« Chaque instant compte », opine Francine-la-résistante qui distingue clairement quatre temporalités : celle de la détention, celle plus brève, vécue dans l'urgence, qui précède la sortie (« surtout, ne rien oublier ! être prête ! »), la perme elle-même et enfin la période qui suit (« déstabilisante »). « Y'a des personnes qui ont choisi de vivre au jour le jour en détention par facilité, moi pas ! m'explique-t-elle ; je veux avoir une démarche de dépassement par rapport au quotidien de la prison, rester centrée sur mes projets professionnels. Mais les permes, pour moi, c'est exactement l'inverse : là je vis au jour le jour, je prends ce qui vient le plus positivement possible car je sais que je dois rentrer ensuite. Ce temps est toujours rapide, poursuit Francine, car on a peu de jours ; en fait, j'arrête pas ! Le dernier jour, je m'autoconditionne : j'essaie de me détacher intérieurement des gens sinon, je rentrerais pas ! Ce qui me fait tenir, c'est que je sais que je suis au bout et que j'ai un projet pour la sortie. » Parcelle de liberté que Francine conservera par-devers elle une fois revenue de l'autre côté des murs.

Si tous les détenus m'ont dit trouver du plaisir en permission, leurs impressions évoluent cependant au fil du temps et, passé l'ivresse des premières retrouvailles avec la liberté (« je ressortais la nuit pour marcher pieds nus sur l'herbe du jardin », se souvient Artigo), leur joie va souvent *decrescendo*.

C'est le cas notamment de Jacques Pelletier, qui sort en perme depuis deux ans. S'il souligne lui aussi l'ardeur à vivre le présent qui saisit le permissionnaire (« si on m'avait demandé la première fois en rentrant de dire ce que j'avais fait, j'aurais pu décrire par le menu tout mon itinéraire »), s'il continue à ne dormir que sept-huit heures sur cinq jours de perme, il est le seul à trouver qu'il « glande plus dehors qu'en prison » car ses activités et ses loisirs sont malgré tout à C. Jacques fait penser ainsi à ces travailleurs, à la fois heureux d'être en congé et désorientés de « n'avoir rien à faire ». D'autant plus que ses proches, eux, ne sont pas dans cet état de vacance.

Quand nous avons fait connaissance, il allait justement voir sa famille et nous nous sommes retrouvés à son retour. A sa grande satisfaction ! Enfin, il pouvait parler de ce qu'il avait vécu à quelqu'un ! C'est que les permissionnaires sont perçus avec beaucoup d'ambivalence par leurs codétenus. Certains les voient partir avec émotion et attendent leur retour avec impatience[1]. A travers eux c'est un peu d'eux-mêmes qui a retrouvé la liberté et expérimenté ses joies et ses embûches. Dans le « alors, comment ça s'est passé ? » est sous-entendu : « Comment ça va se passer pour moi ? » « La liberté, est-ce que c'est pas trop dur à assumer ? »

« La première fois, me dit Jacques, j'ai envoyé des cartes postales à tous mes copains » (alors que sa perme ne durait que trois jours et qu'il devait séjourner à C., non loin de la prison). La symbolique était claire : « Je suis dehors, en voilà la preuve ! » mais aussi : « Vous comptez toujours à mes yeux alors que je suis loin et je vous fais toucher par carte interposée cette liberté retrouvée. » « La deuxième fois, précise-t-il en souriant, j'en ai envoyé à trois ou quatre amis et la dernière, à personne. » Et Jacques de partir d'un grand rire tout en me scrutant du regard. Dans cette raréfac-

1. « Quand Fatima Bella est sortie, me dit une femme de Rennes, le soir, quand la porte était fermée, j'ai mis la musique à fond, j'étais dehors avec elle et j'étais heureuse ; maintenant qu'elle est rentrée, je m'en éloigne car elle va pas bien. »

tion des cartes on peut lire à la fois la diminution de l'intérêt symbolique d'un tel envoi, mais aussi le relâchement progressif des liens avec la détention. « Amitiés de prison, amitiés de coton », dit la tradition orale carcérale, signifiant ainsi que ces alliances suscitées par le malheur ne survivent pas à la libération.

En fait, pour beaucoup de détenus et en particulier pour ceux qui ont fini par se désintéresser d'un dehors inaccessible, le permissionnaire rouvre des plaies : c'est donc une personne à éviter. Et puis, Jacques Pelletier, homosexuel notoire en détention, s'est empressé de raconter à l'un de ses copains son aventure avec celle qui est devenue depuis sa « fiancée » : « Il l'a traitée de "pute" et de "poufiasse" ; depuis, j'évite de parler de mes permes. Le temps que je passe dehors, je le sépare du temps en prison. » La réaction du copain de Jacques m'a rappelé *a contrario* les propos d'une éducatrice de Rennes : « Quand une fille sort en permission, m'avait-elle dit, à son retour, même si elle est homo en détention, les autres veulent savoir si elle a couché avec un mec ; si oui, ça veut dire qu'elle peut vivre une vie *normale* ; ça les rassure. » Si les un(e)s se sentent rassuré(e)s par la capacité d'un *alter ego* à revenir à la norme hétérosexuelle, d'autres, tel peut-être le copain de Jacques, doivent y lire une disqualification des amours homosexuelles ou du moins leur précarité. De là à percevoir le permissionnaire comme un traître, craindre de n'avoir été soi-même qu'un pis-aller et en concevoir de la rancœur, il n'y a sans doute qu'un pas !

« Après la deuxième perme, me dit encore Jacques Pelletier, je me suis demandé *si j'étais pas mieux dedans que dehors.* » De tels propos sont sans doute plus fréquemment pensés qu'exprimés car le code officieux de la déontologie carcérale veut qu'un détenu qui se respecte déteste la prison [1] et aspire à la liberté. L'hypothèse contraire impliquerait que l'asservi a fini par aimer son asservissement. Insupportable !

A quoi doit-on imputer les réticences de Jacques ? La question mérite d'autant plus d'être posée qu'il fait partie de cette minorité de détenus qui parlent de leur vie en termes plutôt positifs et que

1. Comme le note E. Goffman, les reclus se sentent souvent obligés de nier les satisfactions que leur procure l'institution, « ne serait-ce que pour maintenir l'esprit de résistance sur lequel se fonde la solidarité entre reclus » (*Asiles, op. cit.*, p. 108).

ses réactions illustrent les dangers de l'adaptation carcérale. Arrêté à l'âge de dix-neuf ans, Jacques a passé la totalité de sa vie d'homme adulte derrière les barreaux ; il y a découvert la sexualité, la création artistique et « les plaisirs de la vie communautaire ». Pendant toutes ces années, l'Extérieur était incarné par sa visiteuse et ses parents — qu'il voyait deux fois par an.

En détention, Jacques n'hésite pas à prendre les initiatives qui lui chantent, voire à tenir des propos impertinents, quitte à passer au mitard. C'est du moins ce qu'il me dit ! A l'écouter on a ainsi le sentiment qu'il n'est que partiellement privé de liberté. Il est vrai qu'après des débuts difficiles, il a passé l'essentiel de sa peine dans un centre de détention au régime relativement souple. Ainsi le CD est-il devenu sa niche écologique : il y a ses habitudes, ses copains, ses amours. Quant à la vie dehors, il a appris assez tôt par sa visiteuse « qu'elle était pas rose ». Ce qu'ont corroboré ses voyages en « zone libre ». « La vie en général a pas changé, me dit-il, mais je trouve les gens tristes, ils sont dans la contrainte [*sic*] ; c'est peut-être lié au fait que pour nous, la liberté on la voit comme une fête ; on est trop gai, alors ça fait contraste. Et puis les gens savent plus rendre service ; j'ai aidé lors de ma première perme une jeune femme qu'était encombrée avec un bébé et des paquets ; elle m'a dit : "Y'a peu de gens qui rendent service comme ça ; vous venez d'où ?" Quand je lui ai dit, elle a éclaté de rire. »

Jacques évoque ensuite les progrès techniques, les voitures qu'il n'identifie plus, les « escaliers roulants » où il a perdu ses savates, les WC payants, les parcmètres. « Tout est devenu payant, observe-t-il ; quand on est dans une grande surface, on voit plein d'attrape-nigauds, on a l'impression que le magasin tout entier crie pour qu'on vienne l'acheter. » Comme beaucoup de libérés, il déplore la vitesse accrue du rythme de vie, l'air pressé de la population libre, sa non-disponibilité (d'autant plus malvenue qu'il a besoin d'être à nouveau reconnu, lui qui a été si longtemps banni de la Cité). Bref, quand on l'écoute, on croit entendre un émigré qui fait l'expérience du modernisme occidental ou une personne âgée, déboussolée face à des façons de vivre qui ne correspondent plus à sa propre socialisation. Ainsi, quand il commente le langage des jeunes « de nos jours », doit-on se rappeler que Jacques n'a que trente-sept ans. « Les ados de douze à seize ans, c'est pas possible, comment ça cause : "pute !", "poufiasse !" J'aurais pris une grande beigne si j'avais dit ça à ma frangine dans le temps ! » Et puis Jacques sort en période de turbulences économiques. Alors que certains de ses proches sont stressés et inquiets pour leur travail, lui-même a un emploi assuré en détention et, surtout, il jouit de temps libre. Comme à C. la journée de travail commence et finit tôt (sept heures-treize heures trente), il peut en effet consacrer ses après-midi à des loisirs et à des échanges informels.

Quand Jacques commente ses permissions, il manifeste par ailleurs une tendance commune à ses pairs, toujours enclins à évaluer les pertes imputables à la détention, à opérer des comparaisons entre « avant » et « après » ou « dedans » et « dehors », avant d'estimer, *in fine*, l'importance de la remise à niveau qu'il leur faudra effectuer. Justement, depuis sa première perme, Jacques semble réévaluer à la hausse son vécu de détenu. Tendance à déprécier un mode de vie auquel il n'est plus adapté et qu'il retrouve de surcroît à une époque de morosité ambiante ? Sans doute, mais pas seulement ! Gommer ce temps de détention, ce serait aussi gommer une partie de sa vie. « Dix-huit ans de taule, c'est fini de compter comme ça, me dit-il d'un air irrité ; c'est derrière moi. Ce temps passé, c'est pas dix-huit années de taule, c'est *ma vie* ! » Voilà qui me rappelle Leduc-le-Nantais : « Je calcule pas le temps, m'avait-il assuré, car je refuse cette peine de dix-sept ans ; je les ferai jamais ! A l'heure qu'il est, je sais pas combien de temps de prison j'ai fait exactement. » Dans ces deux cas, le refus de comptabiliser le temps reflète le désir de sortir de la logique pénale qui fait de la vie « des années *à faire* ». Le temps se compte quand il y a du déplaisir dans l'air, pas quand on se réapproprie son existence ! Enfin quand Jacques ajoute : « C'est probablement les meilleures années de ma vie que j'ai passées ici », il me semble que cette phrase empreinte de nostalgie est à double sens. Sans doute regrette-t-il cette jeunesse qu'il aurait pu vivre ailleurs que derrière des barreaux mais peut-être redoute-t-il aussi que l'avenir ne lui réserve de plus mauvais moments que ceux vécus au CD de C.

Et puis si Jacques tend à dévaloriser de plus en plus ce qu'il voit dehors, c'est aussi en réponse à la stigmatisation dont il fait l'objet. « Je valorise plus mes parents et ma copine qui m'ont conservé leur affection, me dit-il, mais je dévalorise plus mes frères et sœurs qui se sont très peu manifestés », et d'ajouter : « Pourtant j'aurais pu leur montrer que tout donner à son boulot, ça sert à rien ; mon frère se défonce pour monter de quelques échelons ; est-ce que ça vaut la peine de donner autant pour avoir si peu ? Il m'a dit : "Quand on veut arriver à quelque chose, ça crève !" Moi je trouve surtout qu'il a terriblement vieilli. Mon beau-frère m'a dit que j'étais le cas social de la famille ; ça m'a mis en colère. Moi je pense au contraire que je pourrais être un *exemple* ! »

Un exemple ! Le mot paraîtra peut-être audacieux. C'est qu'en matière de stigmatisation, comme d'années de peine, point trop n'en faut. Au bout de dix ans, Jacques a commencé à trouver sa détention inutile. Et maintenant il aimerait qu'il y ait prescription par rapport à l'image négative que son entourage a de lui. Il ne veut pas traîner indéfiniment l'étiquette : « Attention : criminel sortant de prison ! » et devoir s'excuser encore et toujours pour son passé. D'autant plus que ceux qui le dénigrent ne lui paraissent pas exemplaires : ils se laissent asservir par le travail, y perdent leur jeunesse, bref, se font avoir par le Système ! Comparant son ex-milieu rural à ses souvenirs, Jacques observe : « Beaucoup de gens que je connaissais sont morts dans des accidents de la route, en rentrant du bal le samedi soir, et les filles sont toutes mariées, mères de famille. » En somme la détention l'a préservé de deux menaces qu'il semble curieusement mettre sur le même plan : la mort par accident de la route et le mariage qui, s'il n'enlève pas la vie, fait peut-être s'envoler la jeunesse. En l'empêchant de se marier et de se reproduire, la prison lui a donc permis de rester immobilisé dans l'adolescence et de garder une relative insouciance. Au lieu de devoir prendre en charge une famille, c'est lui qui a été pris en charge par la Pénitentiaire !

En fait, face à ce monde libre qui lui renvoie une image dévalorisée alors qu'il est lui-même loin d'être idyllique, Jacques réalise que son vécu carcéral n'est pas que négatif. Parce que la prison n'est pas, sauf exception, un lieu où l'on peut faire carrière, il a échappé au piège tendu à bien des hommes : s'identifier à sa profession et ne pas prendre le temps de vivre. Ainsi en arrive-t-il à voir la détention comme porteuse — à certains égards — de valeurs qui gagneraient à contaminer plus la société. Paradoxe inattendu : le monde clos aurait des leçons de vie à donner au monde dit libre.

Les critiques émises par Artigo-le-Marseillais m'ont souvent rappelé celles de Jacques. Comme lui, Artigo redoute les formes de plus en plus sécuritaires que prend la vie hors les murs. « Y a des caméras dans la rue, observe-t-il d'un air inquiet, c'est de plus en plus fliqué de partout. On a des numéros de code pour plein de choses. » Bref, un je-ne-sais-quoi du monde libre évoque la vie carcérale et ses matricules. Et fait frémir Artigo tout comme ce détenu tombé, lors de sa première perme, sur des patrouilles de militaires arpentant les gares, mitraillette à l'épaule. Vigipirate oblige !

Applique « Le monde », 1994 (bois-ciment).
Photographie d'un objet réalisé par S.V., détenu à Strasbourg
« Qui tient l'humanité ? Sommes-nous tous détenus par d'autres ? »
(Catalogue Association Parenthèses.)

Si, outre les nuisances qui caractérisent la société moderne (bruits, fumées des voitures, stress...), celle-ci se carcéralise, il y a de quoi inquiéter en effet le permissionnaire *a priori* heureux de humer l'air de la liberté ! Se sentant menacé, il va réagir de la même manière que Jacques Pelletier (« est-ce que je suis pas mieux dedans ? ») ou trouver comme Artigo que « les meilleurs moments passés dehors, c'était avec des permissionnaires », bref des *alter ego*, décalés comme lui. A moins, comme Simoni, de se refuser tout bonnement à sortir.

Pas de perme pour moi !

Des membres du personnel pénitentiaire m'avaient signalé le cas de ce dernier : enfin permissionnable après vingt ans de détention, il n'avait jamais « posé de perme » !

« Je veux pas sortir, me déclare tout d'abord Simoni avec une belle énergie, parce que je me connais, je rentrerai pas ! » Quelques jours plus tard, il précise : « J'ai dit à la JAP : "J'ai besoin d'aller dehors ; deux permes, ça irait, mais pour la troisième, il me faudrait une date de sortie, sinon je rentrerai pas !" » Or ne pas rentrer, c'est s'exposer à de nouvelles difficultés judiciaires et, au point où il en est, Simoni préfère vivre tranquille en détention. Ce qui ne l'empêche pas de formuler régulièrement la même plainte : « Y a trop longtemps que je suis en prison ! »

Sadiques. C'est ainsi que Simoni considère les autorités qui vont le laisser goûter à la liberté pour le remettre ensuite en cage. Alors cette cage, autant ne pas la quitter ! « Les permes, m'avait dit Francine, c'est pervers : on nous tente et ensuite on teste notre capacité à retourner en détention. »

Mais au fil de nos discussions, les motivations de Simoni me sembleront plus complexes qu'il n'y paraissait de prime abord. « J'ai été commué y a deux ans, me dit-il, c'est la JAP qui l'a demandé pour moi. J'ai le droit d'aller en perme, j'ai de l'argent, mais je veux pas ! On m'aurait proposé ça au bout de quinze ans, je l'aurais fait. Mais maintenant, non ! je veux pas ! » Donc Simoni ne veut pas de perme parce qu'il estime qu'on l'a commué trop tard. Peut-être ressent-il qu'il y a cinq ans il aurait pu se réadapter plus aisément ? ou bien, d'autres étant sortis plus tôt, a-t-il l'impression de ne pas avoir été pris en considération ? Ainsi se vengerait-il en refusant ce cadeau trop tardif. Mais ce que je subodore de plus en plus, et Simoni me le laisse entrevoir lors de notre second entretien, c'est que maintenant, la liberté lui fait peur. « A Noël, me dit-il, sur les quarante-cinq permissionnaires qui sont sortis, un est revenu trois jours plus tôt. » Dois-je objecter à Simoni que quarante-quatre d'entre eux sont revenus le jour dit ? Non, bien sûr ! d'autant plus qu'il ajoute, pour conforter ses propos : « Je vois beaucoup de perpètes qui sortent et rechutent ; en vingt ans, la vie est devenue dure dehors » et cette vie dure, plus le temps passe et moins Simoni se sent capable de l'affronter.

Simoni a eu des visiteuses mais il n'en a plus ; de toute façon il supportait très mal les fouilles à corps après ces parloirs : « Je veux pas montrer mon cul à un surveillant, surtout un jeune. » Jusqu'à il y a deux, trois ans, il écrivait encore à l'une de ses sœurs mais maintenant, « non, j'ai arrêté ». Il n'a pas supporté, m'explique-t-il, un jour où il lui avait téléphoné, d'entendre au bout du fil « une machine » : un répondeur ! Personne donc ne l'attend dehors. « Si j'ai pas quelqu'un qui vient me chercher à la porte, murmure-t-il, je me vois pas aller seul au train. »

Autre jour, autre son de cloche : « Je veux pas sortir en perme parce que je veux pas dépenser l'argent que j'ai sur mon livret de caisse d'épargne ; dehors, le coût de la vie a triplé. » Or la plupart des détenus n'hésitent pas, lors de leur première perme, à dépenser sans compter tant les plaisirs de la liberté sont sans prix à leurs yeux. Je suis perplexe. « Et puis, poursuit Simoni, l'ex-homme des bois, moi, ce que je voudrais, c'est aller dormir dans la nature mais eux, y veulent des *références* ! » Comme un foyer ou le domicile d'une éventuelle visiteuse, alors que c'est dans une forêt « à écouter les oiseaux » que Simoni aimerait passer ses nuits d'homme libre.

Un peu plus tard, il me dit d'un air tracassé : « J'ai peur de faire venir un taxi devant la prison, vu la réputation d'homosexualité de la taule, surtout qu'ici *y me respectent, moi* ! » Je rétorque à Simoni qu'il se fait des idées. Si lui sait qu'il y a pas mal de couples homos et de délinquants sexuels dans la prison de C., c'est loin d'être aussi connu dehors qu'il ne l'imagine. Mais à l'entendre me parler une fois de plus de l'homosexualité qui règne en prison, j'entrevois que là gît peut-être la clé du problème. Car que me dit-il ? Qu'à l'intérieur, il a une bonne réputation, sous-entendu : on le prend pas pour un « pédé ». Alors si cette « bonne réputation » qu'il a soigneusement veillé à sauvegarder en prison allait être remise en cause par une perme ? S'il était identifié aux délinquants sexuels homos qui vivent au CD de C. ? Non, pas question ! En discutant avec lui, on voit bien que ce stigmate-là, qui plus est immérité, il le redoute bien plus que celui de l'ex-détenu ou du meurtrier qui risque de lui être accolé *extra-muros*.

Autre entretien. « Dans le temps, le sida existait pas, me déclare

Simoni ; maintenant si je sors, je vais aller chez les putes et j'ai pas envie de tomber malade ! » Se choper la mort alors même qu'il renouerait enfin avec le cœur de la vie, ça serait trop con ! J'évoque les préservatifs, devenus chose courante. Simoni se dit prêt à en mettre avec une totale absence de conviction. Après la prison castratrice, le préservatif castrateur ! Une brimade supplémentaire, je le lis dans ses yeux, qui va lui compliquer la vie alors que l'impuissance au moment de renouer avec le plaisir est l'une des grandes angoisses des détenus. « Je crois, poursuit pensivement Simoni, que je préférerais coucher avec une femme de quatre-vingts ans ; là au moins, je serais tranquille parce qu'avec les jeunes de nos jours, on doit être sûr de rien. D'après ce que j'entends, elles couchent à droite et à gauche. » Il me regarde d'un air interrogateur afin que moi, qui viens de l'extérieur, je confirme ou infirme cette dernière remarque. « Le problème, ajoute-t-il, c'est que les femmes qui m'attirent, c'est celles qui m'attiraient quand je suis tombé à trente-cinq ans : des filles de vingt-cinq. » Et du coup Simoni se sent écartelé. Certes, les jeunes lui semblent plus désirables, mais il juge néanmoins dans son intérêt « de tomber sur une femme qui va [le] comprendre ; il faudrait quelqu'un qu'ait au moins quarante ans », suppute-t-il. Ce qui reste tout aussi problématique, me dis-je avec tristesse, car si ses goûts sexuels n'ont pas changé, l'écorce de Simoni s'est, quant à elle, altérée : ses cheveux se sont raréfiés, son visage est marqué. Simoni n'a rien d'un jeune homme hormis son habillement : l'inévitable jogging-baskets qui fait ressortir *a contrario* son aspect peu sportif et plus vraiment juvénile.

« De toute façon, me dit-il, comme ça fait longtemps que je suis plus sorti avec une femme, j'ai peur. Est-ce que j'aurai le courage de me lancer ? » Il soupire et ajoute : « Hier, je suis resté couché toute la journée à réfléchir à ce qu'on avait parlé. Vous voyez, me dit-il d'un air grave, en sortant en perme, j'avais peur de m'expliquer mal avec les femmes. Finalement, je crois que ça m'a fait du bien de causer avec vous. »

En écoutant Simoni m'égrener prudemment ses peurs au fil des jours, je me suis dit que, malgré la brûlante envie d'être libre qu'il ressentait, il appréhendait que cette perme ne soit à comptabiliser surtout en termes de coûts : perte d'argent, atteinte à sa réputation (« image de pédé »), à sa virilité (allait-il « pouvoir » et dans quelles conditions ?), à sa santé (risque de sida), à son adaptation à la prison (risque de ne pas revenir). Finalement, sortir dans ces conditions mettait en danger tout ce qu'il avait réussi à préserver ou à acquérir (et durement) en détention. Et pourtant il clamait également que plus de détention, c'était trop pour lui : « J'ai commis quelque chose d'irréparable, y fallait que je paie ! je me suis donné vingt ans. Ça méritait ça, mais si ça dépasse ça, on sait jamais ! je sais pas ce que je peux faire ! » André Simoni s'est tu et nous nous sommes regardés en silence.

Revenir de perme

Retourner en prison après avoir repris un *modus vivendi* d'homme libre ne va pas non plus de soi. « Quand on revient de perme, m'avait dit le directeur de S., on est comme une machine à laver qui a changé de rythme. » Après s'être senti déphasé en zone libre, on est maintenant décalé par rapport au temps et à l'espace pénitentiaires. « Après les permes on peut plus avancer, on n'est plus ni dedans ni dehors. » L'intérêt déserte de plus en plus l'univers carcéral : c'est le présent certes mais il est vécu comme dépassé. Par contre on n'arrive pas vraiment à faire des projets à l'extérieur : il n'est qu'une parenthèse trop fugace (« je peux pas nouer de relations affectives : les rencontres sont trop brèves et espacées »), destinée à être un jour le futur mais à une date très incertaine. En attendant, « on essaie de se protéger pour conserver tout ce qu'on a acquis de positif ».

Le temps après les permes est donc souvent vécu comme une période de stagnation, ou, pire, de régression, puisque ce qui était permis dehors ne l'est plus dedans. Or la chronologie carcérale telle qu'elle est évoquée par les « institutionnels » et intériorisée par les détenus implique que, partie d'une contrainte maximale (le temps de la maison d'arrêt), la « longue peine » aille au fil des ans vers un élargissement progressif[1]. Sauf faute de sa part, auquel cas, sur le jeu de l'oie pénitentiaire, le détenu devra revenir à des cases précédentes. Une fois remis en contact avec l'extérieur, ce qu'on supportait auparavant — nécessité fait loi — n'est plus tolérable. On peut se résigner à ce qu'une surveillante compose pour vous

1. De centrale en centre de détention notamment.

un numéro de téléphone, tant qu'on ne l'a pas fait soi-même lors d'une perme. Mais plus après ! De même qu'on n'acceptera plus d'être transféré à l'hôpital pieds entravés, quand quelques mois plus tôt on était sorti librement. Une fois qu'on a fait la preuve de sa non-dangerosité et récupéré son autonomie, les contraintes carcérales paraissent inutilement coercitives et le côté ubuesque de certaines pratiques insupporte. « Depuis que je suis rentrée, j'ai la Haine », me dira Fatima Bella.

Ces réactions de colère face à l'assujettissement pénitentiaire peuvent aussi être interprétées à la lumière des analyses de Bettelheim : « Beaucoup [de déportés] se comportaient, écrit-il, comme si la vie qu'ils menaient dans le camp de concentration n'avait aucun rapport avec leur vie réelle [1]. » Ce sentiment d'*irréalité*, l'auteur le considère comme un mécanisme destiné à protéger la personnalité des individus soumis à des expériences dégradantes. Or on peut penser que le détenu qui a réussi à percevoir les us et coutumes carcérales comme *irréelles* aura du mal à garder cette attitude détachée quand il sera, à l'issue d'une permission, à nouveau confronté à leur (dure) *réalité*. A moins qu'il n'ait choisi, pour se protéger, de percevoir son passé extérieur comme *irréel* et de ne considérer comme *réel* que son présent carcéral. Mais dans tous les cas, la juxtaposition dans une temporalité très brève de ces deux *réalités* met à mal ces représentations et compromet le blindage mis en place pendant des années. « Je veux plus parler que de l'extérieur, me dira ainsi Fatima Bella, visiblement au bord des larmes ; lui seul existe pour moi maintenant [2] ! » tandis que Francine soupirera : « Quand je suis rentrée de ma dernière perme, j'ai cru que je me retrouvais dans un hôpital psychiatrique. »

Le mal-être que connaît le détenu qui retourne en prison rappelle aussi combien il est difficile de faire — et de refaire encore et encore — le deuil de sa liberté. Combien il est douloureux aussi de devoir régresser et de ne pas sentir son évolution intime respectée. Or ce type d'expériences n'est pas réservé aux permissionnaires. Ainsi l'arrivée de nouveaux travailleurs sociaux ou

1. B. Bettelheim, *Survivre*, *op. cit.*, p. 85.

2. Ce jour-là nous mettrons d'ailleurs fin à nos entretiens, Fatima Bella ne se sentant plus aucune envie de parler de la vie en prison.

psychologues peut obliger le détenu à exhumer pour la énième fois son « histoire », ce qui sera d'autant plus mal vécu par l'intéressé qu'il aura dû en moult occasions (interrogatoires de police, de justice, expertises) *se prêter* à cette inquisition. Puisqu'il ne s'appartient plus !

« Je pense au cas d'une détenue qui se retrouve avec une nouvelle éducatrice », me raconte Mme T. du service socio-éducatif de Rennes ; « celle-ci lui a reproché de ne pas parler du crime commis dix ans auparavant. Ce silence jouera contre elle au moment où elle demandera la conditionnelle. On dira : "C'est une criminelle, or elle oublie ce qu'elle a fait" ; on ne note pas qu'elle a peut-être beaucoup parlé de son affaire au début de sa détention. Ici, il faut que la détenue puisse ressortir régulièrement son crime, qu'elle manifeste de la honte, de la contrition ; pour moi, ça fait partie des rapports de domination. A l'opposé, poursuit mon interlocutrice, de même qu'on revient sur des choses qui sont peut-être déjà digérées par la personne, on les fait parfois parler trop tôt des faits. Je pense à ce qui se passe au moment de l'accueil des arrivantes dans certaines maisons d'arrêt. Elles sortent de garde à vue, angoissées, et c'est très facile d'obtenir n'importe quelle confidence. Mais ça risque de leur retomber dessus plus tard ! Le secret, conclut Mme T., c'est important pour l'identité d'une personne, or ici, c'est le viol permanent. Ne pas parler, c'est très mal vu ! Les détenues, conclut mon interlocutrice, sont toujours obligées d'écarter les cuisses et de se laisser bouffer. »

Finalement, me dis-je, ce que Mme T. déplore, c'est qu'on questionne les détenus *à contre-temps*. Et qu'on ne respecte pas le rythme qui leur serait le plus bénéfique. Qu'on anticipe certaines demandes ou qu'on revienne sur ce qui était réglé, qu'on resserre ce qui avait été élargi. Voilà qui ressort d'une injonction paradoxale courante dans l'univers pénitentiaire : « Évolue ! », dit l'institution, mais aussi : « Obéis ! obéis encore et toujours ! Même si ce que je te demande implique une régression ». De quoi faire disjoncter certains détenus excédés, comme l'illustre le mal-être de Fatima Bella et de tant d'autres permissionnaires lorsqu'ils retrouvent le quotidien « rétrograde » de la détention.

Carnet de bord n° 9

« Parmi mes clients qui ont été victimes d'agressions sexuelles, il y en a peu, je pense, qui supporteraient de s'entretenir avec des violeurs. » Mon interlocuteur, un psychiatre parisien auquel je parle de mon enquête, me regarde d'un air interrogateur. Je reste silencieuse, je réfléchis. Suis-je clivée ? Ai-je mis une partie de moi sous le boisseau ? « Dans la vie de tous les jours, que je dis, de me refaire agresser, c'est pourtant une peur que j'éprouve très souvent... j'ai même parfois de sacrées trouilles. » Les pas dans mon dos sur le trottoir, le cœur qui se met à battre, le ventre qui se serre, sûr que je connais ça ! Que trop d'ailleurs ! A mon tour d'interroger le docteur A. du regard. Il reste silencieux. « Et pourtant, en prison, d'interviewer des types qui ont violé des gosses, des adultes, non, ça ne me dérange pas. » Normale ? anormale ? la question a-t-elle seulement un sens ? Qui pourrait déterminer une norme en la matière ?

« Quand j'enquête, de toute façon, où que ce soit, c'est toujours comme ça ; j'ai l'impression de me mettre entre parenthèses. Ce qui m'intéresse, c'est le point de vue de l'autre, même si l'autre est un agresseur. Moi, je m'oublie momentanément. » *Je-m'oublie-momentanément*, les mots me remontent aux lèvres, trop aigres pour que je puisse les avaler ; je crois que je vais vomir. Je ferme mes paupières, mets ma main sur mes yeux, respire. C'est vrai ce que j'ai dit... et c'est pas vrai.

Je suis à Fresnes. En face de moi Christophe Geng, pédophile, agresseur de fillettes. On se parle mais on avance avec prudence. « Vous ne savez peut-être pas, me lance Geng, ce qu'est un pédophile, comment il réagit ? Si, répond une voix, la mienne, j'en ai été victime quand j'étais gosse. » Ai-je rêvé ? Il me semble que le visage de Geng s'est soudain éclairé. Il me scrute maintenant avec intérêt, comme s'il retrouvait une personne de connaissance. « Ah ! sourit-il, je comprends pourquoi vous avez voulu me voir. »

Je me sens rétrécir. ERREUR, ERREUR, ERREUR, ça tambourine dans ma tête. Quelle mouche m'a donc piquée ? j'aurais pas dû lui en parler, c'est clair. Je me suis « livrée ». « C'était qui ce pédophile ? » s'enquiert Geng. J'explique. Soumise, mais à contrecœur. Impression d'être une souris face à un chat, plus gros, plus puissant qu'elle. Me voilà ramenée à la place d'antan : je suis celle qui se rétracte, se fait toute petite face à l'autre, le grand qui hypnotise, paralyse.

Toujours la chamade dans ma tête. Impression de m'enfoncer dans un marécage. Il faut reprendre pied ! revenir sur la terre ferme ! « Ce type, il s'intéressait pas qu'aux petites filles, que je lance, il draguait aussi les femmes mariées. » Le visage de Geng se ferme. « Alors, c'était pas un vrai pédophile », murmure-t-il comme à regret. Voilà que je respire mieux : j'ai marqué un point, mis un pied hors du piège. Non ! nous ne sommes pas de vieux partenaires faits l'un pour l'autre qui nous retrouvons pour rejouer la même pièce ! Y a maldonne ! Ma voix se raffermit, je reprends mes questions. L'entretien se poursuit « normalement ». Sauf que Geng a de nouveau l'air désenchanté et moi du mal à me concentrer.

Il est dix-sept heures, c'est fini pour aujourd'hui. Ouf ! je me lève. Geng aussi. De la main, je lui indique la direction de la porte. Il ne bouge pas. « Non, me dit-il, sortez avant moi, sinon les surveillants vont croire qu'il vous est arrivé quelque chose. » Mon sang se glace. Dans ma tête, c'est panique et colère mêlées. Mais le pli est là, tellement ancien : j'obtempère. Je marche vers la porte. Quatre pas, quatre moments d'éternité, de terreur sourde. Une fois dehors, je serre sa main machinalement, pars presque en courant. Je me sauve. Pas question de prendre le bus aujourd'hui ! Je marche, je marche, je marche. De Fresnes à Paris. Sauve qui peut la vie !

« Mais (c'est la voix du psychiatre — il chuchote presque), vous ne risquiez rien, vous êtes une femme adulte ; un pédophile ne s'attaque qu'aux enfants. » Ça alors, c'est vrai ! Mais encore fallait-il que je m'en souvienne, ce jour-là, face à Christophe Geng, que je n'étais plus une enfant...

Cet entretien, j'y repenserai souvent, m'en repasserai chaque séquence. Avec toujours la même question ? Pourquoi avoir évoqué l'agression, *avoir ainsi livré mon intimité* ? Mots que j'écris en en entendant nettement tous les sens. Question-réponse donc. Mais je crois aussi que la victime en moi a voulu crier à l'agresseur que représentait Christophe Geng : « Oui, je sais ce qu'est un pédophile parce que j'ai souffert par ça. » Ma souffrance, l'enfant en moi qui n'a toujours pas oublié a voulu la brandir, culpabiliser l'autre avec, lui dire : « Ne compte pas sur moi pour oublier ce que tu m'as fait. Tant que je m'affirmerai victime, je te constituerai encore et encore comme bourreau ; tu ne pourras y échapper. » Inapproprié, déraisonnable, je sais, mais c'est ce qui s'est passé ce jour-là. Et, à ma connaissance, ce jour-là seulement.

ARRÊT SUR IMAGE

« Une photographie est toujours d'identité[1]. »

L'usage commun veut qu'on solennise parfois « les bons moments » d'une vie en les fixant sur une pellicule, aussi étais-je curieuse de savoir ce qu'il en était de la pratique photographique des perpètes. Mieux la connaître me permettrait, me disais-je, de cerner de façon indirecte les rapports que mes interlocuteurs entretenaient avec le temps de la détention et, surtout, d'approcher des questions plus secrètes : qu'allait dire une photo prise *intra-muros* de la représentation de soi voulue par la personne détenue ? Le passage par la chambre noire étant aussi destiné à créer « du souvenir », que laisserait-il entrevoir du vécu carcéral que le reclus souhaitait revisiter ?

Photos prises, photos offertes

Une remarque préalable : dans un certain nombre d'établissements pour peine, les possibilités de se faire photographier, exceptionnelles par le passé où elles obéissaient à des fins essentiellement utilitaires, se sont accrues. Mais si elle s'est libéralisée, cette pratique reste cependant réglementée ; les photos sont en général prises par un membre du personnel (plus rarement par un détenu chargé de cette fonction ou un photographe professionnel) dans des circonstances et des lieux prédéterminés. Les détenus sont donc « pris » et non pas « preneurs » de photos, état de fait qui

1. D. Sibony, « Photo-transfert », *La Recherche photographique,* n° 8, février 1990, p. 78.

reflète la passivité de leur condition. Tout au plus peuvent-ils influencer le contexte de leur « mise en image ».

Mais « pris » ou « preneurs », certains refusent tout net d'être photographiés[1]. Ainsi, si Marylin Alphonse accepte de l'être à Rennes, elle excluait totalement cette idée pendant les premiers temps de sa détention. « Infanticide », Marylin ne supportait pas de se regarder dans la glace et *a fortiori* de donner à voir à autrui (et en particulier à ses filles) une image que cette quadragénaire avenante considérait comme forcément monstrueuse[2]. « Quand j'étais en maison d'arrêt, raconte-t-elle, j'ai fait un stage de maquillage artistique ; on devait se farder devant un miroir ; on nous disait par exemple : "Imaginez que vous êtes sur un nuage et mettez-le sur le visage". J'ai été étonnée par la beauté du résultat ; ça m'a permis de faire face à moi-même, de faire des choses légères. Jusque-là, je reconnaissais pas mon délit, j'étais honteuse, frustrée et bloquée. C'est à partir de ce stage que j'ai commencé à accepter d'être prise en photo. Et là, en me voyant, j'ai découvert que la prison pouvait ne pas me détruire ; si je me maquillais et que j'allais chez le coiffeur, ça devait m'aider ! Y fallait donc que je continue à m'occuper de moi ! A partir de là, j'ai envoyé régulièrement des photos à mes filles. »

Portrait d'un des correspondants de l'auteure.

Mais, le plus souvent, le refus d'une telle pratique tient surtout au désir de ne donner aucune consistance symbolique à une condition carcérale jugée par trop stigmatisante. « Je veux pas garder de souvenirs de prison ! s'exclame ainsi Dominique-le-Bordelais, je

1. En dehors du cas incontournable des photos anthropométriques.

2. « Cette femme est une bête sauvage dont la place est en cage », avait tonné l'avocat général lors des assises.

veux pas qu'on pense qu'on est bien là ! » Cette remarque d'un détenu particulièrement chatouilleux sur la question de l'honneur laisse penser que la mise en scène exigée par les impératifs sociaux qui commandent la prise de photos (sourire, maintien assuré...) est inassumable en détention. Car si l'on se présente sous son meilleur jour, on risque de donner à son corps défendant une image (trop) flatteuse de l'institution.

Même réaction de la part de Francine-la-résistante. « Une vidéo avait été faite au club vidéo où on voyait ma tête, j'ai supprimé ce passage », me dira-t-elle d'un air farouche, et d'ajouter : « J'ai pas de photo de prison en dehors d'une, prise pour la carte d'étudiante, mais rien de plus ! Je veux pas laisser de trace ici, c'est clair ! Y en a déjà assez ! L'anthropométrie obligatoire, ça me suffit ! Les photos de moi que des copines auront ici, je les ferai faire dehors, j'en enverrai. J'appartiens pas au monde ici ! je suis là entre guillemets ! Y aura juste mon nom. Ici on nous a en nature, ça suffit ! La prison, c'est pas un théâtre auquel je participe.

— Mais vous faites malgré tout partie de ses acteurs...

— Actrice, peut-être, mais pas consentante ! »

Cela dit, le refus de se faire photographier *intra-muros* est plus facile à assumer quand la peine est plus courte. Condamnée à vingt ans de prison et permissionnable, Francine est, somme toute, une privilégiée qui peut envisager, à la différence des perpètes vouées à un long confinement, de se faire des photos et du souvenir en dehors de la détention.

Blot-le-toubib lui aussi ne veut pas « laisser des traces », mais pour de tout autres raisons : « Je me sens plus vivant qu'avant, m'explique-t-il, du coup, le temps, je m'en fous, je n'ai plus peur de la mort ! La photo est un repère dont la majorité des gens a besoin, mais moi, depuis que j'ai retrouvé la foi, mes repères ont changé. » Et puis pour Blot, non seulement les photos fixent le temps de façon fictive, ramènent au passé (ce qu'il juge dangereux), expriment un désir de créer du souvenir par peur de l'avenir mais de surcroît, en prison, elles n'ont pas de sens. « La vie ici c'est une petite mort, un temps arrêté », me dit-il — ce qui contredit quelque peu ses précédents propos —, avant d'ajouter : « Les photos des proches qu'on reçoit nous précisent la durée de l'exclusion, le temps qu'on a pas vécu avec eux. » S'il arrive à Blot de regarder de vieilles photos quand il n'a pas le moral, il n'en suscite pas de nouvelles et dit préférer de loin la correspondance « qui est véritable échange » à cette « pratique solitaire ».

Intra-muros, le sujet le plus photographié est le détenu lui-même. Dans cette image où il se présente ou se « représente » à autrui est en général occulté tout ce qui pourrait rappeler sa carcéralité : barreaux, porte de cellule, mur d'enceinte... Cette recherche ne reflète pas uniquement une préoccupation narcissique mais aussi, selon toute vraisemblance, une anticipation de l'utilisation qui sera faite de cette offrande. Les enfants, par exemple, pourront la montrer plus facilement à autrui si l'on y voit un parent « comme les autres ». Ainsi cette « pièce d'identité » ne sera-t-elle pas réservée uniquement aux intimes avertis du stigmate qui pèse sur le ou la détenu(e). « J'ai fait faire deux types de photos, m'explique ainsi Leduc-le-Nantais, les unes en cellule pour que ma famille voie le cadre où je vis, les autres pour mes filles. Sur celles-là, je suis dans la cour de la prison et derrière, y a une peinture avec la plage, les rochers et les oiseaux. »

Rares sont donc les photos prises en cellule, le volume limité du lieu permettant difficilement d'en gommer l'essence réclusionnaire. Mais l'attitude de quelques hommes m'a paru diverger sur ce point de celle des femmes. Est-ce lié au caractère plus stigmatisant des crimes commis par celles-ci ? et (ou) à l'antagonisme plus grand qui oppose prison et féminité ? Alors que certains détenus se font prendre sans complexe devant les barreaux — « il est trop tard pour avoir honte », observe Irénée-le-Réunionnais en haussant les épaules —, rien de tel ne m'a été évoqué par une femme.

A l'inverse, sur une photo prise dans une cellule féminine, que vois-je ? une détenue assise sur son lit, tenant dans ses bras une énorme peluche. Tentative de reproduire dans la mise en scène, grâce à un « gros plan » centré sur le lit, l'intimité d'une chambre de jeune fille « normale » et partant, de souligner son aptitude à la tendresse et sa féminité ? Exhibition d'un cadeau offert et de l'attachement qu'elle y porte ? Je ne sais. Ce qui est sûr en revanche, c'est que cette photo est destinée à montrer du « sentiment »... et à en susciter par un effet de ricochet.

Le plus souvent, les photos faites en détention le sont « à l'extérieur » ; le cadre n'évoque aucun confinement, même si l'on ne parvient pas toujours à éviter qu'un bout d'enceinte ne vienne rappeler l'existence d'une limitation spatiale. Dans plusieurs établissements où des fresques ont été peintes sur les murs d'une des cours, c'est devant ces « trompe-l'œil » qu'on choisit de poser. Ceux que j'ai pu voir reproduisaient toujours les mêmes thèmes : l'espace, la mer, les palmiers, l'exotisme, bref... *l'évasion*. On évacue ainsi l'environnement imposé et on proclame : « Mon identité est ailleurs ! Je vous écris d'un lieu qui n'a pas de *prise* sur moi » (pas *prison*).

Extrait de la fresque réalisée au quartier femmes
de la maison d'arrêt de Metz-Queuleu.

A Rennes, les détenues se font souvent prendre en photo dans l'espace vert et fleuri attenant à la chapelle. Sur celle que m'a montrée Laurence Marelle, elle figure au milieu des fleurs et en a glissé une à son oreille. La vie de Laurence-la-suicidaire n'est pourtant pas pavée de roses, mais dans cette photo se lit son désir de n'être associée qu'à la beauté et à une nature qui ne reflète pas la sémantique carcérale. Bref, par le biais de ce cadre fleuri (suivant en cela les pratiques en vigueur *extra-muros*), elle veut donner d'elle une image romantique et épanouie.

Les photos de groupe paraissent peu fréquentes, mais à cet égard les pratiques semblent diverger selon les établissements ; en centre de détention où les détenus jouissent d'une plus grande liberté d'action et de réunion qu'en centrale, on en prend plus fréquemment ; par ailleurs elles n'ont quasiment pas été évoquées par les femmes de Rennes. Ces clichés expriment généralement le désir de pérenniser les « bons moments » de la vie collective. Certes, de telles occasions existent (repas d'anniversaire par exemple) mais, d'une part, la nécessité de faire appel à une personne dûment mandatée [1] pour prendre des photos limite les possibilités de le faire — surtout s'il s'agit de manifestations informelles — et d'autre part, même si la chose était faisable, on peut se demander si les intéressés souhaiteraient fixer pour les conserver ces parenthèses heureuses. Car ces « bons moments » s'inscrivent malgré tout dans le cadre d'une longue épreuve à endurer [2].

Cela dit, le regard posé sur ces instants de bonheur carcéral diffère forcément en fonction de la longueur de la peine et de l'intégration du détenu. A tempérament égal, une « petite peine » sera sans doute moins tentée de photographier les moments agréables vécus dans un tel contexte qu'un perpète qui est destiné à y faire une partie importante de sa vie. Sauf à ne porter sur lui-même qu'un regard constamment négatif et à ne retenir de son passé que le vide et l'absence, ce dernier est poussé à positiver, épisodiquement du moins, ce qui fait la trame de son existence, même si celle-ci est imbriquée à la prison : « En taule, me dit Artigo-le-Marseillais — vingt-quatre ans de détention et des caisses de photos — on n'est pas de passage, non ! Nous on vit dedans, enfin on essaie d'y vivre ! Y'a des moments de joie ici ! » Artigo qui est sportif a notamment beaucoup de photos de compétitions ou de spectacles montés à l'initiative de détenus. Ce qu'il veut en retenir, c'est la fidélité de champions — tel Bouttier, le boxeur —, connus de lui avant sa détention, qui ont accepté de venir dans ces lieux décriés « pour nous faire plaisir ». « C'est court une journée avec eux ! », et ce moment court et précieux, il faut l'immortaliser !

L'autre raison qu'a Artigo d'être attaché à ces photos de prison, c'est qu'il y retrouve ses meilleurs amis, des sportifs, originaires comme lui du grand banditisme, milieu de plus en plus minoritaire et qui reste relativement soudé. Artigo est d'ailleurs la seule personne qui m'ait confié avoir regardé avec des libérés des photos de matches prises en détention. En revoyant ces traces de leur passé sportif, Artigo et ses copains se sont plu à comparer l'évolution de

1. Et généralement requise prioritairement par d'autres fonctions (puisque selon les sites, le « preneur » de photos est prof de gym, éducatrice, etc.).

2. Or la photographie « privée » a pour objectif essentiel de retenir les images *positives* d'une vie.

leurs corps ainsi que les changements survenus dans les équipes. Ce faisant, l'un d'entre eux aura peut-être laissé échapper par mégarde — qui sait ? — le classique : « Ah ! c'était le bon temps ! »

Jacques Pelletier, dont j'ai dit qu'il s'était relativement bien adapté à la vie de C., a lui aussi quelques photos où il ne figure pas seul ; « ici en couple et là, à plusieurs ; c'était pour garder des souvenirs », mais il ajoutera un peu plus tard cette remarque désabusée : « Je me fais pas d'idée ; en fait, ces photos, je les regarde jamais. »

Ces deux cas mis à part, les photos de groupe que j'ai pu voir ou qui ont été évoquées avaient toutes une caractéristique commune : elles étaient faites à l'occasion d'une rencontre avec l'extérieur. Ce qui traduit bien les objectifs de l'institution. Celle-ci favorise en effet deux types de photos : celles prises au parloir dans le cadre d'une politique « de renforcement des liens familiaux » et les clichés « événementiels ». Ces derniers fixent les manifestations exceptionnelles qui témoignent de l'ouverture de l'établissement sur le monde extérieur (matches contre une équipe non pénitentiaire, conférence donnée par un écrivain...) et montrent des détenus (sportifs ou auditeurs) ayant une vie somme toute analogue à celle des êtres libres. La photo a ainsi comme fonction de souligner le caractère exceptionnel de l'événement comme la « normalité » des personnes mises en images et, partant, de la condition carcérale.

Les photos-parloirs sont une pratique qui se répand dans les établissements pour peine. La visite des proches et notamment des enfants est une circonstance heureuse, souvent rare (les familles vivant fréquemment loin de là), une ouverture sur l'extérieur et une possibilité de renouer avec une identité antérieure ; elle justifie donc aux yeux des directions, pour qui elle symbolise « du positif », que les détenus puissent être photographiés à cette occasion.

Comme les photos « événementielles », les photos-parloirs solennisent un moment « heureux » et occultent peu ou prou le réel. L'image de la mère que rien ne sépare de ses enfants recrée en l'accentuant une unité mise à rude épreuve par la détention et les « placements à la DASS » pour nourrir ensuite les rêves que caresse la détenue de retrouver un jour une vie de famille. Mais ce faisant, la photo gomme la réalité de la détention et de ses répercussions. « Quand j'ai pu revoir ma fille, me dit ainsi Jacqueline Triève, la Normande, elle avait dix-huit ans ; ça faisait quatorze ans que j'étais en prison ; quand elle est venue au parloir, on a fait des photos de nous deux ; elle est venue deux fois mais depuis, j'ai plus de nouvelles. »

Si les familles et surtout les enfants[1] sont les destinataires n° 1 des photos prises en détention, certaines sont également envoyées à des correspondant(e)s pour « faire connaissance » ; enfin quelques-unes sont à usage interne, cas de figure que je n'ai observé que côté femmes. « J'avais une copine, me raconte Jacqueline Triève, elle avait des photos de moi et puis elle a voulu sortir avec moi ; je savais pas qu'elle était lesbienne, j'ai pas voulu, alors elle m'a rendu mes photos déchirées. » L'exemple cité ici n'est pas sans rappeler les pratiques en vigueur dans les internats de jeunes filles où s'élaborent des amitiés amoureuses. Comme certaines adolescentes, la détenue évoquée a donné sa photo à son amie de cœur, don symbolique chargé de cimenter une de ces alliances que suscitent traditionnellement les institutions « totales » et monosexuées. Et « ces actes iconoclastes [les photos déchirées] dictés par la souffrance et la rancœur donnent la mesure des passions qui se concentrent sur ces images[2] », passions qui sont d'autant plus fortes en prison que les liens affectifs extérieurs se sont en grande partie délités.

Parmi les destinataires figurent aussi les visiteurs de prison, voire quelques intervenants extérieurs. A la sociologue de passage, trois perpètes ont ainsi offert leur photo. Évidente demande de non-oubli[3]. Au verso de son portrait, Laurence-la-suicidaire avait inscrit ces mots : « Madame, je vous offre cette photo en souvenir de moi, car s'il m'arrivait une tuile, au moins avec mon témoignage, vous aurez ma photo. » Deux de mes interlocuteurs masculins m'ont proposé la leur en échange de la carte de visite professionnelle que

1. On se rappelle non seulement à leur mémoire mais on rappelle aussi qui est le « vrai » parent.

2. A. Rouillé, « Une photographie hasardeuse », *La Recherche photographique, op. cit.,* p. 4.

3. « J'ai envie de savoir que j'existe encore dehors », m'a écrit récemment un détenu qui me proposait lui aussi sa photo.

je leur avais laissée. Cette disparité m'a paru significative : je leur tendais une identité sociale désincarnée ; en retour m'était donnée une photo de leur être de chair. Dénué de tout statut social, pourrait-on ajouter, quoique... Blanchard-le-militaire (responsable du club photo de S.) avait réussi, sur le cliché qu'il m'offrit, à restaurer son ex-statut en se bricolant des galons de fortune. Image réparatrice donc, chargée d'annihiler la déchéance suscitée par la détention...

Photos reçues, photos mises en espace

Les photos que les détenus ont en leur possession sont soit des souvenirs de leur passé qu'ils ont pu emporter avec eux ou se faire expédier, soit des clichés plus récents envoyés par leurs proches ou leur(s) nouveau(x) correspondant(s). Ainsi une perpète me dit insister auprès de la nourrice de ses filles pour qu'elle lui en envoie régulièrement. Mais cela ne va pas toujours de soi, comme me l'explique Laurence Marelle. « Une de mes sœurs me donne des nouvelles et des photos de mes filles en cachette, elle s'est d'ailleurs fait engueuler par le juge des enfants [1]. » Une autre de ses sœurs lui a, quant à elle, envoyé une photo douloureuse : « Elle, avec son fils ; en fait son fils, m'explique Laurence, c'est le fils de mon concubin ; moi aussi j'ai eu un fils avec lui mais il est mort quand il avait un mois. J'aurais aimé reproduire la photo de mon fils sur son fils à elle. »

Quant aux photos déjà anciennes, elles sont soumises à une sélection qui doit beaucoup aux aspects tragiques qui caractérisent la quasi-totalité des histoires familiales des personnes interviewées (et accessoirement à l'espace exigu dont elles disposent). Chez les femmes, les maris ou concubins sont les grands absents des corpus photographiques présents en cellule. Souvent perçus comme responsables directs ou indirects du crime commis (et parfois eux-mêmes détenus), leurs photos renvoient à une période de la vie qu'on préfère oublier comme on aimerait parfois oublier le visage de la (les) victime(s) — mais ça, c'est une autre histoire... D'autres

1. Les relations des « infanticides » avec leurs enfants « placés » ne sont pas toujours vues d'un bon œil par les magistrats.

ont éliminé les photos de ceux qui les ont jetés aux oubliettes ; ainsi Cyrille-l'avocat, qui a longtemps conservé celles de sa famille a-t-il fini par les déchirer, mortifié de ne pas recevoir de réponses à ses lettres.

Et puis, parmi les photos-souvenirs, il y a parfois celles de la victime (conjoint ou enfant). Quelle que soit en effet l'hostilité ressentie à son encontre à l'époque du crime, elle est souvent évoquée ultérieurement, je l'ai déjà mentionné, comme une personne « perdue ». Se pose alors la question suivante : la personne endeuillée va-t-elle conserver une photo de l'être cher ou l'endeuilleuse va-t-elle éviter la confrontation trop douloureuse avec sa victime et avec l'image destructrice d'elle-même que celle-ci lui renvoie ? « J'ai pas de photos de mon fils, m'explique Marylin Alphonse, l'« infanticide » ; quand j'ai été arrêtée, j'ai pas voulu prendre de photos de lui, j'avais que les larmes ! Je peux pas supporter de voir sa photo, même si j'ai demandé une fois qu'on me l'envoie. C'est trop dur ! Mais de toute façon son visage est toujours présent dans ma tête ; je revois toutes les scènes, c'est vraiment constant. Ce que j'ai fait, j'ai dessiné un portrait d'une mère avec son enfant que j'ai accroché sur mon placard et à côté, j'ai mis un texte que j'ai écrit pour lui. »

Le dessin évoqué par cette détenue (mais aussi par des interviewés masculins) a donc permis non seulement de réparer l'irréparable en recréant la dyade mère-enfant, mais aussi de suggérer la réalité d'une façon assez idéalisée pour qu'elle soit supportable.

On sait que les photos à caractère familial ne sont pas mises en espace de la même façon suivant le caractère plus ou moins solennel ou privé de l'image qu'elles proposent [1]. *Intra-muros,* l'exiguïté de la cellule et l'impossibilité de contrôler totalement ce qui sera vu — ou non — par autrui limitent les variations qui opposent au-dehors la photo de mariage, par exemple, qu'on placera sur la télévision, et les photos de vacances rangées dans des pochettes au fond d'un tiroir.

Cela dit, dans les cellules, les photos affichées sur le panneau prévu à cet effet ou sur le placard sont généralement plutôt récentes

1. P. Bourdieu (sous la dir. de), *La Photographie, un art moyen. Essai sur les usages sociaux de la photographie*, Paris, Éd. de Minuit, 1965, p. 45-46.

(faites pendant la détention) et représentent les personnages prépondérants dans le présent des détenus : la photo standard étant celle prise avec les enfants au parloir. « Dans ma cellule, me raconte une femme de Rennes, j'ai accroché plein de photos du parloir, j'ai besoin de leur dire bonjour, de leur dire bonsoir à mes filles. Ces photos datent d'époques différentes : y a sur ma porte des photos du premier parloir en 1993 puis de 94, puis de 95... Ça me permet de voir leur évolution, puis la mienne, et de changer ce qui n'a pas été dans le précédent parloir. Les anciennes, je les ai dispatchées sur mon armoire. » Ainsi la différence entre les supports choisis reflète-t-elle la mise en espace d'une hiérarchie des liens affectifs et d'une chronologie de l'histoire familiale.

Mais afficher des photos peut aussi correspondre à un désir d'ostentation. « Moi, m'écrit un détenu, plusieurs de mes correspondantes m'ont envoyé leurs photos. Je les ai mises bien en évidence dans ma cellule. Les gars qui viennent me voir, ça les impressionne ; c'est comme si c'était mon tableau de chasse. Ils se disent : « Comment il fait cet Arabe pour avoir tant de jolies filles qui lui envoient des photos ? Et pourquoi, moi, on m'en envoie pas ? Ces trucs-là, conclut mon correspondant, ça vous classe ! Ça montre que vous êtes précieux pour quelqu'un, c'est comme les parloirs. Le mec qu'a pas de photos, pas de parloir, on se dit qu'il existe plus pour dehors ; c'est un mec fini ! »

Quand elles ne sont pas affichées, les photos sont « serrées » dans des pochettes, boîtes de biscuits et autres réceptacles, ou, pour les plus chères, dans le lieu intime par excellence : le lit. « Les photos de mes enfants sont sous mon oreiller, me dit Sophia Rado ; quand je rentre dans mon *studio*, je sais qu'ils sont là et puis je sais que *demain* je peux les retrouver, que ce n'est pas qu'une image ! »

Un support de rangement photographique m'a surprise : l'album-photos. Objet singulier dans le cadre solitaire d'une détention ! Est-ce un hasard si les *détenus* qui m'ont dit en posséder étaient le plus souvent des détenues ? Est-ce parce que les femmes, traditionnellement chargées de la conservation de la mémoire familiale, sont plus habituées à se livrer à cette pratique ?

Quoi qu'il en soit, l'on ne se met à constituer un album (ou à le reprendre) que lorsqu'un certain nombre d'années de détention se sont écoulées. Choix qui tient vraisemblablement à des raisons pratiques aussi bien que symboliques. « En maison d'arrêt, me dit un ex-détenu, les gars sont pas tranquilles avec leurs photos. Je me souviens d'un copain qu'était parti seul en promenade, quand il est rentré, en soulevant l'œilleton, il a vu son cocellulaire qu'était en train de se branler devant la photo de sa femme. Ç'a failli très mal tourner, mais c'est pas un cas unique. Les mecs, ils aiment pas du tout retrouver des traces de sperme sur la photo de leur chérie ! » « En maison d'arrêt, m'explique aussi Dodelet-le-mineur, j'avais les photos dans des enveloppes et les surveillants les fouillaient en les remettant n'importe comment. Ici, en CD, j'ai vu qu'on était assez libre et qu'on était plus respecté, donc qu'on pouvait garder des photos, alors j'ai acheté un album. »

La composition de ces albums m'a paru très significative du regard que portent les détenus sur l'institution pénitentiaire et leur vécu carcéral. « J'ai trois albums-photos, me dit ainsi Francine-la-résistante : un album avant la prison [qui suit la chronologie de sa vie] ; un album consacré à une copine qu'est sortie d'ici : j'y ai mis les photos de tous ses voyages et l'évolution de son fils ; un album de mes permes depuis deux ans.

« Dès ma première perme, j'ai pris des photos de la ville de Rennes, de mes amis, de leurs enfants... En perme, je prends les bons moments de ma vie, et puis avec la photo on mémorise mieux. La mémoire occulte les choses, pas la photo. » Ce dernier commentaire rappelle clairement les raisons pour lesquelles Francine refusait d'être photographiée en prison, lieu à « occulter » au maximum.

Par ailleurs la même logique paraît sous-jacente dans la constitution de ses trois albums-photos. Le classement chronologique qu'on trouve dans l'album « d'avant la prison » cesse après l'incarcération. Il y a donc un « blanc » de huit ans, puisque durant le temps de la détention ne figurent plus que les parenthèses — récentes — des permes (avec des photos d'amis extérieurs au monde carcéral) et les clichés de lieux qui méritent d'être fixés car ils évoquent le plaisir de la liberté recouvrée, du vagabondage nez au vent, bref, de la vie qu'on savoure à chaque pas.

L'album consacré à l'amie et à l'évolution de sa vie (voyages, enfant) suit quant à lui l'ordre chronologique. Comme si cette dernière prenait la place laissée vide dans la vie (libre) et l'album de celle qui est retenue derrière les murs... Comme si son itinéraire exprimait en filigrane la réalisation secrète d'un autre devenir pour sa part empêché.

L'album de Jacqueline Triève, perpète détenue depuis dix-sept ans, n'est pas non plus un album de famille *stricto sensu* : la majeure partie des personnes qui y figurent ne lui sont pas apparentées et Jacqueline dit avoir « classé ces photos un peu au hasard », contrairement au code traditionnel qui veut qu'on suive la chronologie des faits. On peut d'ailleurs se demander pourquoi Jacqueline a ressenti le besoin, au bout de treize ans de détention, de faire un tel achat et de procéder à un regroupement qu'elle décrit en ces termes : « Dans l'album, j'ai mis quelques photos de copines détenues mais surtout des photos de l'extérieur : y a des photos de moi et de ma fille au parloir ; j'ai des photos du mariage de la fille de ma visiteuse et des photos de ses quatre petites-filles ; j'ai une photo de mon amie de X [une ex-codétenue] quand elle s'est mariée, une photo de ses chiens, de ses chats et de ses enfants, et puis plusieurs photos d'une fille d'ici après sa sortie. »

En fait, par le biais de cet album, Jacqueline Triève, qui a vu se défaire progressivement ses liens familiaux, semble vouloir se recréer symboliquement une bulle affective, dire par photos interposées qu'elle n'est pas isolée car « l'album rassure : c'est un lieu de certitudes, de stabilité et de réconfort[1] ». Même si le sociogramme ainsi créé ne tisse pas comme l'album traditionnel une mémoire de la famille, il contribue à ancrer l'unité fictive d'un réseau qui ferait office de famille de remplacement et, de ce fait, joue peut-être pour elle un rôle structurant.

Cet album montre aussi combien, pour beaucoup de détenus, la « vraie vie », colorée, digne d'être archivée, n'est pas la grise vie carcérale quasiment dénuée de tout rite positif hormis les quelques grands (et bons) moments qui marquent le cursus judiciaire : la première permission, la commutation, la conditionnelle... La vie polychrome qui vaut le coup d'être fixée pour être ultérieurement revisitée finit bien souvent par être la vie menée *extra-muros* par des proches (la visiteuse de prison en particulier). Les rituels mis en scène sont ceux vécus par les autres, la ponctuation chronolo-

1. A. Rouillé, *op. cit.*, p. 4.

gique ne renvoie pas à la vie de la « longue peine » (qui a souvent l'impression de faire du « surplace », de vivre des moments interchangeables, voire de régresser), mais à l'évolution clairement balisée par les grands rituels sociaux (mariage, naissance, communion des enfants...) des *alter ego* libres sur lesquels on se projette.

L'émiettement qui se lit dans l'album de Jacqueline est aussi représentatif, me semble-t-il, d'un certain type de trajectoires carcérales où l'on aurait bien du mal à distinguer de grandes étapes, des tournants décisifs, suscités par une réussite à un examen, une activité artisanale ou théâtrale consacrée par « l'extérieur », ou tout autre succès qui aurait « fait date ». Cela dit, émietté ou pas, l'album existe et peut donner à sa propriétaire l'impression que sa détention n'a pas été faite que de vide, même si les moments de plénitude semblent ne pouvoir venir que de l'extérieur[1] — mis à part ceux vécus dans ce lieu transitionnel qu'est le parloir. « La vraie vie est ailleurs ! »

Au terme de cette réflexion sur l'usage des photographies « privées », il faut rappeler que celui-ci reflète forcément le cadre réglementaire dans lequel il s'inscrit. Aussi faut-il d'abord lire dans les clichés pris, reçus, échangés ou archivés en détention aussi bien les déterminants objectifs dus au contexte institutionnel que les représentations que l'institution pénitentiaire aime à donner d'elle-même — ou qu'elle peut tolérer. Qu'elles soient photos-portraits, photos-parloir ou photos événementielles, toutes ces photos, tels des négatifs (positifs !), contribuent en fait à inverser l'image d'une institution perçue traditionnellement comme un lieu de clôture, de rupture et de mise à l'écart.

C'est dans ce cadre déterminé par des considérations qui ne leur sont pas imputables qu'on peut ensuite essayer de décrypter les stratégies des détenus. Tout compte fait, elles rejoignent celle de l'AP. Comme cette dernière, les intéressés ne cherchent pas à produire des photos-témoignages qui refléteraient la dureté du quotidien pénitentiaire et pourraient susciter la honte. Non ! ce qu'ils tentent de faire, c'est recomposer la réalité et l'euphémiser en en gommant — éventuellement par une recherche plus esthétisante qu'à l'extérieur — tous les signes qui pourraient suggérer la mons-

1. Dans l'album de Jacqueline comme dans ceux de la plupart des détenus.

truosité du criminel et l'infamie de sa condition ! Ainsi se démarquent-ils de l'image effrayante qui est généralement donnée d'eux (photos anthropométriques ou photos s'étalant à la une des journaux) et redonnent-ils de l'humanité comme de la normalité à leur personne. A cet égard le support photographique semble traduire les mêmes aspirations que le désir d'écrire (ou de faire écrire) son « livre » et sa « vérité vraie » que j'ai évoqué au début de cet ouvrage. Il récuse l'insupportable et... réhabilite.

Instantanés

Premier tête-à-tête. « Je peux vous apporter ma photo pour votre dossier. — Pour mon dossier ? non merci, j'ai une très bonne mémoire visuelle. — C'est sûr — regard implorant — vous voulez vraiment pas ma photo ? »

« J'ai pris la peine maximale, me dit un détenu avec lequel je démarre un entretien, alors je peux vous étrangler, ça changera rien. » Pour lui, c'est sûr ! Regard sur la porte : elle est au moins à cinq mètres.

« Ça fait combien de temps que vous êtes à S. ? » demande la sociologue. — A S. ? Depuis toujours. C'est bien simple ils ont construit la prison autour de moi. » Nota bene : la centrale de S. est classée monument historique.

« En fait, j'étais déjà coupable dans le ventre de ma mère. » Mon interlocuteur est un enfant dit « naturel ».

« Je vais vous dire une chose — un doigt arrête le magnétophone —, j'ai tué aussi ma nièce mais pour cette histoire-là, on n'a jamais pensé à moi. » Regard qui me scrute. Ton soudain impérieux : « Mais vous avisez pas de le répéter ! » Moi ? mais je suis une tombe ! Où je ne tiens pas à être enterrée prématurément.

« Comment je peux me faire pardonner ? » Je suis désolée. Mon interlocuteur vient de me le dire, l'entretien de la veille l'a empêché de dormir. Il réfléchit — sourire édenté —, se hasarde : « J'aimerais..., j'aimerais que vous m'apportiez des pensées. »

— Un surveillant, une vieille connaissance : « Ah, si vous saviez comme je suis soulagé d'être ici. A F. (où nous nous sommes connus), Dupont, le chef de détention, y m'en a fait baver. Et puis les trucs qu'y me faisait faire ! Tiens, l'aumônier, vous vous rappelez ? » Sûr que je m'en souvient, un type aimable, au visage couperosé. Une balance, selon les détenus. « Il était porté sur la bouteille, vous savez. Alors, comme je travaillais au mess, Dupont m'avait dit de le faire boire. Quand il était rond, y devenait bavard ; le vin, ça le délivrait du secret de confession ! »

— « Vous croirez jamais ce que je vais vous dire, mais je peux vous apporter le papier. J'ai eu une fois un rapport, c'était à R. où j'étais avant. Je me suis fait pincer par un maton, je faisais une pipe à un gars. Quinze jours de mitard. Et sur le rapport, vous devinerez jamais le motif qu'y-z-ont écrit : "A été surpris ayant dans la bouche un sexe ne lui appartenant pas." Texto ! » Le détenu est hilare.

SORTIR

« On pourrait, une fois la peine accomplie, proposer aux libérés des cérémonies de réintégration dans la vie sociale mais nos sociétés démocratiques sont toujours plus promptes à organiser des cerémonies d'exclusion[1]*. »*

Bien avant d'être dans les temps, la plupart des détenus rêvent à la sortie. Et prennent parfois leurs désirs pour des réalités ! « Dans leur courrier, me dit un permanent de l'OIP, certains évoquent leur libération ou une perme proche comme s'ils avaient gommé dans leur tête la période de sûreté qu'ils doivent faire avant de pouvoir y prétendre. C'est quand même inquiétant ! » Certes on peut imputer ce déni de réalité à la détérioration de l'état mental des intéressés, mais celui-ci est vraisemblablement conforté par les contradictions qui caractérisent bien souvent les propos tenus par les agents de tutelle. Quand ce qui est promis n'est mis en pratique que de façon aléatoire, on peut être amené à penser que rien de ce qui est signifié n'est jamais sûr (périodes de sûreté y compris).

En tout cas, en écoutant quelques détenus évoquer leur (?) future sortie, on croit voir se dérouler le film inversé de l'incarcération : « Je laisserai ici tout ce que j'ai acheté en prison, me dit l'un, je veux rien garder de cette époque. J'irai ensuite à l'hôtel d'en face prendre une douche et je jetterai mes fringues. » Bref il se dépouillera immédiatement de l'intérieur comme on l'avait défait de l'extérieur des années auparavant.

Mais nul n'est dupe ! Les libérés auront beau se purifier, couper avec tout ce qui leur rappelle la prison, ils n'en seront pas quittes pour autant ! D'ailleurs, compte tenu de la longueur de leur peine,

1. A. Garapon, « Pour une nouvelle intelligence de la peine », *op. cit.*, p. 14.

les perpètes ne peuvent guère espérer sortir en dehors du cadre très surveillé d'une libération « conditionnelle ». Mesure qui est, je l'ai dit, de plus en plus difficile à obtenir[1]. Vont jouer leur profil, le « projet » (emploi-logement) qu'ils auront élaboré avec un travailleur social, la médiatisation de leur affaire[2] et, surtout, le contexte politique et sécuritaire du moment. Ainsi la vie des nouveaux libérés ne sera-t-elle ni libre ni facile[3] ; ce sera plutôt une « semi-liberté ». Rendez-vous réguliers avec un éducateur du comité de probation, justificatifs (fiches de paie, par exemple) à fournir, liberté de mouvement limitée par d'éventuelles interdictions de séjour dans certains lieux ou régions de France... La liste des restrictions qui pèseront sur eux peut être longue. Sans compter la

1. En 1999, seuls quatre détenus condamnés à perpétuité ont obtenu leur libération conditionnelle. A titre d'exemple, à la centrale de Saint-Maur, établissement qui accueille à l'heure actuelle le plus de perpètes en France, une seule libération conditionnelle a été octroyée lors des cinq dernières années.

2. Ainsi Patrick Henry, auteur d'un crime qui défraya la chronique à la fin des années 70, s'est-il vu opposer régulièrement un refus à sa demande de libération conditionnelle malgré un dossier et des expertises très favorables.

3. Dans *La Prison dans la cité*, Paris, Desclée de Brouwer, 1996, p. 269-290, j'ai détaillé « le parcours du combattant post-pénitentiaire », énuméré les démarches administratives qui attendent le libéré, les difficultés rencontrées pour revoir ses enfants, etc. Bref, sauf si le détenu est très entouré, les mois qui suivent la sortie sont loin d'être une sinécure.

surveillance policière qui s'attachera plus particulièrement à leurs faits et gestes. « S'il y a une rixe dans un bar, soupire un détenu, les flics me tomberont dessus, j'aurai pas intérêt à être rond. Même problème s'il y a des contrôles sur la route. A la sortie, on nous demande d'être exemplaires et ascétiques. » Resoupir. Mon interlocuteur ne se sent visiblement ni la force d'être exemplaire ni l'envie d'être ascétique. Surtout après de longues années de détention !

Cette « semi-liberté » — *stricto sensu* —, un détenu, Artigo-le-Marseillais, y avait d'ailleurs goûté et en avait touché les limites puisqu'on la lui avait révoquée. Le motif ? Il n'avait pas respecté toutes les obligations qui lui étaient imposées. « J'avais commis aucun délit, m'explique-t-il, mais c'est vrai que j'allais pas toujours au travail : je venais de faire dix-neuf ans et demi de prison ! » Bref Artigo estimait qu'il avait besoin de décompresser un peu[1]. Ce qu'on lui reprocha, comme on lui fit grief de ses fréquentations : d'anciens détenus, ses seuls copains au demeurant, qu'il retrouvait dans des bars, lieux qui lui étaient également interdits. Réincarcéré depuis lors, Artigo, qui attend sa libération conditionnelle, maugrée : « Je serai toujours en prison même dehors et ça m'emmerde. » Comme beaucoup d'autres détenus, il évoquera l'étranger, des pays où il pourrait vivre, enfin libre ! avant d'ajouter : « Je suis quand même attaché à ici. » Ici où il a sa famille, sa langue, ses habitudes, mais aussi ce passé qui va lui coller à la peau jusqu'à sa mort.

Sortir avec un passé

C'est donc sous le signe du passé que se profile l'à-venir. Avec toujours les mêmes plaintes : « J'aimerais bien qu'on arrête de me traiter et de me juger en fonction de ce que j'ai fait et de ce que j'ai été jadis. » D'autant plus que c'est ce qui a caractérisé toute la temporalité de la détention : longue conséquence de faits passés et

1. « Beaucoup d'ex-détenus sont dans un état de stress très fort, ils n'arrivent pas à dormir ; alors il est fréquent qu'il faille attendre trois semaines avant qu'ils reviennent nous voir ; ils ont besoin de se réadapter, ils ont envie de tout faire et de tout voir dans un temps très court et puis ils ont trop de problèmes à résoudre d'un coup. » Ces propos m'ont été tenus par la directrice de l'antenne ANPE réservée aux sortants de prison d'Ile-de-France.

d'une identité parfois dépassée. Cyrille-l'avocat, quarante-huit ans, me raconte ainsi sa rencontre dans la cour de Fresnes avec un jeune qui le connaissait de nom. Son père lui avait parlé de lui. « Ça m'a transpercé, me dit-il d'un air abattu ; je me suis dit : "Quand je sortirai, y aura encore des gens pour qui je serai un voyou". La sortie, c'est la deuxième punition. » « Le passé, même ici, on m'en parle alors qu'y devraient pas ! se plaint aussi Dominique-le-Bordelais ; j'en entends qui disent : "Regardez son passé !" ou alors y parlent du futur en disant : "Pensez à sa sortie ! à ce qu'y fera vu ce qu'il a fait !" » Bref Dominique, chenille détenue qui rêve de devenir libre papillon, a le sentiment qu'on l'enfermera toujours dans une enveloppe révolue, ce qui obérera son futur après avoir empoisonné son présent. « L'employeur reviendra dessus, forcément, me dit-il, et puis j'ai peur de *respirer* la prison. » Par son vocabulaire, ses ignorances ou ses tatouages.

Sacrée carte d'identité, ces tatouages ! surtout l'été ! Les siens, Artigo-le-Marseillais les affiche maintenant à son corps défendant. Il les trouve « parfaitement ridicules » mais n'a pu se les faire enlever en prison. « J'ai, dit-il en haussant les épaules, "né pour souffrir" sur un bras et "pas de chance !" sur l'autre, plus les trois points [mort aux vaches !] sur une main et les cinq points [seul entre quatre murs] sur l'autre. » Tout un programme ! Comme d'autres détenus, Dominique et Artigo craignent donc à double titre que leur passé ne leur colle à la peau. Et qu'on interprète et « déforme » tout ce qu'ils feront à la lumière de ce qu'ils furent. Or ce qu'ils furent, tous aspirent à ce que les autres l'oublient ou l'ignorent. Revendication d'autant plus légitime que l'existence même d'un quantum de peine précis à « purger » implique justement que la dette à payer soit circonscrite dans le temps. Ainsi, s'estimant quittes, les détenus libérés n'ont-ils pas envie d'être traités encore et toujours comme des débiteurs.

En ce qui concerne leur mémoire intime, par contre, leurs attitudes divergent. Certains veulent tourner la page et enfouir à jamais dans leur cœur crime et détention. D'autres s'y refusent au nom du devoir de mémoire, voire du refus du pardon : « Oublier la prison, non ! y faut pas ! s'indigne Artigo, c'est comme si on demandait aux Juifs d'oublier les camps de concentration ! » Oublier, d'autres encore, les plus nombreux, m'a-t-il semblé, s'en sentent tout simplement incapables : « Je pourrai jamais effacer ni la prison ni mon délit, reconnaît Francine-la-résistante. Comment fait-on pour vivre après ça ? C'est toujours la question que je me pose. » Passé-passif d'autant plus difficile à enfouir que les familles, quand on les retrouve, auront « morflé ». Que quelques proches (les enfants notamment) vous le rappelleront à l'occasion. Que certains comptes ne sont pas réglés et que des haines fortes envers tel frère ou tel parent peuvent resurgir.

Pourra-t-on revivre avec eux et renouer une relation d'amour ? « Avant, me dit Laurence Marelle, on me disait que j'étais une bonne mère, maintenant je me sens une mère indigne. » Et puis comme beaucoup de détenus, Laurence a un passé-gigogne qui la tourmente : sa vie d'enfant et de femme, « les faits », le placement de ses enfants à la DASS, plus ce passé d'ex-détenue qui l'attend à sa sortie. Temporalités en cascades qui s'appellent l'une l'autre et écrasent de tout leur poids le futur dont Laurence pressent qu'il sera difficile d'en faire un avenir.

Ce passé encombrant explique en partie la peur qu'évoquent les interviewés quand on aborde le thème de leur libération, le besoin parfois exprimé de passer par un « temps de transition », un « sas de décompression » avant de retrouver l'avant et l'extérieur. Et l'angoisse les étreint d'autant plus qu'ils se sentent handicapés dans un monde devenu plus dur — notamment dans le domaine du travail. « Dehors, me dit un détenu, y a du chômage ; en prison, je suis archi-exploité alors je me demande bien ce que je vais trouver. Je me pose souvent la question : "Comment je vais travailler et pourquoi ?" »

Une liberté perçue avec ambivalence

Pourquoi travailler ? Les réponses paraissent pourtant s'imposer. Parce que la conditionnelle, parce que gagner sa vie, parce que... mais c'est oublier que pour certains condamnés, les délinquants professionnels notamment, le salariat est (ou a été) perçu comme une oppression. Et que d'autres, après *x* années de prison, se sentent déconnectés de la société. « J'ai le sentiment de plus faire partie de cette société-là, me dira un détenu, je me vois plus investir dans les choses, dans une profession ; tout me paraît inutile ! » Propos auxquels fait écho une femme, elle aussi en quête d'un travail qui fasse sens : « Je trouverais pas mon compte si je devais devenir caissière à la sortie, me dit-elle ; y me faut un boulot qui m'accroche à la vie ! » Une vraie gageure, pensera-t-on, puisqu'un tel emploi, il faut le trouver alors qu'on est détenu et plutôt mal placé pour prospecter un marché du travail en pleine mutation.

Cette gageure, ce sont bien entendu les détenus les moins diplômés et les plus isolés qui y seront le plus confrontés. « Je sais que je trouverai plus de boulot, me dit André Simoni, cinquante-sept ans, je serais sorti plus jeune, j'aurais pu encore faire quelque chose. Maintenant si je vais chez un paysan et qu'y me demande mon âge, y m'embauchera pas. » D'autant plus, et Simoni préfère ne pas l'évoquer, qu'il n'a jamais beaucoup travaillé, que cela soit avant ou pendant la détention. Mais Simoni n'est pas un cas isolé. Avant d'être incarcérés, près de la moitié des détenus que j'ai rencontrés vivaient en marge du marché du travail. Une fois emprisonnés, certains n'ont été employés qu'épisodiquement pour cause de chômage « technique ». Ou ont fait des « petits boulots » (au service général notamment) pour survivre. Ou ont travaillé en atelier, mais à un rythme parfois moins rigoureux qu'à l'extérieur. Et avec des horaires décalés qui leur laissaient la possibilité d'avoir des loisirs. Ainsi la détention les a-t-elle parfois confortés dans leurs dispositions antérieures. D'où leur angoisse à l'idée de devoir s'adapter à la société productiviste qui les attend. Ou, plus exactement, qui ne les attend pas !

Les moins pessimistes étaient épaulés par leur famille qui pouvait les dépanner financièrement ou contourner les restrictions pesant sur le libéré en achetant à sa place un fonds de commerce (garage par exemple). Ou sûrs de retrouver une retraite parfois suspendue pendant leur détention. Ou dotés, comme les deux médecins interviewés, de professions suffisamment recherchées pour pouvoir espérer obtenir un emploi malgré leur casier judiciaire et les mutations économiques.

Autre peur, plus souvent exprimée par les femmes : vais-je retrouver un(e) compagnon(gne) et pouvoir vivre avec lui (elle) ? J'ai dit le désir d'indépendance manifesté par les détenues de Rennes. Si la plupart souhaitent revivre en couple, elles craignent cependant de subir à nouveau des situations de violence. D'autant plus que celles-ci ont souvent été criminogènes. « Avec un homme, me dit Laurence Marelle, j'aurais toujours un doute. Je crois que j'aurais besoin d'une femme au milieu, sauf si c'est un quinqua. » Bref une figure paternelle rassurante.

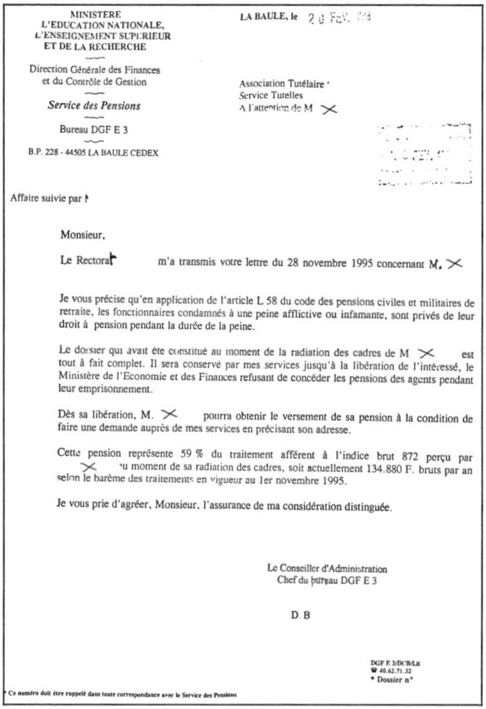

MINISTERE
L'EDUCATION NATIONALE,
L'ENSEIGNEMENT SUPERIEUR
ET DE LA RECHERCHE

Direction Générale des Finances
et du Contrôle de Gestion

Service des Pensions

Bureau DGF E 3

B.P. 228 - 44505 LA BAULE CEDEX

LA BAULE, le 2 0 FEV. 96

Association Tutélaire
Service Tutelles
A l'attention de M X

Affaire suivie par M

Monsieur,

Le Rectorat m'a transmis votre lettre du 28 novembre 1995 concernant M. X

Je vous précise qu'en application de l'article L 58 du code des pensions civiles et militaires de retraite, les fonctionnaires condamnés à une peine afflictive ou infamante, sont privés de leur droit à pension pendant la durée de la peine.

Le dossier qui avait été constitué au moment de la radiation des cadres de M X est tout à fait complet. Il sera conservé par mes services jusqu'à la libération de l'intéressé, le Ministère de l'Economie et des Finances refusant de concéder les pensions des agents pendant leur emprisonnement.

Dès sa libération, M. X pourra obtenir le versement de sa pension à la condition de faire une demande auprès de mes services en précisant son adresse.

Cette pension représente 59 % du traitement afférent à l'indice brut 872 perçu par X au moment de sa radiation des cadres, soit actuellement 134.880 F. bruts par an selon le barème des traitements en vigueur au 1er novembre 1995.

Je vous prie d'agréer, Monsieur, l'assurance de ma considération distinguée.

Le Conseiller d'Administration
Chef du bureau DGF E 3

D. B

DGF E 3/DCB/LS
☎ 40.62.71.32
* Dossier n°

* Ce numéro doit être rappelé dans toute correspondance avec le Service des Pensions

Certains vont retrouver une retraite suspendue pendant leur détention.

D'autres que Laurence, devenues comme elle homosexuelles en détention, ont continué à vivre avec leur compagne une fois libérées. « C'est une façon de rester en prison », remarque d'un ton caustique Francine-la-résistante, que les désirs d'indépendance de ses codétenues laissent dubitative. « Beaucoup de femmes qui ne s'étaient jamais occupées des questions financières avant leur arrestation sont toujours infantilisées. On nous fait pas prendre conscience, fulmine-t-elle, des difficultés pratiques : les impôts, le loyer... Dehors, elles seront perdues sur ce plan-là. »

Bref, l'air de la liberté tant exaltée semble, surtout si le moment de le humer à nouveau se rapproche, moins enivrant qu'on ne l'avait longtemps rêvé. « La liberté, me dit Jacques Pelletier d'un air perplexe, j'ai l'impression qu'en fait, c'est beaucoup de problèmes. » Et Jacques d'évoquer un copain qui depuis sa libération, se plaint de « pas voir autre chose que le travail » qu'il ne peut pas se permettre de lâcher pour cause de conditionnelle. Ainsi, à quelques encablures de la sortie, Jacques en arrive-t-il à dire : « S'il faut que j'aie une vie normale du style métro-boulot-dodo, je laisse la place à d'autres ! » avant d'ajouter : « Ici quelque part on est préservé. »

Ces peurs n'excluent bien entendu pas les désirs et Dieu sait s'ils sont nombreux. A commencer par celui de rattraper le temps perdu. Même si le fait « d'avoir un passé », d'être en conditionnelle et de ne pouvoir escompter que des ressources financières limitées restreignent singulièrement ces rêves d'une autre vie. « Quand on sort de prison, me dit Leduc-le-Nantais, on est revanchard, on nous a pris du temps, mais le récupérer je sais bien que c'est impossible. Je vais simplement essayer de le passer le mieux possible et pour ça, faut du fric ! » Ces propos mesurés, d'autres que Leduc les tiennent, notamment les détenus les plus âgés, les récidivistes et tous ceux qui ne se sentent guère en mesure d'avoir des projets. Pas plus qu'ils n'en ont eus bien souvent en détention, voire avant ! « Être peinard », « mener une petite vie tranquille », juste « vivre en paix », voilà les ambitions qu'ils affichent. Ambitions modestes de personnes lasses qui ont sans doute intériorisé toutes les contraintes qui pèseront sur elles et préfèrent ne pas « [se] faire d'illusions ». Quoique..., ceux qui paraissent les plus éteints ne peuvent s'empêcher de rêver encore un peu. « Je sens en même temps, m'a-t-on dit plusieurs fois, quelque chose qu'est mort en moi et quelque chose qu'est vachement vivant. »

Pour la minorité de détenus qui ont investi dans de vrais projets, l'après-prison peut cependant impliquer une continuité partielle avec la détention. Notamment quand les futurs sortants ont suivi des études très professionnalisées (vidéo, par exemple). Quelques personnes m'ont dit aussi vouloir poursuivre *extra-muros* une psychothérapie. Par contre, si j'en crois un surveillant de C., malgré l'engouement de certains pour tel sport ou tel artisanat, ils ne poursuivront vraisemblablement pas ces activités une fois libérés. Faute de temps, de partenaires et d'équipements facilement accessibles et peu onéreux...

En fait, quand on écoute ceux qui évoquent leur futur d'hommes libres, c'est plus souvent la rupture que la continuité avec la détention qui ressort de leurs propos. Leurs aspirations ? Après avoir soigneusement évité de sentir le présent, déguster chaque heure qui passe, vivre beaucoup dehors, voyager... bref, reprendre contact avec le monde dans toute sa diversité et sa spontanéité alors qu'on ne pouvait jouir derrière les hauts murs que d'une portion congrue — et réglementée — de l'univers. Et bien sûr, revoir sa famille ou, s'agissant des plus jeunes, en fonder une.

Faire un enfant, c'est redémarrer, sortir de la solitude qu'on a connue pendant de longues années, se donner une raison d'aimer, de croire en l'avenir, de travailler alors que ces mots sont parfois devenus vides de sens. C'est également, comme me le laisse entendre Laurence Marelle, refaire de la vie alors qu'on en a supprimé une. Oui ! elle qui a tué sa fille et qui se désespère d'être devenue une mère indigne aimerait mettre à nouveau au monde un enfant ! Essayer d'effacer et recommencer ? Ou rêver de le faire ?

Plusieurs personnes ont aussi évoqué leur envie d'aider les plus défavorisés, miroirs de ce qu'ils ont été, en leur apportant le soutien qui leur a longtemps fait défaut. Faire de leur expérience du malheur une force, un outil de travail ! « Je voudrais être entraîneur sportif avec des jeunes de banlieue », « me rendre utile par rapport au malheur des autres », me confient ainsi tel et tel détenus. Il y a les altruistes et puis il y a ceux qui rêvent de violents règlements de compte, les premiers se confondant parfois avec les seconds. J'entends alors des paroles de rage, une rage d'autant plus colossale que ceux qui l'expriment sont encore loin de la libération.

Le détenu qui ne voulait pas être libéré

Une exception parmi les détenus interviewés : Karl Wagner, RCP et douze ans de détention derrière lui. Si tous redoutent pour une raison ou pour une autre la sortie, lui a décidé de ne jamais vivre ce moment. Il est bien où il est. Lorsque j'évoque des prisonniers connus qui ont refait leur vie, il me rétorque : « Je veux pas de ça pour moi ! je crois pas à la réinsertion, je demanderai jamais la commutation de ma perpétuité ! J'ai trouvé mon harmonie en prison, je tiens pas à la perdre !

— Vous avez peur de sortir ?

— C'est de la paresse, j'ai plus envie d'affronter l'extérieur, j'ai ma petite vie ; le dimanche, on se fait une petite bouffe à deux. Non, j'éviterai le plus longtemps possible d'aller dehors. Si je sors de prison, c'est qu'on m'en aura vidé avec un coup de pied dans le derrière. De toute façon, je me sens incapable de travailler : j'ai quarante ans. » Ses quarante ans, Karl ne les paraît guère ; il fait partie de ceux que la détention semble conserver, mais sa remarque me rappelle qu'en prison, comme dans pas mal d'institutions qui reçoivent des populations déshéritées, on est « un vieux » très tôt[1].

Quoique Karl se dise « incapable de travailler », il est pour l'heure « gameleur » au service général. Activité à la fois mal rémunérée et peu prenante, ce qui semble lui convenir tout à fait. Ainsi oppose-t-il la vie paisible qu'il coule en centrale à la « galère » qu'il a connue avant d'être écroué. « J'ai jamais réussi à travailler plus de trois mois, j'ai fait un peu de tout, j'ai été plongeur dans un restaurant, animateur socioculturel, etc. Je sais ce que c'est de mendier. La prison, pour moi, c'est peut-être un frigo, mais j'y ai l'air conditionné. Ici au moins, je suis à l'abri, en sécurité ; dehors, c'est l'inconnu ; je pourrais supporter l'extérieur que si j'avais de l'argent assuré. »

J'évoque le RMI ; Karl, qui est étranger, me rappelle qu'il sera expulsé à l'issue de sa peine et que dans son pays le RMI n'existe pas. De surcroît, il n'a presque plus d'attaches dans sa patrie alors qu'en détention il a des amis. « Et puis ici, je fais ce que je veux ! quand ma cellule est fermée, je me sens sécurisé, je suis seul, ça me permet la réflexion, la rencontre avec Dieu ; ensuite, en promenade, je peux retrouver les autres et entretenir une relation amicale avec quelqu'un. Dehors j'y arrivais pas ! c'était le sexe, la drogue et pour finir, la mort. Parfois quand je m'imagine dehors, j'ai peur de refaire des conneries. » Bref, Karl ne veut plus quitter cet ermitage où il est arrivé après un terrible passage à l'acte[2] et un séjour tout aussi terrible en maison d'arrêt. Ce qu'il dit de la détention rappelle d'autant plus les raisons invoquées par les moines pour justifier leur adhésion à la règle monastique que Karl a beaucoup investi dans la spiritualité. Mais celle-ci justement ne devrait-elle pas le soutenir *extra-muros* ?

1. C'est en somme exactement l'inverse d'une institution prestigieuse comme l'Académie française où l'on est « jeune » très tard !

2. Le meurtre d'un jeune Maghrébin.

« En théorie c'est vrai, admet Karl, mais en pratique, j'ai besoin d'être là. L'Évangile, je sais que c'est la vérité absolue mais à petites doses. Vous savez, mon amour des autres, c'est encore très relatif ! » Bref, Karl ne veut pas quitter cette retraite qui lui plaît d'autant plus qu'elle est hétérodoxe : on peut y fumer du haschich, y côtoyer des « mules »[1] africaines ou colombiennes et papoter entre copains. On le voit, même si Karl consacre une bonne partie de son temps à la spiritualité, s'il ressent le besoin d'être soumis à une règle qui lui évite d'éventuels dérapages individuels, s'il apprécie la régularité de sa vie de reclus, il ne se voit pas échanger ultérieurement, comme je le lui suggère, sa cellule de détenu pour une cellule de moine. Trop de sainteté lui ferait-elle peur ? A l'évidence, Karl a besoin de pouvoir fréquenter des hors-la-loi. Comme s'ils exprimaient la vraie vie (ou le refoulé de Karl-le-mystique) dans le cocon quelque peu artificiel qu'il s'est confectionné.

Pour extrêmes qu'ils soient, les propos de Karl Wagner reflètent cependant les craintes des « longues peines » les plus adaptés à la vie carcérale[2]. La liberté, c'est aussi l'insécurité retrouvée, l'inconnu, la reprise en main de sa destinée, l'anonymat, voire l'isolement dans un macrocosme qui vous ignore. Ces peurs illustrent enfin ce que des années d'une vie carcérale routinière ont pu occulter. Si le détenu était peu — ou pas — intégré socialement au moment de son crime, il risque de se sentir plus marginalisé encore après sa libération. Même s'il a évolué pendant toutes ces années de détention. Observation qui amène forcément à s'interroger sur la pertinence de la réponse pénale (une mise à l'écart à perpétuité) apportée aux passages à l'acte de marginaux et plus généralement

1. Passeurs de drogue.

2. Je suis tentée d'appliquer à Karl Wagner, et dans une moindre mesure à Jacques Pelletier, l'analyse que fait Goffman de certaines angoisses qui apparaissent quand sonne l'heure de la sortie. Enfin « rompu aux ficelles de l'institution », écrit celui-ci, le reclus « peut penser que sa libération a pour effet de lui faire quitter les sommets de son petit monde pour le renvoyer aux bas-fonds d'un univers plus vaste » (*Asiles, op. cit.*, p. 118). Lignes auxquelles fait écho la remarque de l'un de mes correspondants à la veille d'être libéré : « J'ai pleinement conscience qu'ici, je suis quelque chose, oh ! pas une lumière ! juste une petite luciole, et que dehors, je ne serai rien. »

sur les ressorts et les valeurs d'une société où il est relativement facile d'être exclu mais fort difficile de s'(se ré)insérer[1].

Affiches pour les manifestations des 25 et 26 février 1972,
sur les prisons et la justice (Roger-Viollet).

1. A cet égard, l'attitude de l'État lui-même pose encore et toujours question. « En interdisant l'accès de la fonction publique aux détenteurs du casier judiciaire », alors qu'il assigne à la prison une mission de réinsertion, « le pays juge tous les jours la valeur de son propre système pénitentiaire... ». Ces propos tenus par le Groupe d'Information Prison dans les années 1970 sont toujours d'actualité, comme l'est la remarque d'un ex-détenu : « Avec le casier judiciaire, il n'y a pas de libération, il n'y a que des sursis. »

Carnet de bord n° 10

Septembre 1999. Ce matin, lettre de Karl Wagner. Inattendue. La dernière datait d'il y a deux ans. Karl a besoin d'un renseignement. Il pense que je peux l'aider. Je m'allonge sur mon divan, ferme les yeux, soupire. Une enquête est-elle jamais terminée ? Ce livre est-il un compte rendu honnête ? Bien sûr, je pense avoir été de bonne foi, ne pas avoir cédé à certains de mes partis pris. Ceux que je connais du moins... Mais les hommes et les femmes que j'ai interviewés ne m'ont dit que ce qu'ils voulaient bien me dire. Et puis certains évolueront, renieront peut-être un jour ce qu'ils m'avaient affirmé avec une parfaite bonne foi. Comme le fait Karl aujourd'hui, Karl, « l'homme qui ne voulait pas être libéré ». C'est du moins ainsi que je l'appelais jusqu'à ce jour.

Depuis mon départ de S., il s'est passé beaucoup de choses dans la vie de Karl. Je les résume sommairement, car sa lettre est touffue. « Je vous avais dit que je demanderais jamais ma commutation, mais disons qu'après votre visite, j'ai longuement réfléchi, parlé avec le docteur J. et X et Y. Je me suis finalement rendu compte que j'étais un parfait imbécile : de l'intolérance envers autrui, j'étais passé à la haine de moi, à renoncer à ma propre vie en vertu d'une pseudo-expiation qui ne servira à rien, d'autant plus que j'ai compris maintenant les raisons de mon crime. » Donc à l'aube de sa seizième année de détention, ce que Karl réclame désormais avec insistance, c'est une date de sortie !

Autre nouveauté. Un parlementaire, compatriote de Karl, lui a rendu visite. Au nom de l'article 112 de la Convention européenne, Karl pouvait en effet finir de purger sa peine dans sa patrie, c'est-à-dire... en semi-liberté, la perpétuité n'existant pas dans son pays. Perspective qui s'est avérée n'être qu'un mirage. L'État français n'acceptait le transfert de Karl qu'à condition qu'il ait réglé auparavant la somme de 220 000 francs — qu'il doit toujours aux parties civiles. Or cet argent, Karl ne l'a pas. *Exit* donc l'espoir du transfert. Mais ce mirage a laissé des traces. Drôlement dangereuses ! La presse locale a évoqué l'affaire et Karl-le-raciste (?), qui avait enfin trouvé à S. un *modus vivendi* grâce à la discrétion du personnel, vit désormais à l'isolement. En détention, sa vie est menacée, trop de détenus arabes voulant lui faire la peau. Pourtant Karl n'a pas changé, il est le même homme, plutôt bon camarade, bien intégré jusque-là dans la population pénale. Sauf qu'auparavant on le jugeait sur sa conduite et maintenant, sur son passé.

Du coup Karl, le détenu presque modèle, satisfait de sa p'tite vie carcérale, en a ras-le-bol. Marre de l'intolérance de ses codétenus.

Eux qui critiquent la société parce qu'elle les traite comme des parias font de même avec lui. Et tout comme elle, des années après les faits, ils le jugent pour un crime qui ne correspond plus à l'homme qu'il est devenu. Karl en a marre aussi de devoir mentir encore et toujours sur son passé — bien obligé s'il est transféré dans un autre établissement ! Marre également de servir de bouc émissaire à tout le monde, aux détenus comme à la population libre ! « Ils ont tous besoin de moi, m'écrit-il, pour dire : "Voyez, cet homme, c'est le mal absolu !" Le seul endroit où je risque pas de mourir, conclut-il, c'est dans cette cellule, cette coquille qui m'isole d'un monde carcéral que je n'accepte plus. »

Qu'adviendra-t-il de Karl ? Je ne sais. Combien d'années passera-t-il encore à l'isolement, confiné dans sa petite cellule avec, deux fois par jour, sa promenade en solitaire dans une cour minuscule « qui [lui] rappelle les cages d'un zoo roumain » ? Heureusement il a toujours pour lui tenir compagnie ses chères études de théologie, sa philo, Lévinas, Arte...

La lettre de Karl vient alimenter un peu plus ma réflexion sur le mal. Nous avons tous, me dis-je, le même défaut, nous figeons trop les choses. Ce courrier m'a tout d'abord dérangée car il remettait en cause le bel ordonnancement de mes analyses. Il allait falloir modifier ce que j'avais classé. Mais les détenus sont comme moi, ils fixent l'auteur d'un crime raciste dans la case « raciste » sans tenir compte de son évolution — et de la leur ! Et les jurés d'assises ? Ont-ils agi différemment en condamnant Karl à perpétuité ? Ont-ils tenu compte de sa capacité à changer ? Enfin tous, tant que nous sommes, nous qui nous plaignons toujours de l'immobilité dans laquelle nous vivons, des étiquettes qu'on nous accole, que faisons-nous d'autre que chercher régulièrement à arrêter le flux des choses, à immobiliser, à nier le changement, à ressasser nos ressentiments. Oui, indéniablement, quand nous figeons, nous semons des graines et ces graines sont celles de l'ivraie.

« La prison, écrit Michelle Perrot, a partie liée avec la pauvreté[1] ». Constat qui éclaire tout particulièrement l'ensemble du cursus des condamnés à perpétuité.

Quid de leur « recrutement » social ? Si nous ne disposons pas actuellement en France de statistiques globales à ce sujet, on sait bien — tous mes interlocuteurs pénitentiaires ou membres du barreau me l'ont confirmé — que les pauvres sont sur-représentés parmi les « perpétuité »[2]. Pourquoi ? Question grave qui impose à quiconque tente d'y répondre beaucoup de prudence et suscite au préalable d'autres interrogations. Tant de biais peuvent jouer !

Les pauvres tueraient-ils plus que le reste de la population ? Oui ! répond un chercheur comme Laurent Muchielli[3]. Pour lui, la plupart des auteurs d'homicides dont il étudie les dossiers sont fondamentalement des individus à qui la vie ne promet rien ou pas grand-chose. De surcroît, ils sont fréquemment habitués à la violence dans les rapports sociaux, humains, et (ou) alcooliques. Bref, selon ce chercheur, un déshérité retient d'autant moins ses pulsions violentes qu'il n'a rien à perdre, à la différence d'individus vivant à maints égards dans des conditions plus satisfaisantes.

Mais on peut aussi se demander si les pauvres ne paient pas plus de leur personne là où certains notables ou politiques auront recours à des hommes de main — moyennant finances ? Et si, après avoir commis un homicide, ils ne sont pas plus facilement repérés ? Hypothèses au demeurant difficiles à valider : vu la clandestinité des faits, il y a toujours un chiffre noir malaisé à évaluer et à analyser.

Par contre, on peut se montrer plus assuré s'agissant des déterminants qui ont pesé sur les jurés d'assises lors du prononcé de la sentence. Certes, il est des cas où l'origine socio-professionnelle semble ne pas jouer : les meurtres d'enfants et de personnes vulnérables notamment. Ainsi Christophe Geng et Marc Marcus ont-ils pris tous les deux la même peine alors qu'ils sont issus de milieux sociaux fort différents. Mais il n'en va pas de même pour tous les crimes. Et lors de mes entretiens, il m'est apparu clairement que,

1. Dans la préface consacrée à mon livre *Pauvretés en prison*, *op. cit.*, p. 6. Cet ouvrage est le résultat d'une enquête menée — pour le compte de la Chancellerie — dans sept établissements pénitentiaires. Il s'agissait d'observer les situations de pauvreté dans divers secteurs, d'en analyser les causes et d'en mesurer l'impact sur la carrière pénitentiaire, judiciaire et post-carcérale du détenu.

2. De même qu'ils étaient sur-représentés parmi les condamnés à mort exécutés, dont la profession était par contre mentionnée.

3. Je fais état ici d'une communication personnelle de l'auteur, chercheur au CESDIP, actuellement engagé dans des recherches sur les homicides commis en France au cours des années 1990.

pour reprendre la formule d'un éducateur de Fresnes, « les pauvres avaient souvent une pauvre défense », avocats commis d'office [1], parfois novices ou peu impliqués dans leur affaire, sans qu'on puisse — encore heureux ! — généraliser cette appréciation. Le même éducateur m'avait dit son indignation de « voir des gars sans argent, sans famille, mettre un an pour voir leur avocat dans une procédure criminelle », de « devoir appeler pour eux sans pouvoir toujours passer la barrière du secrétariat ». Et d'ajouter que le gros problème venait de ce que les individus les plus démunis n'avaient souvent plus personne *extra-muros* pour les aider dans leurs démarches, notamment auprès de leur « défenseur ».

Enfin on a vu que la « distance sociale » importait. Le jour des assises, un homme des bois comme Simoni, s'exprimant et présentant mal, vivant de surcroît en marge, sera bien plus facilement rejeté dans les limbes de la perpétuité qu'un père de famille bien intégré socialement.

Qu'ils soient auteurs d'homicides, condamnés à perpète, ou « menu fretin » jugé en comparution immédiate pour vol, une chose est en tout cas certaine : la justice alimente la prison en « pauvres gens ». Voilà qui affectera les prestations que proposera — ou pas — l'institution pénitentiaire. « Faite pour les miséreux, elle doit être misérable », écrit Michelle Perrot, ajoutant un peu plus loin : « Règle d'or, règle d'airain : le niveau de vie carcéral doit toujours être inférieur à celui de l'ouvrier le plus pauvre de la société, au risque de devenir attractif pour les paresseux », bref, « les mauvais pauvres » [2].

Mais il ne faut pas croire que cet état d'esprit courant au XIXe siècle ne soit plus d'actualité, même s'il n'est plus « politiquement très correct ». Si, à bien des égards, on peut parler de « pauvres » prisons, surtout s'agissant des maisons d'arrêt, et de très pauvres salaires [3], peut-être est-ce imputable au fait qu'un certain bien-être (voire mieux-être) [4] irait à l'encontre de l'image traditionnellement punitive de l'institution et choquerait une partie de l'opi-

1. L'avocat de Cyrille Michel n'avait jamais plaidé auparavant aux assises et n'a eu qu'un temps très limité — son prédécesseur s'étant désisté à la dernière minute — pour assurer la défense de son client. Faute de preuves irréfutables, Cyrille aurait pu, m'a-t-on dit, être acquitté ; il a pris perpétuité.

2. Préface à mon livre *Pauvretés en prison*, *op. cit.*, p. 8.

3. Ceux des détenus affectés au service général en particulier.

4. Pourtant explicitement prévu par les textes traitant de la mission de réinsertion impartie à l'institution pénitentiaire.

nion publique, mais joue aussi, selon toute vraisemblance, le fait que ces « pauvres » prisons accueillent de « pauvres gens », aussi dénués de statut social que de poids politique. Si les prisons avaient été destinées à être plus souvent peuplées d'hommes politiques et de chefs d'entreprise, les principes régissant la vie en détention auraient vraisemblablement été moins sévères et l'étalon des salaires plus élevé[1]. Bref, il est clair que l'insuffisance ou la médiocrité des prestations qui y sont offertes reflète le statut de la population qu'elles accueillent.

De surcroît, plus une prison sera « indigente » (pénurie d'éducateurs par exemple, cursus scolaires, clubs de loisirs, offres d'emploi, intervenants extérieurs, etc. limités), et plus les détenus déshérités seront pénalisés, puisqu'ils dépendent, bien plus que leurs homologues aisés, des ressources et de l'accompagnement « maison ». Or un détenu qui cumule les handicaps, les siens et ceux de l'établissement, risque d'avoir une détention beaucoup plus pénible que celle que vivent par exemple Blot-le-toubib ou Michel-le-principal au CD de C., établissement plutôt « bien achalandé ». D'autant plus que les plus pauvres tendent à s'auto-exclure de certaines ressources (formations diverses, psychothérapie...) pour les raisons qu'on a vues : peur de l'échec, malaise face à certaines pratiques étrangères à leur *habitus*. Ainsi risquent-ils plus facilement de se carcéraliser.

Enfin, un pauvre (hère) a moins facilement accès aux aménagements de peine : il ne bénéficie pas d'appuis extérieurs (travail, logement) et il ne sait pas ou ne peut pas gérer son « plan de carrière » en se livrant à des activités payantes et en élaborant des stratégies à long terme. Ainsi, tel le mauvais serviteur de l'Évangile, sera-t-il puni pour avoir enfoui le talent qui lui avait été donné, son temps de peine, au lieu de le faire fructifier.

Conclusion : à crime égal, les perpètes les plus frustes obtiennent tendanciellement leur libération conditionnelle quelques années après leurs homologues plus aisés. Ainsi auront-ils fait une peine à la fois plus longue et plus pénible. Faute d'avoir pu « faire quelque chose de leur temps » et, dans certains cas, faute de ces ressources financières qui aident elles aussi à « faire son temps ». Qu'on pense aux consommations de « douceurs » alimentaires, de loisirs, de communications téléphoniques avec l'extérieur, bref à toutes ces activités qui permettent de « s'évader » de sa condition et de se réapproprier singularité et statut.

Dernière remarque : si la réinsertion sur le marché du travail d'un

1. Je reprends ici succinctement quelques-unes des conclusions de mon livre *Pauvretés en prison*, *op. cit.*

ex-perpète ne va de soi pour aucun d'entre eux, elle est encore plus problématique pour les plus pauvres parmi les condamnés. Faute de diplômes, de relations, de ressources matérielles et culturelles en tout genre... Bref, ce sont sans doute les détenus les plus défavorisés qui, après avoir été les plus pénalisés et les plus carcéralisés, arriveront le moins, une fois sortis, « à s'en sortir ».

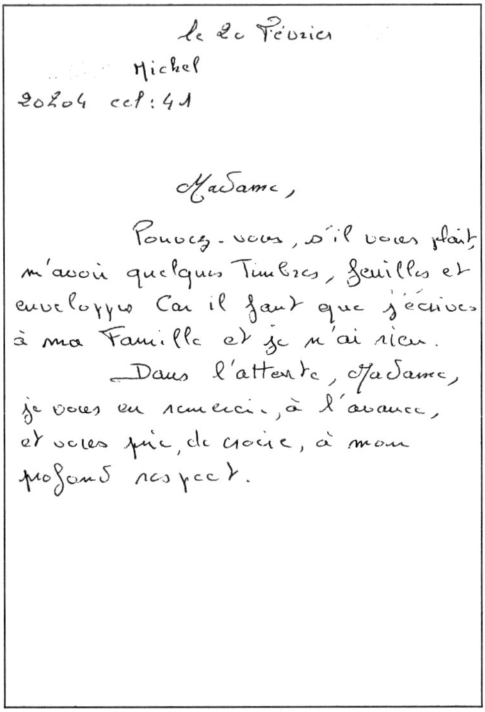

le 2c Février
Michel
20204 cel : 41

Madame,

Pouvez-vous, s'il vous plaît, m'avoir quelques Timbres, feuilles et enveloppes Car il faut que j'écrives à ma Famille et je n'ai rien.

Dans l'attente, Madame, je vous en remerci, à l'avance, et vous prie, de croire, à mon profond respect.

Le manque d'argent.
Lettre envoyée à l'assistante sociale d'une maison d'arrêt.

LES MOTS DE LA FIN

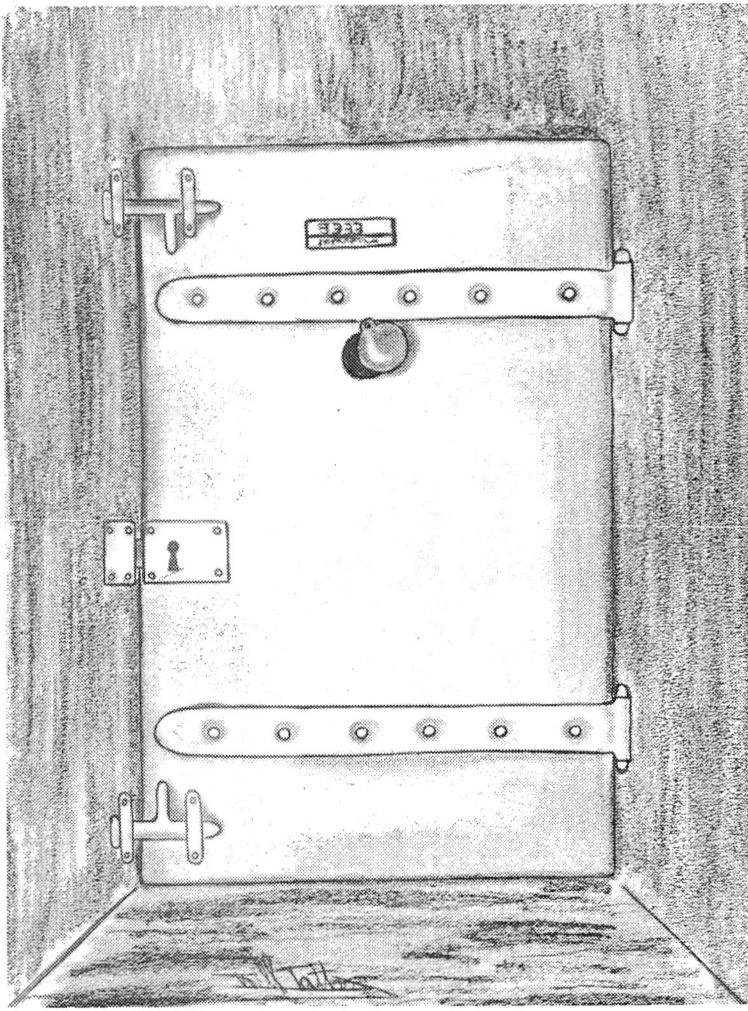

Dessin d'un détenu.

SORTS ET RESSORTS SINGULIERS

Il y a les innombrables perpètes que je ne connais pas et il y a ceux que j'ai rencontrés. Face à ces derniers, plusieurs questions m'ont taraudée : qu'est-ce qui fait tenir au juste cet homme-ci, cette femme-là ? A quoi tient-il (elle) tant pour pouvoir endurer cette terrible épreuve qu'est une très longue peine ? Et puis ça va tenir encore combien de temps ? Parce que ça ne tient pas forcément si bien. Ainsi ai-je un jour été en contact avec l'ex-avocat de Cyrille Michel. Apprenant que je vois son ancien client, il s'écrie : « Tiens, il est encore vivant ! Je pensais qu'il s'était suicidé depuis longtemps ; il était désespéré après les assises. » J'en suis restée sans voix.

Comment Cyrille, quarante-huit ans, a-t-il fait pour survivre, lui qui m'a écrit : « J'étais un mort-vivant : de parler avec vous, ç'a été comme des électrochocs », lui qui après son arrivée en centrale a perdu dix kilos, lui qui ne semble pas se faire une « raison » — mais une peine de trente ans est-elle « raisonnable » ? Ce qui l'aide à vivre après six ans de détention — mais jusqu'à quand ? — c'est bien sûr le simple fait qu'un vivant s'accroche instinctivement à la vie, c'est sans doute sa colère contre la société, la justice et tous ceux qui l'ont humilié depuis sa naissance, mais c'est aussi que, comme beaucoup d'autres, Cyrille arrive encore à jouir de petits bonheurs, de la cigarette fumée avec le premier café, d'une chanson fredonnée sur sa guitare, de la douche qui coule sur son corps las...

Comme Cyrille, Laurence Marelle, treize ans de détention, est dépressive et se sent abandonnée. Suicidaire, elle oscille entre son goût pour la vie et son envie d'en finir. D'un côté, la sexualité, son attachement aux enfants qui lui restent, sa vivacité, mais, de l'autre, un lourd passé et un lourd passif : le meurtre de son enfant qui ne cesse de la hanter. Bien qu'elle voie poindre la fin de sa peine, rien ne semble joué. Détenue ou libérée, jusqu'à quand tiendra-t-elle ?

Christophe Geng, cinquante-deux ans, encore vingt-cinq au moins à tirer, lui aussi vit au jour le jour ; il attend que la coupe soit définitivement pleine pour décider d'en finir. Le désespoir occupe beaucoup de place dans son quotidien mais il n'arrive pas à cesser totalement d'espérer.

Cyrille-l'avocat, Laurence Marelle, Christophe Geng. Trois personnes, deux interrogations : trouveront-elles jamais un *modus vivendi* ? iront-elles jusqu'au bout de leur *peine* ?

Dominique-le-Bordelais, trente et un ans, dont dix passés en détention, a la vitalité de son côté, plus la colère énorme qui l'agite. Colère qui me rappelle d'autres familiers de l'archipel carcéral tel Pereira-le-DPS ou Leduc-le-Nantais. Délinquants juvéniles jadis, vétérans enragés maintenant.

Comme le Nantais, Sophia Rado, quarante-cinq ans, dont huit de détention, est dynamisée par son combat pour la révision de son procès. Comme lui, elle est soutenue *extra-muros*. Comme lui, elle profite au maximum des prestations offertes par l'établissement. Mais jusque quand pourra-t-elle rester aussi pugnace ?

Si la colère soutient beaucoup de détenus, elle n'empêche pas, bien sûr, les périodes de dépression. Pour ne pas sombrer, plusieurs femmes de Rennes (Marylin, Fatima et les autres) s'accrochent à la spiritualité et à leur famille (parents et, surtout, enfants). Ainsi Yolande-la-sexagénaire, qui vit depuis treize ans au ralenti, voit néanmoins sa vie éclairée par l'amour qui la lie à son fils, son ex-complice. Libéré avant elle, il attend sa sortie.

La spiritualité — et la sociabilité qu'elle implique — soutient aussi Karl Wagner et Blot-le-toubib qu'aident de surcroît ses ressources intellectuelles et culturelles. Comme Michel-le-principal ou Lalonde-le-psy. Passé le traumatisme des débuts, les notables peuvent en effet occuper des postes non dénués d'intérêt, vaquer à des activités stimulantes, voire envisager *encore* un *avenir* professionnel.

Intellectuel ou pas, le travail aide indéniablement à « faire son temps ». Surtout s'il a une dimension créatrice — privilège rare en détention ! C'est, en sus des liens familiaux, ce qui aide Irénée-le-Réunionnais à supporter la prison.

Comment savoir par contre ce qui fait tenir la babilleuse et taciturne Jacqueline Triève, trente-huit ans, incarcérée à vingt et un ans ? L'habitude d'être vivante, la routine carcérale et ses petits plaisirs, les échanges avec sa visiteuse ? Mais pas forcément la perspective de la sortie qui approche. Pour aller où et faire quoi ?

Jacqueline Triève me rappelle Marc Marcus, trente-cinq ans, qui n'en est quant à lui qu'au début d'une très lourde peine. Comme elle, il semble maintenu debout par les rails sur lesquels il se trouve... Rails pénitentiaires ou autres, pourvu qu'il y ait des rails, quelques plaisirs quotidiens, quelques échanges humains pour que la vie soit à peu près supportable... Ces vies paraissent atones. Mais de toute évidence, elles l'étaient déjà avant. Sans les hauts murs !

Comme Jacqueline Triève, André Simoni semble redouter autant sa libération qu'un surcroît de détention. Mais, pour végétatif qu'il paraisse, Simoni reste cependant rattaché à la vie parce que, même dans sa cellule, il a su garder le contact avec ses manifestations les plus simples : les oiseaux, les étoiles...

Rural comme Simoni mais détenu en centrale, Blanchard-le-militaire ressent, lui, cruellement l'absence de nature. Il mène une vie solitaire centrée sur quelques loisirs comme la photo. S'il survit, c'est en tout cas en s'étiolant.

Artigo-le-Marseillais, cinquante-deux ans — et un quart de siècle passé en détention —, a lui aussi souffert de ces privations. Mais il a réussi à tenir. Activités sportives, capacité à élaborer des projets *intra- et extra-muros,* relations amicales et amoureuses qu'il a su créer ou entretenir. Comme Paco Perez ou Jacques Pelletier.

Les liens au(x) vivant(s), l'amour, la foi, l'entraide, la colère, le travail, la créativité, les petits plaisirs, l'habitude d'exister... Voilà ce qui m'a semblé accrocher à la vie. Et puis des espoirs divers :

s'évader, obtenir la révision de son procès, sa commutation de peine, son certificat d'études, rencontrer l'âme sœur... Qu'il soit fondé ou chimérique, fugace ou durable, l'espoir en prison est comme le chiendent : il s'obstine toujours à pousser. Même ceux qui affichent le plus leur amertume ne peuvent s'empêcher parfois de croire à des jours meilleurs. Un jour, qui sait ? l'ombre s'éclaircira.

A toutes ces raisons ou moyens de tenir, il me faut encore ajouter ceux perceptibles dans les troubles mentaux. Dans toutes les prisons, on m'a évoqué ces détenus qui sombrent de plus en plus dans la folie, ne se lavent plus, vont parlant tout seuls ou prêchent la fin du monde. Et à écouter certains perpètes dont le crime était d'ailleurs imputable à de graves perturbations psychiques, j'ai senti que c'était cette façon de supporter la réalité qu'ils empruntaient insensiblement[1].

JE M'ENFONCE DANS LE NEANT

Mon passé bouffe mon présent
Pris dans un semblant d'existence
J'y végète depuis longtemps
Je n'ai plus de vie d'espérance
X X X X X
Mon passé bouffe l'avenir
Je n'ai plus rien qui me rattache
Et hélas plus rien à bâtir
Et peu à peu l'espoir me lâche
X X X X X
Cet espoir petit à petit
Le passé là aussi le bouffe
J'ai un futur déjà fini
Ce futur qui déjà s'étouffe

Extrait d'un poème écrit par R.G., condamné à perpétuité.

« En fait, me dit un ami, s'ils tiennent, c'est qu'ils sont pas si malheureux que ça, ces perpètes ! » Que répondre à cette remarque un brin provocatrice ? Que si tenir, c'est parfois vivre, cela peut être aussi synonyme de survivre. Ou de l'un *et* de l'autre. Que les personnes interviewées tendent de toute façon à sauver la face. Que de surcroît l'enquêtrice qui observe des situations extrêmes est peut-être tentée d'insister sur ce qui arrive *encore* à donner aux humains de la joie et à les mobiliser. Tant cela étonne ! et (me) fascine ! Mais si c'est la capacité de résistance que j'ai surtout mise en épingle, cela ne signifie pas pour autant que les contextes décrits

1. Mais, comme le disait Lessing : « Il y a des choses qui doivent nous faire perdre la raison, ou alors, c'est que l'on n'en a pas à perdre. »

ne soient pas mortifères[1], que le désespoir, un chiendent lui aussi, ou l'apathie n'occupent pas *également* le terrain[2]. Et de plus en plus au fil des ans...

Lorsqu'on dépasse un certain nombre d'années d'enfermement, ce n'est plus de « réinsertion » qu'il faudrait parler mais, sans rien de religieux, de résurrection.

J'ai souvent entendu dire comme un proverbe : « Cinq ans, ça commence à être la prison. » Je crois que ce chiffre cinq, cette frontière va avec le fait qu'alors 90 % des détenus ne sont plus prévenus et ont fini avec tout ce qui concerne le judiciaire : instruction, procès, cassation, transfert, etc.

En précisant bien les guillemets, une fois les « distractions pénales » closes, l'individu se retrouve seul face à la peine à purger et à lui-même. C'est dans la tête que commence une autre prison.

Sans le moindre humour, on pourrait presque dire : « Le plus dur est fait. Reste le pire. » Il se produit une cassure interne passé x années ; le chiffrer exactement ou scientifiquement serait une fausseté. Tout dépend du bonhomme. Pour un innocent, par exemple, il peut se briser intérieurement en moins d'une année.

Pour moi, la chose est très claire, trop de prison vous fait passer de l'autre côté. Pas forcément la mort en elle-même... Ce serait trop simple. Non, on casse la machine à vivre, la machine à l'intérieur de l'être.

1. A ce propos je peux reprendre à mon compte la remarque faite par B. Cyrulnik dans *Un merveilleux malheur,* Paris, Odile Jacob, 1999, p. 25. S'interrogeant sur les sources de la *résilience* observée chez divers « blessés de l'âme », celui-ci écrit : « Les travaux qui révèlent et cherchent à comprendre la résilience n'excluent pas du tout ceux qui décrivent les blessures. Dire : "Il y a des victimes du viol qui se remettent assez vite du traumatisme", ce n'est tout de même pas dire qu'il est convenable de violer. »

2. Comme en témoignent souvent les lettres que m'envoient certains perpètes. « Je n'ai plus le goût de rien, lis-je dans un récent courrier, manger ne me fait plus envie, dormir me fait chier, la télé aussi : des émissions médiocres et des horreurs aux infos. Je ne comprends plus le sens de ce voyage qu'est mon existence. »

Cet autre côté où l'on se retrouve malgré soi change le regard que l'on a sur la vie. Tout paraît faux. Tout ! La civilisation en premier et dans son entier semble fausse, vide, creuse, en trompe-l'œil. D'où la difficulté de revivre dans les décors du monde. On joue la farce, oui ! mais on ne vit pas vraiment. Je parle d'une fois sorti des murs.

Cette difficulté de prendre la vie et les autres au sérieux nous place comme en attente de mort. On se met à respirer pour les autres. Soi-même ? On ne pose même pas la question. »

« Mort-vivant » est le terme exact pour désigner ces libérés, le plus juste puisque la prison EST un cimetière d'où l'on sort.

Extraits d'une lettre de A.-H. B. (quinze ans passés en prison, récidiviste, en attente d'un procès en cours d'assises, Fleury-Mérogis, septembre 1996).

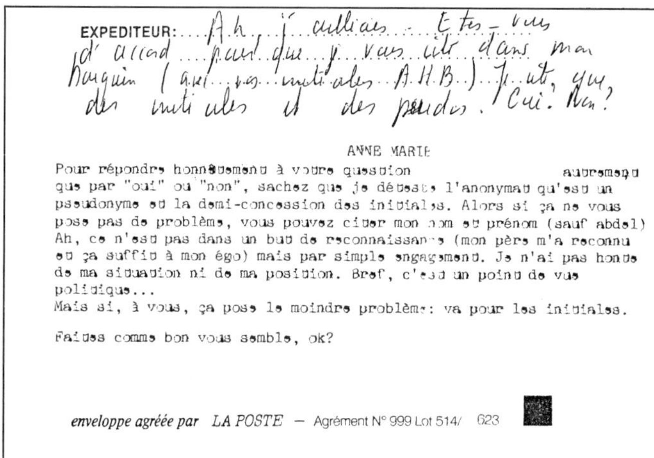

EXPEDITEUR: Ah ... j'oubliais ... Êtes-vous d'accord pour que je vous cite dans mon bouquin (avec vos initiales A.H.B.) ? Je cite, vous, des initiales et des pseudos. Oui ? Non ?

ANNE MARIE

Pour répondre honnêtement à votre question autrement que par "oui" ou "non", sachez que je déteste l'anonymat qu'est un pseudonyme et la demi-concession des initiales. Alors si ça ne vous pose pas de problème, vous pouvez citer mon nom et prénom (sauf abdel) Ah, ce n'est pas dans un but de reconnaissance (mon père m'a reconnu et ça suffit à mon égo) mais par simple engagement. Je n'ai pas honte de ma situation ni de ma position. Bref, c'est un point de vue politique...
Mais si, à vous, ça pose le moindre problème: va pour les initiales.

Faites comme bon vous semble, ok?

enveloppe agréée par LA POSTE — Agrément N° 999 Lot 514/ 623

Échange épistolaire au verso d'une enveloppe entre l'auteure et A.-H.B.

DES PEINES PROBLÉMATIQUES

> *« J'ai refusé absolument la substitution à la peine de mort d'une peine qui, à l'époque, n'était rien d'autre qu'une peine incompressible [...] J'ai refusé absolument dans la rédaction du nouveau code pénal les peines qui soient des périodes de sûreté. Cela n'a plus jamais cessé d'augmenter*[1]. »

S'il est des particularismes qui font de chaque histoire carcérale une tentative de survie singulière, s'imposent aussi quelques évidences qui valent pour l'ensemble des condamnés : la personnalité et l'âge du détenu, les ressources de l'établissement d'accueil et la durée de la peine jouent un rôle également décisif dans le vécu pénitentiaire.

Plus la détention s'allonge et plus le condamné doit disposer d'une vitalité et de ressources intérieures exceptionnelles pour arriver à donner du sens à sa vie de reclus. S'il n'y parvient pas, il aura plus que jamais besoin d'être dynamisé par l'institution de tutelle. Et celle-ci devra être d'autant mieux armée que les perpètes lui posent un problème très spécifique : compte tenu de la longueur de leur peine, ils ont besoin, pour ne pas stagner, que les activités, projets et rencontres qu'on leur propose soient de qualité et se renouvellent régulièrement. Ce qui, dans le contexte actuel, est plus l'exception que la règle.

Pareil constat interpelle une administration qui a fait du « projet d'exécution des peines » l'une de ses priorités officielles, autorise

1. Propos tenus par Robert Badinter, ancien garde des Sceaux, lors de l'audition de l'auteure devant la commission d'enquête sénatoriale le 24 mai 2000, cf. « Prisons, une humiliation pour la République », rapport du Sénat n° 449, p. 452 (Collection « Les Rapports du Sénat »).

la critique de toutes ces structures[1] qui offrent à leur « clientèle » de dérisoires occupations bien plus que des ressources dignes de ce nom, et questionne *a fortiori* le bien-fondé de l'allongement généralisé des peines dans un tel contexte.

Extrait d'une lettre de détenu.

Des durées très contestées

Trop long ! Voilà ce que m'ont dit et répété tous les perpètes. Et les chefs d'établissement comme les JAP ou les psychiatres — bref, tous les hommes et femmes de *terrain* que j'ai rencontrés — n'ont pas été en reste, ajoutant parfois en substance : les jurys d'assises demandent des peines de plus en plus longues alors qu'on n'a fait aucune évaluation qui permettrait de connaître les retombées pratiques de cet allongement.

« Les Français, ironise un psychiatre, trouvent les Texans monstrueux parce qu'ils ne lésinent pas sur la peine de mort, convaincus comme ils le sont de son utilité, mais chez nous, les jurys qui assènent des peines insensées agissent de façon aussi inconsidé-

1. Notamment la plupart des maisons centrales.

rée. » Certains responsables religieux[1] abondent d'ailleurs dans ce sens et observent qu'une société qui désespère ainsi d'un être humain désespère forcément d'elle-même, dénie toute efficacité à ses prisons et oublie que le criminel est toujours plus grand que son crime.

Tous mes interlocuteurs étaient aussi opposés aux périodes de sûreté incompressibles qui assortissent la perpétuité. Contraires au principe de l'individualisation de la peine. Vecteurs de désespoir et de carcéralisme. Problématiques pour les surveillants comme pour les surveillés. Et sur le plan strictement sécuritaire, *i-nu-tiles* : certains détenus, condamnés à perpétuité avant que ne soient instaurées les peines de sûreté, n'ayant été ni commués ni mis en libération conditionnelle, ne purgent-ils pas toujours leur peine après trente ans d'emprisonnement ?

« On n'avait pas besoin de ces mesures, m'avait déclaré la JAP de C. ; une libération conditionnelle, ça pouvait toujours se refuser. Maintenant on a figé la situation ; la Chancellerie a répondu à un besoin de sécurité du public à la suite de quelques affaires médiatisées. » « En fait, m'a fait observer un autre magistrat, l'argument sécuritaire était spécieux ; ce durcissement juridique a traduit, selon moi, bien plus qu'un souci réfléchi de prévention de la récidive, une politique démagogique destinée à rassurer un pays angoissé par la crise économique. On n'a absolument pas tenu compte des réalités objectives. » Effectivement, une enquête menée sur la « récidive »[2] de détenus condamnés à des peines particulièrement lourdes (avant la création des périodes de sûreté) avait d'ores et déjà montré qu'à l'encontre de ce que laissaient accroire certains médias et hommes politiques, celle-ci était faible[3].

1. Tels ceux cités par l'Action des chrétiens pour l'abolition de la torture, *Les Peines de longue durée,* 1997, document ronéoté, p. 49-52.

2. Ce terme impliquant *stricto sensu* que les libérés ont commis le même type d'infractions que celles pour lesquelles ils ont été précédemment condamnés.

3. P. Tournier et M. D. Barré, qui ont étudié le devenir judiciaire de 82 condamnés à mort graciés et de 471 condamnés à perpétuité, libérés entre le 1er janvier 1961 et le 31 décembre 1980, ont constaté que 8 % des « ex-perpétuité » étaient retournés en prison pour des faits divers (vol, recel...) et que six d'entre eux « seulement » avaient commis un « crime » — dont un meurtre et un assassinat (« L'érosion des peines perpétuelles », *Revue de science criminelle et de droit pénal comparé,* nº 3, juillet-septembre 1983, p. 504-512).

Quitte-t-on la perspective sécuritaire pour se placer dans une optique « soignante », le constat est tout aussi négatif. « Ces périodes de sûreté, observe le psychiatre de C., rendent très difficile un travail thérapeutique digne de ce nom car le psychisme humain ne peut pas avaler n'importe quoi. Le soin psychologique ne s'envisage pas dans l'exclusion ; il prend son sens dans une perspective de vie libre. Comment demander à quelqu'un de travailler sur lui-même s'il doit sortir dans vingt ou trente ans ? Pour de si longues peines, un psychiatre ne peut faire que de l'accompagnement. »

Se place-t-on sur le terrain de l'indemnisation des victimes ? Le bilan n'est pas plus encourageant ! Comme l'observe un travailleur social : « Pour beaucoup de condamnés, la privation de liberté sur une durée perçue comme excessive leur donne le sentiment d'avoir déjà payé ! et trop cher en plus ! alors ils ne voient plus de raison de s'acquitter de la somme fixée par le tribunal[1]. »

Une juste durée : combien d'années au juste ?

Une fois qu'il a été dit et répété qu'il y a *une juste durée* à ne pas excéder, surgissent toujours les mêmes questions : « Trop long, ça commence où au juste ? » Et : « Y a-t-il un temps standard à ne pas dépasser ? »

Le seuil « idéal », je ne crois pas, à l'issue de cette enquête, qu'on puisse le chiffrer précisément. Il y a des gens qui se suicident au bout de deux jours. Deux jours de détention en maison d'arrêt, c'était trop pour eux. La faute à qui ? à quoi ? aux structures et à leur fonctionnement ? au contre-coup du crime ? aux ruptures et pertes prévisibles ? Tant de facteurs peuvent jouer... D'autres le font quelques années plus tard. D'autres vivent des années de somnolence. D'autres (s')en sortent au bout de vingt ans. Mais dans quel état intérieur ? Vivants-vivants, plus « éveillés » ou morts-vivants ? Et aptes à vivre comment hors les murs ? Tant d'éléments entrent en jeu : la personnalité du détenu, son aptitude à supporter

1. A titre d'exemple, à la centrale de Saint-Maur, sur 240 détenus, seuls 19 personnes avaient choisi — en 1999 — d'indemniser volontairement les victimes. Il est clair aussi que les condamnés sont d'autant moins enclins à payer que ce geste s'avère peu « payant » en matière d'aménagements de peine.

certaines privations, notamment sexuelles, son passé, le sentiment qu'il a de sa culpabilité, le contexte carcéral et bien sûr la longueur de sa peine.

Ainsi Michel-le-principal, meurtrier de sa femme et de son enfant, continue-t-il à penser, après sept années d'emprisonnement, que sa détention est « insensée », « inutile », qu'elle ne peut que « [l]'aigrir », que « perpétuité, c'est de la démesure », que « l'institution pénitentiaire est une gigantesque connerie, lieu de brimades et d'humiliations ». Et l'on ne voit pas ce qui pourrait le faire changer d'avis, d'autant plus qu'au CD de C., il a trouvé un *modus vivendi* qu'il conservera vraisemblablement jusqu'à sa libération.

Si pour certains détenus, c'est « trop » dès le début, d'autres mentionnent des durées qui auraient été « acceptables ». Le seul à avoir évoqué un quantum supérieur à douze ans est André Simoni. Son crime « valait bien vingt ans » mais pas plus ! Or c'est justement le temps qu'il vient de passer derrière les barreaux ! L'exemple de Simoni est éloquent. Certes la durée de détention la plus « pertinente » dépendra du temps qui aura paru nécessaire au détenu pour « comprendre » mais aussi du nombre d'années déjà « faites ». Si j'avais posé la même question à Simoni alors qu'il était en début de cursus, il est probable qu'il m'aurait cité un quantum inférieur à vingt ans. Comme le fait Leduc-le-Nantais (six ans de détention) pour qui « six-sept ans, c'est les limites utiles à un homme ». Comme le fait aussi Christophe Geng — cinquante-deux ans dont cinq passés en détention — qui a écopé de la peine maximale. « Je pense, me dit-il, que la durée maximum devrait être de douze ans. » Intriguée, je lui demande de préciser sa pensée. « Dans mon esprit, j'ai pensé dix ans et j'en ai rajouté deux », m'explique Geng avant d'ajouter : « Douze ans, je pense qu'on peut rester équilibré ; on peut sortir en conditionnelle. Quinze ans, non ! c'est trop ! » Je me confonds en hypothèses diverses. Geng, me dis-je, a déjà fait cinq ans, dans des conditions difficiles puisqu'il est resté à l'isolement. Il ne peut vraisemblablement envisager de faire que ce qu'il a déjà expérimenté. Avec de surcroît ce petit plus (deux ans) qui symbolise le déjà insupportable qu'il pourrait encore se résoudre à supporter. Et qui lui permettrait de sortir sans se sentir « fini ».

Entre les douze ans qui lui paraîtraient assumables et les trente ans de sûreté incompressible qui l'attendent, le hiatus est en tout cas grand. D'autant plus que Geng n'est plus tout jeune ! Aussi peste-t-il continuellement contre sa sentence ! A défaut d'écoper d'une peine plus « raisonnable », il eût préféré, me dit-il un jour, avoir « un quantum indéterminé [1] ». Système dont le flou l'aurait aidé à garder espoir et dont il pense — sans doute à tort si l'on se réfère aux expériences menées dans ce sens à l'étranger [2] — qu'il lui aurait permis d'être libéré plus tôt.

S'il est plus facile de trouver pertinentes de longues années de détention *après coup* que *pendant* — mais en va-t-il jamais différemment avec la souffrance ? — quelqu'un qui a fait vingt ans comme Simoni peut aussi préférer ne pas penser que la peine raisonnable eût été de cinq ans. Pour s'épargner la rage qui affleure dans les propos de ceux qui, après un long emprisonnement, évaluent à quelques années *seulement* la durée qui leur eût paru « vraiment utile » !

Les quelques détenus qui considéraient, eux, que « dix ans, ç'aurait suffi ! » avaient deux points communs. Ils en avaient déjà fait bien plus et, à les entendre, avaient été au moment de leur incarcération des jeunes gens sans foi ni loi, des barbares « [se] foutant de tout ». « Au bout de cinq ans, m'avait ainsi dit Jacques Pelletier, je crois que si j'étais sorti, rien n'aurait changé, j'aurais refait des conneries. Mais après dix ans, la prison est devenue inutile pour moi. J'avais compris pas mal de choses. »

Mais c'est une durée somme toute faible — cinq ans — au regard des tarifications prévues par le code pénal, qui a été le plus souvent évoquée, notamment par les détenus condamnés après la quarantaine, (ou) pour des crimes « passionnels », et (ou) relativement intégrés socialement [3]. Pourquoi cinq ans ? Parce que, comme le suggère A.-H. B. de Fleury, une fois achevées « les distractions pénales [4] », on se retrouve désormais face à une réalité indiscutable : sa détention et que dès lors le temps paraît très long. Et puis certains — les plus mûrs notamment — pensent alors avoir « compris », pris leurs distances avec le crime et... suffisamment *payé* !

1. Dans ce cas le quantum de peine effectué par le détenu est déterminé après coup en fonction de son comportement en détention.
2. Aux États-Unis, notamment.
3. Et par la quasi-totalité des femmes.
4. L'instruction et les assises.

Au bout d'un certain nombre d'années, même ceux qui m'ont affirmé « accepter la perpétuité » en ont assez : « Ma condamnation, je l'endosse, soupire Yolande-la-sexagénaire, mais ce que je supporte plus, c'est l'entourage. » Réflexion fréquente : ce qui pèse, ce n'est pas tant la privation de liberté, c'est les éternels mêmes interlocuteurs, les mêmes fouilles, les mêmes discours sur la prison... D'où la tendance à se mettre en veilleuse pour ne plus sentir. Propos auxquels les surveillant(e)s, miroirs du microcosme carcéral, font écho : « On fait notre vie ensemble, me dit cette gradée, j'attends la retraite avec impatience ; je commence à être fatiguée d'entendre toujours les mêmes plaintes, d'autant plus qu'ici, c'est toute la misère du monde ! »

Et puis, et puis... ce temps plein d'intempéries semblera d'autant plus interminable qu'on sera seul à le « tirer ». Or nombreux sont les « longues peines » qui ne peuvent plus compter sur l'amour d'un autre être humain. « La vie, me dira Geng avec tristesse, c'est une éternité quand personne ne vous aime. »

Une peine utile à toutes les parties

Certains condamnés ne récusaient pas *a priori* le principe d'une peine à caractère rétributif (puisque la société veut qu'une mort d'homme, « ça se paie »). Qu'on les mette à l'écart pour protéger celle-ci d'un danger leur paraissait également compréhensible. Mais, on devait *aussi* tenir compte d'eux et de leur avenir ! Par besoin d'un sens autre que celui inhérent à la loi du talion. Car, comme l'écrit fort justement Philippe Maurice, « un homme ne peut mentalement réduire sa vie à une sentence sans s'égarer mentalement[1] ». Et puis si leur évolution n'était pas prise en considération, si on faisait fi de leurs intérêts, comment pouvait-on leur demander de respecter (ceux de) la société qui les traitait ainsi ? Semblable exigence n'implique-t-elle pas forcément *la réciprocité* ? Dans le cas contraire, le détenu se sent non pas tributaire de décisions de *justice* mais victime d'un brutal rapport de forces qui ne peut susciter que du ressentiment.

1. Philippe Maurice, « Une traversée hors du temps », *Information Prison-Justice*, revue de l'ARAPEJ, nº 82, septembre 1997, p.18.

« C'est sûr, reconnaît ainsi Francine-la-résistante, par rapport à la société, y faut un temps qui ait valeur de sanction : pas plus de cinq ans, à mon avis. Au-delà, on décroche et par ailleurs, y faudrait une prison qui soit pas coupée du monde, où on puisse faire des études, voir librement sa famille. En fait, la prison, ça devrait être un lieu de mise à l'écart avec de l'espace autour où des personnes extérieures pourraient rentrer. Et puis moi, ajoute mon interlocutrice, je suis favorable à un suivi psychologique obligatoire pour que les gens comprennent pourquoi ils en sont arrivés là, sinon rien ne se passera. On les aura mis hors circuit mais leur dangerosité sera inchangée. Et dans ce cas, qu'on mette quinze ans ou vingt ans, quel sens ça a ? Qu'est-ce que ça va apporter à une fille ? Et qu'est-ce que ça va apporter à la société ? Si j'étais juge, je donnerais le choix aux gens entre la prison et l'aide humanitaire ; une fille apprendra plus en étant utile au Rwanda qu'en prison. »

Francine n'est pas la seule à évoquer *l'humanitaire* — ou des travaux d'intérêt public — comme une alternative utile à une peine qui ne l'est pas. D'autres détenus le feront. Et dans leurs propos, j'entendrai toujours le même désir : quitte à être proscrit dans ma patrie, pourquoi ne pas servir et réparer ailleurs pour me sentir encore rattaché à l'humanité ? La mise à l'écart peut-être, l'exclusion totale, non !

ENTRETIEN AVEC LE RESPONSABLE DU RECRUTEMENT D'UNE ORGANISATION HUMANITAIRE INTERVENANT À L'ÉTRANGER.

— Des détenus qui participeraient à une mission humanitaire à l'étranger, est-ce concevable ?

— Peut-être, mais il y aurait pas mal d'obstacles à cela. D'abord on recrute de plus en plus des gens très professionnalisés : des soignants, des techniciens dans l'agriculture. Le bon cœur ne suffit pas. Autre obstacle : les États eux-mêmes. Comment prendraient-ils le fait que parmi les humanitaires qui débarqueraient chez eux, il y ait des repris de justice, condamnés pour faits graves ? Même problème avec les membres des missions qui ne seraient pas forcément chauds pour travailler avec ce type de profil. D'autant plus que ça poserait des questions à l'encadrement. Il faudrait que des conventions soient signées entre les organismes humanitaires et le ministère de la Justice et cela impliquerait vraisemblablement une surveillance de la part du personnel sur les détenus enrôlés. Ce qui ne va pas de soi et ferait de nous des auxiliaires de justice, ce qui n'est pas notre rôle actuellement.

— Vous voulez dire, par exemple, que quelqu'un qui partirait avec vous pour le Rwanda pourrait s'échapper et que vous auriez à signaler sa disparition...

— Oui, d'ailleurs, moi, si on me donnait le choix entre perpétuité et le Rwanda, je prendrais le Rwanda et après, je serais tenté de filer. Mais il y a encore un autre obstacle, c'est les commanditaires, les organismes payeurs (l'Union européenne, etc.). Je ne suis pas sûr par exemple que la Banque mondiale serait prête à payer pour une mission où il y aurait ce type de profils. Et puis on peut se demander aussi qui la justice choisirait pour faire de l'humanitaire, les plus favorisés sans doute, comme ça se faisait jadis pour la coopération en tant qu'alternative au service militaire. Et là, on pourrait être amené à entériner malgré nous un phénomène de sélection.

— Donc les détenus qui rêvent d'humanitaire peuvent toujours rêver ?

— A mon avis, le plus simple, ça serait que les détenus fassent de l'humanitaire là où ils sont.

— Pour la France ?

— Oui, il y a peut-être des choses à creuser, des trucs à faire pour le SAMU social, le quart monde, mais de l'intérieur de la prison.

— Qu'ils deviennent sujets et non plus objets du social ?

— Oui, il y a peut-être des choses à inventer. En tout cas, compte tenu des difficultés que ça poserait pour l'étranger, j'ai envie de dire à ceux que ça intéresse : « Faites de l'utile et du social là où vous êtes ! »

Enfin, cette peine dont la longueur dessert l'intéressé n'est pas non plus utile aux proches de la victime, ceux qui ont tué leur épouse ou leur enfant pensent être bien placés pour s'en rendre compte. « Plus je fais de la prison, soupire ainsi Irénée-le-Réunionnais, quarante-sept ans, plus ça me sera difficile de refaire ma vie, de trouver du travail et d'être utile à mes gosses. Moi je suis perdant et eux aussi. » Or si Irénée a le sentiment de devoir payer une dette à quelqu'un, ce n'est pas à la société, entité abstraite qui lui est indifférente, mais à ses enfants qui sont les principales victimes de son acte. Il leur a pris leur mère et il comprend qu'ils lui en veulent. « Quand je sortirai, dit-il, faudra que je me rachète. » Et cette dette-là, c'est clair, il se sent mieux placé pour la régler dehors que dedans.

Même malaise chez tous ceux qui culpabilisent pour la souffrance qu'ils font endurer aux êtres aimés qui attendent leur libération. Pendant des années et des années, leurs proches, et surtout leurs enfants, vont faire l'expérience de l'absence et du parloir. Là encore, on perçoit bien *une exigence de réciprocité*. Que satisfaction soit donnée aux familles des victimes[1], soit ! mais la justice doit *aussi* tenir compte du tort qu'une longue détention cause aux leurs. « Y'a longtemps que j'ai plus rien à faire ici, s'insurge ainsi une femme de Rennes (seize ans de détention). Pourquoi faire encore souffrir mes parents et mes enfants ? »

Augmenter et réformer les aménagements de peine

Confinement. Situations qui se reproduisent à l'identique au fil des ans. Isolement. Sentiment d'inutilité. Tout cela contribue à faire du temps carcéral une entité qui s'étire à l'infini et amène les condamnés comme « les institutionnels » à dénoncer un non-sens : le malthusianisme des libérations conditionnelles[2]. « Bien sûr, m'avait dit la JAP de C., il y a des gens qui ont fait vingt ans que je trouve toujours dangereux[3] et que je préfère voir rester en détention, mais enfin, quinze ans[4], c'est quand même très long ! peu en sortent indemnes ! » Directeurs d'établissement, travailleurs sociaux ou JAP, tous insistaient sur la nécessité de revoir la politique des aménagements de peine. D'aucuns soulignaient la dangerosité potentielle d'une réclusion qui, en dépassant les limites du raisonnable, risquait d'engendrer, bien plus que la sécurité, la désespérance, le ressentiment et la folie, ingrédients traditionnels

1. Qui s'avèrent souvent être *aussi* la famille du (ou de la) coupable, comme dans le cas des parents « infanticides ».

2. En 1973, 86 % des propositions examinées par la Chancellerie étaient suivies d'un arrêté d'admission à la libération conditionnelle. En 1998, elles n'étaient plus que 39 % (A. C. Goubert, *La Libération conditionnelle, vers une abolition de fait ?*, mémoire de DEA en démographie, université de Paris-I, 1998).

3. Prise en charge inadéquate de l'institution ? ou bien refus, voire incapacité de l'intéressé de se remettre en cause — surtout dans un cadre pénitentiaire ? Allez savoir !

4. C'est le seuil minimal à partir duquel un perpète — sans période de sûreté supplémentaire — peut prétendre à une libération conditionnelle.

des mutineries et des prises d'otages [1]. Manifestations explosives qu'on a trop souvent attendues par le passé pour infléchir une politique qui s'avérait néfaste depuis longtemps.

Cette situation dramatique, certaines organisations [2] militent depuis plusieurs années pour la débloquer. Elles demandent notamment que les principes qui régissent l'aménagement des peines soient reconsidérés, que l'accès aux divers aménagements soit facilité, que ceux-ci soient systématisés [3] et que les critères d'octroi de telle ou telle mesure (la libération conditionnelle en particulier) soient réactualisés, clairement explicités et harmonisés.

Ces arguments, les pouvoirs publics semblent enfin commencer à les entendre. Une nouvelle loi est entrée en vigueur en 2001 [4]. Désormais, l'octroi de la libération conditionnelle ne sera plus du ressort du garde des Sceaux, ce qui devrait minorer le caractère politique d'une telle décision. Celle-ci sera prise à l'issue d'un débat contradictoire, dans le cadre d'une formation collégiale (un conseiller de la cour d'appel et deux juges d'application des peines). Et en cas de refus, le détenu aura enfin la possibilité de déposer un recours devant une instance nationale.

Alors certains se prennent à rêver : dans les années à venir, peut-être verra-t-on s'inverser la courbe des admissions à la libération conditionnelle. A quel rythme ? Il serait bien imprudent à ce jour de faire des pronostics.

1. Claude Buffet, l'un des auteurs d'une prise d'otages à la centrale de Clairvaux qui finira dans le sang, avait déclaré au moment des faits — en 1971 : « Vous faites de nous des fauves ! » Il sera guillotiné en 1972.

2. C'est le cas par exemple de l'association Recherches, Confrontations, Projets (RCP), fondée en 1997 et aujourd'hui fondue avec l'Association française de criminologie. Constituée de praticiens divers et de chercheurs, elle a élaboré un certains nombre de propositions et mène une action d'information auprès des pouvoirs publics et des médias.

3. Comme c'était le cas dans le « régime progressif » supprimé en 1975.

4. Elle s'inspire en bonne partie du rapport sur la libération conditionnelle rendu à la Chancellerie par la commission Farge en février 2000.

Qui évoque la suppression des périodes de sûreté incompressibles ou l'augmentation des aménagements de peine suscite toujours la même protestation : « Et les délinquants sexuels, vous voulez les remettre en liberté et les laisser violer à nouveau des enfants [1] ! » Vu la récurrence de ce type de remarques et le rôle décisif qu'a joué cette criminalité dans le durcissement de l'arsenal juridique [2], il importe de s'arrêter sur ce sujet.

Rappelons d'abord deux données qui semblent superbement ignorées par le grand public, facilement enclin à stigmatiser un hypothétique « laxisme » judiciaire. Selon une étude du SCERI, les « délinquants sexuels » [3] profitent moins des libérations conditionnelles et sont en général élargis un peu plus tard que les autres : 36 % des condamnés à dix ans et plus, sortis en 1989, avaient obtenu une libération conditionnelle contre 24 % seulement des condamnés pour crime sexuel. Par ailleurs les chercheurs [4] ont noté que leur taux de récidive était inférieur à celui de l'ensemble des condamnés et ne concernait que très faiblement de nouvelles atteintes aux mœurs (4 à 6 % dont 1 à 1,7 % de viols). Bref, l'on ne peut proprement parler de laxisme ou de danger massif. Mais il n'empêche, pour faible qu'il soit, le risque de récidive existe. Pour autant, peut-on totalement l'éviter ? Serait-ce même souhaitable ? Une telle question peut paraître scandaleuse et pourtant... adage connu : « Trop de sécurité finit par nuire à la liberté. » Et un certain niveau de délinquance, Durkheim le disait déjà en son temps, témoigne de la bonne santé d'une démocratie. Rien de plus « nor-

1. Cette critique classique illustre au demeurant un amalgame tout aussi classique : « délinquant sexuel = violeur d'enfants », alors que ce dernier ne constitue qu'une des figures de la délinquance sexuelle.

2. Le garde des Sceaux P. Méhaignerie avait annoncé qu'il déposerait le projet de loi dit de « perpétuité réelle » au lendemain de l'arrestation — en 1993 — du tortionnaire d'une fillette violée et assassinée dans l'Aude. Cette décision — lourde de conséquences — a donc été prise « à chaud ».

3. Le terme est à prendre ici dans son acception courante qui recouvre à la fois les délinquants — *stricto sensu* — et les criminels sexuels.

4. A. Kensey et P. Tournier, *Le Retour en prison*, ministère de la Justice, Travaux et Documents, 1991, n° 40.

mal » donc à ses yeux, même si cela ne fait pas pour autant de la criminalité un phénomène plaisant ! [1]

En tout cas, les rapports d'experts soulignent tous le retard flagrant [2] pris par la France en matière de thérapie. Pénurie de psychiatres, d'équipes pluridisciplinaires qualifiées comme à l'institut Pinel de Montréal (l'un des pionniers dans ce domaine), de structures du type SMPR, financements insuffisants, etc., le bilan est peu flatteur. Et cette pénurie thérapeutique surprendrait d'autant plus un Candide carcéral que, pour une partie de l'opinion publique, le délinquant sexuel est devenu l'une des figures insécuritaires majeures de notre temps et que le discours des hommes politiques y fait fréquemment référence. Mais par ailleurs, comme me l'écrit non sans amertume Christophe Geng, auteur de deux viols et meurtres d'enfants, « le bon peuple refuserait sans doute d'apprendre qu'on dépense des millions pour soigner ces monstres qui ne méritent que la peine de mort [3]... » Et Geng n'est sans doute pas loin de la vérité : l'élimination sociale ou physique des délinquants sexuels (comme d'autres criminels au demeurant) paraît sans doute plus s'imposer à un certain nombre de Français que leur traitement.

Le rapport Cartier, évoqué précédemment, propose, quant à lui, que ces délinquants soient regroupés dans des unités autonomes médicalisées en début et en fin de détention et que celles-ci bénéficient d'un encadrement et d'un financement adéquats. Ainsi seraient-ils — à des périodes clés du cursus carcéral — protégés des autres détenus, encadrés par un personnel compétent et encouragés à amorcer une démarche thérapeutique. Et, dans le cas des

1. É. Durkheim, *Les Règles de la méthode sociologique,* Paris, PUF, 1986, p. 64-75. « De ce que le crime est un fait de sociologie normale, écrit Durkheim, il ne suit pas qu'il ne faille pas le haïr [...] Ce serait donc dénaturer singulièrement notre pensée que de la présenter comme une apologie du crime. Nous ne songerions même pas à protester contre une telle interprétation, si nous ne savions pas à quelles étranges accusations on s'expose et à quels malentendus, quand on entreprend d'étudier les faits moraux objectivement et d'en parler dans une langue qui n'est pas celle du vulgaire. »

2. Et confirmé par mon enquête.

3. Des extraits de cette lettre ont été publiés — sous un autre pseudonyme — dans le numéro de *Dedans-Dehors*, revue de l'OIP, n° 13, consacré aux « Délinquances sexuelles ».

fins de peine, ces thérapies se prolongeraient par une prise en charge obligatoire des intéressés après leur libération [1].

Christophe Geng, après m'avoir rappelé son enfance violentée, émet quant à lui d'autres propositions : « La société doit, m'écrit-il, soit m'éliminer, soit m'incorporer dans des structures adaptées, où je pourrai enfin oublier mes peurs qui sont aussi à l'origine de mes actes et commencer à gérer mon quotidien. » Estimant qu'il ne présente aucune dangerosité pour des adultes puisqu'il est pédophile, il pense qu'on devrait l'intégrer dans une mini-structure psy qui soit aussi une sorte de ferme. « Là, dit-il, je trouverai ma confiance en moi par le contact avec les animaux, et mon équilibre par le travail au sein d'un petit groupe accueillant. Grâce à l'informatique et à l'accès [interdit à l'heure actuelle] à Internet, je pourrai même reprendre mes activités professionnelles en vendant à l'étranger le fruit du travail de la ferme comme dans les communautés de moines. » Et Geng d'évoquer l'intérêt que sa productivité représenterait pour le contribuable alors qu'à l'heure où il m'écrit ces lignes, victime de l'ostracisme de la collectivité carcérale, il ne peut travailler. Et d'ajouter que les mini-structures dont il parle fonctionnent d'ores et déjà en Allemagne, « que les gars vont même en ville faire leur marché une fois par semaine avec un surveillant » avant de conclure, désabusé : « Mais tout le monde se fout de l'océan de détresse que nous sommes, nous autres détenus. »

L'exemple des délinquants sexuels illustre bien certaines des orientations de la politique pénale contemporaine. Et ses faiblesses ! Les questions posées par (la) leur récidive ont amené le législateur à allonger les peines de prison au lieu de s'interroger sur la pertinence de cette réponse pénale et d'en examiner les carences. Cette escalade dans la répression évoque en quelque sorte un système scolaire qui ferait redoubler de plus en plus les élèves — et notamment les cancres — « pour qu'ils apprennent enfin ! » sans s'interroger sur la qualité de l'enseignement qu'il diffuse et l'état d'esprit de ses « recrues » pendant et après leur séjour dans l'institution.

1. Comme le prévoit au demeurant la loi Guigou du 17 juin 1998, qui n'est cependant toujours pas mise en œuvre au moment où je relis ces lignes, c'est-à-dire deux ans après son adoption.

L'école, l'institution carcérale la rappelle aussi dans sa façon de désavouer ceux qu'elle trouve — et a — trop carcéralisés. Paradoxalement[1] en effet, celle-là, comme l'observe P. Bourdieu, « dévalorise les manières trop scolaires de ceux qui lui doivent leurs manières, désavouant par là sa manière propre de produire des manières[2] ». A son instar, la prison, institution disciplinaire elle aussi, récompense surtout (en termes d'aménagements de peine) ceux qui doivent leur savoir-faire à des ressources qui lui sont antérieures et extérieures, voire à une certaine résistance à son égard. Ainsi désavoue-t-elle également « ses propres manières ».

Amélioration des conditions de vie des condamnés

Finalement, m'ont dit la plupart des personnes que j'ai rencontrées, ce qui compte le plus pour qu'un condamné évolue positivement, c'est l'intelligence de la réponse sociale donnée à son crime, la dignité avec laquelle ses divers interlocuteurs institutionnels vont le traiter, voire la qualité des années passées en détention et non leur quantité. D'où l'importance capitale — et évoquée de façon réitérée — des prestations offertes par l'établissement. De son ouverture sur l'extérieur. De la présence d'interlocuteurs qui aident à donner du sens au crime. D'intervenants divers qui permettent de démarrer de vrais projets : thérapeutes, formateurs ou enseignants adaptés au monde pénitentiaire et dotés des moyens *ad hoc*. D'où l'importance aussi de structures « d'accueil » qui soient *des structures de vie et non de survie*. Ainsi quand on connaît les problèmes posés par les maisons d'arrêt et qu'on sait que 20 % des « longues peines » y séjournent, comprend-on que la commission Cartier préconise leur transfert dans les meilleurs délais[3] vers des établissements pour peine.

1. Du moins à première vue, si on omet de replacer le fonctionnement de cette institution dans une perspective de reproduction des rapports sociaux. Cette observation vaut d'ailleurs pour la prison.
2. P. Bourdieu, *La Reproduction,* Paris, Éd. de Minuit, 1987, p. 163.
3. Ce qui va à l'encontre de la tendance actuelle puisqu'on assiste de nos jours à un allongement progressif de la durée moyenne des séjours en maison d'arrêt, compte tenu notamment de l'allongement de la durée d'attente avant le passage aux assises.

Mais mon intention n'est pas d'énumérer ici toutes les pratiques ou situations problématiques que mes interlocuteurs ont épinglées. Je me contenterai simplement d'évoquer deux d'entre elles qui me semblent cruciales.

Les cas de ruraux solitaires comme Blanchard-le-militaire montrent l'importance de la nature en détention. Et soulignent ce que sa rareté a de surprenant dans bien des prisons françaises. Tenus à l'écart de la vie sociale de la Cité, pourquoi les détenus et *a fortiori* les « longues peines » doivent-ils être de surcroît éloignés du monde animal [1] et végétal, des odeurs et des plaisirs de la terre, des fleurs, du jardinage, du ronronnement d'un chat ? Le corps social sera-t-il mieux protégé parce que les condamnés seront privés de ces bonheurs simples, derniers ancrages possibles dans l'univers ?

Enfin la prohibition des « relations » sexuelles en prison, et ce, pendant de longues années, ne peut que laisser pantois un observateur *rationnel.* Surtout à une époque où l'administration pénitentiaire prétend renforcer les liens familiaux [2], où les théories psychanalytiques se sont vulgarisées, où l'importance de la sexualité pour l'équilibre de l'être humain n'est plus contestée et où l'opinion publique s'inquiète de voir libérer d'éventuels déséquilibrés... Qui plus est dans un pays qui s'enorgueillit de sa soi-disant absence de puritanisme !

Face à de tels constats, le mot qui vient spontanément à la bouche est ABERRATIONS. Mais est-il seulement pertinent ? Un tel concept implique en effet qu'il y a « anomalie » quelque part et qu'en corrigeant celle-ci on reviendra au *bon sens* de la Norme. Or, cette enquête m'en a une fois de plus convaincue, la norme, s'agissant de prison, qu'on en parle ou qu'on y vive, c'est le DOUBLE LANGAGE. Ce qui paraîtra incohérent par rapport à

1. A ce propos on se reportera à l'annexe VI où figure la lettre d'une condamnée traitant de cette question.

2. A ce sujet, on peut se reporter à l'annexe VI où figure la lettre adressée par un collectif de « longues peines » à la garde des Sceaux.

une logique officielle (protéger le corps social, soigner, réinsérer) ne le sera pas par rapport à une logique officieuse (punir, faire souffrir encore et toujours). L'aberration, tout compte fait, c'est de croire que les pouvoirs publics, la Justice et la Pénitentiaire, *n'ont qu'UNE parole*. Et de la prendre au pied de la lettre.

Déclaration de 1795

CONSTITUTION DU 5 FRUCTIDOR AN III (22 Août 1795)

DECLARATION DES DROITS ET DES DEVOIRS DE L'HOMME ET DU CITOYEN

Le peuple français proclame, en présence de l'Etre suprême, la Déclaration suivante des droits et des devoirs de l'homme et du citoyen.

DROITS

Article premier.-
Les droits de l'homme en société sont la liberté, l'égalité, la sûreté, la propriété.
Article 2.-
La liberté consiste à pouvoir faire ce qui ne nuit pas aux droits d'autrui.
Article 3.-
L'égalité consiste en ce que la loi est la même pour tous, soit qu'elle protège, soit qu'elle punisse. - L'égalité n'admet aucune distinction de naissance, aucune hérédité de pouvoirs.
Article 4.-
La sûreté résulte du concours de tous pour assurer les droits de chacun.
Article 5.-
La propriété est le droit de jouir et de disposer de ses biens, de ses revenus, du fruit de son travail et de son industrie.
Article 6.-
La loi est la volonté générale, exprimée par la majorité ou des citoyens ou de leurs représentants.
Article 7.-
Ce qui n'est pas défendu par la loi ne peut être empêché. - Nul ne peut être contraint à faire ce qu'elle n'ordonne pas.
Article 8.-
Nul ne peut être appelé en justice, accusé, arrêté ni détenu, que dans les cas déterminés par la loi, et selon les formes qu'elle a prescrites.
Article 9.-
Ceux qui sollicitent, expédient, signent, exécutent ou font exécuter des actes arbitraires sont coupables et doivent être punis.
Article 10.-
Toute rigueur qui ne serait pas nécessaire pour s'assurer de la personne d'un prévenu doit être sévèrement réprimée par la loi.
Article 11.-
Nul ne peut être jugé qu'après avoir été entendu ou légalement appelé.
Article 12.-
La loi ne doit décerner que des peines strictement nécessaires et proportionnées au délit.

Article 13.-
Article *Tout traitement qui aggrave la peine déterminée par la loi, est un crime.*
Aucune loi, ni criminelle, ni civile ne peut avoir d'effet rétroactif.
Article 15.-
Tout homme peut engager, son temps et ses services ; mais il ne peut se vendre ni être vendu ; une personne n'est pas un propriété aliénable.
Article 16.-
Toute contribution est établie pour l'utilité générale ; elle doit être répartie entre les contribuables en raison de leurs facultés.
Article 17.-
La souveraineté réside essentiellement dans, l'universalité des citoyens.

Carnet de bord n° 11

La porte de la prison de S. s'est refermée. J'ai cligné des yeux à cause du soleil. Je suis partie en direction de la ville toute proche. J'ai marché pour marcher pendant un quart d'heure, une demi-heure, voire plus, je ne sais pas au juste. L'enquête était finie. J'étais libérée. Je me sentais plus légère. Rien à prévoir, à calculer. Plus de soucis à se faire. Juste être en ma compagnie.

Mais quand même un peu bizarre. Le fait d'être soudain désœuvrée, peut-être. Privée du balisage que je suivais bien sagement depuis des mois dans l'enceinte des prisons.

Une amie m'attendait. Direction la mer. Une crique solitaire. J'ai nagé vers le large, plongé, pirouetté tant que je pouvais, puis, couchée sur le dos, j'ai agité mes bras dans l'eau, miroir fidèle des mouettes qui me survolaient en battant des ailes. J'étais libre. La vie était une source de joie formidable. Le plaisir d'être vivante, mobile, ondulant dans un espace illimité m'a remplie de gratitude. Ces bonheurs-là, depuis le temps, je les avais oubliés.

Quand je suis revenue sur terre, je me sentais quasi neuve. Et il m'est venu à l'esprit que moi aussi j'avais eu besoin d'un rituel de purification. Pour me délivrer de la prison.

Le soir, retour à Paris. Ambiance estivale. Toujours ce sentiment de légèreté, d'insouciance, avec tout au fond de moi le début d'un léger malaise. Le malaise du reporter qui a quitté la Tchétchénie en sachant que les Tchétchènes, eux, n'étaient pas du voyage. Sentiment d'avoir déserté quelque chose, laissé à leur dure condition des gens devenus proches au fil des jours, certains du moins.

Mais dans ce que j'abandonne derrière moi, il n'y a pas qu'eux. Il y a aussi de moi. Et ma légèreté, comme mon mal-être, vient peut-être de ça. Je suis soulagée de m'être débarrassée de « quelque chose » de lourd mais « la chose » en question ne tient peut-être pas, elle, à ce que je me soulage d'elle pour l'enfouir à nouveau dans le cimetière de ma vie normale. Car que je le veuille ou non, elle fait partie de moi. Bien que la situation d'enquêteur ait toujours tendance à nous mettre, nous les questionneurs de « cas sociaux », du bon côté, celui des « normaux », en fait je sais bien, quand je fais face aux détenus, qu'avec eux je me rapproche de moi, en tout cas de ma partie immergée, souffrante et coupable.

J'ai dit au début de cet ouvrage que je voulais mieux connaître et faire connaître les visages du Mal. S'agissant des détenus, je ne crois pas avoir découvert grand-chose de nouveau. Peut-être n'étais-je pas assez profane en la matière. Je n'ai pas rencontré le mal absolu, je n'ai parlé à aucun monstre. Mais à vrai dire c'est le contraire qui m'eût étonnée. Je me suis entretenue avec des êtres qui avaient commis des actes atroces mais dont la générosité m'a parfois émue. A Christophe Geng, « le tueur de petites filles », qui lors de notre première rencontre m'avait fait si peur, j'ai fait part lors de notre dernier entretien de mon envie de me mettre à la lecture de la Bible. « Permettez-moi, m'a-t-il dit, de vous en faire envoyer une ; j'estime qu'une Bible doit être offerte et non achetée. » Ce qui fut fait. Le geste m'a touchée comme la brioche que m'a confectionnée une détenue avant mon départ de Rennes. Transaction interdite par le code de procédure pénale, je sais, mais cette infraction ne m'a laissé aucun remords, seulement un souvenir ému.

Je pourrais continuer comme ça à égrener d'autres marques de générosité dont j'ai été ou bénéficiaire ou témoin... Mais à quoi sert de dire qu'il y a du blanc dans le noir ? C'est si évident que d'abonder plus dans ce sens me donne l'impression de prendre celui qui me lit pour un mal-voyant ou un imbécile. Ne pas croire non plus que je cherche à renverser les clichés, à inverser les couleurs, à nier les crimes. Ni Geng, ni les « infanticides » de Rennes ne sont immaculés. Pas plus anges que monstres !

Non ! les personnes que j'ai rencontrées m'ont paru être, différences de classe parfois mises à part, comme moi ! Capables de faire le bien ou le mal selon les circonstances. Sauf que... Certains jours, au tournant d'une conversation, j'entrevoyais parfois combien le narcissisme de l'un ou de l'autre était fragile, combien les blessures infantiles avaient laissé des traces, combien quelques-uns d'entre eux, précocement humiliés, avaient facilement tendance à se sentir insultés par des paroles presque anodines, combien le mode de fonctionnement de la prison ne faisait le plus souvent que renforcer ce sentiment, combien leur seuil de tolérance à la critique était bas, enfin avec quelle facilité, se sentaient-ils abaissés, leur gentillesse pouvait se muer en rage.

Ce que j'ai vu, ce que je sais, c'est qu'il y a des tonnes et des tonnes de rage enfermées dans les poitrines des détenus et très peu d'endroits où celle-ci peut s'exprimer. « Sa colère, m'a dit un jour un libéré, on est toujours obligé de la retenir en prison, par crainte d'un incident, du mitard, de perte de remises de peine. Même dans le courrier qui est lu, faut se retenir ! » Là, me semble-t-il, est le mal, du moins l'une de ses composantes, préexistant à la prison et entretenu par elle. Beaucoup de ces hommes et de ces femmes sont pleins à ras bord de cris, de détresse, de bruit et de fureur qui gagneraient à pouvoir s'exprimer. Le mal vient en partie de cette parole dérangeante qui n'a pu et ne peut se dire. Il faut toujours, en détention, côté personnel ou côté détenus, sauver les apparences, éviter de faire des vagues, au risque, un jour, de voir le refoulé individuel et institutionnel faire tout sauter. Ce qui ne manque jamais et ne manquera pas une fois encore d'arriver.

Au fil des jours, une autre question sur le mal s'est faite de plus en plus insistante. Comment pouvons-nous[1] laisser perdurer le sadisme qui imprègne le quotidien carcéral ?

Une fois dépassés les « c'est la vie ! », « t'es trop émotive ! » et autres remarques qui disent bien ce qu'elles veulent dire : ce mal, on ne veut pas en entendre parler ! mais ne font pas avancer l'analyse, j'ai cherché et trouvé refuge dans la lecture d'Arendt et de Dejours[2]. « Banalisation du mal », oui ! l'expression vaut pour la prison comme pour la sphère du salariat ou les systèmes totalitaires ! Et cette banalisation, le double langage de règle en (et à propos de la) prison aide à l'imposer. Le mensonge, écrivait H. Arendt, est le dispositif qui permet à l'exercice de la violence de perdurer. « Nous nous efforçons de renforcer les liens familiaux », disent les gardiens du temple pénitentiaire. Mais à P., un de mes interlocuteurs surpris en train de baiser avec sa femme au parloir, ce qui renforçait indéniablement son lien familial, s'est retrouvé au mitard. Dans le quotidien carcéral, le mensonge est tellement présent que celui ou celle qui s'avisera de l'épingler, la sociologue de passage, par exemple, suscitera la perplexité, le fou rire ou la vindicte. Gauchiste, émotive — une femme, vous parlez ! —, irresponsable ! Ceux qui ne peuvent fonctionner dans l'institution pénitentiaire ou judiciaire que grâce au déni généralisé qui y règne ne supportent pas qu'on vienne mettre en péril leur blindage et sont prêts à vous le faire payer. Ce qu'elle dit dérange, alors la réplique fuse : dérangée, c'est elle qui l'est ! Des gens comme ça n'ont rien à faire en prison !

En (et à propos de la) prison, pour être accepté, il faut faire comme si. Jouer le jeu avec ceux qui (se) mentent ou acceptent qu'on leur mente : les uns, les décideurs, les-sur-le-terrain, en (quasi-)connaissance puis méconnaissance de cause — déni oblige —, les autres, les étrangers à l'ombre carcérale, qui ne savent pas ou qui-préfèrent-

1. Je pense ici à ceux qu'il est convenu d'appeler « les braves gens », *a priori* concernés par les problèmes sociaux. J'ai évoqué ailleurs les satisfactions sadiques que d'aucuns — moins « braves » — peuvent trouver dans le récit ou la contemplation de situations de punition.

2. H. Arendt, *Eichmann à Jérusalem. Rapport sur la banalité du mal*, Paris, Gallimard, 1966, et Ch. Dejours, *Souffrance en France. La banalisation de l'injustice sociale en France*, Paris, Le Seuil, coll. « Points », 1998.

pas-savoir. « Cynisme viril » pour les uns, « œillères volontaires » pour pas mal d'autres, dirait Dejours.

Dans tous les cas, ce type d'attitudes cache souvent une stratégie défensive mise au point au jour le jour pour survivre dans la société dure où nous vivons. Surtout ne pas trop sentir pour pouvoir accepter ce qu'on croit ne pas pouvoir changer ! assurer des fonctions éthiquement discutables ! et éviter les représailles prévisibles en cas d'indignation intempestive !

Enfin, pour se désintéresser des problèmes de prisons et des misères faites aux détenus, on dispose d'excellents arguments. D'abord des millions de « bons pauvres », chômeurs, RMIstes et SDF occupent déjà le créneau « compassion pour les exclus ». Et puis, ne l'oublions pas ! ces gens ont fait le Mal et ils sont là au nom de la Justice, c'est-à-dire du Bien. Magie du Verbe et bonheur de l'Illusion. Ainsi peut-on penser à autre chose en toute sérénité.

Eux, oui. Moi pas ! Trop dérangée !

A l'issue de cette enquête, peut-être en sais-je un peu plus sur moi et sur ma tendance à me sentir proche des détenus, perpètes ou pas. Comme eux, je suis Janus au double visage de coupable et de victime. Quand je scrute mon miroir intime, ce que je vois, c'est une victime d'agressions côté pile et une coupable... de les avoir suscitées, côté face. Un grand classique psy, ça ! Ainsi, depuis l'enfance, la culpabilité me colle à l'âme et du coup, l'envie de me disculper me démange.

A travers ces tranches de vie que j'ai pu observer et que j'ai relatées en m'efforçant d'être la plus objective possible, quelque chose en moi a peut-être voulu dire pour eux, ces réprouvés, ce qu'on n'avait jamais dit pour moi, des paroles comme : « Vous croyez qu'elle est le mal, mais elle n'est pas que ça ! regardez donc de plus près son vrai visage ! soignez-la ! donnez-lui plus d'attention ! C'est de cela qu'elle a besoin, pas d'être punie encore et encore ! »

Bref, dans mon désir de mieux faire connaître « le vrai visage » et la « peine » de ceux qui incarnent le « mal absolu », sans doute faut-il lire aussi le désir d'œuvrer, à travers celle des criminels, à ma propre réhabilitation. « Nous ne sommes pas ce que vous croyez, pourrais-je dire, et nous ne méritons pas non plus ce que vous nous infligez. Inutilement cruel et au demeurant inadéquat. »

Par le biais de cette enquête je voulais voir aussi ce que d'autres humains arrivaient à faire avec la peine suprême. Question de me rassurer ! Si j'ai été impressionnée par la façon remarquable dont certaines personnes gèrent cette terrible épreuve, je crois qu'au fond, j'ai toujours autant de doutes sur mes propres capacités à m'en sortir, dussé-je un jour me trouver à cette place-là, ou du moins à ce qu'elle symbolise. Certes, l'énergie dont font preuve certains et certaines m'impressionne mais la peur est toujours là : eux, oui, ils y arrivent, mais moi, non ! Trop dur, trop lourd ! Moi, je me briserais !

Que je dis ! Que je crois ! là, assise bien au calme dans mon bureau, en train de spéculer sur une épreuve redoutable que je ne vis pas. Car peut-être, « en situation » — si j'avais perdu ce « pourquoi-vivre » dont Nietzsche dit qu'il fait supporter presque n'importe quel « comment-vivre » —, serais-je capable malgré tout de surmonter l'envie de me laisser (ou de me faire) mourir en opérant ce que Frankl appelle : « un revirement copernicien ».

Vivre, explique cet ancien déporté, ce n'est pas forcément attendre quelque chose de la vie. Car alors pour qui subit une situation extrême et qui pense ne plus pouvoir recevoir de l'existence ce qui le faisait vivre par le passé, la vie n'aurait en effet plus aucun sens. Non, pour Frankl, « vivre, cela ne signifie rien d'autre que prendre ses responsabilités pour donner une juste réponse aux questions que pose la vie, pour satisfaire dans l'heure même à son existence immédiate ». Réponses à géométrie variable suivant les circonstances et les individus. « Dans chaque situation différente, l'homme est appelé à un comportement différent. » « Il lui faut, écrit-il, tantôt agir — donc tenter de former son destin par l'action —, tantôt profiter d'une occasion de vivre une expérience ou encore simplement porter sa croix » puisque jusqu'à la fin, même quand on pense qu'il n'y a plus de choix, il reste encore à l'homme cette liberté inaliénable de choisir son attitude devant la souffrance extrême. « Dans la manière dont l'être, frappé par ce destin, porte cette souffrance, réside pour lui une possibilité d'accomplissement unique[1]. » Ainsi peut-il donner encore et toujours du sens à sa vie.

Si le pire devait m'arriver, saurais-je faire ce revirement existentiel ? Je ne sais. En tout cas, c'est une expérience spirituelle qui pourrait faire sens pour tous ceux qui doivent faire avec des conditions et des durées de détention sur lesquelles ils ne peuvent guère agir. Mais ça, eux seuls bien sûr peuvent en décider !

1. Tous ces extraits sont tirés de V. Frankl, *Un psychiatre déporté témoigne, op. cit.,* p. 115-132.

IN FINE

« Il serait aisé de prouver que, dans tous ou presque tous les États d'Europe, les peines ont diminué ou augmenté à mesure qu'on s'est plus approché ou plus éloigné de la liberté »[1].

« La question est de savoir à quel type de société l'on appartient. Si l'on considère l'évolution carcérale comme un indicateur culturel, il apparaît clairement que l'on ne peut mener une politique pénitentiaire dans une direction tout en orientant le reste de sa politique culturelle dans une autre »[2].

L'an 2000 a été l'une de ces années rares où la question des prisons a occupé le devant de la scène médiatique et politique française[3]. Désormais, les pouvoirs publics ne peuvent plus prétendre ne pas savoir comment on y vit. Qui plus est, ils se doivent de choisir ! Soit ils laissent les choses en l'état : le nombre des condamnés à perpétuité continue à augmenter, le double langage à occuper le champ pénitentiaire, les propos euphémisants à occulter pudiquement le tragique des mesures d'élimination. Soit ils se rappellent avec Montesquieu que la sévérité des peines convient mieux

1. Montesquieu, *De l'esprit des lois,* Livre VI, chap. 9, 1re éd. 1748, Paris, Gallimard, coll. Folio, 1995, p. 211.

2. Nils Christie, « Problèmes de détention dans le monde actuel », *op. cit.*, p. 37.

3. A la suite de la publication du journal de bord du Dr V. Vasseur, médecin-chef à la prison de la Santé, de la médiatisation qui a entouré la sortie de ce livre, et des deux commissions d'enquête parlementaire que celle-ci suscita au sein des prisons françaises. Il faut noter que les questions posées par les « longues peines » sont restées quelque peu au second plan — notamment dans le rapport d'enquête sénatorial.

au gouvernement despotique qu'à la république, que la France se dit non seulement démocratique mais aussi emblématique des droits de l'homme [1], que l'exclusion radicale de certains condamnés et leur détention dans des espaces non démocratiques sont incompatibles avec cette image de marque et risquent, à terme, d'être une source de troubles pour le corps social bien plus qu'une garantie pour sa sécurité, qu'il est par ailleurs en Europe des pays comme le Portugal où la perpétuité n'existe pas et que — *last but not least* — l'Europe pénale devra se faire, et de préférence « au mieux », c'est-à-dire en adéquation avec l'image exemplaire qu'elle entend, elle aussi, donner au monde en matière de démocratie. Auquel cas, en toute logique, il faut infléchir la tendance actuelle.

En fait, la raison raisonnable voudrait que la France fasse ce choix-là. Qu'elle réduise l'écart entre ses principes (souci des droits et des libertés, réinsertion des exclus, etc.) et nombre de ses pratiques. Et qu'elle décide enfin d'inverser la tendance à l'allongement des peines. Ce faisant, elle engagerait aussi « un pari éthique, un pari sur la régénération de celui qui a failli, un pari sur la possibilité de transformation et de conversion au bien de celui qui a commis le mal [2] ». Au lieu de figer le coupable dans son passé en l'identifiant à jamais à l'acte commis, on le réinscrirait du même coup dans une histoire en devenir. Ce qui impliquerait et susciterait dans un mouvement dialectique un repositionnement du corps social — voire des proches des victimes — face au condamné.

S'agissant des familles des victimes, il me semble également crucial de questionner les motivations d'une partie de l'opinion publique qui prétend parler en leur nom. Collant de plus en plus à l'émotion que certaines d'entre elles manifestent — notamment dans les cas d'assassinats d'enfants —, celle-ci somme l'État comme l'appareil judiciaire de prendre fait et cause pour elles sans tenir compte des intérêts des coupables. Au risque de ne plus per-

1. Les constituants étant attachés à l'idée de perfectibilité, le code pénal de 1791 ne comportait aucune peine perpétuelle, à l'exception de la déportation pour les récidivistes.

2. Comme le suggère E. Morin, *in Le Monde des Débats, op. cit.*, p. 25. Un peu plus loin l'auteur évoque la nécessité de résister « à ce besoin revenu en force au XXe siècle [...] qui a été une demande éperdue de châtiment, lequel recouvre souvent l'archaïque demande de vengeance ».

mettre à la justice d'offrir « d'espace tiers »[1]. De ne pouvoir tenir la juste distance face aux deux parties. Bref, au risque de *mal juger* ! Par ailleurs, la prééminence accordée lors des dernières décennies à la voix des victimes pousse au « toujours plus » dans la réclusion et le légitime. Or, plus la prison est sollicitée, plus elle s'expose aussi à « ajouter l'indignité à la peine et à répéter la violence qu'elle voulait annuler »[2].

On peut s'interroger au demeurant sur ce que recouvre au juste le terme de « victimes » et sur l'origine précise des désirs qu'on leur impute. Ces sentiments de déréliction et d'indignation qu'on leur prête, sont-ils toujours les *leurs* ou traduisent-ils aussi — voire surtout — l'état d'esprit de nos compatriotes qui se sentent « en souffrance » ? Si l'on a entendu ainsi monter leur cri, n'est-ce pas surtout parce qu'il a été porté et enflé par celui des blessés de la crise économique et sociale qui a secoué et secoue encore notre pays ? Si les secondes s'identifient aux premières et les prennent comme porte-parole — ou s'en font les (?) interprètes —, c'est peut-être parce que ces victimes-là souffrent d'un coup du sort flagrant et disposent d'un coupable visible. Pas comme les laissés pour compte de la « modernité », les isolés face aux agressions de la vie quotidienne, bref, tous ceux qu'a fragilisés la dépression économique, le libéralisme triomphant et la démission du politique par rapport aux lois du marché ! Ceux-là ont bien souvent du mal à *nommer* leur malheur et ses causes, quand ils ne tendent pas à se l'imputer secrètement.

En somme il y a quiproquo. L'insécurité profonde des citoyens qui ne peuvent plus compter sur la stabilité de l'emploi et les solidarités traditionnelles (famille, quartier, syndicat, région...) est d'ordre socio-économique. Ce malaise est de surcroît nourri par l'individualisme accru qui caractérise l'époque « moderne » et sucite en réaction une exigence lancinante de rappel à la loi. Et des inquiétudes à l'égard de ceux qui seraient tentés de « dépasser toutes les limites » !

Mais à la demande qu'on leur adressait de restaurer la sécurité *sociale* d'antan un certain nombre de politiques, les plus déma-

1. Comme le souligne le magistrat D. Salas, *Le Tiers Pouvoir, vers une autre justice,* Paris, Hachette, coll. « Pluriel », p. 111.

2. D. Salas, *op. cit.,* p. 252.

gogues en particulier, ont trop souvent répliqué en évoquant — notamment lors des campagnes électorales — l'insécurité suscitée par la délinquance et la criminalité.

En fin de compte, moins les pouvoirs publics apportent de réponse pertinente en matière de sécurité (relationnelle et professionnelle), plus certaines parties de la population tendent à demander à la justice de les rassurer en durcissant les pénalités. En somme, pour d'aucuns, le besoin de justice *sociale* s'est mué en besoin de justice tout court (ou se déchiffre comme tel).

Bref, dans ce contexte, les « longues peines » — et notamment les condamnés à une RCP assortie d'une « sûreté » incompressible semblent bel et bien servir de boucs émissaires. Derrière la dureté des sentences qui les frappent, on peut lire à la fois la force de l'État — seul détenteur de la violence légitime —, son souci de « rassurer », mais aussi... ses leurres et ses impérities. Quant à la demande insistante des citoyens en mal de répression, elle reflète un mal-être profond, l'influence de certains discours politiques et une analyse fallacieuse des raisons objectives de leur désarroi.

Pour en revenir aux *victimes de crimes* (*stricto sensu)*, que sait-on au demeurant de ce qu'elles souhaitent *vraiment* ? Leurs *desiderata* sont vraisemblablement plus complexes que la version stéréotypée qu'une partie des médias ou des politiques nous en donne parfois. D'autant plus qu'il n'y a pas qu'un seul type de victimes ! Même si on tend souvent à leur attribuer uniformément des sentiments dénués de magnanimité — voire des désirs sanguinaires. Or, que nous dit par exemple ce parent d'une enfant assassinée : « La réparation est un processus complexe et long qui inclut l'enquête, l'instruction et le procès. Le sentiment d'avoir été considéré et respecté est finalement plus important que la peine elle-même qui ne représente rien intrinsèquement. Que le criminel soit condamné à quinze ans, vingt ans ou à vie ne change rien pour la victime... » [1] ?

Par ailleurs, si quelques jours après qu'un crime a été commis, certains proches formulent des désirs de meurtre et en appellent à la répression la plus intense, ces propos nous permettent-ils pour autant d'augurer de l'avenir ? Qui nous dit que de tels sentiments

1. Propos tenus par le président de l'association Aide aux parents d'enfants victimes, *in Dedans-Dehors,* revue de l'OIP, n° 21, p. 20.

seront immuables[1] ? Au nom de quelle morale les proches des victimes seraient-elles éternellement figées dans la désolation et assoiffées de vengeance ? Ne confond-on pas abusivement douleur de la perte et pétrification dans la souffrance ? Pourquoi les familles des victimes, comme le pays scandalisé par tel ou tel crime, ne pourraient-ils pas jeter avec le temps un autre regard sur « les faits » — comme sur leur auteur ?

Toujours est-il qu'en dépit des enquêtes parlementaires et des réformes annoncées, on ne voit pas distinctement poindre à l'horizon un tel changement de perspective. Pour l'heure, animés bien souvent par une conception discutable de la sécurité, une perception réductrice du psychisme humain et un désintérêt certain de l'avenir du coupable, ceux qui rendent la justice en notre nom tendent encore et toujours à immobiliser pour de trop longues durées les criminels. Mais ils ne font après tout qu'appliquer — avec plus ou moins de rigueur — les lois édictées par les élus du peuple ! Cela dit, en prononçant de telles sentences, ils figent insidieusement tous les protagonistes de la scène judiciaire et pénitentiaire, corps social et proches des victimes y compris.

Et pourtant ! Que nous soyons victimes, proches de victimes ou simples citoyens, des sentences plus intelligentes et plus respectueuses de l'Homme nous aideraient tous à nous dépasser et à gagner en humanité. Quant aux condamnés pour atteintes aux personnes, il est vraisemblable — mais qui s'en soucie ? — qu'ils se montreraient d'autant moins réticents à se remettre en question qu'ils ne se sentiraient plus assommés par une lourde sentence, voire inutilement brimés et que leurs besoins et leur évolution seraient mieux pris en compte.

On est loin de ce cas de figure à l'heure actuelle. Si, en France, on ne périt plus la tête sur le billot de la guillotine, on s'y chronicise de plus en plus, faute d'être irrigué par le flux toujours frais de la vie. *Chronos* flirte alors avec *Thanatos*. C'est d'ailleurs ce que les reclus signifient quand ils évoquent leur « prison-cimetière » ou « mouroir », leurs compagnons « morts vivants » ou la centrale de « Saint-Mort ». Mort blanche donc, vécue, contrairement à

1. « Quand les blessés de l'âme vivent dans une culture pétrifiée qui les juge d'un seul regard et n'en change plus, ils deviennent victimes une deuxième fois », écrit B. Cyrulnik (*Un merveilleux malheur, op. cit.*, p. 66).

la peine capitale de jadis, dans un climat d'indifférence quasi générale [1]. Car une fois éteints les projecteurs des procès d'assises, c'est loin du monde que se purgent les longues peines... Dans l'ombre carcérale.

Pour ma part, après ce voyage dans l'univers des perpétuités, je me sens requise. Obligée de dire bien haut que ces longues, si longues peines, n'ont rien à voir avec la Justice — j'entends ici celle qui serait aussi vertu — mais avec le Mal. Et qu'Il nous déshonore.

1. Après la publication du livre du Dr V. Vasseur, c'est surtout l'indignité du quotidien carcéral qui a paru choquer les Français. D'autant plus que ce témoignage portait sur la vie dans une maison d'arrêt.

ANNEXES

ANNEXE I :
L'enquête : méthodologie et compte rendu

La présente enquête — entamée en 1996 — fut facilitée par une recherche que j'avais réalisée précédemment dans plusieurs établissements pénitentiaires sur le thème de la pauvreté. Celle-ci m'avait en effet permis de m'entretenir avec des « longues peines » — dont plusieurs condamnés à perpétuité — et m'avait sensibilisée aux difficultés auxquelles ceux-ci sont confrontés au cours de leur cursus carcéral.

Qui allais-je interviewer ? Peu de détenus et si possible de façon suivie : je ne voulais pas recueillir de fugaces éclats de vie. Des hommes, bien sûr — ne sont-ils pas la principale clientèle des prisons ? —, mais aussi des femmes. Leur situation minoritaire fait qu'on les oublie souvent quand on évoque la détention. Sauf peut-être quand on est une chercheuse. Qui de surcroît s'interroge épisodiquement face à ses interlocutrices sur ce qui les sépare. Pourquoi sont-elles à cette place-là, elles et pas moi ?

Si la plupart de mes interlocuteurs ont été des condamnés à perpétuité, au moment où nous nous sommes rencontrés, certains ne l'étaient plus : leur peine avait été soit cassée après les assises par la Cour de cassation, soit commuée bien plus tard en une « peine à temps ». Mais j'ai aussi interviewé ici ou là un, voire deux détenus condamnés à des peines plus courtes (dix-sept ou vingt ans). Certes les perpètes, dont la situation est paroxystique, étaient pour moi les interlocuteurs prioritaires, mais m'entretenir avec des non-perpètes fut aussi instructif, notamment par ce qu'ils m'apprenaient en ombre portée sur le vécu des condamnés à des peines plus lourdes.

Les rencontres se sont parfois (dans trois cas) achevées plus tôt que je ne l'avais espéré. L'explication avancée : « Ça remue trop de choses du passé auxquelles je ne veux plus penser » m'a certes paru vraisemblable mais elle ne m'a pas semblé rendre compte de tous les sens que comportait, subodorais-je, cette interruption. Peur d'avoir à évoquer le crime, par exemple.

Nous avons longuement échangé et le dernier jour, certains ont fait traîner la conversation, m'ont demandé s'il était possible de correspondre, de me voir à l'occasion d'une permission. Ainsi tantôt un courrier, tantôt une visite m'apporte avec son lot d'informations de nouveaux éléments de réflexion. Du coup, la connaissance que j'ai de ces détenus est à géométrie très variable. Les uns, dont j'ai reçu des centaines de lettres ou que j'ai revus régulièrement, quelquefois en d'autres lieux, sont devenus des êtres familiers (d'où, parfois, leur désignation par un prénom) alors que le visage de ceux avec lesquels je n'ai eu que quelques entretiens s'est un peu estompé dans ma mémoire.

Où rencontrer ces perpètes ? Pour les femmes, le choix — Rennes — était simple, faute de choix justement. Pour les hommes, dans la mesure où je voulais étudier comment on envisage ce temps « à faire » suivant la partie du cursus pénal où l'on se trouve, il m'a paru pertinent de me rendre dans trois types d'établissements. Première étape du parcours du condamné (après la maison d'arrêt) : Fresnes et le Centre national d'observation, puis la maison centrale où sont affectés en principe les détenus « justifiant de mesures de sécurité renforcée » et de façon générale une partie des condamnés qui en sont au début ou au milieu de leur (longue) peine. Enfin certains centres de détention, établissements au régime disciplinaire plus souple, accueillant de nombreux perpètes en fin de peine, j'avais envisagé de boucler la boucle en enquêtant dans l'un d'entre eux.

Dans la pratique, les choses n'ont pas été aussi simples : certains « débutants » de Fresnes avaient déjà à leur actif de nombreuses années de prison imputables à de précédents délits (de moindre gravité). Par ailleurs, j'ai interviewé en centre de détention (à C.) des détenus qui n'avaient que quelques années d'ancienneté carcérale et en centrale (à S.) un détenu dont la libération conditionnelle semblait imminente après vingt-quatre ans de détention et un long séjour en centre de détention. Cela dit, même si les repères institutionnels ne correspondaient pas toujours à mes prévisions, j'ai pu m'entretenir avec des condamnés se situant à quasiment toutes les étapes du parcours carcéral.

Au total j'ai ainsi interviewé de façon suivie dans quatre établissements vingt-sept détenus (sept femmes et vingt hommes) dont les âges s'échelonnaient entre vingt-cinq et soixante-trois ans. Ils ont inspiré pour l'essentiel cet ouvrage. A des degrés divers, certes, selon les individus, le temps que nous avons passé ensemble et leur loquacité. Mais je me suis également servie pour le nourrir de témoignages recueillis auprès de prisonniers connus dans d'autres circonstances, dans d'autres établissements pénitentiaires, ou auprès d'ex-détenus.

Si les entretiens avec les reclus ont été le noyau dur de cette recherche, il m'a paru essentiel de les mettre en perspective avec ce que pouvaient me dire du vécu des « longues peines » ceux qui les côtoyaient : psychiatres, infirmières, visiteurs de prison, travailleurs sociaux, instituteurs, aumôniers, enseignants... et bien sûr les membres du personnel pénitentiaire (qu'ils soient surveillants ou chefs d'établissement). Cela dit, c'est le vécu des premiers, pour biaisé qu'on puisse parfois le trouver, que j'ai voulu privilégier dans cet ouvrage, dans la mesure où, plus méconnu que celui des personnels, il me paraissait pourtant urgent de l'analyser.

Plusieurs détenus avaient fait l'objet entre leur arrestation et le procès d'une forte couverture médiatique, d'autres avaient vu leur « histoire » évoquée dans le cadre de documentaires ou de films ; bref quelques-uns de mes interlocuteurs avaient eu leur heure de célébrité. Si certains y avaient trouvé quelque source de satisfaction — nul ne l'a dit explicitement —, tous en tout cas avaient éprouvé du ressentiment à l'égard de tel ou tel journaliste : il les aurait salis, aurait dit à leur propos tout et n'importe quoi. Aussi redoutaient-ils de voir leur vie donnée à nouveau en pâture aux médias. C'est pourquoi j'ai cherché autant que possible à protéger leur anonymat et les ai, comme je l'ai signalé au début de cet ouvrage, dotés de pseudonymes, ce qui du même coup les couvre (quelque peu) par rapport aux autorités de tutelle. Par ailleurs, dans les chapitres les plus délicats (problèmes de viol, mise en cause de surveillants ripoux, etc.) je les ai simplement évoqués par une initiale ou me suis contentée de faire allusion aux dires d'« un détenu » ou « d'un perpète ».

Cela dit, il n'est pas sûr que cet anonymat agrée toujours *toutes* les personnes interviewées. Certaines auraient sans doute souhaité qu'on les cite nommément — du moins sur certains points —, qu'on leur donne la parole pour pouvoir dire « leur » vérité, voire la rétablir si elles estimaient avoir été diffamées ou condamnées à tort. Peut-être était-ce même la raison principale pour laquelle elles avaient accepté de s'entretenir avec moi. Mais mon intention n'était pas de servir d'avocate ou de biographe à telle ou telle personne. A partir de nos entretiens, je voulais réfléchir de façon *générale* à « la perpétuité » et, partant, aux modes de gestion du temps carcéral et au vécu quotidien qu'elle peut impliquer.

J'ai hésité avant d'esquisser le portrait, succinct, de certains de mes interlocuteurs. Certes, il me paraissait utile d'en donner au lecteur une image plus sensible et de restituer le climat de certaines de nos rencontres, mais en même temps je répugnais à leur accoler des qualificatifs — forcément subjectifs. Je craignais d'emboîter ainsi le pas à tous ceux qui les avaient dépeints, en termes souvent peu flatteurs, à l'issue des divers examens policiers, judiciaires et psychiatriques dont ils avaient été l'objet dans leur vie, et de dévier de mon positionnement professionnel : je me voulais autant que possible empathique — pour tenter de comprendre l'autre — et distanciée — pour pouvoir analyser ultérieurement ce qui m'avait été dit en tenant en bride mes affects.

On s'étonnera peut-être que j'aie ajouté à certains patronymes ou prénoms des surnoms (rappelant tel ou tel particularisme : profession, appartenance au « milieu » nantais ou marseillais...). Je n'ai pas cherché, ce faisant, à donner dans le pittoresque mais à aider le lecteur à se repérer dans l'enchevêtrement des biographies.

Les noms des détenus que j'ai rencontrés dans chaque établissement m'avaient été proposés en général par le personnel de direction et accessoirement par des travailleurs sociaux après que je leur ai explicité mes desiderata. Ces derniers ont été pour l'essentiel satisfaits puisque j'ai pu rencontrer à loisir une gamme assez variée de « longues peines ». Des jeunes et des quinquagénaires. Des délinquants professionnels n'ayant quasiment jamais eu d'emploi et des salariés apparemment sans histoire. Des récidivistes et des primaires. Des marginaux des villes et des marginaux des champs mais aussi quelques cadres bien intégrés socialement. Des se disant coupables et une minorité de détenus qui criaient toujours leur innocence. Enfin des auteurs de crimes divers : « crapuleux » ou « passionnels », commis dans la sphère privée, professionnelle ou publique. Malgré ce panachage de profils, le petit nombre de personnes que j'ai rencontrées m'oblige à être prudente dans les conclusions que j'ai tirées de cette enquête. Aussi aimerais-je que certaines d'entre elles soient reprises par d'autres chercheurs et vérifiées sur un échantillon plus large.

Mais tout en ayant conscience des limites de ce travail, je ne cède pas pour autant au mirage du quantitativisme. L'histoire des sciences sociales a parfois montré qu'une seule histoire de vie pouvait être plus instructive que des batteries de chiffres analysées sans une parfaite maîtrise de toutes les données.

Enfin il est clair qu'un ouvrage reposant sur des entretiens a les qualités et les lacunes que suscite ce type de situations. Les renseignements obtenus dépendent de facteurs souvent impondérables (le sexe, l'âge, l'habillement, le mode de questionnement) ; aussi rien ne garantit jamais la fiabilité et l'authenticité totales des propos recueillis. Et, ajouterais-je, surtout en prison ! Ainsi certains détenus m'ont-ils raconté, une fois libérés, des épisodes de leur vie qu'ils avaient craint de me livrer *intra-muros*. Après tout, comment pouvaient-ils être sûrs que je n'irais pas répéter leurs propos en haut lieu ? Enfin, chez ceux avec lesquels je suis restée en contact, j'ai découvert avec le temps des sentiments et des ambiguïtés que j'étais loin de soupçonner quand mon enquête s'est achevée et qui m'ont fait reconsidérer leur histoire de vie carcérale.

Une recherche n'est finalement jamais achevée. Ou si elle l'est, c'est à titre provisoire. A d'autres chercheurs ensuite de prendre le relais.

ANNEXE II :
L'allongement des peines : quelques données politiques et juridiques...

Si de nombreux travaux nord-américains ont traité du thème des longues peines [1], la recherche française portant spécifiquement sur ce sujet est pour l'heure limitée. De manière générale, celui-ci est abordé soit indirectement [2] dans des numéros spéciaux consacrés par les revues d'associations caritatives ou militantes au « temps », à « la délinquance sexuelle », au « nouveau code pénal », etc., soit dans des travaux commandités par le ministère de la Justice dans une perspective surtout gestionnaire comme le rapport réalisé par un groupe d'experts sur « la gestion des longues peines » (1992), ou le rapport Cartier (1994) consacré à « la prévention de la récidive des criminels ».

Deux chercheuses belges, Hilde Tubex et Sonja Snacken, ont, quant à elles, étudié le phénomène de l'allongement des peines dans une perspective internationale. Analyse qui posait des problèmes de définition car la durée d'une peine de prison « longue » est un concept qui dépend de la totalité des peines prononcées dans un pays déterminé : « Par exemple aux Pays-Bas, où les peines sont généralement courtes, une peine de six mois est considérée comme une longue peine » alors qu'« aux États-Unis le critère

1. Voir notamment deux documents canadiens : de H.B. McKay, C. H. S. Jayewardene et B. Reedie Penny, *Les Effets de l'incarcération de longue durée*, Division de la Recherche, Solliciteur général du Canada, 1992, et Revue *Forum*, « Les délinquants qui purgent une longue peine », Service Correctionnel, vol. 4, nº 2, juin 1992.

2. A l'exception notable du document intitulé « Les peines de longue durée » (1997), produit par l'Action des chrétiens pour l'abolition de la torture.

varie autour de sept ans »[1]. Évidemment, « l'accroissement [du nombre] des détenus condamnés à de longues peines influence la définition d'une telle peine ; aux Pays-Bas l'application accrue de peines beaucoup plus longues tend à transformer le critère de six mois en quatre ans[2] ». Quant à la France, elle se situe entre les Pays-Bas et les États-Unis puisqu'on y considère comme une « longue peine » une personne condamnée à « cinq ans et plus ».

Quel que soit le critère retenu par chaque pays, critère qui en dit long au demeurant sur sa politique pénale, les auteurs observent quasiment partout la même tendance : un accroissement de la population condamnée à des longues peines. Ainsi en France les détenus purgeant une peine de cinq ans et plus représentaient 37,8 % des condamnés au 19 juillet 1999 contre 24,6 % au 1er juillet 1975. Cette évolution est reflétée et confortée par le nouveau code pénal entré en vigueur en 1994, tendanciellement plus répressif que le précédent dans certains domaines. Comme le montrent les juristes P. Poncela et P. Lascoumes, dans ce nouveau code, 17,4 % des peines criminelles font encourir aux coupables une RCP ou une réclusion de 30 ans (cela ne valait que pour 14,4 % des cas dans le régime antérieur). Par ailleurs les emprisonnements de 7 à 10 ans représentent désormais 18,3 % des pénalités contre 11,1 % dans le texte abrogé[3].

Dans certains États, cet accroissement du nombre des « longues peines » est manifeste dans une catégorie bien précise : celle des condamnés à perpétuité. Belgique, Allemagne, Grande-Bretagne ou France, dans chacun de ces pays leur nombre a crû même si les effectifs varient énormément d'une nation à l'autre. Ainsi, alors que la population carcérale journalière des Pays-Bas ne compte que trois ou quatre condamnés à perpétuité, ils étaient en Grande-Bretagne près de 3 000 en 1992, soit 6,5 % de l'ensemble des détenus[4]. La France, quant à elle, se situe entre ces deux pôles. Bien que le nombre de ces condamnés y ait crû en valeur absolue (566

1. H. Tubex, S. Snacken, « L'évolution des longues peines. Aperçu international et analyse des causes », *Déviance et Société*, juin 1995, vol. 19, nº 2, p. 105-107.

2. *Ibid.*

3. P. Poncela et P. Lascoumes, *Réformer le code pénal. Où est passé l'architecte ?* Paris, PUF, 1998, p. 49-50.

4. B. Mitchell, « Preparing Life Sentence Prisoners for Release », *The Howard Journal of Criminal Justice*, 1992, 31, 3, p. 224.

au 1er janvier 1999 contre 333 au 1er janvier 1980), ils ne représentaient cependant « que » 1,7 % de la population carcérale recensée à cette date [1].

Comment expliquer cette tendance ? Les comparaisons faites à un niveau international apportent quelques éléments de réponse.

L'abolition de la peine de mort joue sans doute un rôle primordial. Progrès pénal et symbolique, celle-ci a cependant conduit ultérieurement à la production d'un arsenal législatif qui marque un recul par rapport au mouvement progressiste et humaniste qui l'avait suscitée. L'illustre bien, entre autres exemples, le cas de la France ainsi décrit par H. Tubex et S. Snacken :

> *En France, la peine de mort a été abolie en 1981. A cette époque, il existait déjà des « périodes de sûreté » pendant lesquelles une libération conditionnelle ou toute autre mesure d'individualisation de la peine (fractionnement, suspension, permission de sortir, placement à l'extérieur, semi-liberté...) ne pouvaient être accordées. La durée de cette période équivalait à la moitié d'une peine de durée déterminée et était de 15 ans pour une peine à perpétuité. La juridiction pouvait réduire cette période de sûreté ou la prolonger jusqu'aux deux tiers de la peine ou la porter à 18 ans lorqu'il s'agissait d'une peine à perpétuité.*
>
> *Une modification de la loi, le 9 septembre 1986, a prévu la possibilité pour un nombre restreint d'infractions sanctionnées d'un emprisonnement à perpétuité, de porter la période de sûreté à 30 ans et une procédure de révision ne peut être engagée qu'après l'écoulement des deux tiers de la période de sûreté (donc après 20 ans).*
>
> *Le nouveau Code pénal de 1994 maintient les périodes de sûreté avec des changements concernant leurs conditions d'application et les termes prévus. Dans la partie générale (livre I), la période de sûreté de 15 ans pour les condamnés à perpétuité est prolongée jusqu'à 18 ans. La possibilité de prolongation est toutefois limitée à 22 ans au lieu de 30 ans. Une période de sûreté facultative n'est possible qu'à partir d'une condamnation de 5 ans au lieu de 3 ans. La possibilité de porter la période de sûreté à 30 ans est limitée à deux cas : meurtre ou assassinat d'un mineur de 15 ans, précédé*

1. Mais au 1er septembre 1997, on dénombrait 490 condamnés à la RCP, soit 1,5 % de la population carcérale, ce qui illustre une certaine tendance à la hausse.

ou accompagné d'un viol, de tortures ou d'actes de barbarie et, si la cour d'assises prononce la réclusion à perpétuité, elle peut décider qu'aucun aménagement de peine ne sera applicable pendant la durée de la période de sûreté[1].

Lorsque la peine de mort n'est plus exécutée, font remarquer les mêmes auteurs, chaque société recherche d'autres moyens d'écarter de son sein pour une période très longue ou indéfinie les éléments se rendant coupables de crimes qualifiés « impardonnables ».

Cette tendance se traduit de deux façons :

— par un traitement plus sévère tout au long du processus pénal, qui rallonge la durée de leur peine...

— par une application étendue de la peine maximale depuis que celle-ci a perdu son caractère irrévocable[2].

Mais il est clair que les changements de majorité gouvernementale ont également influencé les politiques pénales françaises, d'autant plus que, dès le début des années 1970, des faits divers très médiatisés sont devenus des thèmes de campagne électorale. C'est en effet sous un gouvernement de droite (en 1978) que les premières périodes de sûreté ont été introduites ; c'est encore sous la droite (en 1986) que furent créées les « sûreté » de dix-huit à trente ans, dites « incompressibles », et que fut élaboré (en 1993) le projet de loi Méhaignerie (dit « projet de perpétuité réelle ») visant certains auteurs de crimes sexuels. *A contrario* l'abolition de la peine de mort a été votée sous un gouvernement de gauche.

Cependant, ces changements politiques n'expliquent pas tout, d'une part parce que les mêmes tendances se retrouvent dans des pays européens qui n'ont pas connu les mêmes majorités et, d'autre part, parce qu'il est remarquable que, de retour au pouvoir, la gauche n'ait pas abrogé la loi de 1986 et qu'elle ait contribué à faire entrer dans le nouveau Code pénal la période de sûreté de trente ans. Adhésion implicite à un arsenal législatif qu'elle n'a pourtant pas initié ? Peur de mécontenter une opinion publique fortement demandeuse de *sécurité* en période de crise ? « Désir de se faire pardonner l'abolition de la peine de mort ? », comme d'au-

1. H. Tubex et S. Snacken, « L'Évolution des longues peines. Aperçu international et analyse des causes », *op. cit.*, 1995, p. 232-233.

2. H. Tubex et S. Snacken, *L'Évolution des longues peines : sélectivité et dualisation, in* Cl. Faugeron *et alii*, *Approches de la prison, op. cit.*, 1996, p. 174-175.

cuns l'ont suggéré ou, de façon plus générale, crainte de se voir une fois encore taxée de laxisme en matière de politique criminelle par une droite et une extrême droite qui ont souvent fait du thème sécuritaire leur fonds de commerce ?

Il faut cependant distinguer à gauche les positions adoptées respectivement par les socialistes et par le parti communiste. Ce dernier fut, selon P. Poncela et P. Lascoumes, le seul groupe politique à exprimer et à défendre au Sénat comme à l'Assemblée nationale « une politique pénale précise » [1] lors des débats que suscita l'adoption des divers livres du nouveau Code pénal. « Tous les compromis consentis par le gouvernement [de gauche] et le PS, observent les mêmes auteurs, vont dans le sens de la droite parlementaire [...] favorable à une plus grande sévérité » alors que le PC, lui, est « désireux de réduire les peines constituant un obstacle à la réinsertion » [2]. Dans la même logique, ce parti est alors le seul à remettre en cause le maintien de la réclusion perpétuelle et l'introduction d'une peine de trente ans de réclusion criminelle [3].

Cela dit, le durcissement pénal qui marque les dernières décennies a frappé plus particulièrement et successivement depuis 1980 les délinquants sexuels, les auteurs de crimes violents puis les trafiquants de drogues, les terroristes et de façon générale les récidivistes.

Conjointement à cet allongement des durées de détention, les critiques longtemps formulées à l'encontre des courtes peines d'emprisonnement, notamment quand elles touchent les jeunes, ont amené les divers États industrialisés à les appliquer plus sélectivement et à leur préférer, s'agissant de petits et moyens délinquants, des mesures autres que l'emprisonnement (contrôle judiciaire, etc.). Ainsi en est-on arrivé en France comme dans d'autres pays européens à une bipolarisation du système pénal. D'un côté, pour des délits de moindre gravité, des peines courtes ou des mesures dites « alternatives » et de l'autre, pour des faits « graves », et notamment les crimes autrefois passibles de la peine capitale, des peines de plus en plus lourdes, assorties de périodes de sûreté qui reculent fortement les perspectives de sortie (permission, libération conditionnelle ou définitive).

1. P. Poncela et P. Lascoumes, *Réformer le code pénal, op. cit.*, p. 242.
2. *Ibid.*, p. 254
3. *Ibid.*

Les conséquences à l'échelle nationale ? Un allongement généralisé des durées de détention (8 mois en moyenne au 1er mai 1999 contre 4,6 mois en 1980, enfin, on l'a vu, un accroissement (en pourcentage) du nombre de détenus condamnés à de lourdes peines.

ANNEXE III :
Profil des 110 personnes condamnées à perpétuité en 1994, 1996 et 1997[1]

1) Age

De 18 ans à moins de 20	De 20 ans à moins de 25	De 25 ans à moins de 30	**De 30 ans à moins de 40**	De 40 ans à moins de 60	60 ans et plus
3	17	31	**41**	16	2

2) Sexe

Hommes	Femmes
103	7

3) Nationalité

Français	Étrangers
77	33

1. *Source : Ministère de la Justice, Casier judiciaire national, SDSED.* Les données portant sur l'année 1995 étant lacunaires, j'ai préféré ne mentionner aucune statistique provenant de cette année. Il faut noter le décalage entre la date des condamnations et celle de la publication de ces statistiques pour des raisons judiciaires, administratives et...statistiques. Ainsi en 1999 les dernières données disponibles étaient celles de 1997.

ANNEXE IV :
Données sur les suicides et les tentatives de suicide[1]

Tableau n° 1 *: Suicides, moyens utilisés*

ANNÉE 1997	125
pendaison ou strangulation[2]	**96**
produit médicamenteux	13
étouffement	7
mutilation	5
noyade	2
précipitation dans le vide[3]	1
feu	1

Tableau n° 2 *: Suicides. Analyse en fonction de l'âge (ensemble des détenus 1997)*

moins de 18 ans	0
de 18 à 21 ans	8
de 21 à 25 ans	20
de 25 à 30 ans	15
de 30 à 40 ans	43

1. Ces tableaux sont tirés du Rapport annuel d'activité 1997 de l'Administration pénitentiaire, p. 123-125.
2. Dont une pendaison au cours d'une permission de sortir.
3. Suicide commis au cours d'une permission de sortir.

de 40 à 50 ans	26
de 50 à 60 ans	8
plus de 60 ans	5

Tableau n° 3 : *Suicides. Analyse en fonction de la durée d'incarcération*

Incarcérés depuis	Prévenus	Condamnés	Total
moins de 15 jours	14	5	19
de 15 jours à 3 mois	**18**	**12**	**30**
de 3 mois à 6 mois	11	9	20
de 6 mois à 1 an	18	4	22
de 1 à 3 ans	12	10	22
de 3 à 5 ans	3	5	8
de 5 à 10 ans		3	3
10 ans et plus		1	1
Total	76	49	125

Tableau n° 4 : *Tentatives de suicide, moyens utilisés*

Année 1997	1022
pendaison ou strangulation	**368**
ingestion de médicaments	254
ingestion de produits toxiques	138
automutilation grave	125
feu ou ingestion de corps étranger	123
étouffement	12
Projection dans le vide	2

Comme pour les suicides, le recours aux médicaments va croissant au fil des ans.

ANNEXE V :
Situation comparative des populations carcérales en Europe

Tableau n° 1 *: Nombre total des détenus, taux de détention (pour 100 000 habitants) et densité carcérale (pour 100 places) au 1er septembre 1997.*

Pays	Nombre total des détenus	Taux de détention	Densité carcérale
Allemagne	74 317	90	103
Angleterre	61 940	120	109
Belgique	8 342	82	...
Bulgarie	11 847	142	158
Croatie	2 119	47	**63**
Espagne	42 827	113	112
Estonie	4 745	300	**176**
Finlande	2 798	56	72
France	*54 442*	*90*	*109*
Grèce	5 577	54	129
Hongrie	13 687	136	125
Italie	49 477	86	127
Lettonie	10 052	407	103
Lituanie	13 205	356	97
Portugal	14 634	145	136
Roumanie	44 398	197	140
Russie	**1 047 997**	**713**	109
Slovénie	**768**	**39**	72

Suède	5 221	59	92
Suisse	6 259	88	93
Turquie	59 275	94	77
Ukraine	211 568	415	107

Source : Pierre Tournier, *Statistique pénale annuelle du Conseil de l'Europe* (SPACE 1), Enquête 1997, Conseil de l'Europe, 1er décembre 1998.

On peut remarquer dans ce tableau deux extrêmes : parmi les pays avec les taux de détention les plus élevés figurent les anciens pays socialistes, mais il y a des différences notables entre la Russie, l'Ukraine ou les Pays baltes d'une part et les petits pays sortis de l'ex-Yougoslavie, comme la Slovénie et la Croatie, d'autre part. Parmi les pays occidentaux, l'Angleterre et l'Espagne dépassent le taux de 100 détenus pour 100 000 habitants. Ils devancent ainsi nettement la France, alors qu'en bas de l'échelle on trouve notamment les pays nordiques.

On peut remarquer aussi que cette distinction Est-Ouest n'est plus opératoire pour la densité carcérale : l'Angleterre, la France et la Russie ont la même densité (109), et les prisons les plus surpeuplées se trouvent aussi bien à l'Ouest (Portugal, Grèce, Italie) qu'à l'Est (Estonie, Bulgarie, Roumanie).

Tableau n° 2 : *Population détenue au 1er septembre 1997 : structure d'âge*

Pays	Age médian	Détenus de moins de 21 ans	
		Effectif	%
Angleterre	27	10 878	17,6
Autriche	29	257	3,7
Belgique	32	464	5,6
Espagne	33	2 720	6,4
Finlande	...	101	3,6
France	*31*	*5 019*	*9,2*
Irlande	**24**	589	**24,2**
Italie	35	3 067	6,2
Pologne	32	7 191	12,5

Portugal	33	1 015	6,9
Roumanie	30	8 153	18,4
Russie	...	21 587	**2,1**
Suède	34	163	4,0
Turquie	**49**	10 324	17,4

Source : Pierre Tournier, *Statistique pénale annuelle du Conseil de l'Europe* (SPACE 1), Enquête 1997, Conseil de l'Europe, 1er décembre 1998.

L'âge médian des détenus en Europe se situe autour de 30 ans, à l'exception notable de la Turquie (mais on ne dispose pas d'informations sur la Russie et l'Ukraine). Les taux les plus élevés de détenus jeunes avoisinent les 20 % en Roumanie, Angleterre, Turquie... A noter le pic de 24,2 % en Irlande. La France, avec 9,2 % de détenus de moins de 21 ans, occupe une position médiane.

Tableau n° 3 : *Population détenue au 1er septembre 1997 : femmes*

Pays	Femmes détenus	
	Effectif	%
Portugal	1 470	10,0
Espagne	4 002	9,3
Suisse	386	6,2
Russie	58 511	5,6
Angleterre	2 770	4,5
Allemagne	3 212	4,3
Belgique	360	4,3
Italie	2 034	4,1
France	*2 166*	*4,0*
Roumanie	1 775	4,0
Turquie	2 293	3,9
Grèce	209	3,7
Pologne	1 462	2,5

Source : Pierre Tournier, *Statistique pénale annuelle du Conseil de l'Europe* (SPACE 1), Enquête 1997, Conseil de l'Europe, 1er décembre 1998.

C'est le Portugal et l'Espagne qui ont le pourcentage le plus élevé de femmes détenues. D'autres pays, aussi catholiques, comme l'Irlande ou la Pologne, se situent plutôt en bas de l'échelle (moins de 2,5 %). La France se trouve dans le peloton inférieur à la moyenne des 5 %.

Tableau n° 4 *: Population détenue au 1er septembre 1997 : étrangers*

Pays	Détenus étrangers	
	Effectif	%
Suisse	3 772	60,3
Grèce	2 151	38,6
Belgique	3 185	38,2
Allemagne	25 000	33,6
France	*14 178*	*26,0*
Italie	10 926	22,1
Espagne	7 640	17,8
Portugal	1 602	11,1
Angleterre	4 805	7,8
Pologne	1 326	2,3
Turquie	828	1,4
Roumanie	416	0,9
Russie	217	0,0

Source : Pierre Tournier, *Statistique pénale annuelle du Conseil de l'Europe* (SPACE 1), Enquête 1997, Conseil de l'Europe, 1er décembre 1998.

Ce sont les pays de l'Ouest qui enferment le plus d'étrangers, recrutés dans leur majorité parmi les candidats à l'immigration. La Suisse bat tous les records, avec plus de 60 % de détenus d'origine étrangère ; elle est suivie par la Grèce et la Belgique. Avec 26 % de détenus étrangers, la France est loin devant l'Angleterre (7,8 %). A noter la faiblesse du pourcentage des détenus étrangers dans les prisons russes (inférieur à 0,01 %).

Tableau n° 5 : *Population détenue au 1er septembre 1997 : structure juridique (effectifs)*

Pays	Détenus non jugés	Détenus condamnés (condamnation définitive)
Allemagne	19 989	50 950
Angleterre	8 717	48 981
Espagne	11 058	31 769
France	*19 872*	*32 171*
Italie	12 492	28 895
Pays-Bas	4 040	6 073
Pologne	14 103	42 535
Roumanie	10 225	26 596
Suisse	2 226	4 033
Turquie	24 554	32 395
Ukraine	20 433	173 835

Source : Pierre Tournier, *Statistique pénale annuelle du Conseil de l'Europe* (SPACE 1), Enquête 1997, Conseil de l'Europe, 1er décembre 1998.

La part des détenus non jugés et des détenus condamnés dans la population carcérale est un autre indicateur des politiques répressives des différents pays. La France se situe vers le sommet de ce classement, avec plus de 40 % de détenus non jugés, mais la première place revient à la Turquie avec plus de 45 % de prévenus (l'Angleterre et la Russie ne figurent pas sur ce tableau, faute de données comparables).

Tableau n° 6 : *Distribution des détenus condamnés selon la longueur de la peine (prononcée), au 1er septembre 1997 (effectifs et pourcentages)*

Pays	Moins de un an	10 ans et plus (à temps)	Peine à vie
Allemagne	21 567 (42 %)	973 **(1,9 %)**	1 378 (2,7 %)
France	*9 323 (29 %)*	*5 283 (16,4 %)*	*490 (1,5 %)*
Hongrie	1 225 (12,8 %)	945 (9,9 %)	188 (2 %)

Italie	4 055 (14 %)	5 592 (19,3 %)	588 (2 %)
Norvège	981 **(59,4 %)**	72 (4,4 %)	
Pays-Bas	2 235 (36,8 %)	1 074 (17,7 %)	6 (0,1 %)
Pologne	10 135 (23,6 %)	2 443 (5,7 %)	7 **(0,0 %)**
Roumanie	2 028 (7,6 %)	4 412 (16,6 %)	40 (0,2 %)
Turquie	4 441 (14,2 %)	9 915 **(31,8 %)**	1 399 **(4,5 %)**
Ukraine	4 345 **(2,6 %)**	14 069 (8,4 %)	

Source : Pierre Tournier, *Statistique pénale annuelle du Conseil de l'Europe* (SPACE 1), Enquête 1997, Conseil de l'Europe, 1er décembre 1998.

Ont été retenus les pôles opposés de durée des peines, bien que ce type de catégories soit habituellement plus affiné (de 1 à 3 ans, etc.). On remarque bien évidemment des classements inversés entre ces deux durées extrêmes, les pourcentages les plus élevés de condamnations « courtes » (moins d'un an) correspondant à des pays comme l'Allemagne, la Norvège, les Pays-Bas... qui ont également les taux les plus bas de peines longues ou à vie. La France se trouve plutôt dans la situation inverse, avec un pourcentage important de longues peines (plus de 16 %), pratiquement au même rang que la Roumanie, tandis que le record est enregistré par la Turquie (plus de 31 %).

Tableau n° 7 : *Indicateur de la durée moyenne de détention (1996)*

Pays	Nombre moyen de détenus	Indicateur de la durée moyenne de détention (en mois)
Russie	1 047 997	22
Portugal	14 177	20
Roumanie	43 609	12
Espagne	42 827	9,7
Pologne	57 320	8,3
Turquie	54 801	8,1
France	*56 444*	*8,1*
Italie	48 395	6,3
Angleterre	55 281	5,5

Pays	Nombre moyen de détenus	Indicateur de la durée moyenne de détention (en mois)
Pays-Bas	10 945	4,5
Allemagne	70 538	3,1

Source : Pierre Tournier, *Statistique pénale annuelle du Conseil de l'Europe* (SPACE 1), Enquête 1997, Conseil de l'Europe, 1er décembre 1998.

Le poids des longues peines se fait sentir dans le calcul des durées moyennes de détention. Avec 8,1 mois, la population carcérale française tend à occuper une position médiane.

Tableau n° 8 : *Décès et suicides en prison (1996)*

Pays	Nombre de décès dans l'année	Nombre de suicides dans l'année	Taux de mortalité pour 10 000 détenus	Taux de suicide pour 10 000 détenus
Allemagne	151	75	21	11
Autriche	37	16	55	**24**
France	*279*	*138*	*49*	***24***
Italie	78	45	16	9,3
Pologne	84	21	15	3,6
Portugal	136	10	96	7,1
Roumanie	91	4	21	**0,9**
Turquie	48	13	**8,8**	2,4
Ukraine	2 264	85	**105**	3,9

Source : Pierre Tournier, *Statistique pénale annuelle du Conseil de l'Europe* (SPACE 1), Enquête 1997, Conseil de l'Europe, 1er décembre 1998.

La France occupe une position peu flatteuse dans ce tableau des effectifs et pourcentages de décès et de suicides en prison ; en ce qui concerne les taux de mortalité, elle n'est devancée que par le Portugal, l'Autriche et l'Ukraine. Pour les suicides, elle est très nettement en tête du classement (aux côtés de l'Autriche, mais avec des effectifs très différents).

ANNEXE VI :
Lettres de détenus

Lettre adressée par le collectif des détenus « longues peines » de la maison centrale de Lannemezan à la garde des Sceaux et au journal *Libération* le 10 janvier 2000 :

Madame la Ministre de la Justice,

Au début des années 80, la peine de mort est abolie. Mais depuis, à la peine de mort s'est substituée la peine de mort lente, celle des années de pourrissement passées dans ces prisons qui deviennent de véritables tombeaux pour emmurés vivants. La désespérance est de plus en plus grande, la longueur des peines insupportable. Il faut vite réagir, sous peine qu'une fois de plus les changements ne viennent qu'en réaction à de nouveaux drames *intra-muros.*

Nous émettons le vœu que soient abolies les longues peines, substituts cruels à la peine de mort et injures à notre civilisation.

Le monde carcéral est aussi celui d'autres réalités qui sont autant d'offenses à notre humanité et autant d'atteintes à nos chances d'intégration lorsque nous recouvrerons la liberté.

C'est pourquoi nous émettons le vœu que les détenus gravement malades (sida, leucémie, sclérose en plaques, cancers) soient libérés ;

nous émettons le vœu que soient fermés ces lieux de non-droit que sont les mitards (cellules de punition) ainsi que les quartiers d'isolement ;

nous émettons le vœu d'avoir des parloirs nous permettant de recevoir nos familles décemment. Vous savez combien le maintien des liens familiaux est important.

Nous émettons le vœu de pouvoir avoir droit à des relations

sexuelles, sans conditions. Faut-il rappeler qu'en France, patrie des droits de l'homme, les animaux ont droit à la tendresse et qu'à nous détenus cela est refusé ?

Nous émettons le vœu de bénéficier d'activités culturelles (ateliers, concerts, rencontres). Nous crevons de ne pouvoir vibrer au contact d'expressions artistiques.

En espérant qu'en l'an 2000, à votre initiative, Madame la Ministre de la Justice, soit appliqué un traitement humain aux longues peines, nous vous adressons un salut empreint de détermination.

Lettre de Nathalie Ménigon, condamnée à perpétuité et détenue au centre de détention de Bapaume, adressée à la garde des Sceaux et au journal *Libération*, le 18 janvier 2000 :

Madame la Ministre de la Justice,

Une fois de plus je plaide pour la présence de petits animaux en détention. Les animaux domestiques font partie de la société, de la socialité même de beaucoup d'individus. La plupart des détenu(e)s sont destinés à retourner à la société. Et même ceux ou celles qui ne le seraient pas ne sont pas censés être totalement privés de socialité, ou alors l'humain étant un animal social, il s'agit d'une peine de mort déguisée. En prison, il existe certes une certaine socialité, mais elle est, en quelque sorte, pervertie par le confinement et par le télescopage d'histoires personnelles souvent difficiles.

Pour certains et certaines, la relation à un petit animal domestique est une issue à cette douleur, celle d'avant l'incarcération, celle de l'incarcération elle-même. Sans compter que dans l'univers de béton et de grilles où souvent il n'y a même pas un arbre, l'animal serait le témoignage de la nature. Par ailleurs, dans certaines situations, l'animal peut contribuer à maintenir le lien entre la société et l'individu incarcéré. Être capable de s'occuper d'un être vivant, c'est apprendre, savoir s'occuper de soi-même et d'autrui, de ses propres voisins. C'est être attentif à la vie. L'animal peut aussi être un lien pour le retour dans la société, pour reprendre pied dans ses responsabilités. L'animal, être vivant et sensible, ne peut qu'humaniser l'humain. Il faut croire en l'être humain sinon je ne vous écrirais pas. Dans le monde, il y a des prisons où les animaux ont leur place. Où des prisonniers éduquent des animaux pour des personnes dont le handicap peut être accompagné par un animal. Où simplement il s'agit d'apprivoiser un environnement hostile. Qu'en est-il en France ? Autoriser la mise en place d'expériences de ce type ne demande aucun budget spécial, aucune construction de bâtiment ou véritable réorganisation de l'espace. C'est juste une question de bonne volonté. Dans l'espérance que ce courrier aura attiré votre attention, je vous prie de croire, Madame la Ministre, à l'expression de ma considération distinguée.

GLOSSAIRE

Administration pénitentiaire : plus souvent appelée « la Pénitentiaire » ou « l'AP ».
Auxi : détenu employé au service général de la prison.
Cantine : organisation interne à chaque prison qui permet aux détenus, moyennant finances, d'acheter un certain nombre de denrées (tabac, radio, articles de toilette, etc.) dans le cadre de l'établissement. Par extension une **cantine** représente aussi un ensemble d'objets achetés à la cantine. Voir aussi le verbe **cantiner.** Les prix en détention sont tendanciellement plus élevés qu'*extra-muros.*
Centre de détention (CD) : établissement pour peine en principe destiné aux condamnés qui ne posent pas de gros problèmes sécuritaires et/ou qui sont plutôt en fin de peine. Les détenus y jouissent d'un régime assoupli (liberté de circulation plus grande, etc.).
CNO : Centre national d'observation. Transitent en principe par ce centre tous les condamnés masculins qui ont un reliquat de peine supérieur à dix ans. Ils y sont observés avant d'être envoyés en établissement pour peine.
Code de procédure pénale (CPP) : code contenant les règles relatives à la détention et à l'exécution des peines.
Commutation : il s'agit d'une grâce présidentielle. La réclusion criminelle à perpétuité est « commuée » en une peine de vingt ans.
DPS : détenu particulièrement signalé pour des raisons disciplinaires.
Établissement pour peine : prison — maison centrale ou centre de détention — recevant les condamnés dont le reliquat de peine est en principe supérieur à trois ans.
Extraction : quand un détenu quitte l'établissement pénitentiaire, par exemple pour se rendre au palais de justice, on dit qu'il est « extrait ».
Fiole : solution médicamenteuse et par extension « hypnotique » ou encore « cacheton », « médoc ».
GENEPI : association d'étudiants qui donnent un enseignement bénévole aux détenus.

Juge de l'application des peines (JAP) : magistrat chargé notamment de l'application de la peine de prison et de ses aménagements.
Libération conditionnelle : possibilité pour un détenu de terminer sa peine en liberté, sous réserve de remplir certaines conditions et de rendre compte de ses faits et gestes à un travailleur social mandaté par le JAP.
Maison centrale : établissement pour peine dont le régime est plus spécialement axé sur la sécurité. On dit communément **une centrale**.
Maison d'arrêt (MA) : prison recevant les prévenus ainsi que les condamnés dont le reliquat de peine est — en principe — inférieur à un an.
Mitard : cellule disciplinaire réservée à l'exécution d'une mesure disciplinaire.
OIP (Observatoire International des Prisons) : organisation non gouvernementale qui défend les droits des détenus.
Peine à temps : peine dont la durée correspond à un quantum temporel précis, à la différence de la RCP.
PEP : projet d'exécution des peines.
Pointeur : délinquant sexuel.
Prétoire : « tribunal » de la prison où sont jugés les détenus ayant commis des infractions au règlement ou au code de procédure pénale. La punition va du sursis à quarante-cinq jours maximum de cellule disciplinaire.
Prévenu : personne mise en examen en attente de jugement ou de cassation.
Primaire : détenu qui n 'a jamais été condamné ou, par extension, qui est incarcéré pour la première fois.
Progressif (régime) : régime d'emprisonnement selon lequel le détenu passe successivement par des phases de détention bien précises et de moins en moins rigoureuses. Ce modèle a toujours été d'application restreinte en France.
Quartier d'isolement : quartier où sont placés les détenus qui ne souhaitent pas être mêlés au reste de la population carcérale ou qu'on veut tenir à l'écart des autres détenus.
QHS : quartier de haute sécurité. Ce type de structures où étaient placés les détenus considérés comme dangereux par l'AP a été fortement contesté et supprimé en 1982.
RCP : réclusion criminelle à perpétuité.
Service général : ensemble des emplois salariés par l'AP qui servent à la maintenance et au fonctionnement des établissements (cuisine, comptabilité...).
SMPR : Service médico-psychologique régional. A partir de 1973, ces services, chargés de la prise en charge de la souffrance psychique de la population, sont très progressivement intervenus dans les établissements

pénitentiaires situés sur leur carte sanitaire, y installant en général un service hospitalier et une unité d'hospitalisation. Ils sont actuellement présents dans 26 prisons (essentiellement des maisons d'arrêt). Le premier SMPR en milieu pénitentiaire fut ouvert à Fleury-Mérogis en 1973.

Sûreté (période de) : c'est une partie de la peine pendant laquelle le condamné ne peut bénéficier d'aucun aménagement de peine.

Transfert : mesure qui consiste à envoyer un détenu dans un autre établissement, parfois pour des raisons disciplinaires. Dans ce cas, le détenu se dit « baluchonné ».

Visiteur de prison : les visiteurs sont des bénévoles qui viennent rendre visite aux détenus qui le souhaitent. Ils doivent avoir obtenu au préalable l'agrément de l'administration pénitentiaire.

INDEX

INDEX DES NOMS DE PERSONNES

Noms des auteurs

Noms des détenus, membres du personnel et intervenants en milieu pénitentiaire

INDEX DES NOMS DE LIEUX

Il s'agit essentiellement des quatre établissements pénitentiaires suivants :

— C. (centre de détention ou C.D. de –).
— FRESNES (centre pénitentiaire de –).
    D2 (deuxième division).
    Centre national d'observation (C.N.O.).
— RENNES (centre de détention ou C.D. de –).
— S. (centrale de –).

INDEX THÉMATIQUE

BIBLIOGRAPHIE

Ouvrages sur la justice, la prison et la déportation

Action des Chrétiens Contre la Torture, *Les peines de longue durée,* document n° 56, 1997.

Agret Roland, *L'amour enchristé,* Paris, Ed. Blanche, 1998.

Anselme Robert, *L'espèce humaine,* Paris, Gallimard, 1957.

Baranès William, Frison-Roche Marie-Anne (collectif dirigé par), *La justice,* Paris, Ed. Autrement, 1995.

Beccaria Cesare, *Des délits et des peines,* Paris, Flammarion, 1991 (1re éd. fr., 1765).

Bettelheim Bruno, *Survivre,* Paris, Robert Laffont, 1979 (1re éd., 1952).

Badinter Robert, *La prison républicaine,* Paris, Fayard, 1992.

Bolze Bernard, Bouvier Jean-Claude, Marest Patrick, Plouvier Eric, *Le guide du prisonnier,* Paris, Ed. de l'Atelier et O.I.P., 1996.

Boudin Philippe, Vieille Hubert, *Condamnés à vivre. Justice, meurtriers et victimes,* Paris, Ed. du Félin, 1991.

Bourgoin Nicolas, *Le suicide en prison,* Paris, L'Harmattan, 1994.

Buffard Simone, *Le froid pénitentiaire, l'impossible réforme des prisons,* Paris, Le Seuil, 1973.

Cherki-Nicklès Claude, Dubec Michel, *Crimes et Sentiments,* Paris, Le Seuil, 1992.

Cherki-Nicklès Claude, « D'une scène à l'autre, phénoménologie du procès », *Psychiatrie française,* mars 1994, n° 25, pp. 8-13.

Clemmer Donald, *The prison community,* New York, Holt, Rinehart & Winston, 1958 (1re éd., 1940).

Cunha Manuela Ivone, « Sociabilité, "société", "culture" carcérales. La prison féminine de Tires », *Terrain,* mars 1995, n° 24, pp. 119-132.

Desbarats M., Martinez A., « La sexualité en prison », *Revue Forensic,* n° spécial, 1er trim. 1995, pp. 3-6.

Doyon Jacques-René, *L'enfermé de Clairvaux,* Paris, Robert Laffont, 1992.

Ehrel Catherine, Leguay Catherine, *Prisonnières,* Paris, Stock 2, 1977.

Escobar Alvaro, *L'enfermement,* Paris, Klincksieck, 1989.

Esprit, « Prisons à la dérive », n° spécial, oct. 1995.

Expert Jacques, Laurentin Emmanuel, *La longue peine,* Paris, Ed. Plume, 1989.

FARAPEJ, *Actes du colloque sur la sanction pénale,* Paris, nov. 1993, doc. ronéoté.

Faugeron Claude, *Prisons et politiques pénitentiaires,* Paris, La Documentation française, 1995, n° 755-756.

Faugeron Claude, Chauvenet Antoinette, Combessie Philippe (sous la direction de), *Approches de la prison,* Paris, Bruxelles, De Boeck Université, PUM, PUO, 1996.

Favard Jean, *Des prisons,* Paris, Gallimard, 1987.

Forum, « Les délinquants qui purgent une longue peine, Recherche sur l'actualité correctionnelle », 1992, vol. 4, n° 2, Service correctionnel du Canada.

Foucault Michel, *Surveiller et Punir,* Paris, Gallimard, 1975.

Frankl Viktor, *Un psychiatre déporté témoigne,* Lyon, Ed. du Chalet, 1973.

Garapon Antoine, *Bien juger, essai sur le rituel judiciaire,* Paris, Odile Jacob, 1997.

Garapon Antoine, Salas Denis, *La république pénalisée,* Paris, Hachette, 1996.

Garapon Antoine, Salas Denis, *La justice et le mal,* Paris, Odile Jacob, 1997.

Goffman Erwing, *Asiles. Etude sur la condition sociale des malades mentaux,* Paris, Minuit, 1968 (1re éd. 1961).

Gonin Daniel, *La santé incarcérée, médecine et conditions de vie en détention*, Paris, L'Archipel, 1991.

Goubert A. C., *La libération conditionnelle, vers une abolition de fait ?,* mémoire de DEA en démographie, université de Paris I, 1998, doc. ronéoté.

Gruel Louis, *Pardons et Châtiments,* Paris, Nathan, 1991.

Guilloneau Maud, Kensey Annie, « La santé en milieu carcéral. Eléments d'analyse démographique », *Revue française des affaires sociales,* n° 1, janvier-mars 1997, pp. 41-61.

Hattem Tina, « Vivre avec ses peines », *Déviance et Société*, 1991, vol. 15, n° 2, pp. 137-156.

Hueges Danièle, *A quoi sert de maudire la nuit ?,* Paris, Presses de la Renaissance, 1998.

Jackson Bruce, Christian Diane, *Le quartier de la mort,* Paris, Plon, Terre Humaine, 1986.

Actes du colloque organisé par La Croix, l'Evénement, *Justice ou vengeance,* Paris, Le Centurion, 1994.
Kensey Annie, Tournier Pierre, *Le retour en prison,* Ministère de la Justice, Travaux et documents, n° 40, 1991.
Kensey Annie, Tournier Pierre, *Libération sans retour,* Ministère de la Justice, Travaux et documents, n° 47, 1994.
Lambert Christophe, *Derrière les barreaux,* Paris, Ed. Michalon, 1999.
Landreville Pierre, Pires Alvaro, Blankevoort Victor, « Système pénal et trajectoire sociale », *Déviance et Société,* 1981.
Lascoumes Pierre, Poncela Pierrette, Lenoël Pierre, *Au nom de l'ordre. Une histoire politique du Code pénal.* Paris, Hachette, 1989.
Lebelley Frédérique, *Tête à tête,* Paris, Grasset, 1989.
Lemire Guy, *Anatomie de la prison,* Montréal, Presses de l'Université de Montréal, Economica, rééd. 1994.
Lesage de la Haye Jacques, *La guillotine du sexe,* Paris, Robert Laffont, 1978.
Lesage de la Haye Jacques, *L'homme de métal,* Paris, Ed. Traverses, 1997.
Levi Primo, *Si c'est un homme,* Paris, Julliard, 1987 (1re éd., 1958).
Lévy Thierry, *Le désir de punir,* Paris, Fayard, 1979.
Lucas Claude, *Suerte,* Paris, Plon, Terre Humaine, 1995.
Lison-Croze Catherine, *Cherche justice désespérément,* Paris, Denoël, 1991.
McKay H. Brian, Jayewardene C.H.S. et Reedie Penny B., *Les effets de l'incarcération de longue durée,* Direction de la Recherche, Solliciteur général du Canada, 1992.
Marchetti Anne-Marie (avec la coll. de Ph. Combessie), *La prison dans la Cité,* Paris, Desclée de Brouwer, 1996.
Marchetti Anne-Marie, *Pauvretés en prison,* Ramonville-Saint Agne, Erès, préface de Michelle Perrot, 1997.
Marchetti Anne-Marie, *La réinsertion des sortants de prison dans le cadre des centres pour handicapés sociaux adultes,* Thèse de doctorat en sociologie, Université de Paris VIII, 1981, doc. ronéoté.
Mary France-Lyne, *Femmes, délinquances et contrôle pénal, analyse socio-démographique des statistiques administratives,* CESDIP, Etudes et données pénales, n° 75, 1996.
Maurice Philippe, « Une traversée hors du temps », *Information Prison Justice,* Revue de l'ARAPEJ, n° 82, sept. 1997.
Ministère de la Justice, Direction de l'administration pénitentiaire, *A l'ombre du savoir, Connaissances et représentations des Français sur la prison,* Etude réalisée par le GENEPI en collab. avec le SCERI, Travaux et documents, n° 52, 1996.

Ministère de la Justice, Direction de l'administration pénitentiaire, *Rapport annuel d'activité 1997,* Paris, La Documentation française, 1999.
Ministère de la Justice, Direction de l'administration pénitentiaire, *Rapport du groupe de travail de l'administration pénitentiaire sur l'étude des longues peines,* 1992.
Ministère de la Justice, *Rapport Cartier sur la prévention de la récidive des criminels,* 1994.
Ministère de la Justice, *Rapport Pradier sur la gestion de la santé dans les établissements du programme 13000. Evaluation et perspectives,* 1999.
Mitchell B., « Preparing life sentence prisoners for release », *The Howard Journal of Criminal Justice,* 31, 3, pp. 224-239.
Montesquieu Charles, *De l'esprit des lois*, Paris, Gallimard, coll. Folio, 1995 (1re éd., 1748).
Nisse Martine, *Comment faire face aux violences,* Paris, L'Atelier de l'Archer, 1999.
Pauchet Catherine, « Le temps en milieu carcéral. Produit de l'enfermement », *Revue pénitentiaire et de droit pénal,* avril-juin 1984, n° 2, p. 151-163.
Perrault Gilles, *Le pull-over rouge*, Paris, Fayard, 1994.
Perrot Michelle (sous la dir.), *L'impossible prison,* Paris, Le Seuil, 1980.
Petit Jacques-Guy, *Ces peines obscures. La prison pénale en France (1780-1875),* Paris, Fayard, 1990.
Picat Jean, *Violences meurtrières et sexuelles,* Paris, PUF, 1982.
Plichart Philippe, Golse Anne, « Psychiatrie en prison, une clinique aux limites », *MANA,* revue de sociologie, n° 5, 1998, pp. 87-104.
Pollak Michael, *L'expérience concentrationnaire. Essai sur le maintien de l'identité sociale,* Paris, Métaillé, 1990.
Poncela Pierrette, Lascoumes Pierre, *Réformer le Code pénal. Où est passé l'architecte ?*, Paris, PUF, 1998.
P.R.I., A.N.V.P. et N.A.C.R.O., *Le contrôle des conditions de détention dans les prisons d'Europe. Actes d'un colloque européen à Marly-le-Roi,* Paris, P.R.I., 1997.
Rapport de la commission d'enquête de l'Assemblée nationale, *La France face à ses prisons,* n° 2521, coll. « Les Rapports de l'Assemblée nationale », juin 2000.
Rapport du Sénat, *Prisons, une humiliation pour la République,* n° 449, Paris, coll. « Les Rapports du Sénat », juin 2000.
Rostaing Corinne, *La relation carcérale. Identités et rapports sociaux dans les prisons de femmes,* Paris, PUF, 1997.
Rotily Michel, « L'usage de drogues en milieu carcéral : approche épidémiologique », *Les cahiers de la sécurité intérieure,* n° 31, 1998.

Salas Denis, *Le Tiers Pouvoir, vers une autre justice,* Paris, Hachette, coll. « Pluriel », 1998.
Sykes Grisham M., *The society of captives, a study of maximum security prison,* Princeton, Princeton University Press, 1958.
Toch Hans, *Living in prison. The ecology of survival,* New York, The Free Press, 1977.
Tournier Pierre, Barré Marie-Danielle, « L'érosion des peines perpétuelles », *Revue de science criminelle et de droit pénal comparé*, n° 3, juil.-sept. 1983, pp. 504-512.
Tournier Pierre, *Statistique annuelle pénale du Conseil de l'Europe (Space 1)*, Enquête 1997, Conseil de l'Europe, déc. 1998.
Trinquier Christel, *Femmes en prison,* Paris, Le Cherche-Midi, 1997.
Tubex Hilde, Snacken Sonja, « L'évolution des longues peines. Aperçu international et analyse des causes », *Déviance et Société,* 1995, vol. 19, n° 2, pp. 103-126.
Union Syndicale Pénitentiaire, *Livre blanc sur l'Administration pénitentiaire,* Paris, U.S.P., 1999.
Vidocq, *Considérations sommaires sur les prisons, les bagnes et la peine de mort,* Paris, Mille et une nuits, 1999 (1re éd., 1836).
Ward David A., Kassebaum Gene G., *Women's prison*, Chicago, ALDINE Publishing Company, 1967.
Welzer-Lang Daniel, Mathieu Lilian, Faure Michaël, *Sexualités et violences en prison,* Lyon, OIP et Aleas, 1996.

Autres ouvrages

Arendt Hannah, *Eichmann à Jérusalem. Rapport sur la banalité du mal,* Paris, Gallimard, coll. « Folio », 1997 (1re éd., 1963).
Barthes Roland, *Mythologies,* Paris, Le Seuil, coll. « Point », 1957.
Bourdieu Pierre (sous la dir. de), *La photographie, un art moyen. Essai sur les usages sociaux de la photographie,* Paris, Minuit, 1965.
Bourdieu Pierre, *La reproduction,* Paris, Minuit, 1987.
Bourdieu Pierre, *Méditations pascaliennes,* Paris, Le Seuil, 1997.
Chesneaux Jean, *Habiter le temps, présent, passé, avenir,* Paris, Bayard, 1996.
Cyrulnik Boris, *Un merveilleux malheur,* Paris, Odile Jacob, 1999.
Dejours Christophe, *Souffrance en France. La banalisation de l'injustice sociale en France,* Paris, Le Seuil, coll. « Points », 1998.
Durkheim Emile, *De la division du travail social*, Paris, PUF, 1998 (1re éd., 1893).
Durkheim Emile, *Les règles de la méthode sociologique,* PUF, éd. 1986 (1re éd., 1895).

Elias Norbert, *Du temps*, Paris, Fayard, 1996 (1re éd., 1984).
Graf Durkheim Karlfried, *Dialogues sur le chemin initiatique,* Paris, Albin Michel, coll. « Poche », 1999.
Hervieu-Léger Danielle, *Le pèlerin et le converti,* Paris, Flammarion, 1999.
La Recherche photographique, La famille, nº spécial, nº 8, 1990.
Hillesum Etty, *Une vie bouleversée,* Paris, Le Seuil, 1995 (1re éd., 1981).
Nietszche Friedrich, *Généalogie de la morale,* Paris, GF Flammarion, Paris, 1996 (1re éd., 1900).
Sue Roger, *Temps et ordre social,* Paris, PUF, 1994.
Weber Max, *L'éthique protestante et l'esprit du capitalisme*, Paris, Plon, coll. « Pocket », éd. 1964 (1re éd. 1905).

TABLE DES MATIÈRES

Troisième partie

RÉTROSPECTIVES ET PERSPECTIVES

LES MOTS DE LA FIN

ANNEXES

Terre Humaine a créé dans les sciences sociales et la littérature, depuis cinquante ans, un courant novateur dont on n'a pas fini de mesurer la fécondité. Traquant la vie, cette collection de regards croisés a, d'abord, renouvelé la littérature de voyage et construit, livre après livre, une anthropologie à part entière, toute interprétation ne s'élaborant que sur une expérience vécue et même un engagement, une anthropologie réflexive, narrative. L'exploration de l'univers n'a pas de fin. Le spectacle de la vie reste une découverte, et les théories concernant les sociétés humaines s'avèrent, les unes après les autres, toutes aussi fragiles. L'homme est un inconnu pour lui-même.

Les auteurs les plus célèbres (Zola, Lévi-Strauss, Ramuz, Segalen, Balandier, Duvignaud, Hélias, Lacarrière, Thesiger, Ripellino, Lucas) rejoignent, avec un air de famille, ouvriers, paysans, marins les plus anonymes — certains parfois même illettrés (témoignages en direct d'autochtones) — pour faire prendre conscience au lecteur, non seulement de la complexité des civilisations et des sociétés, mais de sa propre intelligence des problèmes. Elle est stimulée par une totale indépendance des auteurs.

Dans une vivante interdisciplinarité, dans un brassage de milieux et de classes, à niveau international, Terre Humaine propose, ses lecteurs disposent.

Toujours d'avant-garde avec ses 80 ouvrages parus et tous disponibles dont 45 édités dans Terre Humaine/Poche, cette collection pionnière saluée par toute la presse et l'opinion — et qui comporte de nombreux best-sellers traduits dans le monde entier — se veut, dans un combat résolu en faveur des minorités, un appel à la liberté de pensée.

OUVRAGES PARUS DANS LA COLLECTION ***TERRE HUMAINE***
(1955 → 2000)

Tous les ouvrages sont disponibles en édition brochée. Seule, la première édition est reliée.

* Ouvrages augmentés d'un dossier de Débats et Critiques

□ Ouvrages parus également en Terre Humaine/Poche (Pocket : nos 3000 et suivants)

Jean Malaurie. * □ – Les Derniers Rois de Thulé. *Avec les Esquimaux Polaires, face à leur destin.* 1955. Cinquième édition 1989.

Claude Lévi-Strauss. □ — Tristes Tropiques, 1955.

Victor Segalen. * □ — Les Immémoriaux. 1956. Deuxième édition 1983.

Georges Balandier. * □ — Afrique ambiguë. 1957. Troisième édition 1989.

Don C. Talayesva. * □ — Soleil Hopi. *L'autobiographie d'un Indien Hopi.* Préface : C. Lévi-Strauss. 1959. Deuxième édition 1983.

Francis Huxley. * □ — Aimables Sauvages. *Chronique des Indiens Urubu de la forêt amazonienne.* 1960. Troisième édition 1990.

René Dumont. — Terres vivantes. *Voyages d'un agronome autour du monde.* 1961. Deuxième édition 1982.

Margaret Mead. □ — Mœurs et sexualité en Océanie. I) *Trois sociétés primitives de Nouvelle-Guinée.* II) *Adolescence à Samoa.* 1963.

Mahmout Makal. * □ — Un village anatolien. *Récit d'un instituteur paysan. 1963. Troisième édition 1985.*

Georges Condominas. — L'Exotique est quotidien. *Sar Luk, Vietnam central.* 1966. Deuxième édition 1977.

Robert Jaulin. □ — La Mort Sara. *L'ordre de la vie ou la pensée de la mort au Tchad.* 1967. Deuxième édition 1982.

Jacques Soustelle. * □ — Les Quatre Soleils. *Souvenirs et réflexions d'un ethnologue au Mexique.* 1967. Troisième édition 1991.

Theodora Kroeber. * □ — Ishi. *Testament du dernier Indien sauvage de l'Amérique du Nord.* 1968. Deuxième édition 1987.

Ettore Biocca. □ — Yanoama. *Récit d'une jeune femme brésilienne enlevée par les Indiens.* 1968. Deuxième édition 1980.

Mary F. Smith et Baba Giwa. * — Baba de Karo. *L'autobiographie d'une musulmane haoussa du Nigeria.* 1969. Deuxième édition 1983.

Richard Lancaster. □ — Piegan. *Chronique de la mort lente. La réserve indienne des Pieds-Noirs.* 1970.

William H. Hinton. □ — Fanshen. *La Révolution communiste dans un village chinois.* 1971.

Ronald Blythe. — Mémoires d'un village anglais. *Akenfield (Suffolk).* 1972. Deuxième édition 1980.

James Agee et Walker Evans. * — Louons maintenant les grands hommes. *Trois familles de métayers en 1936 en Alabama.* 1972. Deuxième édition 1983.

Pierre Clastres. * □ — Chronique des Indiens Guayaki. *Ce que savent les Aché, chasseurs nomades du Paraguay.* 1972. Deuxième édition 1985.

Selim Abou. * — Liban déraciné. *Autobiographies de quatre Argentins d'origine libanaise.* 1972. Troisième édition 1987.

Francis A. J. Ianni. — Des affaires de famille. La Mafia à New York. *Liens de parenté et contrôle social dans le crime organisé.* 1973.

Gaston Roupnel. □ — Histoire de la campagne française. Postfaces : G. Bachelard, E. Le Roy Ladurie, P. Chaunu, P. Adam, J. Malaurie. 1974. Deuxième édition 1989.

Tewfik El Hakim. * □ — Un substitut de campagne en Égypte. *Journal d'un substitut de procureur égyptien.* 1974. Troisième édition 1983.

Bruce Jackson. * — Leurs prisons. *Autobiographies de prisonniers et d'ex-détenus américains.* Préface : M. Foucault, 1975. Deuxième édition 1990.

Pierre Jakez Hélias. * □ — Le Cheval d'orgueil. *Mémoires d'un Breton du pays bigouden.* 1975. Troisième édition 1985.

Per Jakez Hélias. — Marh al orh. *Envorennou eur Bigouter.* 1986. (Édition en langue bretonne.)

Jacques Lacarrière. * □ — L'Été grec. *Une Grèce quotidienne de quatre mille ans.* 1976. Deuxième édition 1986.

Adélaïde Blasquez. □ — Gaston Lucas, serrurier. *Chronique du l'anti-héros.* 1976.

Tahca Ushte et Richard Erdoes. * □ — De mémoire indienne. *La vie d'un Sioux, voyant et guérisseur.* 1977. Deuxième édition 1985.

Luis Gonzalez. * — Les Barrières de la solitude. *Histoire universelle de San José de Gracia, village mexicain.* 1977. Deuxième édition 1983.

Jean Recher. * — Le Grand Métier. *Journal d'un capitaine de pêche de Fécamp.* 1977. Deuxième édition 1983.

Wilfred Thesiger. * □ — Le Désert des Déserts. *Avec les Bédouins, derniers nomades de l'Arabie du Sud.* 1978. Deuxième édition 1983.

Joseph Erlich. * □ — La Flamme du Shabbath. *Le Shabbath, moment d'éternité, dans une famille juive polonaise.* 1978.

C.F. Ramuz. □ — La pensée remonte les fleuves. *Essais et réflexions.* Préface de Jean Malaurie. 1979.

Antoine Sylvère. □ — Toinou. *Le cri d'un enfant auvergnat. Pays d'Ambert.* Préface : P.J. Hélias. 1980.

Eduardo Galeano □ — Les Veines ouvertes de l'Amérique latine. *Une contre-histoire.* 1981.

Éric de Rosny. * □ — Les Yeux de ma chèvre. *Sur les pas des maîtres de la nuit en pays Douala (Cameroun).* 1981. Deuxième édition 1984.

Amicale d'Oranienburg-Sachsenhausen. * □ — Sachso. *Au cœur du système concentrationnaire nazi.* 1982. Deuxième édition 1990.

Pierre Gourou. — Terres de bonne espérance. *Le monde tropical.* 1982.

Wilfred Thesiger. * □ — Les Arabes des marais. *Tigre et Euphrate.* 1983. Deuxième édition 1991.

Margit Gari. * □ — Le Vinaigre et le Fiel. *La vie d'une paysanne hongroise.* 1983. Deuxième édition 1989.

Alexander Alland Jr. — La Danse de l'araignée. *Un ethnologue américain chez les Abron (Côte-d'Ivoire).* 1984.

Bruce Jackson et Diane Christian. * □ — Le Quartier de la Mort. *Expier au Texas.* 1985.

René Dumont. * □ — Pour l'Afrique, j'accuse. *Le journal d'un agronome au Sahel en voie de destruction.* Postfaces : M. Rocard, J. Malaurie. 1986. Deuxième édition 1989.

Émile Zola. □ — Carnets d'enquêtes. *Une ethnographie inédite de la France.* Introduction : J. Malaurie. Avant-propos : H. Mitterand. 1987.

Colin Turnbull. □ — Les Iks. *Survivre par la cruauté. Nord-Ouganda,* Postfaces : J. Towles, C. Turnbull, J. Malaurie. 1987.

Bernard Alexandre. □ — Le Horsain. *Vivre et survivre en pays de Caux.* 1988. Deuxième édition 1989.

Andreas Labba. □ — Anta. *Mémoires d'un Lapon.* 1989.

Michel Ragon. □ — L'Accent de ma mère. *Une mémoire vendéenne.* 1989.

François Leprieur. — Quand Rome condamne. *Dominicains et prêtres-ouvriers.* 1989.

Robert F. Murphy. □ — Vivre à corps perdu. *Le témoignage et le combat d'un anthropologue paralysé.* Postfaces de Michel Gillibert et André-Dominique Nenna. 1990.

Pierre Jakez Hélias. □ — Le Quêteur de mémoire. *Quarante ans de recherche sur les mythes et la civilisation bretonne.* 1990.

Jean Duvignaud. — Chebika *suivi de* Retour à Chebika. 1990. *Changements dans un village du Sud tunisien.* 1990.

Laurence Caillet. □ — La Maison Yamazaki. *La vie exemplaire d'une paysanne japonaise devenue chef d'une entreprise de haute coiffure.* 1991.

Augustin Viseux. □ — Mineur de fond. *Fosses de Lens. Soixante ans de combat et de solidarité.* Postface de Jean Malaurie. 1991.

Mark Zborowski et Elizabeth Herzog. * — Olam. *Dans le shtetl d'Europe centrale, avant la Shoah.* Préface d'Abraham J. Heschel. 1992.

Ivan Stoliaroff. □ — Un village russe. *Récit d'un paysan de la région de Voronej. 1880-1906.* Préface de Basile Kerblay. Postface de Jean Malaurie. 1992.

Angelo Maria Ripellino. □ — Praga magica. *Voyage initiatique à Prague.* 1993.

Philippe Descola. □ — Les Lances du crépuscule. *Relations jivaros. Haute-Amazonie.* 1994.

Jean et Huguette Bézian. — Les Grandes Heures des moulins occitans. *Paroles de meuniers.* 1994.

Viramma, Jean-Luc et Josiane Racine. □ — Une vie paria. *Le rire des asservis. Pays tamoul, Inde du Sud.* 1995.

Dominique Fernandez. □ Photographies de Ferrante Ferranti. — La Perle et le Croissant. *L'Europe baroque de Naples à Saint-Pétersbourg.* 1995.

Claude Lucas. □ — Suerte. *L'exclusion volontaire.* Préface du Père Arnaud. Postface de Jean Malaurie. 1996.

Kenn Harper. □ — Minik, l'Esquimau déraciné. *« Rendez-moi le corps de mon père. »* Préface de Jean Malaurie. 1997.

Hillel Seidman. — Du fond de l'abîme. *Journal du ghetto de Varsovie*. Commenté et annoté par Nathan Weinstock et Georges Bensoussan, 1998.

Jean Malaurie. — Hummocks 1, Relief de mémoire. *Nord-Groenland, Arctique central canadien*. Hummocks 2, Relief de mémoire. *Alaska, Tchoukotka sibérienne*. 1999.

Roger Bastide. □ — Le Candomblé de Bahia (Brésil) - Rite Nagô, 2000.

Jean Cuisenier. — Mémoire des Carpathes, *La Roumanie millénaire : un regard intérieur*, 2000.

Pierre Miquel. — Les Poilus, *La France sacrifiée*, 2000.

Anne-Marie Marchetti. — Perpétuités, *Le temps infini des longues peines*, 2001.

TERRE HUMAINE □ — *COURANTS DE PENSÉE*

N° 1 : **Henri Mitterand.** — Images d'enquêtes d'Émile Zola. *De la Goutte-d'Or à l'Affaire Dreyfus*. Préface de Jean Malaurie. 1987. Deuxième édition 1997.

N° 2 : **Jacques Lacarrière.** — Chemins d'écriture. Postface de Jean Malaurie. 1988. Deuxième édition 1991.

N° 3 : **René Dumont.** — Mes combats. 1989.

N° 4 : **Michel Ragon.** — La Voie libertaire. Postface de Jean Malaurie. 1991.

N° 5 : **Jean Duvignaud.** — Pandémonium du présent. *Idées sages, idées folles*, 1999.

ALBUMS **TERRE HUMAINE**

N° 1 : **Wilfred Thesiger.** — Visions d'un nomade. Plon, 1987.

N° 2 : **Jean Malaurie.** □ — Ultima Thulé. Plon/Bordas, 1990.

Cet ouvrage a été composé par
Nord Compo (Villeneuve-d'Ascq)
et imprimé sur presse Cameron
par **Bussière Camedan Imprimeries**
à Saint-Amand-Montrond (Cher)
pour le compte de la Librairie Plon

Achevé d'imprimer en février 2001.

N° d'édition : 13321. — N° d'impression : 011020/4.
Dépôt légal : mars 2001.
Imprimé en France